HISTOIRE
DE LA VILLE
DE TOULOUSE,
AVEC UNE NOTICE
DES HOMMES ILLUSTRES,
UNE SUITE CHRONOLOGIQUE ET HISTORIQUE,
DES EVÊQUES ET ARCHEVÊQUES
DE CETTE VILLE,
ET UNE TABLE GÉNÉRALE
DES CAPITOULS,

Depuis la Réunion du Comté de Toulouse à la Couronne, jusqu'à présent :

Par Me. J. RAYNAL, Avocat au Parlement, de l'Académie Royale des Sciences, Inscriptions & Belles-Lettres de Toulouse.

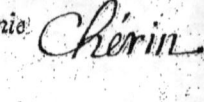

A TOULOUSE,
Aux dépens de JEAN-FRANÇOIS FOREST.

M. DCC. LIX.
Avec Approbation & Privilege du Roi.

A MESSIEURS

François-Raymond DAVID, *Seigneur de Baudrigue, & d'Escalone, Ecuyer. Pierre-Jean-François* AMBLARD, *Docteur & Avocat, Chef du Consistoire.* Jean DELMAYS, *Seigneur d'Antissac, & de Louniac, Ecuyer. Jean-Léonard* GAILLARD, *Seigneur de Vaucocourt, de Lage, de Fontalard, Co-seigneur de la Ville, & Paroisse de Thiviers ; Avocat. François* NIOCEL, *Seigneur de Tegra , Ecuyer. Antoine* CHAULIAC, *Procureur au Parlement. Pierre-Laurent* FIZEAUX. *Jean-Baptiste* CHOLLET *Seigneur de Lascaban, Ecuyer.* CAPITOULS DE TOULOUSE, *en* 1759.

MESSIEURS,

JE vous devois, à plusieurs titres, la dédicace d'un Livre, qui a pour objet la gloire d'une Ville, dont vous êtes l'ame & le soutien. Mais parmi les puissants motifs qui dirigent l'hommage que je vous rends, mon cœur a fçu diflinguer celui qui étoit le plus flateur pour vous. Oui Messieurs, fans perdre de vue la prééminence de votre place, j'ai fuivi plutôt les impreffions de l'eftime que la loi du devoir. Tel eft le prix de la vertu ; elle attire la vénération, & releve l'éclat des plus hautes dignités.

Si l'exactitude à remplir les pénibles fonctions de la Magiftrature Municipale a fuffi pour rendre chers à la Patrie les noms des grands hommes dont vous occupés la place, vous avez droit à la même gloire. Semblables à ces hommes célebres, vous faites éclater le même zele pour tout ce qui peut concourir à la gloire de cette Ville, & au bonheur de fes habitans. Rappeller les fentimens, & les actions de vos illuftres prédéceffeurs, c'eft faire votre éloge: l'amour de la vérité me l'a dicté ; je le publie avec joie, par une jufte reconnoiffance pour l'amitié dont m'honnorent plufieurs d'entre-vous.

Cette amitié me flate d'autant plus qu'elle eft une preuve & une fuite de l'approbation que vous avez accordée à mon ouvrage : par cette faveur, vous avez moins voulu récompenfer mes foibles talens qu'exciter mon émulation, & m'encourager dans une carriere, où je ne fuis foutenu que par le defir d'être utile à la Patrie. Je fens tout le prix de ce bienfait ; & j'accepte toutes les obligations qu'il impofe à ma reconnoiffance.

Affocié

Associé à une Compagnie respectable par l'objet de ses travaux, animé par l'exemple des Sçavans qui la composent, éclairé par leurs leçons, je ferai de nouveaux efforts pour répondre à vos vues. Puissent ces efforts n'être pas impuissants ! Puissent-ils me rendre, de plus en plus, digne de votre bienveillance ! Je la mériterois déjà toute entiere, si elle étoit le prix du profond respect, avec lequel j'ai l'honneur d'être,

MESSIEURS,

Votre très-humble &
très-obéissant serviteur,
RAYNAL.

*

ERRATA.

Page 8. ligne 6. Arrupices, *lifés* Arufpices.
id. à la note, ligne 15. *effacés* peut-être.
id. ferre extra, lifés, *ferre extra*, & ajoutés de fuite. Je croirois plutôt que ce nom vient du mot latin, *feretrum*, qui fignifie cercueil.
p. 17. ligne 4. monftre de Gaules, *lifez*, monftre des Gaules.
p. 20. ligne 5. fidélié, *lifez*, fidélité.
id. ligne 12. Riciaite, *lifés*, Riciaire.
p. 82. ligne 20. en feul, *lifés*, feule.
p. 112. *à la note*, après le mot Malebête, *ajoutés*, qui eft un Tableau Allégorique.
p. 147. ligne 18. infecté, *lifés*, infefté.
p. 161. *à la note*, lais, *lifés* lais. *La même faute eft répétée à la p. 191, lig. 22.*
p. 164. ligne 3. ou le Couvent de la Magdelaine, *ajoutés après ces mots.* La Communauté qui occupe aujourdhui ce Couvent n'a rien de commun avec celle qui fut établie autrefois en 1516. Cette ancienne Communauté s'étant détruite peu-à-peu, par la mort des premieres Religieufes qui l'avoient formée, on céda cette maifon à huit Religieufes qu'on fit venir de Paris de *l'Abbaye Royale de Saint Magloire* : Elles y porterent leur habit & leur regle, vers l'an 1649. Depuis cette réforme ces Religieufes, qui prirent alors le nom d'*Auguftines*, ont fuivi cette regle avec une nouvelle ferveur, & à l'inftar de prefque toutes les autres Religieufes de cette Ville, elles fe font rendues utiles à la Religion & au public, en recevant dans leur maifon un grand nombre des jeunes Demoifelles, à qui elles infpirent par leur exemple & par leurs leçons l'amour de leur vertu Chrétienne, l'exactitude à remplir les devoirs de la vie civile, le goût & l'adreffe pour tous les travaux propres à leur état & à leur fexe.
p. 189. ligne 9. *effacés*, & fix dans celle du Juge d'Appeaux.
p. 212. *à la note*, la décoration & la ftructure font de la compofition du fameux Manfard. *Changés ainfi*, Souffron célebre Architecte fit le plan de cet édifice, & y pofa la premiere pierre : le fameux Manfard a donné le deffein de la porte, & des tours.
p. 213. ligne 22. réfolution, *lifés*, folution.
p. 348. *à la fin, ajoutés cette note*, Depuis l'impreffion de cet article, j'ai vu un extrait des régitres de l'Univerfité de Valeùce, d'où il réfulte que Jacques Cujas étoit déjà pourvu d'une chaire dans cette Univerfité, lorfque l'Univerfité de Touloufe nomma à la chaire qu'il devoit difputer, & qui fut donnée à Forçadel.
p. 356. ligne 13. 50 *lifés*, 30.
p. 507. ligne 31. Lamthe, *lifés*, Lamothe.

PRÉFACE.

ETIENNE GANNO, Nicolas BERTRAND, Antoine NOGUIER, qui vivoient à la fin du XV siecle, ou au commencement du XVI, & qui ont écrit les premiers l'Histoire de la Ville de Toulouse, l'ont si fort défigurée par un mélange monstrueux de mensonge & de vérité, que tout homme judicieux lit avec défiance, ou rejette avec mépris ces Ouvrages produits par la supercherie, ou par l'ignorance.

On peut donc dire que cette Ville n'avoit point d'Historien avant Germain de LAFAILLE ; qui a publié, en deux Volumes in-fol. ses ANNALES, depuis l'an 1271, jusqu'à la mort d'Henri IV, avec un ABRÉGÉ DE L'ANCIENNE HISTOIRE DE TOULOUSE. Ce Livre, digne d'éloge, à certains égards, est cependant bien éloigné de la perfection dont il étoit susceptible. L'Auteur resserré, & assujetti par le plan de son Ouvrage, trop facile à adopter, ou à rejetter les Chroniques qu'il avoit recouvrées, a omis bien des faits essentiels, en a répété quelques-uns d'indifférens, & en a rapporté plusieurs qui ne sont pas exacts. J'ai profité de ces fautes pour les éviter.

La qualité d'Historien, bien différente de celle d'Annaliste, m'a permis de faire un choix, qui a eu pour objet les faits curieux, utiles, amusans. Tous les évenemens ne méritent pas d'être transmis à la postérité. Souvent ils n'affectent que par des circonstances dont le temps détruit ou diminue l'intérêt. Nos neveux liroient peut-être avec indifférence, ce qui a fixé toute notre attention.

Quoique j'aye souvent réfuté & rectifié Lafaille ; quoique cette Nouvelle Histoire renferme, dans un beaucoup plus petit volume, tout ce qu'il a dit d'intéressant, & un très-grand nombre de choses essentielles qu'il a omises dans ses Annales, je ne m'aveugle pas au point de le dédaigner, & de supposer à mon Ouvrage cette perfection que je refuse au sien. Sans lui, sans son secours, je n'aurois peut-être jamais entrepris cette Histoire : & son Livre, écrit avec pureté, sera toujours estimable & précieux à cette Ville, sur-tout par les actes qu'il renferme dans ses preuves.

Je sçais que d'ordinaire l'Histoire particuliere d'une Ville n'est intéressante que pour ceux qui l'habitent. Mais celle de Toulouse, différente des autres à plusieurs titres, mérite une exception à cet égard ; & cette exception flateuse est fondée sur son antiquité, & sur sa célébrité, dans tous les genres, & dans tous les temps.

PRÉFACE.

Tour à tour la capitale des Tectosages, la sœur (*a*), & l'émule de Rome (*b*), le siège des Rois Visigoths, & de plusieurs Rois François, elle a pris part aux plus grands événemens. Son histoire est en quelque façon celle de ces peuples fameux : elle tient une place distinguée dans les Annales du Royaume de France, & se trouve liée avec les histoires de presque toutes les parties de l'Europe.

A ces traits, on voit d'un coup d'œil, combien elle seroit intéressante, si elle étoit traitée dans toute son étendue, & avec tout le soin qu'elle exige, & qu'elle mérite. J'ose avancer qu'elle est digne d'occuper nos meilleurs écrivains. Ce que j'ai fait ne doit point les arrêter : l'ouvrage reste encore presque dans son entier pour ceux qui voudront exécuter en grand un tableau dont je n'ai pu que tracer une foible esquisse.

Ignorer l'histoire de sa patrie, c'est y être étranger. Les habitans de Toulouse se trouvoient presque dans ce cas, par la rareté des ANNALLES DE M. LAFAILLE, dont l'édition est épuisée depuis plus de vingt ans, & par le volume immense de ce livre, qui effraie la plûpart des lecteurs. Pour remédier à cet inconvénient, & en attendant qu'on publie un ouvrage complet sur cette matiere, j'ai cru qu'on verroit avec plaisir une HISTOIRE DE TOULOUSE, dont la lecture fût facile & instructive pour toute sorte de personnes. Dans cette vue, j'ai tâché de me renfermer toujours dans mon sujet, j'ai écarté toutes les discussions critiques, j'ai évité les répétitions, j'ai élagué les longs détails, je me suis contenté de citer & d'indiquer les actes probatoires dont j'ai fait usage ; & à l'exemple d'un de nos plus célebres Auteurs[*], j'ai anticipé quelquefois sur la suite de l'histoire, pour ne pas revenir à la même matiere, & pour instruire tout-à-coup le lecteur des progrès, & de l'état présent des choses que je traitois.

Parmi les manuscrits, que j'ai consultés, le plus curieux, après le Régître de l'Hôtel de Ville, est l'histoire de Toulouse de *Bernard Dupuy*, qui m'a été communiquée, avec autant de générosité que de politesse, par M. DAURE, l'un de ses descendans. Je l'ai cité avec confiance, après m'être assuré de son authenticité ; ainsi je puis dire que je n'ai avancé aucun fait sans preuve. On me feroit injustice de mettre sur mon compte des erreurs qui n'auront d'autre source que l'infidélité des mémoires qui m'ont été fournis. Ami de la vérité, je proteste que je l'ai cherchée toujours avec

(*a*) *Tolosa Colonia.*   (*b*) *Roma Garumnæ.*
[*] M. le Président Haînault, *Abrégé chronolog. de l'Hist. de France.*

PRÉFACE.

scrupule, & que je l'ai exposée sans déguisement.

Voici le plan de mon ouvrage. Le corps principal des faits historiques est divisé en six livres, qui commencent, ou finissent chacun à quelque époque remarquable.

Dans le premier, on expose quelques notions sur l'antiquité de cette Ville, & sur l'origine des Volsces Tectosages. On y raconte les victoires de ces peuples, en Europe, en Asie, en Afrique, leurs guerres avec les Romains, les Visigoths, les François, jusqu'à la création des Comtes par Charlemagne. On y remarque sur-tout les changemens de leur Religion, de leur Gouvernement, & de leurs mœurs, dans ces différentes révolutions.

Dans le second, on raconte l'histoire de ces Comtes, aussi fameux par leurs victoires, & par leurs défaites, que par leurs vertus, & par leurs vices. Cette partie de l'histoire de Toulouse, très-négligée dans nos premiers historiens, & très-importante, par les Croisades, par la guerre des Albigeois, par l'établissement du tribunal de l'Inquisition, & par plusieurs autres faits essentiels, a été traitée avec un soin particulier.

Les évenemens mémorables qui se sont passés dans cette Ville depuis la réunion du Comté à la Couronne, jusqu'à la fixation du Parlement dans cette ville par Charles VII, sont renfermés dans le troisième livre, où l'on a inséré tous les faits essentiels, ou curieux par leur singularité.

On a fait le même choix dans le quatrième livre, en rapportant tout ce qui s'est passé, depuis la fixation du Parlement, jusqu'au commencement des guerres civiles du Calvinisme.

L'histoire de ces guerres, qui embraserent cette ville pendant plusieurs années, forme la matiere du cinquieme livre.

Dans le sixieme, on raconte les excès de la Ligue, qui furent portés au comble de l'horreur, par la mort tragique du plus grand & du meilleur des Rois.

Après le détail de ces faits historiques, qui finit à la mort d'Henri IV, on donne une Notice des Toulousains qui se sont rendus illustres, par leurs vertus, par leur bravoure, par leur génie, par leurs talens, avec la date de leur naissance, celle de leur mort, & une note de leurs ouvrages.

Cette Notice est suivie d'un Catalogue, ou suite chronologique & historique des Evêques, & Archevêques de cette Ville, depuis St. Saturnin jusqu'à nos jours. On y rapporte les principaux évenemens de leur vie, la date de leur élection, & de leur mort,

PRÉFACE.

On y fixe l'époque, & le sujet de 14 Conciles qui ont été tenus à Touloufe, le motif & les circonftances de l'établiffement de toutes les Communautés Religieufes, tant régulieres, que féculieres ; ce qui forme en quelque maniere, l'hiftoire Ecléfiaftique de cette Ville, comme la Notice des Hommes illuftres, en forme l'hift. littéraire.

L'ouvrage eft terminé par une Table générale & alphabétique des Capitouls, depuis l'année 1271, à laquelle le Comté de Touloufe fut réuni à la Couronne de France, jufqu'à préfent ; & cette Table eft précédée d'un petit difcours, fur l'origine du mot CAPITOUL, fur l'élection, les Fonctions, la Jurifdiction, les Droits, & les Privileges de ces Magiftrats.

On n'a fait qu'indiquer les principales révolutions du Parlement, parce qu'il va paroître une Hiftoire particuliere de ce Parlem. compofée par le P. LOMBARD, Jéfuite. Par la même raifon, on n'a pas donné, comm'on l'auroit fait, une Lifte des premiers Préfidens, des Préfidens à mortier, des Procureurs & Avocats Généraux de ce Parlem.

Tel eft le plan de cette Hiftoire. On y verra les différentes religions des peuples qui l'ont habitée, les héréfies qui l'ont fucceffivement infectée, les Conciles qui y ont été tenus, l'établiffement de tous les ordres Religieux qui y font fixés, l'origine des principales Eglifes, & des Hôpitaux. On y apprendra à quels différens maîtres elle a été foumife, le détail des guerres qui fe font allumées dans fon fein, celui des fieges qu'elle a foutenus. On y fixera l'époque de l'inftitution, & des révolutions de fes Tribunaux, tels que le Parlement, l'Inquifition, le Bureau des Tréforiers de France, l'Hôtel-de-Ville, le Sénéchal, le Juge d'Appeaux, la Bourfe, la Viguerie. On y développera l'origine des Etats de la Province, de l'Univerfité, des principaux Colléges, des Académies, des Affemblées de la Ville, & de leurs Privilèges. On y découvrira la fource de plufieurs Droits, de la Ville, des Magiftrats, & des habitans, de différens ufages qui font obfervés, même de ceux qui ne fubfiftent plus, mais qui méritent d'être rapportés, par leur fingularité. On y fera mention des Loix particulieres de cette Ville, des Reglemens de Police, pour la fureté publique, pour prévenir ou arrêter les fleaux. On y connoîtra l'origine, l'ancienneté, & les illuftrations de prefque toutes les maifons diftinguées. On y verra la defcription du Canal Royal de Languedoc. On y lira la Rélation de l'entrée des Rois dans cette Ville, & de leurs honneurs funébres. Enfin on y rappellera les principaux évenemens de l'Hiftoire de France, les guerres étrangeres & civiles, & généralement tous les faits qui ont quelque rapport à l'Hiftoire de Touloufe.

SOMMAIRE
DU PREMIER LIVRE.

Conjectures sur l'origine de Toulouse. Sortie des Tectosages : leur Religion : Druïdes : leur Doctrine. Loix, génie & mœurs des Tectosages. Entrée des Romains dans les Gaules : leurs conquêtes. Temples de Toulouse. Or de Toulouse. Toulouse érigée en Colonie Romaine. Martyre de Saint Saturnin, ou Sernin, premier Evêque de Toulouse. Irruption des Vendales, & des Visigoths dans Toulouse. Religion, mœurs des Toulousains, sous la domination Romaine. Toulouse sous les Visigoths. Wallia premier Roi de Toulouse : sa mort : Théodoric lui succede : ses guerres contre les Romains : ses victoires contre Attilla : sa mort. Thorrismond troisieme Roi de Toulouse : sa mort. Théodoric II. quatrieme Roi de Toulouse : ses victoires en Espagne : sa mort. Euric lui succede : ses conquêtes : il persécute les Catholiques : il rédige les Loix : sa mort. Alaric dernier Roi des Visigoths dans Toulouse, favorise les Catholiques : fait rédiger les Loix Romaines : il fait la guerre à Clovis : est vaincu, & tué par ce Roi. Toulouse sous les Rois de France est gouvernée par un Duc. Langue Romaine : mœurs particulieres des Visigoths. Nobles, Serfs, Mariages, Loix, Religion, Sciences, Habillemens, Discipline militaire. Didier premier Duc de Toulouse. Guerre entre les François, & les Visigoths : Siege de Toulouse : mort de Didier. Astrovalde second Duc de Toulouse. Launebode troisieme Duc de Toulouse. Cette Ville est érigée en Capitale de Royaume, en faveur de Charibert, ou Aribert. Siege de Toulouse par les Sarrasins. Leur défaite. Charlemagne acheve de les chasser. Il fait son fils Louis, Roi de Toulouse ; & nomme des Gouverneurs sous le Titre de Duc, ou de Comte. Origine des Ducs, & des Comtes. Louis le Débonnaire passe sa jeunesse à Toulouse : il fait un voyage à la Cour de son pere : il pardonne au Comte de Toulouse : il fait un Reglement pour la subsistance des Troupes. Il célebre son mariage à Toulouse, & succede à son pere. Toulouse est gouvernée par les Comtes.

HISTOIRE
DE LA VILLE
DE TOULOUSE.

LIVRE PREMIER.

'ANTIQUITÉ de la ville de Toulouſe, les grands hommes qu'elle a produits, les révolutions qu'elle a eſſuyées la diſtinguent des autres villes, dont l'hiſtoire particuliere, toujours utile à leurs habitans, ne préſente pas un ſpectacle aſſez intéreſſant pour la plûpart des lecteurs. Célebre avant la fondation de Rome, elle a été ſucceſſivement la capitale d'un peuple fameux par ſes conquêtes, une Colonie des Romains, le ſiege des Rois Viſigoths, deux fois capitale de Royaume ſous la premiere, & ſous la ſeconde race des Rois François, & l'appanage des Comtes qui ont porté ſon nom. C'eſt ce qu'on appelle l'ancienne hiſtoire de Touloſue. Enfin, réunie à la Couronne, devenue ville de Province, & le ſiege du ſecond Parlement de France, elle n'a rien perdu de ſon éclat. Aucune ville n'a cultivé les Sciences avec plus de ſoin & de ſuccès; & ſes habitans, auſſi guerriers que gens de lettres, ſe ſont

Partie I.   A 2

toujours signalés dans les combats qu'ils ont eu à soutenir, pour la Religion, pour leur Patrie, pour leurs Rois. C'est à ce double avantage que Toulouse doit le titre auguste de *Palladienne* (*a*), qu'elle conserve encore.

La plûpart des anciens auteurs semblent s'être imposé la loi de remonter jusqu'à l'origine des peuples dont ils entreprenoient d'écrire l'histoire. L'inutilité ou l'insuffisance de leurs recherches ne les a point arrêtés. Au défaut de la vérité ils ont eu recours au mensonge ; & soit pour flater leur amour propre, en s'attribuant la gloire d'une découverte nouvelle, soit pour illustrer leur sujet, en le décorant de tout ce qui pouvoit l'ennoblir, ils ont séduit, sans scrupule, la crédulité des lecteurs.

Etienne de Ganno, Religieux de l'Ordre de Saint François, qui a écrit le premier l'histoire de Toulouse, est aussi le premier inventeur des fables qu'on a racontées sur la fondation de cette Ville, & sur son Fondateur. Selon cet Historien, elle a été fondée du temps de la Prophétesse Debora*, par Limosin neveu de Japhet. Nicolas Bertrand, dans son livre *De Tolosanorum gestis*, n'a fait que copier Ganno. Antoine Noguier a suivi la même route dans son *Histoire Tolosaine*, à cela près qu'il attribue cette fondation à Tolus. Plusieurs après ceux-ci en ont donné la gloire à Tolasso Troyen. Enfin Forcadel, dans son livre *De Gallorum Imperio*, a écrit que Polypheme bâtit les murailles de Toulouse, & qu'il lui donna ce nom à cause que sa femme le portoit. Cette diversité d'opinions, dénuées de toute preuve, les rend également suspectes. On doit porter le même jugement sur la longue suite des Rois chimériques que ces Auteurs ont donné à cette Ville, avant qu'elle passât sous la domination des Romains.

Tous les Peuples qui habitoient la partie occidentale de l'Europe, étoient appellés généralement Celtes. Ils comprenoient ce qu'on appelle aujourdhui les Espagnes, les Gaules, les Isles Britanniques, la Hollande, l'Allemagne, & même le Danemarq : mais ceux qui habitoient les Gaules, étoient appellés (*b*) Gaulois ou Galates ; & cette partie des Gaules, qui compose au-

(*a*) *Martial, liv.* 8. *epig.* 72.

(*b*) *Pausanias, in Atticis. Philipp. Cluverius, Introduct. geogr. lib.* 2. *cap.* 5.

* Elle est célebre dans l'histoire du Peuple Hébreu, & fut choisie pour juger ce Peuple 1285 ans avant Jésus-Christ.

jourd'hui le Languedoc, étoit divisée en deux grands peuples, les Volsces Tectosages, & les Volsces Arécomiques. Ceux-ci avoient pour bornes la riviere de l'Erault, qui se jette dans la mer à Agde, la mer Méditerranée, & le Rhône : ils occupoient une partie des Cevenes, & Nîmes étoit leur capitale. Les Tectosages occupoient le haut pays depuis l'Erault jusqu'à l'Avayron, & le long de la riviere de Garonne jusqu'à Agen, Lectoure & Auch. Ils possédoient encore ce qu'on appelle le Comminge, le Comté de Foix jusqu'aux bornes du Roussillon, & de la Catalogne, & Toulouse étoit leur capitale. Il seroit inutile de vouloir fixer l'époque de l'origine de cette Ville : elle se confond avec celle des peuples qui l'habitoient, & se perd dans l'obscurité des temps. On a beau consulter les histoires les plus anciennes ; on n'y trouve aucun vestige de sa fondation ; & ce silence est plus glorieux pour elle que les circonstances merveilleuses qu'on a débitées sur ce sujet.

Les premiers traits, qu'on découvre sur cette Ville, la peignent avec tous les caracteres de grandeur qui conviennent à la capitale d'un peuple fameux. Aussi célebre dans l'histoire que les Tectosages ses habitans, elle a toujours paru avec le même éclat. Ces peuples n'ont été précédés, dans ces contrées, par aucune autre nation. Leur antiquité les met au rang des peuples primitifs ; & par une conséquence nécessaire, on doit regarder Toulouse comm'une des plus anciennes Villes du monde.

La sortie que ces peuples firent hors de leurs contrées, pour aller chercher de nouveaux établissemens, est la premiere époque de l'histoire de Toulouse, qui soit parvenue jusqu'à nous. On fixera à cet évenement le commencement de cette histoire ; puisque jusques-là on ne peut rien dire de certain sur cette Ville célebre. Plusieurs auteurs ont donné différentes dates à cette époque : mais suivant un mémoire sur l'antiquité, & les mœurs de ces peuples, lu *, depuis peu, dans une Assemblée publique de l'Académie Royale des Sciences, Inscriptions, & Belles Lettres de Toulouse, elle doit être fixée à la quarante-unieme Olympiade, environ l'an 140 de Rome, & 615 ans avant Jésus-Christ. On ne doit point omettre que ce mémoire renferme de très-fortes preuves, pour justifier que cette sortie, quoique la plus ancienne dont

---

* Par M. d'Heliot, Abbé de Perrey-Neuf, Professeur des Libertés de l'Eglise Gallicane, dans l'Université de Toulouse.

l'hiſtoire faſſe mention, devoit avoir été précédée de quelques autres, puiſque ces peuples connoiſſoient, alors, les contrées les plus réculées de l'Europe.

Les Hiſtoriens ne s'accordent point ſur le motif qui engagea les Tectoſages à cette fameuſe ſortie. Strabon (c) prétend qu'à la ſuite d'une ſédition, qui s'étoit allumée parmi eux, les vainqueurs chaſſerent les vaincus. Titelive (d) dit que les Gaulois, s'étant tellement multipliés que leurs terres ne ſuffiſoient pas pour les nourrir, Ambigat, Roi des Celtes, porta la jeuneſſe de ces contrées à aller s'établir ailleurs, & qu'il lui donna pour chefs Belloveſe & Sigoveſe ſes neveux. Suivant cet Hiſtorien, ceux qui ſuivirent Belloveſe prirent leur route vers l'Italie, & s'arrêterent le long du Pô, dans ce pays qui s'appella depuis la Gaule Ciſalpine, & qu'on nomme à préſent la Lombardie. Ce furent ces Gaulois qui ſaccagerent Rome, l'an de ſa fondation 363. Les autres, au nombre de trois cens mille, ſelon Juſtin (e), s'établirent dans l'Illirie, la Germanie, la Pannonie, & ſe ſignalerent, au témoignage de Céſar (f), par leur valeur, & par leur équité. Quelle haute idée ne doit-on pas avoir d'un peuple qui, dans ces temps réculés, pouvoit former d'auſſi grandes Colonies!

L'Allemagne n'eſt pas le ſeul endroit où les Tectoſages s'établirent. L'hiſtoire nous les découvre dans la Hongrie, où ils s'arrêterent, après en avoir chaſſé les peuples d'Iſtrie, par la force des armes, & en Aſie, où ils paſſerent (g), long-temps après, ſous la conduite de Belge leur Général. Ce fut là qu'ils remporterent deux grandes victoires, l'une ſur le jeune Ptolomée, Roi de Macédoine, l'autre ſur Soſthene ſon ſucceſſeur, & qu'ils fonderent un grand Etat, appellé depuis de leur nom, Galatie, ou Gallo-Grece.

De toutes les actions de ces Conquérans, la plus fameuſe eſt leur expédition contre la ville de Delphes, où ils allerent (h), l'an de Rome 475, dans le deſſein de piller le Temple d'Appollon. Les Hiſtoriens ne s'accordent point ſur le ſuccès de cette entrepriſe. Les uns (i) diſent, ou font entendre, que les Tectoſages, commandés par Brennus leur Chef, ſe rendirent maitres de Delphes, qu'ils ſaccagerent le Temple, & revinrent à Toulouſe, leur ancienne patrie, chargés de l'or & de l'argent qu'ils avoient enlevé de ce lieu ſacré. Polybe, auteur contemporain, Juſtin & Pauſa-

(c) Liv. 4. (d) Liv. 5. (e) Liv 24. c. 3. (f) Comm. de bello gallico, lib. 6. (g) Juſtin. lib. 24. (h) Id. (i) Ciceron, Titelive, Diodore de Sicile, Strabon, Dion, Athénée, & Valere-Maxime.

nias assurent, au contraire, que Delphes résista aux armes des Gaulois ; & qu'ils périrent misérablement devant cette Place, sans pouvoir s'en rendre maîtres. Ce dernier auteur ajoute que ce Temple fameux fut redevable de sa conservation, à la valeur des Grecs qui le défendoient, & à la protection des Dieux qui exciterent contre les assiégeans un orage si furieux, qu'il ne s'en sauva pas un seul. Cette derniere opinion a été suivie par les sçavans auteurs de l'Histoire générale de Languedoc (*l*). Mais ils ont rejetté avec raison, ce prétendu miracle, inventé ou adopté par Pausanias. L'erreur de cet Historien est le fruit de l'ignorance de son siecle, qui attribuoit tous les grands évenemens, à quelque cause merveilleuse. Une armée peut se détruire par tant de causes naturelles, sur-tout pendant de longs sieges, qu'il pouvoit se dispenser d'avoir recours à la protection de ses Dieux, dont le pouvoir n'avoit d'autre fondement qu'une aveugle superstition.

La Loi qui interdisoit aux Gaulois l'usage d'écrire nous a dérobé la connoissance détaillée de leur religion, de leurs loix, & de leurs mœurs. On ne peut pénétrer dans ces siecles ténébreux qu'à la faveur de quelques traits répandus dans les ouvrages des anciens Historiens, étrangers à cette Nation, ou d'un petit nombre de monumens échapés aux ravages des temps, & des Barbares. Il faut cependant présumer que la Religion des Tectosages ne différoit que très-peu de celle du reste des Gaulois. Jamais peuple idolâtre n'eût une plus noble idée de la Divinité. Ils croyoient qu'elle ne pouvoit être représentée, ni renfermée dans l'enceinte de quelques murs, aussi n'avoient-ils ni Statues ni Temples. Le Chêne étoit le principal objet de leur culte. Pénétrés de respect pour cet Arbre, qu'ils avoient spécialement consacré à leurs Dieux, c'étoit sous son ombre qu'ils offroient tous leurs sacrifices.

Les principaux de ces Dieux étoient ESUS, TEUTATE'S, TARANIS, & BE'LE'NUS. Par une superstition inhumaine, ils sacrifioient des hommes vivans aux trois premiers, & croyoient que dans certaines occasions leur colere ne pouvoit être appaisée que par de semblables victimes. Pour cette cruelle cérémonie, ils faisoient quelquefois des Statues d'ozier, d'une grandeur prodigieuse : ils les remplissoient d'hommes, après quoi les Druïdes y mettoient le feu. Les malfaiteurs étoient choisis pour servir de victime, parce qu'ils les croyoient plus agréables aux Dieux que les autres : mais au défaut des criminels, ils sacrifioient des innocens,

(*l*) Tome 1. page 598.

On frémira en apprenant (*m*) que des Provinces entieres ont poussé leur barbarie, jusqu'à sacrifier toutes les femmes, & tous les enfans à la fois. L'Empereur Claude supprima (*n*) dans les Gaules les Druides, & cette sorte de sacrifices, dont la seule idée révolte la nature.

L'art des Augures & des Arruspices étoit la principale occupation des Gaulois. Ils s'imaginoient lire distinctement leur destinée & le succès heureux ou malheureux de leurs entreprises dans le vol des oiseaux, dans les flancs des animaux, & dans les entrailles des victimes humaines. L'immortalité de l'ame étoit encore un point de leur religion ; mais ils avoient une idée si singuliere de l'autre vie, qu'ils se faisoient des prêts mutuels dans ce monde, avec promesse de se les rendre seulement dans l'autre. Ils jettoient dans le bûcher, ou dans l'urne des morts, un compte exact de leurs affaires, afin qu'ils pussent s'en servir dans les Enfers : leurs amis y jettoient aussi des lettres ; & ils avoient la ridicule simplicité de croire qu'ils les liroient à leur loisir. L'usage de brûler les morts se conserva dans Toulouse long-temps après que cette Ville fut soumise aux Romains. Les Tectosages, à l'exemple de leurs vainqueurs, mirent, sans doute alors, une piece de monnoie dans l'urne * qui renfermoit

(*m*) *La Religion des Gaulois par le R. P. Dom. *** Relig. de la Congreg. de Saint Maur, tome.* 1. *page* 86. *& suiv.* (*n*) *Sueton. in Claudio, cap.* 25.

* On trouve très-souvent, en fouillant la terre aux environs de cette Ville, des urnes remplies de cendres, & de charbons, où il y a presque toujours une piece de monnoie : mais on n'y a jamais trouvé que des monnoies Romaines, ou des monnoies Gauloises postérieures à la conquête des Gaules, par les Romains.

On trouve aussi une quantité prodigieuse de ces urnes dans un village appellé *vieille Toulouse*, éloigné de cette Ville environ d'une lieue, ce qui a peut-être servi de fondement à l'opinion de quelques auteurs qui ont dit que Toulouse étoit autrefois bâtie dans cet endroit. Il est plus vraissemblable que ce grand nombre d'urnes vient de ce que les Toulousains, & sur-tout ceux dont la fortune étoit médiocre, avoit choisi cet endroit pour faire brûler les morts, par la facilité d'avoir du bois à moins de fraix ; peut-être même n'étoit-il permis qu'aux personnes distinguées de faire brûler les morts, aux environs de la Ville, pour éviter la mauvaise odeur qui auroit incommodé trop souvent les habitans. Les endroits où l'on faisoit brûler les morts s'appelloient *Feretra* nom qui vient peut-être, selon le Mss. de Dupuy, de ces mots latins *ferre extra*. Le peuple alloit visiter ces endroits une fois l'année, en mémoire de leurs parens & amis. Dans la suite les Toulousains devenus chrétiens, & voulant donner un saint motif à ces visites, firent bâtir une Chapelle sous le nom de *Notre-Dame du Feretra*, à l'endroit où sont aujourdhui les PP. Recollets, qui étoit sans

moit les cendres, pour que le mort pût être admis dans la Barque de Caron ; sans quoi ils étoient dans l'opinion qu'il erreroit éternellement sur les bords du Stix.

Parmi les Gaulois on nommoit Druïdes les Docteurs, & les Ministres de la Religion. Ils étoient divisés en quatre classes, sous quatre noms différens. Les *VACERES* qui vaquoient aux Mysteres de la Religion ; les *EUBAGES*, qui étoient occupés à juger des prodiges, pour en tirer des conjectures sur l'avenir ; les *SARRONIDES* qui rendoient la justice, & instruisoient la jeunesse Gauloise dans les sciences, & dans les beaux arts ; & les *BARDES*, qui célébroient en vers, les faits héroïques des grands hommes. Ces Druïdes étoient en si grande vénération que les refractaires à leurs jugemens ne pouvoient assister aux sacrifices, ce qu'on a regardé parmi tous les peuples, comme une note d'infamie, & une marque d'impiété. Il y avoit aussi des femmes dont les fonctions étoient les mêmes que celles des Druïdes. Parmi elles il y en avoit qui faisoient vœu d'une virginité perpétuelle : les autres étoient mariées ; mais elles ne rendoient visite à leur mari, qu'une fois l'année. Quelques auteurs ont dit que Pytagore avoit emprunté des Druïdes le système de la transmigration des ames : un sçavant Bénédictin a démontré (o) que ce système étoit même entierement opposé à la Religion des Gaulois.

(o) *Traité de la Religion des Gaulois.*

---

doute le lieu le plus usité pour brûler les morts, puisque c'est-là qu'on trouve des urnes en plus grand nombre & plus souvent. L'usage de ces visites ou promenades se soutient encore par une espece de Fête, qu'on célebre les quatre derniers Dimanches du Carême, & le Lundi de Pâques, sous le même nom de *Feretra*, ou *Fenetra*. Le premier, & sans doute le plus ancien, est celui de la Porte du Château Narbonnois ; & les Dimanches suivans on solemnise successivement ceux de la Porte d'Arnaud-Bernard, du Bazacle, de St. Etienne, & de St. Cyprien.

Du reste, mon opinion au sujet de la situation de Toulouse paroît d'autant mieux fondée, que dans les urnes qu'on trouve à vieille Toulouse, il y a aussi des monnoies Romaines, & quelquefois d'un temps postérieur à celles qu'on trouve aux environs de Toulouse. D'ailleurs il conste par un monument non-équivoque, qui est le Temple où l'on a construit depuis l'Eglise de la Daurade, que lorsque Toulouse étoit sous la domination de l'Empire Romain, elle étoit dans le même lieu, où elle est aujourdhui. A l'égard du nom de vieille Toulouse qui a contribué à accréditer cette opinion, j'adhere au sentiment de Lafaille, qui croit que ce nom dérive par corruption de celui de *Villa-Tolosæ*, que ce lieu portoit, peut-être, parce que cette Terre, ou Maison de campagne *Villa*, appartenoit à une famille du nom de Toulouse, dont il y a eu plusieurs Capitouls, dans le XII. & XIII. siecle.

Partie I. B

Les points fondamentaux de toute la doctrine des Druïdes se réduisoient à adorer les Dieux, à ne jamais faire le mal, à être braves, au milieu des plus grands dangers. Il y en avoit un qui étoit le souverain Prêtre de la nation, & dont l'autorité s'étendoit sur tous les autres. Ils étoient également exempts de toute sorte de tributs, & du service militaire. Une de leurs principales études consistoit à apprendre par cœur, un grand nombre de vers, qu'ils récitoient dans les assemblées, & qu'ils ne mettoient jamais par écrit. Quoique les Druïdes fussent les chefs, & les Juges de la nation, on ne traitoit (p) jamais les affaires publiques que dans une assemblée générale. Tout le monde s'y rendoit en armes, & en diligence, parce qu'il en coûtoit la vie à celui qui arrivoit le dernier. Personne ne parloit qu'à son tour, sous peine d'être rigoureusement puni de son indiscrétion. Les femmes étoient admises à ces sortes d'assemblées, & soumises aux mêmes Loix. Leur beauté, leur fidélité, & leurs vertus les rendoient recommandables au point qu'on ne prenoit aucune résolution, pour la paix, pour la guerre, & pour les autres affaires publiques, sans les consulter. Leur habileté & leur sagesse, étoient en si grande réputation parmi les étrangers, que lors du passage des Cartaginois dans les Gaules, ils leur soumirent la décision de tous les différends qui naîtroient parmi eux.

Leur gouvernement étoit *Aristocratique*. Ils élisoient tous les ans leur chef, qui avoit sous lui des officiers subalternes, dont les uns étoient Druïdes, les autres Chevaliers. Les derniers s'occupoient uniquement de ce qui concernoit la guerre. Le soin des autres s'étendoit à la religion, & à l'administration de la justice civile & criminelle. De tous les crimes, le larcin étoit le plus sévèrement puni. Ceux qui en étoient convaincus, étoient immolés dans les sacrifices publics. L'homicide d'un étranger étoit puni avec plus de rigueur que celui d'un citoyen. L'exil étoit la peine de ce dernier, & la mort le supplice ordinaire de l'autre.

On ne connoissoit point l'esclavage parmi ces peuples (q). Ils étoient tous libres, quoique les uns fussent plus distingués que les autres, par les richesses, ou par la noblesse. Il est vrai que les pauvres se mettoient sous la protection des riches, qui leur donnoient des terres à cultiver, ou des troupeaux à garder, en leur cédant une partie du profit. Ces riches étoient quelquefois eux-mêmes sous la protection d'autres plus riches, ou plus puissans qu'eux : mais cette protection étoit libre & à temps, de manière

---

(p) *Tit. Liv. l.* 1. *decad.* 3.   (q) *Cesar. comm. de bello gall. l.* 6.

que ceux qui l'exerçoient n'avoient aucun droit de propriété fur la perfonne de leurs cliens.

La chaffe, & la guerre, ces deux exercices, dont le goût part du même principe, qui font naître le courage, & qui l'entretiennent, étoient leurs paffions dominantes : mais foit par vertu, foit par amour propre, ils attaquoient l'ennemi à découvert, & dédaignoient toute fourberie. L'amour de la liberté naiffoit, & mouroit avec eux. Ils lui facrifioient ce qu'ils avoient de plus cher, leurs femmes, leurs enfans, leurs terres, leur vie même. Aucun peuple ne porta plus loin le mépris de la mort. Ils alloient au combat en danfant, & en chantant les vertus, & les victoires de leurs ancêtres. Semblables, en quelque façon, aux Suiffes de nos jours, ils fe mettoient (r) à la folde de ceux qui leur faifoient les meilleures conditions; & n'héfitoient pas de fervir avec une fidélité incorruptible dans deux armées prêtes à combatre l'une contre l'autre. Pour toutes armes ils avoient la flèche, le bouclier, l'épée, & une lance. Ils joignoient à cette armure le fon épouvantable de leurs trompêtes, un afpect terrible, une voix menaçante & une mine fiere. Quelquefois ils fe dépouilloient jufqu'à la ceinture avant le combat, pour fe rendre plus formidables. Leur cavalerie étoit infiniment meilleure que leur infanterie. S'ils étoient défaits ils mettoient bas les armes, & préfentoient l'épaule droite nue, pour annoncer qu'ils demandoient la vie, & qu'ils fe rendoient. Dans ces occafions, les femmes découvroient leur fein, & jettoient aux ennemis de l'argent, & des robes. Elles fuivoient les hommes dans les combats, & s'occupoient, avec un zèle intrépide, à enlever les bleffés de deffus le champ de bataille, pour prendre foin de leur vie. On les vit, plus d'une fois, encourager les combatans, par leur gefte, par leurs difcours, par leur exemple; & cette nation leur fut fouvent redevable de la victoire.

Les difcours des Gaulois étoient laconiques, mais obfcurs, parce qu'ils abondoient en figures. D'ailleurs ils avoient l'efprit propre aux fciences, & les cultivoient avec foin. Le principal devoir des Druïdes étoit d'apprendre à la jeuneffe la Théologie, la Philofophie, la Phyfique, l'Aftronomie, & la Medecine. La Poéfie étoit fi eftimée parmi eux, que leurs Poetes, qu'ils appelloient *Bardes*, étoient reçus avec honneur dans les compagnies; & qu'on ceffoit de parler, à leur arrivée, pour avoir le plaifir de leur entendre réciter les vers, qu'ils avoient compofés.

(r) *Juftin. lib.* 25.

Les Gaulois n'avoient qu'une femme. Avant la célébration des nôces, le mari lui assignoit pour douaire, autant qu'elle apportoit en dot. Tout étoit mis en commun, & appartenoit au dernier survivant. Les maris avoient droit de vie, & de mort sur leur femme : mais ils usoient rarement de cette autorité. Lors qu'on avoit lieu de soupçonner les femmes d'infidélité, on recouroit à une épreuve bien singuliere. On obligeoit l'accusée, d'exposer, elle-même, les enfans qu'elle mettoit au monde, au courant des eaux d'une riviere : s'ils couloient à fond, la femme étoit tenue pour infidele, & perdoit la vie : s'ils étoient portés sur l'eau, & qu'ils allassent se rendre entre les bras de leur mere qui les attendoit à une certaine distance, le mari oublioit ses soupçons, & rendoit toute sa tendresse à son épouse. Lorsque le mari surprenoit sa femme en adultere & qu'il vouloit épargner sa vie, il la dépouilloit, presque à nud, & la chassoit à coups de verges de sa maison, à la vue des parens communs, & du public. Les enfans ne paroissoient publiquement devant leur pere que lors qu'ils étoient en âge de porter les armes ; & ils le servoient dans le repas. La mere prenoit le principal soin de leur éducation. Leur nourriture consistoit en bierre, en laitages, & en diverses sortes de viande, sur-tout du porc frais & salé. Ils invitoient volontiers les étrangers à manger avec eux : mais les repas, qu'ils prenoient à terre, sur des peaux, & auprès d'un foyer, étoient ordinairement suivis, de quelque dispute, ou de quelque combat particulier.

Une haute taille, une chevelure blonde & très-longue distinguoient la plupart des Gaulois. Les uns rasoient leur barbe ; les autres la conservoient, en partie ; les plus qualifiés ne gardoient que la moustache. Magnifiques dans leurs meubles, mais particulierement dans leurs habits, ils portoient, comme leurs femmes, des colliers, des brasselets, des anneaux, & des chaines d'or, ou d'argent. Ces précieux métaux étoient destinés à leur parure, ou consacrés à leurs Dieux ; & leur monnoie, étoit d'airain, ou de bronze. Leurs habits consistoient en des tuniques peintes de diverses couleurs, qu'ils ceignoient avec des baudriers, garnis d'or ou d'argent. Ils portoient avec cela des hauts de chausses, qu'on appelloit *brayes*, des sayes, ou hoquetons à manches, d'une étoffe grosse, ou légere, selon la saison, qui leur descendoient jusqu'aux cuisses, & leur servoient de surtout. Leurs maisons étoient simples ; de figure ronde, bâties de bois, & couvertes de rozeaux ; &, soit par superstition, soit par quelqu'autre motif, ils n'en fermoient jamais la porte.

DE TOULOUSE. LIV. I.

Telles étoient les mœurs de cette nation, qui mit Rome aux fers, & qui devint, à son tour, l'esclave de cette Maitresse du monde. Le commerce des Phocéens, établis à Marseille, rendit (s) peu-à-peu, les peuples de ces contrées moins sauvages : ils apprirent d'eux à cultiver les terres, à entourer les Villes de murailles, & à terminer leurs différends par la voie de la justice. C'est sans doute alors qu'ils établirent, dans Toulouse, le Sénat auquel ressortissoient toutes les Villes des Volsces-Tectosages. La politesse de cette colonie grecque leur devint propre. Ils en prirent le langage, dont la langue vulgaire de Toulouse conserve encore beaucoup de mots. Leurs vertus devinrent moins austeres : mais on leur reprocha, toujours, une trop grande affectation à se louer, & un penchant décidé à parler d'autrui avec mépris. Voilà tout ce qu'on a pu découvrir, dans ces temps éloignés, sur les conquêtes, sur les usages, & sur le caractere de ces peuples. Ils avoient porté leurs armes victorieuses dans les pays les plus éloignés : ils jouissoient dans Toulouse, leur capitale, de la liberté, & de l'indépendance : mais les Aigles Romaines parurent dans les Gaules, & le sort des Tectosages prit une face nouvelle.

Le Consul Fulvius, que Rome avoit envoyé au secours de Marseille contre les Saliens, frappé d'étonnement à la vue de la beauté, & de la fertilité de cette Province, forma le projet de la conquerir. Dans ce dessein il ne se contenta pas d'arrêter les ennemis de cette République : il les poussa vivement ; se rendit maître de la ville d'Aix, leur capitale l'an 600 de Rome ; & prépara, par cette conquête, si fatale au reste des Gaules, de nouveaux triomphes aux Consuls Fabius & Domitius, qui passerent les Monts, l'an 633, à la tête des légions Romaines, pour secourir ceux d'Autun contre les Auvergnats. Ces Consuls ambitieux, guidés par l'esprit du Sénat, qui vouloit assujetir l'univers, saisirent ce prétexte pour étendre la domination Romaine. La victoire vola, par-tout, sur leurs traces. Ils défirent (t) après une longue résistance une armée de Gaulois, composée de 150 mille hommes, firent prisonnier Bituitus leur chef, & le conduisirent à Rome. Alors rien ne put résister aux armes des Romains. Ils subjuguerent l'an 636, tous ces vastes pays, qui comprennent aujourdhui la Savoye, le Dauphiné, la Provence, & le Languedoc.

La Religion des Romains triompha dans les Gaules, avec la même rapidité que leurs armes. Les Dieux des vaincus furent sacri-

(s) *Justin. lib.* 43. c. 4.   (t) *Florus. l.* 3. c. 2. *Paul. Oros. l.* 5. c. 15.

fiés à la politique, ou subjugés par la force. Soit pour plaire, ou pour obéir aux vainqueurs, les Tectofages adopterent leurs divinités, & leur éleverent des Temples. ESUS, ne reçut plus de culte que fous le nom de Jupiter : TEUTATE'S, fût adoré fous celui de Mercure : TARANIS, fous celui de Mars : BE'LE'NUS, fous celui d'Apollon. Toulouse fe fignala par fon zele pour cette nouvelle religion ; & fuivant plufieurs hiftoriens (u), Jupiter, Apollon & Mercure y furent adorés dans des Temples dignes de cette capitale. De tous ces fuperbes édifices il n'en refte qu'un, qui a été converti, depuis quinze cens ans, en une Eglife, connue fous le nom de *Sancta Maria Fabricata*, ou de *la Daurade*. Lafaille craignant d'adopter un fyftème fabuleux, en lui donnant cette origine, eft le premier qui a rejetté ce fait, parce que la mofaïque qui décore cette Eglife repréfente les Prophetes juifs. Cette raifon détruiroit toute idée d'un Temple confacré dans fon origine aux faux Dieux, fi cette mofaïque, qui femble caractérifer l'antiquité de cet édifice, étoit auffi ancienne que fa conftruction. Mais on fe convaincra qu'elle lui eft poftérieure, en vérifiant ce qu'avance * un fçavant

(u) *Strabon, Juftin, Oroze, Aulugelle, Dion.*

* „Ce Temple dans fon origine n'avoit ni la forme, ni l'étendue de l'Eglife „telle qu'elle eft à préfent. Ce qui faifoit le Temple y fert à préfent de Sanc-„tuaire ; & ce Sanctuaire, avec ce qui a été abatu pour former la Nef de l'E-„glife, formoit un décagone complet.
„Ce Sanctuaire eft exhauffé. Tout au tour regnent l'un fur l'autre trois rangs „de niches pratiquées dans le mur. Tout le maffif du mur eft incrufté d'une „mofaïque admirable, principalement les niches, dans chacune defquelles eft „repréfenté, un Saint de l'ancien, ou du nouveau Teftament. Chaque niche „eft féparée par une petite colomne de marbre, que la mofaïque rend d'ordre „*gottique*; quoiqu'elles n'en foient pas. Au refte les chapitaux, & les focles des „colomnes n'ont point de mofaïque.
„Cette mofaïque confifte en des petits morceaux de verre, diverfifiés de cou-„leur, taillés quarrément, artiftement rangés, & maftiqués fur un fonds de „ftuc. La couleur jaunâtre, qui l'emporte fur toutes les autres, a donné lieu au „nom *Deaurata*, ou Daurade. Cette mofaïque eft l'ouvrage des Vifigoths, qui „firent de Toulouse la capitale de leur Royaume. Ils vouloient, par cet orne-„ment étranger, effacer la premiere beauté du Temple, lequel en lui-même, „étoit un perifyle, orné en fon par-tour intérieur, de trois rangs de colonnes „faillantes, ifolées, & cannelées en creux de cannelures torfes. Les bazes, & „les chapitaux des colonnes font de marbre blanc. Les colomnes font d'ordre „ïonique ; les chapitaux font compofites, partie corinthiens, & quelques-uns „ïoniques. Le corps de la colomne a cinq pieds dix pouces de hauteur, com-„pris le chapiteau, & la baze.
„Ce beau décagone étoit couvert d'une coupe, dont la partie qui couvroit

Bénédictin, exact observateur de ce fait historique. On peut donc adopter le sentiment général ; & rendre, en quelque façon, à Toulouse un monument de la magnificence des Gaulois, & des Romains.

La Gaule devenue Province Romaine fût gouvernée par des Pro-Consuls. L'un d'eux, appellé Quintus-Servilius-Cepio, enleva le fameux trésor de Toulouse, qui devint si fatal à ses ravisseurs. On peut voir dans les Annales de Toulouse, une dissertation (x) très-curieuse de M. de Lagni * sur ce sujet. Ce sçavant dissertateur croit d'après Possidonius, que cet or, & cet argent provenoit des mines, qui abondent dans ces contrées, & non du Temple de Delphes, comme quelques historiens le rapportent. Il évalue ce trésor, suivant l'opinion commune, à cent dix mille livres *Romaines* pésant d'or, & à quinze cens mille pésant d'argent ; ce qui revient à environ cent trente millions de notre monnoie.

Julles-Cefar, le plus fameux de tous les Pro-Consuls qui gouvernerent cette Province, fit la conquête du reste des Gaules, de laquelle il a fait lui-même l'histoire dans ses commentaires. Il honora les Gaulois d'une protection particuliere, & en éleva plusieurs à la dignité de Sénateur. Peu de temps après & vers l'an 678 de Rome, Toulouse fut érigée en colonie ** de l'Empire, sans qu'on ait pu découvrir le temps fixe de cet établissement. Emule de Rome,

_____

(x) *Tome* 1. *page* 329.

»tout l'émicycle qui subsiste encore, a duré † jusqu'en 1703, qu'on la mit bas,
»parce qu'on s'apperçut que son poids énorme faisoit surplomber le mur de
»tous côtés.... Après avoir trouvé quelques assises on découvrit une ouverture
»d'environ cinq pieds, en tout sens, dont on n'avoit aucune connoissance,
»parce qu'on avoit eu la précaution d'en boucher les deux extrêmités. C'étoit
»un canal pour recevoir le jour, à-peu-près semblable à celui qu'on voit au
»Panthéon à Rome, & aux autres Temples Gaulois. (*De la Religion des Gaulois*, tome 1. p. 1, 6 *& suiv.*

* Thomas Fantet, Sieur de Lagni, de l'Académie des Sciences de Paris, célebre Mathématicien.

** La politique des Romains avoit plusieurs objets en établissant les colonies. Ils paroissoient vouloir distinguer ces Villes par des marques d'honneur : mais ils cherchoient plutôt, à s'assurer de la fidélité des peuples, & à les accoutumer à leurs mœurs, & à leurs usages. Ces colonies étoient composées, d'ordinaire, ou de citoyens Romains, dont ils vouloient se décharger, ou de vétérans des légions, dont ils vouloient récompenser les services. On accordoit aux habitans des colonies le droit de bourgeoisie Romaine, pour les rendre plus zélés, & plus vigilans pour les intérêts de l'Etat.

† Au mois de Mai 1759, on a commencé à démolir la nouvelle coupe construite en 1703. L'on se propose aussi de détruire la Mozaïque, & une partie de l'ancien Temple, pour élever un superbe Dome, sous lequel l'on doit placer un Autel à la Romaine, décoré avec la plus grande magnificence.

elle éleva un Capitole *, sous Galba l'an 68 de Jésus-Christ, & conserva le titre de Colonie sous les premiers Empereurs, jusqu'au regne d'Honorius. S'il nous reste si peu de monumens de son ancienne grandeur, c'est que les Visigoths, cette nation barbare & ennemie du nom Romain, ayant choisi, depuis, cette Ville pour capitale de leur nouveau Royaume, n'y purent souffrir ces marqués de la magnificence Romaine, & les ruinerent de fond en comble.

Le zele apostolique de Saturnin ou Sernin procura à Toulouse un avantage bien plus précieux que le titre de Colonie Romaine. Il déchira, le premier, le voile de l'idolâtrie, & du paganisme ; & prêcha (y) l'Evangile de J. C. dans cette Ville célebre, vers l'an ** deux cens quarante-cinq. Le silence des idoles annonça la vérité de sa religion, & augmenta ses succès. Leurs Prêtres allarmés de voir déserter les Temples, conjurerent sa perte, & voulurent l'obliger de sacrifier aux faux Dieux. Ils le menacerent des plus cruels tourmens. Sa foi triompha de leurs menaces. Il résista en héros chrétien à cette proposition honteuse. Son courage augmenta le nombre de ses prosélytes, & ranima la furie de ses ennemis. Ils l'attacherent l'an 257, à un taureau préparé pour le sacrifice. Ils irriterent cet animal furieux ; & le corps du saint Prélat, qu'il trainoit, fut mis en pieces. La mort de ce Martyr, que Toulouse reconnoit pour son Apôtre, & pour son premier Evêque, ne ralentit pas l'ardeur des nouveaux chrétiens. Leur nombre augmenta par le zele de Saint Honorat son successeur ; & le christianisme y prit
de si fortes

(y) *Greg. de Tours*, liv. 1. chap. 28. *Sidoine-Apoll. lib.* 9. *épit. derniere.*

---

* Quelques auteurs font remonter à cette époque la construction d'un Amphiteâtre dont on voit encore des vestiges. Il étoit de brique & de figure ovale, ou elliptique : son aire, qu'on distingue très-bien, a environ cent cinquante pieds de longueur, sur quatre vingts pieds de largeur. Cette étendue, trop resserrée pour contenir le peuple de Toulouse, faisoit plutôt présumer qu'il avoit été élevé par la magnificence de quelque particulier. Quoi qu'il en soit, suivant le mss. de Bernard Dupuy, un Prieur de la Daurade le fit démolir, & employa les matériaux à la construction du Château Saint Michel, qui est à 400 pas de-là, au confluent de la petite Riviere du Touch avec la Garonne. Son opinion est fondée sur ce qu'il y a dans l'Eglise de ce Château des morceaux de marbre, sur lesquels on voit des lambeaux d'inscriptions romaines, & des figures en bas relief, qui faisoient, sans doute, l'ornement de cet édifice, & qui ont été ainsi mutilées, par l'ignorance de ceux qui le détruisirent.

** Dans toute la suite de cette histoire, on suivra l'Ere chrétienne pour la citation des dates.

de si fortes racines, que cette Ville mérita, depuis, le titre de *Sainte*, qu'elle a toujours conservé. Le culte pur, que ce peuple fidele rendoit à la religion, fut troublé par les erreurs de Vigilance * que Saint Jérome appelle *le Monstre de Gaules*. Ce Pere de l'Eglise le confondit, par ses écrits. Saint Exupere Evêque de Toulouse le chassa ignominieusement de son Diocese ; & il alla porter son venin du côté de Barcelonne.

Sous l'empire d'Arcadius, & d'Honorius, ou Honoré, vers l'an 406, Toulouse fut en proie aux ravages des Vendales, & des Visigoths, qui firent presque en-même-temps une irruption dans les Gaules. Au rapport de saint Jérome, saint Exupere garantit, par un miracle, cette Ville de la fureur des premiers, ce qui fait douter s'ils s'en rendirent maîtres. Mais il est assuré qu'Ataülphe Roi des Visigoths conquit toute la Gaule Narbonnoise, & qu'il s'empara de Toulouse l'an 413 ; il n'y fit pourtant pas son séjour : Elle ne devint Capitale du nouveau Royaume des Visigoths, qu'après que le Patrice Constance eut cedé l'an 418, à Wallia successeur d'Ataülphe, au nom de l'Empereur Honoré, la seconde Aquitaine, & quelques cités des Provinces ** voisines, pour les posseder, à titre de Royaume. Ce Royaume comprenoit avec Toulouse, Bordeaux, Agen, Perigueux, Angoulême, Xaintes, Poitiers, & une partie de la troisieme Aquitaine.

Les mœurs des habitans de Toulouse n'étoient plus différentes de celles des Romains. Après avoir adopté leurs Divinités, ils eurent la même horreur de leurs égaremens, & embrasserent la religion chrétienne. Parmi les Pro-Consuls qui gouvernoient cette Province, il y en eut qui gagnerent l'amour & l'estime des peuples, par la douceur de leur administration, & d'autres qui meriterent toute leur haine par leur avarice & leur cruauté. L'usage du Droit Romain y fut plus commun que dans le reste des Gaules. Les sciences firent sur-tout de grands progrès dans Toulouse, où les plus céle-

---

* Cet Hérésiarque natif de Calaguri petit Bourg, près de Comminges, avoit été Curé d'une Paroisse du Diocese de Barcelonne, dans la Catalogne. C'est là qu'il commença à publier ses erreurs. Il combatoit, & condamnoit principalement la virginité, les jeûnes, l'abstinence de l'Eglise, le culte des Martyrs, & celui de leurs Reliques.

** On appella alors *Septimania*, Septimanie, & ensuite *Gothie*, ou Gaule Gothique, ce pays désigné anciennement par le nom de *Gallia Braccata*, & connu sous Auguste par celui de *Gallia Narbonnensis* : Depuis ce temps-là, & peu de temps avant la réunion du Comté de Toulouse à la Couronne, on l'a appellé *Patria Linguæ Occitaniæ*, ou *Languedoc*. (Catel. hist. des Comtes de Toulouse, page 2. Hist. gén. de Lang. tome 1. page 213.)   C

bres Profeſſeurs enſeignerent l'éloquence avec éclat. Mais il ne paroît pas que dans ces temps réculés on enſeignât le Droit ailleurs qu'à Rome. La beauté des Ports que cette Province avoit ſur la Méditerranée, dans un temps où tous ceux de l'Océan étoient, ou inconnus, ou peu pratiqués, attiroit, avec le commerce, les richeſſes & l'abondance.

Tel étoit l'état floriſſant de ces contrées, lorſque les Goths s'établirent à Toulouſe. Wallia choiſit cette Ville pour ſa capitale; & prit, ainſi que ſes ſucceſſeurs, le titre de Roi de Toulouſe. Les Goths, ſuivant la plus commune opinion, tiroient leur origine de cette partie de la Suede qu'on appelle Gothland. Ils s'établirent, d'abord dans la Saxe, & la Poméranie, entre l'Elbe, & la Viſtule. De-là ils paſſerent, ſucceſſivement, vers le Palus Mœotide, & le long du Danube. Ils s'armerent contre les Romains, & obtinrent de l'Empereur Valens la Thrace, pour leur demeure. On les diſtingua alors, en Oſtrogoths, ou Goths orientaux, & Viſigoths, ou Goths occidentaux. Ceux-ci ſont ceux qui jurerent une haine implacable aux Romains, qui ſoutinrent contr'eux une longue guerre, qui furent, tour-à-tour leurs vainqueurs, & leurs eſclaves; & qui s'établirent dans les Gaules & en Eſpagne, après avoir ſaccagé Rome, & conquis une partie de l'Italie.

Wallia entretint la paix avec l'Empire, & ne ſurvécut pas long-temps à l'établiſſement du Siege de ſon Royaume dans Touloufe. Il mourut dans cette Ville d'une maladie de langueur, l'an 419.

Son ſucceſſeur Théodoric, profitant des troubles qui agitoient l'Empire depuis la mort d'Honoré, rompit la paix avec Rome, l'an 425. Il alla mettre le ſiege devant Arles, la plus floriſſante Ville des Romains dans les Gaules. Cette tentative fut vaine. Le fameux Aëce, à la tête des troupes Romaines, le força de lever honteuſement ce ſiege, & de ſe retirer. La ſeconde entrepriſe qu'il fit ſur la même Ville l'an 429, n'eut pas plus de ſuccès. Aëce le défit encore avec la même gloire. Tous ces revers n'empêcherent pas ce Prince ambitieux de faire en 435, le ſiege de Narbonne, qui étoit auſſi ſous la domination de Rome. Littorius commandant des troupes Romaines, ſous le général Aëce, marcha au ſecours de cette Place; le repouſſa, avec autant d'avantage que l'avoit fait Aëce: mais, moins modéré dans ſa victoire, il leva une puiſſante armée; s'allia avec les Huns, & vint l'an 438, aſſiéger Théodoric dans ſa capitale, où il s'étoit renfermé, n'oſant tenir la campagne. Toulouſe alloit ſubir le joug ſans un événement extraordinaire, qu'on attribue aux prieres de saint Orens Evêque d'Auch, qui étoit dans cette Ville. Ce saint Prélat, n'ayant pu gagner l'esprit de Littorius, ni moyenner aucun accommodement entre ce Romain, & Théodoric, rentra dans la Ville, fit mettre tout le monde en prieres, sans excepter Théodoric qui parut en public revêtu d'un rude cilice.

Le secours du ciel, que la ferveur de ces prieres sembloit promettre à Théodoric, releva son courage. Résolu de vaincre, ou de mourir, il se met à la tête des Visigoths, & des Toulousains, & attaque les troupes Romaines. La valeur de ses troupes, l'emporta sur ses ennemis, quoique leur armée fût incomparablement plus nombreuse. Littorius fut fait prisonnier. On le mena à Toulouse ; Et pour punir son ambition, on le promena, par dérision, dans les rues, monté sur un âne, les mains attachées derriere le dos ; & ensuite on lui fit trancher la tête. Ainsi finit cette guerre, qu'Idace appelle la guerre gothique près de Toulouse. Selon cet historien cette bataille fut donnée l'an 422, mais l'auteur de l'histoire générale de Languedoc la fixe, sur de bonnes preuves, à l'an 439.

Théodoric victorieux fit la paix avec les Romains ; & cette heureuse paix sauva toutes les Gaules des fureurs d'Attilla, Roi des Huns. Ce Roi barbare, qui se faisoit appeler *le fleau de Dieu*, s'étoit avancé jusqu'à Orléans, où il exerçoit des cruautés inouïes. Il falloit de grandes forces pour faire tête à son armée innombrable. Les Visigoths, les Romains & les François, qui s'étoient déjà établis près de la ville de Paris, s'unirent contre leur ennemi commun, & lui livrerent, l'an 451, la plus sanglante bataille dont l'histoire fasse mention. On assure qu'il y eut trois cens mille hommes tués, de part ou d'autre. Attilla fut défait : mais Théodoric Roi de Toulouse y perdit la vie.

Sa mort fit craindre à Thorrismond son fils aîné, qui avoit toujours combatu à ses côtés, & que l'armée venoit de proclamer Roi de Toulonse, que quelqu'un de ses freres ne profitât de son absence, pour se faire couronner, & pour se rendre maitre des trésors de son pere. Il quitta l'armée confédérée pour s'assurer la couronne, & se rendit en diligence à Toulouse. Plusieurs historiens ont écrit que ce Prince marcha, une seconde fois, contre Attilla, & qu'il battit ce redoutable ennemi : l'historien de Languedoc a démontré que cette seconde victoire étoit fabuleuse. Il est vrai qu'il déclara la guerre aux Romains, mais cette guerre prit fin lors qu'il tomba malade l'an 453, & Théodoric son frere avança le moment de sa mort, pour s'emparer de sa couronne.

Le crime affreux qui plaça Théodoric II. fur le Trône fembla avoir épuifé toute la noirceur de fon cœur. Les hiftoriens contemporains, le repréfentent, fous les plus beaux traits. Brave, modéré, religieux, bienfaifant, il donna des preuves éclatantes de fon amour pour fon peuple, & de fa fidélié envers fes alliés. Riciaire, Roi des Suéves, en Efpagne, & fon beaufrere, fit une irruption dans les Provinces de l'Empire Romain. Théodoric intéreffé dans cette guerre, par fon alliance avec les Romains, & par fa parenté avec le Roi des Suéves, lui envoya des Ambaffadeurs, pour lui repréfenter l'injuftice de fes hoftilités, & pour le déterminer à fe renfermer dans les bornes de fes Etats. Au lieu d'écouter ces confeils falutaires, Riciaite renvoya, avec ignominie, les Ambaffadeurs de Théodoric, & lui répondit, en le menaçant de l'attaquer dans fa capitale. Cette fiere réponfe excita la fureur du Roi de Touloufe. Il court attaquer fon ennemi : lui livre une bataille le 6 Octobre 456, dans laquelle ce Monarque ambitieux fut vaincu, & ne fauva fa vie que par la fuite. Théodoric, maître de fes Etats, ufa de la victoire en héros. Il pardonna aux vaincus; & leur donna pour Roi Ajulfe, ou Achiulfe, un de fes fujets.

Après cette glorieufe expédition, Théodoric revint à Touloufe. Il prit poffeffion de Narbonne, qui lui fut cédée par le Comte Agrippin, en reconnoiffance du fecours qu'il lui avoit donné contre le Comte Gilles, avec qui il étoit en guerre : mais il ne jouit pas long-temps de ces profpérités. Son frere Euric, âgé de 18 ans, prit la même route que lui pour monter fur le Trône, & le fit mourir l'an 466, comm'il avoit fait mourir fon frere Thorrifmond.

Le jeune Euric, plus belliqueux que tous fes prédéceffeurs, marqua le commencement de fon regne, par la conquête de toute l'Efpagne. Fier de ces fuccès, il repaffa les Monts l'an 469, & fe prévalant de la décadence de l'Empire, il fubjugua dans les quatre années fuivantes la Novempopulanie, la premiere Aquitaine, étendit fes Etats jufqu'à la Loire, & leur donna pour bornes, cette Riviere, le Rhône, l'Océan, la Méditerranée, & les Pyrenées. Nepos n'oppofa que la négociation à fes armes. Rome, jadis fi redoutable, étoit réduite à une extrême foibleffe. Au lieu de ces Ambaffadeurs, qui dictoient, en maîtres, des traités aux nations, elle n'employoit que des Evêques, qui fe foumettoient, en tremblant, à des conditions tiranniques. Epiphane, Evêque de Pavie, réclama, vainement, au nom de l'Empereur, l'exécution des Traités, que Wallia, & Théodoric avoient faits avec les Romains.

Sa voix fut méprifée ; & il s'eftima trop heureux d'obtenir la paix, l'an 475, en cédant au vainqueur, toutes les Provinces qu'il avoit conquifes. L'ambition eft infatiable. Euric, peu content d'une paix, qu'il avoit faite à regret, faifit la premiere occafion de la rompre. N'ayant point de jufte prétexte, il feignit d'être bleffé de ce que Nepos vouloit unir à l'Italie la Viennoife premiere. Le peu d'intérêt qu'il avoit dans cette union, ne l'arrêta point. Il prit les armes, & fe rendit maître de la plus grande partie de cette importante Province, par la prife d'Arles, & de Marfeille.

Tant de fuccès paroiffoient extraordinaires. Euric les attribua à fon zele pour la religion Arrienne. Dans cette idée il perfécuta l'Eglife catholique, avec le plus cruel acharnement. Le ciel eut beau manifefter fa colere contre ce Prince barbare, par des prodiges * inouïs, & qu'on eft furpris de lire dans des hiftoriens (a) de ce temps, d'ailleurs très-judicieux ; il ne diminua rien des inhumanités qu'il exerçoit contre les Catholiques. Imitateur des Tirans il eût, comm'eux, quelques vertus, & s'appliqua à faire des Loix, ou pour mieux dire, à rédiger les anciennes coutumes de ceux de fa nation. C'eft ce Code des Loix des Vifigoths, que Pithou a donné au public, & qu'on doit regarder, comme le Loix les plus anciennes qui font entrées dans la compofition du Droit François. Euric avoit régné 18 ans, lorfque la mort le furprit l'an 484, dans la ville d'Arles, au milieu des vaftes projets qu'il faifoit, pour l'agrandiffement de fon Royaume, & pour la deftruction de la Foi catholique.

Alaric fon fils, & fon fucceffeur, n'hérita ni de fon courage, ni de fa fortune. Il fe fignala, à la vérité par fa piété. Bien loin de perfécuter l'Eglife, il la favorifa ; & permit aux Evêques d'affembler un Concile à Agde, pour la réformation de l'Eglife catholique. A l'exemple d'Euric, il fit faire par Goïaric fon Chancelier, & non par Anien **, comme quelques auteurs l'ont écrit, un ex-

---

(a) *Gregoire de Tours*, *Idace*.

* Il fortit de deffous terre une fi grande quantité de fang, qu'il en coula durant tout un jour dans les rues de Touloufe. Dans une autre occafion on vit briller en même-temps deux foleils. Enfin le Roi ayant convoqué une affemblée générale des principaux de fa nation, on vit le fer de leurs armes changer de couleur entre leurs mains, enforte que les unes étoient vertes, les autres jaunes, quelques-unes noires, & d'autres de couleur de rofe. (*Hift. génér. de Lang.* tome 1. page 215.)

** Anien eft peut-être celui qui ajouta quelques interprétations en forme de Glofe. (*Abregé chron. de l'Hift. de France.*)

trait du Code Théodofien, qui fut publié dans la ville d'Aire, en Gafcogne, fous le nom de Loi Romaine, & autorifé du confentement des Evêques & des Nobles l'an 506. Cet extrait contenoit tout le Droit Romain qui étoit en ufage, c'eſt-à-dire, le Code Grégorien, l'Hermogenien, & le Théodofien, avec les Livres des anciens * Jurifconfultes. Une pareille compilation étoit d'autant plus effentielle que les fujets du Roi de Touloufe, étoient, alors, diftingués en Goths, ou Vifigoths, qui defcendoient du peuple vainqueur, & en Romains, qui étoient les naturels du pays. C'étoit deux peuples différens de langue, d'habits, de coutume. Leur diftinction dura pendant les deux premieres races de nos Rois; & comme on étoit obligé de rendre juftice à chacun, felon la Loi fous laquelle il étoit né, ou qu'il avoit choifie, car ce choix étoit permis, les premiers fe fervoient du Code d'Euric; & celui d'Alaric étoit pour les derniers; d'où l'on doit inférer que cette Province a été, de tout temps, régie par le Droit écrit.

La durée de la domination des Vifigoths dans Touloufe, touchoit à fon terme. Clovis, que l'on peut regarder comme le fondateur de la Monarchie Françoife, venoit d'étendre fes conquêtes jufqu'à la Loire, qui fervoit auffi de bornes aux Etats d'Alaric. Il étoit difficile que ces deux Princes, également puiffans, vécuffent long-temps en paix. Ils fe brouillerent, plufieurs fois, malgré l'alliance ** qui les unifſoit. Enfin ils armerent l'un contre l'autre l'an 507; & marcherent, à la tête de leurs armées. Une grande bataille *** décida du fort de cette guerre. Alaric y perdit la vie; & fon armée fut entierement défaite.

Amalric fon fils, âgé de 14 ans, avoit accompagné Alaric dans cette malheureufe expédition. Trop jeune pour venger fon pere, trop peu expérimenté pour réfifter aux armes victorieufes de Clovis, il prit le parti de la fuite, fe retira en Efpagne, & laiffa fes Etats à la merci du vainqueur. Celui-ci profita de fes avantages; fe rendit maître des deux Aquitaines fans coup férir: vint en triomphe à Touloufe l'an 508, & s'empara du tréfor d'Alaric. Quelques hiftoriens (a) ont écrit que les Touloufains, fatigués du joug

(a) Catel, Cazeneuve, Mézerai.

—————————

* Scevola, Sabin, Julien, Marcel, Papinien, Paul, Caïus, Ulpien, Modeftin. (Argou, Droit françois.)

** Alaric avoit époufé Théodegote fille de Théodoric, Roi d'Italie, qui s'étoit marié avec Audeflede fœur de Clovis.

*** Elle fe donna dans la Plaine de Vouillé, à deux mille de Poitiers, la vingt-troifieme année du regne d'Alaric. (Abregé Chron. de l'Hiſt. de France.)

des Visigoths, avoient appellé le vainqueur. Ce sentiment est le plus commun ; & il faut croire que l'Arrianisme dont cette nation étoit infectée, l'horreur des crimes affreux, par lesquels les Rois montoient sur le Trône, le souvenir des persécutions d'Euric, contre les Catholiques, furent sans doute, les motifs qui déterminerent ceux de cette Ville à voler au-devant de ce nouveau Maître. Il s'annonçoit comme leur libérateur ; & d'ailleurs il avoit fait oublier, par la douceur de son gouvernement, ses cruautés envers ses parens ; & il venoit d'abjurer le Paganisme, pour embrasser la Religion chrétienne. C'est ainsi que Toulouse passa sous la domination des Rois de France, après avoir été soumise aux Visigoths l'espace de 89 ans ; à compter depuis que Wallia commença d'y régner. Devenue capitale de Province, elle fut soumise à un Gouverneur pour le Roi, qui portoit le titre de Duc.

Lors de l'irruption des Visigoths dans cette Province, la langue Celtique ou Gauloise, étoit déja très-peu en usage. Les anciens habitans du pays parloient communément la langue Grecque & Latine. Leur commerce avec les Barbares, la cessation des études, la ruine des anciennes écoles contribuerent à la corruption du langage. Du mélange de toutes ces langues, il s'en forma une nouvelle qu'on appella *Romaine*. C'est-à-peu-près la même que le Languedocien, ou Gascon d'aujourdhui, qui n'a que très-peu changé depuis le X. siecle.

Les habitans de cette Province, soit Romains, soit Visigoths, étoient divisés en libres, & en esclaves. Les premiers étoient tous nobles : mais leur noblesse étoit plus relevée à proportion de leurs dignités, ou des biens qu'ils possédoient. Les serfs, ou esclaves étoient distingués entr'eux, en fiscalins, ou serfs du Roi, & serfs des particuliers. L'état des premiers, étoit peu différent de celui des personnes libres, jusques-là qu'ils pouvoient avoir des serfs, & posséder des terres. Les Visigoths suivoient à l'égard de la servitude des Loix assez conformes à celles des Romains.

Il étoit défendu aux personnes libres d'épouser des esclaves. La femme devoit être moins âgée que le mari. Sans cette condition il étoit permis, à celui des deux qui n'étoit pas content, de faire casser le mariage. Lorsqu'on avoit donné ou reçu un anneau, en présence de témoins, le mariage étoit conclu. Il n'étoit plus permis alors de retirer sa parole. Le mari payoit la dot de la femme, qui ne pouvoit être plus forte que la dixieme partie de ses biens. Il est vrai qu'il pouvoit l'augmenter à son gré, mais seulement après un an de mariage. On suppofoit qu'après ce terme on ne pouvoit plus être guidé par une paffion aveugle. Les femmes pouvoient hériter de leurs parens. Et les enfans, après la mort de leur pere, reftoient fous la puiffance de la mere, pourvu qu'elle ne fe remariât pas.

La malverfation des femmes, & l'adultere étoient punis avec la derniere févérité. Si une femme libre avoit eu commerce avec un de fes efclaves, ils étoient fouettés l'un & l'autre, & enfuite brûlés. La femme ne pouvoit éviter la mort qu'en fe refugiant dans une Eglife : mais elle perdoit fa liberté ; & fes biens étoient confifqués au profit des plus proches parens du mari, ou, au défaut de ceux-ci, au profit du fifc. Une femme coupable d'adultere, avec un homme marié devenoit l'efclave de l'époufe de ce dernier ; & lorfque le mari étoit offenfé, les deux coupables devenoient fes efclaves. Il étoit permis aux maris, aux peres, & aux parens, de tuer impunément leurs femmes, leurs filles, leurs parentes, & leurs complices, quand ils les furprenoient en adultere, & en flagrant délit. Le crime de viol étoit puni par la fuftigation, & par la perte de la liberté, pour les perfonnes libres, & par la peine du feu pour les efclaves. Les peres, & meres étoient obligés de difpofer de leur fucceffion en faveur de leurs enfans. Ils avoient feulement la liberté d'avantager ceux qu'ils vouloient, jufqu'à la concurrence de la troifieme partie de leurs biens. Lors qu'ils mouroient *inteftat*, & qu'ils n'avoient pas des parens au feptieme dégré, les Eglifes ou les Monafteres héritoient de leurs biens.

Pénétrés de la plus grande vénération pour les chofes faintes; ils avoient le même refpect pour les Miniftres des autels, même avant l'abjuration de l'Arrianifme. Ils enterroient les morts revêtus de leurs habits, & de leurs ornemens les plus précieux. De toutes les fciences, ils ne cultivoient que la Jurifprudence, & la Médecine. La même perfonne exerçoit les fonctions de Médecin, de Chirurgien, & d'Apoticaire. On convenoit d'un certain prix avant d'entreprendre la cure des malades, qui ne payoient rien qu'après la guérifon. Si le malade mouroit, le Médecin perdoit fon falaire, mais par une Loi barbare, qui gênoit le choix du remede, dans la crainte du mauvais fuccès, lorfque le Médecin eftropioit quelqu'un, en le faignant, il payoit cent fols d'or d'amende, pour une perfonne libre ; & fi cette même perfonne venoit à mourir, après la faignée, le Médecin perdoit la liberté, & étoit livré entre les mains des parens du mort, pour être puni à leur gré. Si celui
qui

qui avoit été estropié, ou qui venoit à mourir, après la saignée, étoit serf, le Médecin en étoit quitte, en donnant un autre serf à sa place.

Leurs vêtemens ordinaires étoient des peaux, ou des fourrures. Ils étoient bien faits, forts, robustes, d'une taille avantageuse; & leur génie étoit entierement tourné aux exercices militaires. Quand le Roi convoquoit les troupes, tous ceux qui étoient en état de porter les armes, étoient obligés de se trouver au rendez-vous. On ne dispensoit que les vieillards, les enfans & les malades. Ceux qui manquoient étoient punis par la confiscation de leurs biens, & par l'exil, s'ils étoient libres; & s'ils étoient serfs on les condamnoit à recevoir deux cens coups de fouet, à avoir les cheveux entierement arrachés, & à une livre d'or d'amende, qu'ils devoient payer, dans un certain temps, sans quoi ils étoient réduits à une perpétuelle servitude.

DIDIER fut nommé par Clovis premier Duc de Toulouse. Cette Ville, devenue moins fameuse, seroit peut-être oubliée dans cette partie de l'histoire, si elle n'eût été frontiere du Royaume des Visigoths, & le théâtre de la guerre sanglante qui s'alluma, entre ce peuple & les François. Voici le sujet de cette guerre.

Ingonde de France, fille du Roi Sigebert avoit épousé Herménégilde, fils de Lévigilde qui régnoit alors en Espagne. Cette pieuse Princesse, zélée pour le salut de son mari, le convertit à la Foi catholique. Lévigilde envisageant cette conversion comme un attentat énorme contre l'Arrianisme, dont il étoit partisan, déclara la guerre à son fils, le fit prisonnier en 584, & le rélégua, avec sa femme, à Valence. Il le fit mettre, ensuite, en prison dans Tarragone, où après plusieurs vaines tentatives, pour le pervertir, il le fit mourir, le jour de Pâques l'an 585, & lui acquit la gloire du martyre.

Gontran, qui possédoit une partie du Royaume de France, crut devoir venger la mort de son allié, & les outrages faits à une Princesse de son sang. Il fit entrer deux armées dans la Septimanie, l'une par la Provence, & l'autre du côté de Toulouse. Ces deux armées eurent d'abord quelques succès: mais elles firent tant de ravages sur les propres terres des François, & commirent tant d'impiétés dans les Eglises, que par une juste punition du ciel, elles se ruinerent elles-mêmes. L'année suivante Récarede, qui commandoit les troupes de Lévigilde son pere, se mit en marche contre Gontran, à la tête d'une armée nombreuse, attaqua ses

Partie I. D

troupes, qui étoient campées aux environs de Touloufe, les défit, enleva leur camp, & porta le fer & le feu, jufqu'aux portes de cette Ville. La réfiftance courageufe de fes habitans, put feule arrêter les progrès de ce formidable ennemi. Il fut contraint d'abandonner le fiege de cette Ville, & de retourner fur fes pas, à l'autre exrrêmité de la Septimanie.

La mort de Lévigilde plaça Récarede fur le trône d'Efpagne l'an 586 : la paix fut le premier objet de fes vœux. Il l'offrit à Gontran : mais celui-ci, piqué des difgraces qu'il venoit d'effuyer, fut fourd à toutes ces propofitions. Réfolu de fe venger, il affembla une grande armée, dont il donna le commandement au Duc Didier, qui fut tué l'an 587, en faifant le fiege de Carcaffonne. Gontran ne fe rebuta point. L'année fuivante il donna le commandement de fes troupes au Duc Bozon : mais fes projets échouerent par un évenement fingulier. Pendant les préparatifs de cette guerre, Aftrovalde, que Gontran avoit revêtu du Duché de Touloufe, après la mort de Didier, guidé par le zele pour les intérêts de fon Prince, affemble les Touloufains fans attendre les ordres de Gontran ; court affiéger Carcaffonne, qui étoit fous la domination des Vifigoths, & s'en rend maître. Bozon, au defefpoir d'avoir été prévenu dans le même deffein par Aftrovalde, conçut, contre ce Duc, une jaloufie qui jetta la divifion parmi ces chefs. Il n'en fallut pas davantage pour empêcher le fuccès des troupes Françoifes. Bozon, plus attentif à déranger les projets de fon rival, qu'à renverfer ceux des ennemis, fut entierement défait. Mais cette défaite n'eut point de fuites funeftes pour la France. Chaque parti fe retira, & ne fongea plus à faire la guerre. Quoique l'hiftoire des Rois Vifigoths ne foit plus liée à celle de Touloufe, on croit devoir donner à Récarede les éloges que méritent fa valeur, & fa piété. Il fut le premier de ces Rois qui abjura l'Arrianifme l'an 589 ; & c'eft à fon zele que nous devons l'abolition entiere de cette héréfie dans le Languedoc.

Launeboldes, ou Launebode fut le fucceffeur d'Aftrovalde au Duché de Touloufe. Il fit bâtir dans cette Ville une Eglife *, en

---

* Elle fubfifte encore, fous le nom du Taur. Ce nom lui fut donné, parce que le Taureau, qui traînoit le corps de Saint Sernin, lors de fon martyre, rompit, dans cet endroit, les cordes, dont ce Saint étoit attaché, & que fon corps y fut enfeveli. On l'appelloit autrefois *Saint Sernin du Taur*; & elle étoit fous l'invocation de ce Saint Martyr. Elle a été dédiée à la Sainte Vierge, depuis environ deux cens trente ans. C'eft aujourdhui une Paroiffe dépendante de l'Abbaye de Saint Sernin. (Catel. mém. de l'hift. de Lang. pag. 264.)

l'honneur de Saint Sernin premier Evêque de Toulouse. On ignore le temps de sa mort, & le détail de sa vie. Il y a cependant tout lieu de croire qu'il conservoit ce Duché lorsque Toulouse fut érigée en capitale d'un nouveau Royaume.

Dagobert, fils aîné de Clotaire II. Roi de France, monta sur le trône de son pere en 629; & Charibert, ou Aribert son frere, pour qui les Provinces méridionales du Royaume s'étoient déclarées, eut en partage, à titre de Souveraineté, le pays de Toulouse, le Querci, l'Agenois, le Périgord, la Xaintonge, & tout ce qui est entre la Loire, & les Pyrenées: il se fit couronner Roi de ces vastes pays l'an 630, & établit son siege dans Toulouse. Cette Ville devint donc Capitale d'un Royaume pour la seconde fois: mais sa gloire dura peu. Charibert mourut à Blaye, après trois ans de regne. Chilperic son fils aîné, & son successeur, ne lui survécut que de quelques jours. On accusa Dagobert de l'avoir fait empoisonner. Sa mort mit fin au Royaume de Toulouse, quoiqu'il eût deux freres Boggis & Bertrand.* Ils obtinrent de Dagobert vers l'an 637, l'Aquitaine à titre de Duché & de Fief héréditaire. C'est le premier exemple, dans la Monarchie Françoise, d'un appanage, donné en Fief, aux Princes de la Maison Royale. Cet usage n'auroit jamais dû être violé. On auroit évité, par-là, bien des troubles, & des divisions; & affermi l'autorité souveraine en la réunissant toujours sur une seule tête.

Toulouse rentra alors dans le rang de Ville de Province, sans cesser d'être distinguée. La part qu'elle eut à la guerre des Sarrasins dans le Languedoc lui conserva sa célébrité. Sa glorieuse résistance aux armes de ces infideles exige qu'on rapporte, en peu de mots, comment ils passerent d'Afrique en Espagne. Roderic Roi des Visigoths, possédoit au delà de la mer, la Mauritanie dont il avoit donné le commandement au Comte Julien. Ce Monarque sanguinaire & voluptueux à l'excès, profitant de l'absence de Julien, attenta à l'honneur de sa fille. Elle eut beau lui opposer une résistance courageuse, il ne consulta que sa brutale passion, & parvint à la satisfaire par la violence. Cet affront sanglant mit le desespoir dans le cœur de Julien. Sa fureur lui inspira le parti de la révolte comme l'unique moyen de se venger. Traître envers sa Patrie, il profita du crédit, que sa place lui donnoit, traita avec les Sarrasins, les

* Il fut la tige d'une longue suite de Princes, dont la postérité s'est perpétuée, jusqu'à Louis d'Armagnac Duc de Nemours, tué à la bataille de Cerignoles en 1503. (*Mezerai. Abregé chron. de l'hist. de France.*)

appella en Espagne l'an 711, & se joignit à eux, accompagné de beaucoup de mécontens. Roderic résista pendant quelques années, à une guerre cruelle, que plusieurs batailles n'avoient pu terminer. La derniere décida du sort de tout le Royaume. Jamais il n'en fut de plus sanglante ; elle dura huit jours. Roderic y fut tué, avec la plus grande partie de sa noblesse. Les Sarrasins demeurerent en possession de son vaste royaume ; & Julien ne retira d'autre fruit de sa rébellion que la stérile satisfaction de s'être vengé, & la honte d'avoir été le destructeur de sa Patrie.

L'Espagne fut dès-lors régie par des Gouverneurs, qui y étoient envoyés, tous les trois ans, par le Calife des Sarrasins dont le siege étoit dans la ville de Damas, en Syrie. Bientôt l'ambition de ces peuples infideles & barbares ne fut pas bornée par les Pyrenées. Ils prétendirent que la Septimanie leur appartenoit, comme Province dépendante de l'Espagne. Sur ce prétexte ils y entrerent, à main armée, l'an 719, & la conquirent, sans peine, sur des peuples, qui ne leur opposoient qu'une foible résistance. Narbonne, Béziers, Carcassonne, Nîmes, Maguelone, subirent le joug. La conquête de ces Villes inspira à ces vainqueurs présomptueux celle du reste des Gaules. Dans cette vue, ils assiégerent Toulouse l'an 721, avec une armée nombreuse commandée par leur Roi * Zama. Cette Ville leur résista courageusement, & fut le premier écueuil de leurs armes. Eudes Duc d'Aquitaine vint à son secours. Sa présence ranima l'ardeur des assiégés ; & dans une vigoureuse sortie, ils taillerent les ennemis en pieces, & tuerent Zama.

Charlemagne, ce Monarque aussi fameux par sa valeur, que par le grand nombre, & l'étendue de ses conquêtes continua, avec le plus grand succès, la guerre, que les Aquitains soutenoient depuis quarante-six ans contre Charles Martel, & contre Pepin ; il les subjugua, & tournant ensuite ses armes contre les Sarrasins, il acheva la défaite de ces infideles ; & conquit, sur eux, une grande partie de l'Espagne. C'est à son retour de cette fameuse expédition & l'an 778, qu'il forma le dessein de rétablir, en faveur de son fils Louis le Royaume d'Aquitaine. La résidence, qu'il étoit obligé de faire sur les frontieres de la Germanie, ne lui permettoit pas de veiller, par lui-même, au gouvernement de ces Provinces. Il vouloit d'ailleurs affermir son autorité sur des peuples, toujours prêts à se révol-

_____
* Les historiens d'Espagne lui donnent, quelquefois, le titre de Roi, de même qu'aux autres Gouverneurs d'Espagne, quoiqu'ils ne fussent que de simples Officiers soumis au Calife de Damas.

ter, & accoutumés à n'obéir qu'à des Rois de leur nation. Dans ce double objet il fit couronner son fils à Rome par le Pape Adrien I. l'an 781. Ce nouveau Royaume d'Aquitaine comprenoit la Ville & le Pays de Toulouse, le Languedoc, & ses nouvelles conquêtes d'Espagne. Toulouse en fut la Capitale, & reprit ce titre glorieux pour la troisieme fois.

La jeunesse de Louis exigeoit que son pere prît de sures précautions pour lui conserver son nouveau Royaume. Sa prudence lui inspira (a) d'établir des Ducs, ou Comtes de la Nation Françoise, dans les principales Villes. Toulouse fut gouvernée par Chorson, ou Torsin; aussi fixera-t-on à celui-ci l'époque de l'histoire de ces Comtes. Quelques modernes ont rapporté, mal-à-propos, à cette époque le premier établissement des Comtes en Aquitaine. Il y en avoit depuis plusieurs siecles. Charlemagne ne fit aucune nouvelle institution à ce sujet; & se contenta de donner ces places à des personnes dont la fidélité lui étoit connue. Il faut cependant observer que le Comte de Toulouse prenoit aussi le titre de Duc; & qu'il exerçoit une autorité supérieure à celle de tous les autres Comtes du Royaume d'Aquitaine.

On attribue à Constantin l'institution des Comtes: mais il paroit que leur origine est beaucoup plus ancienne, & qu'on peut la faire remonter à l'Empereur Auguste, qui, sur la fin de ses jours, choisit plusieurs Sénateurs pour être ses Comtes, c'est-à-dire ses compagnons & ses Conseillers. Il est vrai que quoique la qualité de Comte fût d'abord très-considérable, elle n'étoit, dans son institution, qu'un titre personnel, ou un emploi qui obligeoit d'être toujours à la suite de l'Empereur. Ce titre, qui commença d'être employé vers le milieu du III. siecle, pour désigner une personne constituée en dignité, devint plus commun sous Constantin; & il fut donné alors, aux principaux Officiers de l'Empire, divisés en trois différentes classes. Quant aux Ducs, ou Comtes Provinciaux, on peut en rapporter l'origine aux Officiers que les Empereurs envoyoient pour commander les troupes, dans les différentes Provinces de l'Empire, avec les titres de Ducs, ou Comtes, ou maitres de la milice, ce qu'on découvre dès le regne de Dioclétien. Cet usage devint encore plus ordinaire sous le regne de Constantin, & de ses enfans. Enfin les Pro-Consuls, ou Préteurs, qui avoient le gouvernement politique des Provinces, ayant été élevés, eux-mêmes, dans la suite, à la dignité de Ducs, ou Comtes, on leur donna indifféramment

(a) *Histoire de Louis le Débonnaire*, imprimée par *Pithou.*

ce titre. Les peuples, qui s'emparerent d'une partie de l'Empire, se conformerent à la police qu'ils trouverent établie par les Romains, & conserverent le titre de Ducs, ou de Comtes aux Officiers qu'ils préposerent pour avoir l'administration des Provinces sous leur autorité.

Avant de commencer l'histoire des Comtes de Toulouse, on rapportera quelques traits qui appartiennent à la vie de Louis le Débonnaire, pendant son séjour à Toulouse, jusqu'à la mort de Charlemagne. Ce jeune Monarque reçut dans cette Ville, le principe des vertus qui le distinguerent, malgré ses malheurs, parmi tous les Princes de son siecle. Ses heureuses dispositions qu'Arnoul, son gouverneur, & chef de son conseil, tâchoit d'entretenir, parvinrent bientôt à la connoissance de Charlemagne. Curieux d'en examiner la vérité par lui-même, il l'appella à sa Cour, à l'âge de sept ans. Louis se rendit à Padernborn l'an 785, avec un grand nombre de gentilshommes gascons de son âge. Il se présenta à Charlemagne vêtu à la gasconne, de même que les gentilshommes de sa suite, & justifia par sa présence, ce qu'on avoit rapporté à l'Empereur, de son génie, & de la douceur de son caractere. L'historien de ce Prince décrit ainsi son habit. » Il » portoit une maniere de manteau attaché au tour du cou, qui lui » tomboit en rond, au-dessus du genou, & par-dessous une saye, » ou juste-au-corps avec des manches fort amples. Il portoit des » éperons attachés à la chaussure, & avoit un javelot à la main.

Quelque-temps après Chorson, ou Torsin Comte de Toulouse fut accusé, devant Louis, d'avoir fait quelque conspiration avec Alderic Duc des Gascons. Ce jeune Prince, qui n'eut jamais d'autre défaut que trop de bonté, les renvoya absous : mais Charlemagne les fit citer de nouveau l'an 790, les condamna au bannissement, & mit Guillaume à la place de Chorson. On parlera de ce nouveau Comte dans le Livre suivant.

Louis, pendant son séjour à Toulouse, se distingua par ses conquêtes, & par la douceur de son gouvernement. Il vainquit plusieurs fois les Sarrasins, leur prit Barcelone qui appartint depuis à la France jusqu'au regne de Saint Louis, & fit plusieurs reglemens qui avoient pour objet le bonheur de ses sujets, & la discipline des troupes. Il abolit le tribut militaire, appellé *foderum*, & soudoya ses soldats des fonds de son épargne, contre l'usage de ce temps-là, qui obligeoit les peuples de fournir à leur subsistance. Les gens du pays d'Albigeois gagnerent, sur-tout, à ce reglement, puis

GENEALOGIE DE LA MAISON DE TOULOUSE.

FREDELON, d'abord Comte de Rouergue, & ensuite Comte de Toulouse, depuis l'an 849. prit Ode: il prit le titre de Duc, & mourut vers l'an 851.

UDALRIC, surnommé de Bernard, Seigneur en Rouergue, vivoit en 878.

RAYMOND I. Comte de Quercy avoit succédé à son frere dans les Comtes de Toulouse, & de Rouergue; il épousa Bertilie, & qualifié Duc, & mourut en 865.

BERNARD, Comte de Toulouse, de Quercy, & de Rouergue, depuis l'an 865. mort sans enfans en 875. & qualifié Duc, Marquis, & Comte.

EUDES, Comte de Toulouse, de Rouergue, & de Quercy depuis l'an 875. Marquis de Gothie, depuis l'an 918. épousa Garsinde, vraisemblablement fille de l'Ermengaud Comte d'Albi; il mourut fort âgé vers l'an 919. & prit le titre de Duc, Marquis & Comte.

FULCOALD.

ARBERT surnommé Hemir, Moine & ensuite Abbé de Vabres.

N. promise en mariage en 860. à Etienne Comte d'Auvergne.

RAYMOND II. Comte d'Albi & de Nîmes, du vivant de son pere, & ensuite Comte de Toulouse. Il posséda la Marquisat de Gothie, les Comtés de Quercy, & d'Albigeois, par individu avec son frere depuis l'an 919. épousa Cunidilde, & mourut vers le commencement de l'an 924.

ERMENGAUD, Comte de Rouergue se vraisemblablement de Gevaudan; Marquis de Gothie, Comte de Quercy d'Albigeois, & continua les individus avec son frere, depuis l'an 919. & avant l'an 960. Mort après l'an 936. Il a fait la tige des Comtes de Rouergue, qui s'est continuée jusqu'à Berthe femme en 1053. de Robert II. Comte d'Auvergne, morte sans enfans, vers l'an 1065.

RAYMOND III. surnommé Pons, Comte de Toulouse, d'Albigeois, de Quercy, & en partie de Nîmes. Epousa 1. Majore de Foix, Arsinde d'Anjou, 2. Emaud de Provence. Convertie d'une partie de cette Provence. Il mourut vers l'an 9017.

PONS, Comte d'Albi en 984, & 987. épousa Garsinde qui lui survécut, il mourut vers l'an 950.

GUILLAUME III. surnommé Taillefer, né vers l'an 945. Comte de Toulouse, d'Albigeois, de Quercy, & en partie de Nîmes. Epousa 1. Arsinde d'Anjou; 2. Emaud de Provence. Convertie d'une partie de cette Provence. Il mourut vers l'an 1037.

CONSTANCE, seconde femme de Robert Roi de France.

RAYMONDE femme d'Aton Vicomte de Soule.

GUILLAUME IV. Duc & Comte de Toulouse, d'Albigeois, de Quercy, du Ludevois, du Perigord, d'Agenois, du Carcassonne, & d'Albigeois, qualités qu'il prenoit en 1080. Epousa 1. Mathilde; 2. Agnès de Nubertaing. Il mourut vers l'an 1093.

RAYMOND IV. surnommé de St. Giles, fut d'abord Comte ou Marquis de Provence, Comte de Rouergue, Gevaudan, Nîmois, Agde, Béziers, Narbonne, &c... Succéda à son frere, fut le premier qui fe qualifié Duc de Narbonne, Marquis de Provence, & Comte de Toulouse. Il épousa 1. N. de Provence. 2. Mahaut de Sicile. 3. Elvire de Castille, morte en 1105.

HUGUES.

ALDONCE, épousa Raymond Comte de Melguel.

Premier lit.
RAYMOND, & Henri, morts jeunes, & sans enfans.

ERMENGARDE, femme de Robert Comte d'Auvergne.

PONS, Comte de Toulouse, de Quercy, & en partie de Nîmes, en 1037.

BERTRAND, Comte ou Marquis de Provence, épousa N.

BERNARD, épousa Noradin, Prince d'Alep.

N. épousa du Comte de Communges.

Premier lit.
PHILIPPE, épousa Sanche Ranclex Roi d'Aragon. 2. En 1094. Guillaume IX. Duc d'Aquitaine.

Second lit.
Premier lit.
BERTRAND, Comte de Toulouse, Duc de Narbonne, Marquis de Provence, & ensuite Comte de Tripoli. Epousa 1. une nièce de Mathilde, Marquise de Tuscane. En 1095. Elue de Bourgogne. Mort en 1112.

Troisieme lit.
N. mort en Orient.

ALPHONSE Jourdain, Duc de Narbonne, Marquis de Provence, & Comte de Toulouse. Né en 1103. épousa Faidide d'Uzès. Mort en 1148.

PONS, Comte de Tripoli , mort en 1137, épousa Cecile fille naturelle de Philippe I. Roi de France, & veuve de Tancrède, Prince d'Antioche.

Il fit la branche de la Maison de Toulouse en Orient, qui a fini à Raymond II. Comte de Tripoli, Regent du Royaume de Jerusalem, mort sans enfans en 1187.

RAYMOND V. Duc de Narbonne, Marquis de Provence, & Comte de Toulouse, épousa en 1154. Constance fille de Louis VI. Roi de France. Il mourut en 1194.

ALPHONSE, eut un fils nommé Raymond, qui mourut sans postérité.

PAIDIDE, épousa Humbert III. Comte de Maurienne, & de la Savoye.

Premier lit.
RAYMOND VI. dit le Vieux, Duc de Narbonne, Marquis de Provence, Comte de Toulouse. Epousa 1. Ermesinde de Pelet. 2. Béatrix de Bezieres. 3. Bourgogne de Chypre. 4. Jeanne d'Angleterre. 5. Eléonore d'Arragon. Mort en 1222.

ALBERIC Taillefer, épousa Béatrix héritière de Dauphiné, mort sans enfans en 1183.

BAUDOUIN, mort en 1213.

Enfans naturels.
PIERRE Raymond.

Second lit.
CONSTANCE, épousa 1. Sanche VIII. Roi de Navarre. 2. Pierre Bertrand de Sauve , Seigneur d'Anduse.

Quatrieme lit.
RAYMOND VII. dit le Jeune, Duc de Narbonne, Marquis de Provence, Comte de Toulouse. Né en 1198. cédé en 1228. au Roi St. Louis, & Comte de Narbonne, & sa soeur de ses autres Etats; & ne prit plus depuis que le titre de Comte de Toulouse, & de Marquis de Provence. Il épousa 1. Sanche d'Arragon. 2. Marguerite de Lusignan. Mort en 1249.

Enfans naturels.
BERTRAND, Vicomte de Bruniquel, de Montelar, & du Salvagnac en Quercy, épousé Comtesse de Rabastens. Il mourut l'an 1247.

GUILLEMETTE, femme d'Hugues Alaxar Chevalier Navarrois.

RAYMOND, Religieux du Monastere de Lezinan, & de l'Ordre de Fontevraud , au Diocèse de Toulouse.

qu'à cause de la fertilité des terres, ils étoient dans l'obligation de fournir, tous les ans, une grande quantité de denrées, pour l'entretien des gens de guerre. Les inconvéniens de cet usage blessoient l'ame juste & généreuse de Louis, il l'abolit pour jamais; & Charlemagne, imitant son exemple, fit un pareil reglement pour tous ses Etats. Il étoit le premier Roi qui avoit eu des troupes réglées; avant lui les armées, étoient principalement composées de paysans, qui alloient faire leur moisson, après une bataille perdue ou gagnée.

Louis célébra, à Toulouse en 798, son mariage avec Ermengarde, fille du Duc Ingeramne. Il s'occupa ensuite à réduire les Sarrasins, & les Gascons rébelles, à réformer les abus qui s'étoient glissés dans l'administration de la Justice, & à donner des Loix, pour protéger les pauvres & les Eglises, contre l'oppression des grands. Charlemagne l'associa à l'Empire d'Occident l'an 813; & quelques mois après, le 28 de Janvier 814, cet Empereur étant mort à Aix-la-Chapelle, Louis le Débonnaire quitta le Royaume d'Aquitaine, pour prendre les rênes de l'Empire. La Ville de Toulouse continua d'être gouvernée par des Comtes, comme on l'a déjà annoncé. L'Aquitaine perdit le titre de Royaume, pour la troisieme fois: mais il paroit que ce Royaume ne fut réuni au reste de la France qu'à la mort de Charles le Chauve.

Fin du premier Livre.

SOMMAIRE
DU SECOND LIVRE.

INtroduction à l'histoire des Comtes de Toulouse. Torsin premier Comte de Toulouse. Guillaume I. lui succede : ses victoires sur les Sarrasins : il fonde l'Abbaye de Saint Guillem ; sa mort. Berenger troisieme Comte de Toulouse ; ses victoires sur le Duc des Gascons; sa mort. Bernard quatrieme Comte de Toulouse ; ses intrigues ; sa mort. Warin Duc de Toulouse. Egfrid-Comte. Guillaume II. ses prospérités ; ses revers ; sa mort. Les Comtés devenus héréditaires. Prix de l'or, & de l'argent. Frédelon sixieme Comte de Toulouse ; sa résistance contre Charles le Chauve : tige de la Maison de Toulouse : prise de cette Ville par les Normands. Raymond I. septieme Comte de Toulouse fonde l'Abbaye de Vabres ; est chassé de Toulouse ; y rentre ; sa mort ; sa femme ; ses enfans. Bernard II. huitieme Comte de Toulouse. Eudes ou Odon, neuvieme Comte, se démet du Comté en faveur de Raymond son fils. Raymond II. dixieme Comte ; sa victoire sur les Normands ; sa mort. Raymond III. surnommé Pons, onzieme Comte de Toulouse, fonde l'Abbaye de Saint Pons : Catel réfuté : mort de Raymond ; sa femme ; ses enfans. Guillaume III. surnommé Taillefer, douzieme Comte de Toulouse ; ses femmes ; ses enfans. Cérémonie qu'on observoit à Toulouse contre les Juifs. Guillaume III. fait le partage des biens qu'il possédoit avec le Comte de Rouergue ; sa mort ; son tombeau ; son éloge ; ses enfans. Pons treizieme Comte de Toulouse ; son excommunication ; ses femmes : il fonde le Prieuré du Vigan ; sa mort ; son tombeau ; son portrait ; ses enfans. Guillaume IV. quatorzieme Comte de Toulouse, fait fleurir la Religion. Réforme de l'Eglise de la Daurade. Etablissement de la vie réguliere parmi les Chanoines de la Cathédrale Saint Etienne. Guillaume veut établir des Moines à Saint Sernin : il en chasse les Chanoines : le Pape le réprimande & rétablit les Chanoines. Saint Raymond l'un de ces Chanoines, fonde le College de ce nom. Guillaume IV. se remarie : il fait faire un Cimetiere à la Daurade, avec la permission du Pape. Il appelle à sa succession Raymond de Saint Gilles son frere. Sa mort ; son éloge. Raymond IV. surnommé de Saint Gillés, quinzieme me Comte de Toulouse, est excommunié pour avoir épousé sa cousine : il se remarie : circonstances de son mariage. Premiere Croisade contre les Infideles. Le Pape Urbain II. vient à Toulouse. Préparatifs de Raymond pour son voyage de la Terre Sainte ; son départ ; son voyage ; ses victoires ; sa brouillerie avec l'Empereur : conquêtes des Croisés : victoires de Raymond : siege & prise de Jérusalem. Raymond assiege Tripoli. Naissance d'Alfonse-Jourdain son fils. Mort de Raymond de Saint Gilles ; ses enfans ; son éloge. Bertrand seizieme Comte de Toulouse est chassé de cette Ville par Guillaume IX. Duc d'Aquitaine, Comte de Poitiers, & recouvre ses Etats : il se croise contre les Infideles ; part pour la Terre Sainte ; ses conquêtes ; sa mort. Pons son fils lui succede en Orient. Alfonse-Jourdain dix-septieme Comte de Toulouse est ramené en France. Siege & prise de Toulouse par le Comte de Poitiers : révolte des Toulousains contre ce Comte : ils reconnoissent Alfonse. Siege de Toulouse par Louis le Jeune Roi de France. Paix entre ce Roi & Alfonse. Ils partent pour la Terre Sainte. Mort d'Alfonse ; sa femme ; ses enfans ; son éloge. Plusieurs Conciles tenus à Toulouse. Raymond V. dix-huitieme Comte de Toulouse soutient la guerre contre l'Angleterre. Siege de Toulouse. Raymond s'allie avec le Roi de France : il fait la paix avec l'Angleterre : il fait la guerre au Roi d'Aragon. Cour pléniere. Concile de Lombers en Albigeois. Hérétiques punis. Raymond confirme les Reglemens de la Ville : il fonde l'Abbaye de Bonnecombe ; sa mort ; son éloge ; ses enfans. Raymond VI. dix-neuvieme Comte de Toulouse reçoit le serment de fidélité de ses Sujets. Le Pape envoie des Légats contre les Albigeois. Mœurs, rits & croyance de ces hérétiques. Meurtre du Légat Chateau-Neuf ; Raymond en est accusé : il est excommunié. Croisade contre les Albigeois. Raymond se soumet au Légat : il reçoit l'absolution ; & se croise contre les hérétiques. Guerre des Croisés dans la Province : prise & sac de Béziers. Réduction de Carcassonne. Simon de Montfort est élu Général des Croisés : il continue la guerre. Raymond VI. va à Rome : il obtient un Bref malgré lequel les Légats l'excommunient. Les Toulousains sont absous de l'excommunication. Raymond VI. déclare la guerre à Montfort. Siege de Toulouse par les Croisés. Montfort assiege Montferrand : il gagne à son parti Baudouin frere du Comte de Toulouse. Le Roi d'Aragon vient au secours de Raymond : il donne un défi à Montfort. Bataille de Muret. Mort du Roi d'Aragon. Défaite des Toulousains. Baudouin est pendu. Raymond est dépouillé du Comté de Toulouse par le Concile de Latran, qui en investit Montfort. Mont-

Partie I.   E

*fort reçoit le ferment de fidélité des Touloufains : il les traite en en-
nemis. Il eft invefti du Comté de Touloufe par le Roi de France.
Raymond le Jeune, fils de Raymond VI. déclare la guerre à Montfort : il affiege & prend Beaucaire. Cruauté de Montfort envers les Touloufains. Trahifon de Foulques leur Evêque. Vengeance des Touloufains contre Montfort. Ils appellent Raymond VI. qui fe jette dans
la Ville, & la fortifie. Fameux Siege de Touloufe par Montfort.
Arrivée du jeune Raymond dans cette Ville. Mort de Montfort ; fon
portrait. Fin du Siege. Nouvelle Croifade contre Raymond VI. Siege
de Touloufe par Louis VIII. Roi de France. Victoires de Raymond ;
fa mort : on lui refufe la fépulture : fes femmes ; fes enfans ; fon
éloge. Raymond VII. vingtieme Comte de Touloufe continue la
guerre contre Aymeri ou Amauri fils de Montfort. Louis Roi de
France déclare la guerre à Raymond : mort de ce Roi. Les troupes de
France ravagent les environs de Touloufe. Traité de Paix entre Raymond VII. & Saint Louis. Origine de l'Univerfité de Touloufe. Raymond tâche de rompre la paix. Origine de l'Inquifition : elle eft confiée aux FF. Prêcheurs : févérité de ce Tribunal : privileges des Inquifiteurs : fuppreffion de l'Inquifition. Raymond VII. fait plufieurs
voyages. Il tient une Cour Pléniere à Touloufe. Il projette le voyage
de Jérufalem ; fa mort ; fes femmes ; fes enfans ; fon portrait. Jeanne
fa fille lui fuccede : elle fait fon entrée à Touloufe avec Alfonfe de
France fon mari. Elevation du Maufolée de Saint Sernin. Alfonfe
vient à Touloufe avec la Comteffe Jeanne : ils partent pour la Terre
Sainte ; leur mort ; leur éloge. Gouvernement, Loix, Mœurs &
Ufages des Habitans de cette Province aux X. XI. XII. & XIII.
fiecle. Fiefs, Alleux, Droits Seigneuriaux, Nobleffe, Serfs, Juftice,
Droit Romain, Coutumes, punition des Crimes, Etudes, Poéfie,
Langue, Sciences, Commerce, Monnoies, Poids & Mefures,
Nôces, Funérailles, Habillemens.*

HISTOIRE
DE LA VILLE
DE TOULOUSE.

LIVRE SECOND.

'IGNORANCE qui régna dans presque toute l'Europe, pendant le VIII. le IX. & le X. siecle, & la négligence des Auteurs contemporains, nous ont dérobé la connoissance des faits qui appartiennent à l'histoire des premiers Comtes de Toulouse. Leurs noms même nous seroient, peut-être, encore inconnus sans les laborieuses recherches de Guillaume Catel, qui a réuni, dans un même tableau, les traits de cette histoire, épars dans différentes Archives, & dans les Historiens de plusieurs Nations. Sa profonde érudition a sçu rétablir la vérité, qui avoit été défigurée par la plupart de ces Auteurs. Il les a réfutés victorieusement, sur des Actes authentiques, qu'il a rapportés, avec fidélité, en tout, ou en partie.

On doit donc se défier de ceux qui ont parlé avant lui des Comtes de Toulouse. Guillaume de Puylaurens, l'un des premiers qui en a fait mention dans le cinquieme chapitre de son histoire des Al-

E 2

bigeois, sous ce titre, *de Genealogia illustrium Comitum Tolosæ*, n'a commencé la liste de ces Comtes qu'à Raymond de Saint Gilles, qui est cependant le quinzieme. Bernard Guido, ou Guidonis, Religieux Dominicain, Inquisiteur de Toulouse, & depuis Evêque de Lodeve, qui vivoit au commencement du XIV. siecle, convient, lui-même, qu'il a copié Guillaume de Puylaurens : mais il augmente la liste de quatre autres Comtes qu'il fait vivre avant Raymond de Saint Gilles. Nicolas Bertrand, dans son livre *de Tolosanorum gestis*, en ajoute encore quelques autres, sans aucune preuve : mais il adopte le sentiment des deux premiers Auteurs. Il a été suivi, avec le même aveuglement, par un Auteur qui a donné les portraits * de ces Comtes, tels qu'ils sont peints dans le premier Régistre ** des Annales de l'Hôtel-de-Ville, sous l'an 1490, dans un même tableau, avec l'abrégé de leur vie, écrit en caractere gothique, & en langage gascon. Nicolas Bertrand a été encore copié par Tégula, Prieur claustral de l'Abbaye de Moissac, par Bouchet dans ses Annales d'Aquitaine, par Jérôme Zurita, Auteur Espagnol, dans ses Annales du Royaume d'Aragon, par Estevan Garivay, aussi Espagnol, dans son livre intitulé *d'el Compendio historial*, par Antoine Noguier dans son *Histoire Tolosaine*, par Jean Gaultier dans sa Chronique des Chroniques, par F. Etienne de Lusignan dans son *Histoire des Rois de Chipre*, par Paradin dans ses *Alliances Généalogiques*, par Guillaume Malmesbury, auteur Anglois, par Mathieu Paris, dans son Histoire d'Angleterre, par du Tillet, dans son Recueuil de l'histoire de France, par le Président de Lestang, dans son histoire des Gaules, &c.

Catel, & après lui Pierre Cazeneuve, Pierre de Marca, & Lafaille ont répandu, sans doute, beaucoup de clarté dans cette histoire : mais sa perfection étoit réservée aux auteurs de l'histoire générale de Languedoc. On tenteroit, vainement, d'ajouter à ce qui est rapporté dans ce livre, si précieux à cette Province : rien n'a échapé à ces sçavans critiques. Ils ont pénétré dans toutes les Bibliotheques, dans toutes les Archives du Royaume : & l'on s'est

---

* Ces portraits ont été donnés au public par Catel, dans son histoire des Comtes de Toulouse, d'après un Livre manuscrit, où ils étoient enluminés comme dans l'original, mais séparés dans différens tableaux. On remarque, sur-tout, dans celui de l'Hôtel-de-Ville, la netteté & la beauté des caracteres, avec lesquels on a écrit sur une petite banderole l'abrégé de leur vie. Ce tableau est un des plus précieux qui soient dans ces Régistres.

** On expliquera plus au long dans la suite ce que c'est que ce Régistre.

attaché à réunir avec ordre, dans ce second livre, tous les traits essentiels de cette histoire particuliere, qui sont répandus séparément dans plusieurs volumes immenses.

Les Comtes de Toulouse profiterent, comme les autres Comtes François, de la foiblesse des Rois de la seconde race, pour rendre leurs Comtés héréditaires; ils usurperent la souveraineté dans des pays dont ils n'avoient eu d'abord que le Gouvernement. Ils reconnurent cependant toujours la Suzeraineté des Rois François; & prirent à titre de grands Vassaux, la qualité de Pairs de France, & de Comtes * Palatins. S'ils ont relevé de l'Empereur d'Occident, c'étoit seulement pour le Marquisat de Provence, qu'ils réunirent à leurs autres possessions; & lorsqu'ils se sont déclarés Vassaux, des Rois d'Angleterre, ou des Rois de Castille, & d'Aragon, c'étoit, comm'on le verra, dans la suite, dans des circonstances critiques, soit pour obtenir la paix d'un ennemi rédoutable, soit pour acquerir de puissans alliés, contre le Roi de France lui-même, avec qui ils étoient, quelquefois, en guerre: mais tous ces différens hommages, contraires à la Loi fondamentale des Fiefs, n'ont porté aucune atteinte aux droits de la Couronne de France, sur le Comté de Toulouse.

Lorsque ces Comtes furent en possession de tous les droits Régaliens, ils firent battre monnoie en leur nom: ils établirent des Vicomtes, qui exerçoient leur autorité, & leurs droits, pendant leur absence, dans tout le Comté, des Viguiers, qui avoient l'exercice de la justice dans un certain district appellé *Viguerie;* enfin, ils formerent (a) une Cour composée des Capitouls de

---

(a) *Catel. hist. des Comtes de Toulouse*, page 32, 33, 34.

* La charge de *Comte Palatin*, ou Comte du Palais, étoit une des plus considérables de la Couronne, sous la seconde race de nos Rois. La principale fonction de celui qui en étoit revêtu, consistoit à rendre la justice. Il jugeoit souverainement, soit en premiere instance, soit par appel, les affaires Civiles, & Criminelles, dont la connoissance lui étoit réservée; & celles qui intéressoient le Prince, dont il étoit proprement le chef du Conseil. Nos Rois envoyoient aussi, quelquefois le Comte Palatin dans les Provinces, pour y administrer la justice; ils honorerent ensuite de cette fonction les principaux Comtes Provinciaux, auxquels ils accorderent le pouvoir de juger définitivement, dans l'étendue de leur Domaine, avec la même autorité que le Comte du Palais.

Guillaume deuxieme Comte de Toulouse, étoit Comte Palatin de Louis le Débonnaire, Roi d'Aquitaine. Ses successeurs conserverent cette dignité sous les Rois de la race de Charlemagne: ils la rendirent, sans doute, héréditaire, & attachée à celle de Comte de Toulouse. (*Hist. gén. de Lang.* tome 2. p. 180.)

Touloufe, qui jugeoient toutes leurs affaires, fouverainement, & fans appel. On doit remarquer encore, avant de commencer leur hiftoire, que dans les premiers temps, ce Comté n'avoit d'autres bornes que le *Pagus Tolofanus*, c'eft-à-dire, l'ancien Evéché de cette Ville, qui compofe aujourdhui la Province Eccléfiaftique de Touloufe; il fut agrandi fucceffivement, par droit de conquête, par des traités, ou par des alliances; & l'on confondit fous ce nom prefque toutes les terres qui formoient le Domaine de ces Comtes.

Nous avons vu dans le premier livre de quelle maniere Chorfon, ou Torfin fut invefti & dépouillé du Comté de Touloufe par Charlemagne. Guillaume fon fucceffeur garda ce Comté depuis l'an 790, jufqu'en 806, il eft connu par fa fainteté, & par fes victoires fur les Sarrafins. Ces Infideles regardoient la Septimanie comme une dépendance de leur domaine, & faifoient, fans ceffe, leurs efforts pour s'en rendre maîtres. Guillaume, aidé de quelques Comtes de fa nation, les combatit, avec tant de fuccès, qu'ils ne firent plus de nouvelles tentatives. Il fonda, l'an 804 l'Abbaye de Gellone *, où il embraffa l'Etat monaftique le 29 Juin 806, & y mourut le 28 Mai 812. Il étoit fils de Théodoric, & d'Aldane. Il avoit époufé deux femmes, Cunegonde, & Guitburge dont il eut quatre fils, Bernard, Witcharius, Gaucelme, & Herbert auquel l'Empereur Lothaire fit arracher les yeux, & deux filles Hélimbruch, & Herberge. Le même Lothaire fit jetter cette derniere dans la Saône. Quelques hiftoriens lui donnent une troifieme fille, nommée Berthe, qui époufa Pepin Roi d'Aquitaine. On eft édifié de la fainteté de la vie qu'il mena dans le Monaftere de Gellone. Uniquement occupé du foin de fon falut, il oublia fa grandeur paffée, pour fe livrer tout entier aux exercies les plus pénibles de la Religion. La perfévérance, & l'auftérité de fa pénitence lui ont mérité la vénération des fideles. On lui a dédié des autels : fes Reliques font confervées précieufement ; & on lui rend un culte public, & fouvent efficace.

Berenger lui fuccéda, mais on ignore en quelle année il fut fait Comte. Eginard en fait mention fous l'an 819, & rapporte que ce Comte, & Guarin, ou Warin Comte d'Auvergne joignirent leurs armes contre Loup Centulle, Duc des Gafcons : que les deux

---

* Cette Abbaye, fituée dans le Diocefe de Lodeve, appartient aux Peres Bénédictins de la Congrégation de Saint Maur : elle eft connue fous le nom de *Saint Guillem du Dézert*, ou *le Dézert*, nom que fon Fondateur, & fa fituation lui ont fait donner.

partis en vinrent à un grand combat, où Loup fut défait, & ne sauva sa vie que par la fuite. Il ajoute que ces deux Comtes, peu satisfaits d'avoir vaincu leur ennemi, s'ils ne le mettoient hors d'état d'entreprendre une nouvelle guerre, l'accuserent de félonie devant Louis le Débonnaire, qui le condamna au banissement. Berenger mourut l'an 834, il étoit fils de Hugues Comte de Tours, & proche parent de Louis le Débonnaire : mais plus illustre par ses grandes qualités que par sa naissance, il mérita la confiance de son Roi, & l'amour des peuples.

Bernard, fils de Guillaume I. Duc, ou Comte de Toulouse fut le successeur de Berenger ; il sembla être né pour éprouver toutes les faveurs, & tous les revers de la fortune. Il étoit Duc de Septimanie lorsque Louis le Débonnaire l'appella à sa Cour l'an 829, pour lui donner la place de son grand Chambellan, & de premier Ministre. Ces faveurs, & sur-tout la bienveuillance de l'Impératrice Judith, exciterent contre lui la jalousie des enfans de Louis, & de tous les grands du Royaume. On l'accusa de tous les crimes dont un homme peut se rendre coupable ; & en particulier de magie, de ce crime si rare, & si difficile à prouver, mais qu'on supposoit aisément dans ces siecles d'ignorance. Enfin on n'épargna pas la réputation de l'Impératrice ; & on l'accusa d'un commerce criminel avec ce favori. Il succomba d'abord sous les traits de la calomnie. L'Empereur le renvoya, pour calmer la fureur de ses enfans, qui avoient pris les armes, sous prétexte de délivrer leur pere, & l'Etat, de la tirannie prétendue du Comte Bernard. Mais la division qui régna entre ces Princes, leur fit bientôt perdre le fruit de leur révolte. Louis, que ses enfans avoient dépouillé, reprit les rênes de l'Empire. Bernard, rentré en faveur, se rendit à la Cour, pour se justifier, & pour réparer l'honneur de Judith.

Il offrit le Duel, suivant les loix & l'usage des Francs, à quiconque voudroit se porter pour son accusateur. Personne ne l'ayant accepté, il fut déclaré innocent. Bientôt on l'accusa, de nouveau, & l'Empereur le dépouilla encore de ses dignités. Il les lui rendit, cependant ensuite, en reconnoissance du zele qu'il avoit montré pour le replacer sur le trône, dont ses enfans l'avoient renversé, une seconde fois, l'an 834, il lui donna alors le Duché de Toulouse. Après la mort de Louis le Débonnaire, Bernard toujours intriguant, prit parti en faveur de Pepin, contre Charles le Chauve. Il se réconcilia & se brouilla plusieurs fois avec lui. Enfin, suivant quelques auteurs (b), il fut condamné à perdre la tête, dans une diete que Charles le Chauve tint au Monastere de Saint Sernin de Toulouse. D'autres (c) rapportent qu'ayant signé un traité de paix avec Charles le Chauve dans l'Eglise de Saint Sernin, Charles le poignarda *, de sa main, en l'embrassant ; & qu'après l'avoir tué il le foula aux pieds, en proférant ces mots. *Malheur à toi qui as osé souiller le lit de mon Pere, & de ton Seigneur.* Quoi qu'il en soit de ces deux opinions, qui sont également dénuées de bonnes preuves, il est certain que Bernard fit une fin tragique ; son élevation, & la faveur de l'Empereur lui firent peut-être attribuer des crimes dont il ne fut jamais coupable. Il laissa deux fils, Guillaume & Bernard. Le premier lui succéda dans le Comté de Toulouse. L'autre devint, dans la suite, Comte d'Auvergne, & Marquis de Gothie. On lui donne aussi une fille nommée Rogelinde qui épousa Wulgrin Comte d'Angoulême.

La division, qui régnoit entre les Princes François, donna à plusieurs personnes, en même-temps, les titres de Duc, & de Comte de Toulouse. Charles le Chauve honora Warin du titre de Duc, & Egfrid de celui de Comte en 840, ils le possèderent jusqu'à la paix, qui fut conclue entre Charles le Chauve, & Pepin, l'an 845. Pepin l'avoit donné en 844, à Guillaume fils de Bernard. Il le conserva à la paix, aussi ne mettra-t-on pas Warin, & Egfrid, dans cette suite chronologique des Comtes de Toulouse. Guillaume ne posséda pas tranquillement ce Comté. Il en fût dépouillé, & il le récouvra, plusieurs fois, selon que la fortune de Pepin varioit contre Charles. Sa fidélité envers son bienfaiteur lui coûta la vie. Il fut tué à Barcelonne l'an 850, par le peuple, que les partisans de Charles le Chauve avoient soulevé contre lui.

On doit observer que la plupart des Comtes avoient déjà profité de la décadence de la maison de Charlemagne, pour rendre leurs Gouvernemens héréditaires, à la faveur des inféodations ; Guillaume II. donna en dot, à sa sœur, en la mariant, à Wulgrain Comte d'Auvergne, les Comtés d'Agen & de Périgueux ; ce qu'il n'auroit
pu.

(b) *Hist. gén. de Lang.* tome 1. page 538. note 87.
(c) *Laffaille*, addit. aux Ann. tome 2. page 8.

* Suivant la Chronique rapportée par Laffaille, Charles le Chauve fut soupçonné d'avoir commis un Parricide, en trempant ses mains dans le sang du Comte Bernard : sa ressemblance avec lui, & le bruit de ses amours avec sa mere Judith, le faisoient passer pour son fils.

pu faire s'il n'en avoit eu la propriété. On fera encore une remarque, sur laquelle on pourra juger du prix de l'or, & de l'argent, dans ce temps-là. Au Concile tenu à Toulouse, l'an 846, la contribution que chaque Curé étoit tenu de fournir à son Evêque, sçavoir, un minot de froment, un minot d'orge, une mesure de vin, & un agneau, étoit évaluée deux * sols deux deniers, que l'Evêque pouvoit recevoir, au lieu de ces quatre choses.

Frédelon successeur de Guillaume II. défendoit la ville de Toulouse lorsque Charles le Chauve s'en rendit maître, l'an 849. La courageuse résistance de ce Comte lui acquit l'estime & l'amitié de son vainqueur. Il récompensa son courage, quoiqu'il fût son ennemi; & lui rendit généreusement le Comté de Toulouse, dont son frere & ses descendans ont joui, sans ** interruption, jusqu'à sa réunion à la Couronne. Sous ce Comte, cette Ville fut prise, une seconde fois, en 850, par les Normands. Il mourut l'an 851, & n'eut de sa femme Ode, qu'une fille nommée Udalgarde, mariée avec Bernard, Seigneur de Rouergue. Il étoit fils de Fulguald, ou Fulcoald, Comte de Rodés.

Raymond, frere de Frédelon, fonda, le 11 Novembre 863, l'Abbaye de Vabres, qui est, aujourdhui, un siege Episcopal. Il fut chassé de Toulouse, la même année, par Humfrid, Marquis de Gothie, & rentra en possession de cette Ville, un an après. Il mourut l'an 865, laissant de sa femme Berthe plusieurs enfans. Bernard, & Odon ou Eudes, qui furent successivement Comtes de Toulouse; Fulguald, dont on ignore le sort; Arbert surnommé *Benoît*, moine, & ensuite Abbé de Vabres; N. promise en mariage, en 860, à Etienne Comte d'Auvergne.

Bernard son fils lui succéda. Il prenoit les titres *de Comte, de Duc, & de Marquis de Toulouse*, dont chacun lui donnoit des droits différens. Le Gouvernement de cette Ville étoit attaché à celui de *Comte*. Celui de *Marquis* lui donnoit une autorité supérieure sur une partie de la Narbonnoise premiere; & celui de *Duc* lui attribuoit la même autorité sur une portion de l'Aquitaine, où il possédoit d'ailleurs les Comtés de Rouergue, & de Quercy. Un

---

* Le sol d'or, sous Charlemagne, étoit le *solidum Romanum* : il équivaloit à quatre deniers d'argent. Chaque denier d'argent de ce temps-là, vaudroit, aujourdhui (1759) trente sols tournois.

** Cette succession, non interrompue m'a déterminé à rapporter, à la fin de ce second livre, la Table généalogique de cette illustre maison, que les auteurs de l'histoire générale de Languedoc ont donnée (*tome 2. page* 538.)

Partie I.   F

auteur contemporain rapporte que Bernard fut puni, l'an 875, par une mort funeste, de fes ufurpations fur les biens de l'Eglife de Reims. On ignore le détail de ce fait : mais il eft inconteftable que ce Comte mourut, fans poftérité, & qu'il laiffa le Comté de Touloufe à Odon, ou Eudes fon frere.

On doit la découverte de ce Comte aux fçavantes recherches de Catel, qui l'a établi par des preuves très-folides, fans nous apprendre aucune particularité de fa vie. Il mourut l'an 919, dans un âge fort avancé, puis qu'il avoit fuccédé à fon frere, en 875; & que, dès ce temps-là, il étoit marié avec la Comteffe Garfinde, fille unique d'Ermengaud Comte d'Albi. Héritiere de ce Comté, elle le porta dans la maifon des Comtes de Touloufe, qui avoit augmenté fa puiffance, par la réunion du Marquifat de Gothie, à fes autres Domaines. On ignore fi cette réunion fut faite par droit de fang, après la mort de Guillaume le Pieux, ou fi Charles le Chauve le donna à Eudes, pour le récompenfer des fervices qu'il en avoit reçus. Quoi qu'il en foit, le Marquifat de Gothie comprenoit, dans ce temps-là, la plus grande partie du Diocefe de Narbonne, ceux d'Elne, de Béziers, d'Agde, de Lodeve, de Maguelone, & de Nîmes. Il eft vrai que dans la plupart de ces Diocefes, il y avoit des Comtes, & des Vicomtes particuliers, fur lefquels le Marquis de Gothie n'avoit que la fuzeraineté. C'eft, fans doute, fon extrême vieilleffe qui porta Eudes à céder, en 918, à Raymond fon fils, le Comté de Touloufe. Outre celui-ci, il eut un autre fils, nommé Ermengaud, qui eut en partage le Comté de Rouergue; & qui poffeda le Marquifat de Gothie, par indivis, avec Raymond.

Raymond II. ne jouit pas long-temps de la fucceffion de fon pere. Les Normands avoient fait une entreprife fur l'Aquitaine, dont Guillaume II. étoit Duc. Cet allié de Raymond l'appella à fon fecours. Ils réunirent leurs forces contre leurs ennemis : leur livrerent bataille; & les défirent l'an 923 : mais le Comte de Touloufe, après avoir donné des preuves d'une valeur héroïque, mourut au fein de la victoire.

Son fils lui fuccéda fous le nom de Raymond-Pons. Il réforma plufieurs Monafteres, & fe fignala par fes victoires fur les Hongrois *, qu'il chaffa du Languedoc, où ils avoient fait une irrup-

---

* Ces peuples originaires de la Scythie, infpiroient la terreur par la férocité de leurs mœurs, par la difformité de leur vifage, & par leur maniere de combatre. Cruels, perfides, fans religion & fans foi, ils fe nourriffoient de

tion. Il mourut vers l'an 950, & fut inhumé dans l'Abbaye de Saint Pons * de Thomieres, qu'il avoit fondée, au mois de Novembre 936, & enrichie de ses libéralités. Catel, le P. Labbe, & plusieurs autres, appellent Raymond Pons, Pons I. & placent entre ce Comte, & Guillaume Taillefer, son successeur, deux autres Comtes, l'un sous le nom de Raymond III. qu'ils croient être son fils, & l'autre sous le nom de Pons II. qu'ils croient être fils de ce dernier. Ces généalogistes ont été sçavamment réfutés par les Auteurs de l'Histoire générale de Languedoc, qui prouvent (a) par des pieces authentiques que Guillaume III. surnommé Taillefer, étoit fils de Raymond Pons, & qu'il fut son successeur immédiat : ainsi les autres deux Comtes doivent être mis au rang des personnages chimériques. L'erreur de ces historiens, d'ailleurs très-respectables, a eu pour fondement les Chartes de ce Comte, dans lesquelles il prend, souvent, le seul nom de Raymond, ou celui de Pons, qui n'étoit que son surnom. Sur la foi des nouveaux historiens de Languedoc, on fera succéder immédiatement Guillaume III. surnommé Taillefer, à Raymond Pons son pere. Outre Guillaume, Raymond Pons eut encore, de sa femme Garsinde deux fils, Pons Comte d'Alby, en 984 & 987, qui mourut sans postérité, & Raymond, dont on ignore le sort. Il eut aussi une fille nommée Raymonde femme d'Aton, Vicomte de Soule.

Guillaume III. étoit, sans doute, bien jeune lors de la mort de son pere, puisque Garsinde sa mere gouvernoit le Comté de Toulouse, au nom de ce Prince l'an 961 & 969 : on sçait qu'il se maria, & qu'il répudia sa premiere femme, pour en prendre une qui étoit mariée. On sçait, de plus, qu'il étoit marié en 975, avec Arsinde sœur de Foulques Nera, Comte d'Anjou : mais il est douteux, si Arsinde est celle qu'il abandonna, ou s'il n'en avoit pas épousé une autre auparavant. Il épousa en secondes, ou en

---

(a) *Tome 2. page 536.*

---

chair crue, & buvoient le sang des animaux. Ils déchiquetoient le visage de leurs enfans, dès qu'ils étoient sortis du sein de leur mere, pour les accoutumer à souffrir, ce qui les rendoit hideux, & plus terribles à leurs ennemis. Moins propres à former des sieges qu'à ravager les campagnes, peu adroits à manier l'épée, mais très-habiles à décocher des dards, ils cherchoient plutôt à se battre de loin, que de près. Ils combattoient toujours à cheval, & le poussoient avec une extrême vitesse. Leurs femmes, également féroces, faisoient, comme leurs maris, leur principal métier, de la guerre, & du brigandage. (*Hist. gén. de Lang. tome 2. page 59.*)

* C'est aujourdhui un Evêché.

troisiemes nôces, vers l'an 990, Emme, fille de Rotbold, Comte de Provence, qui devint héritiere de sa maison ; & qui porta dans celle de Toulouse les Comtés de Venaissin, & de Forcalquier, par la mort de Guillaume III. Comte de Provence, son frere.

Un historien de ce temps-là raconte un fait singulier, arrivé à Toulouse. Aymeric de Rochechouart * Vicomte de Limoges, ayant fait un voyage dans cette Ville, vers l'an 1018, accompagné d'Hugues son Chapelain : celui-ci fut chargé de faire la cérémonie de *donner un soufflet à un Juif, à la Fête de Pâques*, comme c'étoit alors l'usage. L'historien ajoute que le coup fut si violent, qu'il fit tomber par terre la cervelle, & les yeux du Juif ; & que la Synagogue de Toulouse l'enleva de la Cathédrale de Saint Etienne, pour l'inhumer, dans son Cimétiere. Cet usage remontoit, selon Nicolas Bertrand (b), à une Ordonnance de Charlemagne. Il fut commué (c) au commencement du XII. siecle, en une Leude, que les Juifs étoient obligés de payer dans les Fauxbourgs de Toulouse, au profit des Chanoines de l'Eglise de Saint Sernin, depuis la Fête de la Toussaints, jusqu'à la Fête de ce Saint Martyr. Les Juifs de Toulouse payoient aussi, en exécution de la même Ordonnance de Charlemagne, une redevance de treize livres de cire à la Cathédrale de Saint Etienne, qu'elle employoit pour le Cierge paschal.

Depuis la mort d'Eudes, les Comtes de Toulouse avoient possédé en commun avec les Comtes de Rouergue, le Marquisat de Gothie, & les Comtés de Querci & d'Albigeois. La difficulté de la perception de leurs droits, les inconvéniens qui sont inséparables des possessions par indivis, les déterminerent à faire le partage de ces vastes Domaines. Les Comtés d'Albigeois & de Querci échurent à Guillaume ; & Raymond II. Comte de Rouergue, eut le Marquisat de Gothie. Ils partagerent aussi le Diocese de Nîmes. La partie supérieure, avec la Capitale, appartint à Raymond, sous le nom de Comté de Nîmes. Et la partie inférieure, avec la ville de

(b) *De. Tolos. gestis. fol.* 57. *verso.*
(c) *Catel. Mém. de Lang.* page 517 : 523.

* L'illustre Maison de Rochechouart, qui a pris son nom de la Terre de Rochechouart dans le Poitou, a une de ses branches, connue sous le nom de Clermont-Faudoas, qui est établie à Toulouse, depuis le commencement du XVI. siecle, & qui subsiste avec éclat dans la personne du Comte de Clermont, Marquis de Faudoas, Vicomte de Soulan, Seigneur d'Aureville, Labarthe, la Seure, Goyrans &c. (*Moreri.*)

Saint Gilles, appartint au Comte de Touloufe, fous le titre de Comté de Saint Gilles. Il eut auffi dans fon lot le Comté de Lodeve.

Guillaume Taillefer mourut, vers la fin de l'an 1037, âgé d'environ quatre-vingts-dix ans. Son corps fut inhumé à St. Sernin de Touloufe, dans une Chapelle extérieure, joignant une des portes de l'Eglife, où l'on voit encore fon Maufolée, avec trois autres Tombeaux de marbre, & plufieurs infcriptions. * Le furnom de Taillefer lui fut donné, comme une preuve de fa force, & de fa valeur. Il eut de grandes vertus : mais il en ternit l'élat, par des vices, encore plus grands. Tour à tour impie & dévot, il ufurpa, & vendit fans fcrupule, les biens eccléfiaftiques ; & fit en même-temps plufieurs donations confidérables, foit à l'Eglife St. Sernin, foit à quelques Eglifes de Provence. Ce fut fans doute, dans un accès de fon zele pour la Religion qu'il fit brûler publiquement dans Touloufe, en 1022, un grand nombre de Manichéens. ** Il eut de fa femme Arfinde d'Anjou, deux fils, Raymond & Henri, qui moururent, avant lui, fans poftérité ; & deux filles, Conftance, qui époufa Robert Roi de France, & Ermengarde, femme de Robert I. Comte d'Auvergne. De fa femme Emme de Provence, il eut deux fils, Pons, qui lui fuccéda dans le Comté de Touloufe, & Bertrand, qui eut en partage une portion de la Provence ; & qui a été le chef de la feconde race des Comtes de Forcalquier. Enfin il eut une troifieme fille, nommée Emme, comme fa mere, qui époufa Aton-Raymond, Seigneur de l'Ifle-Jourdain.

Pons, qui prenoit le titre de Comte Palatin, époufa Majore de Foix, au mois de Septembre 1037, & par une convention, qui bleffoit toutes les Loix de l'Eglife, il lui affigna pour douaire, entr'autres chofes, l'Evêché d'Alby, plufieurs Eglifes du pays, la moitié de l'Evêché de Nîmes, & la moitié de l'Abbaye de Saint Gilles. Il la répudia, où elle mourut peu de temps après. Il fe remaria, vers l'an 1040, avec Almodis fille de Bernard, Comte de la Marche, qu'il répudia *** auffi en 1053. Familiarifé avec la fimonie, il avoit difpofé de l'Evêché du Puy, à prix d'argent : pour

---

* Elles font rapportées, avec la repréfentation des Tombeaux, dans l'hiftoire générale de Languedoc, tome 2. page 173.

** Secte d'Hérétiques, qui fuivoient la doctrine de Manès.

*** On peut remarquer comme une chofe finguliere que cette Princeffe avoit été déjà répudiée par Hugues, Seigneur de Luzignan ; & qu'elle époufa, en troifieme noces, le Comte de Barcelonne, du vivant de fes deux premiers maris.

réparer ce scandale, il fonda en 1053, le Prieuré du Vigan, au Diocese de Nîmes. Il mourut, vers l'an 1060, âgé d'environ soixante-dix ans; & fut inhumé à l'Eglise Saint Sernin, dans la Chapelle, dont on a déjà parlé. Inconstant, ou peu scrupuleux dans le mariage, il prit & répudia plusieurs femmes, avec une facilité que les mœurs corrompues de ce siecle sembloient autoriser. Il laissa d'Almodis, sa premiere femme, trois fils, & une fille : Guillaume, qui fut son successeur dans le Comté de Toulouse. Raymond, qui eut en partage le Comté de Saint Gilles, dont il porta le nom, & qui succéda, ensuite à son frere. Hugues, mort jeune, & sans postérité; & Almodis, qui épousa le Comte de Melgueil, ou de Substantion.

Guillaume IV. Comte de Toulouse & Raymond de St. Gilles son frere partagerent entr'eux, vers l'an 1079, les domaines de leur maison, qui avoient appartenu à la branche des Comtes de Rouergue. Le Comte de Toulouse avoit épousé vers l'an 1066, ou 1067, Mathilde ou Mahaut, dont on ignore la maison. Ce Prince pacifique s'appliqua, principalement, à faire fleurir la Religion dans ses Etats. Il fit don, (d) en 1067, à Durand, Abbé de Moissac, des Terres en Alleu, & des autres droits du Prieuré * de St. Pierre de Cuisines de Toulouse. Et seconda Izarn Evêque de cette Ville, qui aspiroit à la réforme des Eglises de son Diocese. Celle de Nôtre-Dame, appellée depuis, *la Daurade*, fut le premier objet de leur zèle. Elle étoit déjà célebre, dès le VI. siecle; & on y avoit joint un Monastere, au commencement du IX. sous les regnes de Louis le Débonnaire, & de Charles le Chauve : mais les desordres produits, par la simonie, avoient réduit l'un & l'autre dans un état si déplorable, qu'à peine on y faisoit le service divin. Izarn affligé de la décadence de cette ancienne Eglise, voulut lui rendre son premier lustre. Il l'unit en 1077, à l'Ordre de Cluni, entre les mains d'Hugues Abbé de ce célebre Monastere. Cette union fut faite (e) du consentement de Guillaume Comte de Toulouse, à condition que l'Eglise de la Daurade seroit toujours desservie ** par des Moines.

(d) *Hist. gén. de Lang.* tome 2. *aux preuves*, page 255.
(e) *Hist. gén. de Lang.* tome 2. page 236.

* Ce Prieuré qui dépendoit, alors, de l'Abbaye de Moissac, appartient, aujourdhui, à la Chartreuse de Toulouse, depuis l'union qu'en fit à cette Maison le Pape Paul V. par une Bulle de l'an 1607.
** Depuis ce temps-là, ce Monastere fut soumis à la Congrégation de

Le Comte de Toulouse concourut ensuite, avec le même Evêque, pour établir la régularité dans la cathédrale de St. Etienne. Les bâtimens de cette Eglise * menaçoient ruine : Ses biens étoient, la plupart, aliénés ; & le service divin y étoit entierement négligé. Izarn, soutenu par l'autorité, & les libéralités de Guillaume, répara cette Cathédrale, l'enrichit de divers ornemens, dont elle étoit dépourvue, rétablit la vie commune parmi les Chanoines, & leur fit embrasser la regle ** de Saint Augustin. Pour leur ôter tout prétexte de violer cette regle, il leur assigna (f) de gros revenus, entr'autres ceux que possédoient alors, en particulier le Prévôt, le Doyen, les Archidiacres, l'Ecolâtre, & le Sacristain de cette Eglise. Outre cela, il leur abandonna, pour leur manse, les émolumens que les Evêques de Toulouse retiroient, des jugemens où l'on ordonnoit l'épreuve *** de l'eau froide, plusieurs Archidiaconnés,

(f) *Hist. gén. de Lang. tome 2. aux preuves, page 292.*

Cluni, sous la dépendance de l'Abbaye de Moissac. Il a été uni, dans le dernier siecle, à celle de Saint Maur, qui le possède aujourdhui.
* Elle avoit été bâtie par Saint Martial, disciple de Saint Pierre, & consacrée par Fronton, premier Evêque de Périgueux : mais il ne paroit aucun vestige de cette ancienne Eglise, à quelques masures près, qu'on voit, auprès du Clocher. La Nef a été bâtie, par Raymond VI. Comte de Toulouse. Bertrand de l'Ile, Evêque de cette Ville en 1275, fit bâtir le Chœur, & les Chapelles qui l'environnent. L'Autel de Paroisse, dédié à la Vierge, fût consacré l'an 1386, cet Autel qui représente le décès de la Sainte Vierge, assistée des Apôtres, est d'une très-belle pierre blanche : Catel, remarque qu'il l'a vu dorer. Le Portail a été bâti par Pierre Dumoulin, Archevêque de Toulouse, vers l'an 1440. Le Clocher fût achevé de bâtir en 1531, l'année que la grande Cloche de Cardaillac fût refondue ; car elle avoit été faite vers l'an 1380. Jean d'Orléans, Cardinal de Longueville, fit bâtir la Sacristie, & voulut faire voûter le Chœur, qui n'étoit couvert que d'un platfond de bois. Il fit construire le grand Pilier, qui porte son nom, & les Arcs-boutans qui sont au tour du Chœur. Ce Chœur, qu'on regarde comme un des plus beaux du Royaume, fut voûté vers l'an 1610, par les soins du Cardinal de Joyeuse, par les libéralités de la Province, du Chapitre, & de la Ville, qui contribuerent à cette dépense. (*Catel. mém. du Lang. page 159 & suiv.*) On peut voir l'élévation, & la coupe scénographique de ce Chœur gravées dans l'histoire générale de Languedoc, tome 5. page 501.
** Ils l'ont observée, jusqu'à leur sécularisation, en 1510.
*** L'usage des Epreuves, dont nous rougissons, aujourdhui pour nos ancêtres ; & qui sert à faire connoitre les erreurs & la foiblesse de l'esprit humain, étoit reçu, dans presque toute l'Europe. On y soumettoit la vérité des crimes, les questions de Jurisprudence, & de Police. Pour l'épreuve de l'eau froide, on disoit une Messe, à laquelle on excommunioit l'accusé. On bénissoit, où l'on exorcisoit l'eau dans laquelle on le jettoit, après l'avoir lié & garroté. S'il tom-

la Métairie de Bracca-Ville, les Terres appellées du Feretra; enfin la moitié du fel, qu'il avoit droit de retirer du Fauxbourg St. Sernin. Guillaume IV. qui foufcrivit cet Acte, y déclare qu'en confidération de cette réforme, il renonce au pouvoir qu'il avoit d'élire l'Evêque de Touloufe. Il eft vrai qu'il ajoute, en parlant de ce pouvoir, que fes ancêtres l'avoient injuftement ufurpé fur l'Eglife.

Izarn, toujours infatigable pour la réforme du Clergé, voulut étendre des droits, qu'on lui conteftoit, fur l'Eglife * St. Sernin; & fufcita par-là, à Guillaume IV. une affaire, avec le Pape Gregoire VII. Les Clercs, ou Chanoines de cette Eglife venoient d'embraffer (g), fous le Pontificat du même Pape, la réforme, & la regle de Saint Auguftin. Ils avoient, même, repréfenté à fa Sainteté que leur Eglife dépendoit, immédiatement, du Saint Siege; & le Pape les avoit mis fous fa protection. Malgré cette fauvegarde, Izarn, qui prétendoit exercer une Jurifdiction entiere fur cette Eglife, la céda à Hugues, Abbé de Cluni, & à fes Moines, fous certaines redevances. Ce Prélat comptoit fur le crédit de l'Abbé de Cluni, auprès du Pape Gregoire VII. & fur l'autorité du Comte de Touloufe, qui chaffa, en effet, de force, les Chanoines de St. Sernin, pour leur fubftituer des Moines de Cluni : mais fur les plaintes

(g) *Hift. gén. de Lang.* tome 2. page 263.

___

boit au fond, il étoit réputé innocent; s'il furnageoit, il étoit jugé coupable. Le Jugement par l'eau chaude s'exécutoit, en faifant plonger le bras nud de l'accufé dans une cave d'eau bouillante, au fond de laquelle il devoit prendre un anneau béni. Le Juge, en préfence des Prêtres & du Peuple, enfermoit, dans un fac, le bras du Pénitent, & fcelloit le fac de fon cachet. Si trois jours après il ne paroiffoit aucune marque de brûlure, ou fi la marque étoit jugée légere, l'innocence étoit reconnue.

* Cette Eglife avoit été commencée de bâtir par Saint Silve, Evêque de Touloufe, & achevée par Saint Exupere fon fucceffeur, au commencement du V. fiecle. ayant été détruite vers la fin du X. elle fût rebâtie, telle qu'elle eft, vers l'an 1060, par les libéralités de Saint Raymond, Chanoine de ladite Eglife, qui y contribua lorfque le Chœur étoit déjà fini; & qui conduifit le refte du bâtiment, depuis le fondement, jufqu'au-deffus des fenêtres. Elle fut finie vers l'an 1096; & confacrée, folemnellement par le Pape Urbain II. elle a été régie par des Prévôts jufqu'en 1118, que Guillaume-Raymond en fut inftitué premier Abbé. Depuis ce temps, elle a toujours été gouvernée par un Abbé, qui fut fécularifé, avec le refte du Chapitre en 1526 : elle s'eft maintenue dans l'ufage conforme à l'ancienne difcipline, de ne laiffer enterrer perfonne dans fon enceinte. (*Catel. mém. du Lang.* page 263, 264. *Hift. gén. du Lang.* tome 2. page 451.)

plaintes des Chanoines, le Pape réprimanda vivement le Comte ; & en 1083, ceux-ci furent rétablis dans leur Eglise, dont ils ont resté paisibles possesseurs. Ils vécurent avec édification depuis leur réforme ; on honore, à Toulouse, d'un culte particulier, Saint Raymond, l'un des premiers qui l'embrassa. Ce Saint Chanoine fonda un Hôpital, pour l'entretien de trente pauvres, qui fut changé, dans la suite, en un College, qui porte son nom : l'on y entretient encore, dix-huit Clercs & deux Prêtres. Son zele pour la gloire de Dieu égala sa charité. Il employa la plus grande partie de ses revenus, pendant plusieurs années, à la construction de l'Eglise Saint Sernin.

La mort des deux fils que Guillaume IV. avoit eus de Mathilde, le détermina à se remarier en 1080, avec Agnès, ou Emme troisieme fille de Robert, Comte de Mortaing, en Normandie : mais n'ayant point d'enfans, il maria sa fille Philippe, l'an 1086, à Sanche, Roi d'Aragon, & de Navarre. Cette Reine se remaria, dans la suite, avec Guillaume IX. Duc d'Aquitaine, Comte de Poitiers ; & ce mariage fut la source des guerres, qui armerent le Comte de Poitiers, le Roi de France, & le Roi d'Angleterre, contre le Comte de Toulouse. La dévotion particuliere de ce dernier pour l'Eglise de la Daurade *, qu'il avoit embellie (h) en faisant construire la voûte, & le contremur intérieur qui la soûtient **, lui fit demander au Pape Urbain II. la permission d'y faire un cimétiere, où il pût être enterré, avec sa famille. Le Pape lui accorda sa demande par une Bulle expresse, qu'il lui adressa, contenant Indulgence de tous péchés, en faveur de ceux qui y seroient inhumés. Il y a une pareille Bulle du Pape Paschal, pour tous ceux qui y choisiront leur sépulture.

Guillaume IV. se voyant sans enfans mâles, & sans espérance d'en avoir, appella à sa succession Raymond de Saint Gilles son frere. Il lui céda, ou vendit, de son vivant, en 1088, le Comté de Toulouse, & tous ses autres Domaines, auxquels, il paroit, d'ailleurs que Raymond étoit substitué. Débarrassé du gouvernement de ses Etats, il s'adonna tout entier à la dévotion ; & fit un pélérinage à Jérusalem, où il mourut, vers l'an 1094. Chaque action de

---

(h) *Chabanel. antiq. de la Daurade*, page 101.

* Suivant le *mss.* de Dupuy, la Nef de cette Eglise avoit été bâtie par Théodoric II. Roi de Toulouse, vers le milieu du V. siecle.

** Les Religieux, ont continué cette voûte dans l'étendue de leur Chœur.

Partie I. G

HISTOIRE DE LA VILLE

fa vie fait partie de fon éloge. La Religion fut l'unique objet de fes foins. Toutes les Eglifes de fes Etats prirent une face nouvelle. Il les embellit par fes libéralités ; & avec un zele infatigable, il y rétablit l'ancienne difcipline.

Depuis le premier des Comtes de Touloufe jufqu'à Raymond IV, on a eu beaucoup de peine à fixer leur ordre fucceffif ; mais les grandes qualités de ce Comte, & de fes fucceffeurs, les ont rendus fameux dans l'hiftoire : ainfi nous allons parcourir le détail de leur vie, fans être arrêtés par aucun obftacle. Raymond IV. connu fous le nom *de Saint Gilles* ; parce que cette partie du Diocefe de Nîmes lui échut en partage, conferva toujours ce titre ; & ne fe donna quelquefois, que celui-là, même après qu'il eut pris poffeffion du Comté de Touloufe. Avant de fuccéder à fon frere, il avoit époufé, dès l'an 1066, fa coufine Germaine, fille & héritiere de Bertrand Comte de Provence, fon oncle paternel, dont il eut un fils nommé Bertrand. Le Pape Gregoire VII. l'excommunia, en 1076, & en 1078, dans deux différens Conciles, pour l'obliger à fe féparer de cette époufe ; de-là vient que quelques Auteurs ont affuré que Bertrand étoit bâtard : mais fur les preuves, rapportées dans l'hiftoire générale de Languedoc (i), on ne peut douter que Raymond ne l'ait toujours regardé comme fon fils légitime ; & qu'il n'ait été reconnu pour tel par fa famille, & par tous les Princes de fon temps.

Raymond fe remaria, en 1080, avec Mathilde, fille de Roger, Comte de Sicile, & en troifiemes noces, avec Elvire de Caftille. L'avanture qui donna lieu à ce dernier mariage, eft trop glorieufe à ce Prince, pour la paffer fous filence. Alfonfe IV. Roi de Léon, & de Caftille, étoit en guerre avec les Sarrafins d'Efpagne, qui lui avoient enlevé la plus grande partie de fes Etats. Ses malheurs intéreffèrent tous les Princes chrétiens à fon fort. Trois Seigneurs François, Henry, & Raymond de Bourgogne, & Raymond de St. Gilles paffèrent en Efpagne, au fecours de ce Roi détrôné. Ils combattirent fes ennemis, avec fuccès, leur enleverent leurs conquêtes, & les chafferent, pour jamais, des Etats d'Alfonfe. Sa reconnoiffance envers fes trois libérateurs, égala leur bienfait. Il avoit trois filles d'une grande beauté, Thérefe, Uraque, & Elvire. Il les leur offrit, avec la plus grande partie des biens qu'il devoit à leur courage. Thérefe époufa Henry (k), & lui porta pour dot le Por-

---

(i) *Tome* 2. *note* 4. 1.

(k) *Add. des Ann. de Toul. tome* 2. *page* 10. *Abrégé chron. de l'hift. de France.* *Hift. gén. de Lang. tome* 2. *page* 283.

tugal*, à titre de Comté. Uraque donna sa main à Raymond Duc de Bourgogne, avec le Royaume de Galice : & Raymond de St. Gilles obtint, en 1094, Elvire, avec une grosse somme d'argent. Mariana, historien Espagnol, dit qu'Alfonse donna aussi à Elvire, pour sa dot, les droits qu'il prétendoit avoir sur la ville de Toulouse, en qualité de successeur des anciens Rois Visigoths.

Raymond jouissoit à peine du fruit de sa générosité, & de sa valeur, lors qu'un nouvel évenement l'arracha du sein de la paix. La dévotion des pélerinages à Jérusalem, commença à régner alors dans presque toute la Chrétienneté. Un François, natif d'Amiens, nommé Coucoupietre, & connu sous le nom de Pierre-l'Hermite, affligé de voir les Mahometans, possesseurs de ces contrées, où se sont accomplis les principaux mysteres de notre rédemption, tandis qu'un petit nombre de Chrétiens y gémissoient sous la tyrannie de ces infidelles, résolut de les chasser de cette Terre sainte. Siméon Patriarche de Jérusalem seconda l'entousiasme de l'Hermite. Il écrivit au Pape, & à tous les Princes chrétiens de l'Europe. Pierre, muni de ces lettres, se hâta de se rendre dans plusieurs Cours; & prêcha avec tant de feu, qu'il fit envisager cette conquête comme un objet digne des armes de tous les Héros chrétiens. Les uns étoient attirés par l'appât de la gloire, les autres par l'espoir d'établir leur fortune sur les dépouilles des ennemis de la Foi, & tous par la promesse des Indulgences qui devoient être le prix de leur service militaire, ou du sacrifice de leur vie. La Religion n'étoit point épurée comme aujourdhui. L'ignorance étoit universelle. Une superstition grossiere régnoit à la place de cette soumission d'esprit & de cœur, qui est le fondement du Christianisme; l'on se livroit à ses passions, dans l'idée que Dieu, content d'un culte extérieur, oublioit les plus grands crimes, en faveur de quelques actes publics d'une pénitence apparente. Dans ces circonstances, & pendant que l'Hermite Pierre parcouroit l'Allemagne, le Pape Urbain II. vint en France. Il fit résoudre la guerre contre les Infideles, sous le nom de *Croisade*, dans un Concile, tenu à Clermont le 18 de Novembre 1095. Les historiens contemporains ont prêté à ce Pontife un motif moins religieux que celui qui séduisoit le peuple. Ils ont fait regarder cette Croisade comme un de ces moyens

---

* Ce Comté fut depuis érigé en Duché, & bientôt après en Royaume, en la personne d'Alphonse, proclamé premier Roi de Portugal en 1139. Alphonse étoit fils d'Henri de Bourgogne, & petit-fils de Robert de France.

décisifs, & efficaces, dont la Cour de Rome s'est servie pour augmenter son pouvoir, & se rendre formidable dans toute la chrétienneté. D'ailleurs la Cour de France s'y prêta par foiblesse *, ou par politique, & vit éloigner avec plaisir ce grand nombre de Seigneurs, qui étoient redoutables aux plus puissans Rois, par leur goût pour la guerre & par leur union. Quoi qu'il en soit Raymond n'écouta que son ardeur guerriere, & le desir de se signaler pour la gloire de la Religion. Aussi peu éclairé que les autres Souverains sur le danger qu'il y avoit pour eux de fortifier la puissance des Papes, il s'empressa d'adopter la résolution du Concile, donna son nom, le premier, dans cette milice sainte ; & sans prévoir qu'une semblable Croisade ravageroit un jour ses Etats, & dépouilleroit sa postérité, il fit vœu de combatre toute sa vie, pour le triomphe de la Foi. C'est après ce fameux Concile qu'Urbain II. vint à Toulouse au mois d'Avril 1096, & consacra, en personne, l'Eglise Saint Sernin de cette Ville. Il la tira ** de la Jurisdiction de l'Evêque, pour la faire dépendre, immédiatement du St. Siege.

Raymond ne négligea rien pour les préparatifs nécessaires à son entreprise. Il se démit du Comté de Toulouse, en faveur de Bertrand son fils du premier lit ; & ayant ainsi pourvû à la sureté de ses Etats, il partit à la fin d'Octobre 1096, à la tête d'une armée de cent mille hommes, composée de ceux qui s'étoient croisés dans les Provinces méridionales du Royaume, depuis les Pyrenées, jusqu'aux Alpes. C'est dommage que Raymond d'Agilles, Chapelain de ce Comte, qui l'accompagna dans ce voyage, dont il a fait l'histoire, ait passé sous silence le nom des Seigneurs de cette Ville qui se croiserent avec Raymond. Malgré le silence de cet historien, l'on doit présumer, que dans cette ardeur générale de tous les chrétiens, pour la guerre sainte, la plus grande partie de la noblesse de Toulouse suivit le Comte dans cette expédition. Plusieurs Dames voulurent participer à cette sainte entreprise. Elvire Comtesse de Toulouse, leur donna l'exemple ; & partit avec son époux, portant, dans ses bras, son fils, encore au berceau.

A la tête de tous ces braves guerriers, Raymond prend sa route

---

* Philippe I. Roi de France avoit été excommunié dans ce même Concile, pour avoir épousé Bertrade, femme de Foulques-Rechin, Comte d'Anjou, après avoir répudié Berthe dont il avoit eu plusieurs enfans. (*Abrégé chron. de l'hist. de France.*)

** Suivant Catel, ce n'étoit qu'une confirmation d'un semblable privilege que le Pape Grégoire VII. lui avoit déjà accordé. (*hist. des Comtes de Toulouse, page* 178.)

vers l'Italie, dans le deſſein de ſe rendre, par terre, à Jéruſalem. Tout autre auroit été découragé, par la ſeule idée de ce long, & pénible voyage. Notre héros en prévoit tous les dangers, ſans en être effrayé. Les difficultés raniment ſon courage. Il eſt ſoutenu, dans ſa route, par le même zele qui lui en avoit inſpiré le projet. Nouvel Annibal, il traverſe les Alpes, avec rapidité, parcourt le Frioul, l'Iſtrie, & entre dans l'Eſclavonie. Les forêts, qui couvrent ce pays affreux, furent le plus foible obſtacle qu'il eut à ſurmonter. Leurs Sauvages habitans s'oppoſerent envain à ſon paſſage. Il ſe fit jour, l'épée à la main; & après quarante jours de marche, qui furent quarante jours d'un combat continuel, il parvint à la ville de Duras, capitale de l'Albanie, qui étoit ſous l'obéiſſance de l'Empereur d'Orient.

Alexis occupoit, alors, le trône de Conſtantinople. Malgré la promeſſe, qu'il avoit faire, de donner paſſage aux Croiſés, & même de les aſſiſter, Raymond eut à ſoutenir, ſur ſes terres, les mêmes combats qu'il venoit d'eſſuyer. Sa valeur lui acquit de nouveaux triomphes. Il traverſa l'Epire, la Macédoine; & arriva, victorieux, aux environs de Conſtantinople, après une marche des plus longues, & des plus glorieuſes qu'on liſe dans l'hiſtoire. A ſon arrivée le politique Alexis le combla d'honneur, pour lui faire oublier les inſultes, qu'il avoit reçues de ſes ſujets, & pour le déterminer plus aiſément à lui faire hommage de ſes terres, comme avoient déjà fait pluſieurs des Princes croiſés, qui étoient arrivés à Conſtantinople avant ce Comte. Raymond s'obſtina à le lui refuſer. Il lui répondit, avec courage, que c'étoit pour Jéſus-Chriſt ſeul qu'il avoit quitté ſa patrie, & ſes grands Etats: qu'il ne connoiſſoit d'autre maître que lui: que tout ce qu'il pouvoit faire étoit de combatre ſous ſes enſeignes, s'il vouloit ſe joindre aux autres Princes croiſés. La fierté de cette réponſe irrita ſi fort l'Empereur, qu'il donna d'abord des ordres, pour qu'on inſultât, de nouveau, les troupes du Comte de Toulouſe: mais, bientôt, admirant le grand mérite de ce Prince, il rechercha ſon amitié; le combla de préſens; & l'aima, tout le temps de ſa vie.

Cependant les Princes croiſés ayant réuni leurs troupes, l'armée chrétienne ſe trouva * forte de plus de quatre cens mille hommes.

---

* On attribue à cette confédération, l'origine des armoiries. Les meilleurs critiques prétendent, que ce grand nombre de Chevaliers, raſſemblés de preſque toutes les parties de l'Europe, ne pouvant ſe reconnoitre, entr'eux, parce que les caſques cachoient leur viſage, prirent une marque extérieure. Les dif-

Le plan de cet ouvrage ne permet pas de faire l'histoire de cette mémorable expédition : on se contentera de suivre Raymond de Saint Gilles, & d'indiquer les principaux faits qui le regardent. Le premier exploit des Croisés fut la prise de Nicée, capitale de la Bythinie, en 1097 ; & celle d'Antioche, la plus grande, & la plus florissante Ville de tout l'Orient. Ces deux conquêtes annonçoient les plus grands succès, quand, tout à coup, l'armée chrétienne fut assiégée par différens corps des Turcs, dans cette derniere Ville, six jours après qu'elle s'en fut rendue maîtresse. C'est pendant ce siege, que le fer de la lance, qui perça le sacré côté de Jésus-Christ, tomba entre les mains du Comte Raymond, & sauva l'armée chrétienne. Désolée par une extrême famine, n'ayant d'autre ressource qu'une mort honorable au défaut de la victoire, elle résolut de livrer bataille aux assiégeans, le 28 de Juin 1098, pour les forcer de se retirer. La vue de la lance miraculeuse, qu'on faisoit porter à la tête de l'armée, encouragea si fort les soldats chrétiens, qu'ils remporterent la victoire. Les Infideles perdirent cent mille hommes de leur Cavalerie ; leur Infanterie fut encore plus maltraitée : on leur enleva leurs bagages. Enfin ce fut la victoire la plus complette, & la bataille la plus sanglante de toutes ces guerres.

Après ce succès, les Croisés diviserent leurs forces pour attaquer plusieurs places, en même-temps. Raymond de St. Gilles, à la tête de ses troupes assiégea, & prit Albara. Il se joignit, ensuite, à Boemond Prince de Tarente, & ils prirent Marra, place importante de la Syrie. Ces victoires multipliées étendoient les conquêtes de l'armée chrétienne : mais elles l'auroient bientôt détruite, en faisant naître la jalousie parmi les Princes croisés. Pour prévenir ce malheur, on la réunit, & on alla former le siege de Jérusalem, le 7 de Juin 1099. Cette Ville ne put résister au nombre, & à la bravoure des Chrétiens. Ils y entrerent, en vainqueurs, le 15 de Juillet. Raymond de Saint Gilles commanda l'attaque la

---

férentes fourrures & les cottes d'armes qu'ils mettoient sur leurs cuirasses, formerent les différentes couleurs, qui de-là passerent dans leurs armoiries, & qu'il est aisé d'y reconnoitre ; telles que l'hermine, le vair, le sable, le synople, &c. à ces couleurs, qui ne permettoient pas une variété assez multipliée, on ajouta quelques ornemens de fantaisie, ou pris encore de l'habillement, comme *la face*, de la jarretiere, *le pal* de l'épieu, le *sautoir*, de l'étrier, la *macle* des mailles, qui formoient le haubert, &c. Raymond, comme un des premiers chefs de la Croisade, prit le symbole sacré de la Croix, pour marquer la part qu'il avoit à cette expédition. De-là vient l'origine des armoiries des Comtes de Toulouse, qui est *une croix clechée, vuidée, & pometée*.

plus importante, aussi eut-il la principale gloire de cette conquête, & lui en défera-t-on la couronne : mais, content de l'avoir méritée, il eut la générosité de la refuser.

Ce Comte, toujours animé pour la gloire de la Religion, se rendit maître de plusieurs places, avec le secours des autres Princes croisés, ou avec ses seules troupes. Tripoli lui parut un objet digne de ses armes ; il prit, en grand Capitaine, toutes ses mesures, pour s'assurer cette conquête, & fit bâtir l'an 1100, à deux mille de cette Ville, un Château, sur le Mont-Liban, qu'il nomma Mont-Pélerin, d'où il mettoit à contribution tout le pays d'alentour. C'est dans ce Château que sa femme accoucha, en 1103, d'un fils, qui fut Comte de Toulouse, après Bertrand son frere, & qu'on nomma Alfonse-*Jourdain*, parce qu'il reçut le Baptême dans le Fleuve de ce nom.

Les fatigues que Raymond avoit essuyées dans tout le cours de cette guerre sainte ; & sur-tout les travaux du siege de Tripoli, avoient entierement ruiné sa santé. Il mourut le dernier jour de Fév. 1105, au Château Mont-Pélerin, généralement regretté. Il laissa trois fils, Bertrand, qui fut son successeur ; celui qu'Elvire porta avec elle dans la Terre-sainte, & Alfonse-Jourdain. Telle fut la fin de ce Comte fameux, qui a si justement mérité une place, parmi les plus grands Princes de son siecle. Il joignoit à une haute valeur, une piété sans bornes, & un zele infatigable pour la Religion chrétienne. Hardi jusqu'à l'intrépidité, mais sage & prévoyant, il forma les plus grandes entreprises, & les exécuta, malgré tous les obstacles qu'il eut à surmonter. Grand jusques dans ses défauts, il sçut allier la jalousie, avec une extrême générosité envers ses rivaux, & ses ennemis. Enfin son caractere fier, ne céda jamais qu'aux intérêts de Dieu, & de la Religion.

Bertrand, son fils aîné, avoit été investi du Comté de Toulouse, lors du départ de son pere pour la Terre-sainte. Il fut bientôt troublé dans cette possession, par Guillaume IX, Duc d'Aquitaine, & Comte de Poitiers, qui prétendit que ce Comté lui appartenoit du chef de Philippe sa mere, fille unique de Guillaume IV, Comte de Toulouse. Le succès de cette guerre sembla justifier, d'abord, les prétentions de Guillaume. Il se rendit maître de Toulouse l'an 1098, malgré la courageuse résistance de Bertrand, & des Toulousains, qui lui étoient fort affectionnés : mais il ne jouit pas long-temps de sa conquête. Bertrand l'en chassa, trois ans après.

Le recouvrement, & la possession de ses Etats ne remplissoient pas le cœur de Bertrand. Une plus noble ambition le porta à suivre les traces de son pere. Il n'ignoroit pas que son voyage outremer exposoit la Ville & le Comté de Toulouse, aux armes d'un ennemi puissant, qui l'en avoit déjà chassé. Cette crainte ne refroidit pas son zele pour la gloire du nom chrétien. Il partit de Toulouse, en 1109, à la tête de quatre mille hommes d'élite. Son premier soin, après son arrivée en Orient, fut de renouveller l'alliance de Raymond son pere, avec l'Empereur Grec. De-là, il passa en Afrique, & s'allia avec Baudouin, Roi de Jérusalem, qui le mit en possession de toutes les conquêtes de Raymond de Saint Gilles. Possesseur de la forteresse de Mont-Pélerin, il continua le siege de Tripoli; dont il se rendit maître, le 10 Juin 1109, après les plus pénibles travaux. Il assista Baudouin dans toutes les guerres qu'il eut contre les Infideles : vola au secours de Tancrede, qui s'étoit laissé enveloper par les Sarrasins, le dégagea ; fit lever le blocus de devant plusieurs places, que les Infideles tenoient assiégées, sur les Chrétiens ; & porta ses armes victorieuses, au-delà de l'Euphrate. Le sacrifice qu'il avoit fait, à l'exemple de son pere, de son repos, & de ses Etats au service de la Religion lui acquit la même gloire. Il mourut, en 1112, âgé de quarante-six ans. Pons, son fils unique, ne lui succéda que dans ses nouvelles conquêtes, dont il avoit partagé la gloire, & le danger ; c'est-à-dire, dans le Comté de Tripoli, qui étoit l'une des quatre Principautés, établies, dans ce pays, pour les Princes chrétiens. Il y fixa son séjour, & forma la branche des Comtes de Toulouse, dans l'Orient, sous le titre de Comtes de Tripoli. Le généreux Pons abandonna, ainsi, à Alfonse-Jourdain, son oncle paternel, tous les Domaines que son pere avoit possédés en Occident, qui comprenoient le Duché de Narbonne, le Comté de Toulouse, & le Marquisat de Provence.

 Alfonse-Jourdain, que nous avons vu naître, au Château Mont-Pélerin, avoit été conduit, en Provence, dès l'âge de quatre ans, par quelques Seigneurs croisés. Sa jeunesse parut au Comte de Poitiers, une circonstance favorable, pour la conquête du Comté de Toulouse. Il en profita ; déclara la guerre à ce jeune Prince, & vint mettre le siege devant cette Ville. La résistance des Toulousains ne fit qu'augmenter la gloire de leur ennemi. Il entra, en conquérant

conquérant, dans cette place, en 1114, & y fit * un séjour paisible jusqu'en 1119 : mais l'ayant quittée, alors, pour voler au secours d'Alfonse Roi d'Arragon, contre les Sarrasins, les Toulousains, impatiens de sécouer le joug de l'usurpateur, se révolterent contre Guillaume de Montmaurel, qui y commandoit pour lui, le chasserent ; & reconnurent Alfonse-Jourdain pour leur unique Seigneur. Le Comte de Barcelonne, allié du Comte de Poitiers, se déclara en sa faveur, & tâcha d'enlever aux Toulousains le fruit de leur valeur, en allant assiéger Alfonse, dans la ville d'Orange, en 1122 : à cette nouvelle, ceux-ci volent, à main armée, au secours de leur Souverain, le délivrent, le conduisent, en triomphe à Toulouse, & l'installent, dans le Château de ses ancêtres.

Il en jouissoit paisiblement, lors qu'une nouvelle guerre l'exposa à de nouveaux dangers. Louis le Jeune, Roi de France, qui avoit épousé, en 1137, Eléonor, fille de Guillaume IX, Comte de Poitiers, voulut faire valoir les droits de son beau-pere sur ce Comté. Il leva une puissante armée, & vint mettre le siege devant Toulouse, en 1141. La prise de cette Ville paroissoit inévitable, lors qu'une prompte paix, la dégagea. Le mariage de Raymond, fils d'Alfonse, avec Constance, sœur de Louis, qu'il épousa en 1154, cimenta cette paix : ces deux Princes se reconcilierent, avec tant de sincérité, que le Comte de Toulouse voulut accompagner Louis, dans le voyage qu'il fit à la Terre sainte, en 1147 : leur navigation fut heureuse. Alfonse arriva au Port d'Acre, & prit la route de Jérusalem, brûlant de se signaler, contre les ennemis de la foi. Il arriva à Césarée, vers le 15 d'Avril 1148 : mais la mort l'arrêta. Il fut empoisonné, le jour même de son arrivée ; & l'on attribua (l) ce crime affreux, à la Reine de Jérusalem.

Il avoit été marié avec Faidide, fille de Raymond Décan, Seigneur d'Uzés ; & en avoit eu plusieurs enfans. Raymond, dont on a déjà parlé, né en 1134, qui succéda à tous les Domaines de son pere, à l'exception du Marquisat de Provence, qu'il posséda, par indivis, avec Alfonse son frere puîné. Celui-ci, dont nous devons la connoissance aux Auteurs de l'histoire générale de Languedoc,

---

(l) *Hist. gén. de Lang.* tome 2. page 451.

* Plusieurs, ont mis ce Comte, au rang des Comtes de Toulouse ; & l'ont placé entre Bertrand, & Alphonse-Jourdain. On n'a pas cru devoir interrompre ainsi l'ordre chronologique de ces Comtes, qui s'est perpétué jusqu'à la réunion du Comté à la Couronne.

vécut, au moins, jusqu'en 1167 ; & ne laissa * point de postérité. Il eut un troisieme fils, nommé Muce, qui fonda (m) l'Eglise Sainte Marie de Nîmes, dans laquelle on voit encore son épitaphe. La premiere de ses filles, nommée Faydide, épousa Humbert III. Comte de Maurienne, & de Savoye. La seconde, appellée Agnés, mourut, sans postérité. Il eut plusieurs enfans naturels, Pons, mort en 1203 ; Bertrand ; N. qui épousa Noradin Prince d'Alep, & N. qui épousa le Comte de Comminges. Jamais Prince ne paya de tant de bienfaits l'amour, & la fidélité de ses sujets. Ils avoient exposé leur vie, pour le rétablir dans la possession de ses Domaines, il signala sa reconnoissance, en leur accordant un grand nombre de privileges, & d'immunités **, dont ils jouissent, en partie, par la bonté de nos Rois.

Sous ce Comte les hérétiques Henriciens, qui furent comme les précurseurs des Albigeois, commencerent à paroitre dans Toulouse : mais à la sollicitation de l'Evêque d'Ostie, envoyé du Pape pour combatre la fausse doctrine de l'Hermite Henri ***, Alfonse chassa cet hérésiarque. Son bannissement arrêta les progrès de l'hérésie ; & l'éloquence de Saint Bernard, qui accompagnoit le Légat, ramena la plupart de ceux qui s'étoient laissés entrainer dans

(m) *Hist. gén. de Lang. tome 2. aux preuves, page 609.*

* Il fut enterré à Toulouse, dans le Cloitre de la Daurade, où l'on voit encore son Epitaphe ; écrite en vers latins, & en caracteres gothiques.

** Il accorda en 1141, aux habitans de la Ville de Toulouse, & du Fauxbourg, la permission de vendre leur vin, sans payer aucun *usage* ; & à ceux de la Campagne, de ne payer qu'un denier par saumée. Il leur permit de prendre le sel, où ils voudroient, sans payer aucun droit, en exceptant ceux qui faisoient ce commerce. Il les affranchit d'un droit appellé *Portaticum*, qu'on levoit à Toulouse, sur les denrées, & sur les marchandises. Il leur accorda la liberté de faire construire un pont sur la Garonne, avec exemption de tout droit de passage. Enfin c'est à lui qu'on est redevable de la premiere compilation des coutumes de Toulouse.

*** Il étoit de Toulouse, & avoit puisé ses erreurs de Pierre Bruis. Il avoit accompagné cet hérésiarque en Provence, & dans le pays du Mans ; & s'attira un grand nombre de proselites. L'Evêque du Mans lui ayant ordonné de sortir de son Diocese, il vint répandre sa doctrine en Languedoc, & fut arrêté l'an 1147, à la sollicitation de Saint Bernard, qui le confondit par ses prédications, & par plusieurs miracles. Ses erreurs consistoient principalement, en ce qu'il méprisoit le culte extérieur de l'Eglise, le Sacrement de Baptême, qu'il croyoit ne devoir être conféré qu'à des adultes, la célébration de la Messe, l'usage des Eglises, & des Autels, les Prieres pour les morts, & la récitation de l'Office divin. (*Vie de Saint Bernard*, liv. 2. chap. 5. *Baronius &c.*)

l'erreur. Ces premieres plaies faites à la Religion donnerent lieu, sans doute, aux Conciles qui furent tenus à Toulouse, sous ce Comte. Le Pape Calixte II. présida à celui de l'année 1119 ; & pendant le séjour que sa Sainteté fit dans cette Ville, elle consacra, dans l'Eglise de Saint Sernin, un Autel à l'honneur de Saint Augustin, qu'on croit être le grand Autel.

Raymond V n'avoit que quatorze ans, lors qu'il succéda à Alfonse-Jourdain, son pere. Il hérita de tous ses Domaines, qui comprenoient les pays situés entre le Rhône, l'Isere, les Alpes, & la Durance. Les premieres années de son gouvernement furent marquées par une grande guerre, avec le Roi d'Angleterre, le Comte de Barcelonne, & plusieurs Seigneurs. Eléonor, fille du Comte de Poitiers, avoit été répudiée * par Louis le Jeune, & s'étoit remariée avec Henri II Roi d'Angleterre. Ses prétentions sur le Comté de Toulouse faisoient une partie de sa dot. Henri voulut les faire valoir, à l'exemple de Louis ; & résolu d'attaquer Raymond, il leve une puissante armée, en 1159, vient fondre sur ses terres, prend Verdun, Cahors ; & après s'être arrêté quelques jours, à Castelnau d'Erretefond, où il avoit placé son camp, il met le siege devant Toulouse.

Raymond, dépourvu de troupes suffisantes pour faire face à ce formidable ennemi, implora le secours du Roi de France, son beau-frere, qui étoit d'ailleurs intéressé, pour la gloire de sa couronne, à ce qu'un fief aussi considérable ne passât pas sous la domination du Roi d'Angleterre. Louis vole au secours de Raymond : se jette dans Toulouse, avec ses troupes, & force Henri de se retirer, après trois mois de siege. On ignore le détail de cette guerre, que Raymond termina, au mois de Mai 1160. Elle se renouvella en 1164, & fut terminée en 1173, par un traité, dans lequel Raymond se rendit homme lige de ce Monarque, & de Richard son fils ; & promit de leur payer, tous les ans, cent marcs d'argent, ou dix chevaux de la valeur de dix marcs chacun : mais, soit qu'il refusât d'exécuter ce traité, soit pour quelqu'autre raison, la guerre se ralluma entre ce Comte, & Richard, en 1188 & 1192. Philippe-Auguste, qui avoit succédé à Louis, assista puissamment Raymond V, & Raymond VI, son fils, dans ces deux guerres, dont on ne

---

* Cette répudiation fut également fatale, à la France, & à l'Angleterre, puis qu'elle a donné lieu, aux sanglantes guerres qui ont déchiré ces deux Royaumes, jusqu'au regne de Charles VII, malgré plusieurs paix, & plusieurs mariages. (*Abrégé chron. de l'hist. de France.*)

donnera pas le détail. Richard accepta la paix ; & un mariage finit, en 1196, cette longue querelle de la maison de Touloufe avec l'Angleterre, en uniffant Jeanne, fœur de Richard, à Raymond VI, fils de Raymond V. En faveur de ce mariage Richard fe départit de tous les droits qu'il prétendoit avoir fur le Comté de Touloufe.

Ce ne fut pas la feule guerre que Raymond V eut à foutenir. La double alliance, qu'il projetta, en mariant fon fils avec Douce, fille du Comte de Provence, tandis qu'il époufcroit Richilde, veuve de ce Comte, l'expofa aux armes du Roi d'Arragon, qui avoit des prétentions fur la Provence. Il réfifta pendant plufieurs années, aux efforts de ce Roi, & du Comte de Savoye, fon allié : mais il n'y eut que le mariage de fon fils qui eût lieu ; quoiqu'il eût répudié fa femme Conftance, pour pouvoir fe remarier avec Richilde.

Il tint, en 1175, une Cour pléniere à Beaucaire, à la follicitation du Roi d'Angleterre, qui l'avoit indiquée, pour y négocier la réconciliation de Raymond, Duc de Narbonne, avec Alfonfe, Roi d'Arragon : mais les deux Rois ne s'y trouverent pas ; enforte que tout l'appareil de cette fête devint prefque inutile. Un Auteur contemporain nous en apprend quelques circonftances, que l'on va rapporter, pour faire connoître le goût de ce fiecle, & la façon finguliere, dont les Seigneurs faifoient éclater leur magnificence. *Les Princes, & les Seigneurs Provençaux, qui s'étoient rendus, en grand nombre, pendant l'été, au Château de Beaucaire, y célébrerent diverfes fêtes...... le Comte de Touloufe y donna cent mille fols* [*], *à Raymond d'Agout Chevalier, qui, étant fort libéral, les diftribua auffitôt, à environ dix mille Chevaliers, qui affifterent à cette Cour. Bertrand Raimbaud fit labourer tous les environs du Château, & y fit femer jufqu'à trente mille fols, en deniers. On rapporte que Guillaume Gros de Martel, qui avoit trois cens Chevaliers à fa fuite, fit apprêter tous les mets dans fa cuifine, avec des flambeaux de cire. La Comteffe d'Urgel y envoya une couronne eftimée quarante mille fols. Raymond de Venous, fit brûler, par oftentation, trente de fes chevaux, devant toute l'affemblée.* On trouveroit, aujourdhui, plus de folie que de magnificence, dans des galanteries de cette efpece.

Le Concile tenu, à Touloufe, contre les Henriciens, ne les détruifit pas. Cette fecte prit de nouvelles forces par la jonction de plufieurs novateurs. Tous ces hérétiques portoient différens noms[**],

---

[*] Cinquante fols valoient un marc d'argent.
[**] Les principaux étoient des Manichéens, des Neftoriens, des Ariens, des

qu'on leur avoit donnés, ou à cause de leur croyance, ou du nom des Hérésiarques, ou des Villes dans lesquelles l'hérésie avoit pris naissance. Ils admettoient des dogmes différens. Leurs systêmes étoient pleins de contradictions : mais le fonds de leurs erreurs étoit le pur Manichéisme ; & ils s'accordoient à combatre l'autorité de l'Eglise Romaine. Ce fut contre ces ennemis de la foi que le Pape Alexandre III assembla, en 1165, un Concile à Lombers, petite Ville, dans le Diocese d'Albi, dans lequel tous ces hérétiques furent anathématisés, sous le nom général de *Vaudois*. Ils furent depuis nommés *Albigeois*, pour avoir été condamnés dans le Diocese d'Albi. Quelque-temps après, il fallut joindre les châtimens aux exhortations, pour punir l'hérésie, ou pour la prévenir. Le même Pape envoya, en 1178, contre ces hérétiques, le Cardinal de Saint-Crisogone, les Archevêques de Narbonne, de Bourges, & quelques Evêques. Ils furent puissamment assistés de Raymond, pour la punition de plusieurs citoyens de cette Ville, qui s'obstinerent dans leurs erreurs. Le plus qualifié d'entr'eux, & par conséquent, celui dont l'exemple étoit le plus d'angereux, éprouva la punition la plus éclatante. Pierre Mauran, d'une très-ancienne famille fut condamné à être fouetté par les rues, & à faire une pénitence publique. Il subit ce châtiment ignominieux, & l'on abbatit les Tours de sa Maison * de la Ville, & de ses Châteaux de la Campagne.

Raymond V confirma, en 1182, divers Reglemens, dressés depuis l'an 1152, par le *commun Conseil de la Ville, & du Fauxbourg de Toulouse*, avec ordre de les observer à perpétuité, *sauf la fidélité du Comte*. Le premier de ces Reglemens rapportés (n) en partie, par Catel, a pour objet les amendes, que l'on devoit décerner contre ceux qui causoient du dommage, ou par eux-mêmes, ou par leurs Bestiaux dans les Vignes, les Prés, ou les Moissons d'autrui ; la maniere d'acheter & de vendre le Vin, le Bled, l'Avoine, l'Huille, la Viande, le Poisson, le Fruit ; le profit que les Boulangers devoient faire sur le Pain, celui des Meûniers pour le droit de moûture ; & la façon dont ils devoient rendre compte de la Farine ; les privileges des Voituriers, qui por-

(n) *Hist. des Comtes de Toulouse*, page 214. 217 & *suiv.*

Publicains, des Bulgares, des Patarins, des Bonshommes, des Puritains, des Petrobrusiens, des Turlupins. (*V. Percin. de heresi. page* 14.)

* C'est aujourdhui le College de Perigord.

toient, à Toulouse, du Bois de toute espece, ou des denrées bonnes à manger ; les sauve-gardes, ou droits d'asile que les Eglises accordoient aux malfaiteurs ; la peine du vol, de l'homicide, du viol, &c. Le second regarde la vente, ou le prêt entre les habitans de Toulouse, ou du pays Toulousain ; le droit des domiciliés dans cette Ville de ne pouvoir être arrêtés que pour dette, cautionnement, ou délit, &c. & sur-tout dans un certain temps de l'année qui est expliqué. Enfin il y en a d'autres qui fixent le prix de la journée des ouvriers, le profit que les Bouchers peuvent faire sur la Viande ; & le prix de chaque espece de Poisson.

Ces Reglemens sont précieux, non-seulement en ce qu'ils ont servi de base aux Coutumes de cette Ville, qui furent rédigées en 1285 : mais encore parce que ce sont les Actes les plus anciens, où il soit fait mention * des Capitouls, ou Magistrats municipaux de Toulouse, qu'on appelloit alors *Capitularii*, & dont on parlera plus au long, dans un discours particulier à la fin de cet ouvrage.

Ce corps des Loix fut le dernier établissement que Raymond V. fit à Toulouse. Il fonda l'Abbaye de Bonnecombe dans le Rouergue, en 1166, & mourut dans la ville de Nîmes, à la fin de l'an 1194, il égala par sa valeur les plus grands Capitaines de son siecle. Sans cesse en guerre avec une grande partie des Princes de l'Europe, il résista successivement au Roi d'Angleterre, au Roi d'Arragon, au Comte de Savoye, aux Vicomtes de Béziers ; & quelquefois à plusieurs de ces puissances réunies. Aussi grand dans son Conseil, qu'à la tête de ses armées, il sçut prévenir, & faire échouer les desseins de ses ennemis ; & il arracha, plus d'une fois, la victoire de leurs mains. Sa conduite à l'égard des Albigeois donne une grande idée de sa piété : mais ses mœurs n'avoient pas été toujours irreprochables, puis qu'il répudia Constance sa femme, pour se livrer plus librement à ses maitresses, & à un vice plus honteux, dont il fut soupçonné. Il laissa trois fils & une fille. Raymond qui lui succéda ; Alberic-Taillefer qui épousa Béatrix héritiere de Dauphiné, & mourut sans enfans, en 1183 ; Bau-

---

* *Hujus constitutionis testes sunt, Pontius de Villa-nova, Guillelmus de Brugariis, Senoretus de Ponte, Petrus Qui, Raymundus Guillelmi, Bernardus Mandatarius : hi sex qui tunc erant Capitularii. Item Petrus de Roais, & Maurinus, & Pontius de Soreda, & Arnaldus Petri, qui tunc erant constituti judices ; & Guillelmus Rainaldi, & Arnaldus Siguarius, qui tunc erant advocati. Facta carta anno, &c.* (Catel. hist. des Comtes de Toulouse, page 219.)

douin* qui fut pendu à Montauban, pour avoir trahi son frere, en embrassant le parti du Comte de Monfort son ennemi; Adelaïde, ou Alix femme de Roger Vicomte de Béziers, morte en 1199 : il eut, de plus, deux enfans naturels, Pierre-Raymond, & Indie, qui épousa, en premieres noces Guilhabert de Lautrec, & en secondes noces, Bernard-Jourdain Seigneur de l'Isle.

Après la mort de son pere, Raymond VI vint, en 1195, recevoir à Toulouse le serment de fidélité de ses sujets; il jura, à son tour, de les maintenir dans leurs libertés & privileges. C'est l'Acte de cette nature le plus ancien qui soit dans les Archives de l'Hôtel-de-Ville; quoiqu'il y ait tout lieu de croire que ses prédécesseurs avoient exigé, & fait de semblables sermens.

Malgré les anathêmes qu'on venoit de lancer contre les Albigeois, leur hérésie prenoit de nouvelles forces. L'ignorance, la vie déréglée du Clergé, le peu d'attention des Papes, presque uniquement occupés aux investitures des Empereurs d'Allemagne, contribuerent beaucoup à ses funestes progrès. Elle dominoit, sur-tout, dans les Terres du Comte Raymond; & on l'accusoit, sourdement, d'en être le fauteur. Innocent III envoya, en 1198, 1202, 1204, des Légats pour combatre les ennemis de l'Eglise. Ces hommes** illustres, & ceux qui les accompagnoient, confondirent les hérétiques, mais ils ne purent vaincre leur opiniâtreté. C'est à ces différentes Légations qu'on doit fixer l'origine de l'Inquisition, qui fut établie, dans ce pays, contre les Albigeois, mais elle ne devint un Tribunal fixe & permanent, qu'après le Concile de Toulouse en 1229.

Un Auteur (o) contemporain, dit qu'il y avoit principalement deux sectes dans cette Province. Ceux de la premiere, qui portoient le nom d'*Hérétiques* étoient divisés en deux classes, celle des

---

(o) *Pierre, Moine de l'Abbaie de Vaux-Sernai.*

* Celui-ci est la tige des Vicomtes de Lautrec, dont plusieurs branches subsistent encore, dans les Seigneurs de Montfa, Saint Cermier, & d'Ambres. Catel, Lafaille, & plusieurs autres se sont trompés en faisant descendre ces Vicomtes de Bertrand, fils naturel de Raymond VI. (*Voyez l'hist. gén. de Lang.* tome 3. .note 18.)

** Ces différens Légats furent F. Reynier, F. Guy, F. Pierre de Castelnau, Religieux de l'Ordre de Cîteaux; Jean de Saint Paul, Cardinal; le sçavant Raoul; Arnaud Abbé de Cîteaux. Parmi ceux qui les accompagnoient étoient Diego d'Azebas, Evêque d'Osma, en Espagne; & Dominique, Chanoine d'Osma qui fonda, en 1214, l'Ordre des FF. Prêcheurs dans cette Ville.

parfaits, ou *bons-hommes*, & celle des *simples croyans*. Les premiers, qui étoient les Miniſtres de la Secte, portoient des habits noirs, affectoient de garder la chaſteté, abhorroient l'uſage de la viande, des œufs, & du fromage; prétendoient qu'ils ne mentoient jamais, & ſoutenoient qu'il ne leur étoient pas permis de jurer. Les *ſimples croyans* n'étoient point diſtingués des autres membres de la ſociété; ils eſpéroient de ſe ſauver par la foi des parfaits, auxquels ils étoient unis. Dans cette idée, ils s'abandonnoient à toute ſorte de crimes; & ſe flatoient de faire leur ſalut, ſans les expier par la pénitence, pourvu qu'ils puſſent réciter le *Pater noſter* en mourant, & recevoir l'impoſition des mains, ou (comme on s'exprimoit dans la Secte) *la conſolation*, de quelques-uns de leurs Miniſtres. Ceux-ci étoient diſtingués en *fils majeurs*, ou *mineurs de l'Egliſe*, ou en Evêques, & en Diacres.

Pour l'inſtallation de leurs proſélytes, ils commençoient de les faire renoncer à la foi de l'Egliſe Romaine. Le Miniſtre prétendoit enſuite leur donner le Saint-Eſprit, en leur ſoufflant ſept fois dans la bouche. Il les faiſoit renoncer à leur Baptême, leur conféroit celui des Hérétiques, qui conſiſtoit, à leur impoſer les mains ſur la tête, à les baiſer, & à les revêtir d'un habit noir. Ces cérémonies étoient quelquefois différentes, car, comme on l'a déjà dit, ils n'étoient pas uniformes, dans leurs Rits, & dans leur Doctrine. Le plus grand nombre admettoit les deux principes des Manichéens, avec les autres erreurs de Manès. Ils croyoient deux Chriſts, l'un bon, l'autre mauvais. Le dernier étoit, diſoient-ils, né à Bethléem, l'autre n'avoit ni bu ni mangé, & n'avoit jamais été que ſpirituellement dans le monde, dans le corps de Saint Paul. Quelques-uns croyoient un ſeul Créateur, mais ils ſoutenoient qu'il avoit eu deux fils, Jéſus-Chriſt, & le Diable. Ils s'accordoient à regarder l'Egliſe comme la proſtituée de l'Apocalypſe. Ils rejettoient les Sacremens, & la réſurrection des morts; enfin ils admettoient une eſpece de métempſycoſe, & pluſieurs rêveries ſemblables.

La ſeconde Secte étoit celle des *Vaudois* *. Ceux-ci moins erronés que les autres, ne différoient des Catholiques que ſur quelques points. Leurs erreurs conſiſtoient, principalement, à porter des Sandales, à la maniere des Apôtres, à aſſurer qu'il n'y avoit aucune

---
* Sectateurs de Valdo.

cune occasion, où il fût permis de jurer, & de tuer; enfin à prétendre que dans un cas de nécessité, ils pouvoient consacrer le Corps de Jésus-Christ, sans avoir reçu les Ordres, pourvu qu'ils portassent les Sandales.

De tous les Légats du Saint Siege, Pierre de Castelnau resta, seul, dans cette Province, pour tâcher de convertir les hérétiques. Aulieu de les ramener, son zele les irrita. Ils conjurerent sa perte, & l'assassinerent, en 1208. L'excommunication qu'il avoit prononcée contre Raymond VI, & l'autorité qu'il prenoit sur ses Terres, l'avoient brouillé, avec lui. Il n'en fallut pas davantage pour faire soupçonner ce Prince d'avoir contribué à sa mort. Les plus légeres preuves parurent des convictions contre lui. Le Pape l'excommunia, le 10 de Mars 1208, & donna toutes ses Terres à ceux qui pourroient l'en chasser. Les Albigeois irrités, murmurerent, & devinrent plus audacieux. On prévint leurs excès, en publiant une Croisade contr'eux, & leurs fauteurs : ainsi, sur un simple soupçon, le descendant de ce fameux Raymond IV, dont le bras avoit servi, si utilement, la Religion dans les Croisades contre les Infidelles, fut en proie à la fureur des nouveaux Croisés, que le Pape armoit, à son gré.

Cette entreprise de la Cour de Rome, qui usurpoit ouvertement les droits de la Jurisdiction * temporelle, auroit dû produire, dans le cœur de tous les Souverains, l'effet, qu'elle ne produisit que sur des peuples hérétiques. Il falloit réprimer un attentat qui sapoit les trônes, par le fondement. C'étoit la cause des Rois : mais Philippe-Auguste oublia ses véritables intérêts dans cette occasion importante. Aveuglé par un faux zele, ou guidé par l'espérance de profiter de la dépouille du Comte de Toulouse, il donna son consentement à la publication de cette Croisade, sans penser, qu'il prêtoit au Pape, des armes qu'il pourroit tourner, un jour, contre lui-même. Raymond allarmé par la foule des Chrétiens, que la voix de Saint Dominique appelloit sous l'étendart de la Croix, n'osa pas réclamer ses véritables Juges. Il connoissoit,

---

* Le Comte de Toulouse avoit été, de tous les temps, Pair de France, comme tous les autres Vassaux de la Couronne : & depuis 1204, qui est l'époque de la fixation du nombre des Pairs à six Ecclésiastiques & six Laïques, il étoit le premier Pair de cette derniere classe par sa qualité de Duc de Narbonne ; à ce titre il n'appartenoit qu'au Roi, & à la Cour des Pairs, de décider s'il pouvoit être dépouillé de ses Domaines ; & le Pape n'avoit aucun droit sur son bien temporel. (*hist. gén. de Lang.* tome 3. *note* 26.)

Partie I. I

sans doute, ces moyens, toujours efficaces, que nos libertés opposent (p) aux entreprises de la Jurisdiction Ecclésiastique, pour arrêter ses usurpations, & la renfermer dans ses justes bornes : mais il n'osoit pas en faire usage. Les Loix fondamentales de la Monarchie Françoise, étoient dans le mépris, ou dans l'oubli. L'ignorance, & le fanatisme de ce siecle l'effrayerent : il demanda grace, & se rendit à Valence, en 1209, pour se soumettre à la discrétion du Légat Milon, que le Pape avoit envoyé. Sa soumission n'excita point la générosité du Légat. Il traita ce Comte en coupable ; & après quelques préliminaires, où la Cour de Rome n'oublia pas ses intérêts, il le réconcilia à l'Eglise, le 18 de Juin, de la maniere la plus ignominieuse. On le conduisit devant la porte de l'Eglise de Saint Gilles, où reposoit sur un autel, la sainte Eucharistie. Le Légat, assisté des Archevêques, ou autres Prélats, au nombre de vingt, le fit jurer, sur la sainte Hostie, d'obéir à tout ce qui lui seroit ordonné par l'Eglise Romaine ; ensuite il lui mit l'étole autour du cou, & l'introduisit dans l'Eglise, nud de la ceinture en haut, le battant de verges, depuis la porte jusqu'à l'Autel, où il lui donna l'absolution. Après ce traitement, qui révoltera, sans doute par son extrême sévérité, tous les lecteurs judicieux, contre l'autorité que les Papes avoient usurpée dans ce siecle, Raymond accepta les conditions qu'on voulut lui imposer ; & pour détruire des soupçons injurieux à sa catholicité, il demanda au Légat d'être reçu à se croiser, ce qui lui fut accordé.

Cependant les troupes des croisés, qui avoient eu leur rendez-vous auprès de Lyon, entrerent dans le Languedoc, au nombre de cinq * cens mille hommes, quelques jours après la fête de Saint Jean-Baptiste de l'an 1209. Le siege de Béziers fut la premiere expédition de cette grande armée. Les habitans, préparés à se défendre, refuserent, obstinément, de chasser les hérétiques qui seroient indiqués par l'Evêque. L'opiniâtreté de ce refus irrita les assiégeans ; ils presserent si vivement le siege, que la Ville fut emportée l'épée à la main, le 22 de Juillet. Alors rien n'arrêta la fureur des vainqueurs. Tout fut mis à feu & à sang. On tua, indistinctement, ceux qu'on trouva en défense, & ceux qui avoient mis bas les armes. Il n'y eut aucun azile, pour ces malheureux, contre la rage des Croisés. Sans respect pour les lieux saints, ils les

(p) *Loix Eccles. de France d'Hericourt*, chap. 25.

* Selon quelques auteurs, il n'y avoit que trois cens mille hommes.

poursuivoient dans les Eglises; & en massacrerent impitoyablement huit mille, de tout sexe, qui s'étoient refugiés dans celle de la Magdelaine, où l'on célébroit la Fête du jour. Le sort de cette Ville, qui n'étoit plus qu'un monceau de cendres, jetta l'effroi dans tout le Languedoc. La ville de Carcassonne capitula, le 15 Août, après une courte résistance : mais son obéissance ne desarma pas l'avidité de ses ennemis. Ces chrétiens, armés en apparence par un esprit de zele & de charité; & qui avoient plusieurs Prélats * à leur tête, eurent assez de barbarie, & assez peu de pudeur pour obliger tous les habitans, sans distinction d'âge, & de sexe, de sortir avec la seule chemise, par le guichet de l'une des portes de la Ville, sans rien emporter avec eux.

Jusques-là, cette armée n'avoit point eu de chef. Les Evêques, & les principaux Seigneurs qui la composoient, s'assemblerent pour en nommer un. Le choix tomba sur Simon de Montfort **, Comte de Leycestre, auquel on donna, en même-temps, le gouvernement des Villes conquises, & de celles qu'une juste crainte avoit déterminées à se rendre volontairement aux Croisés. Ce nouveau chef vit diminuer, considérablement, son armée, parce qu'on n'avoit besoin que de quarante jours de service pour gagner les Indulgences portées par la Bulle de la Croisade : mais malgré la désertion de la plupart des troupes, il lui resta assez de forces, pour continuer la guerre, & pour subjuguer la plus grande partie de l'Albigeois.

Enflé de ces succès, il chercha un prétexte pour attaquer Raymond VI, dont les Légats soupçonnoient la catholicité, parce qu'il n'avoit point chassé les hérétiques de sa capitale, soit qu'il n'agît pas de bonne foi, soit que l'hérésie y eût pris de trop fortes racines. Pour s'en assurer, ils lui députerent un Archevêque, & un Evêque, qui le sommerent, sous peine d'excommunication & d'interdit, de leur livrer tous les habitans qu'ils lui nommeroient. Raymond, plein de tendresse pour ses sujets, eut le courage de résister à des ordres qui les exposoient à l'Inquisition la plus cruelle.

---
* L'Archevêque de Sens, & les Evêques d'Autun, de Clermont, & de Nevers. (*Percin. de Bellv.* page 45.)
** Simon Comte de Montfort, surnommé *le Fort*, & *le Machabée*, étoit fils de Simon III. Seigneur de Montfort, petite Ville à dix lieues de Paris, Comte d'Evreux, &c. d'une maison illustre & florissante dès le X. siecle. Il avoit épousé Alix de Montmorenci ; & sa bravoure avoit déjà éclaté dans un voyage d'outremer, & dans les guerres contre les Allemands, & contre les Anglois, lorsqu'on le choisit pour chef de cette Croisade.

Il répondit, qu'ayant reçu l'abfolution du Légat Milon, il n'étoit pas obligé de déférer aux ordres de Montfort, ni à ceux des autres Légats; & qu'il alloit à Rome, porter fes plaintes au Pape, & lui préfenter un tableau fidele des vexations, & des cruautés, que les Croifés exerçoient, dans ce pays, fous prétexte de pourfuivre les hérétiques. Alors le Légat & Simon réunirent leurs efforts, pour appaifer le Comte de Touloufe : mais ils ne purent le détourner de ce voyage. Il arriva à Rome, au mois de Janvier 1210: le Pape lui fit l'accueuil le plus favorable, écouta fes plaintes, lui donna un riche manteau, une bague de prix, & lui accorda un Bref, adreffé à l'Archevêque de Narbonne, portant défenfe de diftribuer fes terres, attendu qu'il n'avoit pas été reconnu coupable du meurtre du Légat Caftelnau.

Avec ce Bref Raymond fe croyoit à l'abri de toute cenfure. Les Légats n'y eurent point égard. Perfuadés, peut-être qu'il étoit hérétique dans le fonds du cœur, ou obftinés à perpétuer une Inquifition, dont ils avoient toute l'autorité, ils fe contenterent d'abfoudre les Touloufains de l'excommunication qu'ils avoient prononcée contr'eux, en interdifant leur Ville. Ils tinrent, enfuite, un Concile à Arles en 1211, où ils excommunierent de nouveau le Comte Raymond VI. cette profcription, fi dangereufe, dans un temps, où le Clergé armoit, à fon gré, des millions de chrétiens contre leurs propres freres, le jetterent dans le defefpoir. Il tenta toute forte de moyens pour être réconcilié à l'Eglife : mais les Légats vouloient lui impofer des conditions fi onéreufes, qu'il fe détermina à fe renfermer dans Touloufe, pour fe préparer à une vigoureufe défenfe. Son excommunication fervit de prétexte à Foulques, Evêque de cette Ville, pour le prier d'en fortir, pendant qu'il conféreroit les Ordres. Raymond fut indigné d'une pareille propofition. Il l'en chaffa lui-même, & l'obligea de fe refugier auprès du Comte de Montfort.

Celui-ci, qui fous le voile de la Religion, cherchoit à fe faire un grand établiffement en Languedoc, reçut Foulques, à bras ouverts. Il voyoit, avec plaifir, le Comte de Touloufe lui fournir lui-même, un prétexte de l'attaquer : Il ne le laiffa pas échaper, & s'appliqua à la conquête de plufieurs Villes des environs de Touloufe, dans l'efpérance de fe rendre plus facilement maitre de cette capitale. Raymond pénétra fes vues ambitieufes. Il ne douta plus que fon deffein ne fût de bloquer cette grande Ville. Il fe hâta de la fortifier ; & fes foupçons furent bientôt juftifiés.

Montfort vint l'assiéger, au mois de Juin 1211; & ne pouvant l'investir, il essaya de la forcer, du côté du Bourg.* Sa tentative fut vaine. Raymond, secouru des Comtes de Foix, & de Comminges, secondé par la valeur de ses sujets, le repoussa, avec avantage; & l'obligea de lever le siege.

Alors Simon, à la tête de quatorze mille hommes, alla assiéger le Château de Montferrand dans le Lauragois, défendu par Baudouin, frere du Comte de Toulouse, & par une garnison, composée seulement de quatorze Chevaliers. Baudouin tira un si grand avantage de la situation de la place & de la bravoure de ses Chevaliers, qu'il résista, pendant plusieurs jours, à tous les efforts des assiégeans. Le chef des croisés, ne pouvant le vaincre, chercha à le gagner. Il lui demanda une conférence, & l'éblouit par tant de promesses, que Baudouin lui rendit le Château, fit serment de ne plus porter les armes contre lui, & offrit de le servir, envers & contre tous. Sa défection excita la juste indignation de Raymond; il chassa ce frere perfide de sa présence, & lui défendit de paroitre jamais devant lui.

Jusqu'alors, le Comte de Toulouse s'étoit tenu sur la défensive. Sa victoire sur le Comte Monfort l'enhardit; & sçachant qu'il étoit dans la ville de Castelnaudarry, avec peu de troupes, il courut l'y assiéger au mois de Septembre. L'espoir de se rendre maitre de son ennemi, lui fit presser vivement le siege de cette place. Il étoit prêt à la forcer, lorsque Guy de ** Levis,

---

* On verra dans la suite que Toulouse étoit divisée en deux parties dont l'une étoit appellée la Cité, & l'autre le Bourg.

** La Maison de Levis l'une des plus anciennes, & des plus illustres du Royaume par les alliances les plus honorables, & les postes les plus éminens de l'Etat, tire son nom de la Terre de Levis, située en Hurepoix près de Chevreuse. Elle remonte à Philippe de Levis Chevalier, l'un des principaux Seigneurs de la Cour de nos Rois dans le XII. siecle, pere de Guy de Levis, dont il est ici question. Ce Maréchal de l'armée des Croisés, qui fut aussi Maréchal de France obtint pour récompense de ses services du Comte Simon de Montfort Général de cette armée, la Terre de Mirepoix, & plusieurs autres Terres, dont la propriété lui fut confirmée par le traité de paix, fait entre Saint Louis & le Comte de Toulouse; & qui sont encore dans cette Maison. Le glorieux Titre de *Maréchal de la Foi*, qu'il avoit si justement mérité, par ses travaux dans cette Croisade, & par son zèle pour la Religion, a été héréditaire, depuis, dans cette Maison illustre. Elle a été divisée en plusieurs branches, connues sous différens noms, dont la plupart sont éteintes. Celle des Marquis de Mirepoix a fini dans la personne de Gaston-Charles-Pierre-François de Levis, & de Lomagne, *Maréchal héréditaire de la Foi*, Marquis de Mirepoix, de Terride, &c.

un des plus braves Seigneurs d'entre les Croifés, connu fous le nom de *Maréchal de la Foi*, vint au fecours de Montfort. Raymond alla à fa rencontre, engagea le combat avec lui, & tandis qu'il le combattoit avec fuccès, Montfort fit une fortie furieufe fur les Touloufains, déjà fatigués d'un long combat, leur arracha la victoire, & les força de rentrer dans leurs retranchemens. Cet échec rebuta Raymond. Il ne voulut pas entreprendre un lon fiege avec une armée peu nombreufe. Il le leva, pendant la nuit, & revint à Touloufe, après avoir mis le feu à fes machines.

Pierre Roi d'Arragon, fon beau-frere, fe rendit dans cette Ville, & fit plufieurs tentatives, pour moyenner un accommodement entre Raymond, & les Croifés. Ce malheureux Comte, dépouillé, par l'excommunication, de la plus grande partie de fes Terres, confentoit, pour s'affranchir de ce lien, à tout ce que la pénitence canonique avoit de plus rude, & de plus humiliant : mais ceux qui avoient profité de fa dépouille lui tenoient les portes de l'Eglife fermées, de peur de lui ouvrir celles

---

Capitaine d'une des Compagnies des Gardes du Corps du Roi, Gouverneur de Brouage, & Commandant en chef dans la Province de Languedoc, reçu Chevalier des Ordres du Roi le 2 Février 1741, créé Duc par Brevet au mois de Septembre 1751, Maréchal de France le 24 Février 1757, mort à Montpellier le 25 Septembre de la même année, fans poftérité. Celle des Barons de Montbrun, & de Pennes, éteinte en la perfonne de Thibaut de Levis, mort le 30 Mai 1387. Celle des Vicomtes de Lautrec, Comtes de Villars, qui a fini en la perfonne de Jean de Levis Comte de Villars premier Chambellan du Roi, mort à la fin du XV. fiecle, & d'Antoine de Levis fon frere, mort vers l'an 1494. Celle des Comtes, & Ducs de Ventadour éteinte en la perfonne de Louis-Charles de Levis, Duc de Ventadour, Pair de France, mort le 28 Septembre 1717. Celle des Barons, & Comtes de Charlus, éteinte en la perfonne de Charles-Eugene de Levis, Pair de France, Comte de Charlus, &c. Chevalier des Ordres du Roi, mort le 9 Mai 1734. Celle des Seigneurs de Florenfac, & de Marli, éteinte en la perfonne de Philippe de Levis, mort au fiege d'Acqs, en Guyenne l'an 1451. Celle des Barons & Comtes de Quelus, éteinte en la perfonne de Jacques de Levis, Comte de Quelus, l'un des mignons d'Henri III. mort le 29 Mai 1578. Celle des Marquis de Gaudiés, qui fubfifte en la perfonne de Jofeph-Chryfante de Levis-Gaudiés, Seigneur de Gaudiés, &c. Celle des Seigneurs de Leran, qui eft établie à Touloufe, & qui fubfifte dans la perfonne de Louis-Marie-François-Gafton de Levis-Leran, Marquis de Mirepoix, Brigadier des Armées du Roi, &c. marié avec Catherine-Agnés de Levis, fille de Charles-François de Levis-Chareau-Morand, le dernier de la branche de ce nom. Celle des Seigneurs de Coufan & de Lugni, qui fubfifte en la perfonne de Marc-Antoine de Levis Baron de Lugni. Celle des Barons d'Ayac, qui fubfifte en la perfonne de Pierre de Levis d'Ayac. (*Hift. gén. de Lang.* tome 3. page 385. *Diction. de Moreri*, édit. de 1759.

de ses Etats. Ils l'auroient, peut-être, reconnu pour catholique s'il eût pu se résoudre à y renoncer. Les Légats, qui tenoient un Concile à Lavaur, furent sourds à toutes ses propositions de paix; & pour lui enlever le secours du Roi d'Arragon, ils obtinrent du Pape, un Bref, qui ordonna à ce Roi de se départir de la protection qu'il lui donnoit. Pierre regarda ce Bref avec plus d'indignation que de crainte. Bien loin d'y déférer, il prit, hautement, la défense de Raymond; se déclara contre Monfort, & lui envoya donner un défi, qui fut suivi de quelques évenemens peu considérables, que l'on passe sous silence, pour en venir à la bataille de Muret, la plus fameuse de toute cette guerre.

Muret est une petite Ville, sur la Garonne, à trois lieues au-dessus de Toulouse. Montfort en avoit chassé le Comte de Comminges; & y avoit laissé une forte garnison, qui venoit faire des courses, jusqu'aux portes de cette Ville. Les Toulousains, fatigués de ces fréquentes irruptions, prièrent le Roi d'Arragon de les venger, & d'aller mettre le siege devant cette place. Ce Roi, fier des victoires qu'il venoit de remporter, en Afrique, charmé d'ailleurs d'attaquer Montfort, va former, ce siege, le 2 Septembre 1213, avec l'armée qu'il avoit menée d'Espagne. A cette nouvelle, Montfort part de Saverdun, avec deux cens fantassins, & huit cens chevaux; il court se jetter dans la place, le 12 Septembre: plusieurs Evêques, qui y étoient avec lui, vouloient aller, nuds pieds, demander grace au Roi d'Arragon, le conjurer de se retirer, & de ne point combatre l'armée de l'Eglise: mais Montfort les détourna de ce dessein. Rempli d'une confiance intrépide, il eut le courage, avec mille hommes, & la garnison d'attaquer une armée d'environ soixante mille hommes. Jamais on ne vit une sortie plus vive. Le Roi d'Arragon fut tué au premier choc. Sa mort jetta la consternation dans son armée. La bataille ne fut engagée qu'avec la cavalerie des assiégeans, composée de deux mille hommes. Une terreur panique s'empara des autres soldats. Ils croyoient voir la mort de toutes parts. Aucun des chefs n'étoit écouté. Ce fut moins une bataille qu'une déroute. Les assiégeans se précipitoient, en foule, dans la Riviere, pour échaper aux armes de Montfort, qui poursuivit le reste de l'armée jusqu'aux portes de Toulouse. Ainsi finit cette action, que les croisés regarderent comme une de ces batailles miraculeuses, où les bras des combatans ont moins de part que le bras de Dieu. Il y eut du côté des assiégeans, vingt mille homme tués ou noyés; & ce qui paroîtra incroyable, Montfort, selon la plupart des historiens, n'y perdit que trois hommes.

Il continua ses conquêtes, & s'empara de plusieurs places sur les bords du Rhône. Plusieurs Seigneurs alliés, ou Vassaux de Raymond, formerent le complot d'arrêter son frere Baudouin, qui visitoit alors les Domaines, que le Général des Croisés lui avoit donnés, en Fief, dans l'Agenois. Ils le regardoient comme un traitre, & se crurent autorisés à le trahir, à leur tour. Après l'avoir attiré dans le Château de l'Olme, près de Montauban, où il pensoit être en sureté, ils se saisirent de lui, pendant la nuit; l'enfermerent dans une étroite prison, à Montauban, & le livrerent au Comte de Toulouse. Raymond VI. tint un espece de conseil de guerre, avec le Comte de Foix & plusieurs Seigneurs de son armée; & ils condamnerent Baudouin à mourir, tant pour crime de félonie, que par représailles de la mort du Roi d'Arragon, à laquelle il avoit contribué. On prétend que les Comtes de Foix, pere & fils, & Bernard de Portelle, Chevalier Arragonnois le pendirent eux-mêmes à un Noyer.

La journée de Muret ne fut fatale qu'à Raymond VI. Les Toulousains, firent leur paix en se soumettant * à l'Eglise, & en donnant pour garants de leur sincere retour, toutes les suretés qu'on leur demanda : mais le Comte de Toulouse ne put échaper, au coup de foudre qui le menaçoit depuis long-tems, & qui devoit le renverser. Ce coup terrible partit du Concile de Latran, tenu à Rome, dans l'Eglise de ce nom, en 1215. Les Peres du Concile terminerent tous les différends qui étoient entre les Croisés & Raymond VI : ils adjugerent à Simon de Montfort le Comté de Toulouse, que le Pape lui avoit déja accordé par provision, & toutes les Terres conquises par les Croisés. Le Comte Raymond, plus malheureux que coupable, fut réduit à une pension annuelle de quatre mille marcs d'argent, affectée sur les revenus du Comté de Toulouse. Sa femme Eléonor, sœur de Pierre, Roi d'Arragon, conserva son Douaire entier; & son fils, Raymond le Jeune, obtint seulement, les Terres que la Maison de Toulouse avoit dans la Provence. Ainsi fut dépouillée, par un Jugement également injuste & irrégulier, cette Maison illustre, que sa grandeur rendoit redoutable aux autres puissances. Raymond VI. sans troupes, & sans

Etats,

---

* L'Acte d'abjuration, fait par les Capitouls, devant le Légat, est rapporté au long dans l'hist. gén. de Lang. *tome* 3. *aux preuves*, *page* 241.

Etats, se retira en Arragon, auprès du Roi Jacques, son neveu; & Raymond son fils passa en Provence.

Montfort se hâta de jouir du fruit de ses victoires. Il vint à Toulouse, le 8 Mars 1216, recevoir, par un acte solemnel, le serment * de fidélité des habitans; & jura, de son côté, *de leur être bon & fidele Seigneur, de les protéger, & de les défendre en leurs personnes, & en leurs biens.* Mais, oubliant bientôt le serment qu'il venoit de faire, il les traita avec la dureté d'un conquérant, fit abbatre les murs des remparts, combler les fossés, enlever les chaînes des rues & démolir les Tours des Maisons fortes, qui étoient dans la Ville. Non content de l'avoir ainsi affoiblie, il fortifia le Château Narbonnois, dont il fit sa demeure. Il lui manquoit l'investiture du Roi de France. Il la demanda, non-seulement pour le Comté de Toulouse, mais encore pour le Duché de Narbonne, & pour les autres ** Terres, qui avoient appartenu à la Maison de Toulouse. Philippe-Auguste la lui accorda, au mois d'Avril 1216, sans réfléchir sans doute que, par cet acte, il attribuoit indirectement à la Cour de Rome le droit de disposer, à son gré, des Fiefs de la Couronne de France.

Malgré toutes ces précautions, qui paroissoient assurer au chef des Croisés le fruit de sa valeur & de sa politique, il n'en jouit pas long-temps. La protection de la France & de Rome ne put le garantir des revers, que la fortune lui préparoit. Elle l'avoit comblé de ses faveurs; elle l'abandonna, pour tendre une main secourable au jeune Raymond. Ce Comte infortuné, dépouillé de ses Etats, étoit réduit à la possession d'une partie de la Provence. Ses malheurs, & ses grandes qualités lui acquirent la tendresse de ses sujets. Animé par ce sentiment, le plus flateur pour un Souverain, persuadé que tout est possible à un Prince qui possede l'amour de ses peuples, il sentit renaître, avec son courage, l'espoir de recouvrer ses autres domaines. Dans ce dessein, il s'allie avec les Habitans de

---

* Il est rapporté dans les Annales de Toulouse, *tome* 1. *page* 124.

** Il est essentiel de remarquer, ici, que Simon de Montfort inféoda une partie de ces Terres, à ceux qui l'avoient suivi dans ses conquêtes, à condition que dans les Jugemens, Dots, Fiefs, & partages des Terres, on suivroit la coutume de Paris : mais la plupart de ces Terres ayant été rendues au Comte Raymond par le Roi Saint Louis, on cessa dès-lors d'observer la coutume de Paris. Il n'en resta des vestiges, que dans quelques Sénéchaussées : c'est ce qui fait la différence que l'on voit encore dans plusieurs Sénéchaussées de ce pays, entre les terres qui sont régies, à certains égards, par la coutume de Paris; & celles qui suivent le Droit Romain.

K.

HISTOIRE DE LA VILLE

Marseille & d'Avignon, & déclare la guerre à Montfort en 1216, en mettant le siege devant Beaucaire. Montfort surpris de sa témérité, part aussitôt de Toulouse; & marche à sa rencontre, pour lui faire lever le siege. On eut dit qu'il voloit à une victoire assurée : mais il l'attaqua vainement : les troupes furent repoussées; & il eut la confusion d'être le témoin de la réduction de cette Ville.

Cette conquête ouvrit à Raymond les portes de plusieurs places, qui gémissoient sous le joug de Montfort. Leur défection excita son desespoir. Il soupçonna les Toulousains d'une intelligence secrette avec Raymond. Ce soupçon lui suffit, pour résoudre leur ruine totale, & l'entiere destruction de leur Ville; & ce qu'on aura de la peine à croire, il fut fortifié dans ce barbare dessein par Foulques, Evêque de Toulouse. Ce Prélat embrasé d'un faux zele pour la Religion, devint le meurtrier d'un Troupeau dont il devoit être le tendre Pasteur; & pour le perdre, avec plus de sûreté, il se rendit, en diligence, à Toulouse, fit part aux habitans des soupçons qui avoient irrité Montfort, & s'offrit pour être leur médiateur, auprès de ce Comte. Celui-ci le suivoit de près, à la tête de son armée. En arrivant devant les remparts, il la rangea en ordre de bataille, comme s'il eût voulu former un siege. Les habitans, surpris, & allarmés de cette manœuvre, s'assemblerent, en tumulte; & par l'avis du traitre Foulques, on députa les plus qualifiés à Montfort, pour l'assurer, que ses sujets lui étoient fideles & soumis.

Il feignit d'ajouter quelque foi aux assurances de ces députés, & promit de ne faire aucun Acte d'hostilité, pourvu qu'ils se missent en son pouvoir, au nombre de cent, qui seroient les garants de la fidélité des autres. S'étant ainsi assuré de ceux qui étoient les plus redoutables, il ne garda aucun ménagement. Contre la foi de sa promesse, il entra, dans la Ville à main armée; posta ses troupes en divers quartiers; ordonna le pillage, comme dans une Ville prise d'assaut; & fit mettre le feu en plusieurs endroits. Un traitement aussi cruel, & auquel on s'attendoit si peu, jetta d'abord l'effroi dans tous les cœurs : mais la rage succédant à l'étonnement, on courut aux armes. Les uns tâcherent d'arrêter les progrès du feu, tandis que les autres se barricadoient; & tous se disposerent à vendre cherement leur vie. La nuit augmenta l'horreur qui régnoit dans cette Ville désolée. On se préparoit à de nouveaux combats, lorsque Foulques, voyant bien que la force ne surmonteroit point le courage de ces habitans furieux, eut recours à une nouvelle perfidie, & proposa un accord qui fut accepté par les deux partis. Montfort s'engagea de rendre les habitans qu'il retenoit prisonniers, & de faire retirer ses troupes, à condition que la Ville poseroit les armes, & qu'elle s'obligeroit de payer une somme de trente mille marcs d'argent: mais peu religieux envers la foi des traités, satisfait d'avoir désarmé cette populace mutinée; & croyant l'avoir mise hors d'état de rien entreprendre, il eut la barbarie de faire massacrer, de sang-froid, les cent prisonniers, qu'il avoit en ôtage; & repartit pour le bas-Languedoc, dans le dessein de s'opposer aux armes du jeune Raymond.

Cette cruauté inouïe mit le comble à la haine que les Toulousains avoient pour Montfort. La présence de Guy, son frere, à qui il avoit laissé le Gouvernement de Toulouse, fut un foible obstacle à leur vengeance. Ils reprirent les armes : assiegerent Guy dans le Château Narbonnois, où il s'étoit réfugié; & appellerent à leur secours Raymond VI. qui étoit sur la frontiere d'Espagne. L'espoir de rentrer dans ses Etats, rendoit ce Prince attentif à tout ce qui se passoit dans Toulouse. Il ne put refuser des larmes aux malheurs de ses anciens sujets. Il vola à leur secours : se jetta dans la Ville, le 13 Septembre 1217, la mit en état de défense, contre les attaques des Croisés; & ne négligea rien pour la délivrer de la tirannie de Montfort.

On peut imaginer aisément, combien la fureur de ce Comte redoubla, aux premieres nouvelles de l'irruption de Raymond VI. & de la révolte des Toulousains. La mort de ces rebelles lui parut un châtiment trop doux. Il jura de détruire leur Ville, de fond en comble; & revint sur ses pas, croyant l'emporter d'emblée. La résistance qu'il y trouva ne fit que l'irriter davantage. Honteux d'avoir échoué, il en forma le siege, à la fin du mois de Septembre. Toutes les ressources de l'art militaire furent mises en usage par ce grand Capitaine : mais la prudence de Raymond, & le courage des assiégés les rendirent sans effet. Leur vigilance égaloit leur bravoure. Toutes les attaques étoient prévues, & repoussées. Les machines que Montfort élevoit, pour faciliter les assauts, étoient renversées, avant leur entiere construction; & le Château Narbonnois, qui lui servoit de citadelle, fut détruit, par les efforts de leurs armes.

Jamais Ville n'avoit été attaquée & défendue avec tant d'adresse & de valeur. Envain Montfort reçut un secours de près de cent mille Croisés, la vue de ce renfort ne découragea pas les Touloufains. Réfolus de périr, les armes à la main, tous les citoyens devinrent foldats. Les femmes même, que la feule vue des armes effraie, renouvellant l'Hiftoire des Amazones, encouragerent les hommes par leur exemple. Les attaques redoublées des affiégeans ne faifoient que multiplier les triomphes des affiégés. Enfin les travaux de ce fiege fameux duroient depuis huit mois, fans que Montfort eût gagné un pied de terrain, lorfque le jeune Raymond fe jetta dans la Ville, le 25 de Juin 1218. L'arrivée de ce Prince, qui venoit partager les périls, & la gloire de fon pere, ranima, fi fort, l'ardeur des Touloufains, qu'ils réfolurent de faire une fortie. Ils avoient à défendre leurs biens, leur liberté, leur vie ; ils combattoient fous les yeux de leur légitime fouverain, contre un ennemi, qu'ils regardoient comme un tyran. Quels plus puiffants motifs pouvoient animer leur courage ? Ils fe jetterent, tête baiffée, fur cette armée immenfe ; la victoire flotta, quelque-temps, entre les deux partis : mais la mort de Montfort, qui fut tué d'un coup de pierre échapée d'un Mangonau *, la fixa fous les drapeaux des affiégés ; l'armée des Croifés, manquant de chef, fe débanda, & chercha fon falut dans une honteufe fuite. Cette victoire répandit la joie dans Touloufe, & la confternation parmi les Croifés. Amauri, fils de Montfort, ne put plus les rallier. Ne voyant aucun efpoir de venger fon pere, il fe retira à Carcaffonne, où Raymond VI. le bloqua, en fe rendant maitre de Caftelnaudarry.

Ainfi mourut le fameux Simon Comte de Montfort & de Leyceftre, qui fçut conferver toute fa gloire, jufques dans fa défaite. La bataille de Muret lui a mérité l'admiration de tous les fiecles, & l'a placé au rang des plus grands Capitaines. Poffédant toutes les qualités & tous les vices d'un ufurpateur, il abufa du prétexte de la Religion pour fon propre agrandiffement. Son extrême ambition a terni une partie de fa gloire ; & fa cruelle trahifon envers les Touloufains a rendu fon nom juftement en horreur dans cette Ville.

Raymond VI. n'avoit plus d'ennemi particulier. La Cour de Rome lui en fufcita, bientôt, en publiant une nouvelle Croifade contre lui. Le Prince Louis, fils de Philippe-Augufte, Roi de France, en fut le chef. Il vint, le 16 de Juin 1219, mettre le fiege de-

_____
* C'étoit une machine, en ufage avant l'invention de la poudre, avec laquelle on lâchoit des pierres, ou des traits. On l'appelloit auffi Catte, ou Pierriere. (Percin. notæ ad bellum, page 6 & 67.)

vant Toulouse, & l'investit. Mais cette Ville étoit pleine de guerriers que les dangers du dernier siege avoit rendus intrépides. Ils résisterent, courageusement à Louis, & l'obligerent de se retirer, après quarante-cinq jours de siege. Cet avantage remporté sur un ennemi aussi rédoutable, rétablit toute la gloire, & tout le crédit de Raymond VI. Un grand nombre de Villes, qui s'étoient déclarées en faveur des Croisés, rentrerent sous son obéissance. Il leur pardonna généreusement; & recouvra tous ses Etats.

Il étoit encore proscrit par la Cour de Rome, lorsque la mort vint lui enlever le fruit de sa valeur. Surpris par une attaque d'apoplexie, au mois d'Août 1222, il perdit l'usage de sa langue sans perdre celui de la raison. On lisoit dans ses yeux les sentimens de Religion, dont son cœur étoit animé. Tous ses gestes annonçoient sa foi, & son répentir. Les Chevaliers de l'Ordre de Saint Jean de Jérusalem, à qui il s'étoit donné par son Testament, étant accourus, jetterent sur lui un Manteau de l'Ordre, qu'on voulut retirer, sous prétexte de l'excommunication; il fit tous ses efforts pour le retenir; & expira en baisant dévotement la Croix cousue sur ce Manteau. Ces apparences de pénitence, les témoignages authentiques de religion & de piété, qu'il avoit donnés, dans le cours de sa vie, les attestations de cent treize personnes des plus respectables, consignées dans une Enquête * faite par ordre du Pape Innocent IV, ne toucherent point ce Pontife. Il refusa constamment à Raymond VII son fils, la grace de le faire enterrer **, prétendant qu'il étoit mort excommunié.

Cinq femmes partagerent successivement sa couche. Après la mort de la premiere, nommée Ermessinde, fille du Comte Pelet, il

---

* Elle est rapportée au long, dans le P. Percin, *page 76 & suiv.*

** Plusieurs Auteurs ont rapporté que la tête de ce Comte, qu'on montre encore, dans l'Hôtel de Saint Jean de Toulouse (c'est l'Hôtel du Grand Prieur de Malthe) » a cela de particulier, qu'il y paroit, sur le crâne, une fleur de » lys naturellement empreinte, telle que nos Rois la portent sur leur écusson, » & la mieux formée qu'on puisse voir. Je l'ai vue, par les soins de Mr. de Labarthe Chevalier de cet Ordre ; il y a, à la vérité quelque altération sur la partie occiputale de cette tête : mais j'avoue qu'il faut que l'imagination prête un peu, pour y découvrir cette prétendue fleur de lys. C'est dommage qu'on n'ait pas conservé cette tête plus précieusement. J'ai appris d'un Ecclésiastique, attaché à cette Maison, depuis long-temps, que les Clercs de la Sacristie en avoient fait au ballon plus d'une fois : aussi est-elle tout-à-fait mutilée : on l'a même altérée, en plusieurs endroits, avec un couteau, ou quelqu'autre instrument tranchant. Je n'y ai remarqué d'ailleurs rien de singulier, que l'extrême épaisseur du crâne : elle est presque double de celle des têtes ordinaires.

répudia Béatrix, sœur du Comte de Beziers, & Bourguigne, fille du Roi de Chipre, pour épouser Jeanne, sœur de Richard, Roi d'Angleterre. Jeanne étant morte d'une fausse couche, il épousa Eléonor, sœur de Pierre, Roi d'Arragon. De tous ces mariages, il n'eut que deux enfans; une fille, du second lit, nommée Constance, qui épousa, en premieres nôces Sanche VIII. Roi de Navarre, & en secondes nôces, Pierre Bermond de Sauve, Seigneur d'Anduse; & du quatrieme lit, Raymond VII. qui lui succéda. Malgré ce grand nombre de femmes légitimes, il eut plusieurs enfans naturels. Bertrand *, Vicomte de Bruniquel; Guillemette, femme d'Hugues Alfar, Chevalier Navarrois; & Raymonde, Religieuse du Monastère de l'Espinasse **. Un historien moderne a dit de lui, qu'*il n'avoit rien de médiocre, dans ses bonnes, ni dans ses mauvaises qualités.* Vigilant, actif, généreux, libéral, fécond en intrigues & en ressources, plein de bravoure & d'intrépidité, il acquit l'amitié de ses voisins, & mérita l'amour de ses sujets. Tour à tour l'ennemi, ou l'allié des plus grands Rois, il leur résista avec avantage, & les secourut avec succès. Chancelant dans sa croyance, effréné dans ses mœurs, il mérita le titre de défenseur de la foi, & de persécuteur de l'Eglise. Enfin chassé de ses Etats, par ce pouvoir invincible, que la Cour de Rome avoit usurpé dans ce temps de Fanatisme, il eut le courage d'y rentrer, & la gloire de s'y maintenir, contre les plus formidables puissances de l'Europe.

Amauri, ou Aymeric, fils de Montfort, secouru par les Croisés, tentoit, par une guerre peu considérable, mais continuelle, de chasser Raymond VII. de ses Etats. Ce secours lui manquant, il fut hors d'état de tenir la campagne, contre un ennemi qui lui avoit résisté avec succès; & sa foiblesse fut plus funeste à la maison de Toulouse, que toutes les victoires, de Montfort puisqu'elle lui dicta un traité qui causa la ruine de cette maison illustre. Par ce traité ***

* Catel, Lafaille, & plusieurs autres ont dit que Bertrand étoit fils légitime. Voyez les preuves du contraire, dans l'hist. gén. de Lang. *tome 3. page 325. 348.*

** C'est un Couvent de l'Ordre de Fontevraud, situé à deux lieues de Toulouse, fondé en 1114, par Philippe de Toulouse Duchesse d'Aquitaine. (*Hist. gén. de Lang. tome 2. aux preuves, page 392.*)

*** Il est rapporté au long dans l'hist. gén. de Lang. tom. 3. pag. 290. C'est le premier Titre sur lequel nos Rois ont joint à la souveraineté qu'ils avoient dans le Languedoc, par droit de conquête, un droit de propriété, qui leur fut acquis par cette cession. Saint Louis la fit confirmer en 1230, au même Amauri, par un Acte authentique dans lequel, il renonce à tous les droits qu'il

conclu, au mois de Février 1223, il céda à Louis VIII, Roi de France, pour l'épée de Connétable, toutes les conquêtes de Simon de Montfort son pere : ainsi, n'ayant pu vaincre le Comte de Toulouse, il lui suscita pour ennemi le Prince le plus puissant de la Chrétienneté.

Louis impatient de faire valoir ses prétentions, leva une armée de cinquante mille hommes ; & aulieu de continuer la guerre contre les Anglois, qu'il pouvoit chasser du continent, où il ne leur restoit plus qu'une partie de la Gascogne, & Bordeaux, il vint attaquer le Comte de Toulouse ; il entra dans le Languedoc, du côté de Lyon, en 1226. Les approches de cette armée jetterent la terreur dans cette Province. La plupart des Villes ouvrirent leurs portes au Roi. Celle d'Avignon fut la seule qui eut le courage de refuser le joug, & la gloire de soutenir le siege, jusqu'à la fin de l'Automne : mais ce siege occupa l'armée de Louis, sans arrêter ses conquêtes. Plusieurs Prélats, de sa suite, allerent, de Ville en Ville, jetter l'épouvante dans l'esprit des peuples ; leur éloquence fut si persuasive qu'ils gagnerent à ce Monarque toutes les places de la Province, jusqu'aux portes de Toulouse. La rigueur de la saison, ne permettant pas de continuer la guerre, le Roi laissa le commandement de ses troupes à Humbert de Beaujeu, & prit la route de Paris, dans la résolution de revenir, la campagne suivante. La mort arrêta l'exécution de ces desseins. Il n'arriva pas même à sa capitale ; & mourut, le 8 de Novembre 1226, au Château de Montpensier, en Auvergne, du poison qui lui fut donné par le Comte de Champagne.

Son fils Louis IX. connu sous le nom de St. Louis, lui succéda, sous la Régence de la Reine Blanche sa mere, que son habileté mettoit au-dessus de son sexe. Elle donna ordre à Beaujeu de continuer la guerre contre Raymond. Ce général, témoin de la valeur des Toulousains, n'espérant pas de les forcer dans leur Ville, résolut d'en ravager les environs, & de l'affamer. Il la bloqua, au mois de Juin 1228 : porta le fer, & le feu de tous côtés ; & détruisit les maisons de plaisance, & les jardins qui appartenoient aux principaux habitans. A la vue des flammes qui dévoroient leurs Domaines, les Toulousains tomberent dans le découragement. La fermeté du Comte, lui-même, ne put tenir contre ces cruelles hosti-

pourroit avoir sur le Comté de Toulouse. (*Hist. gén. de Lang.* tome 3. p. 374. *Abreg. chron. de l'hist. de France.*)

lités. Il defefpera de réfifter à fes ennemis, avec des troupes que la crainte avoit faifies, & confentit, après plufieurs conférences, à figner un traité, qui prouve que les principaux inftigateurs de la guerre, fongeoient moins à s'affurer de la catholicité, qu'à le dépofféder de fes Etats. Dans les principaux articles de ce traité*, conclu à Paris le 22 Avril 1228. (1229) **. Il fut convenu que Raymond VII. jouiroit, feulement, de la ville de Touloufe, avec tout le diftrict de fon Evêché : qu'il mettroit Jeanne, fa fille unique, entre les mains du Roi de France, pour être mariée, à un de fes freres, avec la difpenfe de l'Eglife. Qu'après la mort de ce Comte, toutes fes Terres & Seigneuries appartiendroient à celui des freres du Roi qui auroit époufé Jeanne, & aux enfans qui naîtroient de ce mariage ; & qu'au défaut de lignée, ces Terres & Seigneuries reviendroient au Roi, fans que ni Jeanne, ni les enfans que Raymond VII. pourroit avoir d'un fecond lit, y puffent rien prétendre. Le Clergé fe fit céder le Droit de Dixme, & obligea le Comte à la payer, & à confentir, que l'Eglife en jouît à l'avenir dans toutes fes Terres, privativement à tout Laïque. Enfin par un autre article de ce même traité, qui a donné lieu à l'établiffement de l'Univerfité de cette Ville, Raymond s'obligea à entretenir, pendant dix ans, dans Touloufe, deux Profeffeurs en Théologie, deux en Droit Canonique, fix aux Arts, & deux pour la Grammaire. Il fubit toutes les Loix qu'on voulut lui impofer, & fut abfous, par le Légat Saint Ange, dans l'Eglife de Nôtre-Dame de Paris, en préfence de tout le peuple. La cérémonie de cette abfolution mit le comble à fa honte. Il la reçut, nuds-pieds, en chemife, n'ayant que fon haut de chauffes : mais pour l'indemnifer de cette ignominie, le Roi le fit Chevalier, peu de jours après, avec beaucoup de pompe : ainfi il revint à Touloufe, revêtu d'une nouvelle marque d'honneur, & dépouillé de la plus grande partie de fes Terres. Il ne lui refta, de tous fes vaftes Domaines, que le Comté de Touloufe, qui comprenoit tout ce qui dépend, aujourdhui, de la Province Eccléfiaftique de ce nom ; la

partie

---

* Il eft rapporté au long dans l'hiftoire générale de Lang. tome 3. page 329.

** Depuis la fin du XI. fiecle, l'année ne commençoit que le jour de Pâques. Cet ufage a duré jufqu'à l'Edit de 1564, qui a rétabli le commencement de l'année, au premier jour de Janvier. Ainfi on aura foin de marquer entre deux crochets, après la véritable date, celle qui fe rapporte à notre façon de compter.

partie septentrionale du Diocese d'Albi, le Rouergue, le Querci, excepté la Ville de Cahors, enfin le Diocese d'Agen, & de Condom.

Desesperé d'avoir conclu cette paix honteuse, il essaya toute sorte de moyens pour brouiller les affaires; & saisit plusieurs occasions de s'armer contre Louis ; mais son caractere inconstant le portoit bientôt à s'accommoder. Avec la même inconstance, tantôt il faisoit la guerre aux hérétiques, comme il s'y étoit obligé par le traité de Paris, & tantôt il les protégeoit : c'est sur ce fondement, qu'on l'accusa d'avoir fait massacrer, à Avignonet *, le 28 Mai 1242, les Inquisiteurs de la Foi ; mais il dissipa ce soupçon, en faisant punir séverement les auteurs de cet assassinat.

L'établissement de l'Inquisition, ce trait intéressant de l'Histoire Ecclésiastique, qui sera un monument éternel de l'ambition des Papes, & de l'ignorante crédulité des fideles, dans le XIII. siecle, appartient particulierement à l'Histoire de Toulouse. C'est dans cette Ville qu'on a jetté les premiers fondemens de ce Tribunal singulier, & rédoutable, érigé, d'abord, pour le triomphe de la Réligion, & justement proscrit, parmi nous, par l'abus qu'il fit, dans la suite, de cette réligion même : c'est dans le Concile de Toulouse qu'on fixa sa compétence, & l'ordre qu'il devoit suivre dans ses procédures : cette Ville est la seule du Royaume où il a subsisté durant plusieurs siecles : enfin c'est à l'exemple, & sur le modele de l'Inquisition de Toulouse, qu'ont été formés les Tribunaux de ce genre, qui soumettent encore à leurs loix, plusieurs puissants Royaumes de l'Europe. Toutes ces circonstances méritent qu'on rapporte, dans quelque détail, l'époque, & les motifs de son érection, ses loix dans la maniere de procéder, ses progrès, sa décadence, & sa chute. Ce détail est d'autant mieux placé dans cet ouvrage que l'Histoire ** la plus exacte que l'on ait sur l'Inquisition, ne dit que très-peu de chose, de son origine, & s'attache principa-

---

* On voit, dans l'Eglise des Dominicains de Toulouse, le Tombeau des trois Religieux de cet Ordre qui périrent dans ce massacre. F. Guillaume Arnaud Inquisiteur. F. Bernard de Rochefort, son collegue ; & F. Garcie Daure, convers. Au mois de Janvier 1689, on fit une visite authentique de leurs corps, qu'on trouva très-bien conservés, ce qu'on regarde comme une preuve de sainteté.

** Cette histoire, imprimée à Cologne, en 1693, est attribuée à l'Abbé Marsollier, Prévôt & Archidiacre d'Uzés, connu dans la république des Lettres, par plusieurs ouvrages très-estimés.

Partie I. L

lement à décrire la maniere dont ce Tribunal s'est établi dans les Royaumes voisins.

Pour mieux connoître le changement que l'érection de l'Inquisition causa dans la discipline de l'Eglise, il est essentiel d'exposer, en peu de mots, les droits de la puissance Ecclésiastique; & la maniere dont elle exerçoit son pouvoir contre les hérétiques.

En matiere d'héréfie, comme dans toutes les autres matieres contentieuses, on distingue trois parties; la connoissance du droit, la connoissance du fait, & le jugement. La premiere consiste, à décider, si une opinion, est hérétique ou non; celle du fait consiste à examiner si une personne accusée d'héréfie, est innocente ou coupable; & le jugement se réduit, à prononcer la condamnation, ou l'absolution de la personne accusée.

Sur ces principes, la connoissance du Droit, en matiere d'héréfie, dépend entierement du Jugement de l'Eglise, puis qu'il n'appartient qu'aux dépositaires de la Foi de décider, si une opinion est hérétique ou ortodoxe : son droit a toujours été entier à cet égard, & la puissance séculiere n'y a porté aucune atteinte. Il est aussi très-vrai (r) que dans les premiers jours de l'Eglise, elle connoissoit, en seul, du fait, en matiere d'héréfie, & déclaroit innocens, ou coupables ceux qui étoient accusés : mais dans ces premiers temps, & tandis que, sous les Empereurs payens, la Religion chrétienne croissoit dans le silence, dans l'humilité, & dans les exercices de la charité la plus ardente, lors qu'elle condamna plusieurs héréfies, & plusieurs hérésiarques, les Ministres de cette Religion de paix n'avoient ni prisons, ni cachots, ni bourreaux, ni tortures : la douceur présidoit à leurs Jugemens : la priere, l'instruction, & la persuasion, étoient les seules voies qu'ils employoient, pour ramener les rébelles à leur devoir ; & lors qu'il fallut chercher des remedes plus efficaces, pour vaincre l'obstination des hérétiques, l'on eut recours aux peines canoniques, qui furent regardées, moins comme une punition rigide, que comme une correction paternelle.

L'Empereur Constantin, qui fut le premier Empereur chrétien, en embrassant le christianisme, se déclara le protecteur, & le défenseur de la foi. Alors le crime d'héréfie devint inséparable du crime d'Etat. Ce Prince obligé de veiller sur la Religion, & d'en conserver la pureté, par tout son pouvoir, chercha de nou-

(r) *Hist. de l'Inquisition*, page 7, 32, 34, 37, 81.

veaux moyens, pour arrêter les progrès de l'héréſie d'Arrius, qui déchiroit l'Egliſe : il ne crut pas cet héréſiarque aſſez puni par les peines Canoniques, il l'envoya en exil, avec tous ſes fauteurs. Théodoſe ajouta à cette peine, une amende de dix livres d'or. Gratien, & Valentinien aggraverent encore ces peines, contre les Manichéens, les Donatiſtes, & les Samaritains, ſans cependant prononcer le dernier ſupplice. Le Décret de ces Empereurs, porte expreſſément. » Que les Manichéens, & les Dona-
» tiſtes ne jouiront d'aucun privilege, en vertu des Loix, & du
» Droit Romain : Qu'ils n'auront rien de commun avec les au-
» tres : Que leur crime ſera eſtimé crime public, parce que ce
» qui eſt commis contre la Religion, va à la ruine commune :
» Que leurs biens ſeront confiſqués : Qu'ils ſeront incapables de
» recevoir aucuns legs, ni ſucceſſions, ni dons entre-vifs, ni au-
» trement : Qu'ils ne pourront ni vendre, ni acheter, ni donner,
» ni contracter en aucune maniere : Que leur punition s'étende
» même au-delà de la mort, enſorte que leurs Donations, par
» Teſtamens, Codicilles, Lettres, &c. ſoient de nulle valeur,
» & ſoient caſſées, pour cela ſeul, qu'ils ſeront morts Manichéens,
» &c. Que leurs enfans ne puiſſent jouir de leur ſucceſſion, s'ils
» ne renoncent à l'héréſie de leur pere. Cette Loi ajoute que tous
» les fauteurs de ſemblables hérétiques, & généralement tous ceux
» qui leur ont donné retraite ſeront ſujets aux mêmes peines. Marcien, rencheriſſant ſur ſes prédéceſſeurs, fut le premier qui condamna les héréſiarques à la mort : & cette Loi ne paroîtra pas trop rigoureuſe, ſi l'on réfléchit que les héréſies, contre leſquelles on prononça cette peine, conſiſtoient, pour la plupart, dans des pratiques abominables *, dignes par elles-mêmes des plus ſéveres châtimens.

Le regne de l'Empereur Conſtantin eſt donc l'époque de la condamnation des hérétiques à des peines, temporelles, corporelles, & civiles : auſſi eſt-ce l'époque, à laquelle l'on doit fixer l'établiſ-

* Pour donner une idée juſte de ces pratiques affreuſes, que la décence ne permet pas de rapporter, il ſuffit de dire, d'après Saint Léon Pape : « Que le Dé-
» mon qui regne dans toutes les héréſies, a bâti une forterreſſe dans celle de Ma-
» nès, non par une ſeule ſorte d'erreur, mais par toutes les impiétés, & les fo-
» lies dont l'eſprit humain eſt capable : car tout ce que les Païens ont de pro-
» fane, les Juifs d'aveugle, & de charnel, les ſecrets de la magie d'illicite, &
» les héréſies de ſacrilege, a coulé dans la ſecte des Manichéens, comme dans
» un cloaque.

sement de la Jurisdiction séculiere, pour la punition du crime d'hérésie, puisqu'il n'appartient qu'au Prince, & à ses Magistrats de prononcer ces sortes de peines.

Telles étoient, jusqu'au XII. siecle, les loix sur lesquelles on jugeoit les hérétiques. L'Eglise les punissoit par l'excommunication, s'ils étoient Laïques, & par la déposition, & l'excommunication, s'ils étoient Clercs. Lorsque le crime d'hérésie, étoit mêlé de quelqu'autre crime, contraire à l'Etat, & digne de la répréhension du Juge séculier, celui-ci prononçoit les peines corporelles & civiles, & même la peine de mort, si le cas étoit assez grave. On va voir, à présent, de quelle maniere on changea cette façon de procéder, contre les hérétiques, dans le Tribunal de l'Inquisition, & quels furent les motifs de son érection.

L'obstination des Albigeois, dans leurs erreurs, avoit rendu inutiles tous les efforts des différens Légats, que le Pape envoya dans les Terres du Comte de Toulouse. Les exhortations, les prédications, les excommunications, devenues infructueuses, ou méprisées, ne laissoient aucun espoir de convertir ces hérétiques, ni par la persuasion, ni par la crainte des peines canoniques. Dans ces circonstances, on tint un Concile, à Toulouse, en 1229, pour chercher un moyen plus efficace de rétablir dans ces Provinces, la pureté de la Foi. Il y fut décidé que les Evêques députeroient, dans chaque Province, un Prêtre, & deux ou trois Laïques, de bonne réputation, pour faire, avec la plus grande exactitude, la recherche des hérétiques, & de leurs fauteurs, & les dénoncer aux Ordinaires, aux Seigneurs des lieux, ou à leurs Officiers, pour être séverement punis. L'on dressa, en conséquence, seize canons, pour déterminer l'ordre qui seroit suivi dans cette recherche, ou *Inquisition*, la maniere de juger les coupables, & les peines qu'on devoit leur imposer. Dans la distribution de ces peines, on suivoit, pour les fautes légeres, les loix prescrites par les Canons : mais lorsque l'accusé refusoit d'abjurer ses erreurs, on le déclaroit hérétique ; & il étoit livré au Juge séculier, qui lui faisoit subir la peine de mort.

On suivit, pendant quelque-temps, le nouveau plan de cette Jurisdiction, conforme aux anciens Canons, suivant lesquels chaque Evêque est le seul Juge compétent, en matiere de Foi, dans son Diocese, sans que le Pape, lui-même, puisse le dépouiller de ce droit. Mais bien-tôt les Dominicains, ou FF. Prêcheurs, qui venoient d'être fondés à Toulouse, principalement pour la conversion des hérétiques, chercherent à s'attribuer l'exercice de cette Jurisdiction. C'étoit, sans doute, un moyen assuré d'affermir les fondemens de leur Ordre, & une occasion bien favorable, pour augmenter leur crédit : ils la saisirent avec empressement, s'adresserent au Pape Gregoire IX. & en obtinrent, en 1233, plusieurs Bulles, qui leur attribuerent la recherche de toute sorte d'hérétiques, & de leurs fauteurs, avec le droit de les juger.

L'une de ces Bulles, adressée au Provincial de cet Ordre, lui donne la liberté de choisir un certain nombre de Religieux pour procéder à cette recherche. Dans l'autre, adressée à tous les Evêques du Royaume de France, le Pape, en les instruisant qu'il a confié le jugement des hérétiques aux FF. Prêcheurs, attendu qu'ils étoient, eux-mêmes détournés par diverses occupations, les prie, & leur ordonne * de donner leur secours à ces Religieux, pour qu'ils puissent exécuter cette commission, dans toute son étendue. Malgré la nullité de cette Bulle, tant en la forme, qu'au fonds, ces Prélats, trop timides, ou peu instruits de leurs droits, & des libertés de l'Eglise Gallicane, y défererent aveuglément, & se laisserent dépouiller, par ignorance, ou par une complaisance criminelle, de la principale partie de leur autorité. On n'eut plus recours à des Laïques pour former ce Tribunal, qui porta le nom d'*Inquisition*. Les Evêques conserverent seulement le droit d'y assister, ou par eux-mêmes, ou par leurs Grands-Vicaires : mais tous les autres membres étoient choisis parmi ces Religieux. Celui qui en devint le premier chef, prit le titre d'Inquisiteur, & les Sentences furent rendues en son nom. Les FF. Prêcheurs se hâterent de faire cimenter cette concession du Pape, par une Ordonnance du Roi de France, de l'an 1234, & par le Concile de Narbonne, de l'an 1235, qui détermina plus précisément que n'avoit fait celui de Toulouse, la maniere de procéder contre les accusés, & de punir les coupables.

Ces nouveaux Juges, par un excès de zele, ne mirent point de bornes, à la rigueur de leurs poursuites & de leurs jugemens. Cette sévérité excita plusieurs séditions contr'eux. A la premiere, en 1235, les Capitouls, pour calmer le peuple, leur ordonne-

---

* *Ideoque universitatem vestram rogamus, hortamur, & monentes attentè, per Apostolicâ scripta, districtè precipiendo mandamus quatenus ipsos (FF. Prædicatores) pro Reverentiâ divinâ, & Apostolicæ Sedis ac nostra benignè recipientes, & honestè tractantes, eis in his, & aliis, consilium, auxilium, & favorem taliter impendatis, quod ipsi commissum sibi officium exequi valeant indefessè...* (Percin. page 92.)

rent de sortir de Toulouse, avec tous les Religieux de leur Ordre; & ils ne s'y seroient peut-être jamais rétablis, sans un nouvel ordre du Pape, & sans la protection de Raymond de Falgar, Evêque de cette Ville. La seconde conjuration, qu'on forma contr'eux, leur fut encore plus funeste : puis qu'ils furent tous massacrés à Avignonet, comme on l'a déja dit. Il est vrai que leur zele étoit excessif : armés des foudres de Rome, ils s'en servoient pour multiplier les braziers de toutes parts. Tout devenoit *, à leur gré, matiere d'héréfie. Ils punissoient les plus légeres fautes par des jeûnes, par la prison, par de longs pélerinages, ou en imposant la nécessité de porter sur les habits, pour marque de pénitence, des croix, plus ou moins grandes, simples ou doubles, suivant l'exigence des cas. Ils n'oublioient presque jamais, dans leurs Sentences, d'ordonner la confiscation des biens, ou des amendes à leur profit; ce qui donna lieu à l'accusation, qu'on forma (s) contr'eux, devant Philippe le Bel, en disant qu'ils employoient le prétexte de l'héréfie, pour mettre à contribution les personnes les plus considérables par leur fortune. Ils ne prononçoient point formellement la peine de mort : mais ceux qu'ils déclaroient hérétiques, & qu'ils livroient au bras séculier, étoient brûlés, sans autre procédure, & sans être écoutés ** par de nouveaux Juges.

La maniere de procéder les rendoit encore plus rédoutables, que la rigueur de leurs Jugemens. Les accusés ne pouvoient avoir ni défenseurs ni conseil : obligés de déclarer eux-mêmes leur crime, ils couroient le même risque par leur aveu, que par le silence : l'aveu servoit de conviction; & le silence étoit regardé comme une preuve d'obstination, & d'impénitence. Ce qu'il y avoit de plus odieux, c'est qu'on cachoit ***, avec le plus grand soin, le

---

(s) *Annales de Toulouse*, tome 1. page 34.

* On peut voir dans l'histoire générale de Languedoc, tome 3. pag. 430. & aux preuves, page 371, les principaux chefs d'accusation sur lesquels on interrogeoit les hérétiques.

** *Vult concilium ut in hæresim relapsi, seculari judicio, absque ullâ penitus audientiâ, relinquantur, animadversione debitâ puniendi.* (Can. 11. conc. Narb. Percin. p. 96.)

*** *Illud autem caveatis, secundum providam Sedis Apostolicæ voluntatem, ne testium nomina, verbo, vel signo aliquo publicentur : sed si instat contra quem fit inquisitio, dicens forte se inimicos habere, vel in se aliquos conspirasse, inimicorum ab eo, seu conspiratorum nomina, & inimicitiarum seu conspirationis causa, & veritas exigantur, ut sic & testibus consulatur, & ipsis etiam convincendis.* (Can. 22. Conc. Narb. Percin. p. 96.)

nom des accusateurs, & celui des témoins, parmi lesquels on admettoit toute sorte de personnes, même celles qui étoient nottées d'infamie *, ou coupables des plus grands crimes. Par cette Loi barbare, dont l'abus étoit également facile, & inévitable, on privoit les accusés de la juste défense, que tous les autres Tribunaux leur permettent, on autorisoit l'imposture, en assurant le secret, & par conséquent l'impunité aux dénonciateurs; & ce Juge, établi pour épurer les mœurs, & conserver la foi, devenoit le ministre des passions, au lieu d'être l'organe de la justice & de la vérité. La même Loi permettoit, véritablement, aux accusés de déclarer le nom des personnes, dont l'inimitié leur étoit connue: mais cette liberté pouvoit-elle garantir l'innocence? N'a-t-on pas souvent des ennemis secrets, qu'on ne soupçonneroit jamais? L'envie, la trahison, la perfidie, l'ingratitude, ces vices monstrueux, qui font rougir l'humanité, ne se couvrent-ils pas, d'ordinaire, du masque de la bienveuillance, & de la cordialité? Et dans l'un de ces cas, quel avantage pouvoit-on retirer de cette permission vague de nommer quelques personnes suspectes? Malgré l'injustice évidente de ces Loix dictées par le Concile de Narbonne, elles furent observées dans la plus grande rigueur; & elles ont servi de baze aux maximes ** étranges, que l'on suit encore

---

* In ejusmodi crimine, propter ipsius enormitatem, omnes criminosi, & infames, & criminis etiam participes, ad accusationem & testimonium admittantur. (Can. 24. N.)

** „L'on tient dans ces Inquisitions, pour maximes inviolables, qu'il ne faut
» jamais disputer de Religion avec les hérétiques: & qu'ils doivent être instruits
» par la voie de l'autorité, non par celle des éclaircissemens..... Qu'un héréti-
» que, quoiqu'absous par le Pape, ne laisse pas d'être sujet à l'Inquisition, &
» peut être condamné à mort..... Qu'on ne doit jamais interroger un accusé si
» on doutoit de son crime: mais qu'il faut toujours supposer le fait comme vé-
» ritable, & l'interroger seulement sur les circonstances..... Qu'en examinant
» un hérétique il faut toujours lui mettre la mort devant les yeux: qu'on ne doit
» pas espérer, ni même tenter de le convertir par l'Ecriture Sainte, ou par
» la dispute. Qu'il faut lui promettre dans des termes ambigus de lui faire grace
» s'il confesse son crime, & ne lui rien tenir de ce qu'on lui a promis, quand il
» l'a confessé..... Que les biens d'un hérétique sont acquis de droit à l'Inquisition,
» au préjudice même de ses enfans, & autres ses héritiers catholiques..... Qu'en
» fait d'hérésie il n'y a point de prescription..... Qu'il n'y a ni raison de parenté,
» ni d'alliance, ni de reconnoissance, fusse même de la vie, qui puisse dispen-
» ser de déférer un criminel, qui est devenu sujet à l'Inquisition..... Qu'un re-
» laps, quoique répentant ensuite, doit être condamné à la mort. Qu'un héréti-
» que qui a fait abjuration d'une hérésie, s'il retombe dans un autre, doit passer
» pour relaps..... Qu'on ne laisse pas d'être sujet à l'Inquisition, pour avoir

HISTOIRE DE LA VILLE

avec scrupule, dans les Inquisitions d'Italie, d'Espagne, & de Portugal.

Touloufe ne fut pas la seule Ville du Royaume, où ce Tribunal fut établi. Il y en eut un à Carcaffonne, en 1248 ; & prefque dans le même-temps, on nomma auffi des Inquifiteurs à Cahors, à Albi, & à Moiffac. Ils furent approuvés par le Concile d'Albi, en 1254, par celui de Béziers, en 1255 : mais de tous ces Tribunaux, celui de Touloufe fut le feul qui fe foutint, après la décadence de l'héréfie des Albigeois.

L'abfence, ou la négligence des Evêques, & des Grands Vicaires, laiffoient fouvent exercer la Jurifdiction de l'Inquifition, à l'Inquifiteur feul, qui voulut fe faire, de-là, un titre pour les exclure entierement de ce Tribunal ; & il fallut, plus d'une fois, toute l'autorité du Pape, pour rendre à l'Evêque un droit qu'on ne pouvoit lui ôter. Il fallut auffi, que la Cour de Rome, & celle de France, employaffent (t), tour-à-tour, les exhortations, ou les défenfes pour modérer la trop grande févérité de ce Juge, ou pour remédier aux abus, qui s'étoient gliffés dans fes Jugemens.

Ces Jugemens étoient originairement fans appel. Le P. Percin cite (u) un Arrêt du Confeil, de l'an 1425, qui caffe les appellations, interjettées par un accufé, devant les Capitouls, & devant le Sénéchal de Touloufe. Il n'en fut pas de même après la fixation du Parlement à Touloufe. Cette Cour connut, par la voie de l'appellation, ou de l'Appel comme d'abus, de tous les Jugemens de l'Inquifiteur. Elle obtint même le droit de lui donner des adjoints, choifis, parmi fes Officiers, entre lefquels il y avoit, d'ordinaire, un Préfident. Outre ces Commiffaires, un Grand Vicaire de l'Archevêque y affiftoit toujours ; & dans les affaires extraordinaires, ou épineufes, on y appelloit plufieurs Profeffeurs de l'Univerfité, &
des

(t) *Hift. de l'Inquifit. liv. 3. page* 292.
(u) *Page* 103, 104.

» avancé quelque héréfie quoique ce foit par ignorance, parce que tout fidele
» eft obligé de fçavoir ce qui a été condamné par l'Eglife... Enfin les Inquifiteurs
» n'ont pas horreur d'avouer eux-mêmes, qu'il vaut mieux faire périr cent ca-
» tholiques irreprochables dans leur foi, que de laiffer échaper un hérétique, par
» cette raifon, qu'en donnant la mort à un catholique innocent, l'on ne fait que
» lui affurer le Paradis, au lieu qu'en laiffant aller un hérétique, il pourroit
» perdre & infecter un grand nombre d'ames. (*Hift. de l'Inquifition*, liv. 2 p.
225 & *fuiv.*).

des Docteurs, ou Bacheliers, en Droit & en Théologie, qu'on nommoit *Conseillers du saint Office*. Il y avoit dans la maison * de l'Inquisition, une grande salle, pour les audiences, dont la tenue fut fixée par Arrêt du Parlement, de l'an 1515, à deux jours de la semaine, le Mercredi & le Samedi. Outre ces audiences, l'Inquisiteur faisoit, de temps en temps, *le Sermon public* ; c'est-à-dire, la publication des Sentences qu'il avoit rendues. On verra dans la suite de cette histoire, le détail de cette cérémonie, qui se pratique encore dans les pays d'Inquisition, sous le nom d'*Auto da fé*. L'Inquisition de Toulouse avoit ses prisons, dans la maison même : mais, soit que le local ne fût pas assez vaste, pour renfermer tous les accusés, elle avoit aussi la prison des *Emmurats*, qui lui fut cédée par Saint Louis. Le sceau de ce Tribunal étoit une croix partie & coupée d'argent & de sable, terminée par quatre fleurs de lys.

Telle étoit la constitution de ce Tribunal, qui fut protégé (x) par St. Louis, confirmé par Philippe le Hardi, lors de la réunion du Comté de Toulouse à la Couronne, & par Philippe le Bel, en 1303. Le Parlement de Paris le déclara Cour Royale, par Arrêt de l'an 1331. & l'Inquisiteur de Toulouse prit, depuis, le titre d'*Inquisiteur en tout le Royaume de France, spécialement député par le saint Siege Apostolique, & par l'Autorité Royale*. Charles VII. lui accorda ** le 12 Juin 1442, le Titre de Conseiller du Roi, avec la faculté de jouir, dans tout le Royaume, des mêmes prérogatives, honneurs, privileges, exemptions, & émolumens que les autres Conseillers. Aux entrées des Rois, & des Gouverneurs de Languedoc dans Toulouse, l'Inquisiteur recevoit leur serment pour la conservation de la Foi, & de l'Inquisition. Dans les actions publiques, il marchoit avec le Corps de l'Université, à la *** droite du Recteur, & avant tous les autres Professeurs. La censure des Livres de Religion, ou de Morale, qu'on imprimoit ou débitoit dans Toulouse, lui appartenoit. Enfin il avoit depuis l'an 1272,

(x) *Percin.* page 101.

* Cette maison appartient aux Dominicains, & c'est la premiere qu'ils ont eue à Toulouse. On l'appelle toujours l'*Inquisition* ; & elle est en singuliere vénération dans tout cet Ordre, soit parce que c'est-là, où Saint Dominique l'a fondée, soit à cause qu'on y conserve encore la cellule que ce Saint Fondateur occupoit. (*Percin.* page 158.)

** Les Lettres Patentes sont rapportées au long, par le P. Percin. (*page* 106.)

*** Voyez l'Arrêt du Parlement du 4 Août 1559. (*Percin. id.*)

Partie I.

(y) le privilege de confirmer l'élection des Capitouls, avec le droit de rejetter ceux qu'il jugeoit fufpects d'héréfie, ou de dépravation dans leurs mœurs. On peut voir dans le P. Percin (z) la forme dans laquelle l'on le requeroit de donner fon approbation.

La maniere de nommer à cette place n'a pas été toujours la même. Dans les premiers temps, l'Inquifiteur étoit choifi par le Provincial, ou par le Général de l'Ordre des FF. Prêcheurs, & quelquefois par le Pape. Mais depuis le commencement du XVI. fiecle, il étoit élu à la pluralité des voix par la Communauté de Touloufe; fon élection étoit confirmée par le Roi, & enrégiftrée au Parlement, où l'Inquifiteur prêtoit le ferment. On l'enrégiftroit même, quelquefois, à la Chambre des Comptes.

L'héréfie des Albigeois s'étant, peu-à-peu, diffipée, l'Inquifiteur de Touloufe n'avoit prefque plus d'occafions d'exercer fa Jurifdiction lorfque le Luthéranifme, & le Calvinifme vinrent infecter cette Province. Alors le Jugement de ces nouveaux hérétiques fut déclaré * appartenir à l'Inquifiteur, & François I. lui confirma formellement ce droit conjointement avec les Officiaux des Ordinaires, par Lettres-Patentes de l'an 1540 : ainfi ce Tribunal qui fubfiftoit dans Touloufe, depuis plus de trois cens ans, continua encore fes fonctions pendant plus d'un fiecle. Il fubfifteroit, peut-être, encore, fans le zele de Charles de Montchal, Archevêque de cette Ville, pour la manutention des Libertés de l'Eglife Gallicanne : il eut le courage de l'attaquer, & la gloire de le renverfer, prétendant que les Evêques font de Droit les feuls Juges de la Foi, & par conféquent, les feuls Inquifiteurs de leurs Diocefes. Cette prétention fut portée au Confeil d'Etat ; & quoique fondée fur les anciens Canons, qui font la regle de nos libertés, elle fouffrit quelques difficultés, par le crédit, & l'oppofition de l'Inquifiteur & de fon Ordre. Cependant Montchal l'emporta, & obtint un Arrêt, vers ** l'an 1645, qui dépouilla entierement ce Juge de toute fa Jurifdiction.

(y) *Ann. de Toul. tom.* 1. p. 183.
(z) *page* 106.

* Voyez les Arrêts du Parlement du 26 & 28 Février 1522, & 9 Mars 1531. (*Percin. page* 103, 104.)

** C'eft en effet, la derniere année que les Capitouls lui préfenterent l'élection de leurs fucceffeurs, pour être confirmée. Cette élection eft actuellement pré-

DE TOULOUSE. LIV. II.

Les Dominicains ont cependant, encore, à Toulouse, une Maison particuliere, qui porte le nom d'Inquisition. Ils ont même eu le soin, jusqu'en 1706, de faire pourvoir par le Roi, & par la Congrégation du Saint Office, un Religieux de leur Ordre du Titre d'Inquisiteur ; auquel il y avoit quelques gages attribués : mais ce n'étoit plus qu'un vain nom, qui a été anéanti par la mort d'Antonin Maſſoulié, dernier Inquisiteur de Toulouse.

LA VIE de Raymond VII. ne fut plus marquée par aucun évenement conſidérable. Il fit un voyage à la Cour de l'Empereur. Il alla à Rome, où le Pape le reçut très-honorablement. A ſon retour il tint une Cour pleniere dans Toulouſe, en 1244, & y créa deux cens Chevaliers, parmi leſquels la Chronique en nomme ſeulement ſix, le Comte de Comminges, Pierre Vicomte de Lautrec, Gui de Severac, Sicard Allemand, Jourdain de l'Iſle, & Bernard de * la Tour. En 1246, il fit un pélérinage à St. Jacques en Galice. L'année ſuivante il déclara (a), par un acte ſolemnel, que la Communauté de Toulouſe, avoit le droit d'élire, d'inſtituer, & de deſtituer, annuellement, les Capitouls, & reconnut que ſi quelquefois il s'en étoit mêlé, ce n'avoit été que du conſentement de la Communauté, & à ſa priere. La même année il ſe croiſa avec Saint Louis, & réſolut de l'accompagner dans ſon voyage de Jeruſalem : mais les vaiſſeaux qu'il faiſoit équiper n'étant pas prêts lors du départ du Roi, en 1248, il abandonna, ou, du moins, différa ce voyage. Au printems ſuivant il ſe rendit à Aigueſmortes, pour recevoir les adieux d'Alfonſe de France, ſon gendre, & de Jeanne ſa fille, qui alloient joindre le Roi dans la Terre-Sainte. Peu de jours après, il tomba malade à Milhau, en Rouergue. La fievre ne l'empêcha pas de continuer ſa route juſqu'à Pris, petit Bourg auprès de Rhodés, où il fut obligé de s'arrêter. Au premier bruit de ſa maladie, les Evêques d'Agen, d'Albi, de Cahors, de Rhodés, & pluſieurs autres Seigneurs, parmi leſquels étoient les Capitouls de Toulouſe, accourent auprès de lui. Il fut reporté à Milhau. Son

---

(a) Catel. hiſt. des Comt. liv. 2. page 385.

ſentée à un Grand-Vicaire de l'Archevêque, qui affirme la catholicité des ſujets élus.

* La Maiſon de la Tour qui a poſſédé les Seigneuries de Siſſaz, de Pardaillan, de Nates, de Juges, de Saint Paulet, Auſeville, &c. & qui a fait pluſieurs dons au Prieuré de Prouille, ſubſiſte encore dans les Seigneurs de la Terre de Saint Paulet, en Lauragois. (Lafaille traité de la nobleſſe des Capitouls de Toulouſe, édit. de 1707. page 111.

mal empira. Tous les secours de l'art ne purent le sauver. Il mourut, le 27 Septembre 1249, entre les bras de ces Prélats, qui lui administrerent les Sacremens ; & qui furent édifiés des sentimens de religion, qu'il fit paroître jusqu'à son dernier soupir. Il étoit dans la cinquante-deuxieme année de son âge. Son corps fut embaumé, & porté à l'Abbaye de Fontevraud, où il est inhumé auprès de Jeanne d'Angleterre, sa mere.

Il avoit épousé, en 1211, Sancie d'Arragon, & l'avoit répudiée solemnellement, en 1241, après avoir vécu séparé d'elle, pendant plus de douze ans : C'est de ce mariage que naquit sa fille Jeanne. A peine eut-il recouvré la liberté de disposer de sa main, qu'il rechercha Sancie de Provence. Ce projet n'ayant pu réussir, il jetta les yeux sur Marguerite de Lamarche, qu'il épousa ; & qu'il répudia, ensuite, sous prétexte de parenté, dans la vue d'épouser Béatrix de Provence : mais ce dernier mariage n'eût pas plus de succès que celui qu'il avoit voulu contracter avec Sancie sa sœur. L'inconstance fut son caractere dominant ; & sa vie fut un tissu de contradictions. Hardi, quelquefois, jusqu'à l'excès, il montra le plus grand courage, & timide jusqu'à la pusillanimité, il se soumit souvent à des bassesses honteuses. Tour à tour protecteur, & persécuteur de la Religion, il poursuivit les hérétiques avec un zele ardent ; & quelquefois il les épargna, jusqu'à devenir leur appui, & leur chef. En lui finit la race des Comtes de Toulouse, qui s'étoit perpétuée de mâle en mâle, pendant l'espace de quatre siecles. L'Empire, la France, l'Angleterre, l'Espagne, rechercherent l'alliance de cette Maison, qui méritera toujours une place honorable dans l'histoire de l'Europe.

Jeanne, femme d'Alfonse, Comte de Poitiers, frere de Saint Louis, succéda à son pere, en vertu du Traité de Paris, & du Testament, dans lequel il la nommoit son héritiere. L'absence de cette Princesse, qui étoit en Orient, auprès de son mari, détermina la Reine Blanche, Régente du Royaume de France, à envoyer (b) des Commissaires, pour se mettre en possession du Comté de Toulouse, au nom d'Alfonse, & de la Comtesse sa femme. L'année suivante 1250, & le 4 du mois de Mai, ils firent leur entrée solemnelle dans la Capitale de leurs nouveaux Etats ; confirmerent aux habitans de Toulouse leurs exemptions, leurs privileges, leurs coutumes ; & se rendirent à Paris, où ils

---

(b) *Hist. gén. de Lang.* tome 3. *aux preuves*, page 473.

fixerent leur féjour. C'est-là qu'Alfonfe rendit (c), en 1254, une Ordonnance qui a pour objet la correction de différens abus, qui s'étoient gliffés dans l'adminiftration de la juftice.

La piété d'Alfonfe influa fur les habitans de Toulouſe, quoiqu'il fût éloigné de cette Ville. Ils la firent fur-tout éclater le 6 de Septembre 1255, en élevant le Corps du glorieux Martyr Saint Sernin, leur premier Evêque, qu'ils placerent en 1265, fous un très-beau Maufolée *; & en renfermant dans de riches Chaffes les Reliques de St. Papoul, de Saint Sylve, & de Saint Honorat, qui font partie du tréfor de cette Bafilique. Le zele de ce Comte pour l'extirpation de l'héréfie, lui dicta (d) au mois de Mars 1256, (1257,) une Ordonnance qui enjoint à tous ceux qui feront élevés, à l'avenir, à la place de Sénéchal, de Viguier ou de Capitoul, de prêter ferment, entre les mains de l'Inquifiteur de la Foi, de pourfuivre les hérétiques. On fera remarquer d'après les comptes des Domaines d'Alfonfe, que la Ferme du Comté de Toulouſe ne fe porta, en (e) 1257, qu'à la fomme de quatre mille deux cens foixante livres Toulouſaines. Ce Comté étoit cependant alors compofé des Baillies de Toulouſe, Mongifcard, Sainte-Gabelle, Verdun, Caftelfarrafin, Villemur, Buzet, Gaure, Puylaurens, Saint Felix, Bonnac, Laurac, Fanjaux, Avignonet, Saint Rome, Rieux, Montefquieu, &c.

LE PEU de fuccès qu'avoit eu Louis IX. dans fon premier voyage d'Orient, ne l'ayant pas rebuté, il fe croifa, de nouveau. Son frere, & la Comteffe Jeanne l'accompagnerent. Et vinrent en 1270, vifiter leurs Sujets à Toulouſe, avant leur départ. La Ville leur fit un don gratuit, au fujet duquel ils déclarerent ** formellement, que ce don ne pourroit porter préjudice aux privileges, dont elle avoit toujours joui. Cette feconde expédition

(c) Id. page 512.
(d) Id. page 528.
(e) Id. page 486.

* On peut voir dans l'hiftoire générale de Languedoc, tome 2. page 292, la repréfentation de cet ancien Maufolée, qui a été détruit depuis environ 20 ans, pour élever un magnifique Baldaquin, où l'on a placé le cercueil de Saint Sernin en argent maffif, qui fera furmonté d'un groupe de même métail, repréfentant l'apotéofe de ce Saint.

** Cette déclaration eft rapportée par Catel. (hift. des Comtes de Toulouſe, page 395.

de Saint Louis, lui fut encore plus fatale que la premiere. La peste détruisit son armée, pendant qu'il faisoit le siege de Tunis ; & le Saint Roi fut frapé lui-même de ce fleau terrible. Il mourut, dans son camp, le 25 Août 1270, après avoir vu périr la plus grande partie des Princes, & des Seigneurs, qui l'avoient accompagné. Alfonse, & sa femme, ne lui survécurent pas long-temps. Ils quitterent, envain, cet air empesté. Le poison s'étoit glissé dans leurs veines. Ils aborderent en Italie, & furent obligés de s'arrêter, dans un Château appellé Corneto, d'où ils se firent transporter à Savone. C'est dans cette Ville que le Comte mourut, le Vendredi 21 Août 1271 ; & la Comtesse, le Mardi suivant. Alfonse réunissoit toutes les vertus qui forment les grands Princes, & les Héros chrétiens. Vaillant, pieux, équitable, il marcha, toujours sur les traces glorieuses de son frere. La Comtesse, sa femme, suivit la même carriere ; & ils se signalerent l'un & l'autre, par des aumônes immenses, soit pendant le cours de leur vie, soit par leurs dernieres dispositions *. Ces Princes étant morts sans postérité, le Comté de Toulouse fut réuni à la Couronne, conformément au Traité de Paris.

LE GOUVERNEMENT, les Loix, les mœurs, & les usages des peuples de cette Province, avoient éprouvé, dans ces quatre derniers siecles, plusieurs changemens, dont on voit encore des vestiges. Les Ducs, & les Comtes, qui avoient rendu leurs dignités héréditaires, sous le Regne de Charles le Chauve, s'appliquerent, vers la fin du IX. siecle, à étendre leur autorité, en donnant à Fief les Terres, qu'ils tenoient *en bénéfice*, de la libéralité du Prince, les Droits qu'ils exigeoient des Villes, & la Justice même. Ils tâcherent, aussi, de soumettre les Seigneurs de leur voisinage, à leur suzeraineté ; & par-là, ils dépouillerent, pour ainsi dire, nos Rois de leur Domaine. Ils usurperent tous les Droits Régaliens, & engagerent, par violence, ou par adresse, en leur promettant leur appui, ceux qui tenoient des Terres en Franc-Alleu, à les reconnoitre pour leurs Seigneurs : ce qui changea la nature de la plupart des Domaines libres, sans qu'ils perdissent leur ancienne dénomination ; de maniere qu'au X. siecle, on confondoit les Fiefs, avec les véritables Alleux ; & que toutes les possessions portoient indifféremment le nom d'Alleu, ou de Fief. Ce ne fut que dans le XII. & XIII. siecle qu'on reconnut

---

* Leur testament est rapporté dans l'Hist. gén. de Lang. tom. 3. pag. 591.

que les Fiefs, étoient opposés aux Alleux. La plupart des Nobles, & des Bourgeois des Villes, avoient le privilege de posséder leurs Terres en Franc-Alleu *. Ce privilege leur fut confirmé (f), par Saint Louis, par Philippe le Bel, par Charles VI. & par leurs successeurs.

Chaque Seigneur établit des droits, & des usages arbitraires : mais le principal devoir des Vassaux, sur-tout lors qu'ils étoient libres, étoient la fidélité, & le service militaire. Cette distinction des libres, & des serfs, qui partageoit tous les habitans de cette Province, soit qu'ils fussent Romains, Visigoths, François, ou étrangers, éprouva quelque changement, mais se soutint, jusqu'au Regne de Louis le Gros, qui abolit (g) la servitude. Tous les libres étoient censés nobles : mais il y avoit, dans la noblesse, qui fut héréditaire dès le XIII. siecle, différens dégrés, plus élevés, à proportion des dignités & des biens qu'elle possédoit. Les nobles avoient, seuls, le droit de posséder des Fiefs, & de donner la liberté aux serfs. Avant le XII. siecle, ils étoient tous qualifiés Chevaliers. Le terme de Damoiseau, (*domicellus*) qui fut connu dans le siecle suivant, signifioit, un fils de Chevalier ; & celui d'Ecuyer (*scutifer*) étoit donné aux nobles, qui n'avoient pas reçu, encore, la ceinture Militaire. On distingua, dans les siecles suivans, les Nobles, en Barons, Chatelains, & Chevaliers.

Les Serfs, étoient encore distingués entr'eux, en Fiscalins, ou Serfs du Roi, & Serfs des particuliers. Ceux-là faisoient valoir les Terres du Domaine du Prince, pouvoient exercer certaines charges, & porter témoignage en justice, ce qui étoit défendu aux Serfs ordinaires, & même aux affranchis, excepté dans le cas

(f) *Hist. gén. de Lang.* tome 3. page 531. tome 4. page 516.
(g) *Abregé Chron. de l'Hist. de France.*

***

* Par *Franc-Alleu*, on entend une maniere de posséder des biens immeubles, libres & indépendans de tout Seigneur, & de tout droit de fief, censive, foi & hommage, & autres droits Seigneuriaux. Il tire son origine du droit Romain, suivant lequel tous les fonds sont censés libres, si le contraire n'est prouvé : au lieu que dans les pays régis par les coutumes opposées au Droit écrit, tous les fonds sont présumés assujettis, s'il n'y a point d'affranchissement, suivant cette maxime, *nulle terre sans Seigneur*.
Le Franc-Alleu de Languedoc, étoit autrefois, ou noble, ou roturier ; mais par un Arrêt du Conseil du 22 Mai 1667. qui a confirmé le Franc-Alleu roturier, le Franc-Alleu noble, a été aboli, parce qu'une justice tenue en Franc-Alleu, seroit une espece de souveraineté. D'ailleurs tout bien noble est féodal ; & qui dit fief, dit exclusion de Franc-Alleu.

de crime de leze-Majesté, ou d'adultere. Les Serfs Fiscalins pouvoient avoir des Serfs, & posséder des Terres : mais il ne leur étoit pas permis d'en disposer, & de les vendre sans le consentement du Prince, à moins que ce ne fût, en faveur d'autres Serfs Fiscalins. Les Serfs des particuliers étoient occupés à la culture des Terres, & aux services domestiques.

La principale fonction de la Noblesse consistoit dans l'exercice des armes, qu'elle allioit, comme les anciens Romains, avec les fonctions judiciaires. Dans le IX. & X. siecle, les Ducs & les Comtes exerçoient eux-mêmes la justice, au nom du Roi à qui elle appartenoit : mais lors qu'ils s'approprierent les Droits Régaliens par la foiblesse des Rois de la seconde & troisieme race, ils confierent, l'administration de la justice, à leurs *Vicaires*, ou Viguiers, à qui ils l'inféoderent ; de maniere que la plupart de ces Vigueries devinrent, par-là, héréditaires, & de véritables Fiefs. Les femmes des Comtes, & des Vicomtes présidoient aux Plaids, & tenoient des Assises, lors qu'elles étoient veuves, sur-tout pendant la minorité de leurs enfans. C'est dans le XI. siecle que commença la Jurisdiction temporelle des Seigneurs Ecclésiastiques. On distinguoit, alors, les *Grands*, d'avec les *petits-Plaids*. Les premiers étoient composés de Prélats, Comtes, Vicomtes, & Seigneurs, & d'un grand nombre de Juges, ensorte qu'on peut les comparer aux Assemblées Provinciales, qu'on tenoit dans la Province, du temps des Romains. Dans les *petits-Plaids* les grands Vassaux, étoient assistés de leurs principaux Vassaux immédiats, à qui on donna le nom de *Barons*, ou *Bons-hommes*. Ils leur servoient de Conseillers. Leur Cour étoit aussi composée de leurs Viguiers & autres Officiers, & de quelques Jurisconsultes.

Nos Rois créerent * dans cette Province, au commencement du XIII. siecle, des Sénéchaux, qui furent choisis, parmi les personnes les plus distinguées. Ils commandoient la noblesse du pays ;
rendoient

---

* Ce fut le premier moyen que nos Rois employerent pour reprendre leurs droits sur les Seigneurs, en dépouillant leurs Juges de la connoissance des cas Royaux. Ils établirent ensuite la voie de l'Appel, à laquelle on pouvoit avoir recours, ou lorsque le Seigneur refusoit justice, ou lors qu'il jugeoit contre les loix des fiefs. Lorsqu'on formoit ces appels, la partie plaignante donnoit sa requête, non contre l'autre partie, mais contre le juge même, qui devoit soutenir le bien jugé de la Sentence devant le Juge du Roi : d'où est venu le terme d'Appel. (*Abr. Chron. de l'Hist. de France.*)

rendoient * la Justice, lors qu'il s'agissoit des cas Royaux, & avoient sous eux d'autres Officiers, qui leur étoient subordonnés, & qu'on nommoit Baillifs, ou Viguiers : mais les Sénéchaux étoient soumis aux Réformateurs ou Commissaires, que nos Rois envoyoient, de temps en temps, sur les lieux, pour examiner la conduite des Officiers Royaux, & recevoir les plaintes que les peuples avoient à faire contr'eux. Dans la plupart des Villes, les Consuls, ou Magistrats municipaux, avoient alors, comme ils l'ont encore aujourdhui, l'exercice de la Justice criminelle, par prévention avec les Juges Royaux. Les Capitouls de Toulouse avoient aussi l'exercice de la Justice civile, dont ils ont joui pour toute sorte d'affaires jusqu'à l'Ordonnance de Moulins.

Anciennement la Ville de Toulouse, & le Bourg formoient deux Communautés : chacune avoit ses Consuls ou Capitouls, son Trésorier, & ses autres Officiers. Leurs revenus, & leurs dépenses étoient distinctes. Mais elles se réunirent en 1269, par une Transaction que Catel rapporte. (*Mém. de Lang. liv. 2. chap. 2.*)

Le Droit Romain avoit été la Loi commune dans cette Province, pour les naturels du pays; & dès la fin du X. siecle, on n'y connut plus la Loi Gothique. Le Code Théodosien y avoit, seul, force de Loi dans le XI. XII. & XIII. siecles. On l'expliqua, publiquement à Toulouse, avant l'érection de l'Université; & dès son institution, en 1229, il y eut des Professeurs publics du Droit Romain. Outre les Loix Romaines, qui étoient le Droit commun du Pays, chaque Ville eut ses Coutumes particulieres, qui lui furent données par ses Seigneurs : mais ces Coutumes ne regardent, proprement, que le Gouvernement Politique, l'ordre judiciaire, les fraix de justice, & quelques usages particuliers. La punition de la plupart des crimes, qui méritoient la mort, étoit laissée à la volonté, & au jugement du Seigneur, & des Prud'hommes; ensorte que les peines étoient arbitraires. Il étoit permis de se racheter de presque toutes les punitions, par des amendes pécuniaires; & les malfaiteurs, qui se réfugioient dans les Eglises, y jouissoient du Droit d'Azile.

---

* L'on doit remarquer que la création de ces nouveaux Officiers ne porta aucune atteinte aux Privileges des Capitouls, qui se sont toujours maintenus dans le droit de commander la noblesse, de convoquer le ban & arriere-ban dans la Ville, & dans l'exercice de la Justice, même pour les cas Royaux. (*Voyez les Arrêts du Conseil du 2 Décembre 1566, & 10 Juillet 1641. & les Lettres Patentes du 17 Juillet 1717.*)

Partie I. N

Cette Province se ressentit, moins que les autres, de l'ignorance qui régna pendant le X. & XI. siecles. On y cultiva les belles-lettres ; & le grand nombre de Poetes qu'elle fournit dans ces deux siecles, est une preuve du génie, & de l'application des habitans. On appella ces Poetes *Provençaux* *, parce qu'on donna le nom de *Provence* à toute la partie méridionale de la France : mais il est certain, que la plupart des Poemes de ce temps, qui sont conservés dans la bibliotheque du Roi, sont écrits dans la même langue vulgaire, qu'on parle, encore aujourd'hui, dans ce pays. Dès le XII. siecle, on s'appliqua à l'étude de la Jurisprudence. Le titre de Jurisconsulte, flattoit les gens de la plus grande naissance. Les Juifs exerçoient presque seuls la Médecine. Ils avoient dans le X. siecle une Académie publique à Montpellier : cependant la Grammaire, la Philosophie, & la Théologie, n'étoient enseignées, que dans les Cloitres des Cathédrales, & des Abbayes.

Dans le XII. & XIII. siecles les Juifs ** faisoient, un commerce très-florissant, dans les Villes de Montpellier, de Narbonne, & de Nîmes. Ces Villes avoient des Consuls dans plusieurs échelles du Levant, à Constantinople, à Alexandrie, en Sicile, à Gênes, à Pise, à Rhodes. Il n'y avoit cependant, alors, d'autre Port sur la Méditerranée, que celui d'Aygues-mortes établi par St. Louis.

Les grands Seigneurs s'étoient arrogés le droit de faire battre monnoie, qui appartenoit au Roi seul. Dès le XI. siecle on connoissoit les sols Toulousains, dont vingt-six pésoient & valoient un marc d'argent fin. Ce sont, sans doute, les mêmes, que ceux qui furent appellés *Raymondens*, dans le XIII. siecle ***. Plusieurs Villes de la Province avoient différens poids, & différentes mesures ; & l'on doit attribuer cette variété, aux diverses dominations qui s'établirent, dans ce pays, à la fin de la seconde race.

---

* Guillaume IX. Comte de Poitiers & Duc d'Aquitaine né en 1701. est qualifié *bon Troubadour*, & a fait plusieurs chansons, en langage Provençal. C'est le plus ancien Poete de cette nation. Tous les Auteurs le regardent, pour ainsi dire, comme le pere de la poésie Provençale, qui a donné naissance à la Françoise, & à l'Italienne.

** Pour les distinguer des Chrétiens on les obligeoit de porter sur le devant de leur habit, une roue de trois pouces de diametre.

*** Après la réunion du Comté à la Couronne, le Roi établit une Monnoie Royale à Toulouse.

Le Concubinage étoit encore en usage *, dans ces contrées, même parmi les Ecclésiastiques, au XI. XII. & XIII. siecles, pourvu qu'on n'eût point d'autre femme. Les noces se faisoient avec beaucoup de pompe ; & les Capitouls firent un Reglement en 1204, pour défendre aux Jongleurs, & aux Jongleuses, d'entrer dans les maisons, sans la permission du maitre, excepté durant les noces. Plusieurs Seigneurs avoient droit de conduire à l'Eglise, les nouvelles mariées, & de les ramener chez elles. On n'épargnoit rien pour la pompe des enterremens, ou des funérailles ; & on donnoit des marques de la plus vive douleur. Le même Reglement de 1204, défend à toute sorte de personnes, excepté au pere, à la mere, aux fils, aux filles, aux freres, aux sœurs, au mari, & à la femme, de la personne morte, de se faire conduire, & soutenir par d'autres, aux funérailles ; & à tous, en général, de s'égratigner le visage avec les ongles, de s'arracher les cheveux, de se déchirer les habits, & de se renverser par terre, dans une semblable occasion. C'étoit l'usage dans plusieurs Villes au XIII. siecle de porter les Morts au Tombeau dans leurs lits de parade, qui appartenoient au Curé. On conserva aussi jusqu'au XIV. siecle l'usage d'enterrer les Laïques de l'un & de l'autre sexe, en habit de Religieux.

Les hommes, & les femmes, au lieu des Toges fort amples, qu'ils portoient, anciennement, & qui avoient fait donner, à cette partie des Gaules le nom de *Togata*, se servoient de vêtemens, extrêmement serrés, & à pli de corps. Les hommes se couvroient la tête avec des Capuchons **. Avant le XII. siecle, on portoit la barbe. On la rasa dans le XIII. Le Concile de Montpellier, de l'an 1195, défend aux hommes de porter des habits fendus, par en bas, & aux femmes, des robes trainantes.

---
* Cujas assure que, de son temps, les peuples voisins des Pyrénées, n'y avoient pas encore renoncé. (*Abrég. Chron. de l'Hist. de France.*)
** Les paysans des environs de Toulouse conservent, encore, cet usage dans l'hyver. Leurs capuces ressemblent assez à ceux des Chartreux.

Fin du second Livre.

SOMMAIRE
DU TROISIEME LIVRE.

LE Comté de Toulouse est réuni à la Couronne de France. Les Capitouls, & les habitans de cette Ville prêtent le serment de fidélité à Philippe le Hardi : arrivée de ce Roi dans Toulouse : il réforme les abus de la Réligion. Punition des Sorciers. Parlement tenu à Toulouse. Second voyage du Roi Philippe III. Chute du Pont-Vieux. Le Roi revient dans cette Ville. Il fait divers Reglemens. Rédaction des Coutumes de Toulouse. Mort de Philippe le Hardi. Philippe le Bel lui succede. Parlement tenu à Toulouse. Droit d'azile. Arrivée de Philippe le Bel à Toulouse : il rend plusieurs Ordonnances. Origine des Régistres historiques de l'Hôtel de Ville. Toulouse envoie un secours d'hommes à l'armée du Roi. Exemption des Franc-fiefs en faveur des Capitouls. Décret de l'Université de Toulouse, en faveur de Philippe le Bel. Entrée du Pape Clement V. dans Toulouse : il accorde plusieurs Indults aux Capitouls. Abolition de l'Ordre des Templiers. Origine du Grand-Prieuré de St. Jean de Jérusalem de Toulouse. Noblesse des Capitouls : Bardin réfuté. Famine dans Toulouse. Mort de Philippe le Bel : son éloge. Louis X. lui succede : il abolit les Impôts : il réforme la Justice : sa mort. Le Pape Jean XXII. érige l'Evêché de Toulouse en Archevêché. Etablissement du Couvent des Religieuses St. Sernin. Sermon public de l'Inquisition. Guerre des Pastoureaux contre les Juifs : cruauté de ces Visionnaires : leur punition. Mort de Philippe le Long. Entrée de Charles IV. dans Toulouse. Privileges en faveur des Toulousains. Origine de l'Académie des Jeux Floraux : ses progrès ; son état présent. Mort de Charles IV. Philippe VI. lui succede. Fameux procès de l'Ecolier Berenger ; ses suites. Comete ; orage ; tremblement de terre ; Guerre entre la France & l'Angleterre. Construction des remparts de Toulouse. Construction de l'Hôtel de Ville. Construction de la Hâle. Mort de Philippe VI. Le Roi Jean lui succede. Continuation de la guerre avec l'Angleterre. Prise du Roi Jean. Etats de Languedoc à Toulouse : Origine de ces Etats ; leur état présent, leurs Privileges. Tréve entre la France & l'Angleterre. Sédition dans Toulouse. Paix de Brétigni. Délivrance du Roi : sa mort. Ligue entre Charles V. Roi de France & le Roi d'Arragon, formée dans Toulouse. Défaite des Toulousains devant Montauban. Le Pape Urbain V. jette un Interdit sur cette Ville. Rupture entre la France & l'Angleterre. Défaite des Anglois. Tréve entre ces deux Royaumes. Naissance du fils du Duc d'Anjou à Toulouse. Mort de Charles V. Extorsions du Duc de Berri dans le Languedoc. Continuation de la guerre contre l'Angleterre. Voyage de Charles VI. dans le Languedoc : son entrée à Toulouse : il fait divers Reglemens : rélation de son entrevue avec le Comte de Foix. Explication de la peinture qu'on voit dans le cloître des Carmes de Toulouse. Fondation de l'ordre de l'Espérance. Reglemens qui fixent le nombre des Capitouls. Tréve entre la France & l'Angleterre : paix : rupture entre ces deux Couronnes. Histoire d'Anselme Izalguier. Evenemens extraordinaires. Fixation du Parlement dans Toulouse. Peste. Ce Parlement se transfere à Beziers : il est réuni à celui de Poitiers. Jurisdiction des Capitouls sur les blasphémateurs. Mauvais succès de Charles VII. Victoires de la Pucelle d'Orléans : sa mort. Etablissement d'un Conseil Souverain dans la Province de Languedoc. Entrée du Dauphin dans Toulouse. Rendez-vous de l'armée du Roi dans cette Ville : ses conquêtes sur les Anglois. Entrée de la Reine de France dans Toulouse. Le Roi rend plusieurs Ordonnances. Origine de l'Equivalent. Fixation Sédentaire du Parlement dans Toulouse : étendue de son Ressort : nombre & gages de ses Officiers. Etablissement de la premiere Chambre des Enquêtes. Privileges, & usage singulier de ce Parlement pour la baillée des Roses. Mort de Charles VII : son éloge.

HISTOIRE
DE LA VILLE
DE TOULOUSE.

LIVRE TROISIEME.

A mort du Comte & de la Comtesse de Toulouse, sans postérité, rendit le Roi de France propriétaire de tous leurs biens, en vertu du Traité de Paris *, conclu entre Raymond VII. & Saint Louis. Jamais Traité n'essuya moins de difficultés dans son exécution. A peine la nouvelle de la mort du Comte, & de la Comtesse de Toulouse fut-elle publique, que Guillaume Cohardon,

---

* C'est le second titre sur lequel est établi le droit de propriété de nos Rois sur ce Comté. Il est vrai qu'il ne fut réuni expressément à la Couronne qu'au mois de Novembre 1361. par des Lettres Patentes du Roi Jean, portant aussi réunion, du Duché de Bourgogne, & du Comté de Champagne. Il paroît que la cession faite par Amauri de Montfort à Louis VIII. n'étoit pas bien authentique, puisque St. Louis la fit confirmer par ce Comte, & le fit renoncer à tous les droits qu'il pourroit avoir sur les Domaines du Comte de Toulouse. (*Hist. génér. de Languedoc*, tom. 3. p. 374.)

HISTOIRE DE LA VILLE
Sénéchal de Carcaſſonne, vint à Touloufe, le 26 de Septembre 1271, pour mettre la Ville, & le Comté, fous la main du Roi. Il fomma les Capitouls de reconnoitre, par un acte public, Philippe III. pour leur unique & légitime Souverain, & de lui jurer fidélité. Ces Magiſtrats * prêterent le ferment qu'il leur demandoit, quoiqu'il n'eût aucune commiſſion particuliere fur ce fujet. Une obéiſſance entiere ne les empêcha pas de veiller aux intérêts de la Ville. Ils réferverent dans ce ferment, par une proteſtation expreſſe, leur droit de créer leurs Succeſſeurs, & de connoitre de la punition des crimes ; & les privileges & ufages dont les habitans avoient toujours joui. Deux jours après, les nobles, & les principaux bourgeois de la Ville aſſemblés, en préfence des Capitouls, firent un pareil ferment, entre les mains du même Sénéchal, & avec les mêmes proteſtations.

Philippe III. vint bientôt prendre en perfonne poſſeſſion de ce Comté ; il fit fa premiere entrée à Touloufe, le 25 Mai 1272. Guillaume de Nangis, & Guillaume de Puylaurens font mention de cette entrée, fans en donner aucun détail. Nous fçavons feulement que ce Monarque fut reçu au milieu des plus grandes acclamations de joie, ce qui fembla préfager les tranfports qu'il renouvella depuis pluſieurs fois, par les bienfaits dont il combla, fes nouveaux fujets.

La Religion fut le premier objet de la réforme qu'il vouloit établir dans fes Etats. Les longues guerres que fes abus avoient allumées, & fomentées dans le Comté de Touloufe, l'avoient réduite dans un état déplorable. Philippe devint fon zélé défenfeur : & la Chronique attribuée à Bardin **, nous apprend que Pierre de Voifins,

---

* Les Capitouls nommés, dans le procès-verbal, étoient, Bombelly, Raymond-Athon de Touloufe, Adhemar d'Aigremont, Raymond de Roaix, Pierre Rond, Jean Gros, Vital Faure, Othon, Berenger Raymond, Guillaume Pictor, Pierre de St. Subran, Raymond Baſtier, Mourand de Belpuech. Cet acte fut retenu par Pierre Paris Notaire Royal, du lieu de Penautier, & eut pour témoins, l'Evêque de Touloufe, le Juge de Carcaſſonne, l'Abbé de Moiſſac, le Viguier de Touloufe, Bertrand Vicomte de Lautrec, & pluſieurs autres Seigneurs ou Chevaliers. On le trouve, au long, dans les preuves des Annales de Touloufe, avec les reconnoiſſances féodales de tous les vaſſaux du Comté de Touloufe.

** Cette chronique rapportée au long dans les preuves de l'hiſt. gén. de Lang. tom. 4. pag. 1. & fuiv. commence en l'année 1031. & finit à l'année 1452. (*Voyez ci-après la notice des Touloufains illuſtres au mot Bardin.*)

fins, Sénéchal de Toulouse, faisant par ordre du Roi la visite de la Sénéchaussée, avec ses Assesseurs, condamna au feu, en 1275, un grand nombre de Sorciers, & de Sorcieres. Cet Auteur raconte, en détail, les crimes dont plusieurs de ces malheureux étoient accusés : mais tout le monde sçait, dans le siecle, où nous vivons, ce qu'il faut penser sur de pareils évenemens ; d'ailleurs, l'on avertit, pour toute la suite de cet ouvrage, sur la foi des preuves rapportées (h) dans l'Histoire générale de Languedoc, que cette Chronique renferme beaucoup de faussetés.

Alfonse, dernier Comte de Toulouse, avoit établi, en 1264, à l'exemple du Roi St. Louis, son frere, un Parlement, auprès de sa personne, pour juger en dernier Ressort, les affaires qui y étoient portées de toute l'étendue de ses Domaines, & de ceux de la Comtesse Jeanne, sa femme. Le séjour que ce Prince faisoit hors de ses Etats, détermina les habitans de Toulouse à le supplier de nommer des Juges sur les lieux, pour y terminer définitivement toutes les affaires ; & épargner aux peuples le danger & les fraix d'un long & pénible voyage pour se rendre à sa Cour. Il écouta favorablement leur priere : mais on n'a aucune preuve que cette grace ait eu son effet. Philippe III, fit juger pendant quelques années, dans les divers Parlemens, qu'il tint à Paris, les causes de la Sénéchaussée de Toulouse, & des autres pays, qui avoient été soumis à l'autorité des Comtes de cette Ville : mais voyant que cet usage étoit onéreux à ses sujets, il érigea un tribunal supérieur pour juger leurs affaires, sur les lieux.

Il expose dans ses Lettres Patentes *, en date du 18 Janvier 1279, (1280,) que voulant épargner les dépenses, & les travaux de ses Sujets, des Sénéchaussées de Toulouse, Carcassonne, Périgord, Rouergue, Querci & Beaucaire, il envoie dans le Toulousain, des gens de son Conseil, pour s'y trouver, en personne dans l'octave de Pâques. En conséquence ces Commissaires qualifiés *Vice-Gerens* du Roi, se rendirent à Toulouse, & tinrent un Parlement, qui commença, le Mercredi après l'octave de Pâques 1280. C'est donc au Roi Philippe le Hardi qu'on doit attribuer la premiere tenue du Parlement de Toulouse, ou de Languedoc : car les six Sénéchaussées exprimées dans les Lettres Patentes de ce Prince, composoient principalement ce qu'on commença d'ap-

---

(h) *Tom.* 4. *notes* 12. 13. 33. *& l'avertissement*, pag. 6.

* Elles sont rapportées dans l'Hist. génér. de Lang. tom. 4. pag. 72. 84.

peller, vers ce temps-là *la Languedoc*, nom qu'on donna à la partie du Royaume qu'on appelloit auparavant Provence, & qui comprenoit les Provinces Méridionales de France. Ce fait ignoré par Lafaille, eft prouvé authentiquement dans l'Hiftoire générale de Languedoc, où l'on a rapporté le Dyplome du Roi, & quelques Arrêts qui furent rendus par ce Parlement.

Il y eut, fouvent, fous ce Regne des troubles excités dans le Languedoc, & dans la Guienne, par les Comtes de Foix, d'Armagnac, & de Narbonne, qui étoient, fans cefse, armés les uns contre les autres, ou quelquefois contre le Roi. Ces petites guerres étoient dangereufes, par les alliances de ces Seigneurs avec les Rois de Navarre, de Caftille, & d'Arragon. Philippe le Hardi fut fouvent occupé, à les accorder entr'eux, ou à les réduire. C'eft, fans doute, par un de fes motifs qu'il vint à Touloufe au mois d'Octobre 1280, où il avoit donné rendez-vous à Pierre III. Roi d'Arragon : mais on ne fçait aucune circonftance de l'entrevue de ces deux Rois, ni de la reception que les habitans de cette Ville firent à leur Souverain.

Le 11 de Mai 1281. il arriva une cataftrophe bien cruelle. Après que la proceffion * des Batteliers, qu'on a accoutumé de faire fur la Garonne, le troifieme jour des Rogations, eut paffé fur le Pont-vieux, la plus grande partie de ce Pont s'écroula, & fit périr deux cens perfonnes de l'un, ou de l'autre fexe, qui étoient fur ce pont pour voir paffer la proceffion.

Un fecond voyage que Philippe III. fit dans la Province, lui découvrit plufieurs abus dans l'adminiftration de la juftice. Il les

---

* Les Régens de la Confrerie des Bateliers continuent encore de faire, à pareil jour, cette proceffion, dont on ne connoît point l'origine. Il y a fur la principale barque un Pere Bénédictin qui porte une croix d'argent, qu'il va plonger dans un trou de l'Ifle du moulin à poudre, où l'on prétend qu'elle a été trouvée : mais il eft faux, contre la tradition populaire, que les Bateliers s'engagent, par contrat, à rendre ce Pere Bénédictin à fon couvent, mort, ou vif. Ce jour-là eft deftiné à la fête des Pêcheurs. Ils la célebrent en voguant toute la journée fur la riviere dans des bâteaux de toute efpece, ornés de branches de laurier. Ils y mangent au fon des inftrumens, & au bruit de l'artillerie. Quelquefois pour donner des preuves de leur adreffe, ils fe mettent un ou deux, dans des petites nacelles qui peuvent à peine les contenir, & voltigent autour des grands bâteaux. Suivant le mff. de Dupui, autrefois ces Régens donnoient une paire de gands à chaque Religieux Bénédictin, & ils alloient dans leur couvent accompagnés d'un ou de plufieurs tambours, percer le meilleur vin de la cave de ces RR. PP. pour faire boire leur troupe.

réforma par des Reglemens qu'il envoya en 1283, déclara qu'il feroit examiner au plutôt les Coutumes de Toulouse, conformément à la demande des Capitouls, qui souhaitoient de les voir rédigées, pour qu'elles eussent force de Loi, sans avoir besoin de preuve par témoins, ou de quelque autre maniere. Les Loix de chaque Ville étant la partie la plus essentielle de son histoire, on va rapporter exactement les cérémonies qui furent observées lors de cette rédaction, avec d'autant plus de raison, qu'elles ont servi de modele pour les rédactions qui ont été faites depuis, dans presque toutes les Villes du Royaume.

Le Roi fit d'abord examiner ces Coutumes dans son Conseil; & après en avoir retranché vingt articles, il nomma l'Abbé de Moissac, avec Eustache de Beaumarchais, Sénéchal de Toulouse, ou le Juge d'Appeaux, en son absence, pour les examiner de nouveau, & pour s'assurer que tous les articles qu'elles contenoient, étoient conformes aux usages des anciens. Il ordonna qu'il en seroit tenu deux Régistres, dont l'un resteroit entre les mains des Capitouls, & l'autre entre les mains du Viguier, ce qui fut exécuté. On fit transcrire le Rouleau que le Roi avoit envoyé, sur deux Livres, qu'on nomme encore le Livre blanc *; ensuite les douze Capitouls les présenterent avec les Lettres-Patentes, aux deux Commissaires, le Mardi après la Purification, de l'an 1285, dans l'Eglise ** de Saint Pierre de Cuisines, en les priant de procéder à leur Commission. On avoit convoqué pour cela une Assemblée générale dans cette Eglise. Les Capitouls, & cinquante-trois Habitans *** de la Ville, des plus qualifiés, prêterent serment, entre les mains de ces Commissaires, de dire la vérité. Ils assurerent, ensuite, que le Livre qu'ils présentoient contenoit les véritables Coutumes des habitans de Toulouse. Ce Livre fut confronté, mot à mot, avec le Rouleau envoyé par le Roi, après quoi, les Commissaires les approuverent, & en ordonnerent l'exécution, suivant le pouvoir que le Roi leur en avoit donné. Tout ce détail résulte du Verbal rapporté dans le Livre de Casaveteri, dont on parlera bientôt.

---

* C'est à la tête de celui qui fut remis au Viguier qu'on trouve la formule du serment que les Capitouls prêtent lors de leur reception.

** Il paroît par tous les anciens actes qu'on étoit dans l'usage de tenir les assemblées générales de la Ville, dans cette Eglise.

*** Leur nom est dans le verbal.

Ces coutumes écrites en latin, & les seules (i) du Royaume, qui soient écrites dans cette langue, sont divisées en quatre parties. La premiere comprend, principalement, l'ordre judiciaire, qui étoit en usage dans ce temps-là, & qui est entierement abrogé par les nouvelles Ordonnances. La seconde a pour objet les différentes especes de contrats, & differe peu du Droit Romain. La troisieme, la plus essentielle, & celle qui est exactement observée, regarde la dot, l'augment, les émancipations, les testamens, les successions, *ab intestat*, &c. La quatrieme traite des prescriptions, des fiefs, des hommages, des immunités des habitans, & des bornes du Gardiage * & de la Viguerie. Jean de Casaveteri, ou Casevieille, Avocat au Parlement, les publia en 1544. avec des notes, en forme de Commentaire. En 1615, François François Lieutenant particulier de la Ville & Viguerie, les fit imprimer en françois, avec de très-longues observations, pour les conférer avec le Droit Romain. Il a changé l'ordre naturel dans lequel elles sont au livre blanc ; & pour se rapprocher de la méthode que Justinien a employée dans ses Institutes, il les a divisées en trente-deux titres, & chaque titre en différentes coutumes. Malgré ces deux livres, peut-être également défectueux, l'un par sa brieveté, & l'autre par sa prolixité, il seroit à souhaiter qu'on donnât une nouvelle édition ** de ces coutumes, en fixant la Jurisprudence présente, sur leurs dispositions, trop peu connues, quoique d'un usage journalier, & général, pour tous les habitans.

On remarquera, ici, que l'établissement de ces coutumes, & de toutes celles qui sont observées dans les différens lieux de la Province de Languedoc, n'ont porté aucune atteinte au privilege, que ce pays a toujours conservé, d'être régi par le Droit Romain, ou Droit écrit. Elles supposent, au contraire un autre droit, puisqu'en les écrivant, on n'a prétendu que marquer ce qui dérogeoit au Droit commun. D'ailleurs elles different très-peu des Loix Romaines.

(i) *Argou, Hist. du Droit François.*

---

* Le gardiage ou banlieue s'étend, environ à une lieue des murs de la Ville : & la Viguerie, environ à deux lieues.

** Lafaille dans ses Annales, *tom.* 1. *pag.* 14. annonce un nouveau Commentaire de ces coutumes, composé par Me. Geraud Avocat, qu'il dit être sous la presse. Il y a apparence que cet ouvrage n'a jamais été publié, puisqu'après les plus exactes recherches, je ne l'ai point trouvé, & que les plus fameux Avocats n'en ont aucune connoissance.

DE TOULOUSE. LIV. III.

APRÉS la mort de Philippe III. Philippe le Bel, son fils, âgé de 14 ans, monta sur le trône en 1285, & annonça, dès le commencement de son regne, les grandes qualités qui devoient immortaliser sa mémoire. Il pourvut à la sureté des frontieres, s'appliqua à faire régner la Justice; & rétablit, en 1287, le Parlement de Toulouse, dont les tenues furent prorogées pendant quatre années de suite, ce qui est prouvé par plusieurs Arrêts, de l'un desquels l'on va rendre compte, parce qu'il confirme l'usage du droit d'Azile qu'on observoit alors à Toulouse.

En 1288, un criminel à qui les Capitouls faisoient le procès, se réfugia dans l'Eglise de Nazareth *, d'où ils le firent arracher, & le mirent à la torture, pour lui faire avouer son crime. Le Chapitre Saint Etienne se plaignit du violement de l'Azile, au Parlement, qui ordonna que les Capitouls remettroient le Prisonnier dans l'Eglise. Cet Arrêt à cela particulier, qu'il donne une permission expresse au Prisonnier d'y manger, & dormir; d'où l'on doit conclure que ce droit introduit par la superstition de nos peres, & observé dans plusieurs Royaumes voisins, avoit lieu en France, dans toute son étendue. Il s'y affoiblit cependant peu-à-peu, & a été entierement aboli par François I.

Ces Parlemens n'étoient pas sédentaires. Le Roi accordoit de nouvelles Lettres de Commission pour chaque tenue. Il n'y a qu'à lire l'Acte ** par lequel Philippe le Bel prorogea la tenue de ce Parlement. Il ordonne que les causes qui ne pourront pas être jugées définitivement pendant cette tenue, seront terminées au Parlement prochain, qui se tiendra à Toulouse, supposé qu'on en tienne un autre; & s'il ne s'en tient pas, elles seront renvoyées au prochain Parlement qui se tiendra à Paris. Depuis ce temps, on n'a (k) aucune preuve, bien certaine, qu'on ait tenu de Parle-

---

(k) *Hist. génér. de Languedoc*, tom. 4. pag. 71.

---

* Cette Eglise étoit, alors, hors des murs de la Ville, près la porte de Montgaillard. Elle fut abbatue en 1356, lors de l'irruption des Anglois, & bâtie dans la Ville. George Dolmieres, Président au Parlement, voulut la faire ériger en Collégiale en 1525; & obtint des Bulles à cet effet : mais le Chapitre St. Etienne s'y opposa, parce que la fondation n'étoit pas assez considérable, & parce qu'il se réservoit le droit de Patronat. Cette Eglise est desservie par un certain nombre de Prêtres, choisis par le Chapitre St. Etienne. (*Catel. Mem. de Languedoc*, pag. 236.)

** Il est rapporté au long dans l'Hist. génér. de Lang. tom. 4. aux preuves page 96.

ment dans la Province, jusqu'à la Régence de Charles VII. Suivant la Chronique de Bardin, que Lafaille a copiée, Philippe le Bel le rétablit, avec beaucoup de folemnité, pendant le féjour qu'il fit dans cette Ville. Cet Auteur rapporte, plufieurs circonftances de ce rétabliffement. Il dit d'abord, que le Connétable Gaucher de Chatillon arriva à Touloufe, le 8 Décembre 1303, que le Lundi 10 du même mois, les trois Etats du Languedoc s'affemblerent, dans le Couvent des Jacobins de cette Ville. Que le Clergé, la Nobleffe, & le tiers-Etat firent leurs Délibérations féparément, & convinrent de fupplier le Roi d'accorder un Parlement pour *la Langue-d'oc*, qui réfidât à Touloufe : que chacune des trois Chambres, ayant fait des repréfentations particulieres au Roi, ce Prince leur accorda cette grace ; & qu'elles lui donnerent la fomme de vingt mille livres. Il ajoute que le Connétable ayant fait conftruire une grande Salle en charpente, au milieu de la Place Saint Etienne, les Capitouls firent publier à fon de trompe, le 26 Décembre, le nom de ceux que le Roi avoit choifis, pour tenir le Parlement de Touloufe : il rapporte ces noms, & dit que le Roi s'étant rendu dans cette Salle le Jeudi 10 Janvier 1304, il y fit publier l'Edit de rétabliffement du Parlement, dont il tint la premiere féance : enfin il donne la Rélation la plus circonftanciée de cette augufte cérémonie, les noms des Grands du Royaume qui y affifterent : il fixe leurs places, & décrit les habits dont ils étoient revêtus. Dans un autre endroit, il rapporte que ce Parlement fut réuni à celui de Paris en 1312.

A la lecture d'un détail rempli de circonftances fi précifes, il femble qu'on ne devroit point refufer d'ajoûter foi à cet hiftorien. Lafaille s'eft laiffé féduire par la vraifemblance de ce récit : mais l'auteur de l'Hiftoire générale de Languedoc, en a découvert & prouvé (*l*) la fauffeté. Ce qu'il y a de vrai dans cette inftitution prétendue du Parlement de Touloufe, c'eft que Philippe le Bel, dans fon Ordonnance de 1302 *, par laquelle il rendit fédentaire le Parlement de Paris ; & établit l'Echiquier de Rouen, & les

_____

(*l*) Tom. 4. pag. 114. 119. Note 12.

_____

* Il y a une erreur, ou une fupercherie manifefte dans l'extrait de cette Ordonnance rapportée par Larroche-Flavin, en fon Traité des Parlemens, page 11. l'Acte qu'il rapporte en cet endroit, n'eft qu'un extrait mutilé, de l'Edit que Charles VII. donna à Saumur en 1443. & qui eft rapporté dans les preuves de l'Hift. génér. de Lang. tom. 4. pag. 471.

Grands jours de Troyes, il ordonna auſſi l'établiſſement d'un Parlement à Toulouſe, avec cette clauſe * » que les gens du pays conſen-» tiroient qu'on n'appelleroit point de ſes Arrêts, au Parlement de » Paris. « Il y a apparence que la Province refuſa ce conſentement, & qu'il n'y eut point de tenue de Parlement à Toulouſe, puiſqu'en 1306, & dans les années ſuivantes, on retrouve au Parlement de Paris, la Chambre du Droit écrit, ou, de la Languedoc, qui avoit été établie, vers l'an 1291, pour juger en dernier reſſort les affaires des Sénéchauſſées de cette Province.

Il eſt encore vrai que Philippe IV. arriva à Toulouſe le jour de Noël de l'an 1303, & que pendant un mois de ſéjour qu'il fit dans cette Ville, il rendit pluſieurs Ordonnances. La premiere reſtraint l'autorité des Inquiſiteurs. La ſeconde défend les guerres particulieres, & les duels. Dans la troiſieme il adreſſe un Mandement à tous les Bailllifs, & Sénéchaux du Royaume, pour la levée du ſubſide, pour la guerre de Flandre. Dans un autre il accorde aux habitans de Toulouſe, en récompenſe de leur fidélité, pluſieurs privileges, tels que celui de n'aller à la guerre qu'en corps de Communauté, & celui d'être cottiſés à la Taille, dans Toulouſe, même pour les héritages qu'ils ont ailleurs. Enfin il régla le devoir, & le pouvoir des Officiers de la ville de Toulouſe, dans l'adminiſtration de la Juſtice ; ſans faire aucune mention du Parlement. Ce ſilence eſt une nouvelle preuve de la fauſſeté de ſon rétabliſſement, puiſque dans certains cas, & principalement lorſqu'il s'agit de la haute Police, & de la matiere des Reglemens, le Parlement peut ſeul en connoître.

LES CAPITOULS prirent en 1295, une Délibération bien favorable à cette Ville, & à laquelle nous ſommes rédevables de l'authenticité d'une partie de ſon Hiſtoire. Ils réſolurent qu'il ſeroit fait un Régiſtre, où l'on inſereroit, chaque année, les portraits des Capitouls, qui n'étoient pas conſervés ſans doute, avec aſſez de ſoin. C'eſt dommage qu'on ſe ſoit borné pendant plus d'un ſiecle, à n'y mettre que le portrait & les armes de ces Magiſtrats, avec leur nom & celui de leurs Officiers. Les années ſuivantes, on fit mention de quelques faits conſidérables, tels que les entrées des Rois, leurs honneurs funebres, &c..... Enfin depuis l'an 1622, le Chef

---

* *Si gentes terræ prædictæ conſentiant quod non appellatur à preſidentibus in Parlamento prædicto.*

HISTOIRE DE LA VILLE

du * Confiſtoire eſt chargé d'y rapporter à la fin de ſon adminiſtration, les faits les plus eſſentiels de l'hiſtoire ** de cette Ville, après en avoir fait la lecture dans un Conſeil général, ce qui eſt un garant de ſon extrême exactitude. Peu-à-peu on a donné auſſi plus d'étendue aux portraits, qui occupent une feuille entiere, ſur laquelle on a conſacré dans des tableaux *** en mignature, les faits qui méritoient plus ſpécialement d'être tranſmis à la poſtérité. C'eſt ce Livre qu'on appelle, communément les *Annales de l'Hôtel-de-Ville*, & qui eſt ſouvent cité dans cet ouvrage ſous ce Titre. Toulouſe eſt peut-être la ſeule Ville, où l'on conſerve un pareil Régiſtre. Les amateurs des monumens reſpectables de l'hiſtoire, le regardent comme un précieux tréſor, qui mérite toute l'attention des curieux. Peut-on refuſer d'ajouter foi aux faits hiſtoriques qu'il renferme, ſur-tout lors qu'ils ſont rélatifs à l'hiſtoire particuliere de cette Ville, & qu'ils ſont juſtifiés par des tableaux ? Ces tableaux donnent encore pluſieurs connoiſſances agréables, & utiles à l'hiſtoire.

---

* On appelle ainſi celui d'entre les Capitouls, qui eſt à la tête des autres dans l'Hôtel de Ville. Il eſt toujours choiſi dans l'ordre des Avocats, & parmi ceux qui ont déjà été Capitouls.

** Dans les premiers temps c'étoit le Greffier qui étoit chargé de cette redaction : mais vers le milieu du XVI ſiecle on chargeoit de ce ſoin quelque citoyen habile dans l'art d'écrire l'Hiſtoire. Antoine Noguier auteur d'une *Hiſtoire Tolofaine* dont on a déjà parlé, redigea les années 1555, 1556, & 1557 : quelque temps après on nomma un Hiſtoriographe en titre : on trouve dans les régiſtres de l'année 1576. après le Sindic de la Ville, un nommé Pierre de Saint Aignan Licentié, *Hiſtoriographe de la Ville*.

*** On admire pluſieurs de ces tableaux, & entr'autres celui de l'année 1442, qui repréſente l'entrée de Louis XI Dauphin, portant la Reine en croupe. Celui de 1490 qui repréſente les Comtes de Toulouſe. Celui de 1496. qui repréſente la Malebête : celui de 1510 qui repréſente l'exécution du fameux Gonzalve Molina. Ceux de 1532 qui repréſentent l'entrée du Roi, de la Reine & du Dauphin : Celui de 1535, qui repréſente une revue de troupes faite par les Capitouls. Ceux depuis 1616, juſques vers l'an 1638, qui ſont du fameux Chalette, parmi leſquels on regarde comme des chef-d'œuvre celui qui eſt à la tête du ſixieme régiſtre, qui repréſente une Charité Romaine. Celui de 1621, qui repréſente l'entrée de Louis XIII. Celui de 1636, qui repréſente un combat nocturne au clair de la Lune, &c. Chalette a ſurpaſſé tous les Peintres qu'il y a eu à l'Hôtel de Ville : il y en a eu cependant de très-bons ; & entr'autres Colombe Dulis qui étoit de la famille de la fameuſe Pucelle d'Orléans, Hilaire Pader, Jean Pierre Rivals, Antoine Rivals ſon fils, &c. Il ſeroit trop long de faire connoître en détail les beaux tableaux de ces Artiſtes fameux ; on les trouvera aiſément dans ces régiſtres.

DE TOULOUSE. LIV. III. 113

toire. On y voit le portrait au naturel, & les armoiries * de tous les Capitouls depuis l'an 1285, les différens changemens qu'ont éprouvé les habillemens qui ont été en usage depuis près de cinq cens ans, les progrès de la peinture, la différente maniere des peintres, & les différens goûts de chaque siecle.

PENDANT la guerre que Philippe le Bel faisoit dans la Guienne, en 1296, contre l'Angleterre, la ville de Toulouse, par un zéle louable pour le bien de l'Etat, envoya de son mouvement à l'armée Royale, un secours d'hommes considérable. Le Comte d'Artois donna au Capitoul qui commandoit ces troupes, une attestation, scellée de son sçeau, dans laquelle il certifie au Roi, que ceux de Toulouse, ont servi avec honneur dans cette guerre; & que cette Ville mérite, non-seulement qu'on lui conserve ses anciens priviléges; mais encore qu'on lui en donne de nouveaux. Le Connétable de Nesle avoit donné une semblable attestation, pour le même sujet, deux ans auparavant. Le Roi, en effet, confirma les habitans de Toulouse par des Lettres ** Patentes du 25 Janvier 1297, dans le privilege de tenir & d'acquérir des fiefs, & des biens nobles, sans être obligés d'en vuider les mains, ni payer aucune finance. Ils avoient été troublés dans ce droit en 1273; & on remarque ici, pour ne pas revenir sur cette matiere que ce privilege, ou cette exemption du Franc-fief *** a été confirmée depuis en 1315, par Louis X. en 1353, par le Comte d'Armagnac, Gouverneur de Languedoc, qui fit défense, au Receveur des deniers du Roi, de contraindre les habitans de Toulouse, acquereurs de Fiefs nobles, de payer aucune finance, *suivant les immunités de cette Ville*. Charles VII, étant encore Dauphin, leur confirma cette même prérogative par des Lettres **** Patentes du 20 Mars 1419 (1420) & l'étendit, en faveur des Ca-

---

* Les preuves qu'on tire de ces tableaux ont toujours été employées sans contestation, pour la reception des Chevaliers de l'Ordre de Saint Jean de Jérusalem. On les a même admises pour les Chevaliers de l'Ordre du St. Esprit.
** Elles sont rapportées au long par Lafaille (*Annales*, tome 1. page 57. *aux preuves.*)
*** Le droit de franc-fief est mis au rang des droits dus par le vassal au Seigneur féodal : mais il a cela de particulier qu'il n'est dû que par les roturiers, qui possedent des fiefs; & qu'il n'est jamais dû qu'au Roi, quand même les fiefs ne seroient pas mouvans, immédiatement, de Sa Majesté. L'origine de ce droit remonte à St. Louis (*Abreg. Chron. de l'Hist. de France.*)
**** Rapportées par Lafaille, *aux preuves*, tom. 1. pag. 106.

Partie I. P

pitouls & de leurs defcendans aux Seigneuries en toute juftice, & même à celles qui relevent immédiatement du Roi, fous la charge de l'hommage. Malgré ces titres multipliés & confirmés (*m*) par Louis XI. & par Charles VIII. & reconnus par le Parlement de Touloufe par Arrêt du 23 Décembre 1495, Vaillant Confeiller du Grand-Confeil, qui fut envoyé (*n*) dans cette Province en 1516, pour la recherche des droits de Franc-fief, & de Franc-alleu, effaya de porter atteinte à ce Privilege. Les Capitouls s'a-drefferent au Parlement, qui manda venir ce Commiffaire au Palais, l'interrogea, & lui défendit de procéder à fa commiffion, à peine de cent marcs d'argent, & d'être arrêté. Cette affaire fut portée au Confeil, où la Ville obtint un Arrêt contradictoire, par lequel fes habitans furent déclarés exempts de la recherche des francs-Fiefs, & maintenus dans la poffeffion du franc-Alleu, de même que les autres habitans de Languedoc. Les conteftations fur le franc-Alleu ont été renouvellées, plufieurs fois, par les traitans, & particulierement en 1667 : mais la Province a toujours obtenu la confirmation de ce privilege. Le Procès qu'elle foutint alors, dura vingt-fept ans. Lafaille en rapporte (*o*) les pieces dans fes preuves, & l'Arrêt qui intervint le 17 Août 1694. A l'égard de l'exemption des francs-Fiefs, les Capitouls, en jouiffent * encore, pour toute forte de Seigneuries : & les habitans ont feulement le Droit de jouir des Fiefs nobles.

PHILIPPE le Bel vint à Touloufe, le 25 Décembre 1303; comme on l'a déjà annoncé; & l'Univerfité de cette Ville publia un Décret, dans lequel elle fe déclaroit pour ce Roi, contre le Pape Boniface VIII. Tout le monde fçait la fameufe querelle de ces deux Souverains. La mort du Pontife put feule la terminer. L'efprit pacifique de Benoit XI. & de Clement V. fon fucceffeur, remit le calme dans le Royaume.

Clement étoit Archevêque de Bordeaux, lors qu'il fut élevé au

(*m*) *Régiftres de l'Hôtel de Ville.*
(*n*) Nic. Bertrandi.
(*o*) *Annales*, tome 2.

* Voyez les Privileges de la Ville confirmés par le Roi en 1660. imprimés dans un Recueil donné au public par les Capitouls de l'an 1663. *page* 143. *& fuiv*. & la confirmation des mêmes Privileges accordée par Louis XV. par Arrêt de fon Confeil du 17 Juillet 1717. & les Lettres Patentes du mois de Septembre de la même année enrégiftrées au Parlement le 4 Décembre fuivant.

Pontificat. Il alla se faire couronner à Lyon; & passa au mois de Septembre 1305, à Toulouse, où il fut reçu avec les honneurs dus à sa dignité. Lafaille rapporte (o) le détail de cette entrée, d'après la Chronique de Bardin : ainsi l'on doit être en garde contre les circonstances, quelquefois supposées, que cet historien sçait arranger avec tant d'art. Pour reconnoitre la magnificence, avec laquelle les Capitouls l'avoient reçu, Clément, dans un second voyage qu'il fit à Toulouse, leur accorda par une Bulle du 6 Janvier 1308, (1309,) des Indults pour nommer à deux Canonicats de l'Abbaye Saint Sernin, à deux places du Prieuré de la Daurade, & à une place, dans chaque Abbaye du Diocèse de Toulouse.

LA PROSCRIPTION de l'Ordre des Templiers, cet événement monstrueux, soit que les crimes dont on les accusa fussent le fruit de la dépravation de leurs mœurs, ou l'effet de la calomnie & de l'avarice de ceux qui vouloient s'enrichir de leurs dépouilles, doit être fixé au 12 Octobre 1307, ils furent arrêtés, ce jour-là, dans tout le Royaume, par l'ordre du Roi, de concert avec le Pape. Quelques historiens (p) ont prétendu que Montfalcon Prieur des Templiers de Toulouse, fut, en quelque sorte, la cause de la destruction de son Ordre. Ils disent que ce Prieur, qui étoit un très-méchant homme, ayant été condamné par le Grand-Prieur de Paris, à une prison perpétuelle, pour ses excès, avec un Chevalier du même Ordre nommé Naffo-Dei, accusa ses freres d'impiété & d'autres crimes affreux, ce qui occasionna l'abolition de cet Ordre, & l'exécution de ce grand nombre de Chevaliers qui furent brûlés vifs; & qui du milieu des flammes protesterent de leur innocence. L'auteur de l'Histoire générale de Languedoc combat (q) victorieusement ces historiens, à l'égard de Montfalcon & de son complice. Il assure, au contraire, que le délateur de cet Ordre fut un Bourgeois de Beziers nommé Squin de Florian. Quoi qu'il en soit, le Pape, à qui on avoit laissé la disposition des biens de cet Ordre, entierement, aboli au Concile de Vienne, réunit en 1314, la maison qu'il avoit, dans cette Ville, & ses autres possessions à l'Hôpital de St. Jean de Jérusalem, qui fut érigé, l'année suivante en Grand-Prieuré. *

(o) *Annales*, tome 1. page 36.
(p) *Villani*, liv. 8. chap. 92. *Nic. Bertrandi*.
(q) Tome 4. page 138. Note 14.

* C'est un des quatre grands Prieurés de France. Il doit son origine à Ame-

Deux Commissaires du Parlement de Paris qui faisoient le procès à Jean Jourdain fils d'un ancien Capitoul, accusé d'assassinat, l'avoient condamné à la question, en 1308. il appella au Parlement de Paris, sur ce fondement, qu'en qualité de fils de Capitoul, il avoit le privilege, particulierement attaché à la noblesse, de ne pouvoir être condamné à la question. Le Parlement ordonna que Jourdain prouveroit qu'il étoit fils d'un Capitoul; & qu'il seroit informé du prétendu privilege des Capitouls, par un Commissaire député sur les lieux. Ces Magistrats qui jouissoient, comme on l'a déjà dit, de tous les privileges des nobles, justifierent, sans doute leurs droits, d'une maniere bien évidente, puis qu'en 1315, Louis X. donna (r) des Lettres-Patentes dans lesquelles, il confirma aux Capitouls, pour eux, & pour leurs enfans, le privilege de ne pouvoir être condamnés à la question, sinon pour crime de leze-Majesté. D'où il résulte qu'ils jouissoient des privileges attachés à la seule noblesse, plus de cent ans avant Charles VII. ce qu'il est essentiel de remarquer pour détruire l'opinion de M. le Président Hainault, qui dit dans son abrégé chronologique de l'histoire de France, d'après l'histoire de Languedoc, que les Lettres-Patentes, par lesquelles Charles VII. Dauphin, accorda aux Capitouls en 1420, le droit de posséder des Seigneuries, en toute Justice, sans payer le franc-Fief, *sont proprement l'origine de la noblesse dont jouissent les Capitouls de Toulouse.*

On doit mettre au rang des faits fabuleux tout ce que Bardin raconte d'une révolte arrivée à Toulouse, en 1310, qui engagea Philippe le Bel à réunir, en 1312, le Parlement de cette Ville, à celui de Paris. Le Procès fait à Jean Jourdain, par deux Commissaires du Parlement de Paris, en 1308; l'Arrêt de ce Parlement, qui nomma un troisieme Commissaire, pour s'enquêter du privilege des Capitouls, fortifient ce qu'on a déjà dit, pour prou-

(r) *Annales de Toulouse*, tome 1. page 49.

lius, Evêque de Toulouse, qui accorda en 1120. aux Hospitaliers de St. Jean de Jerusalem l'Eglise de St. Remi où ils s'établirent. Ce Prélat permit l'année suivante à Gerard Supérieur de cet Hôpital, d'acquerir des biens fonds, tant Ecclésiastiques que Laïques dans son Diocese. Bernard d'Azillan prenoit en 1158, la qualité de Recteur de cette maison. On compte dans ce Grand-Prieuré trois chambres Prieurales, qui renferment dix-sept Commanderies, & cinq pour les Prêtres & pour les servans d'Armes. Il y a de plus dans ce Grand-Prieuré une Collégiale desservie par un Sacristain, premiere Dignité, & six Prêtres, à la nomination du Grand-Prieur.

DE TOULOUSE. LIV. III.

ver que la tenue du Parlement de Toulouse, dont parle Bardin, & qu'il fait durer, depuis 1304, jusqu'en 1312, n'eut pas lieu, comme on l'a obfervé. Lafaille & quelques Auteurs modernes ont copié aveuglément cette chronique de Bardin : mais l'Auteur de l'hiftoire générale de Languedoc, prouve (s) évidemment que la fédition dont il y eft parlé en 1312, eft imaginaire : que l'Affemblée des Etats de la Province, tenue au mois de Décembre de la même année, fans la permiffion du Roi, n'eft pas plus vraie, de même que celle de 1313, tenue par ordre du Roi, à la Requête des *Procureurs du pays de Languedoc*.

L'Auteur d'une Chronique anonime, mais plus véridique, nous apprend qu'une trop grande continuité de pluie caufa en 1310, la famine, & la contagion dans Toulouse, & aux environs. Les pauvres de la campagne étoient réduits à brouter l'herbe des champs ; & il périt dans cette Ville feule plus de huit mille perfonnes. L'Auteur remarque que le bled fe vendit trois livres dix fols le fétier : ce qui étoit fans doute un prix exhorbitant, rélativement au prix de l'argent.

Philippe le Bel fe préparoit à de nouveaux efforts contre les Flamans, pour les punir de leur rébellion, quand, tout à coup, il fut atteint d'une maladie violente, dont il mourut le 29 de Novembre 1314. Ce Prince, dont le regne fut une guerre continuelle, étoit doué des plus grandes vertus. Il feroit le modele des Rois, fi, moins aveugle, dans la confiance qu'il donna à fes miniftres, il avoit moins écouté leur avarice, & moins foulé le peuple par des fubfides onéreux.

Louis X, fon fils lui fuccéda & fe hâta de réparer les defordres que des miniftres avides avoient caufés dans le Royaume. Il abolit tous les impôts extraordinaires que fon pere avoit établis ; & fe concilia, par cette action généreufe, le cœur de tous fes fujets. Ceux de cette Province reffentirent, fur-tout, les effets de fon amour pour fes peuples : il rendit, en leur faveur, une Ordonnance, pour réformer les abus qui s'étoient gliffés dans la levée des Francs-fiefs, dans l'adminiftration de la Juftice, & dans la maniere d'exécuter les Sentences des Juges. La mort arrêta le cours de fes bienfaits, le 5 de Juin 1316, & plaça Philippe V fon frere fur le trône de France.

Celui de St. Pierre fut auffi rempli cette année, par Jacques

---

(s) *Tome* 4. *pag.* 150. 557.

HISTOIRE DE LA VILLE

d'Ofla, ou d'Eufe, Cardinal, & Evêque de Porto, qui prit le nom de Jean XXII. Ce Pontife, qu'on affure être fils d'un Cordonnier de Cahors, avoit fait fes études à Touloufe : auffi illuftrat-il cette Ville, en érigeant le 25 Juin 1317. fon Evêché en Archevêché. Il rapporte dans fa conftitution *, quatre motifs de cette érection ; la trop grande étendue de ce Diocefe, la multitude du peuple, les grands biens & revenus, dont la plûpart des Evêques faifoient un mauvais ufage, enfin le deffein qu'en avoit formé Clement V fon prédéceffeur, dans un temps où ces motifs n'étoient pas fi preffans. Pour compofer cette nouvelle Province Eccléfiaftique, il érigea les Evêchés de Montauban, de St. Papoul, de Rieux, de Lombés, qu'il rendit Suffragans de cette Métropole : il en ajouta deux autres, Lavaur & Mirepoix par une Bulle particuliere ; & lui rendit celui de Pamiers, que Boniface VIII. avoit créé, fans ** le concours de la puiffance Royale, & fait dépendre de l'Archevêché de Narbonne.

Raymond Aton, Abbé de Saint Sernin fut promu à l'Evêché de Mirepoix. Il poffédoit cette Abbaye depuis 1301 ; & concourut à l'établiffement des Religieufes de Saint Sernin. Voici à quelle occafion. Frere Vital Dufour, Religieux de l'Ordre des FF. Mineurs, & enfuite Cardinal, & Evêque de Bazas, prêcha à Touloufe, avec tant d'éloquence, & de fuccès, qu'il convertit plufieurs femmes, d'une conduite peu reguliere. Il les raffembla dans une Maifon de la Paroiffe du Taur, qui dépendoit de l'Abbé, & des Chanoines Réguliers de Saint Sernin. Plufieurs Filles de bonnes mœurs & de condition, s'affocierent à la vie auftere de ces Pénitentes ; & elles compoferent enfemble une Communauté de trente-fept. Raymond édifié de leur vertu, leur donna le voile, & les admit à la profeffion de la Regle de Saint Auguftin, de l'avis de fes Chanoines, comme ils la pratiquoient eux-mêmes. Il voulut *** qu'elles fuffent appellées *les Sœurs Chanoineffes de Saint Sernin*. Le Pape Jean XXII. confirma cet établiffement par une Bulle du 30 Août 1328, & donna le Titre d'*Abbeffe* à la Prieure. Telle eft

---

* *Conft. Salvator*, aux extravag. comm. tit. *de Præbendis & Dignitatibus*.

** La création de cet Evêché fut la premiere vengeance que Boniface VIII. fit éclater contre Philippe le Bel, pour avoir donné retraite aux Colonnes fes ennemis ; & pour fa réfiftance à la levée de la moitié des décimes. (*Abrégé Chron. de l'Hift. de France.*).

*** L'Acte de fondation de cette Abbaye eft rapporté, au long, dans l'Hift. génér. de Lang. *tome 4. aux preuves, page* 175.

l'origine de cette Maison qui subsiste encore avec le même éclat, & la même régularité qu'elle fit paroître dans ces premiers temps.

On fit le 30 Septembre 1319, une cérémonie solemnelle, dans la Cathédrale de Saint Etienne, pour la publication du Jugement de tous ceux qui étoient accusés d'hérésie, & détenus, dans les prisons de l'Inquisition. Cette cérémonie, qu'on a déjà annoncée, & qu'on appelloit dans le pays *Sermon public*, étoit en usage avant l'an 1237, & on peut se convaincre, par un Régistre imprimé de l'Inquisition de Toulouse, qu'elle fut pratiquée dans la même Cathédrale en 1308, 1309, 1311, 1312, 1316, on jugera de ce qui se passoit dans ces Sermons publics, par celui dont on va rapporter le précis, d'après l'Auteur de l'histoire générale de Languedoc (t).

Frere Bernard Guidonis, *&* Frere Jean de Beaune, (*Inquisiteurs de l'Hérésie, dans le Royaume de France, par l'autorité Apostolique,*) *dont le premier résidoit à Toulouse, & l'autre à Carcassonne, se rendirent dans la Cathédrale de Toulouse, qui étoit remplie de peuple, & où on avoit amené tous les accusés, qui étoient dans les prisons de l'Inquisition. Les Grands-Vicaires des Evêques de Comminges, d'Albi, & de Rieux, qui avoient jugé de concert avec les Inquisiteurs, les personnes de leurs Diocèses, accusées d'hérésie, s'y trouverent aussi, en qualité de Commissaires nommés par les Prélats. On commença la séance par la lecture des Lettres de l'Archevêque de Toulouse, suivant lesquelles ce Prélat consentoit que dans le prochain Sermon public des Inquisiteurs à Toulouse, les Evêques des environs de cette Ville, ou leurs Grands-Vicaires pussent procéder, pour cette fois, & faire tous les Actes judiciaires avec les Inquisiteurs; mais seulement contre les accusés qui étoient de leurs Diocèses. Ensuite le Sénéchal de Toulouse, le Juge-Mage de la Sénéchaussée, le Viguier, les autres Juges Royaux, & les douze Capitouls de Toulouse, prêterent serment de conserver la foi de l'Eglise Romaine, de poursuivre & de dénoncer les hérétiques; de ne commettre aucun Office public à des gens suspects, ou diffamés pour cause d'hérésie : & enfin d'obéir à Dieu, à l'Eglise Romaine, & aux Inquisiteurs, en ce qui regarde l'Inquisition. Ce serment fut suivi de la lecture d'une Sentence d'excommunication lancée, par l'Archevêque de Toulouse, contre tous ceux qui mettroient obstacle, directement, ou indirectement, à l'exercice de l'Inquisition, &c...*

(t) *Tome* 4. *page* 177. *& suiv.*

Ces préliminaires étant finis, les deux Inquisiteurs, & les Grands-Vicaires des Evêques, dont on a déjà parlé, lurent, publiquement, le nom de vingt personnes présentes, qui avoient été condamnées précédamment à porter des Croix *, sur leurs habits ; & à qui on permit par grace de les quitter. II. Ils lurent le nom de cinquante-six emmurés, ou prisonniers, pour le même crime, tant hommes que femmes, à qui on fit grace de la prison, à condition de porter des Croix, sur leurs habits, de faire divers pélerinages, d'accomplir d'autres pénitences, ou œuvres pies, avec privation de tout office public, &c..... Les Inquisiteurs, & les Grands-Vicaires déclarerent qu'ils se réservoient le pouvoir d'augmenter, ou de diminuer ces pénitences, quand ils le jugeroient à propos ; & ils firent la même déclaration, pour les peines qu'ils imposeroient aux autres accusés. Ils reçurent l'abjuration de ces cinquante six personnes, & leur donnerent l'absolution de l'excommunication dont ils avoient été frapés. III. Ils enjoignirent à quatre hommes, & à une femme, qui avoient fréquenté les hérétiques, de faire quelques pélerinages, sans les assujetir à porter des Croix, comme les autres ; & on leur donna l'absolution, après qu'on eut lu publiquement, les fautes dont ils étoient coupables. IV. Ils condamnerent vingt hommes, ou femmes, à porter des Croix, après qu'on eut lu publiquement leur confession, dans laquelle ils s'accusoient d'avoir favorisé, ou fréquenté les hérétiques, d'avoir participé à leurs cérémonies, &c. on leur imposa diverses pénitences, & des pélerinages qui devoient commencer dans trois mois. Avant l'imposition de ces pénitences, les accusés abjurerent leurs erreurs, promirent d'obéir à l'Eglise, & reçurent l'absolution de l'excommunication dont ils avoient été liés. Les Inquisiteurs enjoignirent à quelques-uns, qu'ils jugerent plus coupables que les autres, de porter des doubles Croix. V. On lut la confession de vingt & sept, tant hommes que femmes, qui avoient favorisé plus particulierement les hérétiques, ou qui avoient été initiés à leurs mysteres, & celle d'un Juif converti relaps. On publia ensuite la Sentence, qui les condamnoit à une prison

---

* Les Croix qu'ils devoient porter étoient au nombre de deux, & elles devoient être cousues sur le devant, & sur le derriere de leurs habits, entre les épaules. Ils étoient obligés de les porter sur tous leurs habits. Elles étoient de Feutre, (de Filtro) de couleur jaune. La branche perpendiculaire avoit deux palmes de long, & la transversale une palme & demi; leur largeur étoit de trois doigts. Ceux qui étoient condamnés à les porter, étoient tenus de les refaire, toutes les fois qu'elles se déchiroient.

son perpétuelle, où ils devoient faire pénitence, au pain & à l'eau. Quelques-uns de ceux-ci, comme plus coupables, furent condamnés à être resserrés plus étroitement, & à avoir les fers, aux pieds, & aux mains. On leur donna l'absolution, dans la Sentence, parce qu'ils avoient abjuré leurs erreurs. Les Inquisiteurs, & les Commissaires se réservèrent d'abréger, ou d'augmenter cette peine dans la suite. VI. On lut la confession qu'avoient fait neuf accusés hommes ou femmes, déjà morts, qui, suivant leurs fautes, auroient dû être renfermés dans une prison perpétuelle, s'ils avoient vécu, excepté un qu'on auroit abandonné au bras séculier. Tous leurs biens furent confisqués. VII. On publia la confession & la Sentence d'un accusé, qui étoit mort croyant des hérétiques. On déclara ses biens confisqués, & que s'il eût été en vie, & qu'il eût refusé de se convertir, on l'auroit abandonné au bras séculier. VIII. On publia une Sentence d'une homme mort fauteur des hérétiques. On ordonna que ses ossemens seroient exhumés, sans cependant être brûlés, & que ses biens seroient confisqués. IX. On lut une autre Sentence contre un homme marié, qui disoit la messe, & prétendoit consacrer sans avoir été ordonné ; & contre une femme relapse, qui étoient morts l'un & l'autre dans l'impénitence. On ordonna que leurs ossemens seroient déterrés & brûlés. X. On lut la confession & la Sentence d'un Prêtre Bourguignon qui avoit embrassé l'hérésie des Vaudois & étoit relaps. Il fut condamné à être dégradé & ensuite abandonné au bras séculier. On lui permit seulement, en cas qu'il fût répentant de recevoir les Sacremens de Pénitence, & d'Eucharistie. XI. On lut les informations qui avoient été faites contre quatorze hérétiques, fauteurs d'hérétiques, ou relaps fugitifs, tant hommes que femmes. Ils furent tous condamnés comme hérétiques, par contumace. XII. On prononça une Sentence contre des Vaudois, ou pauvres de Lyon, relaps, & on les abandonna au bras séculier. XIII. Enfin on abandonna aussi au bras séculier, pour être brûlé vif, un accusé, qui après avoir été convaincu d'hérésie juridiquement, soit par sa propre confession, soit par témoins, avoit retracté ensuite sa confession, prétendant qu'il l'avoit faite par la force des tourmens qu'on lui avoit fait souffrir, & avoit déclaré qu'il ne vouloit, ni se défendre, ni se purger. On lui donna cependant quinze jours pour se reconnoître ; & on déclara qu'en cas qu'il avouât son crime, dans cet intervalle, on ne le condamnoit qu'à une prison perpétuelle.

On a rapporté le détail de cette terrible cérémonie, qui proscrivit cent cinquante neuf personnes, afin de faire connoitre les différentes peines qu'on décernoit pour les différens crimes contre la Religion. Il est à remarquer, que les confessions des accusés, & les informations, faites contr'eux, leur furent lues, en langue vulgaire, ou *Provençale*, quoiqu'elles soient rédigées en latin sur le Régistre.

ON VIT renouveller, dans ce temps, les excès que cause l'abus de la Religion. Quelque imposteur ayant publié une fausse prophétie, pour assurer que la délivrance du Saint Sépulchre, & de la Terre-Sainte, étoit réservée aux Bergers, & aux Laboureurs, un grand nombre de Paysans, qu'on nomma *les Pastouraux*, s'entêterent de cette vision, & s'attrouperent en divers lieux vers l'an 1317, demandant qu'on leur donnât un chef pour cette expédition. On ne sçauroit croire combien cette folle idée trouva créance parmi le peuple. Une infinité de gens de mauvaise vie, vint grossir le parti de ces visionnaires. Ils exerçoient toute sorte de brigandages, dans la campagne, sous prétexte de demander leur subsistance, & faisoient sur-tout une guerre cruelle aux Juifs, les maltraitoient brutalement, & les tuoient même avec inhumanité, s'ils refusoient de recevoir le Baptême. La fuite devint l'unique ressource de ces malheureux. Ils se refugierent, au nombre de cinq cens, dans le Château Royal de Verdun, où le Gouverneur leur donna, pour azile, une Tour fort élevée.

Ce retranchement n'arrêta pas les Pastouraux. Ils les assiégerent en 1320, & pour les forcer à se rendre, ils mirent le feu à la porte de cette Tour. La vue des flammes, & du danger qui les menaçoit, ranima la valeur des Juifs. Ils repousserent leurs ennemis, avec des pierres, des poutres, & tout ce qu'ils purent ramasser. Les armes leur manquant, ils jetterent leurs propres enfans : mais cette action desespérée ne produisit aucun sentiment de compassion dans le cœur des assiégeans. Ils pressoient le siege avec tant d'acharnement, que les Juifs se voyant sans ressource, prennent la résolution de se tuer les uns les autres, pour ne pas tomber vivans entre les mains de leurs ennemis furieux. Dans leur desespoir, ils chargent le plus fort d'entr'eux de leur couper la gorge. Il s'en trouva un assez barbare, pour s'acquitter de cette affreuse commission. Il égorgea de sang-froid, cinq cens de ses freres, & eut la lâcheté d'aller demander la vie aux Pastouraux, pour lui, & pour quelques enfans, qu'il avoit réservés. Il ne trouva point de grace. Les Pastouraux indignés de sa cruelle & perfide lâcheté, se jettent sur lui, le mettent en pieces, & épargnerent seulement les enfans, à qui ils conférerent le Baptême.

La mort de ces Juifs parut aux Pastouraux une victoire qui leur annonçoit les plus beaux triomphes. Ils se présenterent aux portes de Toulouse; & le peuple, toujours aveugle, & toujours avide des nouveautés, les croyant armés par la providence divine, leur ouvrit les portes malgré les Capitouls. On auroit cru commettre un sacrilege de s'opposer au carnage qu'ils faisoient de tous les Juifs de cette Ville. Ils n'en épargnerent aucun, pillerent leurs maisons, & prirent ensuite la route du Bas-Languedoc. Leur barbarie jetta l'allarme dans la campagne. Les nobles, & les bourgeois s'assemblerent, en armes pour s'opposer au pillage. Ils mirent en déroute cette vile populace, sans discipline & sans chef, pendirent à des arbres, une partie de ceux qu'ils firent prisonniers; & conduisirent les autres à Toulouse, où les Magistrats leur firent souffrir le même supplice.

Charles IV. qui étoit monté sur le trône depuis un an, par la mort de Philippe le Long, vint à Toulouse au mois de Janvier 1323, (1324,) accompagné de la Reine son épouse, du Roi de Boëme, son beau-frere, de Charles Comte de Valois son oncle, & de Sanche, Roi de Majorque. Le silence de nos Annales, sur les honneurs que les Toulousains rendirent à ce Monarque, n'empêche pas d'en avoir une haute idée. A peine fut-il de retour dans la Capitale qu'il fit expédier, au mois de Mai 1324, des Lettres-*Patentes, pour confirmer leurs privileges, au sujet de l'exemption du Franc-fief.

CETTE ANNÉE est remarquable par la fondation des prix de l'Académie des Jeux-Floraux. Un pareil établissement, dans un siecle, où presque toute l'Europe étoit plongée dans la plus profonde ignorance, est bien glorieux pour cette Ville. Nouvelle Athenes, non-seulement elle conservoit, précieusement, le germe des beaux-Arts, mais elle faisoit des efforts pour leur accroissement. Les avantages que les mœurs retirent de la culture de l'esprit rendent cet évenement digne d'être rapporté dans quelque détail; d'autant mieux que les Auteurs qui ont parlé jusqu'à présent de cette Académie célebre, ne sont pas d'accord, sur son origine, & sur les circonstances de sa fondation.

Il résulte du premier Régître de cette Académie, dont Catel,

---

* Elles sont rapportées au long, dans l'hist. gén. de Lang. tom. 4. pag. 170. aux preuves.

HISTOIRE DE LA VILLE

Lafaille & (u) l'auteur de l'Histoire de Languedoc font mention, & qui subsiste encore, que plusieurs citoyens gens de lettres s'assembloient dans un jardin du Fauxbourg des Augustines, hors de la porte Saint Etienne, pour se communiquer réciproquement leurs ouvrages & pour les examiner. Cet usage qui remonte long-temps avant le XIV. siecle, sans qu'on puisse en fixer le commencement, excita leur émulation, & redoubla leur zele pour les progrès des belles lettres. Ils formerent le projet d'encourager les Poëtes en leur proposant un prix, & publierent leur dessein dans tout le Languedoc, au mois de Novembre 1323, par une lettre * circulaire, adressée à tous les Poetes de cette Province. Dans cette lettre, écrite en vers Provençaux, ils prennent le nom de la ** Gaye compagnie des sept Troubadours de Toulouse. Ils invitent tous les Poëtes à se rendre à Toulouse, le premier jour du mois de Mai suivant, pour y faire la lecture de leurs ouvrages, avec promesse de donner une Violette d'or, à celui qui réciteroit la piece qu'ils jugeroient la plus digne d'être couronnée. Le sujet devoit être pieux, en l'honneur de Dieu, de la Sainte Vierge, ou des Saints.

L'appât d'une gloire si éclatante, attira une foule de Poëtes à Toulouse, le 1 Mai 1324, ils se rendirent dans le Jardin, où les sept Troubadours s'assembloient. Ils firent la lecture de leurs ouvrages, en présence d'une nombreuse Assemblée, composée des sept Troubadours, des Capitouls, & des plus notables de la Ville. Le premier jour fut employé à cette lecture. Le lendemain les sept Troubadours examinerent, en particulier, les ouvrages qui concouroient pour le prix; & le troisieme jour de Mai, ils adjugerent la Violette d'or, que l'ancien Régistre de l'Académie appelle *la joya de la Violetta*, à Me. Arnaud Vidal de Castelnaudarry, pour un Poeme *** qu'il avoit composé en l'honneur de la Vierge. Ils

(u) *Catel, mém. de Lang.* p. 401. *Lafaille*, tom. 1. p. 62. *hist. de Lang.* tom. 4. p. 196 : 565.

* Elle est rapportée au long dans les preuves des Annales de Toulouse, p. 65.
** *La subregaïa companhia dels VII. Trobadors de Tholosa, &c.*
Ces sept Poëtes étoient, *Bernat de Panassac Donzel, Guillem de Lobra Bourgues, Berenguier de Sant Plancat, Peyre de Majanaserra Cambiayres, Guillem de Gontaut, Peire Camo Mercadiers, Mestre Bernat Oth Notari de la Cort del Viguier de Tolosa.* (Régistre de l'Académie.)
*** On est redevable aux recherches de Mr. de Ponsan, Trésorier de France de la Généralité de Toulouse, l'un des 40 de l'Académie des Jeux Floraux, d'une copie de ce Poëme, écrite dans le temps. Voici quel en est le titre : *Cir-*

le créérent, dans la même année, *Docteur en la gaye Science*, c'est-à-dire en poésie, pour une nouvelle Chanson qu'il composa sur le même sujet. Les Capitouls charmés du succès de cette fête littéraire, en prévirent tous les avantages; & ne consultant que leur zele pour la gloire de la Patrie, ils saisirent cette occasion de se signaler, & promirent après une Délibération publique tenue dans un Conseil de Ville, de distribuer, tous les ans, à l'avenir, de semblables prix, aux dépens des deniers publics.

Cette Compagnie, toujours composée des sept Poetes, voulut avoir des Regles, sur lesquelles on pût juger du mérite des ouvrages que les Poetes présenteroient. Guillaume Molinier, leur ancien Chancelier, se chargea de les dresser, avec le secours *de l'honorable Docteur Barthelemi Marc*. Ces Regles furent qualifiées *Loix d'Amour*; & après avoir été approuvées par l'Assemblée, on les publia en 1355, elles sont écrites en Languedocien, ou Provençal; & on les conserve encore, précieusement, au Greffe de l'Hôtel-de-Ville, dans un Régistre couvert de velours vert. Il est essentiel de remarquer qu'on y trouve des Regles pour la Poésie, qui n'ont été connues des Poetes françois, que plus de deux cens ans après. On y promet de donner des Lettres *de Bachelier en la gaye Science*, à celui qui aura remporté l'un des principaux prix, après que les sept Troubadours, auront examiné sa capacité, en présence de leur Chancelier, & de ceux qu'ils voudront admettre dans leur Conseil ; & après qu'il aura fait serment de garder les Loix de la gaye Science, & d'assister, tous les ans, à l'Assemblée dans laquelle on adjuge le prix.

Il paroît, par l'ancien Régistre de cette Académie, que les sept Troubadours s'assembloient dans le même jardin en 1355; qu'ils prirent, alors le titre de Mainteneurs; qu'à la violette d'or la Ville ajouta deux autres fleurs, une églantine, & un souci d'argent, pour les distribuer, aux meilleurs poemes, le troisieme jour du mois de Mai; qu'on appelloit cette Académie, *Jeux d'Amour*; qu'on créoit aussi des Docteurs en la gaye Science ; que pour parvenir à ce grade, il falloit avoir remporté les trois principales fleurs, être Bachelier, en la même science, & subir un examen public. Ceux qui étoient ainsi reçus Docteurs ou Bacheliers étoient appellés maîtres en la Gaye science, & en Rhétorique; & ils

ventés laqual fê Narnauts Vidal de Castelnaudarry & Gazanhet la Violetta de l'Aur, à Tolosa, so es à saber la premiera que s'y donèt, & so en l'an M. CCC. XXIIII.

avoient droit d'affifter aux affemblées. Les Lettres * de Docteur, & de Bachelier étoient expédiées en vers Provençaux, fcellées en cire verte, & en lacs de foie de la même couleur.

Les Fauxbourgs de Touloufe ayant été détruits en 1356, à caufe de la guerre des Anglois, le lieu des affemblées fut transféré dans l'Hôtel-de-Ville, où cette Académie a tenu depuis fes féances. On l'appella *College de Rhétorique*; & elle devint fi célebre que Jean Roi d'Arragon députa (x), en 1388, des Ambaffadeurs au Roi Charles V. pour le prier de lui envoyer des Poetes de *la Province de Narbonne*, c'eft-à-dire, de Touloufe, & des environs, pour faire dans fes Etats, un établiffement de la Gaye fcience.

On ne peut refufer d'ajouter foi à des circonftances auffi précifes, confignées dans un Régître public, qui remonte au temps même de cet établiffement. Il eft donc de la derniere évidence, que les Jeux Floraux furent inftitués par fept Poetes Touloufains, qui diftribuerent pour prix en 1324, une violette d'or ; & que les Capitouls font les fondateurs des prix, qui ont été diftribués les années fuivantes, comme il confte par un extrait d'une Ordonnance en forme de reglement, publiée le 6 Juin 1399. par le Sénéchal de Touloufe, touchant les fraix communs & la Police de l'Hôtel-de-Ville. Le vingt-neuvieme article ** de cette Ordonnance porte » qu'on fut d'avis que pour le fait de la violette, de l'églan- » tine & de *la joye*, (*le fouci*), on faffe comme il eft accoutumé : » fçavoir qu'elles pefent toutes trois un marc d'argent ; & que la » violette, outre le marc, pefe un franc de plus, à caufe que c'eft » la fleur fouveraine.

Il y a cependant une tradition, très-ancienne, qui attribue cette fondation à une Dame Touloufaine nommée Clemence Ifaure. Jean Bodin l'a adoptée dans une Oraifon latine, qu'il prononça, folemnellement, à Touloufe, & qui fut imprimée, en 1559, fous ce titre *Joannis Bodini Oratio, de inftituenda in republicâ juventute, ad Senatum, populumque Tolofatem*. Le fçavant Pierre Dufaur de St. Jori, premier Préfident de ce Parlement, contem-

---

(x) *Ann. de Touloufe*, tom. 1. p. 63. Tom. 2. aux add. & Corr. p. 13.

---

* La formule de ces lettres eft rapportée au long dans les Annales de Touloufe, tome 1. p. 68 : 72. aux preuves.

**Item foc avis que del fait de la *Violeta*, & de la *Englantina*, & del *Gauch*, que fe faffa coma acoftumat es : fo es à faber, que pezen totas tres hun marc d'argen, & per la *Violeta*, otra le marc, hun frans per la flor *Sobirana*. (rapporté dans l'hift. de Lang. tom 4. p. 567. d'après le mff. de M. l'Abbé Crozat.)

porain de Bodin, donne à Clemence Isaure les mêmes éloges, & le même Titre dans le Chap. 31. du second Livre de ses *Agonistiques*. Papire-Masson a inséré au commencement de la seconde partie des éloges des Hommes illustres, un très-bel éloge de Clémence Isaure, à laquelle il donne le Titre de Fondatrice des Jeux-Floraux, & dit expressément qu'elle est enterrée à la Daurade : que les Poetes couronnés vont * en pompe jetter des Roses sur son Tombeau, & qu'avant d'aller assister au Festin, on implore, par des prieres, la miséricorde de Dieu, pour le repos de l'Ame de cette pieuse Vierge.

Malgré le témoignage de ces Auteurs respectables, Catel (y), & après lui, Lasaille (z), non-seulement ont refusé à Clémence Isaure le Titre de Fondatrice des Jeux - Floraux, mais encore ils ont contesté son existence, & l'ont mise au rang des personnages chimériques, qui ne doivent trouver place que dans l'histoire fabuleuse de cette Ville. Tâchons de concilier ces deux opinions, & de démêler ce qu'il y a de vrai dans cette tradition, en examinant, avec autant d'attention que d'exactitude, les monumens authentiques sur lesquels elle paroit fondée.

Le premier qui s'offre à nos yeux, est la Statue de Clémence Isaure, qui est dans le Consistoire de l'Hôtel-de-Ville, & sous laquelle on lit l'inscription suivante.

EPITAPHIUM CLE. ISAU.

CL. ISAUR. L. ISAUR. F. EX PRÆCLARA ISAUR. FA: QUUM IN PP. CŒLI. OP. VITA. DELEGI. CAST. Q. ANNIS L. VIXI. FOR. FRU. VINA. PISCA. ET HOLITO. P.S. IN PUB. USUM STATUIT. C. P. Q. T. L. G. HAC LEGE UT QUOT ANNIS LUDOS FLO. IN ÆDEM PUB. QUAM IPSA SUA IMPENSA EXTRUXIT CELEBRENT, RHOSAS AD M. EJUS DEFERANT, ET DE RELIQUO IBI EPULEN. QUOD SI NEGLEXE. SINE DO. FISCUS VENDICET CONDITIONE SUPRA DICTA. H. S. V. F. M. UBI. R. I. P.   V. F.

(y) *Mém. de Lang.* p. 396.
(z) *Ann. t.* 1. p. 62.

---

* *Anno ætatis, & mirabilis pudicitiæ, quinquagesimo, decessit, ubi nata erat, sepultaque est in choro Templi Divæ Virginis Auratæ ad Garumnam flumen, ubi Tumulus ejus è marmore adhuc visitur.* .... *Eum autem Poetam*

Nous avons deux explications de cette inscription, l'une, consignée dans le Régître des Annales de l'Hôtel-de-Ville, sous l'an 1584, & donnée par Marianne de Saluste, chef du Consistoire, s'énonce ainsi:

Epitaphium Clementiæ ISAURICÆ.

Clementia ISAURICA LUCII ISAURICI filia ex præclara ISAURICORUM familia, quum in perpetuum cœlibatum optimam vitam delegisset CASTEque annis quinquaginta vixisset, forum frumentarium, vinarium, piscarium & holitorium PRATUM SEPTENARIUM, in publicum usum statuit, Capitolinis, populoque Tolosano legavit hac lege, ut quot annis, ludos florales, in ædem publicam, quam ipsa sua impensa extruxit, celebrent, Rhosas ad monumentum ejus deferant, & de reliquo ibi epulentur quod si neglexerint SINE QUINGENTIS fiscus vendicet conditione suprà dictà. HOS SUMPTUS UTILES FIERI MANDAT, ubi requiescit in pace. VALETE FIDELES.

L'autre explication, beaucoup plus moderne *, est en ces termes.

Epitaphium Clementiæ ISAURÆ.

Clementia ISAURA LUDOVICI ISAURI filia; ex præclara ISAURORUM familia quum in perpetuum cœlibatum optimam vitam delegisset, CASTAque annis quinquaginta vixisset, forum frumentarium vinarium, piscarium, & holitorium PATRIÆ SUÆ in publicum usum statuit, Capitolinis, populoque Tolosano legavit, hac lege ut quot annis Ludos Florales, in ædem publicam, quam ipsa sua impensa extruxit celebrent, Rhosas ad monumentum ejus deferant, & de reliquo ibi epulentur. Quod si neglexerint, SINE CONTROVERSIA, fiscus vendicet conditione supra dicta. Hic sibi voluit FIERI MONUMENTUM, ubi requiescit in pace. VIVENS FECIT.

Sans

---

qui altos viceru, mos est deduci, præeunte tibicine, & frequentissimo conventu hominum, ad Sepulchrum Clementiæ, & Rosas ob eo illic, spargi, effundique, & Tumulum ipsum tegi, in quo sacri cineres Clementissimæ Puellæ siti sunt, precesque ad Deum Optimum, Maximum, pro Virgine de Pasrià suà, & juventute benemeritâ, quot annis, ante epulum publicum, fieri......

* Donnée par M. de Ponsan, dont on a déjà parlé, & imprimée dans le Recueil de l'Académie des Jeux Floraux de l'Année 1742. p. 193.

Sans entrer dans la comparaison de ces deux Versions, qui sont également honorables à leurs Auteurs, il suffit d'observer que leur différence ne porte aucune atteinte aux dispositions essentielles qui font l'objet de cette Inscription. Il n'y a ni obscurité, ni équivoque à cet égard. Elle explique parfaitement la nature des biens que Clémence Isaure légua aux Capitouls, & à la Ville, les conditions, qu'elle mit à sa libéralité, & les mesures qu'elle prit pour assurer l'exécution de ses volontés.

On ignore, véritablement, en quel temps cette Statue fut faite. Catel semble (a) insinuer qu'elle étoit destinée pour orner le Tombeau de cette illustre Touloufaine, à la Daurade. Et il assure positivement qu'elle fut placée dans un coin du Consistoire l'an 1557; nous sçavons d'ailleurs (b) qu'en 1627, elle fut transportée sur la porte du Greffe de la Police, dans une niche très-bien décorée, où elle est à présent, & sous laquelle l'on voit l'Inscription, dont on vient de parler, gravée sur l'airain, avec la représentation des Fleurs, que l'on distribue pour prix dans cette Académie. L'on est toujours dans l'usage de la couronner de Roses le premier jour du mois de Mai; & dans l'Assemblée du troisieme jour du même mois, qui est le jour de la distribution des Prix, l'on fait, tous les ans, son éloge * : l'on expose même, ce jour-là, les Prix sur l'Autel de la Daurade **, où trois Académiciens, & trois Capitouls Bayles des Jeux-Floraux, vont les chercher en pompe, au moment qu'il faut les distribuer.

Quoique Lafaille dise (c), *qu'avant l'an* 1540, *il n'est pas fait mention de Clemence Isaure, dans aucun Titre de l'Hôtel-de-Ville, ni ailleurs.* Il est dit néanmoins dans les Annales de l'Hôtel-de-Ville, au second Régistre, sous l'an 1535, que les Capitouls obtinrent **** un Arrêt du Parlement, qui leur permit de redoubler leur

(a) *Mém. de Lang. p.* 399.
(b) *Régist. de l'Hôtel de Ville.*
(c) *Ann. tom.* 1. *p.* 63.

---

* Cet éloge étoit fait autrefois, en latin : mais depuis quelques années, la plus grande partie est en françois, quoiqu'on observe toujours de le commencer par quelques mots latins, soit en prose, soit en vers.

* On ne trouve à présent, dans cette Eglise, aucun vestige du Tombeau de Clemence Isaure.

* *Mense deinde Maio, permisit Senatus Decurionibus, ut se forti manu tuerentur, ab injustitià studiosiorum die Stæ Crucis feriatâ, quâ FLORALES, palam, CLEMENTIÆ LUDI, exercentur, quâ re permoti, qui anteà tumultuabantur, nullus tumultus extitit.*

Partie I.

garde, pour contenir les Etudians, qui troubloient la Fête des Jeux Floraux de Clemence. On y voit encore qu'en l'année 1568, il fut fait un accord entre les Capitouls, & les mainteneurs des Jeux-Floraux. L'Annaliste en fait le rapport, tel qu'on va le donner, en obfervant, pour l'intelligence de ce paffage, que dans ce temps-là, Toulouse étoit déchirée par les guerres civiles du Calvinisme.

» Pas ne veulx oublier, parmi les chofes triftes celles qui à leur
» faifon ont plaifir & joie en foi-mêmes, lorfque font appuyées en
» vertu & exercice littéraire, c'eft que le Colliege de la *Poéfie*
» *grecque, latine & françoife, inftituée en Toulouse, par Dame*
» *Clemence Ifaure*, répétée les trois premiers jours du mois de
» *Mai, pour la continuation & entretenement perpétuel de ladite*
» *exercitation, elle a laiffé, par inftitution, légat, & donation*
» *faite à ladite Ville plufieurs grands, & notables revenus*, s'étoit
» fort diminué de Docteurs, & Mainteneurs de la gaye Science,
» tant par la fuite que décez d'aucuns ; en traitant le remettre fus,
» & reftaurer le nombre accoutumé, il y eut quelque alteration
» contentieufe, fi les Capitouls n'étant Bayles, pour ce que d'entr'eux
» il y en a trois, d'an en an, par les mains defquels les trois
» Fleurs fe délivrent, à ceux qui les ont méritées, de forte que
» leurs armoiries y font mifes, & infculpées au pied de chacune,
» comme en cela ne fe faifoit difficulté, devoyent avoir l'autorité,
» & prerogative, enfemblement avec les Bayles, & mainteneurs
» proceder à la création des Officiers, au lieu des défaillans, tant
» du Chancelier, Vice-Chancelier, que autres Mainteneurs &
» Maitres ; & fut conclud & arrêté, que tous les huit Capitouls y
» feroient préfens, & opinans, refervé qu'au Jugement des Fleurs,
» les trois Capitouls, Bayles de la gaye Science, y feroient au Conclave,
» non les autres, & ainfi chacun an, felon leur rang. &c...

A toutes ces preuves de l'exiftence de Clemence Ifaure, on peut ajouter ce qui réfulte d'une Ode Gafconne, compofée * vers le commencement du XV. fiecle, au fujet de l'expédition de Duguefclin en Efpagne, qui commence en ces termes :

---

* Elle eft imprimée dans l'Appendix des œuvres de Goudouli, édit. de 1694 & 1713. d'après le mff. de M. de Joffe, dans lequel elle eft attribuée à Jean Bofc, Docteur de Sorbonne. On en trouvera un plus long extrait dans la fuite de cette hiftoire.

Donna Clamença, fe bous plats,
Jou bous diré pla las bertats,
De la guérra que s'es paſſada:
Entre Péy, lou Rey de Léon,
Henric foun fray Rey d'Aragon,
E' dab Guefclin foun Camarada.

E' lous Moundis qu'éron anats,
E' les que noun tournen jamas,
S'es qu'ieu demande recompença,
Perço que nou meriti pas
D'abe de Flous de boſtos mas :
Suffis d'abe boſt'amiſtança.
L'an mil tres cens foixanto-cinq, &c.....

Il paroit par le début de cette Ode, que Clemence vivoit dans ce temps-là, & qu'elle récompenfoit déjà par des Fleurs les ouvrages des Poetes, puifque celui-ci ne fe croyant pas digne d'avoir fes Fleurs, borne fes vœux, à obtenir fon amitié.

Il y a encore une preuve des bienfaits de Clemence envers les Jeux-Floraux, dans une édition du Digeſte, faite à Lyon, en 1550, in-12, à la note fur la Loi 16, *de uſu & uſufructu*. Il eſt queſtion, dans cette Loi *, d'un fonds légué à une Ville, pour fournir à une cérémonie publique : & l'Annotateur, dit qu'il y a un exemple mémorable d'un pareil legs, fait à la Ville de Toulouſe, par *Clemence*, très-noble femme.

Catel lui-même, qui refuſe d'ajouter foi à l'exiſtence de Clemence Iſaure, rapporte le commencement d'une Requête des Dames de Toulouſe, que Nogeroles, Docteur en la gaye Science, avoit, dit-il, fait imprimer depuis *fort ** long-temps, & en lettre fort ancienne*, dans un Recueil des Poéſies. Par cette Requête, qui fut rapportée devant les Maitres, & Mainteneurs de cette Science, par Trafabol, l'un de ces Maitres, les Dames demandoient d'être admiſes à dicter aux Jeux-Floraux, c'eſt-à-dire, à concourir pour le Prix : elle s'explique ainſi.

---

* *Legatum Civitati relictum eſt ut ex redittibus quot annis in ea Civitate memoriæ defuncti conſervandæ gratia ſpectaculum celebretur.* A la marge l'on trouve cette remarque : *Memorabile hujus rei exemplum Toloſæ eſt, ex legato Clementiæ nobiliſſimæ fæminæ.*

** Catel écrivoit au commencement du XVII ſiecle.

A vous Monsieur le Chancellier
Tres nobles Capitouls aussi,
Maitres qui avez bruit singulier
Et à tous ceux qui sont ici ;
Supplient humblement les femmes
Tant les moyennes que grands Dames
Disent que Dame Clémence
Que Dieu pardoient par sa clemence,
Laquelle les trois Fleurs donna
Jadis voulut & ordonna
Que quiconque voudroit dicter
Sans les femmes en excepter
Et d'un vouloir fort liberal
Fit un Édit tout général
Comprenant mâles & femelles, &c.

L'opinion de Catel, & de Lafaille contre toutes ces preuves, n'est fondée que sur le silence des Régistres de l'Hôtel-de-Ville, & de celui des Jeux-Floreaux. A l'égard de ceux de l'Hôtel-de-Ville, qu'on appelle les Livres des Annales, & qui sont destinés à présent, à la collection des faits historiques ; on n'étoit point dans l'usage de les y rapporter avant la fin du XIV. siecle, & jusqu'à l'an 1400, on n'y trouve d'autre fait que l'entrée de Charles VI. qui vint à Toulouse en 1389 : celui de l'Académie des Jeux-Floraux qui commence en 1323, & finit en 1356, sert bien à prouver, que Clemence Isaure n'est point la Fondatrice de ces Jeux : mais il ne sçauroit combatre son existence, qu'autant qu'on prouveroit d'ailleurs, que Clemence n'a pu exister qu'avant ces deux époques ; & comme rien ne prouve cette nécessité, il se peut, qu'elle a vécu après l'an 1356, sur quoi il est essentiel d'observer ; que le Régistre qui devroit former la suite de celui qui finit en 1356, a été égaré ; & que le second Régistre de l'Académie ne commence qu'en 1513, de façon qu'il y a une lacune de 157 ans, entre ces deux premiers Régistres ; or, puisque dans le premier, il n'est point fait mention de Clemence, & que le second est intitulé, comme Catel le rapporte, (d), *Régistre des Délibérations faites au Collège.... fondé en Tolose par Dame Clemence, &c.* on doit présu-

(d) *Mém. de Lang.* page 397.

mer que c'est dans cet intervalle de 157 ans, que Clemence Isaure a vécu: cette présomption, est d'autant mieux fondée qu'elle convient parfaitement à la date de l'Ode gasconne, qu'on a indiquée, & à tous les faits, qui sont rapportés, tant dans les Régistres de l'Académie, que dans ceux de l'Hôtel-de-Ville.

Il résulte de toutes ces preuves, qu'on doit rejetter, en même-temps, l'opinion de ceux qui attribuent à Clemence Isaure la Fondation des Jeux-Floraux, & le sentiment de ceux qui la regardent comme un personnage fabuleux: & quoique la vérité de ce fait historique soit encore enveloppée de quelques nuages, on doit tenir pour certain, que l'institution de ces Jeux, doit sa premiere origine aux sept Poetes, qui distribuerent le premier prix, au mois de Mai 1324; que les Capitouls ont fondé les prix qui furent distribués, dans la suite, & que la Ville en faisoit le fonds, comme il conste par le Reglement du 6 Juin 1399, qu'on a déja cité: enfin que, vers le commencement du XV. siecle, Clemence Isaure, pour assurer cet établissement précieux, & fournir aux dépenses * de cette Fête, donna plusieurs biens, dont le revenu fut destiné, ainsi qu'il est énoncé, dans l'accord passé entre les Capitouls, & les Mainteneurs, en 1568, *à la continuation, & à l'entretenement de cet exercice littéraire*: mais les libéralités de Clemence, n'ont point fait perdre aux Capitouls le titre de fondateurs de ces prix, puis qu'il est dit, dans le même accord de 1568, postérieur au bienfait de Clemence, *que leurs armes seront insculpées au pied de ces Fleurs*. En adoptant ce systême l'on concilie, parfaitement, toutes les différentes circonstances de l'institution des Jeux-Floraux, & l'on ne dérobe ni aux sept Poetes, ni aux Capitouls, ni à Clemence Isaure, la gloire qu'ils ont, si justement méritée, en concourant à la fondation, à l'accroissement, & à la stabilité de ces Jeux.

Cette Académie subsista, ainsi, jusqu'en 1694: alors ce Corps littéraire présenta au Roi de nouveaux Reglemens, que Sa Majesté autorisa, par des Lettres-Patentes. Il donna pour protecteur, à cette

---

* On donnoit plusieurs repas somptueux, auxquels assistoient tous les Académiciens, & les Capitouls; c'étoit même l'usage d'y inviter les personnes distinguées qui se trouvoient dans Toulouse. Outre cela le jour de la distribution des prix, on donnoit des confitures aux Dames, & des gâteaux au peuple. J'ai vu dans les régistres des comptes de l'Hôtel de Ville, que j'ai ouverts au hazard, qu'en 1685. indépendamment des prix, il en coûta 675 liv. pour le Traiteur, 313 liv. pour les gâteaux, 210 liv. 16 s. pour les boëtes de confitures, 100 l. pour celui qui fit l'éloge de Clemence Isaure, & 39 liv. pour les gardes.

Académie, le Chancellier de France, & augmenta le nombre des Mainteneurs, jufqu'à trente-cinq, parmi lefquels le Chef du Confiftoire fut compté, en qualité d'*Académicien né*, fans y comprendre trois Capitouls, qui font Bayles des Jeux-Floraux, & qui ont féance à l'Académie, pour le Jugement des Ouvrages. Le nombre des membres de cette Académie fut encore augmenté, par des Lettres-Patentes, du mois de Juillet 1725; & fixé à celui de Quarante. Elle diftribue, chaque année, quatre prix. Une Amarante d'or, du prix de 400 liv. deftinée à une Ode: une Eglantine * d'or, deftinée à un Difcours, d'un quart d'heure de lecture, fur un fujet donné par l'Académie: une Violette d'argent, du prix de 250 liv. deftinée à un Poeme, d'environ cent vers; un Souci d'argent de la valeur de 200 liv. deftiné, indiftinctement, à une Elégie, à une Idille, ou à une Eglogue. Outre ces prix, elle a fouvent fait des préfens aux Poetes célebres: elle donna à Antoine Baïf, en 1586 (e), un Appollon d'argent; & peu de temps auparavant, elle avoit donné à Ronfard, une Minerve, de même métail. Tels font l'inftitution, les progrès, l'état préfent de cette Académie, la plus ancienne de l'Europe. C'eft à la diftribution de fes prix, que le Parnaffe françois eft redevable d'une partie de fa gloire; & c'eft dans fon fein que l'émulation, & l'exemple ont formé la plupart des Poetes fameux que Touloufe a produits. Il y a, à préfent, deux autres Académies, dans cette Ville: La principale fondée, en 1729, fous le titre de *fociété des fciences*, a été érigée, par des Lettres-Patentes du mois de Juin 1746, en *Académie Royale des Sciences, Infcriptions, & Belles-Lettres*: l'autre eft une *Académie Royale de Peinture, Sculpture, & Architecture*. On aura occafion, dans la fuite ** de cet ouvrage, de donner le détail de l'établiffement de ces deux Académies.

A LA MORT de Charles IV, qui décéda, le premier jour de Février 1228, fans enfans mâles, la groffeffe de la Reine, dont on efpéroit de voir naître un Prince, fit fufpendre la difpofition

(e) *Ann. de Touloufe*, tome 2. p. 398.

* Cette fleur qui n'étoit que d'argent, & du prix de 200 liv. a été portée à la valeur de 450 liv. par la libéralité de M. de Soubeyran d'Efcopon, membre de cette Académie, qui abandonna à la Ville le capital d'une rente conftituée pour fervir à cette augmentation. Elle fut faite en vertu des lettres-patentes du 19 Mai 1746. régiftrées au Parlement le 5 Juillet fuivant.

** Voyez la notice des Touloufains illuftres, aux articles de Gabriël de Vendages de Malapeyre, & de Bernard Dupuy.

de la Couronne : en attendant le terme de ces couches si intéressantes, on déféra la Régence du Royaume à Philippe de Valois, cousin-germain du feu Roi. La naissance d'une Princesse, mit fin à cette Régence; & Philippe VI. le chef de la branche Royale des Valois, monta sur le Trône, malgré les prétentions d'Édouard III. Roi d'Angleterre, que la Loi Salique excluoit formellement, puis qu'il n'avoit (*f*) d'autre titre, que les droits * d'Isabelle sa mere, fille de Philippe le Bel.

La Ville de Toulouse éprouva, en 1331, une révolution qui n'avoit point eu d'exemple dans l'histoire de ce Royaume. Le jour de Pâques un Capitoul, nommé (*g*) François de Gaure, accompagné de ses Domestiques, & d'un Soldat du Guet, rencontra, sur le soir, une troupe de gens, en armes, parmi lesquels étoient le Vicomte de Lautrec, & un Écolier, nommé Aymeric Berenger. A son approche, Berenger ayant mis l'épée à la main, Douat, un des Écuyers de Gaure, fit le même mouvement, pour défendre son maitre, & demanda à Berenger s'il en vouloit au Capitoul, à quoi Berenger ne répondit rien, & se retira, avec les autres: mais quelques momens après, comme le Capitoul entroit dans une petite rue, qui va du Rempart au Prémontardi, Berenger, & sa troupe, attaquerent ce Magistrat, sans qu'on sçache ** le motif qui les animoit; & malgré le secours de sa suite, qui se mit en même de le défendre, Berenger lui donna un coup, dont il le renversa par terre; & lui coupa le nés, & la machoire inférieure.

(*f*) *Abr. chron. de l'hist. de France.*
(*g*) *Ann. de Toulouse, tome 1. p. 69.*

* La faille se trompe, en disant qu'Édouard III. étoit fils de Marguerite, fille de Philippe le Hardi. (*tome 1. p. 66.*) elle s'appelloit Izabelle comme il est prouvé, par quatre vers latins, qui furent faits dans le temps, & qui ont été traduits depuis, dans le quatrain suivant.

Je suis Roi par double raison
Roi d'Angleterre en ma maison
Roi de France par ISABELLE
Pourquoi de France j'écartelle.

** Bardin, dans sa chronique, rapportée dans les preuves de l'hist. de Lang. *tome 4. p. 24.* raconte ce fait différemment, & dit, que plusieurs écoliers s'étant enivrés dans un cabaret appellé *la Taberna de Dona Alboina*, ils coururent la ville avec un grand tumulte causé par leurs cris, ou par le bruit qu'ils faisoient avec des instrumens de cuisine, ce qui obligea les Prédicateurs d'abandonner la chaire; sur quoi le Capitoul Gaure, étant sorti de l'Église, accompagné de cinq domestiques, pour faire cesser ce scandale, il reçut la blessure dont on vient de parler.

Sa chute allarma les féditieux : ils prirent la fuite, croyant de l'avoir tué.

Les autres Capitouls, juftement irrités, de l'attentat qu'on venoit de commettre contre un de leurs confreres, firent une exacte recherche des coupables, & arrêterent Berenger, la nuit même, avec quelques-uns de fes complices. Ils lui firent le procès, pendant les deux jours fuivans, & le condamnerent » à faire le cours » de la Ville, attaché à la queue d'un cheval, depuis l'Hôtel-de-» Ville, jufqu'au-devant de la maifon du Capitoul Gaure, où il » auroit le poing coupé, & delà traîné fur une Claie, aux Four-» ches patibulaires du Château Narbonnois, où il auroit la tête » tranchée, fon corps, & fa tête expofés aux Fourches, & fes » biens confifqués ; & à l'égard du Bâtard de Péne, on le délaiffa à » l'Official, comme on avoit fait auparavant fes trois autres freres. Plufieurs parens, & amis de Berenger firent tous leurs efforts, pour lui fauver la vie ; ils le firent révendiquer par le Grand-Vicaire de l'Archevêque, fous prétexte qu'il étoit Clerc : ils déclarerent appel de cette Sentence, prétendant que ce prévenu étant Ecolier, & Noble, il ne pouvoit être jugé que par le Sénéchal, & le Parlement de Paris : on n'eut aucun égard à ces oppofitions, qui étoient également mal fondées, dans le droit, & dans le fait ; la Sentence fut confirmée par le Lieutenant du Juge d'Appeaux, & exécutée, le Mercredi de Pâques.

Les parens de Berenger, inconfolables d'avoir échoué dans leur projet, n'ayant pu le fouftraire au châtiment qu'il méritoit, effayerent de faire rétablir fa mémoire. Ils porterent leurs plaintes au Parlement de Paris, où cette affaire, après avoir traîné, pendant quatre années, fut terminée par Arrêt du 18 Juillet 1335, rendu entre le Procureur-Général de ce Parlement, & le Sindic de la Ville de Touloufe. Il paroit, par l'expofé de cet Arrêt, que Lafaille a rapporté au long (h), que le Procureur-Général fondoit fa défenfe, fur ce que les Capitouls, n'ayant point de Jurifdiction, fur les Nobles, ni fur les Ecoliers, ni fur les Clercs, ils étoient incompétens pour juger Berenger, qui avoit, difoit-il, toutes ces qualités : il fe plaignoit de ce qu'ils avoient procédé à fon Jugement le Lundi, le Mardi, & le Mercredi de Pâques, qui font des jours fériés : il les accufoit d'avoir arraché de ce prévenu l'aveu de fon crime, par la force des tourmens, & par furprife, en lui faifant

(h) *Ann. de Touloufe*, tome 1. p. 86. aux pr.

fant entendre, que s'il l'avouoit, il ne pourroit être condamné qu'à une amende de dix fols Touloufains : il les blâmoit d'avoir méprifé la réquifition du Procureur du Roi du Sénéchal, & celle du Grand-Vicaire, qui révendiquoient ce criminel, comme leur jufticiable : il les accufoit de connivence, avec le Lieutenant du Juge d'Appeaux, qui avoit, difoit-il, confirmé leur Sentence, fans prendre connoiffance de cette affaire : il fe plaignoit de ce qu'il l'avoit faite exécuter, malgré l'appel, que le prévenu avoit formé devant le Sénéchal, & devant le Parlement : il accufoit enfin les Capitouls d'avoir engagé le Bourreau à le faire fouffrir davantage, en réitérant plufieurs coups, pour lui trancher la tête, ce qu'il auroit pu faire, fans revenir fi fouvent à la charge. Il fe plaignoit encore, contre les habitans, de ce qu'ils étoient venus en tumulte, au nombre de cinq mille, à l'Hôtel-de-Ville, demander, hautement, la punition de Berenger ; de ce qu'on avoit tenu une Délibération publique, pour engager les Capitouls à lui faire le procès ; enfin de ce que plufieurs habitans, avoient affecté de fouler aux pieds de leurs chevaux le corps de ce prévenu, & de ce qu'ils lui avoient jetté des pierres, tandis qu'on le menoit au fupplice. C'eft fur le fondement de tous ces griefs, dans lefquels on reconnoit bien qu'il fuivoit les inftructions des parens de Berenger, qu'il demandoit, non-feulement la punition des Capitouls ; mais encore que les biens de la Ville fuffent confifqués, & qu'elle fût privée du droit de Communauté.

Le Sindic de la Ville oppofoit à ces prétentions, que les Capitouls avoient droit, de tous les temps, de connoitre de toute forte de délits, commis dans la Ville, & Banlieue, tant par les Nobles, que les autres, ce qu'il juftifioit, par plufieurs exemples : il ajoutoit que Berenger, ayant été pris en flagrant délit, & à raifon de l'attrocité * du crime, qui pouvoit avoir de grandes fuites, & tirer à de grandes conféquences, on avoit pu procéder contre lui les jours fériés, ce qui étoit d'ailleurs autorifé, par plufieurs exemples, & par les Loix qu'on fuivoit dans ce temps-là : il foutenoit que Berenger avoit été convaincu, non-feulement par fon aveu, mais encore par la dépofition de plufieurs témoins, fans qu'on eût ufé de violence, ni de furprife, à cet égard ; que d'ailleurs, il

---

* L'on doit remarquer que dans ce temps là, & pendant tout le temps qui a précédé la fixation du Parlement dans Touloufe, & l'établiffement des autres Cours Souveraines, qui fubfiftent à préfent, la place de Capitoul étoit, une des premieres places de cette Province.

avoit avoué plusieurs autres crimes capitaux, tels que le vol, le viol, le faux témoignage, &c. il prétendoit que Berenger n'étoit, ni Noble, ni Clerc, qu'il ne portoit point l'habit ecclésiastique, ni lors du délit, ni lors qu'il fut arrêté : que sa qualité d'Ecolier n'avoit pas dû engager les Capitouls à se récuser, dans cette affaire, puis qu'ils avoient toute Jurisdiction sur les Ecoliers laïques : il soutenoit que la Sentence des Capitouls avoit été prononcée, devant le Lieutenant du Viguier, & confirmée par le Juge supérieur, en cause d'appel, après avoir entendu le prévenu, & connu la procédure : il prouvoit que l'exécution avoit été faite, non d'autorité des Officiers des Capitouls, mais d'autorité des Officiers Royaux ; & dédaigna, sans doute, de réfuter les allégations ridicules, & incroyables, qui avoient pour objet la prétendue connivence du Lieutenant du Juge d'Appeaux, & la prétendue subornation, dont on usa envers le Bourreau, pour rendre plus douloureux le supplice du Prévenu. Il défendoit aux griefs allégués contre les habitans, en disant que quand même, ils seroient allés à l'Hôtel-de-Ville, en grand nombre, demander la punition du meurtrier de François de Gaure, cette démarche ne pourroit être improuvée, dès-lors qu'il n'y avoit aucune preuve de sédition, ni de tumulte. Il affirmoit qu'il n'y avoit eu aucune assemblée publique, avant le Jugement de Berenger ; & qu'on n'avoit tenu de Conseil public, que pour enjoindre au Sindic de la Ville de prendre le fait & cause des Capitouls, pour défendre aux poursuites, intentées, par les parens, & les amis de Berenger.

On s'étonnera, sans doute, que malgré la solidité des raisons du Sindic, le Parlement de Paris n'y eut aucun égard ; il rendit un Arrêt qui ordonne » que le corps de Berenger sera enlevé des four-
» ches, & rendu à ses amis, & à ses parens, pour être enterré,
» avec les cérémonies de l'Eglise, qu'il sera fondé une Chapelle
» de 40 liv. de revenu annuel, pour faire prier Dieu pour le salut
» de l'ame du défunt : que la somme de 4000 liv. seroit distribuée
» à ses amis, & à ses parens, pour le remboursement des frais par
» eux faits à la poursuite de l'Arrêt ; la Cour se réservant de délibérer
» comment, & par qui le corps de Berenger seroit levé, ensemble
» de la sépulture, & de la Chapelle, comme aussi du fonds néces-
» saire, tant pour la fondation de cette Chapelle, que pour le rem-
» boursement des 4000 liv. payables aux amis, & aux parens de
» Berenger. Par le même Arrêt, la Ville, les Capitouls, & tous

» ſes habitans, étoient privés du droit de corps, & communauté,
» avec confiſcation au Roi du patrimoine de la Ville.

Ce Parlement députa trois * Commiſſaires, qui ſe rendirent à
Toulouſe vers la mi-Septembre, pour l'exécution de cet Arrêt. Ils
y procéderent ** de la maniere la plus ſatisfaiſante pour les parens
de Berenger : ſon corps fut enlevé des fourches, & inhumé ſolem-
nellement, au cimétiere de la Daurade ; les Capitouls furent caſ-
ſés, après quoi l'on donna au Viguier le Gouvernement de la Ville, & l'adminiſtration des affaires publiques : mais la Ville ayant
fait une députation vers le Roi, les choſes furent rétablies dans
leur premier état, moyennant une ſomme de 50000 l. *** ce qui
donne lieu à Lafaille de ſoupçonner (i), que le deſſein d'obtenir
de la Ville cette ſomme exorbitante, fut, peut-être, le motif ſecret
de l'Arrêt du Parlement de Paris. Quoi qu'il en ſoit, les nouveaux
Commiſſaires, qui vinrent conſommer cet accommodement, firent deux reglemens. Le premier fixoit **** la maniere d'élire, & de
créer les Capitouls, qui eſt à peu près, la même dont on procede
aujourdhui. Le ſecond reglement portoit qu'à l'avenir, de douze
Capitouls, il y en auroit huit de la Cité & quatre du Bourg.

L'APPARITION d'une Comete, qui ſe fit voir la nuit du Same-
di-Saint 1336, jetta la terreur dans Toulouſe. On ſçait quelles allarmes ces évenemens cauſoient, dans ces temps d'ignorance. Elles
redoublerent, à la vue d'un orage affreux, qui accompagna, par
hazard, cette apparition ; & un tremblement de terre, qui ſe fit ſentir, en même temps, & qui renverſa pluſieurs maiſons, dans ſes
différentes ſecouſſes, mit le comble à la déſolation : le peuple con-
ſterné, par ces prodiges terribles, ſe jetta, en foule, dans les Egliſes. Le calme ne diſſipa pas cette crainte ſalutaire. Pluſieurs jours

---

(i) *Ann. de Toulouſe*, tome I. aux preuves p. 93.

* Guillaume Flotte, qui fut depuis Chancelier de France ; Etienne d'Albert qui fut depuis Pape, ſous le nom d'Innocent VI. & Hugues d'Arſiac. On y joignit, par une commiſſion ſéparée, Sevarin de Rivonne, Sénéchal de Touloufe.
** Lafaille en rapporte le détail, d'après la chronique de Bardin. (*tome* I. page 76)
*** Cette ſomme feroit plus de cinq cens mille livres d'aujourdhui, puiſque le marc de l'argent ne valoit pas tout-à-fait cinq livres.
**** Chaque Capitoul devoit nommer ſix ſujets. Ces ſix étoient réduits à trois par douze Electeurs ; & après cette réduction, le Viguier en choiſiſſoit un pour chaque Capitoulat. C'eſt par ce reglement qu'on commença à déroger au droit qu'avoient les Capitouls de nommer leurs Succeſſeurs, purement & ſimplement.

furent consacrés à des prieres, à des jeûnes, à des mortifications; & chacun abandonna les actions de la vie civile, pour ne s'adonner qu'à des œuvres de piété. A peine étoit-on revenu de cette premiere allarme, qu'une maladie épidémique affligea cette Ville, & toutes celles des environs. Une légere fievre, & une hémorragie, que les Médecins ne pouvoient arrêter, caractérisoient cette maladie, qui fit périr, en peu de jours, une infinité de gens de tout âge, & de tout sexe.

On ne manqua pas de regarder la Comete, dont on vient de parler, comme le présage de cette contagion : mais on auroit pu l'envisager comme le signe d'un mal incomparablement plus funeste, & d'une plus grande étendue ; puisque cette année est l'époque de la guerre sanglante, qui arma, pendant plus d'un siecle la France contre l'Angleterre ; & qui mit, plus d'une fois, le Royaume à deux doigts de sa perte. La Guienne fut le théâtre de cette guerre, & Toulouse le rendez-vous ordinaire de nos troupes. Cette position, qui exposoit cette Ville aux armes des ennemis, détermina les Capitouls à la mettre en état de défense, avec d'autant plus de raison, que la guerre devenoit, tous les jours, plus opiniâtre. Dans ce dessein, ils demanderent au Roi, en 1345, qu'il leur fût permis d'imposer quatre deniers pour livre sur la viande, sur le vin, & sur le poisson, qu'on vendroit, dans Toulouse. Le Roi y consentit *; & accorda aussi la liberté de prendre du bois dans les Forêts du Fousseret, & de Saint Rome, jusqu'à la valeur de cinq cens livres, pour l'employer aux réparations des murs, portes, & ponts de cette Ville. On commença, en 1346, à bâtir les murailles qui forment, aujourdhui, son enceinte : elles avoient été démolies deux fois ; la premiere, par Simon de Montfort, après la bataille de Muret ; la seconde, après le Traité conclu, à Paris, entre le Roi Saint Louis, & Raymond VII, Comte de Toulouse. Cette nouvelle enceinte de murailles fut continuée, sur le fondement des anciennes, depuis le Château Narbonnois, jusqu'à l'angle rentrant, qui est, à quinze ou vingt toises, de la Porte *de Villeneuve* **, appellée depuis *du Ministre*. Là, l'on se détourna, pour enfermer dans la Ville, la plus

---

* Jean de France, Duc de Berri, permit aux Capitouls, en 1359, d'étendre cette imposition, sur toute sorte de denrées.

** Cette porte fut murée, en 1662, lors des troubles de la Religion; l'on y voit aujourdhui, une petite Chapelle dédiée à la Vierge.

grande partie du Bourg , qui comprend les deux Capitoulats de Saint Pierre , & de Saint Sernin.

Depuis la destruction de l'ancien Capitole , ruiné , sans doute, par les Visigoths , il n'y avoit point de Maison commune pour les assemblées publiques : elles se tenoient tantôt à la Daurade, tantôt à Saint Sernin , tantôt à Saint Quintin ; mais plus souvent , dans l'Eglise de Saint Pierre *de Cuisines*. Sous les Comtes de Toulouse, les Capitouls rendoient la justice , dans le Palais des Comtes ; & l'on ne trouve des vestiges de la Maison commune , qu'on appelloit *la Maison coumminal*, que vers l'an 1226 ; Catel assure (*k*) que cette Maison fut agrandie de plusieurs autres Maisons, en 1294 ; qu'en 1319, on y ajouta encore plusieurs tours, bâtimens, & jardins : ses bornes furent fixées , lors de la nouvelle construction des Remparts ; & ce n'est que depuis environ cent cinquante ans , & à différentes époques , qu'elle a été construite au point où elle est ; elle renferme * plusieurs grandes salles très-bien ornées , un Consistoire, ou salle du Conseil , & un très-bel Arsenal. L'on travaille à sa perfection , en y élevant une façade , qui efface la beauté de celle de tous les Hôtels-de-Ville du Royaume.

Les Capitouls acheterent , en 1350, une maison située à la rue *des Banc-Majours*, pour construire une Hâle à vendre le Poisson, & les autres denrées , pour y tenir le poids commun , &c. Le Roi de Navarre, Comte d'Evreux, Gouverneur pour le Roi, en Languedoc , leur en donna les émolumens , l'année suivante , avec la faculté de la posséder en propriété. Cette Hâle fut ôtée de ce quartier , par Arrêt du Parlement, en 1493 ; & transférée au bord de la Riviere, près le Pont vieux , où elle a toujours été depuis. Le Roi de Navarre, en sa qualité de Gouverneur de Languedoc , permit encore aux Capitouls d'acheter , à l'avenir, tous les lieux , & toutes les places , qui leur seroient nécessaires, sans payer aucun droit d'amortissement , pourvu que ce droit

---

(*k*) *Mém. de Lang.* page 181.

* On voit de plus dans l'enclos de l'Hôtel de Ville le poids de la Ville , ou le Bureau de la Commutation , dans lequel l'on apporte toutes les marchandises, pour le payement des droits. Ce poids fut établi en 1499. (*Catel*, p. 183.)

Il y a aussi dans le même enclos , le poids de l'huile , où l'on tient régistre de l'huile qui se porte à Toulouse , & du prix. Ce poids fut établi en 1530. (*id.*)

Enfin l'enclos de l'Hôtel de Ville renferme le Logis de l'Ecu , où l'on apporte les cuirs , linges , lins , chanvres , & plusieurs autres denrées , pour être départies par les Bailes des métiers, entre les artisans qui s'en servent. (*Id.* p. 184.)

n'excédât pas la somme de six cens livres. Les termes dont il se sert, dans ses lettres, sont remarquables, en ce qu'ils sont semblables à ceux que le Roi emploie : *de nôtre certaine science, grace spéciale, & puissance Royale, &c.* il étoit Gouverneur pour le Roi Jean, qui avoit succédé à Philippe VI, son pere, mort le 23 Août 1350.

La mort de ce Monarque n'avoit rien changé aux affaires de l'Etat. Le Roi Jean, qui s'étoit signalé contre les Anglois au siege d'Aiguillon, n'étant que Duc de Normandie, continua la guerre : mais il eut moins de succès que son pere. Edouard, Prince de Galles, résolu de jetter l'épouvante parmi les François, partit de Bordeaux, au mois d'Octobre 1355, avec une puissante Armée. Il parcourut une partie de la Guienne, & du Languedoc, mettant le feu aux Faux-Bourgs des Villes & Villages, & revint dans sa place d'armes, avec un butin considérable, & beaucoup de prisonniers. Cette premiere irruption avoit si bien réussi, qu'il tenta, l'année suivante * 1356, de faire le même pillage, dans l'Auvergne, & dans le Poitou. Le Roi de France, irrité de ces hostilités, marcha à grandes journées, pour s'opposer à ce dangereux ennemi. Il le joignit, près de Poitiers, en un lieu nommé Maupertuis, où il s'étoit campé très-avantageusement. L'approche de l'Armée Françoise effraya Edouard : il écouta les propositions d'accommodement, que le Pape vouloit moyenner entre ces deux Princes : on ne put cependant conclure aucune paix, parce que le Roi de France s'obstina à exiger qu'Edouard se rendît son prisonnier.

L'armée Angloise n'étoit que de huit mille hommes, mais tous d'une bravoure à l'épreuve, & résolus de vaincre ou de mourir. Celle de France étoit composée de quatre vingts mille hommes, & pouvoit, par conséquent, tenir les Anglois assiégés dans leur camp, & les forcer à se rendre. C'étoit l'avis des Officiers les plus prudens. Le caractere vif, & impétueux du Roi de France ne s'accommoda pas de cette lenteur. Il voulut forcer les ennemis dans leurs retranchemens. Il les attaqua, avec feu, le 19 Septembre 1356 ; le combat fut long, & opiniâtre. La valeur du Roi, précipita sa défaite : Il s'exposa avec tant de témérité qu'il fut fait prisonnier ; & sa prise fixa la victoire du côté des Anglois.

---

* C'est cette seconde irruption, qui détermina les habitans de Toulouse à faire démolir, & transférer dans la Ville, les Monasteres, les Eglises, & tous les édifices qui étoient dans les Fauxbourgs.

La perte de cette bataille auroit entraîné celle de l'État, sans la prudence de Charles Dauphin, qui prit la Régence du Royaume, & sans la générosité des Etats de Languedoc. Jamais Régence ne fut plus traversée. Charles assembla, les Etats généraux, qui bien loin de lui accorder quelque secours, oserent insulter à son infortune, par des propositions insolentes. Paris le menaçoit d'une révolte prochaine. Il en partit, résolu d'aller, de Ville en Ville, demander dans les Provinces, un secours, qu'il ne trouvoit point dans la Capitale. Son espérance fut vaine. Il ne trouva, par-tout, que des esprits refroidis, qui sembloient attendre, avec tranquillité, la ruine de leur Patrie ; & c'en étoit fait du Royaume, sans un exemple de zele, & de fidélité, que les Etats de Languedoc donnerent à toute la France. Ils s'assemblerent à Toulouse, au mois d'Octobre 1356, accorderent au Régent une somme considérable ; délibérerent de mettre sur pied cinq mille gens d'armes, à la solde de la Province, pour aller, par-tout où le Dauphin trouveroit à propos, durant tout le temps que la guerre dureroit avec l'Angleterre. Enfin ils ajouterent, à ce puissant secours, les marques * d'une vive sensibilité aux malheurs qui affligeoient si justement le Royaume.

Cette assemblée des Etats de la Province, a un rapport si intime avec l'histoire de cette Ville, qu'il est indispensable, pour l'intelligence des faits qu'on rapportera dans la suite, de donner une idée de son origine, des changemens qu'elle a essuyés, de son état actuel, & de ses privileges. On fait remonter (*l*) l'origine des Etats de Languedoc aux assemblées des notables qui étoient en usage, dans la Gaule Narbonnoise, avant qu'elle passât sous la domination des Romains. Cet usage fut rétabli par l'Empereur Honorius ou Honoré, dans une Constitution de l'an 417, par laquelle il rend à la Ville d'Arles, la prérogative d'assembler les sept Provinces, tous les ans, avec injonction à chaque Province, en général, & à chaque Ville en particulier, de députer, à cette assemblée, des personnes notables, outre ceux qui, par leur emploi, avoient droit d'y assister. Cet usage fut souvent interrompu, sous les Rois Visigoths, & sous les premiers Comtes : cependant il reste plusieurs monumens, qui prouvent, que les Etats s'assem-

---

(*l*) *Histoire générale de Languedoc*, tome I. pag. 175.

* Cette délibération, si honorable à la Province de Languedoc, est rapportée au long dans les Annales de Toulouse, tome I. pag. 93. aux preuves.

bloient, assez regulierement, sous les derniers Comtes, & depuis la réunion du Comté à la Couronne. Il est vrai qu'ils n'étoient pas convoqués avec autant de solemnité qu'aujourdhui, ni dans la même forme. Car comme la Province appartenoit à différens Seigneurs, chacun d'eux assembloit les peuples, qui lui étoient soumis; & même, après la réunion du Comté à la Couronne, nos Rois les assembloient, quelquefois, par Sénéchaussées: mais comme ces différentes convocations mettoient une plus grande difficulté dans la distribution des impositions, on trouva à propos de convoquer les Sénéchaussées en un seul corps. Ce ne fut que vers le commencement du XVI. siecle, qu'ils prirent une forme plus certaine, & plus réguliere, dans leur convocation. Ils l'ont conservée jusqu'à présent, (1759) comme on peut s'en convaincre, par les Régistres de cette assemblée, qui remontent jusqu'à l'an 1500.

Elle est composée de trois Archevêques, vingt Evêques, qui sont les députés de leur Diocese, pour le Clergé, & qui peuvent commettre un député à leur place. D'un Comte, d'un Vicomte, & de vingt & un Barons *, qui sont les députés des Dioceses pour la Noblesse, & qui peuvent aussi commettre à leur place, pourvu qu'ils choisissent un Gentilhomme; de trente-sept députés des Villes, pour le tiers état; vingt & huit députés des Dioceses; trois Sindics Généraux de la Province; deux Secrétaires & Greffiers des Etats; un Trésorier de la Bourse, un Huissier. On a souvent contesté à l'Archevêque de Narbonne le droit de présider, sur-tout lorsque cette Assemblée étoit convoquée hors de son Diocese. L'Archevêque de Toulouse, l'Evêque de Montauban; & quelques autres, ont présidé dans leurs Dioceses: mais depuis le regne de Charles VII, & en conformité des délibérations des Etats, la présidence a toujours appartenu à l'Archevêque de Narbonne, & à son défaut, successivement à l'Archevêque de Toulouse, à l'Archevêque d'Albi, au plus ancien Evêque. Outre ces députés qui forment le corps des Etats, & qui ont seuls voix délibérative, dans les Assemblées, il y a le Gouverneur, ou le Commandant de la Province, les trois Lieutenans de Roi, un Commissaire de chaque Bureau des Finances, & l'Intendant de la Province, qui se rendent dans cette Assemblée,

pour

---

* Le droit d'entrer aux Etats est attaché à vingt & trois terres de la Province, appellées Baronies; & outre la possession de ces terres, il faut prouver cent ans de Noblesse, pour jouir de ce droit.

pour l'informer des intentions, ou des demandes du Roi : mais ils se retirent lors qu'on opine sur leurs propositions, & ils ne donnent leur avis dans aucune affaire.

Le principal objet de l'Assemblée des Etats est, aujourdhui, le même qu'il étoit, lors que cette Province étoit sous la domination des Romains. Comm'elle jouissoit, alors, du droit Italique, c'est-à-dire, de l'exemption du payement des tributs, elle s'assembloit seulement pour offrir, par ses députés, le vœu pour la conservation de l'Empire, & pour la santé de l'Empereur ; & ce vœu étoit accompagné d'offrandes volontaires de certaines sommes appellées *Oblations*, ou *Octrois*. Elle se maintint dans cette possession, sous les Rois Visigoths, & sous les Comtes, ce qui résulte du testament de Raimond VII. dans lequel il déclare, que les sommes qu'il a retirées des habitans de Toulouse, & de ses autres sujets, étoient des censives volontaires, qu'ils lui avoient faites libéralement, & sans y être obligés. Le même privilege est confirmé par des lettres-patentes, de l'an 1270, données à Aiguesmortes par Alfonse, dernier Comte de Toulouse, où il déclare, formellement, que ce qui lui a été donné par ses sujets, pour faire le voyage de la Terre-Sainte, n'est qu'une subvention volontaire, & gratuite, qui ne peut pas tirer à conséquence, pour les obliger, à l'avenir, d'en faire de semblables, sous quelque prétexte que ce soit. Aussi lorsque le Sénéchal de Carcassonne prit possession, en 1271, du Comté de Toulouse, pour le Roi Philippe le Hardi, il promit de maintenir les peuples dans leurs usages & privileges, qui consistoient, à ne rien exiger d'eux, que par leur consentement, donné dans une Assemblée générale. Cette promesse fut confirmée, peu de temps après, par ce même Roi. Ses successeurs n'y ont porté aucune atteinte, avec d'autant plus de raison que, de cette maniere, ils ont exigé, plus facilement, les sommes que le Languedoc doit payer, pour supporter les charges de l'Etat. On fait aussi, dans cette Assemblée la répartition des impositions, que chaque Diocese doit supporter. Enfin on y traite toutes les affaires qui intéressent la Province, pour la perception de ses revenus, pour ses emprunts, & ses remboursemens, & généralement pour toutes ses dépenses ordinaires, & extraordinaires.

LA GÉNÉROSITÉ des Etats de Languedoc fut comme la crise de la léthargie, où la France étoit plongée, & sera un sujet éternel d'éloge pour cette Province. Tous les François s'armerent pour la délivrance de leur Souverain. Une trêve de deux ans prépara les deux Rois à la paix : mais par un évenement étrange, cette trêve, en établissant le calme dans tout le Royaume, causa une sédition dans Toulouse, en 1357.

Le même esprit de zele pour le bien public, qui avoit animé les Etats, dans l'Assemblée de l'année précédente, les détermina à ordonner la continuation de la levée du *Capage*, ou Capitation, jusqu'à la fin de la guerre, quoiqu'il fût porté par un des articles de l'Octroi, que ce subside cesseroit dès que les deux Rois seroient convenus d'une trêve, ou de la paix. Le peuple, toujours plus sensible à un vil intérêt qu'au bien public, apprit cette Délibération avec fureur. Il s'atroupa, prit les armes, courut, en foule, au Château Narbonnois, dans le dessein de tuer le Comte d'Armagnac, Lieutenant de Roi en Languedoc, qui avoit présidé à ces Etats, & de faire subir la même peine à tous les Officiers du Roi. Le Comte se défendit, durant tout un jour, dans ce Château, où les factieux l'assiégerent à coups de pierres, & de fléches embrasées. Il s'évada, pendant la nuit : son évasion ranima la rage de cette vile populace. Desespérée de son départ, elle s'en prit au Château, & aux Maisons des Officiers du Roi, les pilla, & y mit le feu. Un pareil attentat ne resta pas impuni. Le Comte laissa appaiser le tumulte, & châtia, ensuite, rigoureusement une partie des coupables.

La paix de Brétigni succéda à la trêve, & le Roi fut délivré de sa prison, le 8 Mai 1360. Par un article de cette paix, il s'étoit engagé à donner, en ôtage, pour la sureté de sa rançon, deux Citoyens des plus considérables des dix-huit principales Villes de France. Celle de Toulouse députa à Calais deux de ses habitans, dont on ignore le nom, & la qualité. Après la mort du Roi Jean, qui finit ses jours, le 8 Avril 1364, à Londres, où il avoit été pour applanir quelques difficultés qui différoient l'entiere exécution du traité de Brétigni. Charles V. son fils, monta sur le Trône, dont il avoit été le soutien pendant sa Régence. Ce Trône étoit encore chancelant : mais les grandes qualités de ce nouveau Roi l'affermirent, malgré les desordres qui l'environnoient. Jamais la France n'avoit été dans un état si déplorable. Elle retentissoit du murmure des peuples accablés sous le poids des impôts exorbitans, mais nécessaires pour la rançon du Roi, leur produit étoit perdu pour l'Etat. Le Royaume étoit dépourvu de finances, désolé par les ravages d'une troupe de Brigans, que leur nombre mettoit à l'abri d'une juste punition, & se voyoit à la veille de soutenir une guerre, dont le Roi de Navarre le menaçoit.

Charles V. remédia à tout par son habileté : il se hâta d'étouffer cette guerre dans sa naissance, en se liguant, en 1364, avec Pierre IV. Roi d'Arragon, le seul ennemi qui pût allarmer le Roi de Navarre, & l'obliger à demander la paix. Toulouse vit former cette ligue dans son sein : mais elle ne jouit pas du fruit qu'elle produisit dans le reste du Royaume. L'élite de sa noblesse excitée d'abord par l'amour de la gloire, & ensuite par nécessité, prit les armes, & périt dans plusieurs combats, dont voici le sujet. Les troupes Angloises, composées de Brigands, qu'on nommoit, *les Compagnies*, avoient infecté long-temps le Languedoc, & refusé, malgré le traité de Brétigni, d'évacuer plusieurs places. La déposition que le Pape venoit de prononcer contre Pierre le Cruel, Roi de Castille, pour avoir empoisonné la Reine, son épouse, fit disparoître ces compagnies pour quelque-temps. Elles furent conduites en Espagne par Duguesclin, le plus grand Capitaine de son siecle, qui passa les Monts avec Jean de Bourbon, Comte de la Marche, & de Beaujeu, pour venger la mort de la Reine de Castille, issue * du sang de France.

Mezerai rapporte que Duguesclin fût accompagné dans cette fameuse expédition, par un grand nombre de noblesse volontaire : & nous apprenons d'un auteur contemporain, que parmi cette brave noblesse il y avoit beaucoup de Toulousains. Cet auteur décrit les circonstances particulieres de cette guerre, dans une piece de vers en langage Toulousain, adressée à Dame Clémence, & qu'on a déja citée. L'auteur dit dans cet Ode, qui contient environ trois cens vers, que ces Toulousains (m) partirent de l'Eglise St. Sernin, au nombre de quatre cens, après avoir fait chanter une grand'messe. Il en nomme jusqu'à quatre-vingts **, parmi les-

(m) *Mondis.*

* Blanche de Bourbon, sœur de Jeanne femme de Charles V.

** Be partigoun de bon mayti,
Touts lous Moundis de San Sarni,
Aprés ab' ausit Messa grana,
E' toutis ples de debouceu,
Ramplits de la gracia de Déu,
S'en aneguén dret à l'Espagna.
Entre touts éron quate cens,
Entre lous quals les plus balens

E' estimats dins las palestras,
E'ron Pagan, Joan Sarabella,
Simon Lautréc, Pol d'Auziella,
Lou Majour Suau, Joan de Restra,
Luc Castelnau, Joan Monlaudéri,
Carles Cenon, Marc Sabouneri,
Arnoul Trayct, & Huc Amati,
Amalric Vinnes, Guilhot Garrigue,

quels, il y en a plusieurs, issus des maisons les plus distinguées, & qui subsistent, encore avec éclat. Il décrit ensuite avec beaucoup d'art, & de précision, les premiers succès de cette armée, sa défaite, la prison de Duguesclin, sa délivrance, ses nouvelles victoires ; il termine son ouvrage en rapportant le nom * des Toulousains les plus recommandables qui périrent dans ces différens combats.

Pierre reçut la juste punition de son crime, & périt de la propre main de Henri son frere, Comte de Transtamare, qui devint son successeur. Il vengea ainsi la mort de sa mere **, de son frere, de sa belle-sœur, & les différens attentats, que Pierre avoit formés contre sa vie.

Pendant le cours de cette guerre, & sans doute après la défaite de Duguesclin, les Compagnies étoient rentrées en France, en

---

Joan Talairan, Gleon Pelehigues,
Bertrand Monluc, Pol Monpesati.
  Mateu Lalu, Joan Larroquo,
Guitrad Colom, Claude Lapocquo,
Mateu, & Arnaud Josse, Laubreins,
Hugo Burgada, Joan Caraboudas,
Joan Martin, Bartoumeu Lourdas,
Pons Aurola, Joanot de Moulens,
  Gerard Berféil, Gaston de Lambes
Richard Léon, Dab-Joan d'Ambres,
Paul de Buel, Robert Blaignaco,
Estebe Seiches, Antoni Porta,
Portal Delpont, Joan de Torta,
Bertrand Falgar, Péy de Preynaco,
  Miquel Monlau, Joan de Morlanos,
Joan Ganelou é Paul Massanos,

Joan Goyrans, Hébert Abellana,
Huc Lespinassa, Joan Montelli,
Péy Montarsi, Joanot Morelli,
Joan de Grammont, Guilhot Dellana,
  Gaillard Touloufa, Arnaud Bernard,
Bernard Deubourg, Simon Termat,
Péy Montardi, Gleon Roaxio,
Joan Brisson, Mateu Bousquetti,
Sans, Guilabert, Pau Nogareti,
Joan Bascou, Joan Santibartio.
  Poton Pestél, Medard Lacosta,
Arman Monluc, Carles Delosta,
André Bounet, é Joan Barrassi,
Jacques Soules, Joan Montferran,
Gilles S. Loup, Joan Montaudran,
Joan Estebé, Miqueu Galassi......

* Entre lousquals lous pus balens
E'ron Matheu Josse Laubreins,
Louqual se perdouc ent'à Nadres,
Et éro un brabe Arbalesté,
Que n'éro jamas lou darré,
Tabes léu fouc embiat ad padres.
  Joan d'Ambres lou millou lancé
Mouric à Burgos lou prumé,
Seiches, Monluc, Leon, Brefféil,
A Madrid fégoun lours aunous,
Fort plourats de lours compagnous,
Ses causa, pus qu'en l'armo al Cél.

Bernat, Castelnau, Joan Marti,
Joan Carabodas, Mondousi,
E'ron los lous pus renommats,
Entre touts nostes cabailhés,
Per ana planta lous beillés,
Mas certo y fougoun matats.
  Dus cens autres brabes Moundis,
Demourégen per lous camis,
Se parla de tant de Noublessa,
De Nourmans, Navarres, Gascous,
Frances, Aragous ou Bretous,
Qu'aquo fa beni grand tristessa.....

** Elle avoit été maitresse d'Alfonse IX. pere de Pierre.

1366, dans le deffein de ravager le pays de Foix, & les environs de Touloufe. Le bruit de leurs hoftilités parvint bientôt, jufqu'à cette Ville. Guy d'Afay, Sénéchal, réfolu de leur fermer le paffage, leva des troupes; & appella à fon fecours les Sénéchaux de Carcaffonne & de Beaucaire, qui lui amenerent toute la nobleffe de leur Sénéchauffée. Ils fe mirent en marche contre ces brigands, fans pouvoir les empêcher de fe jetter dans Montauban. Defefpérés d'avoir manqué leur coup, & ne voulant pas pofer les armes fans combattre, ils les bloquerent dans cette Ville, quoiqu'elle fût fous l'obéiffance du Prince de Galles. A la manœuvre de d'Afay, les Compagnies connurent fon deffein. Les travaux d'un fiege les effrayerent, elles réfolurent de fortir de la Ville, & de fe faire jour l'épée à la main. C'étoit les meilleures troupes de l'Europe, & les nôtres étoient l'élite de la nobleffe de Languedoc. Une égale bravoure rendit le combat très-opiniâtre: après une longue réfiftance les Anglois lâcherent le pied, & furent pourfuivis jufqu'aux barrieres de Montauban. Ils étoient fur le point d'être taillés en pieces, lorfqu'un fecours inopiné de quatre cens lances, vint fondre fur les Touloufains, déjà hors d'haleine, & leur arracha la victoire. Les compagnies ranimées par ce renfort, recommencerent le combat, avec un acharnement, qui tenoit plus de la rage, que d'une véritable valeur. Nos troupes furent, entierement mifes en déroute. Les trois Sénéchaux, le Vicomte de Narbonne, celui d'Uzés, & plufieurs autres grands Seigneurs y perdirent la vie, ou furent faits prifonniers.

Cette défaite répandit le deuil dans Touloufe, & un nouvel accident mit le comble à la trifteffe qui régnoit dans cette Ville. Il s'éleva un différend entre le Grand-Vicaire de l'Archevêque, & les Capitouls. Ils le firent mettre en prifon; le Pape Urbain V, pour punir cette entreprife, jetta un interdit fur la Ville, & fur toutes les Eglifes. Cette cérémonie * terrible, répandit la confternation parmi le peuple. On fe hâta de fe foumettre, par une députation

---

* On dépouilloit entierement les autels; on pofoit les Croix, les Reliquaires, les Images, & les Statues des Saints à platte terre: & on les couvroit entierement, en figne de deuil. L'ufage des cloches ceffoit: on les defcendoit même des clochers. De tous les Sacremens, on n'adminiftroit que le Baptême, aux enfans nouveaux nés, & la confeffion, & la Communion, ou Viatique, aux mourans. La meffe n'étoit célébrée dans les Eglifes, qu'à huis clos. L'ufage de la viande étoit défendu comme en Carême; & l'on pouffoit la rigueur jufqu'à défendre de fe faluer, de fe rafer, & de faire la tonfure, & les cheveux aux Prêtres, & aux Clercs.

vers le Pape, qui donna son absolution, après que les députés eurent fait une réparation publique devant la porte de son Palais.

Depuis le traité de Brétigni, Edouard Prince de Galles, ne cessoit d'accabler la Guienne par des subsides extraordinaires. Les habitans de cette Province, poussés à bout, par cette vexation, se déterminerent à porter leurs plaintes au Roi de France. Ils étoient excités & soutenus par plusieurs Seigneurs gascons, jaloux de ce que ce Prince ne favorisoit de ses graces que les Anglois naturels; & ils engagerent Charles V, en 1368, à ajourner Edouard devant la Cour des Pairs. Le Prince, indigné de ce procédé, répondit » qu'il ne manqueroit pas de comparoitre, à la tête de soi- » xante mille hommes. « Cette fiere réponse, jointe au mauvais traitement qu'il fit aux envoyés du Roi, sous un frivole prétexte, fut le signal de la rupture, entre les deux Monarques. La guerre recommença, avec plus de fureur que jamais. Les Seigneurs gascons, dont on vient de parler, parmi lesquels l'histoire nomme le Vicomte de Carmaing, ou Caraman, le Comte de Comminges, celui de Périgord, le Seigneur d'Albret, &c... se mirent en campagne, en 1369, avec une armée de dix mille hommes, ravagerent le Querci; prirent Réalville d'assaut, avec le secours de quatre grandes machines, qu'ils envoyerent chercher, à l'Arsenal de Toulouse; & passerent la Garnison au fil de l'épée.

Tout concouroit à la défaite des Anglois. Jean Cardaillac, Archevêque de Toulouse, alla de Ville en Ville, représenter, si vivement aux peuples, les droits de Charles, & l'obligation où ils étoient de sécouer le joug du Roi d'Angleterre, que ses conquêtes surpasserent celles de nos guerriers. Il gagna, lui seul, à la France, soixante Villes, places, ou forteresses. La campagne de 1370, fût encore plus funeste aux Anglois. Charles V, fit entrer deux armées dans la Guienne, l'une par le Limousin, & l'autre par le Languedoc. Cette derniere étoit sous les ordres du Duc d'Anjou, Gouverneur de cette Province, & sous la conduite de Bertrand Duguesclin, qui étoit revenu d'Espagne, & que le Roi avoit décoré de l'épée de Connêtable. Rien ne put arrêter les progrès de ce vaillant Capitaine. Il prit Moissac, Agen, le Port Sainte Marie, Aiguillon, que cent mille hommes n'avoient pu prendre, en 1346; & porta la terreur, & le feu jusqu'aux portes de Bordeaux. Ces rapides conquêtes lui donnerent l'entrée dans presque toutes les Villes de Guienne, & de Poitou. Le départ du Prince de Galles pour l'Angleterre acheva de ruiner les affaires des Anglois; ils auroient été entierement chassés de notre continent, sans une trêve de quatre ans, que Grégoire XI. obtint entre les deux Rois en 1373.

Le même Pape nomma, cette année (*m*), trois Cardinaux, pour juger un procès, que le Prévôt & le Chapitre St. Etienne avoient intenté aux Capitouls. Les premiers prétendoient que dans la construction des nouveaux murs de la Ville, depuis la porte Montolieu, jusqu'à celle de St. Etienne, on avoit pris plusieurs maisons, & jardins qui leur appartenoient. Cette affaire fut terminée, à l'amiable, par l'Abbé de Masgranier, Collecteur des Droits Apostoliques, que les Cardinaux avoient délégué à ce sujet. Les Parties convinrent que le Prévôt & le Chapitre, auroient l'usage des murs, & des tours, dans la longueur de leur Eglise, & de leur cloître, à condition qu'en temps de guerre, ils seroient tenus de donner passage, tant de jour que de nuit, à la garde de la Ville. La transaction qui fut passée est le titre, en vertu duquel le Prévôt, & les Chanoines de cette Métropole jouissent des murailles, & des tours qu'ils occupent.

EDOUARD, Roi d'Angleterre mourut en 1377. & la trêve qu'il avoit faite avec Charles V. expira. La minorité de Richard, son petit-fils, & son successeur, hâta la décadence des affaires des Anglois. Le Duc d'Anjou, & le Connêtable Duguesclin, rentrerent dans la Guienne à la tête d'une armée, & prirent, selon Nicole-Gilles, jusqu'à cent trente-quatre places, ou forteresses. C'est pendant cette brillante campagne que la Duchesse d'Anjou accoucha, dans Toulouse le 7 d'Octobre 1377, d'un fils nommé Louis, qui fut baptisé par l'Archevêque de cette Ville, & qui monta (*n*) depuis sur le trône de Naples. Charles V. ne survécut pas long-temps à ses triomphes. Il mourut, le 16 de Septembre 1380. âgé de quarante-quatre ans, regreté de tous ses sujets, laissant deux fils en bas âge, Charles, & Louis, qui fut depuis Duc d'Orléans. Le premier lui succéda sous le nom de Charles VI ; & ses trois oncles partagerent entr'eux le gouvernement, pendant sa minorité. Le Duc d'Anjou prit la Régence du Royaume ; le Duc de Bourgogne se chargea de l'éducation du Roi, & de son frere ; & le Duc de Berri se contenta du Gouvernement de Languedoc.

Cette Province déjà ruinée par les extorsions du Duc d'Anjou en éprouva encore de nouvelles de ce Gouverneur. Elle eut beau

---

(*m*) *Annales*, tome 1. page 120.
(*n*) *Voyez ci-après la notice des Illustres.*

HISTOIRE DE LA VILLE

appeller à son secours, en 1381, Gaston Phœbus Comte de Foix, le Seigneur le plus renommé de son siecle, cette démarche ne fit que la rendre plus coupable aux yeux du Duc de Berri. Il la réduisit aux abois par de nouvelles contributions.

Cependant on profita de l'expiration de la trêve entre la France & l'Angleterre, pour armer contre ce Royaume. On équipa au nom du Roi, en 1385, la plus grande flotte que la France ait jamais mis en mer : & pour cet armement, on imposa une taille si forte, qu'en plusieurs endroits, & sur-tout dans le Languedoc, elle surpassoit le revenu des biens. Cet appareil, & ce grand nombre de vaisseaux, dont on auroit pu, au rapport des historiens, faire un Pont sur la Manche, ne furent d'aucune utilité. On détourna le Roi du dessein qu'on lui avoit inspiré; & ses oncles furent accusés de ne lui avoir donné ce conseil que pour profiter des trésors immenses, ramassés pour cette expédition.

Charles VI. parvenu à sa majorité, fut sensible aux plaintes de ses sujets. Il prit, en 1388, le gouvernement des affaires du Royaume, & la résolution de venir, en personne dans le Languedoc, pour remédier aux desordres que le Duc de Berri avoit causés dans cette Province. Il arriva * à Toulouse le 29 de Novembre 1389 : Voici le détail qu'un Auteur (o) contemporain nous a donné de son Entrée dans cette Ville. » Si partit de Carcassonne le Roi, & al-
» la à Toulouse, où tout Languedoc attendoit, & fut reçu & fê-
» toyé si grandement, que c'étoit merveilles de voir celle liesse ; &
» y avoit tant de gens ez rues pour le regarder, qu'on ne pouvoit
» passer : si étoient les rues, par où il passoit, encourtinées, & pa-
» rées d'ornemens riches & beaux ; & les Consuls de la Ville vétus
» d'habits royaux, riches & beaux, porterent le Poële au Roi ; &
» les suivoient les Processions, l'Université & le Clergé, dont il y
» avoit moult ; & auprès du Roi étoient le Duc d'Orléans, de Berri,
» de Bourbon ; & assez loing d'eux les Barons & Seigneurs du Pays :
» puis le Sénéchal & le Viguier en leur endroit ; & les suivoient par
» ordre les Gens de métier, vétus de livrée, & portant Banniere
» de leur office ; & par où le Roi alloit, les tables, parmi Toulou-
» se

(o) Durronv. vie du Duc de Bourbon, chap. 70. Hist. générale de Languedoc, tome 4. page 394.

* C'est le premier fait historique qui est rapporté dans les Annales de l'Hôtel de Ville : mais on n'y donne point le détail de son entrée.

» se étoient mises, où toutes manieres de Gens bûvoient & man-
» geoient en passant ; & en celle joie, alla le Roi, à la maitresse Egli-
» se louer Dieu, & de-là, au Châtel Narbonnois, son Royal Hôtel,
» où il demeura un mois, &c.

Charles V I. séjourna à Toulouse jusqu'au 7 de Janvier 1389 (1390) pendant ce temps, il donna audience, aux députés des Villes : il écouta leurs plaintes : il destitua un grand nombre d'Officiers, qui avoient été placés, par le Duc de Berri, en un mot, il rendit la Province très-satisfaite en remédiant à ses maux, & en y mettant un ordre, qui auroit fait son bonheur, si l'infirmité dont il fut attaqué, bien-tôt après, n'avoit rendu à ses oncles une autorité, dont ils abuserent, pour accabler ses habitans.

Froissard historien contemporain du Roi Charles VI, qui l'accompagna dans ce voyage, & qui fut témoin oculaire de la visite que Gaston Phœbus Comte de Foix lui rendit, pendant son séjour à Toulouse, nous en a laissé la rélation. * On la rapportera telle qu'elle est dans cet auteur, pour faire connoître le langage & les mœurs de ce siecle. »Le Comte de Foix qui demeuré étoit à Mazeres
» ne mit pas en oubli le voyage qu'il devoit faire : mais se pourvut
» très-grandement, & étoit ja pourvû : car bien savoit la venue
» du Roi. Si envoya devant à Toulouse, faire ses pourveances
» grandes, & grosses, ainsi comme lui appartenoit, & avoit man-
» dé Ecuyers, & Chevaliers du Bearn, plus de cent, pour lui ser-
» vir, & accompagner dans ce voyage, au jour que le Comte de
» Foix avoit mis & assigné, &...... « il entra en la Cité de Toulou-
» se, ainsi qu'à basses vêpres & se tint tout le jour, & toute la nuit
» en son hôtel. Au lendemain à dix heures, il monta à cheval, &
» monterent ceux qui ordonnés y étoient, pour aller avec lui de-
» vers le Roi, & furent plus de deux cens Chevaliers, tous hom-
» mes d'honneur, & s'en vint en cet état, tout au long, parmi les
» rues, jusques au Chastel de Toulouse, où le Roi étoit logé, &
» descendit devant la premiere place du Chastel. Varlets prirent
» & tindrent les chevaux. Le Comte & ses gens monterent les dé-
» grés de la Grand-Salle. Le Roi de France étoit issu de sa cham-
» bre, & venu en la salle, & là attendoit le Comte, que moult
» désiroit de voir, pour les grandes vaillances de lui, & de sa
» bonne renommée. Le Comte de Foix, qui étoit un beau Prince,
» & de très-belle forme, & de belle taille, à nu-chef, uns cheveux

---

* Elle est, au long, dans les Annales de Toulouse, tome 1. page 139.

» toûs épars ; car oncques ne portoit chaperon, entra en la falle ;
» & lors qu'il vit le Roi, & les Seigneurs de France & fon oncle,
» pour honorer le Roi, & non autrui, il s'agenouilla, tout bas
» d'un genouil, & puis fe leva, & paffa avant, & à la feconde fois
» il s'agenouilla moult près du Roi. Le Roi le prit par la main, &
» l'embraffa & leva fus, & lui dit, *Comte de Foix, beau Coufin,*
» *vous êtes le bien venu ; votre vue & venue nous réjouit moult gran-*
» *dement. Monfeigneur*, répondit le Comte de Foix, *grand merci*
» *quand tant vous en plait à dire.* Là eurent Parlement, enfemble,
» le Roi, & le Comte de Foix, lefquelles paroles je ne pus pas
» toutes ouïr, ne fçavoir ; & puis fut heure de dîner. On donna
» l'eau, on lava, & puis on s'affit. A celle Table fut au premier
» chef l'Archevêque * de Touloufe, puis le Roi, puis fon oncle le
» Duc de Bourbon, puis le Comte de Foix, & puis Meffire Jean
» de Bourbon Comte de la Marche, & de Vendofme. A celle
» Table n'y en eut plus. A la feconde Table fit-on affeoir Meffire
» Jean de Labret Comte de Harecourt, Meffire Philippe de Bar,
» & quatre des Chevaliers du Comte de Foix. A l'autre Table
» s'affirent le Maréchal de Sancerre, Meffire Roger d'Efpagne, &
» huit des Chevaliers du Comte de Foix. Si fut ce dîné moult
» grand, & bien éroſé de toutes chofes ; & quand on eût dîné on
» leva les tables, & après graces rendues, on prit autres ébate-
» mens ; & furent le Roi & les Seigneurs en étant fur leurs pieds,
» en chambre de parement, près de deux heures, en oyant mene-
» triers, car le Comte de Foix s'y delectoit grandement. Après
» tout ce on apporta vin & épices, & fervit du drageoir devant le
» Roi de France tant feulement le Comte de Harecourt, & Meffire
» Girard de la Pierre devant le Duc de Bourbon, & Meffire Mou-
» vans de Nouailles devant le Comte de Foix. Après tous ces Etats,
» environ fur le point de quatr'heures après None, le Comte
» de Foix prit congé au Roi. Le Roi lui donna & auffi le Duc
» de Bourbon, & les autres Seigneurs. Il iffit hors de la falle,
» & vint en la court, & trouva fes chevaux tous prêts, & fes
» gens tous apareillés, qui l'attendoient. Si monta ledit Comte
» & monterent tous ceux qui accompagner le devoient, ou
» vouloient, & s'en retourna arriere en fon Hôtel, & fe con-
» tenta grandement de la bonne chere, & recueilleté que le
» Roi de France lui avoit faite ; & lui retourné en fon hôtel s'en

* Jean de Cardaillac.

» loua bienfort, à ses Chevaliers. Entre le Roi de France & le
» Comte de Foix, eux étant & séjournant en la Cité de Toulouse,
» y eut grands traités & appointemens d'amour, & grand peine y
» rendirent le Maréchal de France & le Sire de la Riviere, pour-
» tant qu'ils veoient que le Roi s'inclinoit & veoit, volontiers, le
» Comte de Foix, & aussi son oncle le Duc de Bourbon le témoi-
» gnoit. Le Comte de Foix donna un jour à dîner à Monseigneur
» le Duc de Touraine, à Monseigneur le Duc de Bourbon, au
» Comte de la Marche, & à tous les Seigneurs de France, & fut
» ce dîner outre mesure grand & bel, & grand foison y eut de
» mets, & sceans à table plus de cens Chevaliers, & servoient les-
» dits Seigneurs les Chevaliers au Comte de Foix; & sur le point
» que les tables furent levées, le Roi de France, qui avoit dîné au
» Chastel de Toulouse, & Messire Charles de Labret, & Messire
» Charles de Bar, ses deux cousins germains, ne se peut tenir,
» qu'il ne vint voir la compagnie. Il vint à l'hôtel du Comte de
» Foix, lui douzieme tant seulement. Le Comte de Foix, à la ve-
» nue du Roi, pourceque tant s'étoit humilié que de venir jusqu'à
» lui, fut grandement réjoui, & aussi fut toute la compagnie. S'y
» y fut fait plusieurs ébatemens, & s'éprouvoient tous ces Gascons,
» & ces François à la luite, l'un contre l'autre, ou à jetter la pier-
» re, ou à traire la Darde au plus loin, & au plus haut, & là fu-
» rent jusqu'à la nuit, que le Roi & les Seigneurs s'en retourne-
» rent. Le Comte de Foix donna ce jour aux Chevaliers & Ecuyers
» du Roi, & du Duc de Touraine, & du Duc de Bourbon plus de
» soixante que Coursiers, que Palefrois, que Mulets tous emblans
» scellés & apprêtés de tous points. Si donna aux Menetriers
» du Roi, & du Duc de Touraine & du Duc de Bourbon, deux
» couronnes d'or, & aux Hérauts deux cens couronnes d'or aussi.
» Tous se louöient des largesses du Comte de Foix.

Il reste encore à Toulouse un monument singulier du séjour de
Charles VI. dans cette Ville, & d'une avanture qui lui arriva. On
voit sur la muraille du Cloître des RR. PP. Carmes, joignant la
Chapelle de Notre-Dame d'Espérance, une peinture * à Fraisque,
fort ancienne, où un Roi de France est représenté à cheval, s'in-
clinant devant une Image de la Sainte Vierge, avec sept Seigneurs
à pied, dont la cotte d'armes porte les Armoiries. On lit avec quelque peine leur ** nom au bas de leur portrait, qui paroit peint au

* Elle est représentée dans l'Histoire génér. de Lang. tom. 4. pag. 396.
** Le Duc de Touraine frere du Roi; le Duc de Bourbon, Pierre de Na-

naturel. Le fonds du tableau est chargé de loups, de sangliers, & d'autres bêtes sauvages. Au plus haut il y a une frise, où sont peints des Anges portant en leurs mains des banderolles, sur lesquelles le mot *Espérance*, est trois fois écrit. Sur cela on raconte que le Roi Charles VI, pendant son séjour à Toulouse, alla à la chasse dans la Forêt de Bouconne, avec plusieurs Seigneurs de sa Cour : que la nuit l'y surprit : & qu'il s'égara. On ajoute que la crainte d'être dévoré par les bêtes fauves lui inspira de faire un vœu à cette Chapelle : qu'aussitôt la nuit s'éclaircit, & que le Roi, & tous les Seigneurs de sa suite sortirent heureusement de la Forêt. Suivant cette tradition, la peinture dont on a parlé représente l'accomplissement de ce vœu, en l'honneur duquel ce Roi institua un Ordre de *Chevaliers de Notre-Dame de l'Espérance*, qui avoient pour devise trois fois le mot *Espérance* ; la frise de cette peinture représente les atttibuts de cet Ordre. Ce fait qui n'avoit d'autre fondement qu'une tradition constante, & cette peinture, est devenu authentique depuis qu'on a découvert une fondation *, datée du 5. Janvier 1389. (1390.) adressée au Roi Charles VI. & aux Barons, Chevaliers & Ecuyers, qui sont de l'Ordre *de la Ceinture de l'Espérance*, dans laquelle les RR. PP. Carmes de Toulouse s'engagent à célébrer, tous les jours une Messe pour eux, dans la Chapelle de Notre-Dame d'Espérance, les associent aux prieres de la Communauté, &c.

LE ROI avoit donné un Edit à Narbonne portant qu'à l'avenir, les Capitouls de Toulouse & les Consuls de toutes les autres Villes de Languedoc seroient fixés au nombre de quatre. Cet Edit fut exécuté en ** 1389. mais ces Magistrats ayant remontré que ce petit nombre ne suffisoit pas pour la Police ; & pour la Garde de cette grande Ville, exposée sans cesse aux armes des ennemis, Charles leur permit d'augmenter ce nombre de deux, & deux ans après il fit une pareille augmentation, ce qui forma le nombre de huit. L'an 1401 ils furent augmentés de quatre ; enfin en 1438. ils furent réduits au nombre de huit, qui a subsisté jusqu'à présent.

Une trêve de vingt-huit ans que Richard II Roi d'Angleterre fit, en 1394, avec la France, fut scellée par le mariage de ce Roi, avec Isabelle, fille de Charles VI. Ce mariage fut suivi de la paix,

---

varre Comte d'Evreux, Henry de Bar, Philippe d'Artois Comte d'Eu, Olivier Clisson Connétable de France, Enguerrand Sire de Couci.

* Elle est rapportée au long dans l'Hist. génér. de Lang. tome 4. page 380, aux preuves.

** Voyez le premier Régistre de l'Hôtel de Ville.

en 1395. elle paroissoit bien cimentée, lorsque les malheurs de Richard, que ses sujets eurent la cruauté de déposer, & de massacrer inhumainement, en 1399, renouvellerent la guerre, avec plus de fureur que jamais. Cette guerre ne fut pas la seule que la France eut à soutenir : il s'en alluma une autre, dans son sein, le 23 Novembre 1407, par le meurtre du Duc d'Orléans, dont le Duc de Bourgogne étoit l'auteur. Les partisans de ces deux Princes formerent deux factions, qui se firent une guerre cruelle, ce qui fut la principale cause du progrès des armes Angloises.

BARDIN raconte une petite histoire, qui mérite d'être rapportée, par sa singularité, d'autant plus, qu'elle regarde une des principales maisons de cette Ville, & que cet Auteur, vivoit dans ce temps-là. Anselme Izalguier * quitta sa patrie, dès sa jeunesse, pour aller voyager. Il parcourut l'Europe, & l'Asie; passa en Afrique, & s'arrêta dans la Ville de Gago, capitale de la Nigritie. Son cœur, libre jusqu'alors, ou du moins légerement blessé par les traits de l'Amour, ne put résister aux charmes d'une jeune negresse, nommée Salucazaïs, très-riche, & d'une famille distinguée, parmi ces peuples. Il en devint passionnément amoureux. Salucazaïs fut sensible à son tour; & ses parens la rendirent plus tendre, en combattant ses sentimens. On avoit beau la gêner. L'amour, toujours ingénieux avec succès, quand il est violent, & réciproque, lui facilitoit les moyens de voir son amant. Ils se jurerent un amour éternel; & bientôt, la mort les délivra de cette cruelle gêne, en enlevant, presqu'en même-temps, le pere & la mere de Salucazaïs. Héritiere d'une fortune brillante, elle n'estima de tous ses biens, que la liberté de disposer d'elle-même en fa-

* Cette maison, originaire du Lauragois, a formé plusieurs branches, depuis son établissement dans cette Ville. L'une de ces branches subsiste encore à Toulouse : celle des anciens Barons de Clermont est fondue dans la maison de Rochechouard, qui a recueilli la plus grande partie des biens de cette branche par le mariage d'une fille, qui étoit sœur de la premiere femme du Maréchal de Monluc : celle des anciens Barons de Castelnau d'Estretefonds subsiste dans la personne des sieurs Margastau d'Aupentaille : celle des anciens Seigneurs de Fourquevaux, d'Audars, & d'Auterrive, subsiste aussi dans les Seigneurs de Merenvielle près Gimont. La maison d'Izalguier possédoit, dès l'an 1340, un grand nombre de terres aux environs de Toulouse, & beaucoup de censives dans la même Ville, ce qui servit de prétexte à Raymond Izalguier, pour prendre, dans son Testament, la qualité de Co-seigneur de Toulouse, d'où plusieurs personnes ont présumé, que les Izalguiers descendoient des Comtes de Toulouse. On voit encore le tombeau de ce Raymond Izalguier, dans une Chapelle du cloître des PP. Bénédictins de la Daurade.

veur d'Ifalguier. La Religion Mahométane, qu'elle profeffoit, n'empêcha pas leur mariage. Ils fe donnerent mutuellement leur foi ; & vécurent, quelque-temps, dans Gago, cachant, avec foin, aux yeux du public, une union, qui expofoit leur vie à la rigueur des Loix. La crainte d'être découverts, jointe au defir de revoir fa patrie, infpira à Izalguier, la réfolution de retourner en France. Il le propofa à Salucazaïs ; elle y confentit avec joie. Tous les climats lui étoient indifférens, pourvû qu'elle fût avec fon époux. Ils arriverent heureufement à Marfeille, en 1413, chargés de richeffes immenfes, accompagnés de fix efclaves, & portant avec eux, une fille, le plus précieux gage de leurs amours.

L'arrivée d'Anfelme dans Touloufe, après douze ans d'abfence, répandit la joie dans le cœur de fes parens, & de fes concitoyens. fon premier foin fut de convertir fa femme, & toute fa fuite, à la Religion chrétienne : leur fille, à laquelle on donna le nom de Marthe, dans le baptême, étoit noire, comme fa mere, à l'exception d'une ligne blanche, qu'elle avoit fur le front : mais malgré la couleur de fon teint, fes traits étoient fi réguliers, fes yeux fi beaux, que Bardin, qui l'avoit vue, fans doute, lui donne le prix de la beauté, fur toutes les perfonnes de cette Ville. On la maria, à l'âge de dix-huit ans, avec Eugene, de l'illuftre maifon de Faudoas*. De ce mariage, nâquit un fils, noir comme fa mere, qu'on appelloit communément *le morou de Faudoas*, & qui fut un des plus vaillans hommes de fon fiecle. Parmi les Efclaves, dont on a parlé, il y en avoit un très-habile, dans la connoiffance des fimples, qui guériffoit toute forte de maladies par des vomitifs. Charles VII, étant encore Dauphin, éprouva la vertu de fes remedes, en 1419 : il fut guéri, dans cinq jours, d'une fievre chaude, très-dangereufe. Bardin attribue auffi aux remedes de cet Efclave, la guérifon d'une pleuréfie, dont il fut attaqué.

Cet auteur, dont l'atteftation ne doit plus être fufpecte, puifqu'il vivoit dans ce temps-là, raconte, dans fa chronique, un évenement bien extraordinaire. Il tomba, au printemps de l'an 1415,

* Cette maifon dont la Nobleffe remonte au XI. fiecle à tiré fon nom de la Baronie de Faudoas, au pays de Lomagne dans le Diocéfe de Montauban. Elle a produit un Ambaffadeur, de France en Efpagne en 1381. un Chambellan du Roi Charles VII. Sénéchal d'Agenois, & d'Armagnac en 1431, & plufieurs autres grands hommes dont l'hiftoire fait mention. La maifon de Rochechouard à hérité en 1517, des biens de la principale branche de Faudoas-Barbazan, par le mariage de Catherine fille unique de Beraud.

une si prodigieuse quantité de sauterelles, sur les preds des environs de Toulouse, que dans peu de jours, elles eurent dévoré toute l'herbe. La crainte de perdre la récolte du bled, inspira un expédient assez singulier. On arma douze mille habitans, de fléaux, ou fouets, formés avec des lisieres de cuir, au bout desquelles pendoient des rosettes de fer : on les répandit dans la campagne, séparés par bandes ; tous ces insectes furent exterminés ; & la moisson fut conservée. Le même Auteur remarque, que par le conseil des Médecins, on fit des tas de ces animaux ; & qu'on y mit le feu, de peur qu'ils ne corrompissent l'air.

L'habileté de ces Médecins sauva, cette même année, à deux Saints Religieux, la réputation de sainteté, qu'ils couroient grand risque de perdre, par un événement, dont Bardin fait aussi mention. Un Cordelier, disant la Messe dans l'Eglise de son Ordre, & faisant la genuflexion ordinaire, après l'élevation du calice, demeura immobile, les yeux ouverts, & élevés vers le ciel. Le Frere qui le servoit à l'Autel, surpris de le voir, si long-temps, dans cet état, s'approcha de lui, le sécoua, mais en vain : ceux qui entendoient la Messe s'en apperçurent, crierent, aussi-tôt au miracle ; & coururent répandre cette nouvelle, qui attira une grande foule dans cette Eglise. Chacun étoit dans l'étonnement, lorsqu'un Médecin nommé Natalis, s'approcha du Religieux ; lui tâta le poulx ; & dit qu'il n'y avoit point de miracle ; que ce n'étoit qu'une maladie fort dangereuse, & fort difficile à guérir. Sur cela on l'enleva de l'Autel. Un autre Prêtre prend sa place, pour achever la Messe : mais à peine celui-ci eut commencé la Priere dominicale, qu'il fut frappé du même saisissement, en sorte qu'il fallut l'emporter. Ce double accident, qui tenoit du prodige, jetta l'étonnement dans tous les esprits. On n'hésita pas à l'attribuer à une juste punition de Dieu ; & à croire que ces Religieux, qui passoient pour des Saints, étoient coupables de quelques crimes cachés. Les Moines, aussi émus que le peuple, osoient, à peine, regarder l'Autel. Il falloit cependant achever la Messe : on choisit le moins effrayé, qui l'acheva. L'opinion des Médecins fut, à l'égard du premier, qu'il avoit été surpris, dans ce moment, par une maladie, qu'ils appellent *Catoche*, ou *Catalepsie* ; & pour le second, que ce ne pouvoit être qu'un effet de sa peur, & de son imagination frappée.

LE DAUPHIN, qui avoit pris la qualité de Régent du Royaume, voulut récompenser cette Province du zele qu'elle avoit montré pour lui, dans ces temps de troubles. Il fixa, par des

Lettres * Patentes, données à Carcaſſonne, le 20 Mars 1419, (1420), le Parlement à Toulouſe, avec tous les caracteres d'un Parlement ſédentaire. Il étoit compoſé d'un Préſident, & de douze Conſeillers; & fut inſtallé, avec beaucoup de pompe, le 29 Mai ſuivant. Dominique de Florence Archevêque de Toulouſe, qui en fut le premier Préſident, célébra, dans ſa Métropole, une Meſſe ſolemnelle du Saint Eſprit. Ayant enſuite quitté ſes habits ſacerdotaux, à l'exception du Rochet, il ſe revêtit de la robe de Préſident, & du Mortier, & ſe rendit, en proceſſion, au Palais, ſous un Dais, porté par les Capitouls, précédé de tout le Clergé ſéculier, & régulier, accompagné de ceux qui étoient déſignés pour compoſer la Cour de Parlement; & ſuivi d'une nombreuſe nobleſſe,

* » Charles fils du Roi de France, Régent du Royaume, &c..... ſçavoir,
» faiſons que nous voulons, à notre pouvoir, les ſujets deſdits pays, & autres,
» garder de tous griefs, peines, couſtemens, & travaux, attendu grandement
» la grande, & loyale obéiſſance, qu'ils ont, tout temps eue envers mondit
» Seigneur, & ont envers nous, comme ils nous ont par effet montré, en quoi
» ils perſevereront toujours, ſi Dieu plaît, comme promis & juré le nous ont.
» Ces choſes conſiderées, & autres, que à ce nous ont meu, & meuvent, &
» pour la conſervation deſdits pays, & des manans, & habitans en iceux, &
» leur relievement: avec grande & meure déliberation de pluſieurs de notre
» ſang & lignage, & autres du Grand'Conſeil de mondit Seigneur & notre, tant
» Prélats que Barons, & autres en grand nombre. Avons de notre certaine
» ſcience, & autorité Royale, dont nous uſons, ordonné, & inſtitué, par ces
» préſentes, un Parlement, & Cour Capitale, & Souveraine, pour ledit pays
» de Languedoc, & Duché de Guienne deçà la Dourdoigne, en laquelle
» Cour, toutes les autres Cours des Sénéchauſſées, Bailliages, Vigueries, &
» autres Juriſdictions quelconques, deſdits pays de Languedoc, & Duché de
» Guienne, deçà la Dourdoigne, auront leur reſſort & dernier réfuge. Laquel-
» le Cour Souveraine nous voulons, de préſent, ſeoir, & être tenue, en
» la bonne Ville & Cité de Toloſe, par douze perſonnes, ſçavoir un Prélat,
» & onze autres notables perſonnes des pays de Languedoc, tant Clercs com-
» me Laïs, Conſeillers de mondit Seigneur, & notres, & deux Greffiers, que
» par nos autres Lettres nous nommerons, & declarerons, plus à plein, aux-
» quels douze, onze, dix, neuf, huit ou ſept, nous avons donné, & donnons,
» par ces Préſentes, plein pouvoir autorité & Mandement ſpécial, de connoître,
» décider, & déterminer de toutes cauſes d'appel de reſſort, que autres quel-
» conques civiles, & criminelles, ez dits pays, de donner & prononcer ſur ce
» Sentences, tant interlocutoires que définitives, en vertu d'Arrêt, deſquels il
» ne loiſe à aucun d'appeller, ni reclamer, en quelque maniere que ce ſoit:
» & généralement de faire toutes autres choſes, qu'on a accoutumé de faire,
» au temps paſſé, en la Cour Capitale, & Souveraine de Parlement de mon-
» dit Seigneur, qui ſe tenoit à Paris. Si donnons en Mandement, &c. (*Catel.*
» *Mem. de Lang. pag.* 248.)

blesse, & d'un concours immense de peuple, attiré par la nouveauté & par la magnificence de ce spectacle. On avoit préparé dans la grande salle *, un Trône, semé de fleurs de lys, sur lequel il se plaça. Il écouta, debout & nu tête, la lecture de l'Edit qui établissoit le Parlement : après quoi il s'assit, se couvrit de son Mortier, & prononça l'Arrêt de Régistre de cet Edit, & qu'en conséquence, le Parlement seroit fixé, dans cette Ville, pour y continuer ses séances, dans la suite. Enfin il fit nommer ceux ** que le Dauphin avoit choisis pour remplir les places de Conseillers. On les revêtit de leur robe rouge ; & ils prêterent, à genoux, le serment ordinaire. Le Roi avoit ordonné, par ses Lettres-Patentes, qu'il falloit, au moins sept Officiers, pour former un Arrêt : mais la grande multiplicité des affaires, tant civiles que criminelles, l'obligea de donner une nouvelle Déclaration (o), le 6 Novembre 1421, pour réduire ce nombre à cinq : il leur permit, outre cela, de choisir, deux Conseillers-clercs, & trois Conseillers-laïs, pour les aider dans l'expédition des procès.

Le premier Arrêt, rendu par cette Cour, en matiere criminelle, causa une espece de schisme, dans cette Ville, & précipita, suivant quelques auteurs, la mort du premier Président. Philippe Guerbaud, habitant de Toulouse, fut accusé d'avoir proféré des blasphêmes horribles. On lui fit son procès, en enveloppant, dans la même accusation un nommé Bardou, *pour avoir écouté ces blasphêmes, en silence.* Guerbaud fut condamné à avoir la langue coupée, & la tête tranchée ; & Bardou fut renvoyé à l'Inquisiteur de la Foi, qui le condamna à jeûner, en prison, au pain & à

(o) *Rapportée par Catel. pag.* 250.

---

* C'est l'endroit où est aujourdhui le Greffe criminel, qu'on appelloit alors la Salle neuve.

Président
Dominique de Florence *Archevêque de Toulouse.*
** *Conseillers Laïs.*   *Conseillers Clercs.*

Antoine Ardouin	Pierre de la Chesne
Pierre de Roaix	Aynard de Roaix
Jean Bardin	Jacques Martin
Antoine de Montaut	Guillaume de Pressiac
Bernard de Pozanis	André Donat
Estienne de Voisins	*Greffiers.*
	Bertrand de Hautepome.
	Jean du Bordonanchis.

{ *Histoire générale de Languedoc, tom.* 4. *aux preuves, pag.* 135. }

l'eau, pendant deux mois, le Mercredi, & le Samedi de chaque semaine. Le premier Président prononça lui-même l'Arrêt de Guerbaud; auffi-tôt les Religieux de Touloufe, & principalement les Cordeliers, & les Dominicains, s'éleverent contre lui, & prétendirent qu'il s'étoit rendu irrégulier, & qu'il avoit perdu fa Jurifdiction fpirituelle, jufqu'à ce qu'il fût réhabilité. Ils publioient, dans des écrits féditieux, que ceux qui obéiroient à fes ordres, dans les chofes fpirituelles, pêcheroient mortellement: que fes fuffragans pouvoient, & devoient même élire un autre Archevêque. de fon côté il en produifoit pour fa juftification, & pour fe plaindre, fur-tout, des Dominicains qui le pourfuivoient avec acharnement, quoiqu'il fût de leur Ordre, & qu'il en portât toujours l'habit. Enfin pour arrêter les progrès que fes ennemis pourroient faire fur l'efprit du peuple, & pour l'inftruire dans une affaire, qui faifoit tant du bruit, il monta en Chaire, un Dimanche, dans fa Métropole, prononça un Difcours très-fçavant; & juftifia fa conduite par une foule d'exemples, choifis dans l'hiftoire de l'Eglife, & dans les Livres faints. Il le termina, en déclarant excommuniés, tous ceux qui tenoient des opinions contraires aux fiennes. Les Moines appellerent de cette excommunication, au Concile Provincial, & au Pape. Martin V, commit Guillaume de Chalençon, Evêque du Puy, pour examiner le fait, en rendre compte à la Cour de Rome, qui fe réfervoit la décifion; & en même-temps, pour abfoudre, en fecret, l'Archevêque par *interim*. Ce Commiffaire apoftolique exécuta fa commiffion, au commencement de Novembre 1422, il appella, dans fa maifon, le premier Préfident, & lui donna l'abfolution, en préfence de trois de fes Domeftiques. La mort de cet Archevêque, arrivée à la fin du mois fuivant, mit fin à cette affaire, qui n'eut point d'autres fuites. On doit remarquer, que le Parlement s'oppofa à ce que ce Commiffaire donnât l'abfolution au premier Préfident dans le Palais, pour ne pas fouffrir qu'on fît un Acte de Jurifdiction Papale, dans le même Tribunal, où fe rendoit la juftice fouveraine du Roi. Il refufa auffi de lui donner féance, jufqu'à ce qu'il eût déclaré, que ce n'étoit point comme Commiffaire Apoftolique, mais feulement, comme Evêque qu'il fiegeroit.

CHARLES VII. parvint au Trône de France en 1422, malgré la Déclaration de Charles VI, fon pere, qui l'en excluoit, & malgré les efforts des Anglois, qui vouloient l'en écarter. En 1424, il accorda aux Capitouls des Lettres-Patentes, par lefquelles, il mit sous sa protection, & sauve-garde, une Maison de débauche, dont la corruption des mœurs avoit permis l'établissement, dans Toulouse, depuis plusieurs siecles, & dont la Ville retiroit un revenu annuel. Les fréquentes insultes qu'on faisoit à cette Maison, tolérée par les Magistrats, les détermina à demander ces Lettres, que Catel a inférées (p) au long dans ses Mémoires de Languedoc. Elles renferment une particularité remarquable ; les Capitouls y représentent au Roi, *que certaines gens de mauvaise vie, entreprennent d'aller casser les vitres de cette Maison, sans avoir la crainte de Dieu,* (non verentes Deum). N'est-il pas singulier, de voir rejetter l'offense de Dieu, sur des vitres cassées, plutôt que sur les débauches, qu'on commettoit dans ce lieu infame ? Voici ce qu'on a pu recueillir, dans les Régistres de l'Hôtel-de-Ville, & dans les Auteurs, au sujet de cette Maison.

Du temps des Comtes, elle étoit à la rue de Comminges, d'où elle fut transférée au Fauxbourg St. Cyprien, par une Ordonnance de 1201, & ensuite, hors des murs de la Ville, près la porte des Crozes. C'est-là qu'elle étoit, lorsque les Capitouls obtinrent du Roi la Sauvegarde, dont on vient de parler. On la transféra, bientôt après, dans l'enceinte de la Ville, au même quartier des Crozes : mais les Ecoles de l'Université ayant été bâties, dans ce quartier, on ôta aux écoliers ce dangereux voisinage. Ces filles appellées *las fillas communas*, passerent alors au Pré-Montardi, dans une maison que la Ville acheta exprès, & qu'on nomma, dès-lors, *Château-verd*. Les Capitouls les avoient obligées de porter certains chaperons, & cordons blancs : mais le Roi Charles VI. pendant son séjour à Toulouse, leur accorda la permission (q) de porter telles robbes, & de telle couleur qu'elles voudroient, à condition qu'elles porteroient à un bras seulement, une jarretiere de drap, de couleur différente de la robbe. Dans cette Ordonnance, on leur donne le nom de *filles de joye du Bordel de Toulouse*, dit *la grande Abbaye*.

Quelques années avant qu'elles ne fussent placées au Pré-Montardi, un Cordelier, grand Prédicateur, nommé P. Mathieu, en convertit une grande partie, les porta * à se cloîtrer, & engagea

---

(p) *Pag.* 187.
(q) *Hist. génér. de Lang.* tom. 4. pag. 379. *aux preuves.*

---

* Cet évenement est constaté par le tableau qu'on voit dans le premier Régître des Annales de l'Hôtel de Ville, sous l'an 1516.

la Ville à leur acheter, en 1516, une maison dans la rue des Couteliers. C'est aujourdhui un Couvent respectable, appellé *les Augustines*, ou le Couvent *de la Magdelaine*.

Malgré la conversion de celles, dont on vient de parler, la Communauté de ces filles perdues ne laissa pas de subsister, & de continuer ses prostitutions. On accusoit les Capitouls d'employer le revenu de cette maison à l'achat de leurs robbes. Cette raillerie les piqua. Ils délibérerent de le donner aux Hôpitaux : mais les Administrateurs de ces maisons, ayant reconnu que ce présent leur étoit à charge, le rendirent à la Ville, cinq ans après, parce qu'il ne suffisoit pas, pour faire guérir celles qui étoient attaquées du mal de Naples. Alors, les Capitouls assemblerent un Conseil de Ville, pour décider ce qu'on devoit faire de ce revenu, ou s'il ne seroit pas plus décent, & conforme aux bonnes mœurs de supprimer entierement cette maison. Il fut résolu, dans ce Conseil, auquel présidoit le premier Président de Mansencal, accompagné d'un Président à Mortier, de deux Conseillers, de l'Abbé de la Caze-Dieu, premier Président aux Enquêtes de Paris, du Juge-Mage, & de plusieurs autres Magistrats, qu'on différeroit cette suppression ; & que ce revenu seroit employé à des œuvres pies, à la discrétion des Capitouls. Il est constant (r) qu'elle subsista, jusqu'en 1557 ; & qu'elle se ruina, d'elle-même, par la désertion de toutes ces filles, occasionnée par une Ordonnance des Capitouls. La peste, dont Toulouse étoit affligée, détermina ces Magistrats à leur enjoindre de se tenir renfermées, sous peine de fouet. Ce châtiment, qu'on fit subir à quelques-unes, effraya si fort leurs compagnes, qu'elles abandonnerent cette Maison.

Les grandes Villes furent toujours également l'azile du vice, & de la vertu. Pendant que Toulouse, toléroit, ainsi le libertinage, elle retint, dans son sein, cinq Moines, appellés *Jésuates*, ou Clercs Apostoliques, recommandables par leur sainteté. Ils étoient venus des contrées d'Italie, vivoient de leur travail, & observoient un jeûne perpétuel. Leur habit étoit d'un gros drap blanc, couvert d'un capuce de même, & d'un manteau blanc & noir. La sainteté de leur Institut, approuvé par le Saint Siege, inspira aux Capitouls le dessein de les établir, dans cette Ville. Ils leur accorderent, le 18 Avril 1425, une piece de terre, & un petit Oratoire, qu'il y avoit, alors, hors de la Porte Montolieu. Les pé-

(r) *Ann. de Toulouse*, tom. 1. p. 189.

nibles travaux de ces saints personnages, pendant la peste qui survint, cette même année, en priverent bientôt cette Ville. Embrasés de zele, ils étoient infatigables auprès des malades, il y en eut quatre qui moururent, en vrais martyrs de la charité : le cinquieme s'en retourna en Italie.

Cette maladie, qui commençoit par une fievre brûlante, étoit accompagnée d'une petite tumeur à la tempe gauche, luisante d'abord comme un verre, & mortelle dès qu'elle devenoit livide. On ne trouva aucun remede pour prévenir, ou guérir ce mal, qui fit périr plusieurs milliers de personnes, de tout sexe, & de toute condition. La désolation fut générale. Le Parlement mit fin à ses séances, & se transféra à Béziers, avec le consentement du Dauphin, qui accorda à ses Officiers, mille quatre cens livres, de crue, sur leurs gages, pour les dédommager des fraix, qu'ils avoient faits pour se transporter dans cette Ville. Ils continuoient d'y rendre la justice, lorsque les États généraux, assemblés à Chinon, obtinrent du Roi la réunion de ce Parlement à celui de Paris, séant à Poitiers. Il y a cela de remarquable, dans ces Lettres-Patentes *, datées du 7 Octobre, 1428, que les Officiers du Parlement de Languedoc furent incorporés, dans celui de Poitiers, en conservant le rang de leur reception.

Les Edits, qui avoient confirmé aux Capitouls le droit de faire le procès à toute sorte de coupables, & sur-tout aux Blasphémateurs, n'empêcherent pas l'Inquisiteur de la Foi de le leur disputer. Il fut débouté de sa prétention, en 1426, par une Ordonnance du Sénéchal, qui lui fit défense, de même qu'au Viguier, & au Juge d'Appeaux, de les troubler dans l'exercice de la justice criminelle. On punissoit les coupables, pour de légers blasphêmes, en les plongeant, à trois reprises, dans la Riviere, enfermés dans une Cage de fer. Cette peine est destinée, aujourdhui, aux femmes prostituées, & à celles qui leur prêtent un infame ministere.

TOUT LE MONDE connoît les malheurs qui précéderent la gloire de Charles VII. On sçait que ce Monarque, dépouillé de la plus grande partie de ses Etats, épuisé de finances, dépourvu de troupes, abandonné de ses alliés, n'ayant que la Ville d'Orléans, qui tînt encore pour lui, étoit sur le point, en 1428, de se cantoner dans le Dauphiné, lorsqu'une jeune bergere, nommée

---

* Elles sont rapportées au long dans l'hist. gén. de Lang. tom. 4. p. 434. aux preuves.

Jeanne d'Arc *, le fit triompher de fes ennemis, & le rétablit, en 1429, fur le trône, dont il avoit été prefque chaffé. Quelque extraordinaire que foit cet événement, on donne encore des larmes à la fin tragique de cette libératrice de la France, que les Anglois eurent la barbarie de faire brûler, le 14 Juin 1431, comme forciére, pour fe venger du mauvais fuccès de leurs armes.

Charles VII, paifible poffeffeur de fon Royaume, y rétablit le calme, & le bon ordre. Il fit, dans ce deffein, plufieurs voyages, dans le Dauphiné, l'Auvergne, & le Languedoc; & préfida aux Etats de cette Province, en 1433, 1435, 1437, & 1439. Ce fut en conféquence de la Requête, qui lui fut préfentée par les députés de ces Etats, & en attendant qu'il rétablît le Parlement de Touloufe, qu'il rendit une Ordonnance ** le 30 Janvier 1437. (1438.) par laquelle il nomma les fix Commiffaires, qu'il avoit établis, généraux fur la juftice des Aydes, pour connoître, en dernier reffort, de la juftice civile, & criminelle dans cette Province; ce qui forma une efpece de Confeil fouverain; mais dont la Jurifdiction étoit bornée à une certaine fomme pour le Civil, & à certains délits pour le Criminel. Catel, dans fes Mémoires de Languedoc, rapporte (s) des Lettres-Patentes, données à Montpellier, le 18 Avril 1437, par lefquelles, le Roi établit un Parlement, & un *Sceel*, dans le Languedoc: mais ces Lettres, que Catel avoue n'avoir trouvées dans aucun Régiftre, mais feulement dans un ancien livre, paroiffent fuppofées, & renferment une contradiction, puifqu'elles font concourir l'an de grace 1437, avec le feptieme du Regne de Charles: au lieu que depuis le 22 Octobre 1437, il étoit dans la feizieme année de fon Regne.

Le Dauphin qui accompagna le Roi dans cette Province, profita de cette occafion pour voir Touloufe. Il fit fon entrée *** (t) dans cette Ville, le 25 Mai 1439, & y fut reçu avec la plus grande magnificence.

Les foins que le Roi fe donnoit, pour rendre fes Etats floriffants, ne l'empêchoient pas de pourfuivre les Anglois. La Guienne étoit le théâtre de la guerre, & Touloufe le quartier général d'affemblée.

(s) p. 254.
(t) *Ann. de Touloufe*, tom. 1. p. 194.

* Elle eft fameufe fous le nom de *la Pucelle d'Orléans*.
** Elle eft rapportée au long dans les preuves de l'hift. de Lang. t. 4. p. 448.
*** Cette entrée eft la premiere qu'on a repréfentée fur les Tableaux des Régiftres de l'Hôtel de Ville.

Le Roi se mit à la tête de ses troupes qui avoient leur rendez-vous, au premier d'Avril 1442 : il conquit une partie de cette Province, & revint, au mois de Décembre, dans cette Ville, où la Reine le joignit, bientôt après. On conserve encore dans les Régistres de l'Hôtel-de-Ville, & dans un grand tableau, la peinture, où est décrite l'entrée solemnelle, que cette Princesse fit à Toulouse. Le Dauphin son fils la portoit en croupe, sur un cheval blanc, sous un Dais, aux armes de France & d'Anjou, porté par les Capitouls. Elle étoit vêtue d'une robbe bleue, doublée d'hermine, & coeffée d'un espece de chaperon de toile, ou de gaze blanche, rehaussé des deux côtés, qui formoit comme un croissant sur le front. La Ville lui fit présent, *à cause de sa noble & joyeuse entrée*, de cinquante marcs d'argent *ouvré*, évalués à la somme de cinq cens livres.

 Pendant son séjour à Toulouse, le Roi fit examiner, dans son Conseil, le cayer des Etats de Languedoc, qui avoient été tenus, cette même année à Béziers. Il confirma les privileges de cette Province, & engagea sa parole royale de rétablir, au plutôt, le Parlement de Toulouse. Il rendit aux Capitouls l'exercice de la justice civile, & criminelle ; donna plusieurs Ordonnances ; & nomma des Commissaires, pour la tenue des Etats, qui furent convoqués, à Béziers, à la fin du mois de Mars 1443, c'est à cette tenue des Etats qu'on doit fixer l'époque de l'origine de l'Equivalent.

 Depuis la réunion du Comté de Toulouse à la Couronne, plusieurs de nos Rois avoient retiré de la Province, des sommes considérables, en établissant différentes impositions, pour l'entretien des guerres, qu'ils avoient à soutenir, ou pour les autres besoins pressants de l'Etat. Ces impositions qui portoient (u) le nom d'*Aides*, & pour lesquelles on payoit le huitieme du vin, le vingtieme des marchandises, & une imposition foraine de six deniers pour livre, furent abolies, du consentement du Roi, dans cette Assemblée. On établit, pendant trois ans, la levée d'un certain droit sur la viande, & le poisson, *pour tenir lieu d'Equivalent*, jusqu'à la concurrence de quatre vingts trois mille livres, que la Province s'engagea de donner, pour remplacer les Aides. On continua de lever ce droit, après les trois ans, & il subsiste encore aujourdhui.

 Le Roi remplit enfin le vœu des Etats, au sujet du rétablisse-

(u) *Hist. gén. de Lang. tome* 4. p. 501. *& aux preuves, pag.* 467.

ment du Parlement, par un Edit * rendu, à Saumur, le 11 d'Octobre 1443. cette compagnie fut fixée à Toulouse, où elle a été toujours sédentaire depuis. Il ne mit point de bornes à la Jurisdiction de ce Tribunal; lui donna la même autorité, & le même pouvoir qu'au Parlement de Paris; & lui assigna le même ressort qu'il lui avoit donné, lors de l'institution de 1419. (1420.) c'est-à-dire, tous les pays situés à la gauche de la Dordogne. L'ouverture en fut faite, le 4 Juin 1444, avec toute la pompe, qu'exigeoit cette auguste cérémonie. Il étoit composé de deux Présidens Laïs, de douze Conseillers, six Laïs & six Clercs, partie de la Languedoc **, & partie de la Languedouy, d'un Procureur Général, d'un Avocat Général, de deux Greffiers, & de huit Huissiers. Le Roi nomma aussi l'Archevêque de Toulouse, & un autre Evêque de la Province, pour Prélats assistans, ou Conseillers d'honneur ou Episcopaux. Le premier Président avoit six-cens livres de gages: le second Président, & les Conseillers Episcopaux, cinq-cens livres: l'Avocat Général, & le Procureur Général trois-cens livres chacun: les Conseillers Clercs cent soixante livres: les Conseillers Laïs deux cens quarante livres: le Greffier civil, & criminel cent soixante livres: le Greffier des présentations cent vingt & cinq livres: le Trésorier, Commis à la recette des Gages, cent livres: le premier Huissier cinq sols par jour; & les autres Huissiers deux sols six deniers par jour: mais il faut remarquer que le second Président, & les Conseillers étoient payés, par mois, & à proportion de leur service.

Ce nombre ne pouvant suffire au jugement de tous les procès, on établit, le 12 Juin 1451, la premiere chambre des Enquêtes, pour la tenue de laquelle, le Parlement commit un Président, & six Conseillers.

Une nouvelle Déclaration *** du Roi, du 14 Novembre 1454, rendit ce Parlement émule de celui de Paris. Les Officiers de ces

---

* Il est rapporté au long dans l'hist. gén. de Lang. tom. 4. p. 471 : 473, aux preuves.

** Après la réunion de cette Province à la Couronne, nos Rois voulurent distinguer leurs anciens Etats, des pays nouvellement acquis, & partagerent le Royaume, en deux langues, sçavoir en *Langued'oc*, qui comprenoit les Provinces situées, à la gauche de la Loire; & en *Langued'ouy*, qui renfermoit celles qui étoient à la droite de ce fleuve. C'est de ce partage que le nom de Languedoc tire son origine.

*** Voyez l'hist. gén. de Lang. tome 5. p. 14. *aux preuv.*

DE TOULOUSE. LIV. III.

ces deux Parlemens, ne devoient pas être distingués, & pouvoient prendre séance, dans l'un & dans l'autre, par rang de réception. Le refus que fit celui de Paris, de s'en tenir à cette Déclaration, détermina celui de Toulouse à délibérer, en 1466, ou 1467, que nul Officier du Parlement de Paris, ne seroit admis au rang de ses membres, jusqu'à ce qu'on auroit acquiescé à cette Déclaration. C'est par cette raison, que le Parlement de Toulouse ne donne point séance aux Officiers du Parlement de Paris, quoiqu'il en donne à ceux des autres Parlemens. On observa dans cette Cour, l'usage * *de la baillée des Roses*, dont on ne connoit point l'origine; mais qui est constaté (*x*) par plusieurs Arrêts. Les grands Vassaux, & les principaux Prélats du ressort, distribuoient des Roses, au mois de Mai, aux Officiers de ce Parlement. La Reine Marguerite, Duchesse de Valois, comme Comtesse du Lauragois, & du Rouergue, & le Roi de Navarre, comme Comte de Rhodés, Armagnac, Bigorre, &c. se conformerent à cet usage; & cette Cour donna un Arrêt, le 28 d'Avril 1589, sur les rémontrances, & réquisitions du Procureur-Général, dans lequel, il est porté, que le Cardinal Duc de Joyeuse, en qualité de Cardinal, d'Archevêque de Toulouse, & de Duc & Pair de France, les Archevêques de Narbonne, & d'Auch, & le Duc d'Uzés » présenteront à la Cour des Roses, & Chapeaux, au » mois de Mai prochain, comme il avoit été ci-devant accoutu- » mé. « Le jour de la présentation des Roses, on jonchoit des Fleurs toutes les Chambres du Palais, & celui qui les faisoit présenter, donnoit à tous les Officiers, un déjeûner splendide, pendant lequel les Haut-bois jouoient à la porte du Palais. On portoit ensuite, au son des mêmes instrumens, un bassin d'argent, où il y avoit, pour chacun des Officiers de toutes les Chambres, pour les Greffiers, & pour le premier Huissier, un bouquet de Fleurs naturelles, ou artificielles, avec des couronnes, où les armoiries de ceux qui les donnoient étoient dépeintes. On choisissoit, toujours, pour cette cérémonie, un jour d'Audience de la Grand'-Chambre. Les Haut-bois jouoient pendant la Messe, & ils alloient

---

[x] *Hist. gén. de Lang.* tome 5. p. 427.

* Le même usage étoit établi à Paris, & causa en 1541. Une dispute entre le Duc de Montpensier & le Duc de Nevers. Le Duc de Montpensier les bailla à cause de sa qualité de premier Prince du Sang, quoique le Duc de Nevers fût plus ancien Pair que lui. (*Abrégé chron. de l'hist. de France.*)

Partie I.

enfuite, jouer dans les maifons des Préfidens, pendant leur dîner.

ON PEUT voir, dans l'hiftoire de France, comment Charles VII, faifi d'une crainte chimérique d'être empoifonné, par fes fujets, fe refufa les alimens les plus néceffaires. L'affoibliffement le gagna au point qu'il ne pût plus rien avaler : il mourut, le 22 de Juillet 1461 ; après avoir régné, trente-huit ans neuf mois. A la nouvelle de fa mort le Parlement de Touloufe fufpendit le cours de la juftice, jufqu'à ce qu'il eût reçu des ordres de fon fucceffeur, & régla (y), qu'on pourvoiroit aux affaires preffantes, qui pourroient furvenir, par des Lettres expédiées au nom *des gens tenans le Parlement Royal de Touloufe*, & fcellées du fceau fecret, fans faire mention du Roi. Cette conduite, contraire à la maxime du Droit, *le mort faifit le vif*, a été juftement blâmée par de fçavans Jurifconfultes. La foibleffe, que ce Monarque témoigna avant fa mort, a autorifé un Auteur moderne, à dire, que ce Prince ne fut, en quelque forte, que le témoin des merveilles de fon regne. Il poffédoit toutes les qualités d'un grand Roi : mais fon indifférence, du moins apparente, dans fes revers, & dans fes profpérités, faifoit penfer qu'il n'y prenoit point de part. Brave à la tête de fes armées, il triompha des ennemis puiffans, que lui fufciterent un pere imbécille, & une mere dénaturée : ferme dans l'adverfité, il réfifta à l'Angleterre, & à la Bourgogne, réunies pour le chaffer de fes Etats : amateur de la juftice, il rendit fes fujets heureux, en la faifant régner dans fon Royaume. Enfin la fixation du Parlement à Touloufe, & les privileges qu'il accorda à cette Ville, rendront fa mémoire, toujours, chere aux Toulousains.

(y) *Ann. de Touloufe*, tome 1. p. 222.

Fin du troifieme Livre.

SOMMAIRE
DU QUATRIEME LIVRE.

FUNERAILLES de Charlès VII. Louis XI. révoque plusieurs Officiers, & confirme le Parlement. Election des Capitouls cassée par le Parlement. Grand incendie. Entrée de Louis XI. à Toulouse : il fait remise à cette Ville de la taille pour cent ans. Translation du Parlement à Montpellier. Etablissement de la Cour des Aydes. Fleaux dans Toulouse. Exemption du Droit d'Aubaine. Mort de Louis XI. Etats Généraux du Royaume. Charles VIII. monte sur le trône. Peste dans Toulouse. Débordement de la Garonne. Erection de la Chambre Tournelle du Parlement de Toulouse. Construction de la Grand-Chambre du Palais. Famine & Peste dans Toulouse. Hôpitaux de cette Ville. Reliques des Saints qui sont dans l'Eglise St. Sernin. Fausse allarme dans Toulouse. Reglemens des Capitouls pour l'embellissement & la propreté de la Ville. Mort de la Reine : ses funérailles. Mort du Roi. Réforme dans l'Université de Toulouse. Institution, progrès & privileges de cette Université. Peste, famine, charités publiques. Fameux Prédicateurs. Etablissement des Reveilleurs. Augmentation des Officiers du Parlement. Institution de la Cour du Sénéchal, & des Conseillers du Juge d'Appeaux. Disette du bois à brûler. Peste, famine, guerre entre François I. & Charles-Quint : on fortifie les remparts de Toulouse. Conseils de l'Hôtel-de-Ville : leurs différentes especes : leur forme. Prise de François I. devant Pavie. Publication de la Paix entre la France & l'Angleterre. Maladie de François I. dans sa prison : il se voue aux Reliques des Saints qui sont dans l'Eglise St. Sernin de cette Ville : il fait la paix avec Charles-Quint : il est délivré de sa prison : il fait accomplir son vœu. Construction du bastion qui couvre le moulin du Château, & du petit Consistoire de l'Hôtel-de-Ville. Famine : charités publiques. Peste : vœu des Capitouls. Confreries des Ecoliers : leurs Disputes. Lutheranisme dans Toulouse. Progrès de cette Hérésie. Sévérité du Parlement. Entrée de François I. dans cette Ville. Réalité des Tailles confirmée. Formation des Cadastres. Rupture entre François I. & Charles-Quint. Toulouse se met en défenſe. Préſident d'Ulmo dégradé. L'immunité de la Leude conſervée aux habitans de Toulouſe. Les Capitouls perdent le privilege de créer des Notaires. Manufacture de ſoie établie à Toulouſe. Le Roi établit dans cette Ville un Bureau des Tréſoriers de France : Juriſdiction de ſes Officiers : leurs privileges. Création de la ſeconde Chambre des Enquêtes dans le Parlement de Toulouſe. Création de la Chambre des Requêtes : ſes révolutions, ſa juriſdiction. Conſtruction du Pont-neuf. Projet de la conſtruction du Canal de Languedoc. Exécution extraordinaire. Fontaine de St. Etienne. Tremblement de terre. Grêle : famine. Mort de François I. ſon éloge. Progrès des Luthériens : leurs excès dans Toulouſe. Leur punition. Erection du Tribunal de la Bourſe, ſa Juriſdiction. Etabliſſement de la Chambre de Commerce dans cette Ville. Peſte : incendie. Reglemens pour remédier à ces fleaux. Tranſlation du ſiege du Juge d'Appeaux & du Juge ordinaire au quartier St. Sernin : leur réunion au Sénéchal. Fanatiques chaſſés. Luthériens punis ſéverement. Suppreſſion de pluſieurs Colleges. Fondation de celui de l'Eſquille. Excès des Huguenots : proceſſion pour les réparer : émeute contre ces hérétiques. Origine du droit d'entrée ſur les denrées, & marchandiſes : mort d'Henry II. ſon éloge. Députation de la Ville vers François II. Nouvelle remiſe des Tailles pour cent ans. Factions à la Cour. Commencement de la guerre civile. Conjuration d'Amboiſe découverte. Etats-Généraux. Mort de François II. Charles IX. lui ſuccede.

HISTOIRE
DE LA VILLE
DE TOULOUSE.

LIVRE QUATRIEME.

PENDANT que le Parlement, & les Magistrats municipaux de Toulouse célébroient, avec pompe, les funérailles de Charles VII, Louis XI, par une suite de sa brouillerie avec son pere, ou du plan de Gouvernement, qu'il s'étoit proposé, se hâtoit de renverser tous les établissemens de ce Monarque. Il révoqua, dans tout le Royaume, la plupart des Officiers de Guerre, de Justice, & des Finances. Toulouse ne fut pas épargnée dans cette réforme. Le premier Président, le Sénéchal, le Viguier, furent destitués; & l'Office de Juge-Mage fut supprimé*. On craignoit pour le Parlement même, lors qu'il fut confirmé, par des Lettres-Patentes du mois d'Octobre 1461, cette Cour étoit composée, d'un premier Président, de deux autres Présidens, de seize Conseillers,

---

* Le même Roi le rétablit le 8 Janvier 1468, (1469.)

HISTOIRE DE LA VILLE

huit Lais, & huit Clercs, d'un Avocat-Général, & d'un Procureur-Général. Les affaires y devinrent moins nombreuses, par l'érection du Parlement de Bordeaux, ordonnée, dans les Lettres-Patentes du mois de Juin 1462 : on donna à ce nouveau Tribunal, les Sénéchaussées de Gascogne, de Guienne, Landes, Agénois, Bazadois, Périgord, & Limousin, dont la plupart faisoient partie du Parlement de Toulouse.

Cette Compagnie cassa, le 10 Décembre 1462, l'élection que les Capitouls avoient faite de leurs successeurs ; & en fit une nouvelle, de son autorité. Il est vrai que l'Arrêt porte expressément (a), » que la Cour, par maniere de souveraineté, & pour cette fois » seulement, a nommé, élu & créé Capitouls, &c. *le tout* * *sans* » *préjudice des Ordonnances, Statuts, Privileges, Libertés, & Cou-* » *tumes de cette Ville.*

UN INCENDIE affreux, ce fleau toujours à craindre dans une Ville, réduisit en cendres la plus grande partie de Toulouse. Le feu prit, le 7 Mai 1463, dans la rue Sesquiere, à la maison d'un Boulanger. Un vent d'*Autan* ** impétueux le porta, aussi-tôt, de toutes parts. On fit de vains efforts pour arrêter les progrès des flammes ; elles se communiquoient par des tourbillons, que le vent détachoit des maisons déjà embrasées, pour en consumer d'autres, malgré l'intervalle des rues, & des places qui les séparoient. Le feu dura onze jours, avec la même activité ; & ne s'arrêta qu'aux quartiers du Taur, des Cordeliers, & du Bazacle ***, après avoir détruit, & consumé sept mille soixante-quatre mai-

(a) *Ann. de Toulouse*, tome I. p. 226.

* Ces termes prouvent que le Parlement n'entendit point porter atteinte au privilege de ces Magistrats, qui ont eux seuls le droit de nommer leurs Successeurs, quoique le Parlement eût alors, & conservât pendant long-temps, celui de casser leur nomination, en cas d'abus, d'appel, ou de délit. Ce point a été décidé notamment par les Arrêts du Conseil du 15 Septembre 1559 : 23 Juin 1623 : & 2 Janvier 1653 : mais depuis que le Roi nomme lui-même ces magistrats, sur l'élection faite par les Capitouls, & réduite par le Sénéchal, & les Electeurs, le Parlement ne prend plus connoissance de cette nomination. (*Voyez le Recueil imprimé en* 1663, p. 9 : 20 : 77.)

** On nomme ainsi le vent de sud-est, qui, d'ordinaire, est très-violent.

*** Le Bazacle est un moulin très-beau, tant par la hardiesse de la chaussée, qui coupe la riviere à angles droits, que par le nombre de 16 meules, rangées sur une même ligne. Ces meules & celles du moulin du Château, dont on parlera dans la suite, sont *à cuve*, & les premieres de cette espece, qui ayent été construites dans le Royaume. Ce moulin fut inféodé à plusieurs particuliers, par le Prieur de la Daurade, à la fin du XII. siecle.

fons. Il périt une infinité de perfonnes de tout âge : la plupart des habitans furent entierement ruinés ; & prefque perfonne ne fut à l'abri des effets de ce funefte fleau. On condamna le Boulanger, & fa femme à être pendus : mais ils furent fauvés, par un ordre du Roi, que le hazard rendit témoin des préparatifs de leur exécution.

Louis XI étoit arrivé à Toulouse, le 26 de Mai 1463 : & logeoit à l'Hôtel de la Tréforerie, dont les fenêtres donnent fur la place du Salin. Le grand bruit, qu'on faifoit fur cette place, excita fa curiofité. Il vit tout l'appareil du fupplice de ces malheureux ; s'informa du fujet de leur condamnation ; & leur accorda la grace. Les approches de la mort les avoit fi fort effrayés, qu'ils ne jouirent pas de ce bienfait : ils moururent l'un & l'autre le lendemain. Le jour de la Fête-Dieu, le Roi accompagna le Saint Sacrement, dans tout le cours de la Proceffion. Il verfa des larmes fur cet amas de ruines, qui fumoient encore. Cet attendriffement, fi louable dans un Souverain, & fi précieux aux yeux d'un peuple miférable, ne fut point fans fruit. Il accorda à cette Ville, la remife de la Taille *, pour cent ans. La nouvelle conftruction des maifons brûlées fut de quelque avantage pour Touloufe. On obferva plus de cimetrie : on donna plus de largeur aux rues ; & la Ville devint plus belle, quoique la plupart des maifons fuffent rebâties, en charpente mêlée de maçonnerie. L'ancienne Touloufe, bien différente de celle de nos jours, étoit toute conftruite dans ce goût, à l'exception des maifons des gens de qualité, qui étoient ifolées, garnies de crenaux, & d'autres marques deffeigneurie, ce qui les faifoit appeller des Tours, & cette Ville, la Ville des Tours, *Urbs Turrita*, il ne refte que très-peu ** de ces fortes de Tours ; & elles ont perdu leur ancienne forme, par de nouvelles conftructions.

---

* Cette taille, établie du temps de St. Louis, fur le pain & le vin, payée d'abord en nature, & enfuite en argent, avoit été confidérablement augmentée aux Etats généraux de 1426, & venoit d'être rendue perpétuelle, en 1445.

Le bienfait de Louis XI. fut fans réferve : mais le 22 de Juillet 1487, Charles VIII, en confirmant cet abonnement, exigea que la Ville payeroit, tous les ans, à l'épargne, la fomme de 2500 liv. Cette taxe a fubfifté, fur le même pied, jufqu'à nos jours ; & la Ville a même obtenu, fouvent, de nos Rois, la permiffion de l'employer en réparations, ou en œuvres pies.

** Celle de Mauran, où eft le College de Périgord, celle de Viviers, où font les prifons du Viguier ; celle de Mirabel, où font les prifons du Sénéchal, & quelques autres.

HISTOIRE DE LA VILLE

LE PARLEMENT de Toulouse éprouva une de ces révolutions singulieres, qui montrent combien les plus petites affaires peuvent avoir de grandes suites. Il s'éleva quelque différend, à Carcassonne, entre le peuple, & les Magistrats municipaux. Ceux-ci eurent recours à Geofroi de Chabannes, Seigneur de Charlus, Lieutenant du Duc de Bourbonnois, Gouverneur de la Province, qui fit arrêter Guiraud Anglois, le chef de cette émeute ; & fit informer contre lui, & contre ses complices. Le peuple refusa de reconnoître son autorité, appella au Parlement, de cette procédure; & ne se bornant pas à une défense légale, toujours trop lente pour des esprits animés, il prit les armes, assiegea Chabannes dans sa maison, & l'obligea de s'évader. Alors Anglois, & les autres accusés, poursuivirent leur appel au Parlement, qui envoya Bruyeres Conseiller, & plusieurs Commissaires, tant pour délivrer Anglois de sa prison, que pour ajourner Chabannes, & ceux qui l'avoient assisté. Cet Officier, peu accoutumé aux procédés judiciaires, fit arrêter le député du Parlement, se saisit de sa commission, & de ses papiers. Le Procureur Général fit ses réquisitions contre cette entreprise. Préposé par son ministere pour revendiquer la jurisdiction de la Cour, il fit rendre un Arrêt, au mois de Février 1466. (1467.) qui ordonna, que Bruyeres seroit remis en liberté, & que Chabannes, & ses domestiques, seroient pris au corps.

Cependant le Duc de Bourbonnois avoit pris à cœur la défense de son Lieutenant ; & sur ses plaintes, le Roi venoit de donner des Lettres-Patentes, le 19 de Janvier, pour ôter au Parlement la connoissance de la Police du Gouvernement de Carcassonne, & la donner à Chabannes. Il paroissoit évident que le Roi avoit été surpris par un faux exposé. Le Parlement qui connoissoit * la droiture de ses intentions, lui desobéit par fidélité ; & bien loin d'avoir égard à ces Lettres, il nomma de nouveaux Commissaires, pour sommer Chabannes de remettre Guiraud Anglois, & pour lui défendre de prendre connoissance de cette affaire. Outre cela, cette Cour, se fondant sur des Lettres, par lesquelles le Roi lui permettoit

---

* Le Juge d'Appeaux de Toulouse, ayant obtenu, par surprise, des Lettres du grand Sceau, le Roi écrivit, de sa main, aux Officiers de ce Parlement, de n'entériner point ces Lettres ; & qu'il entendoit, qu'en cette affaire, comm'en toutes les autres, ils n'eussent aucun égard, à aucunes sortes de lettres, ni provisions, d'où qu'elles fussent émanées, sinon en tant qu'elles seroient en termes de justice, & de raison (Lafaille, Annal. de Toulouse, tome 1. p. 252.)

permettoit de faire exécuter ses Arrêts, à main armée, quand il seroit nécessaire, manda à toutes les Villes de la Province, d'armer leurs habitans pour délivrer Anglois, & pour obliger Chabannes d'obéir à l'Arrêt. D'un autre côté, le Roi, sollicité par le Duc de Bourbonnois, suspendit les deux Conseillers-Commissaires, l'Avocat, & le Procureur Généraux; & donna des Lettres-Patentes, le 12 d'Avril 1467, pour confirmer celles du 19 Janvier, & pour suspendre le Parlement de Toulouse de ses fonctions, jusqu'à nouvel ordre.

Les ennemis de cette Cour, qui avoit obéi au dernier Arrêt, avec docilité, vouloient la transférer à Montpellier, & à Beaucaire, en prétextant, sans fondement, que Charles VII avoit ordonné que le Parlement seroit ambulatoire. Les Commissaires des Etats, & sur-tout les habitans de Montpellier, employerent, avec tant de zele, leur crédit, & leur bourse, qu'ils firent ordonner, par des Lettres du 21 Septembre 1467, que le Parlement siegéroit dans la ville de Montpellier, & dans la Sénéchaussée de Beaucaire. Il se transféra, en conséquence, à Montpellier, où il fit l'ouverture de ses séances, le 12 de Novembre suivant.

Le Roi avoit déjà séparé de cette Cour, par des Lettres du 12 Septembre 1467, les Généraux des Aides, qui y étoient incorporés; & les transféra à Montpellier, en leur attribuant une autorité Souveraine, tant sur les Aides, & les Gabelles, que sur l'Equivalent. Ces deux Cours furent rétablies à Toulouse, par des Lettres du mois de Décembre 1468, enrégistrées le 23 de Mars suivant. Il ne faut pas confondre ces Généraux des Aides, avec les Conservateurs de l'Equivalent établis, en 1443, dans plusieurs Villes de la Province, qui ne connoissoient que de la perception de ce Droit, & des contestations, qui pouvoient s'élever à ce sujet.

PENDANT le reste du Regne de Louis XI, cette Ville n'éprouva que des fleaux. La famine, & la peste se succéderent, presque sans interruption. Le Parlement, effrayé des progrès de la contagion, passa, successivement, à Albi, & à Réalmont en 1471; à Revel, & à Gailhac en 1473; à Saint Felix, au Bourg Saint Bernard, & à la Salvetat en 1482, tous ces malheurs attirerent à cette Ville l'affranchissement du Droit d'Aubaine (b), dont le Roi la favorisa, pour lui donner des moyens plus faciles

(b) *Ann. de Toulouse*, tome 1. p. 109.

de se repeupler. Le Roi accorda (c) à toute la Province, par un Edit du mois de Juillet 1475, confirmé au mois de Mars 1484, l'exemption de ce Droit, qui est fondée (d) sur la disposition du Droit écrit, en usage dans ce pays.

Louis XI, ce Monarque fameux, qui avoit résisté, avec succès, par son courage, ou par ses intrigues, à presque toutes les puissances de l'Europe, ne put soutenir les approches de la mort. Il se mit comme en prison dans le Château de Duplessis-Lez-Tours, & y mourut, le 30 Août 1483. On est surpris de trouver tant de foiblesse d'esprit dans un Prince, qui releva, & affermit l'autorité Royale, par les ressorts de la plus profonde politique ; & qui regna vingt & un ans, avec la plus grande gloire. Il sçut commencer, soutenir, terminer, ou suspendre, à propos, des guerres sanglantes, pour cimenter le pouvoir de la France. Il sçut la faire respecter par ses voisins. Enfin il anéantit l'autorité des grands Vassaux ; & les subjugua, après les avoir dépouillés, en les combattant, ou en les armant l'un contre l'autre. Le titre de Roi très-Chrétien, qui lui fut donné, en 1469, est devenu un titre permanent, & distinctif dans tous ses successeurs.

Charles VIII, son fils unique, lui succéda. Ses premiers soins furent d'assembler les Etats généraux du Royaume. La ville de Toulouse députa quatre * anciens Capitouls, pour assister à ces Etats, indiqués à Tours, & pour rendre au Roi les devoirs accoutumés. On ne s'attachera pas à raconter ce qui se passa dans cette célébre assemblée. Il y a des recueils des reglemens qu'on y dressa. Il suffit de dire que le Roi répondit, favorablement, au cayer des Etats de Languedoc, par des Lettres-Patentes particulieres, enregistrées au Parlement de Toulouse, le 8 Mars 1484. les articles les plus intéressans, sont 1. « Que ce pays seroit regi par le » droit écrit, comme il l'avoit toujours été. 2. Que le pays se- » roit en droit d'avoir un Parlement, & que les habitans de la Pro- » vince ne pourroient être attirés ailleurs. 3. Que tous leurs privilé- » ges leur seroient conservés. 4. Que les nobles ne payeroient Tail- » les, ni pour leurs biens nobles, ni pour leurs cabaux, & moins » encore pour leurs personnes, &c.....

(c) Hist. gén. de Lang. tome 5. pag. 51 : 69.
(d) Cambolas, l. 5. ch. 49. Cazeneuve, franc-alleu, p. 152.

* Jacques Halguier Chevalier; Pierre de Rupe, Bachelier en Droit Civil, Jean Restes, & Guillaume Bertier.

Toulouſe vit renaître les fleaux qui l'avoient affligée ſi long-temps. Les chaleurs de l'Eté furent exceſſives, en 1485, & cauſerent la Peſte, qui fit transférer le Parlement à Lavaur. Un débordement ſubit de la Garonne cauſa de nouvelles allarmes, & emporta le Pont-vieux *, le 30 de Mai 1486: ce qu'il y eut de ſurprenant dans cette inondation, c'eſt qu'elle fut cauſée, uniquement par les eaux, qui ſortoient des veines de la terre, ſans qu'il eut plu auparavant, ni que les neiges des montagnes voiſines euſſent fondu. Lafaille rapporte (e), qu'on a vu, de ſon temps, un pareil débordement, qui ne venoit que des fontaines, dont les eaux groſſirent extraordinairement, ſans aucune des cauſes qu'on vient de citer.

Le Roi donna un Edit, le 17 Decembre 1491, pour augmenter le nombre des Officiers du Parlement, de huit Conſeillers, quatre Laïs, & quatre Clercs, d'un Greffier criminel, & d'un Huiſſier. C'eſt l'époque du premier établiſſement de la Chambre Tournelle, qui fut compoſée d'un Préſident **, & de ſix Conſeillers Laïs. Cette augmentation ne contribua pas peu à faire hâter la conſtruction du Palais, qui fût achevé, en 1492, comme il conſte par les ſix *** vers, qu'on lit ſur une pierre, à côté de la porte de la Grand'Chambre. Ce Palais occupe une partie de l'em-

(e) *Tome* 1. p. 256.

* La rupture de ce pont eſt peinte dans le Régiſtre de l'Hôtel de Ville. C'eſt le premier tableau de ce Régiſtre, qui tient toute la page.

Il y avoit autrefois quatre ponts à Toulouſe; celui dont on vient de parler, dont la ſtructure étoit Romaine, & qui aboutiſſoit de la hâle à St. Cyprien; le pont du Bazacle, qu'on croit avoir été bâti, pour aller au Temple de Pallas, qui étoit près du Bazacle, & qui ſubſiſtoit, en 1222; celui de Comminges, près le Château Narbonnois, qui tomba vers l'an 1389; & le pont neuf, ou de la Daurade, bâti en 1192, par permiſſion d'Alfonſe-*Jourdain* Comte de Toulouſe. Tous ces ponts étoient conſtruits en charpente, ſur des piles de brique, (*Catel Mém. de Lang.* p. 155: 194: 195: 211.)

** Ce n'étoit qu'une commiſſion. On ne créa de nouveaux Officiers, pour tenir cette Chambre, qu'en 1504.

*** Régnant le Roi de grand renom
Charles huitieſme de ce nom,
Ce lieu fut fait & mis à fin,
Lors fut nay le noble Dauphin
Veille Saint Denis glorieux
Mil quatre cens nonante & deux.

placement du Château * Narbonnois, dont il a été souvent parlé. On ne peut douter (*ff*) que ce Château, qui a servi depuis, de Palais aux Comtes, & de Citadelle à la Ville, n'ait été dabord construit par les Romains. On y voit des vestiges de son ancienne structure, composée de gros quartiers de pierre de taille, cramponés avec des lames de fer, & de plomb ; & l'on en tira, il y a environ cent ans, des Statues Romaines, parfaitement belles, que Catel assure avoir vues. Guillaume IX Duc d'Aquitaine, & Comte de Poitiers, qui se rendit maitre de Toulouse au commencement du XII siecle, en chassant successivement les Comtes Bertrand & Alphonse, fut le premier qui le fortifia pour se rendre redoutable aux Toulousains, qui lui obéissoient à regret. Les Comtes Raymond V. & Raymond VI. y ajouterent de nouvelles fortifications, qui furent détruites par les Toulousains même lors du siege de cette Ville par le Comte Montfort. Depuis la paix de Paris, en 1228, il fut reparé, & mis, à peu près dans l'état qu'on le voit, au moins pour ce qui compose la Conciergerie, & la Chancellerie : car les autres parties sont plus modernes.

Lors de l'installation du Parlement dans ce Château, le Sénéchal, le Juge d'Appeaux, & le Viguier, qui avoient leurs Tribunaux, leurs Greffes, & leurs Prisons dans son enceinte, se retrancherent, & furent transférés ailleurs dans les suites. Le Viguier (*f*) tint ses Audiences dans différens endroits, jusqu'à ce que la Ville eut acheté une maison, à la place de la Daurade, où il a resté jusqu'à sa suppression, en 1749, le Sénéchal, & le Juge d'Appeaux ne transférerent leur Tribunal, leur Greffe & leurs Prisons, à la rue Mirabel près Matebiou, qu'en 1551 : mais cet Officier conserva son logement dans l'enclos du Palais, à l'Hôtel ** appellé la Sénéchaussée.

TOULOUSE ne prit que très-peu de part à la guerre, que Louis XII. soutint, contre le Duc de Milan, & contre l'Espagne,

---

(*ff*) *Catel., mém. de Lang.* p. 258.
(*f*) *Catel, mém. de Lang.* p. 154 : 272.

---

* On voit, de plus, dans l'emplacement de ce Château, un très-beau moulin, avec seize meules, de la même structure que celles du Bazacle. Sa construction remonte à la fin du XII siecle. Raymond V. Comte de Toulouse, le bailla à fief en 1182, a plusieurs particuliers de cette Ville. [*Catel, mém. de Lang.* p. 212.]

** Cet Hôtel appartient à présent à l'Académie Royale des Sciences, Inscriptions, & Belles-Lettres, par lettres-patentes, du 7 Décembre 1750.

depuis la mort de Charles VIII, arrivée le 7 Avril 1498, ses habitans n'en furent pas plus heureux. La famine & la peste désolerent cette Ville, pendant (g) plusieurs années; & sans l'attention particuliere des Magistrats, ces deux fleaux auroient eu des suites encore plus funestes. Ils firent faire un dénombrement de tous les habitans, pour sçavoir la quantité de bled qui seroit nécessaire, à leur subsistance. On jugea que, sans compter les Religieux, il falloit quarante * deux mille setiers de bled, depuis le mois de Mars, jusqu'à la Saint Jean. La charité des Toulousains a toujours éclaté, dans ces occasions; & le nombre de vingt-neuf ** Hôpitaux, qu'il y avoit autrefois (h) dans cette Ville, forme un des traits les plus glorieux à son histoire. La plupart de ces petits Hôpitaux ont été supprimés; & les fonds ont été réunis, à l'Hôpital de l'Hôtel-Dieu Saint Jacques, & à l'Hôpital-Général de la Grave, qui méritent d'être mis au rang des plus considérables du Royaume. Le premier, fondé en 1225, destiné aux malades & aux enfans trouvés jusqu'à l'âge de deux ans. Les reçoit tous ***,

(g) 1498 : 1499 : 1502 : 1505 : 1506 : 1507 : 1508.
(h) *Catel, mém. de Languedoc*, p. 151.

* Suivant ce calcul, on employoit alors, environ 472 setiers de bled, par jour; d'où l'on doit conclure, que le nombre des habitans, étoit moindre de près de la moitié, puis qu'on y consomme à présent (1759) environ huit cens setiers par jour.

** L'Hôpital Sainte Marie.
L'Hôpital de la porte St. Etienne des Donats.
L'Hôpital de la porte neuve.
L'Hôpital de St. Jacques du Bourg.
L'Hôpital du Taur pour les Enfans trouvés.
L'Hôpital St. Sebastien des Pestiférés.
L'Hôpital de Pons de S. Cyprien.
L'Hôpital St. Nicolas.
L'Hôpital S. Orèns.
L'Hôpital St. Eutrope.
L'Hôpital St. Jacques à la porte d'Arnaud-Bernard.
L'Hôpital du St. Esprit du Bourg.
L'Hôpital du St. Esprit de la Cité.
L'Hôpital de Notre-Dame du Puy.
L'Hôpital St. Antoine de Vienne.
L'Hôpital St. Antoine de Lézat.
L'Hôpital St. Anian.
L'Hôpital St. Raymond.
L'Hôpital du Corps de Dieu.
L'Hôpital de Puy-Milan.
L'Hôpital de St. Remi.
L'Hôpital de Sainte-Trinité.
L'Hôpital St. Barthelemi.
L'Hôpital de la Magdelaine, ou de Sainte Radegonde.
L'Hôpital Sainte Catherine des Rogneux de la rogne de Naples.
L'Hôpital du Temple.
L'Hôpital St. Jean de Jérusalem.
Le grand Hôpital, aujourdhui l'Hôtel-Dieu St. Jacques.
L'Hôpital de la Grave.

*** Il renferme d'ordinaire trois cens malades. Dans l'année 1752, pendant laquelle il régna une maladie épidémique, on y en comptoit plus de six cens; & le 16 de Juin de la même année, il y en avoit sept cens quatre vingts quatre.

sans distinction de maladie, d'âge, & de sexe. Il est dirigé par l'Archevêque, le premier Président, le Doyen & le sous-Doyen des Conseillers, les deux plus anciens Conseillers-Clercs, les Avocats-Généraux, le Procureur-Général, le Juge-Mage, les Capitouls, qui sont chefs de Direction, & vingt-quatre autres Directeurs élus, sçavoir, huit Ecclésiastiques, huit Avocats, & huit Négocians. Il y a, outre cela, un Trésorier, quatre Avocats Consultans, deux Médecins, un Intendant de Pharmacie, un Intendant de Chirurgie, un Chirurgien-Major, & un Secrétaire. Les Sœurs ou Filles de la Charité de St. Vincent de Paul, que M. de Colbert Archevêque de Toulouse attira, en 1697, sont employées, au nombre de vingt & quatre, pour le service intérieur de la maison; & cinq Chapellains, pour le service spirituel. Celui de la Grave a un pareil nombre de Directeurs, & est servi par des Dames, ou sœurs, qui se consacrent au service des pauvres. Le nombre de ceux-ci y est beaucoup plus considerable * qu'à l'Hôtel-Dieu: puisqu'on y reçoit tous ceux de la Ville, & du Diocèse, les enfans trouvés, les orphelins, jusqu'à l'âge de douze ans, pour les filles, & de quatorze pour les garçons; ceux qui ont atteint l'âge de soixante ans; & sans distinction d'âge, ceux qui sont infirmes d'esprit. Il y a encore, dans cette maison, un quartier de force, pour les filles de mauvaise vie, à l'instar de la Salpetriere de Paris. Outre ces deux Hôpitaux, il y a un Hôpital pour les orphelines ** où près de cent filles sont entretenues, & élevées à toute sorte de travail, propre à leur état; & ensuite dotées si elles veulent se marier. Il y a encore dans cette Ville un Couvent des Dames Hospitalieres ***, dans lequel on reçoit un certain nombre de femmes malades; & dans presque toutes les Parroisses de la Ville, on a établi des maisons, où des Sœurs de Saint Vincent de Paul, ou d'autres personnes charitables sont occupées à faire du bouillon, & des remedes pour les pauvres de la Parroisse.

* On y compte d'ordinaire, quatorze ou quinze cens personnes, sans y comprendre environ quatre cens enfans trouvés qu'il fait nourrir dans la campagne, depuis l'âge de deux ans jusqu'à celui de sept.

** Il a été fondé en 1621, par le zele du Pere d'Héliot Jésuite, & par les libéralités de plusieurs veuves de la premiere distinction. Il est toujours dirigé par des Dames qui s'emploient avec zele à la conservation de cette maison. *Percin, page* 139.

*** Ces Dames avoient été appellées, en 1657, pour servir l'Hôpital de l'Hôtel-Dieu St Jacques, & furent fondées par Madame de Maulevrier. *Voyez ci-après le Catalogue des Evêques.*

L'exactitude des Capitouls à chasser les Vagabonds, dont la dureté des temps avoit peuplé cette Ville, ne la délivra pas de tous ces scélérats. Ils complotérent, en 1502, d'enlever les Reliques des Saints, qui sont conservées à l'Eglise St. Sernin, depuis plusieurs siecles, dans de très-belles chasses d'or, & d'argent. Ce complot fut découvert. L'on en fit un Inventaire * général ; & l'on

* Une des Epines de la Couronne de Notre-Seigneur Jésus-Christ, teinte de son précieux Sang.
Le Corps de St. Jacques le Majeur Apôtre.
Le Corps de Saint Simon & de St. Jude, Apôtres.
Le Corps de Saint Philippe & de Saint Jacques le Mineur, Apôtres.
Le Corps de St. Barthelemi Apôtre.
Le Corps de St Barnabé Apôtre.
Le Corps de Saint Sernin premier Evêque de Toulouse, Patron de cette Eglise.
Le Corps de Saint Papoul martyr, collegue de St. Sernin.
Le Corps de Saint George, martyr.
Le Corps de Saint Edmond, Roi d'Angleterre, martyr.
Le Corps de Saint Claude & Nicostrat., martyrs,
Le Corps de Saint Simphorian, Castor, & Simplice, martyrs.
Le Corps de Saint Cyrice, martyr.
Le Corps de Sainte Julite, martyre.
Le Corps de Saint Ascisele & Ste. Victoire, martyrs.
Le Corps de Saint Honoré, ou Honorat, Evêque de Toulouse, successeur de St. Sernin.
Le Corps de Saint Hilaire, Evêque de Toulouse.
Le Corps de Saint Silve, Evêque de Toulouse.
Le Corps de Saint Exupere Evêque de Toulouse.
Le Corps de Saint Gilles, Confesseur & Abbé,
Le Corps de Saint Gilbert, Confesseur & Abbé.
Le Corps de Sainte Susanne, fille d'Helcias de Babylone.
La Tête de Saint Honest, Confesseur & Disciple de St. Sernin.
Une Image d'argent de la Sainte Vierge, avec une partie de sa robbe.
Une des Pierres desquelles fut lapidé Saint Etienne, teinte du sang de ce Saint.
Un petit coffret d'yvoire, dans lequel il y a des Reliques de St. Pierre & de St. Paul Apôtres.
Un Reliquaire d'argent, dans lequel il y a une Dent de St Christophle, des Reliques des Ss. Innocens, de St. Maurice, de St. Blaise, de Ste. Catherine, de Ste. Margueritte, & de plusieurs autres Saints, au nombre de vingt-sept.
Un Livre des Evangiles, écrit sur du velin, en lettres d'or, renfermé dans un étui, d'argent enrichi de pierres précieuses. Ce Livre & la plupart de ces Reliques ont été donnés à cette Eglise par l'Empereur Charlemagne.
  Toutes ces Reliques, dont l'authenticité est constatée par une infinité de titres, sont dans des châsses d'or & d'argent, d'un travail magnifique & d'un prix inestimable. *Catel hist. des Comtes de Toulouse*, p. 167. *Daydé, hist. de St. Sernin.* p. 83 : 178. &c.

prit des mesures pour la sureté de ce trésor, dont les Capitouls & l'Abbé sont les gardiens : en cette qualité ces Magistrats en ont une clef : & c'est aussi par ce motif, qu'ils entrent toujours, ou devroient entrer, dans cette Eglise, avec le chaperon, ainsi qu'à l'Hôtel-de-Ville.

A la crainte de perdre les Reliques, succéda celle de perdre la Ville même. Le 11 Novembre 1502, un peu avant la nuit, on débita la nouvelle que les Espagnols étoient aux portes. Aussi-tôt les Capitouls mirent les habitans sous les armes, pour les repousser, en cas de surprise : mais le jour dissipa cette fausse allarme, qui n'avoit d'autre fondement que l'irruption du Roi d'Espagne, dans le Roussillon, à la tête de trente mille hommes. Ces Magistrats, toujours zélés pour le bien de leurs concitoyens, firent netoyer, en 1509, les Cloaques de la Ville ; obligerent les particuliers de retrancher tous les auvents, & les galetas, qui faisoient faillie, & de renfermer tous les bancs, & établis des boutiques. En rendant, ainsi, la Ville plus propre, plus aërée, & plus libre, ils firent disparoître les inconveniens, qui contribuoient à infecter l'air, & qui conservoient le germe de la Peste, dont elle étoit affligée, presque tous les ans. Leur zéle ne se borna pas à ces soins. Ils fixerent une pension annuelle, à deux Chirurgiens, destinés uniquement à la visite des pestiférés ; & reconnoissant la toute-Puissance du Souverain Etre, ils ordonnerent qu'on célébreroit, tous les Dimanches, une Messe du Saint-Esprit, dans l'Eglise St. Sernin, à laquelle assisteroient, au moins, deux Capitouls. Cette dévotion mérita, sans doute, aux habitans de cette Ville, une faveur du ciel, qui les garantit des horreurs d'une famine cruelle. La recolte du bled manqua, dans tous les environs, en 1512; & par un événement, qui tient du prodige, & qu'on croit avec peine, quoique les Régistres l'attestent, cette dizette de bled fut réparée, par une grande abondance de millet, que les champs produisirent, d'eux-même, sans qu'on y en eut semé, depuis plus de vingt ans.

LOUIS XII. donnoit encore des larmes à la perte de sa femme, Anne de Bretagne, morte, le 9 Janvier 1512, (1513.) lorsque l'intérét de l'Etat l'obligea de se remarier avec Marie, sœur d'Henri VIII, Roi d'Angleterre ; il avoit cinquante trois ans, & une santé fort délicate. Les charmes de cette nouvelle épouse, lui firent oublier son âge, & la foiblesse de son tempérament. Il mourut, le 1. Janvier 1514, (1515) deux mois, & demi après son mariage.

riage. La douceur de son gouvernement lui mérita le surnom de *Pere du Peuple*, auquel tous les Rois devroient borner leur ambition. Sa mort porta le deuil dans le cœur de tous ses sujets. La Ville de Toulouse célébra ses funérailles, avec la pompe * ordinaire ; & elle envoya des députés à son successeur François I.

Les premiers jours de son Regne, qui devoit causer une révolution si favorable aux Belles-Lettres, furent marqués, à Toulouse, par une reforme dans l'Université. Le Parlement en fût l'Auteur ; & pour répondre aux vues de cette Compagnie, le Conseil de Ville résolut, en 1515, de faire construire six grandes écoles, trois pour le Droit Civil, & les trois autres pour le Droit Canon. Ces deux parties du Droit étoient alors distinctes, & séparées. Elles ne furent réunies sous les mêmes Professeurs, qu'en 1598 ; & c'est peut-être à cette réunion qu'on doit attribuer la décadance du Droit Canonique dans cette Université. Quoiqu'il en soit, on commença, cette année, la construction des vastes Classes, qu'on appelle *les Etudes*. Au lieu de six, on n'en bâtit que trois **, qui furent achevées, en 1521.

L'Université de Toulouse devoit sa Fondation au Traité de Paris, conclu entre Saint Louis, & le Comte Raymond VII, en 1229. On peut dire cependant que ce n'étoit dabord qu'une fameuse école. Le Pape Clément V, qui y avoit fait ses études, donna plusieurs Bulles, pour l'ériger en Université : mais ses privileges ne furent reconnus, qu'après que le Roi Philippe le Bel les eut confirmés, en 1312. Il y eut dabord douze Professeurs. Leur nombre, sous François I, avoit été augmenté, jusqu'à vingt, qu'on nommoit indistinctement, Professeurs, ou *Docteurs - Régens*. Ils sont aujourdhui, vingt-trois dans les quatre facultés : sçavoir onze pour la Théologie, dont quatre sont nommés par le Roi, & à ses gages, six Professeurs Conventuels, & un, nommé aussi par le Roi, pour dicter uniquement les Libertés de l'Eglise Gallicane. Cinq pour le Droit Civil & Canonique ; un pour le Droit François, quatre pour la Médecine, & deux pour les Arts. Il y a encore huit Aggregés en Droit, & deux Aggregés aux Arts.

---

* On a inseré, dans les preuves des Annales de Toulouse. *tom.* 1. *p.* 121. les extraits des Régistres du Parlement, & des Annales de l'Hôtel de Ville auxquels on pourra avoir recours, pour prévenir, ou décider, les différends, qui naissent, quelquefois, dans ces occasions.

** L'une fut brûlée par les écoliers en 1539. *Ann. de Toulouse* tom. 2 p. 114.

Partie I.

Elle jouit, par son institution, & par plusieurs Bulles (i) des Papes, des mêmes Droits que l'Université de Paris. Elle envoye (k) des députés aux Conciles généraux ; & a été appellée, plusieurs fois, aux Etats du Royaume. Le Recteur, choisi toujours parmi les Professeurs en Droit, & nommé par l'Université tous les trois mois, peut procéder par censures, c'est-à-dire, par interdit, & excommunication, contre ceux qui violent les Statuts; & ce droit, accordé par le Pape Innocent IV, a été confirmé par plusieurs Arrêts du Parlement. La seconde dignité du Chapitre Métropolitain est toujours le Chancellier de cette Université. François I. confirma tous ses privilèges, par des Lettres * Patentes du mois d'Août 1533. Il accorda (l), de plus, aux *Docteurs-Regens*, la faculté
» de créer, ériger & promouvoir à l'ordre de Chevalerie, ceux
» qui auront accompli le temps d'étude, & de résidence en ladite
» Université, ou autres, qui seront par eux promus, & aggrégés
» au dégré Doctoral ; & leurs personnes être décorées de chacune
» desdites dignités, des dégrés Doctoral, & ordre de Chevalerie.
Les Professeurs en droit de cette Université avoient déja la prérogative d'être faits *Comtes ez Loix*, après avoir enseigné pendant vingt-ans. Blaise Auriol, Docteur-Regent en Droit Canonique, dans la même Université, est le premier, qui fut créé Chevalier, en vertu de ces Lettres. Pierre Daffis, Docteur-Regent, Comte ez Loix, & Recteur, fit cette cérémonie, le premier Septembre, suivant. Il lui donna l'épée, la ceinture, le baudrier, les ** éperons dorés, le collier, & l'anneau, où étoit le cachet, & les armes de celui qui étoit reçu. On fera cette remarque singuliere, que Daffis, dans le discours qu'il prononça, & qu'il adressa au Candidat, le loua de ce qu'étant Prêtre, il avoit été Référendaire dans la Chancellerie de Toulouse : de ce qu'il étoit le premier, du nom de *Blaise*, qui avoit écrit sur le Droit ; & enfin de ce qu'il avoit montré, le premier, qu'on pouvoit écrire éloquemment en François ; *genre d'écrire, ajouta-t-il, que personne n'avoit encore connu avant lui.*

(i) *Percin*, p. 151 *& suiv.*
(k) *Hist. gén. de Langued.* tom. 3. p. 452, *aux preuves.*
(l) *Hist. gén. de Lang.* tom. 5. p. 136.

* Elles sont rapportées au long, dans les Annales de Lafaille, *aux preuves*, p. 13. tom. 2. avec les actes de la reception des Chevaliers.
** Les Professeurs, même Ecclésiastiques, sont encore enterrés, avec ces marques d'honneur.

Cette Université a donné à l'Eglise, quatre Papes, Jean XXII, Benoît XII, Innocent VI, Urbain V. Douze Cardinaux, & un très-grand nombre de Prélats, & d'autres Grands personnages, distingués par leur mérite, tels que Bernard du Rosier, Archevêque de Toulouse, Barthelemi Viparia, Evêque de Bayonne, Dominique Greffier, Evêque de Pamiers, Bernard Guidon, Evêque de Lodéve, le fameux Capréolus Dominicain, qui se couvrit de gloire, au Concile de Bâle, & qu'on nommoit, *le bouclier de St. Thomas*, Vincent Ferrier, l'Apôtre de son siecle, Jean Dupuy, Simplicien, &c..... pour le Droit Civil, elle a eu Accurse, Guillaume de Monleusien, Lucas de Pena, Etienne Aufreri, Cujas, dont le nom seul fait l'éloge, Arnaud Ferrier, & Gui Dufaur de Pibrac, qui furent Ambassadeurs du Roi au Concile de Trente, Coras, Lagarde, Maran, d'Auteserre : & une infinité d'autres. Par un Reglement, de 1314, il est marqué, que les Professeurs, les Licentiés, & les Bacheliers doivent porter des chappes rondes, à manches, & la barréte sur la tête. Les écoliers devoient porter, dans les écoles, & dans la Ville, une tunique ouverte, une sobreveste fermée, un corset sans manches, un capuchon, des mitaines, & des brodequins ; & tous ces habits ne devoient pas couter plus de vingt, ou de vingt & cinq sols tournois. On distingue, encore aujourdhui, les Professeurs des différentes facultés, par la couleur de la houpe de leur bonnet. Celle du Recteur est en or : celle des Professeurs en Théologie est blanche ; celle des Canonistes est verte ; celle des Professeurs en Droit Civil est rouge ; celle des Professeurs en Medecine est violette ; & celle des Professeurs aux Arts est bleue.

FRANÇOIS I. avoit donné au Duc de Bourbon la charge de Connétable de France, & l'avoit confirmé dans la place de Gouverneur de Languedoc, par de nouvelles Lettres. Le pouvoir excessif, que ces Lettres renfermoient, allarma le Parlement. Toujours attentif à la conservation de l'autorité Royale, dont il est dépositaire, il refusa de les enrégistrer, principalement, parce qu'elles contenoient, en faveur de ce Duc, le pouvoir d'accorder des remissions, & des graces, au nom du Roi, pour toute sorte de crimes ; celui de juger en dernier ressort les affaires civiles, & criminelles des sujets du Roi ; & enfin celui d'assembler les Etats de la Province, toutes les fois qu'il le jugeroit à propos. La défection de ce Prince justifia, dans peu, la prudence de cette Cour.

La peste, & la famine, ces deux fleaux, auxquels Toulouse a

été si souvent en proie, se firent sentir, en même-temps, dans cette Ville, en 1515 : la prudence des Capitouls y remedia. Ils firent de nouveaux Reglemens * pour arrêter les progrès de la peste; & le Parlement, attendri sur la misere d'une infinité de pauvres de la campagne, que la faim avoit chassés de leurs chaumieres, pourvût à leur subsistance, en imposant des taxes sur les riches Bénéficiers de Toulouse. Cette Compagnie se taxa, elle-même ; & les autres Corps suivirent, à l'envi, ce bel exemple. Par une suite presque infaillible, ces miseres publiques produisirent une bande de voleurs, & d'assassins, qui mettoient le comble à la désolation. On les intimida si fort, en faisant tenailler, & tirer à quatre chevaux deux de leurs complices, qu'ils prirent la fuite, ou ne commirent plus de pareils attentats.

La vue des tourmens avoit fait disparoitre le crime, de cette Ville, l'éloquence de F. Thomas de Illirico, Cordelier, & fameux Prédicateur, y ramena la piété. Il attiroit une si grande foule, que l'Eglise des Cordeliers, toute vaste qu'elle est, ne suffisoit pas, pour la contenir. On l'obligea, en 1518, de prêcher à la place Saint George. Il y annonça l'Evangile de Jésus-Christ, avec le plus grand succès, & communiqua son zele aux Magistrats municipaux. Ils reformerent, à son instigation, plusieurs abus scandaleux, tels que l'usage des masques, que les jeunes gens, & sur-tout les Ecoliers, avoient introduit, non-seulement, dans le temps de Carnaval, mais pendant toute l'année. Ils défendirent les Jeux de hazard, firent brûler jusqu'aux moules des cartes, & abolirent le métier de marchand Cartier. On voit encore des monumens de la piété de ce Prédicateur, sur les cinq principales portes de la Ville, où les Capitouls placerent, à sa persuasion, le Saint Nom de Jésus, en lettres de relief supporté par des Anges. Un autre Prédicateur, nommé Arnaud Revelland, engagea les mêmes Capitouls, à établir ** quatre Reveilleurs, qui parcouroient la Ville, pendant la nuit, sonnant une Cloche, & chantant, à haute voix:

* C'est alors, qu'on institua cet Officier de l'Hôtel de Ville, qu'on nomme le *Capitaine de la Santé*, on lui donna ce nom, parce qu'il commandoit un certain nombre de Soldats, & que le principal de ses devoirs étoit de renfermer les pestiférés, & de les empêcher de sortir de leurs maisons.

** Ce pieux établissement subsiste encore. Ceux qu'on retient pour cet emploi, sont aux gages de la Ville, & portent une robbe noire, avec une tête de mort, brodée devant & derriere.

Reveillez-vous, vous qui dormez ; priez Dieu pour les Trépassés, &c...

LA VÉNALITÉ des charges introduite, plutôt par le fait * que par le droit, devint une source féconde & intarissable pour les finances. On les multiplia à l'infini. Le Parlement de Toulouse fut augmenté au mois de Mai 1519, d'un quatrieme Président, & de huit Conseillers. ** L'on créa, par un Edit du même mois, (m) dans la Cour du Sénéchal, vingt-quatre Rapporteurs en titre d'Office ; & six dans celle du Juge d'Appeaux. C'est à cette époque qu'on doit fixer la premiere institution de la Cour du Sénéchal : car auparavant les Lieutenans de Robe-longue du Sénéchal, choisissoient tels gradués, en Droit, que bon leur sembloit, pour les assister au jugement des procès. On donna aussi six Conseillers au Juge d'Appeaux ; & malgré les réprésentations des députés des Etats de la Province, qui demanderent la suppression de la plupart de ces nouveaux offices, ils subsisterent, & furent remplis, à l'envi, par des personnes, qui n'avoient, quelquefois, d'autre mérite que la faculté de payer la finance, portée par les Edits.

Une disette générale de bois à brûler, occasionnée par quelque raison, que l'historien a passé sous silence, excita les murmures du peuple. On traita aussi-tôt, avec un nommé Fontés, qui en fit descendre, par la Garonne, en le faisant flotter, trente mille pagelles *** à la fois, comme il s'y étoit engagé. L'arrivée de cette provision ramena l'abondance ; & causa une si grande satisfaction, que le peuple sortit de la Ville, en foule, pour jouir de la nouveauté de ce spectacle. Les Capitouls, eux-mêmes allerent au Port, en cérémonie, au son des trompétes & des hautbois, prendre part à la joye publique.

(m) *Hist. gen. de Languedoc*, tom. 5. p. 114.

* Il n'y avoit point de loi qui forçât de payer : & même long-temps après, on faisoit encore serment au Parlement, de n'avoir pas acheté son Office, ce qui fut aboli au Parlement de Paris, en 1597.
** Ces Officiers, suivant quelques Auteurs, composerent la premiere Chambre des Enquêtes, qui avoit été cependant établie en 1451 ; mais qui n'étoit formée que par un Président & six Commissaires, nommés chaque année par le Parlement.
*** On appelle ainsi la mesure de ce bois, qui est d'ordinaire, un cerceau de fer, dont l'aire doit avoir seize pans quarrés, & qu'on remplit de bûches dont la longueur doit être de cinq pans deux pouces : On doit noter que le pan se divise en huit pouces, & que le pouce du pan a environ 13 lignes du pouce de Roi, quoiqu'il soit divisé en 8 lignes.

Un grand malheur fit bien-tôt disparoître cette joye. La Peste se renouvella en 1520 : ses progrès allarmerent le Parlement : il mit fin à ses séances ; & la plupart des Officiers de cette Compagnie quitterent la Ville, sans se réunir ailleurs. Lorsque le mal faisoit le plus grand ravage, les Capitouls reçurent une lettre anonime, sans date, dans laquelle on leur annonçoit une prompte délivrance, s'ils avoient le soin de faire sonner toutes les cloches des Eglises, à certaine heure de la nuit, & d'ordonner des Prieres publiques. Les Médecins leur conseillerent encore, de faire allumer, à l'entrée de la nuit, des feux, dans les places publiques, & dans les maisons. Ils suivirent tous ces conseils, & la peste cessa : mais ce ne fût que pour reparoitre, l'année suivante. La famine, dont elle fût accompagnée, mit le comble à la désolation. Et la plus grande partie des pauvres auroit péri, sans les justes mesures que les Magistrats prirent, pour leur soulagement. On établit quatre Bureaux, où l'on distribuoit, aux fraix de la Ville, des vivres, à chaque heure du jour. On répandit des aumônes secretes aux pauvres honteux. Tous les malheureux furent soulagés ; & l'on doit dire, à la gloire de cette Ville, qu'elle s'est toujours signalée par une pareille générosité ; & que dans des temps malheureux elle a servi (n) de modele, même à la Capitale.

LA LONGUE & sanglante guerre qu'une émulation de gloire * alluma, en 1521, entre François I, & l'Empereur Charles-Quint, détermina les Capitouls à pourvoir à la sureté de cette Ville. Elle a toujours été regardée comme frontiere d'Espagne, aussi firent-ils les mêmes préparatifs que si elle avoit dû souffrir un siege. Ils reparerent, en 1522, & 1523, les fortifications du Bourg Saint Cyprien, que les temps avoient ruinées : pourvurent l'Arsenal de poudre, & de boulets ; & sur la nouvelle de l'irruption des troupes Espagnoles, dans le Béarn, ils firent, jour & nuit, une garde exacte aux portes, & sur les murailles de la Ville.

JUSQU'EN l'année 1524, on n'écrivoit, sans doute, que sur des minutes volantes, les délibérations des assemblées communes, qui se tenoient dans Toulouse. On sentit, alors, combien il étoit essentiel, de réunir, & de conserver précieusement des Actes, qui avoient pour objet les affaires les plus importantes de la Ville, &

(n) *Ann. de Toulouse*, tome 2. p. 74.

* François I ne pardonna jamais à Charles V la préférence qu'il obtint sur lui dans son élection à l'Empire.

des habitans. On commença à les coucher sur un regître ; & l'on a continué jusqu'à nos jours : c'est ce qu'on appelle *les Régîtres des Conseils de Ville*. Il est nécessaire pour l'intelligence de cette histoire de se fixer sur la nature, sur la forme, & sur l'objet de ces Conseils, qu'on distingue principalement en *Conseil général*, & *Conseil de Bourgeoisie*, ou simplement *Conseil de Ville*.

Le Conseil général, qu'on appelloit aussi *Conseil public*, étoit composé autrefois, de tous les ordres de la Ville. La convocation en appartenoit uniquement aux Capitouls : ils y faisoient appeller, indistinctement, par leurs Sergens, ceux de leurs concitoyens, & en tel nombre qu'ils jugeoient à propos : personne n'avoit droit d'y assister, s'il n'y étoit appellé ; & ceux qu'on avoit mandés étoient tenus de s'y rendre, sous peine d'une amende. Dans les affaires de quelque importance, on ne manquoit pas d'y appeller le Sénéchal, le Juge-Mage, quelques autres officiers du Roi, les Grands-Vicaires de l'Archevêque, & de l'Abbé de St. Sernin, les Prieurs des principaux Colléges. L'Université, & les deux Chapitres y envoyoient des députés ; & le Parlement, qu'on fut obligé d'avertir, aussi-tôt qu'il fût fixé à Toulouse, y députoit des Commissaires, quand bon lui sembloit : car alors, ce n'étoit pas une nécessité qu'il y en eut. Ces Commissaires étoient, d'ordinaire, le troisieme Président, & deux Conseillers, un Laïs, & un Clerc : du reste, tous ces Officiers assistoient à ces Assemblées comme Citoyens, & non comme Magistrats, sur quoi il leur étoit souvent fait des protestations, & ils n'avoient que leur suffrage, quand c'étoit leur tour de parler. Les Capitouls faisoient la proposition, par la voix du plus ancien Docteur, ou Avocat d'entr'eux, quoiqu'il ne fut pas Chef du Consistoire : & lors qu'il y avoit des Commissaires du Parlement, c'étoit, toujours, le Président, ou à son absence, le Conseiller Laïs qui proposoit le sujet du Conseil.

Cet ordre a changé depuis. Le Conseil Général est composé du premier Président du Parlement, ou d'un autre Président qui le représente, de deux Conseillers, & des Gens du Roi de cette Cour, du Sénéchal, du Juge-Mage, d'un Grand-Vicaire de l'Archevêque, d'un Grand-Vicaire de l'Abbé de Saint Sernin, du Recteur de l'Université, des Syndics des deux Chapitres. C'est ce qui forme ce qu'on appelle le haut-banc : les autres membres de ce Conseil sont tous les anciens Capitouls, & quatre habitans de chaque Capitoulat, nommés par le Capitoul de la Partie. Les Capitouls y assistent, mais ils n'y opinent pas, quoique le Chef du Consistoire, ou celui qui le repréfente ait feul le droit d'annoncer le fujet du Confeil.

Ce Confeil, qui repréfente tous les Corps de la Ville, & qu'on tient publiquement, ne connoit que de trois fortes d'affaires, & n'eft convoqué d'ordinaire que trois fois chaque année. Pour la nomination des auditeurs des Comptes, pour la nomination des deux Députés de la Ville aux Etats de la Province, qui font toujours un Capitoul, & un ancien Capitoul ; & pour entendre le Teftament des Capitouls qui fortent de place : ce Teftament n'eft autre chofe que l'hiftoire de leur adminiftration, & des événemens de l'année, qui doit être rédigée par le Chef du Confiftoire, & que l'on tranfcrit enfuite fur le Livre des Annales, dont on a déjà parlé. Lorfque le fujet du Confeil eft annoncé, ou que le Teftament eft lu, le Greffier de l'Hôtel-de-Ville appelle, par ordre du premier Préfident, la voix de ceux qui ne font pas affis fur le haut-banc, & le premier Préfident demande, lui-même, le fuffrage des autres, en réfervant les Commiffaires du Parlement pour les derniers. Ce Confeil général étoit autrefois le feul ; il s'en forma fucceffivement d'autres, qui ont éprouvé quelques changemens, que l'on va expliquer.

Dans les grandes affaires, & fur-tout lors qu'il s'agiffoit de départir quelque impofition fur tous les habitans, on donnoit aux Capitouls feize Adjoints, qu'ils choififfoient eux-mêmes, dans tous les Ordres, même parmi le Clergé. Ces Adjoints formerent, dans la fuite, un Confeil fixe, pour toute l'année. Le Confeil général s'en attribua l'élection, fur une nomination de trente-deux fujets, dont le choix fut réfervé aux Capitouls, mais feulement parmi ceux qui avoient été décorés de cette dignité. C'eft ce Confeil qu'on appella *le Confeil des feize*. Ses fonctions confiftoient à départir, conjointement avec les Capitouls, la Taille, & les autres Impofitions, fur tous les contribuables : ils compofoient la plus grande partie du Bureau des comptes, que les Capitouls rendoient à la Ville, après leur adminiftration : & ce n'étoit qu'avec leur avis, que les Capitouls pouvoient faire des dépenfes jufqu'à une certaine fomme, qui a été plus ou moins confidérable. Ce *Confeil des feize* a été entièrement fupprimé, depuis 1741 ; & la répartition des impofitions, qui étoit le principal objet de fes fonctions, eft faite par les Capitouls, affiftés de huit Commiffaires, nommés, pour cela, par *le Confeil de Bourgeoifie*.

Le Confeil de Bourgeoifie, qu'on appelle communément *Confeil de de Ville*, est une troisieme espece de Conseil, qui se forma, long-temps après celui *des seize*, de cette maniere. Il dépendoit des Capitouls, comme on l'a déjà dit, de n'assembler le Conseil public, ou général, que quand bon leur sembloit, & d'y traiter les affaires qu'ils jugeoient à propos. Ils profiterent de cette liberté pour n'y porter que celles de la derniere importance; & ils décidoient les autres par eux-mêmes : il est vrai que pour la décision de ces dernieres, ils appelloient un certain nombre des plus anciens de leurs concitoyens, qui avoient été Capitouls, pour profiter de leur expérience, & de leurs lumieres, sur les affaires de la Ville.

Cet usage politique de n'assembler que très-rarement le Conseil général, qui sembloit assurer à ces Magistrats une plus grande autorité, produisit un effet tout contraire. Il donna la naissance à ce troisieme Conseil, qui par succession de temps s'est arrogé toute l'autorité, on l'appella *de Bourgeoisie*, parce qu'il est composé principalement *des Bourgeois*, c'est-à-dire dans l'ancien langage de Toulouse, de ceux qui ont été Capitouls. Il y a cependant deux Commissaires du Parlement, dont le plus ancien a la présidence de ce Conseil, les Gens du Roi du Parlement, le Sénéchal, & le Juge-Mage : ceux-ci avec les Capitouls sont assis sur le haut-banc : le Chef du Consistoire, & le second de Justice de l'année précédente, sont assis sur un fauteuil derriere le bureau, & opinent les premiers; on les nomme, pour cela, *Assesseurs honoraires*. Les Bourgeois Avocats se placent tous d'un côté, & ceux qu'on appelle de Robe-courte, sont sur un autre banc de l'autre côté : mais quoiqu'ils soient ainsi séparés, ils opinent suivant l'ordre de leur ancienneté. Le Chef du Consistoire, ou celui qui le représente, annonce les points du Conseil; ensuite le plus ancien Commissaire du Parlement fait lire, par le Greffier, la derniere délibération : cette lecture étant faite, le Chef du Consistoire reprend les points, & l'on recueuille les avis, de la même maniere qu'au Conseil général. Il est essentiel de remarquer que pour la tenue de ce Conseil, qui se tient à huis-clos, dans le petit Consistoire, il doit y avoir au moins trente vocaux; & que le plus ancien Commissaire du Parlement nomme les Commissaires, lorsque l'on délibere d'en nommer.

Il y a encore une quatrieme espece de Conseil, appellé *le Conseil de Robe-longue*, composé de six Avocats, anciens Capitouls, qui sont nommés à vie, par les Capitouls, à mesure que les places sont vacantes. Ils sont appelés à toutes les commissions importantes, & sur-tout à celles, où il s'agit des procès qui peuvent survenir à la Ville : alors ils se rendent à l'Hôtel-de-Ville, & opinent suivant leur ancienneté dans le Capitoulat : mais lorsqu'il y a des affaires, où l'on a besoin de l'avis de ce Conseil, on le tient chez le plus ancien de ces Avocats, suivant l'ordre de la matricule. Un Capitoul, & le Sindic de la Ville se rendent chez lui, avec les autres cinq : le Capitoul ni le Sindic de la Ville n'opinent pas: ce dernier y assiste seulement pour faire le rapport de l'affaire, dont l'on doit s'occuper. Il y a cela de particulier au sujet de la tenue de ce Conseil, c'est que pendant le temps que dure la séance, il doit y avoir une Sentinelle, en faction, à la porte de la maison de l'Avocat où il se tient, & une autre à la porte de son Cabinet.

LA GUERRE, dont on a annoncé le motif, entre l'Empereur Charles-Quint, & François I, continuoit avec feu, lorsque la prise du Roi, & la défaite de notre armée, devant Pavie, mirent le comble à nos malheurs. L'histoire de cette guerre a sans doute peu de rapport avec l'histoire de Toulouse : mais on est obligé d'en indiquer les principaux évenemens, pour l'intelligence de quelques faits curieux, qui regardent cette Ville. Le Duché de Milan, que François I avoit conquis, & dont l'Empereur vouloit le chasser, fut l'objet, & le théâtre de cette guerre sanglante. Pour réussir dans ce projet, & s'attirer des alliés, contre ce formidable ennemi, Charles-Quint mit en jeu les ressorts de la plus profonde politique. Il se ligua, en 1522, avec plusieurs Princes d'Italie, qu'il sçut s'attacher par l'espérance de quelque avantage. Le Pape devoit être investi des Duchés de Plaisance, & de Parme : François Sforce du Duché de Milan, dont François I, l'avoit dépouillé ; enfin le Marquis de Mantoue, les Vénitiens, les Florentins, les Génois, & le Roi d'Angleterre même crurent trouver leur agrandissement dans cette ligue. Nos troupes résisterent cependant à toutes ces forces réunies, & ne repasserent les Monts, en 1524, qu'à cause de la désertion des Suisses, qui étoient à notre solde, & faute du secours dont la négligence du Roi laissoit manquer ses Généraux.

L'ambition de Charles-Quint, excitée par cette retraite, lui inspira le dessein de porter ses armes dans le sein de la France. Tout sembloit, en effet, lui promettre la ruine de ce Royaume, qu'il attaqua, avec quatre armées, par la Flandre, la Guienne, & la Provence. Les Anglois, & les Impériaux pénétrerent dans la Picardie, jusqu'à onze lieues de Paris : les Espagnols formerent le siege de Bayonne ; & en même-temps, cet Empereur mit le siege devant Marseille, avec une armée formidable. Tous ces ennemis n'étonnerent point François I. il fit face de tous côtés ; & par-tout il triompha, sans autre ressource, que la valeur de ses sujets, & son propre courage. Lautrec vola dans la Guienne, & fit lever le siege de Bayonne. Latrimouille repoussa, avec le même succès, les Anglois, & les Impériaux ; tandis que le Roi, à la tête de trente mille hommes, non content de faire lever le siege de Marseille, poursuivit ses ennemis, jusques dans l'Italie, se rendit maitre de Milan ; & malgré la rigueur de la saison, mit le siege devant Pavie, le 25 d'Octobre 1524 : c'est pendant ce siege, & après la plus belle campagne qui fut jamais, que ce Monarque intrépide fut fait prisonnier, le 24 Février suivant. On ne rapportera point le détail de cette journée, également fatale, à la France, & glorieuse aux troupes Françoises, qui se signalerent par leur valeur, même au milieu de leur défaite.

A cette triste nouvelle, Toulouse fut dans la consternation. Le Parlement, justement allarmé, manda le 8 Mars, les Capitouls, & tous les Officiers de la Ville, pour leur enjoindre d'empêcher, qu'il n'y eut aucune émotion, parmi le peuple. Il ordonna des Prieres publiques, dans tout le Ressort, pour la délivrance du Roi, & pour la conservation du Royaume. Il suspendit toute sorte de réjouissances publiques : enfin il prit de justes mesures, pour prévenir les suites funestes de ce malheur. Lautrec, qui étoit Commandant, pour le Roi, en Languedoc, depuis la défection, & l'évasion du Connétable de Bourbon, en 1523, donna ordre aux Capitouls de faire démolir toutes les maisons, près des murs de la Ville, à la distance de deux toises ; ce qui mit les Remparts dans l'état qu'on les voit aujourdhui, à l'exception du terre-plein, qu'on n'y éleva que quelques années après.

On étoit dans cette perplexité, & dans les allarmes, lorsque les Capitouls reçurent ordre de la Regente Louise de Savoye, mere du Roi, de faire publier la paix qu'elle venoit de concluire avec le Roi d'Angleterre. Cette paix *, qu'on a regardée, avec raison, comme l'ouvrage du génie protecteur de la monarchie Fran-

---

* On fut redevable de cette heureuse paix, à la jalousie du Roi d'Angleterre, qui voyoit à regret, les succès de Charles-Quint, & à l'amour propre de son ministre Volsei. Cardinal d'Yorc, qui fut choqué que l'Empereur eût changé de style dans les lettres qu'il lui écrivit, & qu'il ne les écrivit plus de sa main. (*abr. chron. de l'hist. de France.*)

çoife, fut publiée, le 25 de Septembre 1525, au milieu des acclamations du peuple ; & les Capitouls envoyerent à cette Princeſſe, un acte de ratification de la ville de Toulouſe, qu'elle s'étoit obligée de rapporter, par un article du traité.

Cependant Charles-Quint retenoit le Roi de France dans une étroite priſon, pour l'obliger d'accepter les dures conditions qu'il lui propoſoit. Ce traitement, tout inſupportable qu'il étoit pour un Roi, ne fit pas balancer François I, entre le bien de ſes ſujets, & ſa liberté. Il la réfuſa conſtamment, à ce prix ; & réſolu de demeurer toute ſa vie en priſon, plutôt que de ſubir le joug, que l'Empereur s'opiniatroit à vouloir lui impoſer, il ſe livra à une profonde mélancolie, qui le mit en danger de mort. C'eſt dans cette circonſtance, qu'il fit un vœu aux Saints, dont les Réliques répoſent dans l'Egliſe de St. Sernin de Toulouſe ; & qu'il recouvra, ſans doute, la ſanté, par leur interceſſion. Le retour de ſes forces augmenta ſa conſtance ; & voyant que Charles-Quint ne vouloit point démordre de ſes premières propoſitions, il abdiqua la Couronne de France, en faveur du Dauphin.

Cette abdication enlevoit à l'Empereur tout le prix de ſa victoire ; auſſi devint-il plus traitable. La paix fut conclue, le 14 Janvier 1526 ; & François I. recouvra la liberté. Sa délivrance fit renaître la joye dans tous ſes Etats. Les Touloufains ſe ſignalerent, parmi tous ſes autres ſujets, par des prieres publiques, en action de graces, & par une proceſſion ſolemnelle, où ſe trouverent tous les ordres de la Ville.

François I. étoit trop réligieux, pour oublier le vœu qu'il avoit fait aux Réliques de St. Sernin : il réſolut de venir à Toulouſe, pour l'accomplir, en perſonne ; & ſur cet avis, les habitans de cette Ville, ſe préparoient à faire, à leur Souverain, une entrée proportionnée à leur tendreſſe pour lui, lorſqu'ils apprirent qu'il avoit changé de réſolution, & qu'il partoit de Bayonne pour ſe rendre à Paris en droiture. Le vœu n'en fut pas moins accompli, par un ordre exprès de ce Monarque, qui en chargea le premier Préſident Minut. Ce vœu conſte par l'offrande de ſix gros flambeaux, parſemés de fleurs de lys d'or, qu'on voit encore ſuſpendus, dans cette Egliſe, devant la Chapelle du Saint Eſprit, & par l'inſcription que les Capitouls de cette année firent graver, ſur le mûr de cette Chapelle, en mémoire de cet événement.

Ces mêmes Magiſtrats firent bâtir le gros baſtion, qui couvre le

Moulin du Château, & acheverent aussi la construction du petit Consistoire de l'Hôtel-de-Ville, qui est un des plus beaux ornemens de cet Hôtel. Le comble de cet édifice est orné de deux piéces d'un très-beau travail : une large crête de fer, à claire voye, qui regne sur le dos du pavillon, d'un bout à l'autre, & une Rénommée de bronze, de grandeur naturelle, qui tient d'une main un écusson aux armes de Toulouse, & de l'autre, un guidon, qui sert de girouette. Cette statue est l'ouvrage de Nicolas Bachelier, fameux Sculpteur, dont il reste dans cette Ville, plusieurs beaux ouvrages, & qu'on a jugé digne de remplir une place parmi les illustres Toulousains, qui décorent la Galerie de l'Hôtel-de-Ville; la Crête est l'ouvrage de son frere *, qui excelloit dans l'art de travailler en fer.

LA RARETÉ, & la cherté ** des vivres causerent encore la famine, & la peste, dans Toulouse, en 1528. Ce n'est qu'avec regret qu'on retrace, sans cesse les horreurs de ces deux funestes fleaux, qui ont désolé cette Ville, pendant tant de siecles : mais on doit profiter des occasions précieuses de rappeller les soins, & le zele du Parlement, & des Capitouls. L'ordre de la Police ordinaire demandoit qu'on chassât de la Ville les pauvres étrangers. La charité prévalut. On délibéra de les nourrir tous, sans distinction. Les deniers publics furent employés à leur entretien, & ce fonds étant épuisé, le Parlement se taxa, taxa les Ecclésiastiques, & tous les Corps de la *** Ville. On ordonna des Prieres publi-

---

* Il avoit encore un troisieme frere, qui excelloit dans l'art de l'orfevrerie. On ne connoit, de tous ses ouvrages, que la Châsse de St. Géorge, qui est dans l'Eglise St. Sernin, au nombre des curiosités de cette Eglise. Elle représente un Temple à l'antique, d'ordre chorinthien, avec des figures de ronde-bosse, dans les intercolomnes, & quatre autres, assises aux quatre coins du soc, qui représentent les quatre Evangélistes.

** Le blé étoit à 4 liv. le sétier ce qu'on regardoit avec raison comme un prix exhorbitant, & qui obligea le Parlement de le taxer à 3 liv.

*** Nous avons vu renouveller ces mêmes charités publiques, en 1752. la disette, & une maladie épidemique ravageoint toute la Province. Les Capitouls toujours vigilans sur les besoins de leurs concitoyens, firent distribuer des aumônes immenses aux pauvres honteux, & en employerent jusqu'à quatre mille, des autres, à des travaux publics, uniquement pour les racheter des bras de la mort. Le Parlement établit, dans toutes les Paroisses, & dans toutes les Villes de son ressort, excepté à Toulouse, des bureaux de charité, où les pauvres trouvoient, abondament, de quoi se nourrir; & l'on doit dire, à la gloire de cette Ville, que les Communautés, & les particuliers, sembloient oublier leurs propres besoins, pour secourir les malheureux.

ques : les Capitouls firent un vœu aux Corps Saints de l'Eglife Saint Sernin, que Touloufe a toujours regardé comme fes interceffeurs particuliers auprès de Dieu. Ce vœu ne fût point fans fuccès : une moiffon confidérable ramena l'abondance ; & la pefte difparut entierement. Il refte encore un monument de ce vœu, dans l'Eglife Saint Sernin. Les Capitouls offrirent la repréfentation de cette Ville, qui eft encore fufpendue à la voute, entre les fix flambeaux du vœu de François I. On fait cette remarque, parce que bien de gens croyent que cette figure repréfente le Château de Madrid, où le Roi étoit prifonnier.

LA CÉLÉBRITÉ de l'Univerfité de Touloufe, à l'égard du Droit Civil, & Canon, y attiroit des écoliers, non-feulement de toute la France, mais encore des Royaumes étrangers. La liaifon, qui fe fait naturellement, entre des gens d'un même pays, lorfqu'ils font éloignés de leur patrie, donna lieu à plufieurs Confreries, parmi ce grand nombre d'écoliers. Chaque nation avoit la fienne : celle des François de-là la Loire, & celle des Gafcons étoient les plus nombreufes. Chacune de ces Confreries avoit pris un Saint, pour fon patron. Elle avoit un Prieur, un Tréforier, un Orateur. Le premier préfidoit aux affemblées, & en étoit comme le modérateur ; le fecond recevoit l'argent, que les confréres, & fur-tout les nouveaux venus, donnoient, pour les fraix de la Confrérie, & pour fécourir les confreres, dans leurs befoins. Enfin la fonction de l'Orateur, étoit de prononcer un difcours dans l'affemblée de la Confrérie le jour de la fête du Saint; & de faire une Oraifon funébre, aux enterremens de ceux des confréres qui mouroient.

Quoique ces Confréries n'euffent, ce femble, rien que de louable, elles ne laifferent pas de devenir fufpectes au Parlement. Ce corps fi éclairé fur le véritable intérêt public, les deffendit par un Arrêt, qui ne fut pourtant pas exécuté, peut-être par la crainte que les écoliers ne défertaffent l'Univerfité, ce qu'ils menaçoient de faire, fi on leur défendoit de s'affembler.

Les chofes étoient dans ces difpofitions, lorfque Etienne Dolet, natif d'Orléans, & l'Orateur de fa Confrerie, s'avifa de mêler une fanglante invective contre les Gafcons, & contre le Parlement, dans un Panégyrique qu'il prononça à l'honneur de la Nation Françoife, le jour de la Fête du Saint. Cette infulte ne refta pas fans réplique de la part des Gafcons. Ils obligerent leur Orateur, nommé Prignac, de répondre à Dolet ; & il le fit par un

Discours, rempli d'injures contre l'Orateur François. La guerre étoit déclarée. Dolet répliqua, par une Oraison, plus sanglante que la premiere, dans laquelle, il invectiva encore le Parlement. Cette Compagnie le fit mettre en prison ; & le Procès lui auroit été fait, sans la faveur du premier Président Minut, qui le délivra, par l'affection qu'il avoit pour les gens de lettres.

Dolet fût à peine en liberté, qu'il alla à Lyon, exprès, pour faire imprimer ses deux Oraisons. Elles ont pour titre, *Orationes II. contra Tolosam*. Les injures grossieres, que cet Auteur vomit contre cette Ville, & les railleries qu'il fait des choses de la Religion, dans la vue de faire passer les Toulousains pour des idolâtres, donnent à connoître, qu'il avoit déja embrassé le Luthéranisme, pour lequel il fût brûlé publiquement à Paris, en 1543. Dolet fut d'ailleurs, un des beaux esprits de son siecle, & ses ouvrages sont d'une très-belle latinité.

LE SCHISME de Luther, qui a fait à l'Eglise une playe mortelle, & excité de si grands troubles dans Toulouse, avoit pris naissance en Allemagne, dès l'an 1517. Les bienfaits, dont François I. combloit les gens de Lettres, les attiroit, en foule, de toute l'Europe ; la plûpart étoient déja empoisonnés de cette hérésie : ils communiquerent leur venin à toute la France. Toulouse étoit alors le rendez-vous des sçavans : sa gloire fut la source de ses égaremens, & cette Ville célébre fut une des premieres du Royaume, qui embrassa les nouvelles erreurs. On ne sçauroit croire avec quelle rapidité cette hérésie s'y répandit. Dans peu d'années, tous les ordres de la Ville en furent infectés, & l'éfronterie de ces nouveaux Sectaires *Protestans* *, fut si grande, que trois Augustins, & deux Cordelliers oserent en prêcher publiquement les dogmes, en 1531.

L'attrait de la nouveauté, l'éloquence de ces prédicans, leur attiroit un si grand nombre d'auditeurs, que les Magistrats s'armerent, pour la défense de la foi. Le Parlement fit arrêter un grand nombre de ceux, qu'on soupçonnoit d'être hérétiques. On en trouva dans tous les états ; les Ecclésiastiques, & les Curés même n'avoient pas été à l'abri de la séduction. Plusieurs furent rasés, quelques autres appliqués à la question ; & tous les coupables furent condamnés, à faire publiquement abjuration de leurs erreurs,

---

* On les nomma ainsi de ce qu'ils protesterent contr'un décret fait dans la Diéte de Spire, en faveur de la Religion Romaine, contre leur reforme (*abr. chron. de l'hist. de France. an.* 1529.

ou à être brûlés, s'ils réfusoient de rentrer dans leur devoir. Voici la maniere dont se faisoient ces abjurations, lorsqu'elles étoient ordonnées par la justice. On dressoit un échafaut auprés de la porte de l'Eglise de St. Estienne. On y faisoit monter celui qui devoit faire l'abjuration, vêtu d'une robe grise, la tête nuë, & rasée. L'Inquisiteur de la Foi, monté sur une chaire, élevée à côté de l'échafaut, prononçoit un discours, adressant la parole, tantôt au peuple, & tantôt au pénitent, après quoi ce dernier abjuroit ses erreurs à haute voix, & signoit son abjuration, qu'on rédigeoit par écrit.

Cette exécution se faisoit, en présence des Magistrats, & du peuple, qu'on y appelloit, au son de la grosse cloche; & malgré cet appareil ignominieux, & les brasiers allumés, pour tous ceux qui persistoient dans leurs erreurs; l'hérésie ne fit pas moins de progrés dans la suite. Le Frere Rochete, Inquisiteur de la Foi, qui avoit signallé, si souvent, son zéle contre les hérétiques, tomba lui-même, dans les erreurs, qu'il avoit combatues; & aima mieux être brûlé, en 1537. que d'y renoncer. Exemple terrible de la foiblesse, & de l'aveuglement des hommes, qui prouve combien ils doivent être en garde, contre les ennemis de la saine doctrine.

AU RÉTOUR du voyage que François I. fit, à Marseille, en 1533, pour sceller sa nouvelle alliance avec le Pape Clement VII, par le mariage de son fils Henry, Duc d'Orléans, avec la niéce de ce Pontife, Catherine de Medicis, il vint à Toulouse, accompagné de toute sa Cour, & fut reçu le 31 de Juillet, avec une magnificence qui exige qu'on rapporte la Rélation de cette entrée, telle qu'elle est, dans le Régistre de l'Hôtel-de-Ville.

» Les Capitouls de la Ville, & Cité de Toulouse, étant due-
» ment certifiés de l'Assemblée prochaine, qui étoit accordée faire,
» entre nôtre Saint Pere le Pape Clément VII, & très-haut, très-
» puissant, très-illustre Prince François, par la grace de Dieu, Roi
» de France, & premier de ce nom; & que pour icelle Assem-
» blée, & Parlement mettre à fin, le Roi notre Souverain Sei-
» gneur, partant de la Ville de Lyon descendoit par le pays
» d'Auvergne, la Ville du Puy, & autres Lieux, pour venir droit
» en sadite ville de Toulouse, & en icelle faire sa premiere, nou-
» velle, & joyeuse entrée, lesdits Capitouls, après avoir assem-
» blé le Conseil général de ladite Ville, & d'icelui ouï l'avis, &
» Délibération, sur la façon de procéder, touchant le recueil, &
» honnorable réception dudit Seigneur, & y avoir vaqué, par
» plusieurs

» plusieurs journées, & assemblé bon nombre de personnages no-
» tables de ladite Ville, & autres de tous états, l'an de grace
» 1533, & le Jeudi dernier jour du mois de Juillet, ledit Sei-
» gneur accompagné de très-grand nombre de Princes, Cardi-
» naux, Evêques, Capitaines, Ambassadeurs, Gentilshommes,
» & Officiers, vint au Château de Balma, où soupa, & coucha
» cette nuit, & le reste de sa Cour; & très-notable compagnie,
» partie de Toulouse, & autre partie ez Châteaux & Maisons voi-
» sines; & avenant lendemain Vendredi, premier jour d'Août,
» an susdit. Ledit Seigneur partant dudit Château de Balma, vint
» au Couvent des FF. Minimes de Saint Roch, auquel le Logis
» avoit été expressément préparé, & de nouveau édifié une très-
» belle Galerie de la longueur de vingt-quatre canes *, & lar-
» geur de trois canes, parquetée au-dessus, & étofée d'or &
» d'azur, & d'autres fines couleurs, dressée sur colonnes antiques
» de ïonique, le pavé, & côtés, entre lesdites colonnes, bien
» tendu de fin drap vert, des piedestaux jusqu'à l'architrave,
» & par en bas, dévises de peinture, à l'entour desdits piedestaux;
» & ledit Seigneur ainsi arrivé, assemblés lesdits Capitouls, en la
» maison commune, en ordre, chacun selon son dégré & dig-
» nité: & comme leur étoit montré par les maîtres des cérémo-
» nies, à ce, par lesdits sieurs Capitouls, & conseil ordonnés,
» pour aller au-devant dudit Seigneur Roi; & sont passés, par-
» tant de ladite maison commune, droit à la Porterie-basse, par
» la grand rue, au-devant de l'Eglise St. Sernin, jusques à la porte
» de Posonville, par laquelle lesdits nobles Bourgeois, & Mar-
» chands, sont sortis de ladite Ville, & illec à droit au Couvent
» de St. Roch, où étoit ledit Seigneur, comme dit est, & lesdits
» Capitouls, accompagnés de leurs Officiers, à sçavoir deux As-
» sesseurs, le Sindic, Notaire, leur Greffier & Controlleur, le
» Verguier, avec la verge d'argent, les trompétes, & haut-bois
» à leur devant, se sont retirés au boulevard, de ladite porte d'Ar-
» naud-Bernard, par laquelle auroit été avisé que seroit faite ladite
» entrée, pour illec attendre ledit Seigneur, durant lequel temps,
» par ordre, depuis ledit couvent de St. Roch, où entrerent, par
» ladite porte d'Arnaud-Bernard, en passant par-devant lesdits Ca-
» pitouls, par ordre, tel que s'ensuit; premierement, l'Eglise &
» Clergé, les croix chacune en son endroit précédentes, chan-

---

* La cane équivaut à une aune & demi de Paris.

Partie I.   C c

» tans en forme de procession, à sçavoir est en premier lieu les
» FF. Réligieux de Saint François, appellés les Bequins, les Réli-
» gieux de la Merci, les Réligieux de la Trinité, les Réligieux de
» St. Auguftin, les Réligieux Carmes, les Réligieux de St. Fran-
» çois de l'Obfervance, les Réligieux Jacobins, les Prêtres & Pa-
» roiffes de St. Nicolas de St. Subran, St. Pierre de Cuifines, le
» Taur, & autres Eglifes Paroiffiales ; & après marchoient les gens
» de pied par ordre, fept, à fept, tous acoutrés de velours, fatin
» & tafetas, dechiquetés de couleur avifées, avec leurs Capitai-
» nes, Porte-enfeignes, Sergens de bande, Fifres & Tabourins
» des Suiffes ; & après marchoient certaines gens à cheval accou-
» trés de halcerets, & heaumes furdorés à l'antique, faudes &
» manches de tafetas fur le nud, portans aux mains, branches de
» laurier ; après marchoit un nombre de petits enfans, de l'âge de
» neuf à dix ans, à cheval, têtes nues accoutrés de fatin, damas,
» taffetas tout de couleur blanche, portant chacun l'écuffon, aux
» armes de France, en leurs mains, crians à haute voix, VIVE
» LE ROI ; après ont marché les Bazochiens & autres Clercs des
» Cours inférieures, à pied, accoutrés de fatin & tafetas ; après
» ont marché les facteurs, & autres ferviteurs des marchands, &
» bourgeois, appellés Forains, à pied, accoutrés de velours, avec
» cordons de fil d'argent dechiquetés, chacun un baton en forme
» de bourdon portant à la main, couvert & dechiqueté de la mê-
» me parure ; après ont marché les enfans de la Ville à cheval, ac-
» coutrés de velours dechiquetés avec cordons de fil d'argent bien
» accoutrés, & leurs cheveux houffés de velours ; après ont mar-
» ché les Bourgeois, & Marchands de ladite Ville, à cheval, ac-
» coutrés de leurs robes de foye de fatin, damas, & tafetas cra-
» moifin pour le moins, & leurs pourpoints de fatin cramoifin
» rouge ; après ont marché les nobles de la Ville tenant Fiefs no-
» bles, & jouiffans des privileges de ladite Ville, les Trompettes
» avec l'Enfeigne & l'Etendart, lequel portoit noble Raymond de
» Roüer, Baron de Fourquevaux, accoutrés de robes, ou cha-
» marres de velours, avec des grands cordons de fil d'or autour,
» les chevaux caparaçonnés de velours, avec femblables cordons
» de fil d'or, toque, ou bonnet femblable de velours, avec des
» plumes blanches ; après a marché Monfieur le Sénéchal, accom-
» pagné, du Viguier, & autres Officiers Royaux, tant à lui qu'à
» la Cour de Parlement reffortiffants, enfemble les Gentilshom-
» mes de la Sénéchauffée ; après a marché l'Univerfité, en Corps

» selon sa dignité ; & après a marché la Souveraine Cour de Par-
» lement, en Corps, où étoient Messeigneurs le premier Président,
» second, tiers, & quart Président, avec leurs manteaux, &
» mortiers, Messeigneurs les Conseillers Gens du Roi ; Greffiers,
» Secrétaires, Huissiers, Avocats, & Procureurs d'icelle, avec
» leurs robes de justice. Après marchoient aucuns Seigneurs,
» Gentilshommes, & autres Domestiques de la maison du Roi,
» & après ont marché Messeigneurs les Prélats, & Evêques Ar-
» chevêques, Cardinaux, & Monseigneur le Reverendissime Car-
» dinal de Sens, Legat, & Chancellier de France, & après con-
» sécutivement le Roi notre Souverain Seigneur, lequel venu &
» arrivé en la premiere porte du boulevard de la Ville, après que
» l'artillerie, laquelle étoit au-dehors ladite porte à sonné plusieurs
» fois, attendant la venue du Roi, lesdits Capitouls accoutrés de
» manteaux, & chaperons partie de satin cramoisin, & noir, les-
» dits manteaux, doublés de satin blanc, avec des hermines, très-
» humblement de genoux, têtes nues, ont salué ledit Seigneur,
» auquel a été fait l'oraison & harangue par l'organe de Me. Dou-
» menge Filholi, Docteur, & Capitoul ; & parce que tous les Rois
» de bonne memoire, par leur premiere & joyeuse entrée audit
» Toulouse, avoient juré tenir, garder & observer, les privilé-
» ges, & franchises, lesdits Capitouls avoient fait préparer un
» Missel, au *Te igitur*, & la croix, à un siége couvert de toile
» d'or, icelui présentant devant ledit Seigneur. Après ladite ha-
» rangue par ledit Filholi Capitoul, comme dit est, parachevée,
» le Roi notredit Souverain Seigneur a répondu par telles paroles.
» *Vous avez été toujours loyaux, & obéissans, à mes prédécesseurs,*
» *& à moi, & je l'ai bien connu, & vous mercie de vos bonnes vo-*
» *lontés, & quand à vos dits priviléges je vous les garderai.* Dequoi
» ledit Pelissier comme Sindic de la Ville a réquis en être retenu
» acte, par moi Notaire soussigné, ce que j'ai fait. Monseigneur
« le Dauphin de Viennois Duc de Bretagne, Monseigneur
» le Duc d'Orléans, Duc d'Angoulême, Fils dudit Seigneur Roi,
» Monseigneur de Montmorenci Maréchal, & Grand-Maître
» de France, Lieutenant-Général, & Gouverneur au Pays de Lan-
» guedoc, & Monseigneur le Sénéchal de Querci, Grand-Ecuyer
» de France, & plusieurs autres Princes & Seigneurs : Maîtres Fran-
» çois de Saint-Felix Docteur Seigneur de Glapiers, Pierre de Ma-
» lenfant, Docteur Seigneur de Pressac, Nicolas Benoît Seigneur

» de Pechbonieu & autres préfents, & de moi Salamonis, Notaire
» public, qui de ce deffus requis, ai retenu acte.

» Et ce fait lefdits Capitouls ont préfenté le Poële audit Seigneur
» Roi, lequel étoit très beau, & très riche, garni à huit bâtons de
» même parure que ledit Poële, & icelui ont porté à huit bâtons, à
» pied, têtes nues, accompagnés de deux Affeffeurs, Sindic, No-
» taire, Greffier, Verguier, trompettes, & hautbois, & au-de-
» vant le Panon, aux armes de la Ville, lequel portoit noble
» Bernard d'Izalguier, Chevalier Seigneur de Clermont, à che-
» val, & au-devant dudit Seigneur Roi, marchoient mefdits Sei-
» gneurs, le grand Maître avec fon bâton, le grand Ecuyer avec
» fon épée, richement & triomphament accoutrés, & le Roi par-
» deffous ledit Pavillon; après lui & confécutivement, Meffei-
» gneurs le Dauphin de Viennois, & Duc de Brétagne, Duc d'Or-
» leans, & Duc d'Angouleme, & après, Monfieur le Duc de
» Vendofme, & autres Princes & Seigneurs. Et à l'entrée de la fe-
» conde porte de ladite Ville, les Capitouls, en figne de totale
» fubjection, & obéiffance, ont préfenté audit Seigneur les clefs
» d'icelle, eftant ez mains de Bernard Nalot, defcendu, par
» feinte, & engein, en une nue, lefquelles ledit Seigneur a com-
» mandées au Capitaine de fa garde Efcoffoife, étant auprès de
» lui, & d'illec a marché, le long de la grand'rue, depuis ledit
» Arnaud-Bernard, paffant au-devant l'Eglife de Saint Sernin, à
» la Porterie, à Serminieres, aux Changes, aux Filatiers, jufques
» à la Place du Salin, au-devant de la Maifon de la Tréforerie, à
» Nazareth, à la Pergepinte, à Saintes Carbes, à la Place Saint
» Etienne, jufques à la Porte de l'Eglife Metropolitaine, en la-
» quelle eft entré; & les Capitouls retournés en ladite Maifon com-
» mune, ledit Peliffier comme Sindic a requis Acte de tout ce
» deffus, être retenu par moi dit Notaire, ce qui m'a été ordonné,
» faire par iceux Capitouls, ez préfences &c......

Le lendemain la Reine Eléonor fa femme fit auffi fon entrée.
On lui rendit les mêmes honneurs qu'au Roi : elle étoit feule dans
une Litiere ouverte, couverte de drap d'or, attelée de deux chevaux caparaffonés de drap d'or, & montés chacun pour un Page.
Elle portoit fur fa tête un bonnet de velours noir avec une plume
blanche. Après elle, marchoient à cheval, près de cent Dames,
ou Demoifelles de fa fuite. (Cette entrée a été peinte la même année fur le Régiftre des Annales.) Elle alla defcendre à l'Archevéché, où le Roi étoit logé. Outre les préfens ordinaires, la Ville

en fit d'extraordinaires, au Roi, à la Reine, au Dauphin, aux Ducs d'Orleans, & d'Angouleme, au grand-Maître de Montmorenci, à la grande-Maitresse sa femme, & au Cardinal Duprat, Chancelier. Elle donna au Roi l'Ecusson de la Ville, porté par deux figures de relief, du poids de 24 marcs d'or; il fût très-sensible aux témoignages de tendresse qu'il reçut des habitans de cette Ville; & on ne doit pas omettre un trait qui prouve la confiance que ce Prince avoit pour les Toulousains, c'est que dans un second voyage qu'il fit à Toulouse, en 1541, il ne voulut (*o*) être gardé, ni servi à table, que par des Bourgeois.

Pendant son séjour dans cette Ville, il tint son lit de Justice au Parlement, le 4 Août 1533; & alla ensuite faire sa visite aux Reliques de St. Sernin, visite qui coûta bien cher à cette Eglise; car, peu de temps après, il envoya demander aux Capitouls, à l'Abbé, & au Chapitre St. Sernin une pierre précieuse *, d'un prix inestimable, dont il dépouilla ce trésor, pour en faire présent au Pape.

DEUX ANS après & le 18 de Juin 1535. ce Monarque déclara (*p*), par des Lettres-Patentes « que tous les héritages ruraux » de la Province de Languedoc devoient contribuer aux Tailles, » à l'Octroi, & aux impositions, en quelques lieux, & quelques » mains qu'ils fussent, soit de gens d'Eglise, nobles, Présidens & » Conseillers des Cours de Parlement, soit Généraux des Aydes, » & gens des Comptes, soit Docteurs-Regens, ez Universités de » Toulouse, & de Montpellier, soit écoliers des mêmes Villes, » & autres qui se prétendoient privilégiés. » Lafaille dit (*q*) dans ses Annales que c'est par cette Déclaration, que François I. établit la réalité des Tailles, dans tout le Languedoc, où elles étoient imposées, dit-il, auparavant le fort portant le foible, à proportion des facultés de chaque particulier. Cependant le conrraire résulte de cette Déclaration même, dans laquelle il est marqué expressément, « que de temps immémorial, & dont il n'étoit me-

(*o*) *Ann. de Toulouse* t. 2. *pag.* 125.
(*p*) *Hist. gén. de Lang.* t. 5. *pag.* 140.
(*q*) *t.* 2. *pag.* 94.

---

* Nous n'avons ni titre ni régistre, où cette pierre soit décrite; elle est nommée simplement un Camayeu: elle avoit été donnée à cette Eglise par Charlemagne. On peut juger de sa valeur par les termes du régistre de l'hôtel de Ville, qui dit qu'un Pape en avoit offert aux Toulousains, cent mille écus & de quoi faire bâtir un pont sur la Garonne, il ajoute que les Vénitiens en avoient offert une somme encore plus grande.

» moire du commencement, ni du contraire, les deniers des
» *Tailles*, aides, & subsides, & autres impositions avoient accou-
» tumé être assis, cottisés, & imposés en Languedoc sur les héri-
» tages ruraux, d'icelui, au sol la livre, en quelque main qu'ils
» fussent. » D'ailleurs cet usage de la réalité des Tailles dans la
Province étoit constaté par (r) des Lettres Patentes du 30 Janvier
1446. (1447.) & de 1495.

Ce qui a induit Lafaille à erreur, c'est que dans quelques Villes
de la Province, & en particulier à Toulouse, on estimoit alors,
comme aujourdhui, l'industrie des Commerçans, & des Artisans,
& de tous ceux qui faisoient quelque profit indépendant du produit des immeubles, pour les faire contribuer, à proportion, aux
charges publiques : mais ce n'étoit que pour une portion de ces
Tailles qui d'ailleurs ont toujours été réelles dans cette Province.
Cette portion, qu'on répartissoit ainsi, sur l'industrie des habitans a
souffert plusieurs variations, quant à la quotité. Par un Arrêt du
Conseil de l'année 1551, confirmé par Lettres-Patentes de la même
année, il fut « ordonné que les deux tiers des Tailles s'imposé-
» roient, dans la Ville de Toulouse, & son Gardiage, sur les
» biens immeubles, roturiers, & ruraux, & l'autre tiers *sur tous*
» *les manans, & habitans de cette Ville, de quelque qualité, &*
» *condition qu'ils fussent sans exempter personne, eu égard à leurs*
» *facultés mobiliaires, gains & profits, cabaux & industries*. La
disposition de cette Loi a été exécutée jusqu'en 1715, en remar-
quant que quoiqu'elle n'exemptât personne ; on ne repartit cette
tierce portion de la Taille qu'on appella *Industrie*, que sur les
Marchands & Artisans, ce qui excita des plaintes de leur part, en
1704. Quelques années après, & en 1713, il y eut à ce sujet un
Procès devant le Conseil, entre le Sindic de la Ville, & ces Marchands & Artisans : enfin tout fut terminé par un Arrêt du 16 Février 1715, qui supprime l'imposition appellée *Industrie*, & établit, à la place, un droit universel sur toutes les farines, qui seroient employées ou portées dans cette Ville, à l'avenir, pour qui
qu'elles fussent destinées. Cet Arrêt est encore exécuté : & le droit
dont il s'agit est de 12 sols pour chaque setier de blé, & 6 sols
pour chaque setier de menus grains.

On remarquera encore ici, pour ne pas revenir sur cette matiere, que la Déclaration du 18 Juin 1535, dont on vient de par-

(r) *Hist. gén. de Lang*. t. 5. pag. 12.

Ier, détermina le Conseil de Ville de Toulouse à délibérer, en 1547, qu'il seroit fait un nouveau *Cadastre*, ou *Compoids-Terrier*, attendu que celui qu'on avoit formé, en 1472, ne désignoit que la largeur des maisons, sans fixer sa profondeur ; ce qui rendoit la répartition sujette à des injustices inévitables. On remedia à cet inconvénient, en mesurant, avec exactitude, l'aire de chaque maison, par des cannes carrées, que l'on adapta à des livres, des sols, des deniers, des oboles, &c. c'est ce qu'on appelle *l'Alivrement*. Ce nouveau Cadastre, souvent discontinué, & souvent repris, fût achevé, en 1575, on s'en est servi pendant plus de cent ans : mais soit qu'il fût effacé par l'usage, soit qu'on voulut multiplier le nombre des Livres, qui composoient l'alivrement entier, on en fit un, en 1680, qui est celui, dont on se sert, auquel l'on ajouta le Plan de toute la Ville, divisée par quartiers ; de maniere qu'il est très-aisé, de trouver l'emplacement des maisons, & d'en mesurer l'aire.

LES DIFFÉRENS traités de paix, conclus entre François I, & l'Empereur, n'avoient rien diminué de la haine, qui regnoit entre ces deux Princes. Ce dernier, sur-tout, dont les armes venoient de triompher, en Affrique, & qui n'avoit pas abandonné l'idée de la Monarchie universelle, cherchoit un prétexte de rupture : le plus frivole lui suffit, & quelque peu d'intérêt qu'il prit à la défaite du Duc de Savoye, que François I, venoit de dépouiller de ses Etats, il ne laissa pas de lui déclarer la guerre, en 1535, & de l'attaquer avec deux armées. L'une, de trente mille hommes, entra dans la Picardie, sous les ordres du Comte de Nassau, & l'autre, qu'il commandoit, en personne, fit une descente dans la Provence.

L'irruption de Charles-Quint avec de si puissantes forces étonna toute la France, & jetta la frayeur dans Toulouse. On pourvut cette Ville de toute sorte de munitions de guerre, & de bouche : on la mit en état de deffense *, avec toute la diligence possible : on y fit la revue de tous les habitans capables de porter les armes : il s'en trouva ** 35000. ces sages précautions devinrent inutiles.

---

* C'est alors que furent élevées deux demi lunes, qui couvroient, l'une la Sénechaussée, & l'autre la porte de montoulieu. Ces deux fortifications n'existent plus ; la derniere a été abbatue en 1752. pour la construction d'une très belle promenade.

** En 1562. on fit une nouvelle revue de tous les chefs de famille capables de porter les armes, il s'en trouva 20000. en 1567. on fit une pareille

Charles-Quint fit des vaines tentatives, sur Arles : la diffenterie détruifit son armée : il revint fur fes pas, la rage dans le cœur ; & ne tira d'autre fruit de ce voyage que la honte d'avoir fait une bravade inutile. Malgré la rétraite de ce rédoutable ennemi, on continua, en 1536, les travaux des fortifications de Touloufe, avec la même ardeur qu'auparavant. Tous les lieux du Diocéfe y contribuerent, & fournirent autant de corvées qu'ils avoient de feux.

JEAN D'ULMO quatrieme Préfident de ce Parlement ayant été accufé de faux, & d'avoir volé les parties, dans une affaire, où il étoit Commiffaire, fut traduit devant le Confeil du Roi, qui le condamna à être dégradé de fa charge de Préfident, dans la grand-chambre du Parlement ; à y faire amende honorable, la torche au poing, les plaids tenant, à être enfuite conduit à la place Saint George, fur un tombereau, & y être pilorié, & flétri d'un fer chaud, & enfin à être enfermé au Château de St. Malo, en Bretagne, pour le refte de fes jours, avec confifcation de fes biens, ce qui fut exécuté à Touloufe le 7 Octobre 1536. c'eft l'Arrêt le plus févere qui ait été rendu, en pareille matiere. Le Grand-Confeil en rendit un autre, en 1542, contre un Confeiller Clerc du même Parlement nommé Pierre Gaillardi qui fut dégradé publiquement (s), & condamné à faire une amende honorable, à une amende de mille livres, & à la prifon, pour avoir falfifié quelque acte : mais trois ans après, il fut rétabli dans fa charge.

Le procès que les Habitans de cette Ville pourfuivoient, depuis long-temps, au fujet de l'immunité de la Leude*, fut terminé en l'année 1538. par un Arrêt contradictoire du Confeil, qui leur confirma ce privilége.

Les Capitouls n'eurent pas le même fuccès pour en conferver un bien plus fingulier : celui de créer des Notaires, qui avoient la faculté de retenir des actes, dans toutes les contrées du monde, *ubique terrarum*, c'étoit la claufe des provifions, qu'ils leur en faifoient expédier.

(s) *Ann. de Toul. t. 2. pag. 121.*

tevuë de tous les habitants capables de porter les armes, il s'en trouva 30000. tant à pied qu'à cheval. Ces deux premieres revuës font repréfentées dans les regiftres de l'hôtel de Ville aux années 1535 & 1562. & forment deux tableaux qui excitent l'admiration des Artiftes.

* La Leude eft un efpece de péage, qui fe prend fur les marchandifes & denrées, qui font portées à Touloufe par des étrangers.

expedier. Ces Magistrats jouissoient de ce privilége, du temps des Comtes de Toulouse: ils prétendoient le tenir des Empereurs Romains, & particulierement de l'Empereur Theodose: mais malgré une possession paisible, & immémoriale, ils le perdirent, faute de titre; & ils ont peut-être à se réprocher d'avoir negligé les soins nécessaires pour le recouvrer.

La perte de ce privilége honnorable, auroit été réparée, avec avantage, s'ils s'étoient appliqués à l'entretien, & à l'augmentation d'une manufacture de soye, qu'Alexandre Sardini, Florentin, avoit établie, dans laquelle, on fabriquoit toute sorte d'étofes, & dont ils fixerent, cette année, la longueur, & la largeur. Aucune Ville n'est plus propre à un commerce brillant & étendu. Située dans la plus belle plaine du monde, elle communique à l'Océan, & à la Méditerranée, par la Riviere de Garonne, & par le Canal Royal de Languedoc: cette heureuse situation peut la rendre une des plus florissantes Villes de l'Europe, si ses habitans, d'ailleurs très-éclairés, & d'un esprit vif & subtil, s'attachent au commerce, & qu'ils en fassent l'objet particulier de leur industrie. Bernui, cet homme fameux par son grand succès dans cette profession, avoit bien reconnu l'heureuse situation de Toulouse, puis qu'il quitta l'Espagne, sa patrie, au commencement du XVI. siecle, pour s'y établir. Il y amassa de si grandes richesses, qu'elles passerent en proverbe; & que dans les roles des Impositions, il étoit taxé, dix fois plus que les plus riches de ses Concitoyens. Il seroit à souhaiter qu'on prît de justes mesures pour encourager le commerce dans cette Ville, où il a fait, de nos jours, les progrès les plus rapides, par l'établissement d'un grand nombre de Manufactures, & de Magazins, qui fournissent abondamment toute sorte de marchandises dans la Gascogne, la Guienne, le Querci, & une partie du Languedoc, à plus de trente lieues à la ronde.

LES FRAIX immenses de la guerre, que François I, continuoit contre l'Empereur, l'obligerent à créer de nouvelles charges, qu'on n'obtenoit, qu'à prix d'argent. Il avoit augmenté le Parlement de Toulouse, en 1537, de quatre Offices de Conseiller; il rendit, le 7 Décembre 1542, un Edit pour partager, en seize, les quatre Généralités du Royaume, & nomma, dans chacune, un Commis des Trésoriers de France. C'est l'origine du Bureau des Trésoriers de France, de Toulouse, dont on va donner une idée succinte, en expliquant, en peu de mots, les fonctions, & les prérogatives, de ses Officiers.

Partie I.   D d

Dès la naissance de la Monarchie Françoise, il y avoit un Trésorier de France, qui avoit l'Intendance du Domaine du Roi. Philippe de Valois en créa un second. Le Roi Jean en augmenta le nombre jusqu'à quatre, qui remplissoient cette charge par indivis. Sous Charles VI, vers l'année 1381, on divisa, rélativement aux fonctions de ces Officiers, le Royaume en quatre Généralités, dont l'une comprenoit le Languedoc. Ces quatre Généralités furent divisées en seize, par l'Edit du 7 Decembre 1542, dont on vient de parler, avec érection d'un Commis des Tréforiers de France dans chacune. L'une de ces Généralités fut établie à Toulouse, en 1551, (1552.) Henri II. créa ce Commis en titre d'Office, sous la dénomination de *Tréforier Général de France*. Le nombre des Offices fut augmenté successivement dans chaque Généralité; & par Edit du mois de Juillet 1577, Henri III. érigea les Bureaux des Finances, en corps de compagnie. Celui de Toulouse est composé, à présent, de vingt-huit Officiers, sans compter un Chevalier d'Honneur, les Gens du Roi, & les Greffiers.

La Jurisdiction du Bureau de Toulouse embrasse trois objets, les Finances, la Voyerie, & le Domaine. Quand au premier, qui comprend la direction des Finances, & l'exécution des Etats du Roi, arrêtés au Conseil, pour la distribution des gages des Officiers de Justice, & autres dépenses, les Officiers de ce Bureau peuvent seuls décerner des contraintes, & rendre des Ordonnances, pour le payement des sommes employées dans ces Etats; & l'appel de leurs Jugemens, en cette partie, doit être relevé au Conseil; ce qui a été fixé de la maniere la plus claire par l'Ordonnance du Roi du 20 Janvier 1736. A l'égard de la Voyerie, on distingue les Ordonnances rendues *en Direction*, c'est-à-dire lorsque le Procureur du Roi est seul Partie, & les Ordonnances rendues *en Jurisdiction contentieuse*, c'est-à-dire de Partie à Partie. Dans le premier cas, l'appel de ces Ordonnances ne peut être relevé qu'au Conseil; & dans le second, il est porté au Parlement. On remarquera que le Bureau des Finances de Toulouse n'exerce point la Voyerie dans cette Ville, ni dans le Gardiage, où elle appartient uniquement aux Capitouls, en premiere instance comme il a été décidé, & confirmé par Arrêt du Parlement, du 12 Mars 1735, & par Arrêt du Conseil du 18 Juillet 1741. Enfin le Bureau des Tréforiers de France a droit de connoitre des affaires du Domaine du Roi, en premiere instance. L'appel de ses Jugemens, est porté, dans certains cas au Parlement, & dans d'autres à la Chambre des Comptes, Aides & Finances de Montpellier; ce qui a été décidé, & fixé, en dernier lieu, par la Déclaration du Roi du 19 Juillet 1757. Les Officiers de ce Bureau, qui forment une Cour supérieure, prennent le titre de *Présidens, Chevaliers, Trésoriers de France, Généraux des Finances, & Grands-Voyers*, &c. Ils font Corps avec les Chambres des Comptes, où ils ont été reçus: ils y ont entrée, séance, & voix délibérative: ils jouissent des mêmes priviléges & prérogatives: ils font Commissaires du Roi aux Etats de la Province: ils acquierent la noblesse, & la transmettent, au même dégré que les Officiers des autres Cours supérieures.

Le Roi créa le 21 Mars 1543. une seconde * Chambre des Enquêtes dans le Parlement de Toulouse composée de quinze Conseillers **, & de deux Présidens. Il nomma un second Président, dans la premiere des Enquêtes, où il n'y en avoit qu'un; & tous ces fonds n'étant pas suffisans, il créa au mois de Février 1543, (1544.) une Chambre des Réquêtes, dans tous les Parlemens de France. Celle de Toulouse fut composée d'un Président, & de cinq Conseillers: elle fut ensuite supprimée, par Henry II, au mois de Juillet 1547: mais il la rétablit, au mois d'Avril 1558. L'Ordonnance d'Orléans la supprima encore, deux ans après, avec celles de tous les Parlemens du Royaume, à l'exception de celle du Parlement de Paris. Henry III. à son rétour de Pologne, rendit, au mois de Novembre 1573, son premier éclat à ce Tribunal, qui n'a plus essuyé de révolution; & qui est composé aujourdhui de deux Présidens, & de quinze Conseillers. Ils exercent aussi la Jurisdiction des Eaux & Forêts, appellée la Table de Marbre.

ON AVOIT déliberé, dans cette Ville, en 1541, de construire un Pont de pierre, sur la Garonne. On appella, en 1542, pour l'exécution de ce projet, les gens les plus habiles, qui sonderent la profondeur de cette Riviere, & choisirent l'endroit où est, à présent, le Pont neuf. Les fondemens de la premiere pile furent jettés, dans le mois de Janvier suivant; & ceux de la derniere en 1579: mais on ne commença de passer sur ce Pont qu'en 1632, après un travail de quatre vingts-dix ans, tant il y eut des

---

* La troisieme Chambre des Enquêtes, qu'il y a dans ce Parlement; est d'une institution beaucoup plus moderne; & n'a été créée qu'en 1690.
** Chacun de ces officiers déclara avoir remis dans le coffre du Roi six mille livres pour le prix de sa charge.

difficultés à furmonter. C'eſt ſans contredit un des plus beaux Ponts * de l'Europe ; & il l'eſt infiniment plus que le Pont Royal, à Paris, quoiqu'il lui ait ſervi de modele.

Ce temps ſembloit marqué pour la conſtruction des monumens, qui font l'embelliſſement du Royaume. On tenta l'exécution d'un deſſein, à peu-près ſemblable à celui que Charlemagne avoit formé, dans l'Allemagne. On entreprit de joindre les deux Mers, par un Canal, conſtruit dans le Languedoc, & la Guienne. Pour en examiner la poſſibilité, le Roi députa, ſur les lieux, l'Evêque de Ciſteron, & François Conſeil, Seigneur de Saint Romain. Ces Commiſſaires ſe rendirent à Toulouſe, & firent dreſſer un projet, par des gens habiles dont l'un étoit ce Nicolas Bachelier, dont on a déjà parlé. Les grandes difficultés, ou quelqu'autre motif, firent abandonner ce projet, qui fût renouvellé, avec ſuccès, ſous le Regne de Louis XIV. On aura occaſion de donner la deſcription, de cet ouvrage magnifique, dans la notice des Touloufains illuſtres, à l'article de Pierre - Paul de Riquet.

LA SÉVÉRITÉ du Parlement de Toulouſe contre les voleurs, qui déſoloient cette Ville, ne diminuoit ni leur nombre, ni leurs excès. On en pendit, en 1544, dix-huit, dans le même jour, d'une maniere bien capable d'éfrayer leurs complices. Pour cette exécution extraordinaire, on fit conſtruire un grand échafaut, à quatre roues, ſur lequel étoient élévées dix-huit potences : cette machine énorme fut traînée, par un grand nombre de chevaux, dans toute la Ville, & à chaque carrefour, on y attacha un de ces miſérables, juſqu'à-ce qu'ils fuſſent tous exécutés.

Nous devons aux ſoins des Capitouls de l'année 1545, la fontaine de la place St. Etienne, qui eſt décorée d'un bel obéliſque.

Un tremblement de terre qui ſe fit ſentir, le 22 Avril 1545, & qui dura l'eſpace d'une heure, jetta la frayeur dans tous les eſprits, & fit craindre l'entier renverſement de la Ville. On étoit à peine revenu de cette crainte, qu'un orage affreux la renouvella. Le bruit terrible du tonnerre, & la pluye abondante qui tomba pendant la nuit du même jour, ſembloit annoncer une mort prochaine, & inévitable : mais le calme diſſipa toutes ces frayeurs. Le jour de Pâques ſuivant, un nouvel orage eut des ſuites plus funeſ-

* Les encoignurés ſont de pierre de taille & le reſte eſt de brique, ſa largeur eſt de douze toiſes, & ſa longueur de 135. Il a ſept arches, de différente grandeur. La décoration, & la Structure ſont de la compoſition du fameux Manſard.

res : il tomba une si grande quantité de grêle aux environs de cette Ville, que tous les fruits de la terre furent ravagés. Cet accident causa la famine, en 1546. Le tiers des habitans mourut de faim, ou d'une maladie épidémique ; & le nombre des morts auroit été plus grand, sans les charités publiques qu'on fit avec profusion.

Tous les malheurs qui devoient affliger les Toulousains se succédérent sans relâche. La mort du Roi, arrivée, le 31 Mars 1547, répandit le deuil, dans cette Ville. Henri Dauphin son fils & son successeur, apprit cette triste nouvelle au Parlement, lui ordonna de célébrer les funérailles du feu Roi, & de continuer à rendre la justice, comme il avoit fait auparavant. On peut voir dans les Annales de cette Ville (1), avec qu'elle pompe ce premier ordre fut exécuté.

François I. réunissoit toutes les qualités d'un grand Roi ; il ne lui manqua que d'être heureux, pour avoir la premiere place parmi les Princes de son siecle. Son amour pour les sciences, & pour les sçavans, lui a mérité le surnom de *Restaurateur & de Pere des Lettres*. Ceux qui ont reproché à sa mémoire d'avoir avili la justice, en introduisant la vénalité * des charges, auroient dû, avant de former cette accusation, prouver que la vénalité des charges est nuisible à l'Etat, & aux peuples. On auroit, par ce moyen, la résolution d'un problême, que le Cardinal de Richelieu n'a pas osé résoudre, après avoir balancé le pour & le contre.

LES NOUVEAUX hérétiques se multiplioient malgré l'extrême attention des Parlemens. Pour arrêter les progrès de ce funeste venin, le Roi établit, dans Paris, une chambre ardente, qui les poursuivit, avec la derniere rigueur. Cette sévérité ne fit qu'aug-

(1) t. 2 pag. 139.

* Louis XII. commença à mettre en vente les offices de finance : mais défendit, par Edit de 1508, la vente des offices de judicature. cela n'empêchoit pas que ces offices ne fussent mis à prix par les grands, ou les gens en credit, à l'insçû du Roi. François I. fut le premier qui les vendit, quoiqu'il n'ait pas donné de loi à ce sujet ; bien loin de là, ce trafic étoit coloré du titre de prêt pour les besoins de l'Etat, & encore sous Henri II. chaque Officier juroit, à sa reception, de n'avoir pas acheté son office : on rétablit les élections sous François II. Mais sous Charles IX, & surtout, en 1567 & 1568, les charges redevinrent vénales, de maniere que les particuliers en pouvoient faire le commerce, & qu'on payoit une certaine somme pour les relever des parties casuelles. Enfin l'Edit de 1604, en rendant héréditaires, sans distinction, tous les offices, même ceux des Cours souvéraines a entierement aboli les élections. (*abr. chron. de l'hist. de France. du Présid. Hainault.*

menter leur nombre : il s'accrût, fur-tout, dans Toulouſe, & ces déſerteurs de l'Egliſe ne purent s'empêcher de donner des marques ſcandaleuſes de la haine qu'ils avoient pour la Religion catholique.

La veille de Noel 1548, un Luthérien, nommé Martino, fit une action également exravagante & impie : accompagné de dix à douze perſonnes de ſa ſecte, il entra dans l'Egliſe Saint Pierre, pendant qu'on diſoit la Meſſe, portant une Broche, où il y avoit un Lievre roti, & criant, à haute voix, *Catus Natus*. Il eſt difficile de déviner, ce qu'il entendoit par ces mots, qui, au fond, ne veulent rien dire. Quoiqu'il en ſoit, il fût arrêté, & condamné par les Capitouls, à faire amende-honorable, un jour de Dimanche, devant la Porte de cette Egliſe, ſur un Echafaut, où il demeura durant la célébration de la Sainte Meſſe ; enſuite il fût fouetté, par toutes les rues, & banni de la Ville & Banlieue.

Le Jeudi abſolu de l'année ſuivante, il arriva un ſcandale approchant, dans l'Egliſe du Tiers-Ordre, qu'on appelloit, alors, les Bequins. Pendant le ſermon qui précédoit la proceſſion * des Pénitens, une foule d'écoliers, armés d'épées, entra dans l'Egliſe, avec des grandes huées ; obligea le Prédicateur à quitter la chaire, & les Réligieux à s'enfuir. Tous ces coupables furent arrêtés, & condamnés à de groſſes amendes, ou à tenir priſon pendant un certain temps. Il n'étoit pas étonnant de voir les écoliers de l'Univerſité de Toulouſe donner dans de pareils excès : les Profeſſeurs leurs communiquoient le venin dont ils étoient infectés ; & leur nombre ** les mettoit à l'abri d'une juſte punition.

L'ANNÉE 1549. eſt marquée dans les faſtes de Touloufe, par l'érection du tribunal de la Bourſe Commune des Marchands, à qui le Roi accorda la même Juriſdiction, les mêmes libertés, franchiſes, & prérogatives qu'il avoit données au Conſervateur des Foires de Lyon. Par cet Edit ***, en date du mois de Juillet, qui fut vérifié au Parlement, le 20 Décembre ſuivant, il eſt permis aux Marchands de Toulouſe de créer, & élire, chaque année, un

---

* Cette Proceſſion, qui n'eſt plus en uſage, étoit compoſée de gens de tout état, qui par un eſprit de ferveur, ſe fuſtigeoient, publiquement dans les rues.

** Le Docte Coras l'un de ces Profeſſeurs, & le plus zelé Calviniſte de ſon temps, dit qu'il avoit quatre mille auditeurs.

*** Il eſt rapporté, au long, dans l'hiſtoire générale de Languedoc, t. 5. pag. 112.

Prieur, & deux Consuls, pour juger tous les différends entre les Marchands, ou autres personnes, de quelque état & qualité quelles soient, pour tout ce qui concerne le fait de marchandise, trafic, commerce, change, &c. ce qui a été expliqué, & confirmé par plusieurs Lettres-Patentes, Déclarations, & Arrêts du Conseil, notament par les Lettres-Patentes du 27 Mai 1551, & par la Déclaration du 16 Janvier 1612.

Ce Tribunal juge, en dernier ressort, toute sorte d'affaires de ce genre, dont la demande n'excéde pas la somme de 500 livres, sans que les Sénéchaux, Présidiaux, & autres Juges puissent en prendre connoissance, ni en premiere instance, ni par appel ; ni porter empêchement à l'exécution de leurs Sentences, & Appointemens ; & lors qu'il s'agit d'une somme qui excéde 500 livres, les appellations de ces Sentences & Appointemens sont portées au Parlement. On peut se fixer sur la compétence, sur les attributs, & sur la maniere de procéder de cette Jurisdiction, en lisant principalement les Lettres-Patentes du 10 Avril 1555 ; 8 Juillet 1564; 14 Mars 1565 ; 15 Mars 1572 : l'Arrêt du Parlement de Toulouse du 13 Décembre 1611 ; l'Ordonnance du mois de Mars 1673 ; & l'Arrêt du Conseil du 29 Novembre 1696.

Par l'Edit de création, les Prieur & Consuls de Toulouse, pouvoient appeller, pour le Jugement des Procès, telles personnes qu'ils jugeoient à propos : cette disposition a changé, par Arrêt du Conseil du 15 Janvier 1735, qui enjoint à ces Officiers de choisir, trois jours après leur nomination, douze anciens Prieurs, ou Consuls, & douze loyaux Marchands ou Négocians, pour les aider dans l'administration de la Justice, pendant le cours de l'année. Parmi ces vingt-quatre Adjoints, qu'on nomme *Elus*, il y en a quatre de service chaque mois, sçavoir deux anciens Officiers, & deux Marchands. Il est cependant permis aux Prieur & Consuls, par le même Arrêt, d'appeller plus de quatre Elus, si l'importance des affaires l'exige, ce qui doit être délibéré par ces Officiers.

Outre cette Jurisdiction, qui contribue si efficacement à maintenir parmi les Marchands, la confiance, & la bonne foi, il y a, dans cette Ville, une *Chambre de Commerce*, établie par Arrêt du Conseil, du 29. Décembre 1703, qui s'occupe à discuter les projets, & les mémoires, qui lui sont adressés par les Marchands ou autres, pour ce qui regarde l'établissement, la reforme, & les progrès des fabriques & manufactures, ou pour toutes les affaires rélatives à la facilité & à l'accroissement du commerce de ce pays. Elle les envoie au Controlleur-Général des Finances, avec ses représentations & ses avis. Elle est composée du Prieur, & des deux Consuls de la Bourse en charge, & de quatre Marchands ou Négocians, faisant le Commerce, ou l'ayant fait pendant dix ans, dans cette Ville. On appelle ces quatre Commissaires *députés du Commerce* : ils font leur exercice pendant deux ans : mais on en change deux chaque année, de maniere qu'il y en a toujours deux anciens, & deux nouveaux. L'Intendant de la Province a droit d'assister, & de présider aux Assemblées de cette Chambre. Le Sindic de la Province, a aussi le droit d'y assister : mais il n'y préside pas.

L'établissement des Jurisdictions Consulaires des Marchands est dû au Chancelier d'Olivier, & non au Chancelier de l'Hôpital ; comme l'a écrit Charles Loiseau. Il a cru, peut-être, que la Bourse de la Ville de Paris, qui ne fut établie qu'en 1563, sous Charles IX, étoit la plus ancienne ; en quoi il s'est trompé. La premiere est Lyon, la seconde Toulouse, la troisieme Rouen, & Paris la quatrieme, ce qui est prouvé, par l'Edit d'érection de cette derniere, qui porte expressément, que c'est *tout ainsi que les places, appellées le Change à Lyon, & Bourse à Toulouse & à Rouen.*

LA PESTE qui avoit paru dans Toulouse l'année précédente, mais qui n'y avoit pas fait de grands ravages, par la vigilance des Capitouls, cessoit à peine, qu'un cruel incendie réduisit en cendres plus de deux cens maisons, & causa la ruïne d'un grand nombre de familles. Ce triste accident donna lieu à un nouveau reglement, & à la confirmation de celui qu'on avoit fait, lors du grand embrasement, sous Louis XI. On y confirma, particulierement, l'article qui permet aux Capitouls de faire abbattre les maisons, pour arrêter les progrès du feu : & qui veut que le propriétaire de la maison, qui aura été démolie, soit indemnisé des deniers publics, au cas que le feu se soit arrêté. Il est dit, aussi, dans ce nouveau reglement, que les murs, qui séparent les maisons, seront bâtis de brique ; & qu'ils surmonteront les toits jusqu'à une certaine hauteur. Ce mur de séparation n'étoit pas seulement pour obvier aux incendies ; mais encore, pour empêcher la communication de la peste, d'une maison à l'autre.

Nous sommes rédevables à ces Capitouls, d'avoir supprimé la cause, qui facilitoit les progrès de ces deux calamités, dans Toulouse. Alors, la plûpart des maisons, étoient bâties de torchis, ou tout au plus, de charpente, avec des remplissages de brique, & faisoient saillie sur le haut, ensorte que chacune alloit presque toucher celle qui étoit vis-à-vis. Toutes ces saillies furent détruites, & les devans des maisons furent mis à plomb.

Ces mêmes Capitouls, dans le dessein de peupler le quartier St. Sernin, obtinrent, en 1550, des Lettres-Patentes, portant, que le siege du Juge d'Appeaux, & du Juge ordinaire seroient transférés, dans ce quartier. Ils acheterent pour cela, la tour de Montmaur, rue de Mirabel, y placerent ces Juges, qui furent unis, en 1557, au Présidial & Sénéchal. La Ville a conservé la propriété de cette maison, & fournit aux réparations dont elle a besoin, quoiqu'elle soit occupée uniquement, par les Officiers du Sénéchal, qui y tiennent leur Cour, comme ils faisoient auparavant dans l'enclos du Palais, à l'endroit que l'on appelle encore la Sénéchauffée, ou l'Hôtel de l'Académie des siences.

IL PARUT à Toulouse un Fanatique, qui se disoit Saint Jean l'Evangéliste, envoyé de Dieu, pour la conversion des pécheurs. On le fit arrêter, & l'on se contenta de l'enfermer*, pour le reste de ses jours. L'on chassa encore de la Ville un autre visionnaire, qui, sous l'habit d'Hermite, se mêloit de prêcher, dans les places publiques, des maximes d'une dévotion singuliere, & extravagante : mais les égaremens de ces entousiastes n'étoient rien, en comparaison des ravages, que le Lutheranisme faisoit, sans que la sévérité du Parlement peut en arrêter le cours. Antoine de Lautrec-Saint-Germier, Conseiller de ce même Parlement, déserta le sein de l'Eglise, pour embrasser les nouvelles opinions, renonça à son Office, quitta la Ville, en 1554, & se retira à Géneve, avec sa femme, & une Religieuse, de ses parentes, qu'il pervertit. Son apostasie fit d'autant plus d'éclat, qu'il étoit de l'illustre Maison de Foix : mais sa haute naissance ne le mit pas à l'abri des poursuites de ses confreres : ils lui firent le Procès par contumace, & le condamnerent à être brûlé, à la Place Saint George.

Quatre Écoliers furent condamnés, en 1555, à la même peine, & l'on les menoit au supplice, lors qu'ils demanderent d'être reçus à abjurer leurs erreurs. On y consentit. Le Grand-Vicaire de l'Archevêque reçut leur abjuration, & les condamna à demeurer, quelque-temps, en prison, dans le Château de Verseil, & à jeûner, certains jours de la semaine, au pain, & à l'eau.

---

* Il est vrai qu'après avoir resté quinze mois en prison, il fut brûlé, pour avoir mis le feu, à la conciergerie, où il étoit renfermé. (*mss. de Petrois.*)

Les Livres qui venoient de cette République, que Lautrec avoit choisie pour son refuge, contribuoient le plus au progrès de l'hérésie. On s'en apperçut. On en fit une exacte recherche : deux balles de Chansons spirituelles, que les Docteurs jugerent hérétiques, furent brûlées, publiquement, par la main du Bourreau ; & le Libraire, chez qui on les avoit trouvées, fût condamné à faire amende honorable. Le Luthéranisme donna lieu à plusieurs autres sanglantes exécutions, dont on peut voir le détail, dans les Annales (u) ; & la corruption des mœurs, que cette hérésie fit naître, en augmenta le nombre.

Marc-Antoine Muret, cet homme si célébre dans la République des Lettres, étudioit le Droit, dans cette Ville, & y professoit, en même-temps les Humanités. Il fut accusé, en 1553, devant les Capitouls, de commettre un crime abominable, avec un jeune écolier, nommé Memius Fermiot. Sur cette accusation, un de ces Magistrats, se transporta chez lui, pour l'arrêter : mais il avoit quitté * la Ville, avec son complice. Leur fuite n'empêcha pas qu'on ne leur fit le procès, par contumace : ils furent brûlés ** l'un & l'autre, en effigie, à la place St. George.

La même année, cinq scelerats ayant invité à souper, un Marchand de leur connoissance, dans le dessein de lui voler son argent, lui fendirent la tête, d'un coup de hâche, pendant le repas, & le jetterent dans la riviere. On arrêta deux des coupables, qui furent condamnés à être tenaillés, par toutes les rues de la Ville, & ensuite écartelés, à la place St. George. On sera étonné de la fermeté d'un de ces misérables : pendant quatre heures que dura cet horrible supplice, il ne poussa aucun cri, & ne versa pas une larme, demeurant immobile, sans faire aucune contorsion, comme si ce n'eut pas été lui qu'on déchiroit, ce qui prouve, que la constance dans les tourmens est un caractére, souvent équivoque, qui se rencontre aussi-bien dans l'ame des scélerats que dans celle des héros.

LE ROI avoit supprimé dans Touloufe, par un Edit du mois

(u) t. 2 pag. 170.

* On prétend qu'un autre Capitoul l'avoit averti du danger qui le ménaçoit, en lui envoyant seulement ce vers de Virgille.
Heu ? fuge crudeles terras, fuge littus avarum.
** Muret mourut à Rome, âgé de 59 ans. On dit que, s'étant fait Prêtre, il mena, sur la fin de ses jours, une vie fort chrétienne. C'est lui qui prononça, à Rome, en 1574, l'oraison funebre de Charles IX.

de Juillet 1551, à la demande des Capitouls, & des habitans, plusieurs petits Colléges, fondés dans l'Université de cette Ville, & n'avoit excepté que les huit principaux. Ces Colléges supprimés étoient ceux de Bourbonne, St. Girons *, Verdale, Monlezun, St. Exupere, des Innocens, du Temple, de l'Esquille & autres. Leur revenu fut appliqué à la fondation de deux nouveaux Colléges, qui furent établis, par le même Edit, pour les langues, Hébraïque, Grecque, Latine, & les Arts libéraux. L'un de ces deux Colleges fût achevé, en 1555; & c'est celui qui porte le nom de l'Esquille. La Ville en entretient les bâtimens; lui paye tous les ans une pension, & distribue des prix aux Ecoliers, pour exciter leur émulation. Ce College fût d'abord confié à différens Régens ** très-habiles; il est dirigé, depuis 1655, par les Peres de la Doctrine Chrétienne, qui n'y enseignent plus la langue Hébraïque, mais le Latin, le Grec, & la Philosophie, avec beaucoup de zele & de succès.

Les huit Colleges exceptés de la suppression, & qui subsistent encore, sont, le College de Saint Raymond, fondé par ce Saint, & bâti par Pierre de Saint André, Évêque de Carcassonne, fils de Pierre de Saint André, premier Président du Parlement de Toulouse: celui de Narbonne, fondé en 1342, par Gasbert, Archevêque de cette Métropole, pour douze Ecoliers, & deux Prêtres: celui de Saint Martial, fondé en 1359, par le Pape Innocent VI, pour vingt-quatre Ecoliers, & quatre Prêtres: celui de Maguelone, fondé en 1370, par le Cardinal Audoüin, pour huit Ecoliers, & un Prêtre: celui de Périgord, fondé en 1375, par le Cardinal Talairan, & achevé par le Pape Grégoire XI, pour vingt Ecoliers, & quatre Prêtres: celui de Sainte Catherine, ou *Pampelone*, fondé en 1382, par le Cardinal de ce nom, pour douze Ecoliers, & deux Prêtres: celui de Saint Nicolas, ou de Mirepoix, fondé en 1417, par Guillaume Dupuy, Evêque de Mirepoix, pour huit Ecoliers, & deux Prêtres: & celui de Foix, fondé en 1457, par Pierre Cardinal de ce nom, pour vingt-quatre Ecoliers, & quatre Prêtres. On ne doit pas omettre

---

* Il y avoit dans ce College, six places de Boursiers, affectées aux habitans de la Ville de St. Girons, Diocese de Couserans: elles subsistent encore dans le College de l'Esquille; & sont à la nomination des Capitouls, sur la présentation des consuls de St. Girons.

** Adrien Turnebe un de plus grands génies de son siecle. Tubeuf de Paris; Thomas Barclai; Durand; le célebre Parizot; d'Avela &c.

que, dans cet Edit, Henri II dit, en parlant de l'Université de Touloufe, que « de tout temps, & ancienneté, elle a été, pour » les interprétations & étude de la Jurifprudence, la plus floriffante » & la plus fameufe de fon Royaume.

CHAQUE pas qu'on fait, après s'être écarté de l'unité de la foi, eft d'ordinaire une nouvelle chûte. Les Luthériens en firent la trifte épreuve. Calvin, eut à peine publié fon héréfie, qu'ils l'embrafferent aveuglement ; & firent connoître leurs nouveaux égaremens, dans Touloufe, par des excès affreux. La nuit du 15 Avril, 1555, ils jetterent, dans les puits des rues, plufieurs images de la Sainte Vierge, & des Saints, qui étoient placées fur la porte des Eglifes, & aux coins des carrefours. Toutes les recherches des Magiftrats furent vaines pour découvrir les coupables, & ne pouvant expier ces facriléges par leur punition, on fit une proceffion * générale, avec des ftations, & des prieres ferventes, dans tous les lieux, où ces impiétés avoient été commifes.

Les excès de ces nouveaux Iconoclaftes exciterent l'indignation des Catholiques. Il ne falloit qu'une étincele pour caufer un incendie général : tout refpiroit la guerre civile, lorfqu'un tumulte, auquel une équivoque avoit donné lieu, fit craindre les plus grands malheurs, & fut comme le préfage des maux, qui défolerent Touloufe, quelques années après.

Des Sergens du Guet attaquerent, le 11 Juin fuivant, dans la place Saint Etienne, un écolier, qui fe refugia dans l'Eglife ; c'étoit un des jours de l'octave de la Fête-Dieu, & l'Eglife étoit remplie de monde. A la vue de ces foldats, qui pourfuivirent l'écolier jufqu'au milieu de l'Eglife, l'épée à la main, la peur s'empara de tous les Catholiques. Ils crurent que c'étoit un complot de Luthériens, qui venoient les maffacrer. Cette idée jetta l'éffroi dans tous les efprits. L'Eglife rétentit des cris de ce peuple allarmé. Les Prêtres quittent l'Autel, & chacun des affiftans cherche fon falut dans la fuite. Le Carrillonneur s'empreffe de fonner le Tocfin. Toute la Ville prend l'allarme, de forte, qu'en un inftant, cette place fut remplie de monde. Cependant les auteurs du fcandale, s'étant fauvés dans la foule, on ne fçavoit à qui s'en prendre, le peuple, prévenu que ce ne pouvoit être que des hérétiques, crioit déjà, qu'il falloit les aller égorger, dans leurs mai-

---

* Un pareil facrilege, arrivé à Paris, dans le même temps, donna lieu à une femblable proceffion, où le Roi fe trouva en Perfonne.

sons, & l'on auroit peut-être, exécuté ce deffein, fi les Capitouls n'avoient employé leur autorité, pour diffiper cette populace échaufée.

LA DIFFICULTÉ de l'affiete, & de la levée des deniers de la Taille, vu les exemptions que le Parlement, l'Univerfité, & quelques autres Compagnies obtenoient du Confeil du Roi, fit naître aux Capitouls, en 1556, le deffein de changer la voie de l'impofition des Tailles, en un octroi fur les denrées, & marchandifes, qui entreroient dans cette Ville : cette propofition fût du gout du Confeil, & l'on délibéra qu'on feroit ce changement *fous le bon plaifir du Roi*. On nomma vingt-quatre Commiffaires, pour fixer ce qui feroit pris, pour chaque efpece de denrée, & de marchandife : ils firent un Tarif, qui fût confirmé par des Lettres-Patentes du Roi, du 16 Juin 1558, fuivant lequel les Commiffaires eftimoient que le produit de cette levée monteroit, par an, à 36600 liv.

LA PAIX que le Roi venoit de conclure avec l'Efpagne, en 1559, avoit été cimentée par deux mariages, celui d'Elizabeth fille aînée d'Henri II, avec Philippe II Roi d'Efpagne, & celui de Marguerite, fœur du même Henri, avec le Duc de Savoye. A la célébration de ces deux mariages, on fit des fêtes, dont la magnificence répondoit à la grandeur de ces Souverains ; & c'eft au milieu de ces plaifirs qu'Henri II trouva la mort. On avoit dreffé une efpece de Cirque, pour les Jouttes. Le Roi, qui furpaffoit tous fes fujets en adreffe, dans cet exercice, après avoir rompu deux lances, voulut en rompre une troifieme, avec Montgomeri, Capitaine de fes Gardes. A la premiere courfe, un éclat de la lance de Montgomeri, qui fe brifa contre la cuiraffe du Roi, le bleffa fi rudement, entre les deux yeux, qu'il perdit connoiffance, & mourut, dix jours après, le 10 de Juillet 1559.

La fin tragique d'Henri II fe répandit bientôt dans tout le Royaume : à cette nouvelle tous les François, & en particulier ceux de Touloufe, oublierent tous les petits défauts de ce Monarque, pour donner de juftes regrets à fon malheur. Il s'étoit laiffé gouverner par la Ducheffe de Valentinois, & par fes favoris, dont l'avarice infatiable accabla la France, fous le prétexte des dépenfes de la guerre : mais il racheta fes foibleffes par les plus grandes qualités. Sa valeur, fon zele pour la Religion de fes ancêtres, les charmes de fa perfonne, fon éloquence, & l'amour qu'il avoit pour les gens de Lettres, le rendirent digne de porter la premiere couronne du monde chrétien.

Le Parlement députa vers François II, son fils, & son successeur pour lui rendre son obéïssance. Il confirma les Officiers de cette Cour, composée alors de 6 Présidents 51 Conseillers, deux Avocats Généraux, & un Procureur-Général.

La Ville de Toulouse nomma, de son côté, quatre députés pour aller rendre au nouveau Roi les hommages accoutumés, & lui demander la confirmation de ses priviléges. Cette grace leur fut accordée; & par une bienveillance particuliere, il renouvella, pour cent ans, l'abonnement des Tailles, que Louis XI. avoit accordé à cette Ville, pour ce terme, en 1465.

La mort d'Henri II. changea entierement la face de la Cour. François II, âgé de seize ans, étoit trop jeune pour supporter le poids du Gouvernement: il l'abandonna à sa mere Catherine de Médicis, qui se hâta d'éloigner des affaires, les Princes du sang, pour conserver l'autorité suprême, qu'elle exerça par le ministére du Duc de Guise, & du Cardinal de Lorraine son frere. Cette politique de la Reine mere, excita contre ses favoris, la haine du Roi de Navarre, du Prince Condé son frere, du Connétable de Montmoranci, & des trois Coligni ses neveux. Ils ne purent souffrir l'élevation de leurs rivaux; & chercherent à faire un parti, pour opposer une barriere aux entreprises de la maison de Lorraine. Les Luthériens & les Calvinistes, réunis d'intérêts, & qui se voyoient exposés à la rigueur des supplices, cherchoient aussi des chefs puissans capables de leur donner du crédit. Les Princes du sang se mirent à leur tête; & les Guises, à l'abri du zéle qu'ils affectoient pour la Réligion Catholique, n'oublierent rien pour perdre leurs ennemis. Tel fut le motif de cette guerre civile, d'autant plus cruelle que la Réligion en fut le prétexte parmi le peuple, & que l'ambition des chefs de l'un & l'autre parti, en fut la véritable cause.

Le premier acte d'hostilité, que les Huguenots * firent contre les Ducs de Guise, éclata au mois de Mars 1559, (1560.) c'est la fameuse conjuration d'Amboise, dont le Prince de Condé pas-

* C'est de ce nom qu'on commença d'appeller cette année, ceux de la nouvelle Réligion. Les Auteurs ne sont pas bien d'accord sur l'origine de ce nom: les uns prétendent qu'ils le tirent du nom d'une porte de la Ville de Tours, appellée *Hugon*, près de laquelle ils commencerent de s'assembler: Les autres font venir ce nom des premiers mots d'une *Rémontrance* qu'ils firent, qui commençoit ainsi *huc nos venimus &c.* (*Pi. Mathieu. hist. des troubles de la France.*)

soit pour le chef secret, quoiqu'elle fut conduite par la Rénaudie. Le Roi, justement allarmé du danger qu'il avoit couru, forma le dessein de se défaire, par la voye des Loix, des principaux chefs de cette conspiration. Dans cette vue, il assembla, à Fontainebleau, les grands du Royaume, sous prétexte de rémedier aux maux de la Religion. On y résolut la convocation des Etats généraux, comme le moyen unique de s'assurer de la personne de ces chefs. Le Roi de Navarre, & le Prince de Condé héziterent s'ils iroient à ce rendez-vous. La bienséance l'emporta sur la crainte de l'autorité des Guises : ils se rendirent, l'un & l'autre, à Orléans, où le Roi avoit indiqué la tenue de ces Etats. Ils y arrivoient, à peine que le Prince de Condé fût arrêté prisonnier. On nomma des Commissaires pour lui faire le Procès ; & malgré la demande qu'il faisoit d'être renvoyé devant la Cour des Pairs, il fût interrogé, jugé, & condamné à perdre la tête.

On ignore si cet Arrêt fût signé : mais il étoit rendu, quand tout à coup, le Roi mourut, presque subitement, le 5 de Décembre 1560. Cette mort sauva la vie au Prince, & changea la scene bien avantageusement pour lui. Les Guises eurent beau presser son exécution, la Reine mere, dont la politique fut, toute sa vie, de balancer les deux partis, l'un par l'autre, lui rendit la liberté, moyennant la principale administration des affaires du Royaume, que le Roi de Navarre consentit de partager avec elle : elle n'eut pourtant point le titre de Régente (x) ; & le Roi de Navarre eut la qualité de Lieutenant-Général du Royaume.

Charles IX second fils d'Henri II. succéda à son frere, à l'âge de onze ans. Sa jeunesse, qui ne lui permettoit pas de remedier aux maux dont la France étoit menacée, affermit l'autorité de Catherine de Médicis ; & le commencement de ce Regne est l'époque fatale des troubles, qui ravagerent tout le Royaume. La Ville de Toulouse fut une de celles qui y prit le plus de part ; & nous allons voir ses habitans, devenus fanatiques, & barbares, par un zele outré pour la Religion, se porter aux plus grands excès.

(x) *Abrég. chron. de l'hist. de France. du Président Hainault.*

Fin du Quatrieme Livre.

SOMMAIRE

DU CINQUIEME LIVRE.

CONTINUATION de la tenue des Etats généraux. Colloque de Poiſſi. Hardieſſe des Huguenots : ils s'aſſemblent publiquement dans Toulouſe. Sévérité du Parlement contr'eux : ils obtiennent un Edit qui leur permet l'exercice de la Réligion P. R. Le Parlement l'enregiſtre avec des modifications. Les Huguenots de Toulouſe font pluſieurs Prêches. Commencement de la guerre civile dans Toulouſe : Réglemens pour la prévenir. Les deux partis ſe fortifient. Différend entre le Parlement & les Capitouls. Les Huguenots complottent de ſe rendre maitres de la Ville : ce complot eſt découvert : ils s'emparent de l'Hôtel-de-Ville, & de pluſieurs portes. Prudentes meſures du Parlement : il appelle pluſieurs Seigneurs au ſécours de la Ville : il caſſe les Capitouls, qui étoient tous Huguenots, & en nomme d'autres. Continuation de la guerre civile dans Toulouſe. Il ſe donne pluſieurs combats : on propoſe la paix. Les Huguenots ſe déterminent à quitter cette Ville : Ils font la Cêne : ils quittent l'Hôtel-de-Ville, ſont pourſuivis, & taillés en piéces par les Catholiques : nombre des morts. Arrivée de Montluc. Les Catholiques rendent des actions de graces à Dieu. Origine de la Proceſſion du dix-ſeptieme Mai. Sévérité du Parlement contre les Huguenots. On fait murer pluſieurs portes de la Ville. Ligue contre les Huguenots. Paix d'Orléans, principaux articles de cette paix. Charles IX. parcourt le Royaume : il fait ſon entrée à Toulouſe : il ſiege au Palais : il va dîner à l'Hôtel-de-Ville : il accorde aux Archevêques de Toulouſe le titre de Conſeiller-né au Parlement. Il part de Toulouſe. Etats généraux à Moulins. Nouveau Réglement du Roi au ſujet des Aſſemblées des Villes : conteſtation entre le Parlement & les Capitouls à ce ſujet. Continuation de la guerre civile. Maſſacre de Pamiers. Etabliſſement des Jéſuites à Toulouſe : la Ville leur donne un Collége. Sévérité des Capitouls contre les femmes proſtituées. Découverte de la conjuration de Meaux. Nouvelle revolte des Huguenots. Siege de Paris ; Bataille de St. Denis. Paix accordée aux Huguenots : rupture de cette paix. Précaution des Tou-

Partie II. A

loufains contre les Huguenots. Le Prince de Condé établit une chambre souveraine de Huguenots à Castres. La guerre continue. Bataille de Jarnac. Les Catholiques de Toulouse se rendent maîtres de plusieurs Places. Excès des Huguenots dans Toulouse. Siege de cette Ville par l'Amiral de Coligni. Levée de ce siege. Le Maréchal Danville se rend suspect aux Toulousains : Emeute contre ce Commandant. Ravages des Huguenots. Traité de Paix : Remontrances du Parlement de Toulouse sur ce Traité. Hardiesse des Huguenots de Toulouse. Massacre de la Saint Barthelemi : Suites de ce massacre dans Toulouse. Nouvelle revolte des Huguenots. Siege de la Rochelle. Paix : Rupture de cette paix. Faction des Politiques. Mort de Charles IX: Henri III lui succéde : Toulouse lui envoie des députés. Funerailles de Charles IX. Toulouse se fortifie contre les Huguenots, qui vouloient s'en rendre maîtres. Le Maréchal Danville se déclare chef des Huguenots de Languedoc : il convoque les Etats de la Province ; & invite les Capitouls, qui réfusent de s'y rendre. Tréve entre les deux partis. Etats Généraux, Paix. Nouvelle faction appellée la Sainte Ligue.

HISTOIRE
DE LA VILLE
DE TOULOUSE.

LIVRE CINQUIEME.

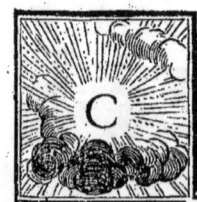HARLES IX continua, mais sans fruit, les Etats généraux, que François II avoit assemblés, à Orléans, en 1560. L'acquit des dettes de la Couronne étoit le motif apparent de la convocation de ces Etats ; & comme les députés des Provinces, n'avoient aucun pouvoir, pour donner leur avis dans une affaire aussi importante, il fût arrêté le 10 Décembre, qu'il seroit tenu, dans chaque Gouvernement, & dans chaque Ville considérable, des Assemblées particulieres, dont les Délibérations seroient portées à Pontoise, au mois de Février suivant, par trois députés. La Ville de Toulouse s'assembla, au mois de Février 1560, (1561), pour chercher le moyen le plus propre d'acquitter ces dettes immenses, sans fouler le peuple.

Une pareille proposition ne pouvoit être traitée dans un Conseil général; on en renvoya la discussion aux Capitouls, & au Conseil des seize. Les déreglemens du Clergé, qui excitoient un cri général, dans toute la France, fixerent uniquement l'attention de ces Commissaires : ils furent aveuglés, par leur indignation contre les prétendus auteurs de tous les malheurs de l'Etat ; & pour les punir, ils déciderent qu'on donneroit avis au Roi, de prendre le temporel de l'Eglise. Cette décision, également injuste, & improposable, en ce qu'elle dépouilloit, le premier, & peut-être, le plus puissant ordre du Royaume, fut cependant adoptée par le Conseil général, malgré l'avis, & les efforts des Grands-Vicaires, & des députés des Chapitres : mais les Etats généraux la modérerent. Ils se contenterent de taxer le Clergé à un Octroi de quatre Décimes à la fois, payables dans quatre ans; & le surplus fut payé par le peuple.

IL AVOIT été souvent parlé, dans les Etats généraux, de tenir un Concile national, pour mettre ordre aux affaires de la Religion. La crainte de choquer l'autorité du Concile universel, qui avoit été convoqué à Trente, dès le 13 Décembre 1545, détermina l'Assemblée, à faire une Conférence, avec les Ministres, & les Docteurs de la nouvelle opinion. C'est le fameux Colloque de Poissi, dont la Religion reçut plus de dommage que d'utilité. Jamais on ne vit plus de disputes, & de tumulte que dans cette Assemblée, que l'on regarde avec raison, comme la premiere faute qui fut faite dans cette querelle de Religion. Chaque parti se venta d'avoir confondu ses Adversaires. Les Ministres affecterent de publier leur prétendu triomphe, sur les Evêques, & les Docteurs catholiques; ils en furent crus par ceux de leur secte, ensorte que cette Conférence ne produisit d'autre effet, que de rendre les Sectaires plus fiers, & plus hardis.

Ceux de Toulouse, qui n'avoient osé faire l'exercice de leur Religion qu'en secret, leverent alors le masque. Ils s'assemblerent, le 10 Mars 1561, en grand nombre, dans la rue *des Vigouroux*, pour faire, publiquement, leur Prêche. A cette nouvelle, les Capitouls accoururent, avec main forte, & dissiperent cette assemblée, composée d'un grand nombre d'habitans, de l'un, & de l'autre sexe, dont la plus grande partie, étoit des écoliers. Le lendemain, ces mêmes écoliers, que leur multitude mettoit à l'abri des châtimens, coururent toute la Ville, armés d'épées, chantant les Pseaumes * de Marot. Aucun Magistrat ne se mit en devoir de les arrêter ; mais on prit de justes mesures, pour empêcher de semblables attentats. Les Capitouls assemblèrent, le 12 Mars, un Conseil, où il fut résolu de publier un ban, portant défenses à toutes personnes de s'assembler, de porter des armes, & de chanter les Pseaumes en langue vulgaire, dans les rues, ni dans les maisons particulieres, à peine de la vie. Le même Ban enjoignit à tous ceux qui avoient été auparavant recherchés sur la nouvelle Réligion, de quitter la Ville, *par tout le jour*, sous la même peine.

La sévérité de ces Loix n'empêcha pas deux grands scandales, dans deux différentes Eglises de cette Ville. Pendant qu'on prêchoit, à la Dalbade **, il y eut un auditeur assés téméraire, pour entonner un des Pseaumes de Marot. Aussi-tôt la populace s'ameuta contre lui : il fut chargé de coups, & traîné tout sanglant au Palais, où l'on le mit en prison : on ignore ce qu'il devint. La catastrophe qui arriva à Saint Sernin, dans une même circonstance, fût encore plus tragique[1]. Un Marchand nommé (*a*) Robert-Lamote se leva, à certaine proposition du Prédicateur, & s'écria, à haute voix, *tu en as menti Moine hypocrite* : à ces mots, on se jetta sur lui, avec fureur ; on l'accabla de coups ; on le traîna hors de l'Eglise, où l'on le tua. Un traitement aussi violent auroit, peut-être, déconcerté les Huguenots de cette Ville, s'ils n'avoient appris, que ceux de Montauban, de Castres, de Lavaur, & de quelques Villes de Gascogne avoient pris les armes, & s'étoient rendus maitres de ces places. Le succès de cette revolte les enhardit ; & la nomination des nouveaux Capitouls ***, qui fût faite,

(*a*) *Bosquet Hist. des troubles de Toulouse. chap.* X.

* C'est une traduction des Pseaumes, en vers françois, par Clement Marot, censurée par le Concile de Trente.
** Cette Eglise dépendente du Commandeur de l'Hôpital de la Daurade, fut donnée à l'Abbaye de Cluni, au commencement du XII. Siecle, c'est aujourd'hui, une Parroisse, sous l'invocation de la Vierge, unie à la maison des P P. de l'Oratoire : elle est régie par un Curé, dont la nomination appartient au Prieur de la Daurade.

La nouvelle Eglise, telle qu'elle est, fut bâtie, & consacrée, vers l'an 1455 : on la nomme Dalbade ; & en latin *Dealbata*, parce que de tous les temps, elle a été blanchie. Le Clocher bâti en brique, & d'une hauteur prodigieuse, est un des beaux Edifices de cette Ville.

*** Ces nouveaux Capitouls, étoient Azemar Mandinelli, Guillaume Darcau, Pierre Ducedre, Pierre Hunault Baron de Lanta, Vignes-Montesquieu, Ganelon, Pastoreau, & Acezat.

au mois de Novembre 1561 ; & dans laquelle le choix tomba, fur des perfonnes de leur parti, leur fit efpérer un triomphe affuré fur les catholiques.

Ils étoient déjà en fi grand nombre, dans tout le Royaume, qu'on ne pouvoit plus les réduire à l'obfervation des Edits, qui leur défendoient les Affemblées. Leur nombre allarma la Reine : elle craignoit une guerre civile, qui pouvoit renverfer l'Etat, & détruire l'autorité Royale : cette crainte lui dicta un nouvel Edit, par lequel il leur fût permis, de faire l'exercice de leur Réligion, hors des murs de toutes les Villes, & Bourgs du Royaume, fous certaines conditions. C'eft le fameux Edit du mois de Janvier 1561, (1562), que tous les Parlemens du Royaume eurent une égale répugnance à vérifier, & auquel ils porterent plus, ou moins de modifications. Celui de Touloufe ne l'enrégiftra que le 6 Février 1561, (1562), avec les claufes & exceptions fuivantes, » fauf la fouveraineté, & en cas d'abus, & en cas d'occurente né» ceffité ; & qu'il ne fera loifible aux Officiers du Roi d'aller, ou » affifter aux Affemblées, & Prédications des Miniftres, ni d'au» torifer les Reglemens, fi aucuns en étoient faits, fi ce n'eft, » appellé le Procureur-général.

Le jour d'après cet enregiftrement, les Huguenots, impatiens de jouir de la liberté qu'on leur donnoit, commencerent l'exercice public de leur Réligion, hors de la porte Montgaillard. Tous ceux qui s'étoient cachés, jufqu'alors, n'héfiterent plus de paroître ; & les Catholiques, que la nouveauté de ce fpectacle avoit attirés, furent furpris de voir cette affemblée auffi nombreufe que les leurs, aux jours des plus grandes fêtes. Ces hérétiques firent quelques autres prêches, de cette maniere, tantôt derriere les Hautmurats, tantôt dans cette efplanade qui eft devant la porte Montolieu, jufqu'à ce qu'ils eurent achevé un Temple fpacieux, qu'ils faifoient conftruire, en charpente, fur les bords du foffé de la Ville, vis-à-vis la porte Villeneuve.

Tout refpiroit la révolte. Les deux partis, animés d'une haine implacable, l'un contre l'autre, n'attendoient que la premiere occafion : elle ne tarda pas à fe préfenter. Un Charpentier, de la nouvelle Réligion, demeurant au Fauxbourg St. Michel, faifoit enterrer fa femme, le 4 d'Avril 1562, à la façon des Huguenots, quoiqu'elle fût morte Catholique. Les Prêtres, de la Paroiffe, aidés de quelques Paroiffiens, enleverent le Cadavre, & le porterent, à leur Cimétiere. Cet enlevement excita le courroux des

Huguenots, qui formoient le convoi : ils en affemblerent d'autres, fe jetterent fur les Prêtres, pour fe faifir du cadavre ; & ils l'auroient enlevé, fans l'arrivée de plufieurs Catholiques ; que ce tumulte attira, dans le Cimetiere. Un de ces Prêtres avoit déja fonné le Tocfin. Ce bruit donna l'allarme à tout le Fauxbourg. La nouvelle fe répandit, que les Huguenots maltraitoient les Prêtres : il n'en falut pas d'avantage, pour animer les Catholiques ; ils courent aux armes ; attaquent tous les Calviniftes, qu'ils trouvent dans les rues, les maffacrent, & pillent leurs maifons.

Le Parlement, allarmé de cette émotion, dont le bruit fe faifoit entendre, dans le Palais, où il étoit féant, envoya deux Commiffaires d'Alzon, & Lauzelergie, pour l'appaifer. L'autorité de ces Magiftrats n'en impofa point. Les féditieux continuerent le pillage ; mais ayant été avertis, que les Capitouls avoient armé quatre cens hommes, pour marcher contr'eux, ils retrancherent toutes les avenues du Fauxbourg, avec plufieurs rangs de charretes, réfifterent à toute cette milice, & ne fe féparerent, qu'à l'entrée de la nuit.

Pour prévenir les fuites facheufes, que ces defordres annonçoient, & maintenir la paix, dans les deux partis, on tint (b) le lendemain, 5 d'Avril, une Affemblée, dans le Couvent des Auguftins, où fe trouverent plufieurs membres du Parlement *, quatre Capitouls, & les plus notables Bourgeois. Dans cette Affemblée on arrêta fous l'autorité du Parlement, les articles fuivans » 1. Que l'exercice de la nouvelle Religion fe fairoit tou-
» jours, hors de l'enceinte de la Ville, fuivant l'Edit, & tant
» qu'il plairoit au Roi. 2. Que les Capitouls, au nombre qu'ils
» trouveroient à propos, y pourroient affifter, avec cent hommes
» armés ; mais fans armes à feu, & dont les Huguenots répon-
» droient. 3. Que les Catholiques, de leur côté, fourniroient,
» pour la garde de la Ville, deux cens hommes, à leur folde, &
» dont ils répondroient auffi. 4. Qu'il feroit défendu aux Ecclé-
» fiaftiques, de fonner le Tocfin, à peine d'être brûlés vifs. 5. Que

---

(b) *Bofquet ch. XIX.*

* De Manfencal, de Paulo, Daffis, & Dufaur, Préfidens : Darac Reinier, d'Alzon, Cognart, Lauzelergie, Dubourg, Confeillers : Bernard de Vabres Sénéchal ; Ducedre, Acezat, Ganelon, & Paftoreau Capitouls : Aliez, Borderia, Babut, Teronde, Fabri, Petri, Avocats ; Lalaine, Delpech, Madron, Marnac, Prat, Lafalle, Bourgeois.

» tous foldats, & gens fans aveu, de l'un & de l'autre Religion,
» feroient contraints de vuider la Ville, dans vingt quatre heures.
» 6. Que les Officiers du Sénéchal, conjointement avec les Ca-
» pitouls, jugeroient, en dernier reffort, les Caufes des accufés
» de fédition, fuivant les derniers Edits, fans que le Parlement en
» pût prendre connoiffance, par voye de reffort. Enfin que les
» Bourgeois, garderoient, en perfonne, les portes de la Ville. On
publia cet accord, à fon de trompe; on l'afficha dans toutes les
places, & carréfours : mais il n'appaifa pas la haine de ces deux
partis, parce qu'il ne fut point obfervé. Le Parlement prévit, d'a-
bord, combien il feroit nuifible à la Réligion, que l'autorité fouveraine fut exercée par des Capitouls, qui favorifoient ouvertement les Huguenots. Il ne fe crut pas lié par ce traité fingulier,
quoique quelques-uns de fes membres y euffent participé. Et cette
augufte compagnie, également attentive à conferver fon autorité,
& à protéger la véritable Réligion, reçut l'appellation du jugement, porté par les officiers du Sénéchal, & par les Capitouls,
contre les fix principaux auteurs de la fédition du Fauxbourg St.
Michel; reforma leur Sentence, & continua de prendre connoiffance de ces fortes de caufes, même par la voye de l'évoca-
tion.

Cette conduite, conforme à l'ordre des jurifdictions, & devenue néceffaire, par les circonftances, où l'on fe trouvoit alors,
augmenta la défiance des nouveaux Sectaires, & de leurs Fauteurs.
Les Capitouls demanderent au Comte de Cruffol, Commandant
pour le Roi, dans la Province de Languedoc, la permiffion d'armer deux cens hommes, pour l'exécution des Edits : ils l'obtinrent aifément de ce Comte, qui favorifoit, en fecret, le parti des
Huguenots. Cette démarche allarma les Catholiques. Les Communautés Eccléfiaftiques, nommément les Chapitres Saint Etienne,
& Saint Sernin, les Chevaliers de Saint Jean, mirent garnifon
dans leurs maifons; & leur exemple fût fuivi de plufieurs Officiers
du Parlement, & de quelques riches Bourgeois. Les nuages grof-
fiffoient ainfi, peu-à-peu : les efprits étoient dans une agitation fi
violente, que le plus petit incident faifoit craindre un grand éclat.
Voici ce qui acheva de brouiller le Parlement avec les Capitouls.
Quatre Gentilshommes, Bazordan, Clermon, Montmaur, &
Trébons, levoient, chacun, une Compagnie de gens de pied,
par ordre exprès du Roi. La levée de ces troupes donna de l'om-
brage aux Huguenots. Un Ecolier de cette fecte, arracha la Caiffe
au

au Tambour de Bazordan, la Brifa; & Ganelon, un des Capitouls, en fit autant, à celui qui battoit pour Trébons.

Ces Magiftrats, qui en qualité de Gouverneurs de la Ville, ont le privilege d'empécher qu'on faffe dans Touloufe, aucune levée de gens de guerre, fans leur avoir communiqué les Commiffions du Roi, allerent le lendemain 9 Mai, tous en corps, au Palais, fe plaindre de l'infraction de leur privilege; & profitant de ce prétexte, ils demanderent que la Cour fit déloger, des maifons des Chapitres, & de celles des particuliers les garnifons, qui y avoient été mifes d'autorité privée: ils fe plaignirent auffi, hautement, du mépris que les catholiques faifoient des Edits du Roi, & des articles, qui avoient été arrêtés à l'Affemblée des Auguftins. Le Parlement fentit bien que ce reproche tomboit fur lui. Il répondit à ces Magiftrats, par la voix du premier Préfident Menfencal, qu'il fuffifoit que cette Compagnie eut vu la Commiffion des Capitaines, à qui il feroit permis de faire battre la Caiffe, dans la Ville, à condition qu'ils prendroient leurs quartiers d'affemblée, à la campagne; & à l'égard des garnifons, il leur fut dit que la Cour y donneroit ordre, après qu'on auroit fait quitter la Ville aux *Forains*. Deux jours après, les Capitouls firent publier, dans toutes les rues, avec beaucoup de folemnité, une Ordonnance, qui enjoignoit à tous les *Forains de vuider la Ville*; & fans attendre les ordres, que le Parlement leur avoit promis, au fujet des Soldats des garnifons, qui étoient dans les maifons communes, & particulieres, ils leur ordonnerent, auffi, de quitter, dans vingt-quatre heures, à peine d'être pourfuivis comme perturbateurs du repos public. Le Parlement regarda cette derniere Ordonnance comme un attentat contre fon autorité, la caffa fur le champ, & fit publier l'Arrêt de caffation.

Ces garnifons étoient le principe de la difcorde. Les Catholiques prétendoient devoir être les plus forts. Les Huguenots vouloient l'égalité, dans l'efpérance de fe rendre maîtres de la Ville: ainfi fur ce prétexte, les premiers renforçoient leurs garnifons, & les autres affembloient toutes les troupes qu'ils pouvoient, pour l'exécution de leur complot. Les auteurs de ce complot avoient à leur tête Cavaignes, & Coras, deux officiers du Parlement, également rédoutables par leur hardieffe, & par leur fermeté. Leur derniere réfolution prife, ils députerent le Capitoul Hunault, Baron de Lanta, à Orléans, pour traiter avec le Prince de Condé;

Partie II. B

qui venoit d'être déclaré chef (c) des Proteſtans. Ce député promit au Prince, de mettre la Ville dans ſon parti, & d'en chaſſer les Catholiques, moyenant un ſecours de douze cens hommes, que le Prince de Condé offrit d'envoyer, commandés par le Vicomte d'Arpajou. Un évenement ſingulier fit échouer ce projet, & ſauva cette Ville. Hunault découvrit, indiſcrétement, le motif, & le ſuccès de ſon voyage à un gentilhomme Catholique, qui ſe hâta d'en inſtruire Mr. de Montluc * par une lettre conçue en ces termes : « Monſieur m'en revenant de la Cour je
» ſuis paſſé à Orléans, où j'ai laiſſé Mr. le Prince de Condé, qui
» aſſemble de grandes forces, & déjà en a beaucoup. Il y a un
» Capitoul de Touloufe qui s'en vient à grandes journées, après
» moi, & penſe-je qu'il paſſera cette nuit ici **, lequel a promis
» audit Seigneur Prince, de lui rendre, à ſa dévotion, dans le
» 18. de ce mois (Mai 1562.) la Ville de Toulouſe. Ledit Capitoul s'eſt découvert à moi : je vous en ai voulu avertir, en ex-
» trême diligence, afin que vous y pourvoyés, s'il vous eſt poſſi-
» ble, &c.

Montluc, auſſi fameux par ſon zéle pour la Réligion, que par ſa valeur, & ſa gloire dans les armes, commandoit les troupes du Roi, en Guyenne, contre les Calviniſtes, dont il a été le fleau ; il ſe hâta d'envoyer cette lettre au premier Préſident du Parlement de Toulouſe ; l'aſſura qu'il voleroit au plutôt à ſon ſecours, & pour ne point perdre un temps précieux, il donna ordre au Capitaine Charri, d'aller ſe poſter, avec deux Compagnies, à Fronton, pour s'oppoſer au paſſage du Vicomte d'Arpajou, qui étoit à Montauban.

A peine fût-il jour, que le premier Préſident aſſembla extraordinairement, quelques Officiers du Parlement, quoique ce fut un Dimanche, pour leur communiquer la lettre de Montluc. La lecture de cette lettre les allarma : ils manderent auſſi-tôt Dareau, Acezat & Ganelon Capitouls, leur enjoignirent de faire quitter la Ville aux *Forains*, & ſur-tout d'empêcher la Céne, que les Huguenots avoient indiquée au Dimanche d'après, jour de Pentecôte. Le lendemain le Parlement s'aſſembla, au point du jour ; donna

---

(c) *Abrégé chron. de l'Hiſt. de France.*

* Lafaille s'eſt trompé, en lui donnant le titre de Marechal : il ne l'eut qu'en 1574.

** La lettre eſt dattée de Cahors.

aux Capitouls des Adjoints *, avec ordre à ces Magiſtrats, de ne rien délibérer, ſans leur participation, à peine de la vie : il nomma ſix ** Officiers de la Compagnie pour préſider aux Conſeils, & ordonna que les quatre Capitaines, dont on a déjà parlé, Bazordan, Clermon, Montmaur, & Trébons, auroient la garde de l'Hôtel-de-Ville, avec quatre cens hommes.

La découverte de cette conjuration, & les précautions qu'on prenoit pour la prevenir, déconcertérent les Huguenots. Ils ne doutérent plus de leur ruine, s'ils conſentoient qu'on mît une garniſon dans l'Hôtel-de-Ville. Ils s'aſſemblérent le même jour, 11 Mai, chez le Viguier-Portal, un de leurs chefs, pour délibérer, ſur le parti qu'il avoient à prendre. L'orage étoit prêt à fondre ſur Toulouſe ; & c'eſt de cette aſſemblée que partit la foudre, qui ébranla cette Ville juſqu'aux fondements. Portal fut le premier qui parla : le danger ne lui parut pas preſſant : il fut d'avis de temporiſer, & d'attendre une conjoncture plus favorable. Selon lui, il étoit dangereux d'arborer l'étendart de la rovolte ; puiſque le ſecours qu'ils attendoient du Vicomte d'Apajou étoit douteux, & que celui que les Catholiques alloient recevoir de Montluc étoit aſſuré : d'ailleurs, il étoit perſuadé que le parti huguenot, alloit devenir infiniment puiſſant, par la réunion de la Reine-Mere avec le Prince de Condé, contre les Guiſes. Cet avis fut combattu par le Miniſtre Barreles ***, qui avoit encore plus d'autorité dans ſon parti, que le Viguier. Il ſollicita avec beaucoup de force ſes auditeurs, à ne point différer l'éxecution d'un projet, qui ne pouvoit manquer de réuſſir (*d*) « courons donc aux armes, *leur dit-il*, réſolus de tout entreprendre « plûtot que d'être leurs (*e*) victimes, Que ſi pour nous châtier « de nos fautes paſſées, ou de notre défaut de zéle, c'étoit la « volonté de l'Eternel, que nos ennemis euſſent l'avantage, fai-

(d) *Ann. de The.* t. 2 *pag.* 225.
(e) *des Catholiques.*

* Aliez & Babut Docteurs & Avocats : Accurſe Boſquet ſieur des Iſſars & I. Roguier : P. Delpech ; P. Cos ; I. Lalaine, Geſtes ; Madron le veux, Bernard Dulaur (*Boſquet ch. XXVII.*).
** Dufaur Préſident, d'Alzon, Solerie, Forez, Papus, & Dubourg conſeillers. (*Boſquet id.*)
*** C'étoit un Eſpagnol, Cordelier défroqué, nommé Jean Cormere, qui s'étoit marié avec une veuve, fille de Loth, apoticaire d'Agen. (*Boſquet ch. 15 & 16.*).

« fons, en tout cas, ce qui ne sauroit lui deplaire, & que ces
« Idolatres ne sauroient empêcher : mettons le feu par tout : re-
« duisons en cendres une Ville, de laquelle ils ont fait une nou-
« velle Babylonne, en y portant jusqu'au comble, les abomina-
« tions de leur culte sacrilege ; du moins fairons nous, par là,
« qu'ils n'auront pas lieu de se réjoüir de leur victoire. Ne vous
« laissés pas toucher du doux nom de Patrie. Vous en trouverez
« une (*f*) plus aimable, non loin d'ici, pour y servir le Seigneur,
« avec des freres fidéles, dans le culte de la véritable Religion &c.
ce discours, dicté par la discorde, & par le fanatisme, échaufa si
fort les esprits, que l'avis de ce Ministre prévalut. Il fut resolu,
que la nuit même, on s'empareroit de l'Hôtel-de-Ville, pour
prévenir les Capitaines, qui devoient y entrer le lendemain. La
charge en fût donnée à Saux, Soupets, & Sauxens l'aîné, qui dé-
férerent le commandement au premier, à cause de son expérience. Celui-ci se jetta, sans bruit, dans l'Hôtel-de-Ville, avec ses
compagnons, & environ douze cens hommes. Les Capitouls s'y
rendirent, en armes : en même-temps, ils s'emparerent de trois
Colleges Saint Martial, Sainte Catherine, & Périgord ; de deux
Portes de la Ville, Matebiou, & Villeneuve : ils barricaderent
les entrées de toutes les rues, par où l'on pouvoit aborder l'Hôtel-
de-Ville ; ce qu'il y a de surprenant, c'est qu'ils exécuterent toutes ces choses, avec tant de diligence, & de secret, que les catholiques ne s'en apperçurent que lors qu'il fut jour.

C'en étoit fait de Toulouse, si les conjurés moins irrésolus se
fussent brusquement jettés sur les Catholiques, dès le point du
jour, mettant tout à feu, & à sang, comme on dit, qu'ils l'avoient
projetté : mais contens de s'être mis en défense, ils ne firent qu'u-
ne petite attaque, vers la fin du jour. Les Catholiques eurent le
temps de se reconnoître ; & le Parlement reprit courage.

Les premiers soins de cette Compagnie, à l'autorité de laquelle
étoit uniquement attaché le salut de cette Ville, fut de dépêcher
des Courriers à plusieurs Seigneurs, entr'autres, au Marquis de
Terride *, à Bellegarde, à Fourquevaux, pour les appeler au
sécours des Catholiques ; & d'envoyer, en diligence, sommer
Montluc de la promesse qu'il avoit faite au premier Président. Le
même jour, 12 de Mai, à huit heures du matin, elle fit procla-

(*f*) *Montauban.*

* Il étoit de la maison de Levis.

mer que tous les Catholiques eussent à porter une croix blanche, & à marquer les devans de leurs maisons d'une pareille croix. Elle ordonna, qu'on abbatroit tous les avents des boutiques, & que tous les habitans mettroient, à l'entrée de la nuit, des chandelles aux fenêtres de leurs maisons. Elle cassa les Capitouls comme rebelles au Roi, & traitres à leur patrie; & en créa d'office huit * autres, qui étoient tous Catholiques zélés. A midi, elle enjoignit à tous les Catholiques de prendre les armes, & de se rendre au Palais; elle fit abbatre toutes les boutiques des Libraires, qui étoient auprès du Palais. Leurs livres furent brûlés, parce qu'il y en avoit quelques-uns de Génève; & les Libraires furent traînés en prison, comme suspects de Calvinisme.

Cependant les Conjurés resterent, tout le jour, tranquiles, dans l'Hôtel-de-Ville, & dans leurs autres postes. Le soir, Saux fit comme on l'a déja annoncé, une sortie, avec quelqu'un des siens: il rencontra Montmaur, un des Capitaines catholiques, le combatit, le fit prisonnier: mais il le relâcha, tout de suite, & se rendit, par-là, suspect à ceux de son parti. Le lendemain 13 Mai, un grand nombre de Seigneurs, & de Gentilshommes de la Campagne, Gaston de Foix, Comte de Caraman, ou Carmaing-Fourquevaux, Gouverneur de Narbonne, Caüni, Bazordan l'aîné, Dandoufielle, Verdale, Gardouch, Ricaud, les trois freres Savignac, & plusieurs autres, vinrent au secours du parti catholique. Avec ce renfort, le Parlement crut ce parti supérieur, & résolut d'attaquer les conjurés. Il ordonne, aussi-tôt, de prendre les armes, & fait sonner le Tocsin, dans tous les Clochers de la Ville. Ce cri général ranime la haine, qui régnoit entre les deux partis. Les Catholiques furieux se jettent sur tous les Huguenots, qu'ils rencontrent dans les rues. Les uns sont trainés en prison, les autres sont assommés de coups, ou massacrés. On n'entend, partout, que le cris des femmes, & des enfans, qui voyent déchirer leur mari, & leur pere. Les horreurs de la guerre civile se reproduisent de tous côtés: enfin les catholiques, se croyant autorisés par la justice, ne cessent le carnage, que pour piller les maisons des huguenots; & on les accuse d'avoir abusé du prétexte de cette hérésie, pour exercer leurs vengeances particulieres, & pour rançonner plusieurs personnes de leur parti.

---

* Ces nouveaux Capitouls étoient Aliez. Borderia, de St. Felix, Clapiez-Colomiez, Lalandelle, Lalaine, Madron le jeune, & Gaston Dupin. (*Bosquet. chap. XXVIII.*)

Tandis qu'ils s'amuſoient ainſi à piller, & à maltraiter des ennemis, preſque ſans défenſe, les Conjurés élargiſſoient leurs poſtes, & avançoient des Corps de garde. Ils en placerent neuf. Un au puits des trois Carres, un autre derriere la Pomme, le troiſieme, à la ruë des Changes, près Saint-Rome, le quatrieme vers Peyrolieres, le cinquieme vers la Tour de Najac, au coin de la ruë, le ſixieme au coin de Saint George, le ſeptieme du côté du Bazacle; le huitieme vers Saint Sernin; & le neuviéme au Collège de Perigord. On voit par là, qu'ils occupoient un tiers de la ville : leur rendez-vous général étoit à l'Hôtel-de-Ville, & celui des Catholiques au Palais.

L'Opiniatreté des deux partis croiſſoit à chaque inſtant. Le combat commença, le 14 de Mai, un peu avant midi. Les Catholiques attaquerent en même-temps, quatre poſtes des Huguenots, mais ils furent repouſſés de tous côtés, avec perte. Ces avantages enhardirent ſi fort les Conjurés, qu'ils reſolurent de marcher droit au Palais, où étoient les principales forces des Catholiques : ils avoient deja paſſé la ruë Boulbonne, Quand le Compte de Caraman à qui on avoit déféré (*g*) le commandement de la Ville, les attaqua, avec ſept ou huit cents Fantaſſins : le combat fut ſanglant & ne ceſſa qu'avec le jour. Les Catholiques y perdirent quatre-vingts des leurs, & les Huguenots environ ſoixante. Outre ce combat il y eut pluſieurs Eſcarmouches, dans pluſieurs quartiers. L'on ſe faiſoit la guerre de maiſon à maiſon. L'on ſe battoit dans les ruës, ſans ordre des Commandants. Par-tout les deux partis firent des exploits de valeur : mais la victoire reſta preſque toujours aux Huguenots. Le même jour, ceux-ci ſe ſaiſirent des Couvents des Jacobins, des Cordeliers de la Grande Obſervance, des Bequins, ou du Tiers-Ordre, & de celui de Saint Orens. Ils profanerent (*h*) les Egliſes, briſerent les Images, maſſacrerent les Religieux; ils s'emparerent auſſi du Couvent des Religieuſes de Saint Pentaleon, violerent ou tuerent ces Saintes Filles; pillerent ou brûlerent pluſieurs maiſons dans divers quartiers, & donnerent par-tout des marques de leur rage, comme on en peut juger par ce trait remarquable.

Pierre de Barravi, Conſeiller, avoit commiſſion pour aller, avec quelques troupes, ſecourir l'Egliſe Saint Sernin, dont les

(*g*) *Boſquet. chap.* XXIX.
(*h*) *Boſquet chap.* XXXIII.

Conjurés vouloient s'emparer, & qu'ils battoient de deux piéces de canon, placées sur la Tour de Périgord. Il prit le Capitaine Bazordan, avec sa compagnie, & passant, dans la rue des Couteliers, il trouva qu'un nommé George Gainier, Maître Coutelier, Huguenot fort obstiné, s'étoit rétranché, dans sa maison, avec sept ou huit de ses amis, résolus de se bien défendre. Barravi leur ordonna de se retirer ; & sur leur refus, il alloit faire enfoncer la porte, par des soldats, lorsque ces rebelles firent sur eux une décharge, dont il y eut quatre soldats tués, & quatre blessés. Cette résistance audacieuse piqua Barravi, qui fit mettre le feu à la maison. Il vouloit cependant sauver deux jeunes filles, que le maître du logis avoit avec lui : mais cet enragé refusa de les donner, criant qu'il vouloit que tout pérît avec lui. Son opiniâtreté lui couta la vie. Le feu gagna bien-tôt toute la maison : elle s'abima, & ensevelit tous ces malheureux, sous ces ruines.

Les petites victoires des Huguenots, bien loin de déconcerter les Catholiques, ne faisoient qu'augmenter leur courage. Chaque parti reçut quelque renfort. Le Capitoul Hunault Baron de Lanta, & quelques Villes des environs, envoyerent des troupes aux Conjurés ; & deux Compagnies de Gendarmes vinrent, un peu avant la nuit, au secours des Catholiques. L'arrivée de ces troupes auxiliaires, & la nouvelle que les compagnies de Montluc, & de Terride s'étoient opposées au passage du Vicomte d'Arpajou, & l'avoient forcé de rentrer dans Montauban, animerent les Catholiques : ils coururent assieger la maison du Viguier Portal, se saisirent de ce chef des conjurés, & le menerent aux prisons de la Conciergerie, d'où il ne sortit que pour aller au supplice. Précisement dans le même-temps, le Capitaine Saux, autre chef de la conjuration, subit le même sort. Il fût arrêté, comme traitre à son parti, par les Huguenots même, qui le jetterent dans un cachot de l'Hôtel-de-Ville, avec les fers aux pieds.

La nuit avoit séparé les combattans. Le lendemain, leur courage sembla avoir pris de nouvelles forces. Dès le point du jour, les conjurés s'emparerent du Couvent des Chanoinesses de Saint Sernin, en chasserent ces Religieuses, & le pillerent. Ils remporterent aussi un avantage considérable, à la rue de la Pomme. Rien ne les rendoient plus redoutables aux catholiques, que les batteries, qu'ils avoient dressées sur le toit du College de Saint Martial, d'où ils foudroyoient, tous les quartiers des environs. Le fracas de cette artillerie épouventa si fort les catholiques, qu'ils conçurent le dessein de brûler l'Hôtel-de-Ville. Ils ne pouvoient en approcher, de plus près, que de la Place Saint George. Cet obstacle ne les arrêta pas ; & ils s'aviserent d'un stratagême qui prouve à quel point d'extravagance, on est capable de se porter, lors qu'on est échaufé par l'esprit de parti. Moins touchés de leurs propres intérêts, que de la satisfaction de nuire à leurs ennemis, ils mirent le feu aux maisons, qui font face à cette place, dans l'esperance de porter l'embrasement jusqu'à l'Hôtel-de-Ville, quoiqu'il en soit éloigné, de plus de cinq cens toises. Jamais spectacle ne fut plus touchant. Les habitans de ces maisons avoient à peine le temps de se retirer, avec leur famille éplorée. Les cris, ou plutôt, les hurlemens de ces malheureux, qui voyoient consumer leur fortune, inspiroient la terreur : mais ce n'étoit rien en comparaison du bruit des canons, que les Conjurés tiroient, sans cesse, de ce côté. Ils vouloient rompre le passage au feu : ils réussirent. L'incendie s'arrêta sans parvenir à l'Hôtel-de-Ville, & les Catholiques ne tirerent d'autre fruit de cette folle entreprise, que le regret inutile, d'avoir réduit en cendres, plus de cent maisons.

Ce quartier n'étoit pas le seul, qui fut marqué par les horreurs du carnage. Chaque rue, chaque maison, étoit le théatre sanglant d'une guerre particuliere. On n'épargna pas celle du Président Bernui. * Il étoit Calviniste, quoiqu'il n'en fît pas profession ouverte. Le moindre soupçon suffisoit, dans ce temps de Fanatisme. D'ailleurs, les grandes richesses de ce Magistrat furent un nouvel attrait, pour les Catholiques. Devenus aussi injustes & aussi furieux que les Huguenots : ils entrerent en foule dans cette maison opulente, la pillerent, & s'il faut ajouter foi aux historiens Huguenots, on y commit une action bien plus odieuse que le vol & le pillage. Une Dame, de qualité, qui s'y étoit réfugiée, avec deux de ses filles, croyant y être plus en sureté, que dans l'Hôtel-de-Ville, fut mise à nud, par ces forcenés, & ses deux filles furent violées à ses yeux. A la nouvelle de cet affreux pillage, les Huguenots envoyerent, de l'Hôtel-de-Ville, un détachement d'environ cent hommes ; le grand mal étoit déjà fait : ces soldats tuerent, ou mirent en fuite tous les catholiques qu'ils y trouverent : mais aussi avides qu'eux, ils pillerent tout ce qui restoit : ainsi la

plus

---

* C'étoit le fils de ce fameux Négociant dont on a parlé sous l'an 1538.

plus belle, & la plus riche maison de Toulouse fut saccagée, par l'un & l'autre parti. La Popeliniere dit que l'on voyoit emporter l'or, & l'argent, à pleins chapeaux.

Ces desordres durerent jusqu'au lendemain 16 Mai, vers l'heure de midi. Les deux partis, également fatigués d'une guerre cruelle, traiterent de la paix. Après quelques articles proposés, de part & d'autre, on convint d'une trêve de vingt-quatre heures, qui ramena le calme. Le principal de ces articles étoit, que les Religionnaires laisseroient leurs armes dans l'Hôtel-de-Ville, se retireroient en paix, & en toute sureté, où bon leur sembleroit; ou demeureroient dans la Ville, s'ils le souhaitoient. Les historiens Huguenots ne sont point d'accord avec les écrivains Catholiques, sur la qualité de ces articles. Les premiers disent que c'étoit un traité de paix, arrêté entre les deux partis, du consentement du Parlement: les autres prétendent, au contraire, que ces articles n'étoient qu'un projet, qui fut unanimement rejetté par le Parlement, dans une Assemblée où l'on avoit appellé les principaux de la noblesse, & les plus distingués de la bourgeoisie.

Quoiqu'il en soit, les Huguenots résolurent de se retirer, le soir du lendemain 17 Mai. Ils firent la Cêne, & leurs Prieres, pendant lesquelles le Trompete de la Ville, chanta du plus haut de l'Hôtel-de-Ville, plusieurs Pseaumes, & Cantiques qui furent entendus du voisinage. Ils abandonnerent leurs postes, à l'entrée de la nuit. Là confusion régna dans cette retraite. Les uns resterent dans Toulouse, croyant trouver leur salut, dans la protection des Catholiques de leur connoissance : les autres sortirent, par la Porte Villeneuve; se separerent en différentes bandes; & prirent divers chemins. Savignac, à la tête d'une troupe de Catholiques, courut les charger, & les tailla en pieces. On sonna le Tocsin, dans tous les lieux des environs, & des bandes entieres furent massacrées par les Paysans, qui s'étoient assemblés, en armes, à ce bruit. Ceux qui échaperent à leurs coups se refugierent à Lavaur, à Puylaurens, à Castres, à Montauban, ou sortirent du Royaume. Le Capitaine du Guet, qui fût envoyé hors de la Ville, pour reconnoitre le nombre des morts, rapporta, que depuis le Couvent des PP. Minimes, jusqu'aux Fourches patibulaires, c'est-à-dire, environ mille pas, il en avoit trouvé cinquante trois.

Tel fut le succès de la conjuration des Huguenots de Toulouse. La faute qu'ils firent fut de prendre tumultuairement les armes, après la découverte de leur dessein, ou de n'avoir pas suivi vive-

Partie II. C

ment leur pointe. Les victoires qu'ils remporterent, en même-
temps, dans tant de différens endroits, quoiqu'avec des forces
inférieures, prouvent qu'ils ne manquerent jamais de courage, d'ordre, ni de difcipline. Il y a tout lieu de croire qu'ils fe feroient
rendus maîtres de la Ville, s'ils avoient reçu le fecours du Vicomte d'Arpajou, au temps qu'ils l'attendoient. L'opinion commune fixe à quatre mille, le nombre des morts, dans tous ces
combats.

Il fut à peine jour, que les Catholiques fe hâterent de jouir de
leur triomphe. Ils entrerent, en foule, dans l'Hôtel-de-Ville,
criant *vive la Croix.* Ils y trouverent le Capitoul Mandinelli, & le
Capitaine Saux. Le premier n'avoit pas voulu défemparer, fe
confiant, difoit-il, en la droiture de fes intentions, qui n'étoient
que de faire exécuter les Edits. Sa fécurité ne le fauva pas : il fut
traîné dans les prifons de la Conciergerie. Saux fut laiffé dans le
cachot, où ceux de fon parti l'avoient mis, & n'en fortit que pour
aller fur un échafaut.

Montluc arriva, le même jour, à la tête de fa compagnie de Gendarmes. Il alla faluer le Parlement, & l'on peut voir, dans fes
Commentaires (i) ce qu'il dit à cette Compagnie, pour l'engager à faire une févére juftice des rebelles. Ce fut à fa fuggeftion
que les Capitouls firent abbatre le Temple, que les Huguenots
avoient fait conftruire, près la porte Villeneuve ; ce qui fut fait,
avec tant d'activité, que trois hommes furent accablés fous les
ruines.

Le premier foin des Capitouls, après la déroute des Conjurés,
fut de rendre à Dieu de publiques actions de graces. Ils avoient
fait un vœu, dans la chaleur des combats, de faire célébrer, tous
les ans, dans l'Eglife Saint Sernin, une meffe, à laquelle affifteroient, au moins, deux Capitouls : ils l'accomplirent folemnellement. Le Parlement voulut donner auffi des preuves authentiques de fa reconnoiffance, & ordonna, qu'il feroit fait, annuellement, le 17 Mai, jour de la délivrance de la Ville, une proceffion générale, où l'on porteroit les Reliques des Saints, qui re-
pofent dans cette Eglife. Ces pieux établiffemens font encore obfervés, avec une pompe, & une folemnité, qui attirent un nombre infini d'étrangers dans Touloufe.

Il étoit de la juftice de punir les coupables. Le Parlement févit

(i) *Liv.* 5.

contr'eux, avec rigueur; & ses Arrêts firent couler, presque autant de sang, que la guerre en avoit fait répandre. Il commença, par déclarer traîtres à leur patrie, & criminels de léze-Majesté, tous ceux qui avoient trempé dans la conjuration, & ceux même qui avoient été du Consistoire des Huguenots; ensuite, il renouvella les proscriptions, dont la seule histoire des Empereurs Romains, peut fournir des exemples. Ce Corps équitable n'épargna pas même ses propres membres: ceux qui étoient suspects d'hérésie furent (k) les premiers condamnés. Il y en eut trente * d'interdits de leurs charges, après une mercuriale inouie jusqu'alors: mais on ne doit pas laisser ignorer, que sur ces trente, il y en eut, à peine, quatre qui moururent Calvinistes. Il suffisoit alors, pour être réputé Huguenot, de faire paroître quelque désir pour la reformation des mœurs ecclésiastiques, ou quelque aversion pour les supplices, qu'on faisoit souffrir à ceux qui étoient dans l'erreur. Cette mercuriale ne fût que le prélude des exécutions qui la suivirent. On pendit plusieurs Ministres, & autres Hérétiques reconnus, pour tels, dans différentes Places, ou devant les Eglises qu'ils avoient profanées. Le Viguier Portal, & le Capitaine Saux, les deux principaux Chefs de la conjuration, expirèrent dans les supplices. Le premier fut décolé à la Place du Salin, & sa tête fut mise sur le haut de la Tour du Palais, l'autre fut écartelé, & eut aussi la tête tranchée. Le Capitoul Mandinelli fut dégradé, & perdit la tête. Enfin une infinité d'autres personnes (l), de tout état, eurent le même sort. Les Prêtres, & les Religieux, qui avoient apostasié, ne furent pas épargnés, dans cette recherche. Un Jacobin fût pendu, devant l'Eglise de son Ordre, pour avoir été d'intelligence avec les Huguenots, qui s'emparerent de ce Couvent. Trois

(k) *Ann. de Toul. tom.* 2. *p.* 240.
(l) *Bosquet chap.* 46. *p.* 128. *& suiv.*

* Michel Dufaur Président, Jacques de Bernui Président aux enquêtes, Gabriel Dubourg, Antoine Duferrier, Guillaume de Caulet, Arnaud Cavagnes, François Ferrieres, Jean de l'Hôpital, Antoine Larger, Charles Dufaur, Pierre Robert, Jean de Raymond, Geraud de Pins, Jean de Berbinier, Jean de Percin, Mathieu de Chalvet, Thomas Lamieussens, Jean de Coras, Jean de Resseguier, Guillaume Doujat, Jean de Lacoste, Pierre de Nos, Jean Dupont, Geraud de Buisson, Helie de la Cavaigne, Pierre de Nupces, Pierre Saluste, Pierre de Papus, Pierre de St. Pierre, Jean de Laroche. La plûpart de ces Officiers furent rétablis dans leurs charges, au mois d'Août 1563 (*Ann. de Toul. aux preuv. tom.* 2. *p.* 58. *& suiv.*)

Auguſtins eurent publiquement le fouet , pour avoir apoſtaſié, & s'être mariés avec trois Religieuſes Auguſtines *. Outre le grand nombre de ceux qui moururent par la main des Bourreaux , il y en eut beaucoup , qui périrent dans les cachots , de maladie , ou pour avoir ſouffert une trop rude queſtion. Pluſieurs (m) furent auſſi condamnés par contumace , à être pendus , ou brûlés , ce qui fût exécuté, avec tout l'appareil ignominieux , dont on lit le détail dans les Annales (n) de cette Ville.

Le Parlement ne bornoit pas ſon attention à la punition des Rebelles. Il donnoit des ordres, pour mettre la Ville en ſureté, contre leurs entrepriſes ; & pour les empêcher de s'y établir, à l'avenir. Le Guet fut renforcé de cent cinquante ſoldats. On mit ſur pied , huit Compagnies d'infanterie , de deux cens hommes chacune , commandées par autant de Capitaines de la Ville , ſous les ordres des Capitouls. On délibéra que les portes de Montgaillard , Montolieu , Matebiou , Villeneuve , Pouſonville , las Crozes , & Porte-neuve ſeroient murées ; & que les Ponts , par où l'on y entroit, ſeroient rompus : & à l'égard de celle de Villeneuve, qu'elle ſeroit fermée , à perpétuité, avec défences aux Capitouls de mettre en délibération de la rouvrir à l'avenir, & cela en deteſtation de ce que les Prédicans ſortoient par cette porte pour aller au Prêche. On a ouvert depuis les trois premieres , Montgaillard, Montolieu , & Matebiou. **

La fuite des Huguenots ne diſſipa pas entierement les allarmes des Touloufains. Ils recevoient des avis , de toutes parts, que ces hérétiques complotoient , de nouveau , de ſe rendre maitres de Touloufe. Dans cette crainte, on fit, nuit & jour , une garde exacte, aux portes , & ſur les murailles de la Ville : on deffendit les lectures publiques , dans l'Univerſité, pour empêcher que les

(m) Boſquet chap. 47.
(n) tom 2. p. 243.

* Toutes les Religieuſes de ce Couvent tomberent dans l'Apoſtaſie, à la reſerve d'une, qu'on fit paſſer dans celui de Saint Pantaléon. Par cette deſertion, leur Ordre fut éteint dans Toulouſe, & leur Maiſon fut donnée aux Jéſuites, lors de leur premier établiſſement dans cette Ville. C'eſt aujourdui la Maiſon, & la Chapelle des Pénitents-Noirs, une des plus belles du Royaume.

* Il y avoit autrefois quinze portes à Toulouſe. Savoir celles du Château ; de Montgaillard, de Montolieu, de Saint Etienne, Porte-Neuve, de Villeneuve, de Matebiou , de Pozonville, d'Arnaud-Bernard, de las Croſes, du Bazacle, Porte-Pinte, de l'Iſle, de Taillefer & de Muret.

ennemis, sous prétexte de *Scholarité*, ne se revétissent de la robe d'écolier, & ne vinsent, en trop grand nombre : enfin on prit de justes mesures, pour prévenir les entreprises des Huguenots de dehors, & de ceux qui étoient dans la Ville. Toutes ces précautions calmerent un peu les esprits : mais l'arrivée de Montluc, qui vint, au mois de Janvier 1563, acheva de les tranquiliser. Sa seule présence encourageoit tous les Catholiques : chacun croyoit avoir en lui un defenseur invincible ; & pour lui témoigner le plaisir que la Ville avoit de le posséder, on le pria, en conséquence d'une délibération publique, d'agréer qu'on lui donnât cinq cens livres, par mois, pour sa table. Il les accepta.

Ce fut dans ce temps-là, que l'intérêt de la Religion forma, dans Toulouse, le 2 de Mars 1563, une association *, entre plusieurs Prélats, & Seigneurs. Les Cardinaux d'Armagnac, de Strossi; les Seigneurs de Montluc, de Terride, de Negre-Pelisse, de Fourquevaux, & plusieurs autres, entrerent dans cette ligue, dont les articles servirent de modèle à la ligue fameuse, qui pensa bouleverser le Royaume, sous le regne suivant.

Le Parlement l'autorisa, avec d'autant plus d'empressement, qu'elle sembloit annoncer la destruction entiere du parti Huguenot. Cette Compagnie ne cessoit de sévir contre ces hérétiques. Tous les jours étoient comptés par de nouvelles exécutions. Le Roi eut beau leur accorder des Lettres d'abolition : elle refusa de les enrégistrer; & ne diminua rien de l'exactitude de ses recherches, ni de la sévérité de ses punitions, jusqu'à ce que la paix d'Orléans, signée, le 19 Mars (o), eut accordé une amnistie à tous ces rebelles. Cette paix étoit devenue nécessaire, pour empêcher les progrès, que les Anglois alloient faire, dans le Royaume. Les Huguenots leur avoient remis le Havre de Grace, & menaçoient de leur livrer plusieurs autres Villes : Aussi ce parti fit-il la Loi, dans ce traité, dont voici les principaux articles.
» Que tous Seigneurs de Fiefs, relevans immédiatement de la
» Couronne, pourroient exercer la Religion P. R. dans tous les
» lieux de leurs Fiefs : mais que les Seigneurs des Fiefs médiats,
» n'auroient la même liberté que dans le Château de leur demeure,
» pour eux, leur famille, & domestiques seulement. Que dans

(o) *Mathieu. Histoire des Troubles de France.*

* On peut en lire les articles dans les annalles de Toulouse T. 2. aux preuves. p. 62.

» toutes les Provinces du Royaume feroient deftinées certaines
» Villes, dans l'un des Fauxbourgs defquelles, ceux de la Reli-
» gion P. R. pourroient s'affembler, pour faire le Prêche, à la ré-
» ferve de celle de Paris, & des autres Villes, où la Cour fe trou-
» veroit. Que ceux de la même Religion feroient tenus d'obferver
» les Fêtes du Kalendrier Romain, & de garder les Loix civiles,
» à l'égard des mariages, qu'ils contracteroient. Qu'il feroit accor-
» dé une amniftie générale, pour toute forte de délits, & d'excès,
» qui auroient été commis, à l'occafion de la guerre paffée, avec
» Déclaration du Roi, que le tout avoit été fait, à bonne inten-
» tion, & fans offenfe de Sa Majefté. Que chacun, fans diftinc-
» tion, feroit rétabli dans fes charges, honneurs, & prérogati-
» ves. Que les Allemans, qui étoient venus au fecours du Prince
» de Condé, fe retireroient, en toute fureté. Enfin qu'il feroit li-
» bre au Roi de fe refaifir de fes Terres, Places, Châteaux, contre
» tous ceux qui pourroient s'y maintenir, &c.

Après la paix d'Orléans, le Roy réfolut, de vifiter les principales Provinces du Royaume. Le prétexte de ce voyage étoit d'y
affermir la paix, & l'obéïffance de fes fujets: mais la Reine
mere avoit des vues plus étendues: elle vouloit prendre des mefures, avec les Miniftres des Princes voifins, pour ruiner entierement la faction des Huguenots.

Le Roi partit de Fontainebleau, en 1564, & commença fa
route par la Champagne, le Barrois, la Bourgogne, le Lyonnois, le Dauphiné, la Provence, & le Languedoc. Les principales Villes de ces Provinces, le reçurent, avec beaucoup de
magnificence, & le Baron de Ferrals * fe fignala par une reception galante, qui mérite d'être rapportée. Le Roi lui fit l'honneur d'aller dîner, dans fon Chateau, fitué entre Carcaffonne,
& Caftelnaudarry. La fomptuofité de ce dîné fut extraordinaire;
& ce qu'il y eut de merveilleux, c'eft qu'après qu'on eut levé
les tables, le plafond de la falle, & le comble même de la
maifon s'étant ouverts, par le moyen d'une machine, on vit
paroître, dans l'étendue du jour, qui répondoit dans la falle,
une épaiffe nuée, qui éclata, avec un bruit pareil à celui du
Tonnerre, & laiffa tomber une grêle de dragées. Cette grêle fut

---

* Ce Baron étoit un Gentilhomme de diftinction, qui avoit été fort aimé
du feu Duc de Guife, & honnoré, par le Roi Henri II, d'une ambaffade à
Rome, où il acquit beaucoup de gloire.

suivie d'une pluye d'eau de senteur, si abondante qu'il fallût donner le manteau au Roi. La Cour fut enchantée de cette fête, & avoua que c'étoit la plus galante que le Roi eut reçue. Le même jour, le Roi alla coucher à Castelnaudarry; & le premier jour de Février 1565, il fit son entrée à Toulouse. Cette Ville surpassa, dans cette occasion, la magnificence avec laquelle elle avoit accoutumé de recevoir son Souverain: mais on ne rapportera pas, au long, le détail de cette cérémonie, que Lafaille a donné (p), & dont voici les principales particularités. Toutes les rues étoient tapissées, & sablées. Aux endroits les plus propres, on avoit élevé des arcs de triomphe, d'une très-belle structure, ornés d'un grand nombre d'inscriptions Latines, & Françoises. Quand le Roi fut arrivé à quelque pas de celui, qu'on avoit dressé à la place de la Pierre; un globe, qui parroissoit dans une nuée, au plus haut de l'attique de cet arc, s'ouvrit; & il en descendit une jeune-fille, vêtue en Nymphe, qui représentoit la célèbre Clemence Isaure, bienfactrice des Jeux Floraux. Elle portoit, dans ses mains, les trois fleurs d'or & d'argent, qui sont les prix de ces jeux. Elle les présenta au Roi, en le saluant, par quatre vers François *, remonta, par le même artifice, dans le globe, d'où elle étoit descendue, & le globe se referma. Le Roi continua sa route, & fut descendre à l'Eglise Saint Etienne, où il entendit Vêpres. L'analiste rapporte, comme une anecdote singulière, que Charles IX. étant sur le Seuil de la porte de l'Eglise, appella le Roi de Navarre, qui s'étoit arrêté, pour n'y pas entrer, & que lui ayant pris le chapeau, il le jetta dans l'Eglise, *pour se divertir.*

Cinq jours après, il fit son entrée au Palais, & y tint son lit de Justice, dont on peut voir la Rélation dans Lafaille (*q*), telle qu'elle est écrite sur les Régistres du Parlement. Le 20 Février, il fit l'honneur aux Capitouls d'aller dîner à l'Hôtel-de-Ville; la Reine mere, Monsieur, frere du Roi, se trouverent à ce dîné, après lequel les nouveaux Capitouls, que le Roi avoit élûs, le jour

(p) *Annales*, T. 2 pag. 265 & aux preuves p. 69. & suivantes.
(q) T. 2. pag. 268.

* Sire que fleurissez en grandeur & puissance,
dont l'âge fleurissant fait la France fleurir,
Tolose, qui sous vous se maintient sans fletrir,
Vous présente ses fleurs, & son obéïssance.

d'auparavant, furent préfentés à Sa Majefté, & prêterent ferment entre fes mains. Le Roi & la Reine étoient dans l'âge des plaifirs. Les habitans de Touloufe n'épargnerent ni foins ni dépenfe, pour leur en procurer. Tous les jours furent marqués par de nouvelles fêtes: les Comedies, les Bals, les courfes de bague, les Tournois furent employés, tour à tour, pour divertir leurs Majeftés.

Le féjour de Charles IX. dans cette Ville fut avantageux aux Archevêques de Touloufe, puifque ce Monarque leur donna, en faveur du Cardinal d'Armagnac, le titre de Confeillers nés au Parlement, dont ils n'étoient, auparavant, que Confeillers d'honneur, fous le nom de *Confeillers Epifcopaux*. Monfieur, frere du Roi, & Madame Marguerite de France, fa fœur, reçurent le Sacrement de Confirmation, des mains de ce Cardinal. Leurs Majeftés, & toute la Cour affiftérent à cette cérémonie, qui fut célébrée, le 18 Mars, dans l'Eglife St. Etienne, & à la proceffion générale, qui la termina.

Le lendemain, le Roi partit de Touloufe, pour aller à Montauban & de-là à Bordeaux, où il fit quelque féjour. Il fe rendit enfuite à Bayonne, pour voir la Reine d'Efpagne fa fœur; & ayant traverfé le Perigord, l'Angoumois, le Poitou, & l'Anjou, il arriva à Blois, où il paffa le refte de l'année.

Les brouilleries de la maifon de Guife & de celle de Coligni, étoient en quelque forte, la fource de toutes les guerres du Royaume. Le Roi refolut d'y mettre fin : dans cette vue, il affembla à Moulins, en 1566, les Princes, les Grands du Royaume, & les premiers Préfidents de tous fes Parlemens. Ce raccommodement y fut fait, de même que celui du Cardinal de Guife, & du Maréchal de Montmorenci : mais l'évenement fit bientôt voir, qu'il avoit peu de fincérité dans ces réconciliations.

Le defordre de l'Etat exigeoit une reforme générale. Le Roi donna au mois de Février 1566 une Ordonnance, appellée du *Domaine*, une autre pour la reformation de la Juftice, & un Edit, pour regler l'ordre, qui feroit obfervé, dans les affemblées des Villes. A l'égard de celles, où il y avoit Parlement, l'Edit portoit, qu'à ces fortes d'Affemblées affifteroient quelques Préfidens, & Confeillers du Parlement, avec le Sénéchal, & le Lieutenant-Général, ou Juge-Mage, &c. On doit regarder cet Edit, comme le premier Titre, qui donna l'entrée à ces Magiftrats, dans les Confeils de l'Hôtel-de-Ville ; parce qu'ils n'y affiftoient, auparavant, qu'en qualité de Citoyens. Il fût vérifié au Parlement, le

6 Février

6 Février 1566 : mais comme toutes les innovations font naître d'ordinaire quelques contestations, les Capitouls refuserent d'admettre, au premier Conseil de Ville, tenu le 6 d'Avril suivant, quatre Conseillers, qui se présenterent, en qualité de députés du Parlement, attendu qu'il n'y avoit pas de Président avec eux, comme il étoit porté par l'Edit. Il y a lieu de croire, que les Capitouls se départirent de cette prétention : car dans les Conseils suivans, tantôt il y avoit des Présidens, tantôt il n'y en avoit point; ce qui prouve qu'ils n'y sont pas absolument nécessaires. Ce différend n'étoit rien en comparaison de celui, qui s'éleva, peu de jours après, aussi entre le Parlement & les Capitouls. Ceux-ci avoient obtenu du Roi la permission d'imposer la somme de trente-six mille livres. Les Patentes, qui portoient cette permission, étoient adressées au Sénéchal de cette Ville, devant lequel ils les firent enrégistrer, sans la participation du Juge-Mage, ni d'aucun autre officier de son siége. Le Parlement crut son autorité blessée dans ce procédé : il voulut prendre connoissance de ces Patentes; fit enjoindre aux Capitouls, par plusieurs Ordonnances, de les remettre au Greffier. Sur le refus de ces Magistrats, il les manda venir, au Palais, sous prétexte de quelques affaires; & il en fit arrêter trois, faute d'avoir obéi sur la remise des Patentes. La nouvelle de cette détention se répandit dans la Ville, & causa quelque émotion, qui n'eut pourtant point de suites. Les Capitouls remirent ces Patentes, avec protestation de porter leur plainte au Roi. Le Conseil termina ce procès, par un Arrêt du 2 Décembre 1566 *, qui mit les parties hors de Cour, sur le sujet principal; & ordonna, par provision, qu'à l'avenir, à toutes les Assemblées générales de la Maison commune de Toulouse, outre les quarante Bourgeois, qui les composoient, il y assisteroit, encore, quelques Présidens, ou Conseillers du Parlement, le Sénéchal, le Juge-Mage, &c.

LA PAIX n'avoit pas mis fin aux troubles de la Religion. chaque parti murmuroit également. Celui des Huguenots se plaignoit des restrictions, que le Conseil du Roi donnoit, tous les jours, à l'Edit de Pacification. Les Catholiques, de leur côté, ne pouvoient souffrir que ces hérétiques s'égalassent à eux, par l'exercice public d'une Religion, qu'ils détestoient. La haine réciproque, qu'ils se portoient, ne manquoit pas d'éclater, sur le plus lé-

---
* Cet Arrêt est rapporté dans le récueil imprimé en 1663 *pag.* 14.

ger prétexte ; & dans ces petites guerres, d'autant plus cruelles, que la Religion en étoit le motif, il arrivoit, que le parti le plus fort chaſſoit le plus foible. La ville de Pamiers fut le théatre d'une de ces guerres, la plus ſanglante, qu'on liſe dans l'hiſtoire de ces troubles. Le 2 de Juin 1566, jour de Pentecôte, les Huguenots, mécontens de ce qu'on les avoit privés de leur tour au Conſulat, ſe jetterent ſur la proceſſion, que les Catholiques faiſoient ; maſſacrerent, inhumainement, les Prêtres, les Religieux, & tous les aſſiſtans de l'un, & de l'autre ſexe, qui ne purent ſe dérober à leur fureur. Ils la porterent encore plus loin : ils mirent le feu à la maiſon du premier Conſul, pillerent, pendant trois jours, les Couvents des Auguſtins, des Carmes, des Jacobins, des Jéſuites; & n'épargnerent pas l'Hôpital, cet azile des malheureux, que la ſeule humanité devoit leur rendre reſpectable. La nouvelle de cet attentat allarma la Reine ; elle craignit qu'une nouvelle guerre civile ne dérangeât les meſures, qu'elle avoit priſes pour ruïner les Huguenots, & ſe hâta d'envoyer un Conſeiller d'Etat, moins pour châtier les coupables que pour calmer les deux partis.

Le Parlement de Touloufe, à qui ces miſteres d'Etat étoient inconnus, ne peut ſouffrir qu'un maſſacre ſi attroce reſtât impuni il commit le premier Préſident Daffis, avec ſix Conſeillers, pour aller, ſur les lieux, faire le procès aux coupables. Ils en firent arrêter dix-huit, qu'ils firent conduire à Toulouſe: mais leur crime reſta impuni, par la politique de la Reine mere, qui évoqua la connoiſſance de ce procès au parlement de Paris, & ne la rendit à celui de Toulouſe, qu'après que tous ces accuſés eurent évadé les priſons. Leurs Complices n'échaperent pas à la juſte punition qu'ils méritoient. S'étant diſperſés dans la campagne, pour la ravager, Montluc envoya contr'eux, deux compagnies d'infanterie, qui en tuerent un grand nombre ; & qui firent leur Miniſtre Priſonnier. Ce Prédicant fut conduit à Touloufe, monté ſur un âne, portant un chapeau blanc, & des chapelets au tour du cou, qu'on lui avoit mis, par dériſion. Le Parlement le condamna à être pendu & l'Annaliſte, rapporte qu'après qu'on lui eut lû l'Arrêt de ſa mort, il demanda qu'on lui ôtât les fers, pour aller plus vîte au ſupplice : il marcha avec fermeté, chantant le Pſeaume *Lætatus ſum in his quæ dicta ſunt mihi*; & mourut avec une conſtance, qu'on ne pût s'empêcher d'admirer.

Le maſſacre de Pamiers fut la cauſe de l'établiſſement des PP. Jéſuites dans Toulouſe. Ceux de cette ſociété, qui avoient échapé à la cruauté des Huguenots de Pamiers, se réfugierent dans cette Ville. Le Conseil public, toujours attentif au bien des citoyens, délibera de les retenir, & de leur donner le second, des deux Colléges, dont Henri II. avoit ordonné l'établissement, en 1555. On les logea d'abord, dans le Couvent, qui avoit appartenu aux Religieuses Augustines : mais cette maison ne s'étant pas trouvée assés commode, ni assés spacieuse, pour l'usage d'un College, trois anciens Capitouls offrirent de donner à la Ville la Maison de Bernui, à condition qu'on leur cédât les Colléges de Verdale, & de Monlezun, qui avoient été supprimés par Henri II. Cette offre fût reçue, avec joie, dans un Conseil de Ville, & ces PP. furent logés, dans cette nouvelle maison. Ce College porte le titre de *Collège de Toulouse*, avec autant de fondement que celui de l'Esquille, puisque l'un & l'autre ont été fondés par les Capitouls. On fait cette remarque, parce que bien de gens mettent quelque différence entr'eux, au sujet de ce titre qu'ils prennent l'un & l'autre.

Presque en même-temps que les Capitouls étoient occupés, à faire un établissement aussi utile pour les Lettres, & pour la vertu, ils furent forcés d'arrêter, par un exemple de sévérité, le débordement des mœurs, qu'avoient causé toutes ces guerres civiles. Ils surprirent, pendant la nuit, trois femmes dans le Couvent des Bequins, qu'on nomme aujourdhui Tierceres, ou Picpuces. Ils les firent pendre ; & livrerent les Moines, complices de leur débauche, au Juge Ecclésiastique. Un pareil trait ne fait aucun tort aux Religieux, qui habitent cette Maison. Les mœurs y ont entierement changé ; & depuis la réforme qui y fût introduite en 1608, ces Religieux vivent dans l'étroite observance de leur Regle ; & l'on peut dire, en général, de tous les Religieux de Toulouse, qu'il n'y en a pas, non-seulement en France, mais dans tout le monde chrétien, qui menent une vie plus reguliere, & plus conforme à leurs instituts.

Les mécontentemens, & la crainte des Huguenots croissoient tous les jours. Instruits de ce qui se passoit à la Cour, ils soupçonnoient quelque complot secret contr'eux : & ils ne douterent plus, que leur perte ne fût résolue, lorsqu'ils virent entrer, en France, cinq mille Suisses, qui allerent prendre leurs quartiers, dans le voisinage des maisons de campagne, où le Prince de Condé, & l'Amiral de Coligni faisoient leur séjour. En effet le Roi avoient dessein de se saisir de ces deux chefs. Ceux-ci apprirent, bien-tôt,

D 2

le danger, qui les menaçoit ; & guidés, peut-être, par ce faux principe de politique, que des sujets qui ont mis une fois l'épée à la main contre leur Prince, doivent jetter le fourreau, ils délibérèrent, en 1567, non-seulement de reprendre les armes, mais de se saisir, eux-mêmes, de la personne du Roi. Le génie, protecteur de la France, fit échouer ce projet, si célèbre, sous le nom de *la conjuration de Meaux*. Le Roi fut averti à point nommé. La bravoure des Suisses, dont on vient de parler, le délivra de l'entreprise des Conjurés, & favorisa son retour à Paris. Cette conjuration fut le signal de la révolte des Huguenots : ils reprirent les armes, avec tant d'intelligence, qu'en un même jour, le 27 de Septembre, la guerre fut rallumée, dans toutes les Provinces du Royaume. Ils firent un grand massacre des catholiques, & les chassèrent entièrement, des Villes, où ils furent les plus forts. Ceux de Montauban ne se contentèrent pas de chasser leurs concitoyens Catholiques : ils se mirent en campagne, au nombre de quatre mille ; & se rendirent maitres de quatre petites Villes au tour de Toulouse, Caraman, Revel, Valegue, & Puylaurens. Un acte d'hostilité, si peu attendu, jetta l'épouvante dans Toulouse. On apprenoit, de toutes parts, que les Huguenots avoient dessein (q) de s'emparer de cette Ville : mais les mesures qu'on prit pour la bien défendre, les empêcha, sans doute, de faire aucune tentative.

Le Prince de Condé n'avoit point été rebuté par les mauvais succès de l'entreprise de Meaux. Il donna ordre, dans toutes les Provinces, de lever le plus d'hommes qu'on pourroit, & de les lui envoyer, sous la conduite des Capitaines du parti, les plus braves, & les plus expérimentés. Les Villes huguenotes, des environs de Toulouse, assemblèrent huit mille hommes, qui partirent, ayant à leur tête, les Vicomtes de Bruniquel, de Paulin, & de Monclar, dont les noms sont si fameux dans l'histoire de ces troubles. Cette petite armée fût renforcée, dans sa route, par les troupes qu'on avoit levées dans le Querci, & dans le bas Languedoc. Elle entra dans l'Auvergne ; passa sur le ventre aux troupes catholiques, qui vouloient l'arrêter à Cognac ; & alla dégager Orléans, que l'armée du Roi tenoit bloqué. Là, s'étant saisie de l'artillerie des ennemis, elle força Blois à se rendre ; & joignit le Prince de Condé, après la marche la plus belle, & la plus glorieuse qu'on lise dans notre histoire.

(q) *Ann. de Toulouse t. 2 pag. 284.*

Le Prince n'avoit pas attendu ce secours pour aller faire le siege de Paris; il fut repoussé avec vigueur, par le Connétable Anne de Montmorenci, qui le mit en déroute dans la Plaine de Saint Denis, le 10 de Novembre 1567 : mais qui périt, au sein de la victoire, à l'âge de 74 ans, après avoir reçu huit blessures mortelles, & cassé, du pommeau de son épée, les dents de celui qui lui porta le dernier coup. Cette défaite, & la résistance que le Prince de Condé trouva dans la Ville de Chartres, qu'il assiégea, après la bataille, le déterminerent (r) à donner les mains à la paix, qui fût signée, en 1568 ; & qu'on appella *la petite paix*, parce qu'elle ne dura que six mois. Le principal article de ce traité fût, qu'on remettroit sur pied l'Edit de Janvier 1562, avec révocation de tous les autres Edits, qui y mettoient des restrictions ; & qu'on accorderoit une amnistie générale du passé.

Des conditions si avantageuses au parti huguenot déplurent infiniment aux Toulousains. Ils voyoient, avec horreur, l'exercice de la nouvelle Religion rétabli dans leurs Fauxbourgs. Ils perdoient toute espérance de chasser les Huguenots des environs de leur Ville, aussi résolurent-ils de faire tous leurs efforts, pour empêcher l'exécution de cet Edit ; & firent entr'eux une association, sous le nom de *Croisade*, qui fut publiée, & dont les motifs sont rapportés dans l'histoire générale de Languedoc (s). Tous ceux qui vouloient se croiser se rendirent à Saint Etienne, le 13 de Septembre 1568, & après avoir fait leur profession de foi, ils firent un serment solemnel, d'exposer leur vie, & leurs biens pour le soutien de la Religion catholique, se confesserent, & communierent. Le Parlement, qui autorisoit cette association, ordonna que tous les Catholiques de la Ville porteroient une Croix blanche sur leurs habits, pour les distinguer des Religionaires. Le Pape, par une Bulle du mois de Mars suivant, avoit approuvé cette Croisade, qui prit ces mots pour devise EAMUS NOS, MORIAMUR CHRISTO. Outre cela le Parlement, qui n'avoit enregistré cet édit, qu'après quatre jussions consécutives, & avec bien des modifications, députa, vers le Roi, pour demander que l'exercice de la Religion P. R. ne se fît point, dans l'étendue de la Sénéchaussée. L'Hôtel-de-Ville députa, de son côté, un Capitoul, & deux anciens Capitouls, pour le

---
(r) *Mathieu.*
(s) T. 5. pag. 216.

même sujet ; & l'on inférera ici, l'extrait d'un article des instructions, qui furent remises à ces députés, pour donner une idée du zele des Touloufains, pour la Foi catholique, & de leur fidélité envers leur Roi.

» *Item*, font chargés les Délegués, où le Roi voudroit ledit
» Edit être entretenu, irrevocablement, au pays de Languedoc,
» & Reffort du Parlement de Toulouse, fe profterner aux pieds
» de Sa Majefté, & la fupplier très humblement, permettre auf-
» dits habitans, qui toujours lui ont été fidéles fujets, & fervi-
» teurs, & ne voudroient entreprendre, ni penfer, en aucun en-
» droit, refifter à fes volontés, ni dévoyer de fes commende-
» mens ; *vendre leurs Biens, & fe retirer en autres Lieux que par*
» *Sa Majefté feroit ordonné*, avec proteftation ne fe vouloir éloig-
» ner de la fubjection, & obéiffance à lui & à fes prédeceffeurs
» Rois de France fidélement portée, depuis l'an de l'Incarna-
» tion de notre Seigneur Jefus Chrift 599, que Clovis, premier
» Roi de France Chrêtien regna ; puis le regne duquel, la foi
» Catholique & Apoftolique a été continuellement entretenüe,
» dans cette Ville, aimant mieux s'exiler de leur propre patrie,
» biens, & héritages paternels, que de demeurer parmi les Syna-
» gogues des féditieux, & ennemis de la fainte Eglife Romai-
» ne &c.

Charles IX. donna une audience favorable à ces députés, & leur déclara, que fon intention n'étoit point que l'exercice de la nouvelle Religion fe fît dans Toulouse, ni dans la Viguerie : mais cette grace devint inutile. La plûpart des Villes du Haut-Languedoc, où les Huguenots étoient les plus forts refuferent de fe remettre fous l'obéiffance du Roi ; & le Traité de paix ne fut point exécuté dans cette Province.

Les Huguenots de la Ville de Montauban, la plus factieufe, & la plus opiniatre de toutes, dans le cours de ces troubles, furent ceux qui commirent les hoftilités les plus affreufes ; ils brûlerent, & faccagerent, en 1568, tout le pays, & particulierement les environs de Grenade ; tandis que ceux des autres Villes fe continrent, fans faire aucune entreprife, jufqu'à ce que la paix rompit, avec éclat, par la retraite de leurs Chefs, dans la Rochelle.

A la nouvelle de cette rupture, qui rallumoit pour la troifieme fois, dans le Royaume, le flambeau de la Guerre civile, on prit dans Toulouse (t) les mêmes précautions qu'on avoit pris auparavant, dans de pareils cas. On leva beaucoup de gens de guerre : on appella plusieurs Seigneurs, des environs, au secours de cette Ville. Hector d'Auſſun, Evêque de Couſerans, également fameux par son zele Apostolique, & par son ardeur guerriere, y vint, avec sa Compagnie de Gens-d'armes. C'étoit le plus dangereux ennemi des Huguenots. Il ne souffrit, de sa vie, qu'aucun mit le pied dans son Diocese; & c'est de lui qu'on a raconté, qu'il ne disoit jamais la Messe, sans avoir son Casque sur une des crédences de l'Autel, & sa Cuirasse sur l'autre.

Les ennemis du dehors n'étoient pas les seuls à craindre, pour cette Ville. Elle nourrissoit, dans son sein, des faux freres, qui entretenoient des intelligences secretes avec les fugitifs. Pour se mettre à l'abri de leur trahison, on en fit une nouvelle recherche, sans épargner les personnes de la plus haute qualité; & l'on les mit en arrêt, dans leurs propres maisons. Parmi les fugitifs, qui avoient quitté Toulouse, dès l'année précédente, & qui s'étoient refugiés à Castres, il y avoit plusieurs Conseillers du Parlement, Ferrieres, Dubourg *, Cavaignes, Francarville, d'Aurez, de Latger, de Coras, « ces Magistrats reçurent, *suivant le rapport* » *de Gaches*, commission, & ordre du Prince de Condé de dresser » une Chambre souveraine, pour le ressort du Parlement de Tou- » louse, entre ceux de la Religion, & prirent la Trésorerie pour » Palais, où ils rendirent la Justice criminellement, & civilement » jusqu'à la paix. » Le consentement, que ces Officiers donnerent à une pareille commission, les rendit complices du crime de léze-Majesté, dont le Prince de Condé étoit coupable; & l'on connoit à cette entreprise, & à celle d'avoir fait ** battre monnoie en son nom, qu'il ne tendoit à rien moins qu'à ceindre sa tête du Diadême.

Cependant la guerre continua, avec le même feu, dans cette Province. Les Huguenots remporterent plusieurs petits avantages:

(t) *Ann. de Toulouse t. 2. pag.* 290.

---

* Il étoit de cette maison illustre, qui subsiste encore, & qui a produit un Chancelier de France, plusieurs Evêques de l'Eglise de Rieux, plusieurs officiers du Parlement de Paris, & de celui de Toulouse, des Sénéchaux de Rions & un Gouverneur de l'Isle, du temps de la ligue, connu sous le nom de Sgr. de Clermont.

** Brantome rapporte qu'il avoit fait battre monnoye, avec cette inscription *Louis XIII. Roi de France.*

HISTOIRE DE LA VILLE

ils prirent Gaillac, Lautrec, Villemur; mais toutes ces pertes, qu'essuya le parti catholique, furent reparées, le 13 Mars 1569, par le gain de la bataille de Jarnac, où le Prince de Condé perdit la vie, & les rebelles leur principal chef.

Les Catholiques de Toulouse, qui jusqu'alors n'avoient été occupés, qu'à deffendre leurs remparts contre les Huguenots, ou à les pourfuivre, par la voye de la Juftice, fe mirent en campagne, fous la conduite de Bellegarde, leur Gouverneur, & fe rendirent maitres de plufieurs Places, des environs, dont les garnifons faifoient un ravage incroyable dans la campagne. L'efperance que ces fuccés leur donnerent de chaffer entierement les Huguenots augmenta par l'arrivée d'Henry de Montmorenci, Marechal Duc de Damville, Gouverneur de Languedoc, qui vint, dans cette Ville, le 28. Juin 1569; & qui déclara aux Capitouls, dans une affemblée publique, que le Roi lui avoit ordonné de venir à Touloufe pour en écarter les Rebelles, à quoi il efperoit de parvenir : mais ces promeffes n'eurent pas tout l'effet qu'on avoit lieu d'attendre. Ce Gouverneur fe broüilla avec le Seigneur de Montluc, & au lieu d'attaquer Montauban, & Caftres, comme les Touloufains s'en flattoient, il borna les exploits de cette campagne, à la prife de Mazeres, dans le Comté de Foix, de Fijac, petite Ville près de Lavaur, & quitta Touloufe, pour fe rendre dans le bas Languedoc.

Quelque rigueur qu'on exerçat dans cette Ville contre les Calviniftes, ils ne laiffoient pas d'éclater, de temps en temps. Un Prêtre, nommé Gibour, Théologal de St. Etienne, fut affés hardi, pour prêcher, publiquement, les erreurs de Calvin, en 1569: mais une prompte fuite le déroba au chatiment qu'il auroit fubi. Un Ecolier, fe faifant graduer, dans l'Univerfité, refufa, au commencement de fon Acte, d'invoquer la Sainte Vierge, ce qui donna lieu à un Arrêt du Parlement, qui ordonne, que nul Afpirant ne fera reçu, fans avoir fait une pareille invocation.

Depuis la mort du Prince de Condé, l'Amiral de Coligni étoit à la tête des Huguenots. Le Duc d'Anjou le défit à Moncontour, le 3 d'Octobre 1569 ; lui enleva fon bagage, fon artillerie; lui tua dix mille hommes : mais il perdit le fruit de fa victoire. Au lieu de pourfuivre fon ennemi vaincu, fans lui donner le temps de refpirer, il s'amufa, durant fix femaines, au fiege de Saint Jean d'Anjeli, qui lui couta beaucoup de monde. Pendant ce temps, l'Amiral, dont le courage s'affermiffoit par les difgraces, réunit

tout

DE TOULOUSE. LIV. V.

tout ce qui lui restoit de troupes, après sa défaite, marcha vers la Guienne, y joignit celles de Montgomeri, & vint camper autour de Toulouse, au mois de Janvier 1570. Le Maréchal Damville y commandoit, & Lavalette, Colonel de la Cavalerie de France, s'y étoit jetté, avec quelques compagnies de chevaux. L'Amiral savoit bien qu'il n'avoit pas assés de forces pour assiéger cette grande Ville. Il n'avoit d'autre dessein que d'en ravager les environs. Il fit mettre le feu par-tout, & en particulier aux maisons des Officiers du Parlement. Les Prêtres de la Campagne, qui tomberent entre les mains de ces forcenés, furent massacrés, les femmes, & les filles violées, les vieillards égorgés. Tout fut immolé à la rage, & à l'avarice de ces barbares : enfin, depuis l'irruption des Anglois, dans le Languedoc, on n'avoit point vu de pareilles hostilités. La seule Terre de Lavalette, qui est auprès de Toulouse, fut épargnée par un ordre exprès de l'Amiral, soit qu'il eut une particuliere considération pour le Seigneur de ce lieu, soit qu'il voulut le rendre suspect aux habitans de Toulouse : mais celui-ci eut peu d'égard à cette grace ; il fit plusieurs sorties sur les Huguenots, les repoussa, presque toujours, avec avantage ; & les força de se retirer ; les Toulousains connurent tout le prix de ce service ; & pour lui en témoigner une juste reconnoissance, la Ville lui fit don d'un Fief considérable, qu'elle avoit dans sa Terre de Lavalette.

Lafaille rapporte, dans ses Annales, d'après Gaches, qu'on ne fut pas si content du Maréchal Damville ; que son inaction le fit soupçonner d'une intelligence secrette avec l'Amiral, & qu'un Prédicateur osa l'accuser, publiquement, de trahison, avec les qualifications les plus injurieuses. Il ajoûte que ce Prédicateur, ayant été arrêté, par ordre de Damville, ce Maréchal donna un soufflet à un Capitoul qui lui demandoit l'élargissement du coupable, & qu'à la nouvelle de cet attentât, le peuple se souleva contre lui, prit les armes, & l'auroit brûlé dans l'Archevêché, où il étoit logé, s'il n'avoit quitté furtivement la Ville.

Les Regîtres de l'Hôtel-de-Ville ne font aucune mention de cette émeute. Il y est seulement rapporté que dans le mois de Septembre 1571 le Maréchal Damville, ayant appris que plusieurs habitans de Toulouse, des plus qualifiés, entr'autres Estienne Duran, Avocat-Général du Parlement, Samson de Lacroix Docteur, Pierre Delpech, Pierre Madron, & Antoine Masse avoient dénoncé au Roi, par la voix d'un Religieux, que le Maréchal

Partie II. E

Damville avoit fait ses efforts, par trahison, pour livrer la Ville de Touloufe à l'Amiral : il porta fa plainte au Roi, & obtint contre ces habitans un ajournement personnel, & prife de corps. On y lit encore que pour l'exécution de cet ajournement, il envoya fon Argentier ; & un Prévoft des Maréchaux, avec menace aux Capitouls de fe declarer leur ennemi, s'ils s'y oppofoient : mais que ces accufés furent relaxés, par Arrêt du Confeil, après s'être rendus auprès de Sa Majefté, non fans beaucoup de fraix, & de peines. Il y a tout lieu de croire que c'eft le même fait, auquel Gachez a ajouté les circonftances, que quelque raifon avoit peût-être fait taire à l'Annalifte de l'Hôtel-de-Ville.

Les Huguenots, après avoir infulté Toulouse, attaquerent Caraman ; prirent cette Ville d'affaut, pafferent tous les Habitans au fil de l'épée, & y mirent le feu. Enfuite ils affiegerent Saint-Felix ; mais la vigoureufe refiftance qu'ils trouverent dans cette petite Ville les obligea de lever le fiege. Plufieurs autres places eurent le trifte fort de Caraman ; & cette cruauté répandit fi fort la terreur dans ce païs, que la plûpart des Villes leur ouvrirent les portes. On ne s'arrêtera pas à décrire la route de cette armée, qui fut de près de trois cens lieues, & dans laquelle ces Rebelles firent des ravages inouis, fans que la Cour femblât prendre part à fes progrès. Il fallut que le Roi fe vit à la veille d'être affiegé dans fa Capitale : pour fortir de la lethargie, où il paroiffoit plongé : ce danger le détermina a affembler une armée, d'environ quinze à feize mille hommes. Le Maréchal de Coffé en eut le Commandement. Il fut battu à Arnai-le-Duc, par le Prince de Bearn, qui a été depuis Henri IV ; & malgré cette petite victoire, les chefs du parti Huguenot écouterent des propofitions de paix.

Cette paix qu'on nomma *la paix boiteufe & mal-affife* [*], fut conclue à Saint Germain, le 11 ou 15 Août 1570 : on croit que la Reine mere ne l'avoit propofée, que pour défarmer les Huguenots, à quelque prix que ce fût, & pour exécuter, avec plus de facilité, le projet terrible qu'elle nourriffoit dans fon fein. En effet tous les avantages de ce traité furent pour le parti des rebelles : ils obtinrent l'exercice de leur Religion, dans deux Villes, ou Fauxbourgs de chaque Province : on les admit, indifféramment, dans toutes les charges publiques : ils obtinrent la liberté de recufer

---

[*] On l'appella de ce nom, parce qu'elle avoit été traittée par les fieurs de Biron, & de Mesmes, dont le premier étoit boiteux, & l'autre portoit le nom de la Seigneurie de Malaffife.

certain nombre de Juges, dans tous les Parlemens; & pour leur ôter toute défiance, on leur laissa les villes de la Rochelle, de Montauban, de la Charité, de Cognac, comme des gages assurés de l'exécution de ce traité. Le Parlement de Toulouse l'enregistra, le 31 Août « sans aucune restriction, à la vérité : mais il fut arrêté
» qu'on feroit de très-humbles rémontrances au Roi, afin qu'il lui
» plut trouver bon, que l'exercice de la nouvelle Religion ne se
» fit point, dans Toulouse, ni à dix lieues à la ronde; & que les
» habitans de cette Ville de l'une, & de l'autre Religion, ne sus-
» sent point attirés ailleurs que devant leurs Juges naturels. » Ce qui leur fut accordé par une Déclaration qui est au deuxieme régistre des Edits, & Ordonnances.

Le Roi envoya, en 1571, des Commissaires, dans toutes les Villes, où il les jugea nécessaires, pour faire exécuter cet Edit. Toulouse fut de ce nombre; & les Huguenots, regardant cette commission comme un nouvel avantage, eurent l'audace de présenter à ces * délégués la Requête, dont voici la teneur. Ils requeroient « d'être mis sous la sauvegarde du Roi, & des Commissai-
» res : ils demandoient que douze des principaux Bourgeois leur
» fussent caution de l'observation des Edits : que les Officiers du
» Parlement & du Présidial, les Capitouls & le Viguier ajoute-
» roient à leur serment ordinaire, par un article particulier, de
» veiller sur la garde de leurs personnes, & de leurs biens : qu'il
» fût prohibé de faire guet, la nuit, ni garde aux portes, le jour;
» comme aussi de faire quitter l'épée, ni autres armes à tous ceux
» qui voudroient entrer dans la Ville. Ils demandoient encore que
» tous gens de guerre étrangers fussent congediés : enfin ils fai-
» soient demander d'être déchargés de l'imposition, qui se levoit
» pour le payement des *Forains*, qui étoient à la solde de la Ville;
» & d'être appellés, en certain nombre, à toutes les assemblées de
» la Ville. » Un Capitoul, nommé Borderia, répondit dans un Conseil public, avec tant de force, à cette Requête audacieuse, qu'elle n'eut aucun effet. Ces mêmes Commissaires ne furent pas favorables à la Ville, dans le Procès que le dernier Edit fit naître. Les Huguenots, fugitifs de Toulouse, furent réintegrés dans leurs biens, qui avoient été confisqués, & vendus, par une Déclaration particuliere du Roi, avec pouvoir de s'en resaisir, sans aucune formalité de justice, & sans être tenus de rendre, à ceux qui les

---

* Belot Me. des Requêtes Mollé Conseiller au Parlement de Paris.

avoient achetés, le prix de l'adjudication. Ces acquereurs, & le Sindic de la Ville furent appellans de ce Jugement, au Conseil : mais la guerre, qui se ralluma l'année suivante, fut marquée par des événemens qui firent oublier ce Procès.

La Reine mere n'aspiroit à rien moins qu'à se défaire des principaux chefs des Huguenots, dans l'esperance que ce parti se ruineroit, de lui-même, lors qu'il n'auroit plus des Princes puissans pour le soutenir. Dans ce dessein elle les attira, à la Cour, en proposant à la Reine Jeanne de Navarre, le mariage du Prince de Bearn son fils, avec Marguerite de France ; & en insinuant à l'Amiral, que le Roi alloit porter la guerre, dans le Pays-bas ; & qu'il l'avoit choisi pour le commandement de l'armée, qu'il destinoit à cette expédition. L'un & l'autre donnerent dans ce piege. Le Prince de Bearn épousa la Princesse Marguerite, sœur de Charles IX ; & ce fut, au milieu des réjouissances de ces noces, que Catherine de Medicis ordonna le fameux massacre de la Saint Barthelemi. La mort de l'Amiral de Coligni fut le signal de cette affreuse boucherie, dans laquelle, plus de cent mille hommes furent assassinés, de sang-froid, par leurs compatriotes, la nuit du 23 au 24 Août 1572. La capitale ne fut pas le seul théatre de ces cruautés. Il partit des courriers, pour toutes les principales Villes des Provinces, avec ordre, à ceux qui y avoient la premiere autorité,* de faire main basse sur tous les Huguenots. Tout le Royaume alloit être innondé de sang, si ces ordres avoient été exécutés ; & si les sages précautions de quelques personnages vertueux, n'eussent empêché la moitié des François d'égorger l'autre.

Le Parlement de Toulouse étoit trop attaché à la Religion catholique, pour résister à des ordres qui tendoient à la ruine du parti huguenot. Il se contenta cependant de faire arrêter, le 3 & 4 Septembre (u). Tous ceux qui étoient soupçonnés d'hérésie, & ne voulut pas attenter à leur vie, sans un nouvel ordre de la Cour. Il députa vers le Roi deux Bourgeois de la Ville, Madron & Delpech ; & ce ne fut qu'après le retour de ces députés, & le 4 d'Octobre, que plusieurs Ecoliers, qui avoient à leur tête un nommé Latour, massacrerent (x) tous ces prisonniers, au nombre de trois cens, sans aucun ordre de cette compagnie. Parmi ces malheureuses victimes du fanatisme, il y avoit trois Conseillers * du Par-

(u) Hist. gén. de Lang. t. 5. p. 310.
(x) Id. pag. 312.

** Jean de Coras, François de Ferrieres, Antoine Latger. Le premier a

lement, qui furent immolés, avec les autres, & qu'on pendit ensuite, avec leur robe-rouge, au grand Orme du Palais.

On croyoit écraser l'hérésie par ce coup de foudre : on se trompa. Les esprits ne se laissent point subjuguer par la force. Tant de massacres ne produisirent qu'une nouvelle revolte. Les Huguenots, qui avoient eu le bonheur d'échaper à la mort, se refugierent dans plusieurs Villes ; & ce fut, sur-tout, dans la Rochelle, que revenus de leur premier étonnement, ils se préparerent à une vigoureuse défense. Le Roi craignoit que ces rebelles ne la livrassent aux Anglois. Il tenta, vainement, toute sorte de négociations pour les ramener ; leur opiniâtreté l'irrita : il résolut de fraper un coup, dont ils ne pussent jamais se relever ; & pour cela il mit trois nouvelles armées sur pied. L'une, commandée par Lachâtre, devoit faire le siege de Sancerre : le Duc de Joyeuse, Lieutenant-général au Gouvernement de Languedoc, & Villars Gouverneur de Guienne, eurent le Commandement de l'autre, pour agir dans leurs Gouvernemens, tandis que le Duc d'Anjou feroit le siege de la Rochelle. Toutes ces troupes se mirent en campagne : mais elles ne remplirent pas les espérances qu'on en avoit conçu. Le siege de la Rochelle commencé au mois de Février 1573, attira seul les regards de tout le Royaume. Cette Ville étoit le boulevard des Huguenots. Le Duc d'Anjou espéroit y trouver les clefs de toutes les Places rebelles ; & il ne négligea * rien pour s'en rendre maitre. Jamais Place ne fut plus vivement attaquée, ni plus fortement défendue. On compte jusqu'à quarante-cinq assauts, donnés, & soutenus avec une égale bravoure. Enfin les vivres alloient manquer aux assiégés, & ils étoient à la veille de se rendre, lorsque le Duc d'Anjou reçut la nouvelle de son élection au Royaume de Pologne. L'arrivée des Ambassadeurs Polonois, dont la plupart étoient Protestans (y), fut le salut des Rochellois. Ils engagerent le Prince à lever le siege ; & Charles IX leur accorda la paix, en 1573.

Dans ce quatriéme traité de paix, comme dans les précedens, les Huguenots méditoient une nouvelle revolte. Les Rochelois re-

(y) *Ann. de Toulouse* t. 2. p. 321.

passe pour le grand Jurisconsulte de son siecle. Le second fut pere de l'avocat de Ferrieres auteur des nottes de Guypape.

* La Ville de Toulouse envoya à ce Prince un prêt de cinq mille livres, qu'il avoit demandé, quoiqu'il n'eut aucun ordre du Roi pour cela.

fuferent de pofer les armes, & les Huguenots de Languedoc s'affemblerent, à Montauban, où ils dreflerent un état de gouvernement politique, par lequel ils manifefterent le deffein qu'ils avoient de bouleverfer le Royaume, en élevant un nouvel Etat, dans le fein de la France. Ils poffedoient la plus * grande partie du Languedoc ; & diviferent cette grande Province en deux Gouvernemens, dont l'un avoit pour chef Montauban, & l'autre Nîmes. Touloufe étoit comme bloquée par ces Rebelles, qui faifoient des courfes jufqu'à fes portes. On leva dans cette Ville des nouvelles troupes, en 1574, qu'on diftribua dans les Fauxbourgs, & dans les Lieux du vofinage pour tenir les ennemis en refpect.

Dans ce même temps, il fe forma plufieurs nouveaux partis, qui mirent le comble aux défordres, dont la France étoit déchirée. Le plus confidérable de ces partis étoit celui *des politiques*, qui avoit pour chef, le Duc d'Alençon, frere du Roi & les Montmorenci. Ils étoient indifferens pour les deux Religions. La réformation de l'Etat étoit le prétexte de leur revolte ; & leurs interêts particuliers en étoient le veritable motif. La Cour pénétra leurs deffeins. On arrêta le Duc d'Alençon, & le Roi de Navarre. Le Prince de Condé fe retira en Allemagne. Les Maréchaux de Montmorenci, & de Coffé, furent mis à la Baftille, & les deux principaux confidents du Duc d'Alençon, la Mole, & Coconas, eurent la tête tranchée. Peu de temps après, Charles IX. mourut, le 30 Mai 1574 ; & laiffa le Royaume dans la plus cruelle agitation. Avant de mourir, il declara pour fon fucceffeur Henri fon frere, Roi de Pologne, & Catherine fa mere, Régente

---

* Dans le haut Languedoc, ils avoient Montauban, Caftres & tout le Caftrain, Réalmont, Puylaurens, Caraman, Soreze, Buzet, Montefquieu, Le Mas-Stes. Puelles, Alet Chef de Diocefe, & plufieurs villages à trois lieues à la ronde : ils s'étendoient encore plus dans le bas Languedoc : ils occupoient dans le Vivarais, Aubenas, Privas, Villeneuve de Berg, le Poulin, avec plufieurs forts, & petites Villes, jufqu'aux environs du Puy en Velay, Lodeve chef de Diocefe, avec vingt-cinq ou trente Villages, Gabian, Cabrieres, le tout de vingt lieues d'étendue, ou environ, Ufez chef de Diocefe, avec cinquante ou foixante forts ou Villages à l'en our, St. Ambroife, & le Vaux ; Nimes chef de Diocefe, Anduze, Vezernobre, Sauve, Ganges, Le Vigan, tout le pays de Sevennes de vingt lieues d'étendue ; où il y a foixante ou quatre-vingts Villages, ou Forts de difficile accès, & d'où la Meffe avoit été bannie : dans le haut Gevaudan, Mende, les Châteaux de Peyre, & de Marc-chaftel : *Ann. de Toulouse t. 2. p. 323.*

du Royaume : ainsi cette Reine ambitieuse se vit, pour la troisième fois, à la tête du Gouvernement; quoiqu'elle n'eut pas toujours le titre de Régente.

L'absence d'Henri III. faisoit craindre, que la mort de Charles IX. ne mit le comble aux maux, qui désoloient le Royaume. A la reception de cette triste nouvelle dans Toulouse, l'on s'assembla tumultuairement, dans l'Hôtel-de-Ville ; & l'on délibera, qu'on reconnoitroit pour légitime Souverain, Henri Roi de Pologne, & la Reine sa mere pour Régente. On fit retenir acte de cette déclaration, par le Greffier : on dépêcha des Courriers dans toutes les Villes Catholiques des environs, pour leur faire part de cet avis, & les avertir de se tenir sur leurs gardes. Enfin le Parlement deffendit toute sorte de réjouissances publiques, & l'on ordonna des prieres, dans toutes les Eglises, pour demander à Dieu, l'heureux rétour d'Henry III. dans son Royaume de France.

Après avoir célebré les funerailles du Roi Charles IX. avec la pompe ordinaire ; la Ville députa, au mois de Juillet 1574, deux Capitouls, & deux anciens Capitouls, pour aller rendre au nouveau Roi, les hommages accoutumés : il reçut les complimens de ces députés, à Lyon, où il arriva, au mois de Septembre, après avoir reçu des fêtes magnifiques, chés tous les Princes, sur les Terres desquels il avoit passé.

Dans ce même-temps, Toulouse reçut un avis qui la jetta dans les plus vives allarmes : cet avis annonçoit que Paulin, Sérignac, Labastide, & quelques autres chefs des Huguenots s'assembloient, de tous côtés, pour se rendre maitres de cette Ville, ce qu'ils se vantoient d'exécuter, même en plein jour, par l'intelligence qu'ils disoient avoir, avec sept ou huit cens Huguenots, renfermés dans l'enceinte de ses murs. Les Capitouls firent d'abord part de cet avis au premier Président, & au Lieutenant du Roi. Ils assemblerent, ensuite, les plus notables Bourgeois, avec lesquels ils délibérerent de doubler la garde de la Ville, d'ordonner que tous les habitans mettroient, à l'entrée de la nuit des lumieres aux fenêtres ; & qu'on arrêteroit les suspects. On fit un catalogue de quatre vingts de ceux-ci, qui devoient être arrêtés, ou chassés de la Ville ; & comme dans ce nombre, il y avoit plusieurs Officiers du Parlement, & qu'on ne pouvoit rien attenter sur eux, sans une permission de cette Compagnie, on en fit une liste particuliere ; & il fut arrêté, que quatre d'entre les Capitouls, accompagnés d'un nombre de Bourgeois, se transporteroient au Palais, pour communiquer au Parlement ce qui avoit été délibéré dans l'Hôtel-de-Ville ; & pour lui indiquer ceux de son propre Corps dont il devoit se défier. Cette Compagnie, toujours attentive au salut du Royaume, ne vit que le danger qui le menaçoit. Elle consentit que les Capitouls fissent une recherche exacte de tous les Huguenots, sans distinction des personnes, & leur donna la liberté d'arrêter, sous une sûre garde, tous ceux des Officiers du Parlement qu'ils avoient sujet de soupçonner. La générosité, & la vigilance active des Magistrats sauverent cette Ville, en déconcertant le complot de ses ennemis, qui s'étoient assemblés, au nombre de sept mille ; & qui n'oserent faire aucune tentative, ayant appris les mesures qu'on avoit prises pour se bien défendre, & pour rompre leurs intelligences.

Les ménagements que le Maréchal Damville gardoit avec les Huguenots, faisoit soupçonner sa defection prochaine. Ces soupçons se verifierent. Il leva entierement le masque : se mit à la tête de ces rebelles, sous le titre de *Chef du nouveau parti des Politiques dans le Languedoc*, s'empara de Montpellier, de Pezenas, & de plusieurs autres places. Cet attentat irrita la Cour, & allarma Toulouse. Le Roi déclara ce Gouverneur, criminel de Leze-Majesté, le priva du Gouvernement de Languedoc, qu'il donna à François de Montpensier, Dauphin d'Auvergne, fils aîné du Duc de Montpensier ; & les Capitouls, qui savoient que ce Maréchal avoit beaucoup de partisans, & d'amis dans cette Ville, prirent de justes mesures, pour la mettre à l'abri de toute surprise, en s'assurant des plus suspects, qu'on nomma *les Damvillistes*.

Malgré les marques de haine non équivoques, que ces Magistrats firent eclater contre le Maréchal Damville, il ne laissa pas de les inviter, par une lettre, du 18. Septembre, aux Etats de la Province, qu'il avoit convoqués, de son autorité, au 6 Novembre suivant: mais incorruptibles dans leur obéissance pour leur Souverain, ils rejetterent cette invitation, par une déliberation trop honorable à leur fidelité, pour être passée sous silence. En voici les termes (z).
» Lecture faite de la lettre adressée aux Capitouls, a été unanime-
» ment délibéré & arrêté, que la Ville, & ses administrateurs, &
» habitans, ayant en détestation la révolte, du sieur Damville,
» tant contre la Religion catholique, que contre son Roi légitime,
» de

(z) *Ann. de Toulouse* t. 2. p. 333.

» de même que les injures qu'il vomit contre la sacrée Personne du
» Roi, & contre nos Seigneurs de son Conseil, il ne sera envoyé
» aucun député de la Ville aux prétendus Etats, illégitimement
» convoqués à Montpellier : que la Ville desavoue, dès-à-pré-
» sent, tout ce qui y sera délibéré ; que le Regiftre sera chargé
» de cette deteftation, & de ce desaveu, afin qu'il en soit mé-
» moire à la postérité ; & vu la gravité, & importance desdites
» Lettres, il est arrêté que celle qui est adressée au Seigneur Ar-
» chevêque, sera mise entre les mains du Sieur Corneillan, son
» Grand-Vicaire, pour en être par lui fait comme il avisera ; &
» pour les deux autres, qu'elles seront demain portées à la Cour,
» en Chambre séante en Vacations, pour en être par elle ordon-
» né comme elle trouvera à propos ». Les seules Villes rebelles
envoyerent des députés à ces Etats. Le Roi les cassa, & en convoqua d'autres, le 26 Novembre, à Villeneuve-d'Avignon, où
il se trouva en personne.

Il exposa à cette Assemblée (a), les motifs qui l'avoient déterminé à lever une armée contre ses propres sujets, & l'assura qu'il
ne faisoit la guerre qu'à regret, & pour ramener la paix dans
son Royaume. Ses bonnes intentions furent admirées ; & l'on lui
accorda, outre le don gratuit ordinaire, trente mille setiers de
bled, & autant d'avoine, pour l'entretien de son armée. Et après
les opérations & les cérémonies ordinaires, les Etats se sépare-
rent, le dernier jour de l'an ; & le Roi repartit.

Pendant qu'il étoit à Reims, en 1575, pour les cérémonies de
son Sacre, & de son mariage, avec Louise de Lorraine, la guerre
se soutenoit dans les Provinces, avec plus de chaleur que jamais,
& avec quelque avantage du côté des rebelles. Ce Prince désiroit
sincerement la paix : il convoqua, dans ce dessein, une Assemblée à Paris ; mais les demandes exhorbitantes des Chefs des
Huguenots, & des Politiques rendirent cette Assemblée inutile.
Les affaires resterent plus brouillées qu'auparavant : le Duc d'A-
lençon se mit ouvertement à la tête de ces deux partis. La
défection de ce Prince remplit la Cour d'étonnement. Le Roi,
pour retenir ses sujets dans l'obéissance, écrivit aux principales
Villes du Royaume, & manda expressément aux Capitouls de
Toulouse, qu'ils eussent à se tenir sur leurs gardes, contre Damville, & ses partisans. Il leur donna, en même-temps, pouvoir

(a) *Ann. de Toulouse t. 2. p. 334.*

Partie II.

d'arrêter, de son autorité, ceux qu'ils auroient lieu de croire suspects d'intelligence avec ce Maréchal, de quelque condition qu'ils fussent. Ces ordres furent exécutés. Les Capitouls prirent, de concert avec le Parlement, toutes les précautions nécessaires à la sureté de la Ville.

Une bataille, que les Huguenots perdirent, dans la Champagne, rabaissa leur fierté. La Reine mere profita de cette occasion pour ramener le Duc d'Alençon, son fils : elle se rendit auprès de lui, en Poitou ; & le fit consentir à une trêve, pendant laquelle on assembla les Etats généraux à Paris. La Ville de Toulouse y députa un Capitoul (b) : mais on n'y prit aucune résolution, parce que les députés n'avoient point le pouvoir d'accorder au Roi les fonds qu'il demandoit, pour continuer la guerre.

Les deux partis souhaitoient également la paix. Le Roi & la Reine mere vouloient ôter aux rebelles le Duc d'Alençon, & délivrer la France des Allemans, qui y étoient déjà entrés, sous la conduite du Prince Cazimir ; & ils se proposoient de faire modérer, par les Etats généraux, les articles qui seroient trop onéreux, ou du moins d'en éluder l'exécution. Les Huguenots, de leur côté n'avoient pas des intentions plus sinceres : leurs vues étoient, de renouveller la guerre, après s'être prévalus des avantages, qu'ils pourroient retirer du traité. Ce fut dans ces dispositions réciproques d'infidélité, que fut conclue, au mois de Mai 1576, la cinquieme paix avec les Religionnaires, cette paix si fatale à la France, qui donna naissance à la *Ligue*, par les grands avantages qu'elle accordoit aux Huguenots.

Il étoit principalement convenu dans ce traité. « Que l'exercice
» de la Religion P. R. se feroit dans tout le Royaume, sans distinction
» de lieux, ni de temps. Que ceux de la même Religion seroient
» reçus, indistinctement, à toute sorte d'offices. Qu'il y auroit
» dans tous les Parlemens de France, une Chambre * mi-partie
» de Juges Catholiques & de la Religion P. R. pour le jugement
» des affaires, où ceux de ladite Religion seroient partie. Que jus-
» qu'à l'entiere exécution des articles de la paix, le Roi donneroit,
» aux Chefs des P. R. huit places de sureté, du nombre desquelles,

(b) *Ann. de Toulouse* t. 2 p. 339.

* Celle du Parlement de Toulouse devoit être établie à Montpellier ; & composée de deux Présidens, & dix-huit Conseillers, moitié Catholiques, & moitié Religionaires, avec un Avocat, & un Procureur Généraux.

» dans le Languedoc, étoit Beaucaire, & Aygues-Mortes. Que les
» Arrêts de condamnation, rendus au Parlement de Paris, contre
» Lamole, Coconas, l'Amiral de Coligni, Briquemaud, Ca-
» vaignes, Montgomeri, & Monbrun, feroient déclarés nuls, &
» leur mémoire rétablie. Que le Duc d'Alençon auroit pour fupplé-
» ment d'appanage, le Berri, la Touraine, & l'Anjou, avec
» cent mille écus de penfion tous les ans. Le Prince de Condé le
» Gouvernement de Picardie, & par exprès la Ville de Perone ; le
» Prince Cazimir, Château Thierri, à titre de Principauté, avec
» une penfion de quinze mille écus, & une compagnie de cent
» lances, entretenue aux dépens du Roi. Qu'il feroit payé à fes
» troupes, avant que d'être licentiées, la fomme de fix millions
» fix cens mille livres, qui leur étoit dûe de leur folde. Enfin, que
» pour être pourvu au foulagement des peuples, les Etats géné-
» raux du Royaume feroient affemblés, par ordre du Roi.

Cet Edit, bien loin de calmer les troubles, qui déchiroient le Royaume, donna lieu à une nouvelle faction, plus dangereufe encore que celle des Huguenots ; & qui porta fes excès plus loin. Les Catholiques, ne purent fouffrir que la Religion Proteftante, allât de pair avec la Religion Romaine. Ils fe crurent obligés de foutenir celle-ci, & formerent, en divers endroits, une confédération, qui fut appellée *la fainte Ligue*. La ville de Perone, en Picardie, fnt le berceau de cette ligue fameufe, qui fe reproduifit par les intrigues du Duc de Guife, dans toutes les Villes de France, fans qu'on s'apperçut des refforts qui la faifoient mouvoir. Toulouse avoit été la Ville du Royaume la plus oppofée aux Huguenots, elle fnt la plus ardente à foutenir le parti de la ligue.

Fin du Cinquieme Livre.

SOMMAIRE

DU SIXIEME LIVRE.

LE DUC DE GUISE se met à la tête des LIGUEURS: Qualités de ce Prince. Etats de Blois. Le Roi leve deux Armées contre les Huguenots. Il leur accorde la Paix. Daffis premier Président de Toulouse est un des entremetteurs de cette paix. Les troubles se renouvellent. Paix de Nerac. La Reine-mere vient à Toulouse, avec la Reine de Navarre. Soupçons injustes contre Gui Dufaur de Pibrac. La Reine-mere va à Castelnaudarry ; Anecdote curieuse. Erection de la Chambre mi-partie à l'Ile, en Albigeois : révolutions de cette Chambre appellée LA CHAMBRE DE L'ÉDIT. Nouvelle rupture. On fortifie Toulouse. Paix : cette paix n'est point observée dans la haute Guienne. Délibération des Capitouls, au sujet de leurs portraits. Attroupement d'un grand nombre d'Ecoliers. Établissement des Capucins à Toulouse. Petite guerre dans la Province entre les Huguenots & les Catholiques. Mort du Duc d'Anjou. Vœu des Toulousains pour obtenir un Prince de la Maison Royale. Nouveaux efforts de la Ligue pour écarter le Roi de Navarre du Trône de France. Henri III. tente inutilement de le convertir. Peste dans Toulouse. Dévotion des habitans. Suite de la guerre civile. Les Huguenots demandent du secours aux Princes Protestans d'Allemagne. Traité de paix accordé par le Roi au Duc de Guise. La guerre se rallume entre les Huguenots & les Catholiques. Montmorenci assiege & prend Lodeve. Sixte V. donne une Bulle qui déclare Henri Roi de Navarre relaps & excommunié. Il en appelle comme d'abus. Le Roi leve trois armées contre les Huguenots : mauvais succès de ses armes. Vérification des Reliques de Saint Thomas d'Aquin. Bataille de Coutras. Précaution des Toulousains contre le Roi de Navarre, qui s'étoit avancé jusqu'à Montauban. Nouveaux mécontentemens du Duc de Guise : il anime les Ligueurs. Journée des Barricades. Le Roi quitte Paris : la Reine ramene le Duc de Guise : Reconciliation de ce Duc avec le Roi. Edit contre le Roi de Navarre vérifié au Parlement de Toulouse. Etats généraux à Blois. Assassinat du Duc de Guise. Nouvelle révolte des Ligueurs de Toulouse : ses suites : ils veulent se soustraire à l'obéissance due au Roi : ils se soulevent

269

contre le Parlement : Attentent à la vie du premier Préſident Duranti ;
ils le mettent en arrêt dans l'Hôtel de Ville : ils le transferent aux Jacobins. Meurtre de Duranti ; mort de l'Avocat-Général Daffis. On
pille la maiſon de Duranti. On attaque ſa mémoire, & celle de
Daffis. Excès des Ligueurs de Paris : le Duc de Mayenne ſe met à leur
tête. Henri III. appelle le Roi de Navarre à ſon ſecours. L'armée Royale aſſiege Paris. Henri III. eſt aſſaſſiné : ſon portrait. La Cour &
l'Armée reconnoiſſent Henri IV. Les Ligueurs proclament le Cardinal
de Bourbon. Etranges excès des Ligueurs de Toulouſe. Arrivée du
Maréchal de Joyeuſe à Toulouſe : il fait une trêve : ſédition contre
lui. Confrerie du Saint Sacrement. Suites de la ſédition. Joyeuſe quitte
Toulouſe. Il fait la paix avec cette Ville. Le Parlement refuſe de ſe
transférer à Carcaſſonne. Erection d'un nouveau Parlement dans cette
Ville : il eſt transféré à Béziers. Arrivée du Maréchal de Joyeuſe
dans Toulouſe. Conjuration terrible contre le Parlement de Toulouſe.
Découverte de cette conjuration : les principaux chefs ſont mis en fuite
ou punis. La trêve expire & la guerre ſe renouvelle entre les Huguenots réunis aux Politiques, & les Ligueurs. On fait des funérailles
publiques à Duranti & Daffis. Joyeuſe ſe rend maitre de Carcaſſonne.
Entrée du Grand-Prieur de Joyeuſe à Toulouſe en qualité de Lieutenant de Roi. Mort du Maréchal ſon pere : le nouveau Duc de
Joyeuſe eſt fait Maréchal de France par le Duc de Mayenne : il défait les Royaliſtes à Lautrec : il aſſiege Villemur ; & leve le ſiege : il
fait pluſieurs conquêtes dans l'Albigeois, aſſiege de nouveau Villemur.
Il eſt défait, & ſe noye dans le Tarn. On défere le Gouvernement à ſon
frere le Cardinal ; il le refuſe, & l'on force le P. Ange Capucin, ſon
troiſieme frere à l'accepter. Le nouveau Duc de Joyeuſe fait une trêve
avec le Duc de Montmorenci. Conquêtes d'Henri IV. Bataille d'Ivri.
Siege de Paris. Mort du Cardinal de Bourbon. Etats Généraux. Con-
verſion d'Henri IV. Réduction de la Ville de Paris à ſon obéiſſance.
Opiniâtreté des Ligueurs de Toulouſe. Préliminaires pour la réduction
de Toulouſe à l'obéiſſance du Roi. Le Duc de Joyeuſe met des obſtacles
à la paix. Il excite une ſédition contre le Parlement, dont une grande
partie ſe transfere à Caſtelſarraſin. Le Roi fait marcher deux armées
contre Toulouſe. Joyeuſe va aſſieger le Parlement dans Caſtelſarraſin.
Il leve le ſiege. Henri IV. eſt abſous par le Pape : conférence de Verfeil, pour la réduction de Toulouſe. Réunion du Parlement de Béziers
à celui de Toulouſe ſéant à Caſtelſarraſin. Edit de Folembrai pour la
réduction de Toulouſe. Réunion du Parlement de Caſtelſarraſin à celui
de Toulouſe. Fin des troubles de la Ligue. Arrivée du Cardinal de

Joyeuse à Toulouse. Différend entre le Parlement & les Capitouls au sujet de leur place à la Procession de la Pentecôte : accord à ce sujet. Arrêt du Parlement de Toulouse en faveur des Jésuites. Paix entre la France & l'Espagne. Édit de Nantes. La Duchesse de Belisle entre dans le Couvent des Religieuses Feuillentines de Toulouse. On ouvre la porte Matabiou. Incendie dans Tonlouse : reglement à ce sujet. Construction des trois Galeries de l'Hôtel de Ville. Réjouissances dans Toulouse. Peste. Débordement de la Garonne. Tremblement de terre. Incendie. Mort d'Henri IV.

HISTOIRE
DE LA VILLE
DE TOULOUSE.

LIVRE SIXIEME.

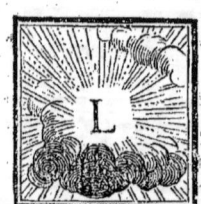ES ARTICLES de cette Ligue, qui avoient été dreſſés à Perone (a), furent envoyés, ſecretement, dans tout le Royaume. Le peuple, toujours aveugle, & toujours avide des nouveautés, s'empreſſa d'y entrer : & crut, de bonne foi, s'armer pour la gloire de Dieu, pour la conſervation de l'Egliſe, & pour la défenſe du Roi, ſans réflechir qu'une aſſociation, qui ne reſpiroit que la guerre, étoit infailliblement réprouvée par le Dieu de la paix, que ſous prétexte de faire triompher l'Egliſe, on cherchoit à détruire le Clergé, enfin que le ſeul projet de cette ligue, formé à l'inſçu du Roi, au ſein de ſon Royaume, étoit un crime de léze-Majeſté.

Cependant toutes ces ligues particulieres ne pouvoient devenir dangereuſes pour l'Etat, qu'autant qu'elles ſeroient réunies ſous un

(a) *Mathieu*, *liv.* 1. page 9.

Chef puissant, & accrédité. Le Duc de Guise se hâta de profiter de cette occasion, pour se rendre redoutable à la Cour. Il soupçonnoit que le Roi, jaloux de sa grandeur, & de son crédit dans le Royaume, méditoit sa ruine, & celle de toute sa maison. Il se mit à couvert, sous le voile sacré de la Religion, en se déclarant le chef de cette faction nouvelle.

Ce Prince entreprenant, mais dissimulé, comme tous les ambitieux, possédoit toutes les qualités nécessaires à un chef de parti. Également grand, par l'éclat de son nom, & de sa gloire, il fixoit tous les regards par sa bonne mine, & attiroit les cœurs, par ses manieres affables, & par sa libéralité. Le peuple sur-tout, avec qui il ne dédaignoit pas de vivre familierement, croyoit voir en lui son ami, son protecteur, son pere; & les Catholiques le regardoient comme le plus zélé défenseur de la Foi. Il sçut profiter de ces dispositions favorables, & cacher, sous un voile impénétrable, ses véritables motifs. La conservation, & le triomphe de la Religion furent le prétexte de sa révolte; & il mit le comble à sa puissance, en engageant le Pape, le Roi d'Espagne, le Duc de Lorraine, par l'attrait de leurs intérêts particuliers, à lui donner des secours considérables, qu'il vouloit faire servir à l'établissement de sa propre grandeur.

Son parti, d'autant plus dangereux qu'il étoit consacré, en apparence, par le zele pour les intérêts de la Foi catholique, allarma plus Henri III. que celui des Huguenots: mais au lieu de les accabler, l'un & l'autre, sous le poids de l'autorité Royale, il leur donna des forces par sa propre foiblesse; & se contenta de convoquer les Etats généraux, à Blois, le 6 Décembre 1576, dans le dessein d'empêcher la guerre, & d'enlever l'autorité au Duc de Guise. Son projet échoua. Les Etats furent sourds à sa voix: il eut beau se déclarer le chef de la Ligue: il n'en fut que l'esclave; & ce nouveau titre le força de faire la guerre, pour les intérêts du Duc de Guise, qui le vouloit détrôner, contre le Roi de Navarre, son beau-frere, & son héritier présomptif, qui ne pensoit qu'à rétablir son autorité méprisée.

Aussi-tôt, on envoya, par son ordre, dans toutes les Villes, une formule d'association, pour faire jurer tous ceux qui y entreroient. Cornusson, Sénéchal de Toulouse, la reçut, avec ordre de la communiquer aux Capitouls, qui assemblerent les habitans de la Ville, dixaine par dixaine, au College, & à la Chapelle des PP. Jésuites. Chaque Capitoul jura, pour son Capitoulat,

entre

entre les mains du P. Emond Auger, Jésuite, de tenir, garder, & observer, de point en point, le contenu aux articles de cette association. On va les rapporter, tels qu'ils sont dans les Régistres de l'Hôtel-de-Ville, d'autant mieux, que Lafaille n'en a point fait mention.

» Du nom de la Sainte Trinité, & de la communication du
» précieux Corps de Jésus-Christ.

» Nous soussignés, habitans de la Ville, & Viguerie de Tou-
» louse, avons promis, & juré par serment solemnel, & sur nos
» vies, honneurs, & biens, de garder, inviolablement, les
» choses accordées, & par nous soubsignées, sur peine d'être à ja-
» mais déclarés infames, & pour gens indignes de toute noblesse,
» & honneur.

» Premierement jurons, & promettons de nous employer, de
» toutes nos puissances, à remettre & maintenir l'exercice de no-
» tre Religion Catholique, Apostolique & Romaine, en laquelle
» nos prédécesseurs, & nous, avons été nourris, & voulons vivre
» & mourir, ainsi promettons, & jurons toute obéissance honneur,
» & très-humble service au Roi Henry, à présent regnant, que
» Dieu nous a donné pour notre Souverain Roi, & Seigneur, &
» qui est légitimement appellé à la succession de ses prédécesseurs,
» par la Loi du Royaume, & après lui à toute la postérité des Va-
» lois. Et outre l'obéissance, & service que nous sommes tenus,
» par tout droit, de rendre à notre Roi Henri, promettons de
» nous tenir prêts, bien armés, montés, & accompagnés, se-
» lon nos qualités, pour, incontinent que nous serons avertis,
» exécuter ce que nous sera commandé par le Roi notre souverain
» Seigneur, ou par ses Lieutenants, ou autres, ayant de lui pou-
» voir, & autorité, tant pour la conservation de notre pays, que
» pour aller ailleurs, s'il est besoin, pour la conservation de no-
» tre Religion, & service de sadite Majesté. Promettons aussi ne
» donner à ceux de la nouvelle opinion, ni aux unis, ni autres
» ennemis de Sa Majesté, & du pays, aucun ayde, secours, ni
» faveur de vivres, armes, chevaux, munitions, logis, passage,
» avertissemens, ni autre chose quelconque ; nous soumettons, en
» cas de contravention, d'être punis comme parjures, infidelles,
» & ennemis de Dieu, du Roi, & du pays. Nous avons promis &
» juré, de tenir les articles susdits, & de les observer, de point
» en point, sans jamais y contrevenir, & sans avoir égard à aucune
» amitié, partage, & alliance que nous pourrions avoir à quelque

Partie II. G

» personne, de quelque qualité, & religion qu'il soit, qui vou-
» droit contrevenir aux Commandemens, & Ordonnances du Roi,
» bien & repos de ce Royaume, & semblablement de tenir secrete
» la présente association, sans aucunement la communiquer, ni
» faire entendre à quelque personne que ce soit, sinon à ceux qui
» sont de la présente association. Ce nous jurons & affirmons en-
» core sur nos consciences, & honneurs, & sur les peines dessus
» mentionnées, le tout sous l'autorité du Roi, renonçant à toutes
» autres associations, si aucuns en avoient ci-devant faites.

CEPENDANT Henri III mit deux armées sur pied, en 1577, pour combattre les Huguenots, delà & deçà la Loire. Le Duc d'Anjou, son frere, & le Duc de Mayenne, frere du Duc de Guise, en eurent le commandement. Chacun fit des prodiges : ils se rendirent maitres de plusieurs Places ; & réduisirent ce parti rebelle à un état déplorable. Il n'avoit plus d'armée : la jalousie, & la mésintelligence divisoient les principaux chefs. Rien n'étoit plus aisé que de le ruiner entierement : mais le Roi, allarmé de voir augmenter la puissance des Guises, interrompit, tout à coup, ses succès, & consentit à la paix, avec la même lé- géreté qu'il s'étoit engagé dans la guerre.

Cette paix fut conclue, à Bergerac, & publiée à Poitiers (a), au mois de Septembre 1577 : elle plut également aux Catholiques, & aux Religionnaires ; aux premiers, parce qu'elle leur étoit plus favorable que la précédente ; & aux autres, parce que c'étoit le seul remede au dérangement de leurs affaires. On ne rapportera point les articles * de ce traité, qui ont été donnés au public, dans le Recueil des Edits de Pacification : mais on fera mention de Jean Daffis, premier Président du Parlement de Toulouse, qui y eut beaucoup de part ; & qui fut député à cette conférence d'une ma- niere bien honorable à sa mémoire. Il résulte des régistres du Parle- ment, & de ceux de l'Hôtel-de-Ville, que ces deux Corps firent des remontrances au Roi, pour le prier de révoquer l'ordre qu'il avoit donné à ce Président, le 1 Avril 1577, de se rendre à Berge- rac, attendu que sa présence étoit nécessaire à Toulouse, pour le

(a) *Mathieu.*

* Le Roi confirma l'établissement des Chambres mi-parties, & ordonna que celle du Parlement de Toulouse siégeroit à Revel, & qu'elle seroit com- posée de deux Présidens, un catholique & un Religionaire, & de douze Conseillers, huit Catholiques, & quatre de la Religion.

bien de la Religion, & de l'Etat. Que le Roi, sans s'arrêter à ces remontrances, lui envoya, le 12 du même mois, un second ordre de faire ce voyage, avec ces paroles pleines d'estime, *qu'il étoit persuadé que sa seule présence porteroit bonheur à cette importante affaire.* Sur ce nouvel ordre, il partit, le 16 de Mai, & l'Annaliste de l'Hôtel de Ville a remarqué, qu'à son départ, tous les Ordres de la Ville nommerent des députés pour l'accompagner, à une lieue de distance de la Ville.

Malgré la paix, les troubles ne cesserent pas. Les Huguenots, les plus obstinés, donnerent, en 1578, des preuves de rébellion, par des actes d'hostilité, peu importans, à la vérité; mais qui annonçoient une prochaine rupture. Ces desordres sembloient indifférens à la Cour. Le Roi n'étoit occupé qu'à des processions de Pénitens, & à des pratiques d'une dévotion bizarre, qu'il allioit aux excès d'un libertinage scandaleux. La négociation étoit sa ressource, & la Reine-mere étoit toûjours choisie pour cet emploi. Elle n'aimoit rien tant que ces sortes de commissions; aussi ne fut-il pas difficile au Roi de la déterminer à faire un voyage dans la Guienne, pour s'aboucher avec le Roi de Navarre. Le prétexte qu'on prit, fut de lui ramener sa femme Marguerite de Valois, dont il étoit séparé, depuis sa retraite de la Cour. La Reine assembla les députés des deux partis, à Montauban, sans aucun fruit; & ce ne fut qu'à Nérac, qu'on fit un traité, au mois de Janvier 1579, pour interpréter le dernier Edit de pacification.

Dans l'intervalle de ces deux assemblées, Catherine de Medicis vint à Toulouse, le 19 Octobre 1578, avec la Reine sa fille, après avoir interdit à la Ville toute sorte de dépense, pour sa réception. Les Confreries des Pénitens étoient, alors, fort à la mode. La Reine désira de voir, celles qui étoient à Toulouse, & elles passerent en revue devant Sa Majesté, dans la grande Eglise des Cordeliers. Les Pénitens Blancs * étoient au nombre de cent quatorze,

---

* Les Pénitens Blancs avoient été fondés en 1287, au Couvent des Bequins par une Bulle du Pape Nicolas IV. mais ils n'ont fait bâtir leur Chapelle qu'en 1625, 1626. (*Catel mém. de Lang. pag. 176.*)

Les Pénitens Bleus commencerent leurs assemblées au Collège St. Martial, le 2 Novembre 1575; ils obtinrent, ensuite, la Chapelle de St. Antoine de Vienne, & firent construire depuis, la Chapelle qu'ils occupent, au ariment de laquelle, Louis XIII, mit la premiere pierre, après s'être associé à cette Confrerie, au mois de Mars 1622. (*Catel id. pag. 179.*)

Les Pénitens noirs s'assemblerent pour la premiere fois le 13 Septembre 1576, dans une Chapelle de l'Eglise des Cordelliers. Ils obtinrent, le 21

les Bleus de cent onze, les Noirs de cent dix-huit ; & les Gris, qui sont peut-être à présent les plus nombreux, n'étoient que 32.

Le Traité de Nérac donna, en faveur des Huguenots, des extensions à plusieurs articles de celui, qui avoit été fait auparavant ; & Pibrac fut accusé d'avoir consenti à ces extensions, pour plaire à la Reine de Navarre, dont on a prétendu qu'il étoit amoureux. Ce soupçon contre la probité de cet homme illustre, est sans fondement. Il est vrai que cette Princesse appuyoit le parti Huguenot, (b) moins pour favoriser les affaires de son mari, que pour traverser celles de son frere qu'elle haïssoit : mais il ne s'ensuit pas de-là, que Pibrac n'ait agi que pour plaire à cette Princesse, quand même il auroit pour elle les sentimens de tendresse qu'on lui suppose. N'est-il pas plus vraisemblable de penser, que Pibrac agit plutôt, en vertu des ordres secrets du Roi, qui désiroit la paix, à quelque prix que ce fût, & pour complaire à la Reine mere, qui ne vouloit pas qu'on peut lui reprocher d'avoir fait un voyage inutile? Quoiqu'il en soit de ses motifs, on ne peut du moins refuser ce doute à la mémoire d'un homme, qui a rendu son nom célèbre par sa probité, par sa candeur, & par son habileté. Sa foiblesse auprès de la Reine Marguerite fût-elle assûtée comme de Thou (c) l'a dit. Il ne s'ensuit pas de-là, qu'il ait oublié, dans la Conférence de Nérac, ce qu'il devoit à sa Religion, à son Roi, à sa Patrie. Parmi les députés qui signerent ce traité, étoit Jean - Etienne Duranti, Avocat-Général au Parlement de Toulouse, que le Roi honora, l'année d'après, de la Charge de premier Président au même Parlement ; & qui versa tout son sang, en reconnoissance d'une telle grace, comme on le verra bientôt.

Après cette Conférence, la Reine mere revint à Toulouse, le 10 Avril 1579, & se rendit à Castelnaudarry, où elle avoit convoqué les Etats de la Province. A l'exemple de l'Annaliste de Toulouse, on rapportera une anecdote singuliere, qui pourra amuser le lecteur. Il y avoit dans ce temps-là, à Castelnaudarry, une vieille Matrone, fameuse par un remede contre la stérilité des

(b) *Hist. gén. de Lang.* tome 5. note 8.
(c) *Tome 1.* page 76.

de Décembre de la même Année, la Chapelle des Augustines, qu'ils ont ornée avec beaucoup de magnificence (*Catel id.* pag. 178.)

Les Pénitens Gris formerent le projet de leur Confrerie le 11 d'Avril 1577; ils firent d'abord leurs dévotions dans l'Eglise de Saint Martin (*qui est aujourdhui l'Eglise du Couvent de Sainte Ursule*) & bâtirent, en 1609, la Chapelle qu'ils occupent. *Catel. id.* p. 224.

femmes. La Reine de Navarre n'avoit point d'enfans ; & la Cour souhaitoit fort qu'elle en eut. La Reine mere fit venir cette femme, qui visita la Reine Marguerite, & lui donna sa recette, avec un régime de vie, où elle lui recommandoit, expressément, de se tenir en repos, un certain temps, ajoutant ces paroles, en langue du pays, car en ce temps-là peu de personnes sçavoient parler le François « votre fille Madame est d'une très-bonne constitu-» tion ; & je me promets un bon succès de mon remede, pourvu » qu'elle puisse gagner sur elle de se tenir coi, tout le temps qui » est marqué dans le régime : car j'apprends que vous êtes, mere » & fille de grandes *coureuses*. * » La naïveté de cette femme fit beaucoup rire la Reine mere, & le privilege ** que Sa Majesté lui accorda pour prix de son remede, & dont ses descendans jouissent encore, est une preuve authentique de la vérité de cette anecdote, qu'une tradition constante à perpetuée, dans cette Ville.

EN EXÉCUTION du vingt-neuvieme article de la paix, publiée à Poitiers, qui renouvelloit les Chambres mi-parties, le Roi rendit un Edit, le 18 Mai 1579, portant établissement, dans la ville de l'Ile, en Albigeois, d'une Chambre pour le ressort du Parlement de Toulouse, composée d'Officiers Catholiques, & Protestans. Cet Edit fut vérifié au Parlement de Toulouse, le 2 de Juin suivant, avec les clauses ordinaires, *sans approbation de la Religion Prétendue Réformée, & tant qu'il plairoit au Roi.* Cette nouvelle Chambre, qu'on nomma depuis *la Chambre de l'Édit*, étoit composée de dix Officiers Catholiques ***, & de dix Religionnaires :

* Le mot Gascon *Gourrinos*, dont elle se servit, a le même double sens que celui des *coureuses* en François.

** Ce privilege consiste dans le droit de lever deux liards sur chaque charge de poterie, que l'on porte à la place de Castelnaudarry.

***

Catholiques.	Religonaires.
Le *Président* Saint Jean.	Le *Président* de Clausonne.
Conseillers.	Conseillers.
D'Ouvrier.	D'Arrieu.
Saint Pol.	Daures.
Domadon.	De Vignolles.
Fraissinet.	De Scorbiac.
De Barton.	De Vanides.
Du Meynial.	Molinier.
De Vignaux.	De Faure.
Rudelle.	Lavier.
Procureur du Roi.	Avocat du Roi.
Daverane.	Bonnencombre.

(*Lafaille*, tome 2. p. 362.)

HISTOIRE DE LA VILLE

voici les différentes révolutions qu'elle essuia dans la suite. Ses premieres séances commencerent, le 23 Juillet 1579 : elle subsista dans l'Ile, jusqu'en 1585. Alors Henri III la cassa, par l'Edit de Nemours. Le Duc de Montmorenci la rétablit à Montpellier par ordre du Roi de Navarre, le 24 Mai 1586 ; mais ce ne fut qu'en 1595, qu'elle fut rétablie, par le Roi, à Castres, à la sollicitation de Jean de Fossé, Evêque de cette Ville, qui étoit bien aise de rétablir dans son Evêché l'exercice de la Religion Catholique. Elle fut transférée à Beziers, en 1623, où elle siégea jusqu'en 1629. Alors Louis XIII, la transféra à Castres, & en attendant que les fortifications de la ville de Castres seroient démolies, Sa Majesté ordonna qu'elle tiendroit ses séances à Puylaurens ; ce qui dura quelques mois. Elle a subsisté, à Castres, jusqu'en 1699. Cette année est l'époque de sa translation à Castelnaudarry, où elle établit son siege, durant le cours de dix ans, après lesquels elle fut incorporée au Parlement de Toulouse. On remarquera qu'il étoit défendu aux Officiers de cette Chambre, qui étoient de la Religion P. R. de porter la robe rouge.

LA DERNIERE PAIX fut encore de moindre durée que les précédentes, elle essuia des infractions de part & d'autre, au mois de Septembre & d'Octobre 1579. sans qu'on puisse marquer, par des dattes précises, lequel des deux partis fut le premier infracteur. Ces hostilités particulieres furent suivies d'une déclar. de guerre. Tout le Royaume reprit les Armes. Le Roi de Navarre menaçoit Toulouse, à la tête des Huguenots de Guienne. On mit cette Ville à l'abri de toute surprise : On leva des troupes : on fit des gardes exactes nuit & jour ; & l'on s'attacha, sur-tout, à arrêter tous les partisans de ce parti rebelle, car l'expérience avoit appris, que la plûpart des Villes Catholiques ne passoient au pouvoir des Huguenots, que par la trahison des Citoyens, qui suivoient ce parti. Les mesures, que les Huguenots avoient prises, leur réussirent d'abord. Le Roi de Navarre se rendit maitre de Cahors, capitale du Querci, & de l'Ile-en-Jourdain ; ces rebelles eurent aussi quelques succés dans le bas Languedoc, dans le Dauphiné, & dans la Picardie, où ils avoient leurs principales forces : mais ils conserverent peu ces avantages. Les armées du Roi les mirent en déroute, & reprirent, dans ces quatre Provinces, toutes les Villes, dont ils s'étoient emparés.

Ces échecs ne les décourageoient point. Ils avoient une ressource infaillible dans la paix, qu'on leur offroit, presque toujours, sans qu'ils la demandassent. Elle les sauva encore du précipice, où ils étoient prêts de tomber. Le Roi la souhaitoit par penchant : elle étoit devenue nécessaire au parti Huguenot, & le Duc d'Alençon, ou d'Anjou, n'avoit d'autre ressource pour se maintenir dans les Provinces unies, dont on venoit de lui déférer la Principauté. Ces dispositions respectives rendirent la négociation aisée ; & la paix fut conclue au Château de Fleix, en Guyenne, sur la Dordogne, le 26 de Novembre 1580. Mezerai dit que cette paix fut assés réligieusement observée, pendant cinq ans, dans tout le Royaume : mais il faut en excepter la haute Guyenne. Ce ne fut, des deux côtés, que courses & brigandages. Toulouse étoit toujours menacée de quelque surprise, de la part des Huguenots. Les Toulousains ne poserent point les armes : ils redoublerent la garde ; & ne cesserent de veiller à la sureté de leur Ville.

LA MORT du Capitoul Maynial, arrivée en 1581, avant les premiers six mois de son Capitoulat, occasionna un différend, au sujet des Portraits *, entre ses héritiers, & Sabatier, qui avoit été élu à sa place. Le Conseil de Ville décida que Maynial seroit peint sur les Annales, & Sabatier dans le grand Tableau. Maynial eut l'avantage sur son successeur, parce que les portraits qu'on met dans les Annales, s'y conservent toujours, au lieu que les grands tableaux ne restent pas long-temps en place ; il est permis aux Capitouls en charge de les ôter, pour y placer les leurs, pourvu qu'il en soit mort cinq, de ceux qui sont dans l'ancien tableau.

L'ATTROUPEMENT d'un grand nombre d'Ecoliers, au quartier des Etudes, sans qu'on en sache le motif, causa une grande émeute. Les Capitouls y accoururent, pour les séparer : mais l'autorité de ces Magistrats ne leur imposa pas : ils se jetterent sur les Soldats du guet. Deux de ceux-ci furent blessés à mort, & un Ecolier fut tué. Le Parlement toujours empressé de soutenir les Capitouls, rendit un Arrêt, portant défenses aux Ecoliers de s'attrouper, & injonction à tous vagabonds, & gens sans aveu, de quitter la Ville.

Le même esprit de paix, & de religion, qui venoit de porter ces Magistrats à chasser de cette Ville les ennemis de la tranquillité publique, leur inspira, à l'instigation du Président Duranti, le dessein

---
* On est dans l'usage de peindre, tous les ans, ces Magistrats, en mignature, sur un régistre, dont on a parlé, sous l'an 1295, & outre ces portraits, on fait un grand tableau, où ils sont représentés au naturel.

d'y attirer les PP. Capucins, qui s'étoient déjà établis dans plufieurs Villes du Royaume. Ce projet fut approuvé dans un Confeil de Ville; & l'on acheta, pour le logement de ces Peres * le College de Verdalle, qui appartenoit aux PP. Minimes, celui de Monlezun, & quelques Jardins du voifinage.

LE ROI ne mettoit point de bornes à fes dépenfes, ni aux dons immenfes, qu'il faifoit à fes favoris. Tant de profufions ayant épuifé fes revenus ordinaires, il eut recours aux Edits Burfaux. Dans moins de fix mois, il en fit mettre plus de foixante à exécution, la plûpart contre le gré des Parlemens, qui avoient refufé de les vérifier. Tous ces fonds n'étant pas fuffifans, il envoya, en 1583, des Commiffaires dans les Provinces, fous prétexte d'y faire obferver les Edits de pacification, mais particulierement, pour tâcher de porter les peuples à confentir à une levée extraordinaire. Il paroît par le difcours de ceux qui furent délégués à Touloufe, & qui avoient affemblé, dans l'Hôtel-de-Ville, les Sindics de tous les Diocéfes de cette généralité, que cette levée montoit pour tout le Royaume, à quinze cens mille écus, & que la portion de la généralité de Touloufe fe portoit à trente trois mille écus. Bien loin d'accueillir cette demande, on réfolut, dans cette affemblée, de dreffer un cayer de Rémontrances, qui furent fans doute écoutées, puifque les Régiftres ne font aucune mention de cette impofition.

CEPENDANT les deux partis, fans rompre ouvertement la paix, fe faifoient une petite guerre, dans cette Province. Les Catholiques avoient repris Alet fur les Huguenots; ceux-ci, en revanche, s'emparerent de Montreal. La prife de cette place irrita les premiers. Quatre Diocefes s'affocierent, pour faire la guerre aux rebelles, & fur-tout pour recouvrer Montreal: mais ils ne purent réuffir, quoique la Ville de Touloufe entrât dans cette confédération, & qu'elle fournit pour fa part, cinq cens fantaffins, & cinquante hommes de cavalerie.

La révolte des Provinces unies contre le Duc d'Anjou, qui avoit été revêtu de la Principauté de ce pays, obligea ce Prince de revenir en France, en 1583, il mourut l'année fuivante, âgé de 30 ans, foit d'une ptifie, qu'il avoit contractée, par fes déreglemens,

foit

---

* En 1593, leur Chapelle fut agrandie & leur Couvent fut augmenté du grand refectoire, du dortoir, & de l'infirmerie. L'Eglife qu'ils ont aujourd'hui fut commencée le 12 Août 1597.

foit du poifon, qui lui fut donné, dit-on, par une maitreffe, avec laquelle il vivoit, à Château Thierri. Cette perte fit prévoir de grands maux pour la France, fi Henri III. mouroit fans poftérité. Tout le Royaume fit des vœux ardens au ciel, pour la naiffance d'un Prince. La Ville de Toulouse se fignala ; & fit célébrer, tous les jours, pendant trois mois, en 1584, une Meffe en mufique, dans l'Eglife Saint Sernin, pour obtenir cette grace, par l'interceffion des Saints, dont elle conferve les Reliques.

Henri III n'ayant point d'enfans mâles, le Roi de Navarre fe trouvoit le plus proche héritier de la Couronne. Il n'en fallut pas davantage pour éveiller la Ligue, qui avoit paru affoupie jufqu'alors. Le Duc de Guife, & les autres Princes de la maifon de Lorraine, fe voyant également haïs du Roi, & de l'héritier préfomptif du Royaume, n'oublierent rien pour donner à ce parti une nouvelle chaleur. Il ne leur fut pas difficile de perfuader aux Catholiques, les moins zélés, de mettre tout en œuvre, pour empêcher un Prince hérétique de monter fur le Trône. Le Roi, qui connoiffoit toute la force de ce prétexte, voulut le détruire d'avance, en déterminant le Roi de Navarre à rentrer dans le fein de l'Eglife : il envoya fecrettement vers lui le Duc d'Epernon, ennemi mortel du Duc de Guife, en qui il fçavoit que ce Roi avoit beaucoup de confiance. Leur entrevue fe fit à Pamiers. Le Roi de Navarre fut ébranlé, par les bonnes raifons que d'Epernon lui expofa, pour l'engager à rentrer dans la religion de fes peres : mais il en fut détourné par Anoul Ferrier, fon Chancelier, qui paffoit pour catholique, quoiqu'il fût huguenot dans le cœur, & par Dupleffis Mornai, qui lui firent envifager cette ambaffade, comm'un artifice du Roi, & de la Reine-mere, pour le perdre, plus aifément, après l'avoir détaché du parti des Huguenots, fon unique appui.

La nouvelle de cette conférence fe répandit, & produifit un mauvais effet, dans les deux partis. Chacun foupçonna les deux Rois d'une intelligence fecrette : mais l'ambition de la Reine caufa le plus grand mal. Cette Princeffe, allarmée par la crainte de perdre fon autorité, au lieu de chercher à détruire la Ligue, pendant que le Duc de Guife n'avoit que peu de forces, craignit la trop grande élévation du Roi de Navarre, & favorifa la maifon de Lorraine, dans l'idée de placer fur le Trône, les enfans de fa fille.* Le Duc de Guife fe flata de cet efpoir : mais comm'il penfoit plus à lui

---

* Claude de France, mariée à Charles II. Duc de Lorraine.

qu'aux Princes de la branche aînée de sa maison, il persuada au vieux Cardinal de Bourbon, oncle du Roi de Navarre, que la Couronne lui étoit destinée, & à la faveur de ce nom, il agit pour ses propres intérêts. Ils firent courir un manifeste, le 31 Mars 1585, sous le nom des Princes, Pairs, & Prélats du Royaume, dans lequel ils déclarerent qu'ils ne s'étoient unis, & n'avoient résolu de prendre les armes, que pour le maintien de la Religion Catholique, & pour empêcher qu'un Prince hérétique ne montât sur le Trône de France.

A la vue de ce manifeste, tous les grands, qui adhéroient à ce parti, & qui égaloient en nombre ceux qui demeurerent fidéles au Roi, prirent, par-tout, les armes; & se rendirent maîtres de plusieurs * places. Jamais faction ne fit tant de progrès, en si peu de temps. Il n'en fut jamais aussi qui ait trouvé une si grande disposition dans les esprits, & qui ait été accompagnée de circonstances plus favorables. La multiplicité des subsides, la foiblesse du Roi, l'insolence des Favoris, excitoient les peuples à la révolte; & ils étoient charmés de pouvoir se vanger de tous ces maux, sous prétexte de soûtenir les intérêts de la Religion. Cette Ligue ne paroissoit formée que contre le Roi de Navarre. Son courage, n'en fut point abbatu. Il leva tout ce qu'il put de troupes : il fixa sa place d'armes à Montauban; & se prépara à une vigoureuse défense.

Tout le Royaume étoit sous les armes, & sembloit n'attendre que le signal qui devoit le précipiter dans sa ruine. Le Roi vit le danger qui menaçoit sa personne, & ses Etats; & songea à mettre tout en œuvre, pour y rétablir la paix. Il détestoit également les deux partis, & sa politique étoit de les balancer l'un par l'autre. Dans cette vue il forma d'abord des liaisons secrettes avec le Roi de Navarre : mais il le sacrifia bientôt à l'effroi qui lui causa la fermentation des Ligueurs dans sa capitale.

La Reine mere conclut la paix avec le Duc de Guise. Ce Duc fit la Loi dans ce Traité. Il obtint un Edit, rendu à Nemours, au mois de Juillet 1585, dans lequel le Roi révoqua tous les précédens Edits de pacification, donnés en faveur des Huguenots. Il cassa par ce même Edit, les Chambres mi-parties : il enjoignit à tous les Ministres de quitter le Royaume, dans un certain temps, & à tous ses sujets Religionnaires, de se faire Catholiques, à pei-

* Entre autres Toul, & Verdun.

ne de confiscation de leurs biens. Le Parlement de Toulouse l'enrégiſtra, avec le même empreſſement, qu'il avoit montré, pour tous ceux qui tendoient à l'extirpation de l'héréſie; & l'obſervation en fut jurée, par le peuple, dans l'Hôtel-de-Ville, en préſence des Capitouls.

Le Duc de Guiſe étoit trop flatté de ſe voir chef de parti, pour ſouhaiter la paix. Il ne s'étoit obſtiné à vouloir cet Edit que dans l'eſpérance de révolter les Huguenots. L'événement répondit à ſes vues. La guerre, ſe ralluma avec plus de fureur qu'auparavant; & le Roi, dans la crainte d'être ſoupçonné de favoriſer ces hérétiques, ne put ſe diſpenſer d'ôter le Gouvernement de Languedoc au Duc de Montmorenci, qui avoit embraſſé ce parti. Il adreſſa des Lettres-Patentes au Parlement de Toulouſe, pour faire défenſe à ce Duc d'exercer, à l'avenir, aucune autorité, dans cette Province, & à ſes ſujets de Languedoc de le reconnoître pour Gouverneur, leur ordonnant de s'adreſſer au Duc de Joyeuſe, ſans cependant inveſtir ce dernier, par des proviſions expreſſes; ce qui doit faire regarder cette défenſe moins comme une privation que comme une ſuſpenſion.

Malgré ce ménagement, Montmorenci, qui avoit fait de grands préparatifs, aſſembla une armée de huit mille hommes d'infanterie, & de cinq cens chevaux; & alla faire le ſiege de Lodeve. Cette Ville avoit abandonné ſon parti, à l'inſtigation de l'Evêque: il la reprit; & pour ſe venger de ce Prélat, il fit raſer ſa maiſon, & ſe mit en poſſeſſion des revenus de l'Evêché. De-là, il alla ſe préſenter devant Narbonne, où il avoit quelques intelligences: mais le Maréchal de Joyeuſe, qui s'y étoit jetté, avec le peu de troupes, qu'il avoit alors, rompit ces meſures, enſorte que Montmorenci, ne ſe trouvant pas aſſés fort, pour aſſiéger cette Ville, dans les formes, ſe contenta d'en faire le blocus, en mettant ſes troupes en quartier d'hiver dans les lieux voiſins, dont il s'étoit emparé.

SIXTE V. Ce Pontife qui a joué un ſi grand rolle dans l'Europe, accorda aux Ligueurs ce que ſon prédéceſſeur leur avoit conſtament refuſé. Il publia une Bulle, le 9 Septembre 1785, par laquelle il déclaroit rélaps & excommuniés (*d*), le Roi de Navarre, & le Prince Condé, & comme tels, incapables de ſuccéder à la Couronne de France. Le Roi de Navarre en appella, comme

(*d*) *Pierre Mathieu liv.* 2. *pag.* 26.

d'abus, au Parlement, & au Concile général; & fit afficher son acte d'appel aux portes du Vatican. Cette Bulle ne produisit pas l'effet que les chefs de la Ligue s'en étoient promis. Nous n'étions plus dans ce temps d'ignorance, où il ne falloit qu'une Bulle pour armer un million de bras, & pour renverser le trône le mieux affermi. Les Partisans de la Ligue, malgré leur fanatisme, respectoient encore les Loix fondamentales de l'Etat. Eclairés sur les droits de la Cour de Rome, ils furent indignés qu'elle osât décider des droits successifs de la Couronne de France.

Il n'étoit plus libre au Roi d'épargner les Huguenots. Il leva trois armées, en 1586. Le Duc de Mayenne eut le Commandement de celle, qui devoit servir en Guienne; l'Amiral Duc de Joyeuse commanda celle qui devoit entrer dans le Languedoc; & le Duc d'Epernon, celle qui étoit destinée pour la Provence. La premiere, ayant marché vers la haute Guienne, ceux de Toulouse députerent vers le Général, pour le supplier de s'approcher de cette Ville, & pour lui offrir quatre mille setiers de bled, mille tonneaux de vin, & trois cens quintaux de poudre, dans le cas qu'il trouvât à propos de faire le siege de Montauban. Le Duc de Mayenne reçut ces Députés, avec beaucoup de bonté; remercia la Ville de ses offres: mais il n'avoit pas les forces nécessaires pour entreprendre un siege de cette importance: d'ailleurs tout sembla concourir à arrêter les progrès de ses armes. La peste diminua son armée. Le Maréchal de Matignon Gouverneur de la Province, au lieu de l'aider, le traversa, dans tous ses projets, soit qu'il eût des ordres secrets du Roi, qui dans le fond du cœur, ne vouloit pas la ruine des Religionnaires. Le Roi de Navarre, de son côté, à la tête d'un camp volant, de deux mille chevaux, le harcela continuellement dans sa marche, lui coupa les vivres; ensorte que tous les exploits de ce Duc se bornerent, pendant cette campagne, à la prise de quelques places, de peu d'importance, si on en excepte Marmande. Dans ce même temps l'Amiral de Joyeuse faisoit la guerre à outrance, dans le Languedoc, aux Regionnaires des Cevennes, saccageant, & brûlant toutes les places, dont il s'emparoit, ce qui déplut fort au Roi. D'Epernon plus pénétrant que son rival, ou peut-être instruit des desseins secrets du Roi, tint une conduite différente dans la Provence; & se contenta de balancer les avantages des deux partis.

LES JACOBINS de Toulouse reçurent, dans ce même temps, une lettre de leur Général, du 28 Juillet 1586, dans laquelle, il les prioit de lui marquer, s'il étoit vrai, que le Corps de Saint Thomas d'Aquin eût été brûlé par les Huguenots, en 1562. Pour rendre sa réponse authentique, le Prieur, accompagné de plusieurs de ses Religieux, alla à l'Hôtel-de-Ville, le 13 Janvier 1587, inviter les Capitouls de se trouver à la vérification des Reliques de ce Saint. Ces Magistrats s'y transporterent, le lendemain, pour assister à l'ouverture du coffre, où étoit cette sainte Relique * : on en fit la cérémonie, avec beaucoup de pompe, en présence de Jean Daffis, Grand Vicaire de l'Archevêque ; de Guillaume de Maran, Recteur de l'Université ; de plusieurs Ecclésiastiques ; de plusieurs Docteurs ; & d'un grand concours de peuple : on la trouva dans son entier, & conforme au Bordereau, qui étoit dans le même coffre. Les Capitouls, le Grand Vicaire, le Recteur de l'Université firent chacun, un procès verbal de cet examen, & l'envoyerent à Rome.

LA PESTE se renouvella dans Toulouse, & les allarmes que ses progrès firent naître redoublerent, par l'avis qu'on reçut, que l'Amiral de Joyeuse, à la tête des Catholiques, étoit prêt d'en venir aux mains avec le Roi de Navarre. Dans ce double danger, on demanda à Dieu la fin de ce fleau, & la victoire pour les Catholiques, par la pratique d'une dévotion dont il ne s'étoit point vu d'exemple, jusqu'alors. Les habitans de toutes les dixaines, conduits par le plus apparent d'entre eux, se rendirent, tour à tour, en corps, dans l'Eglise Saint Sernin : ils y firent célébrer une Messe, pour obtenir la conservation du Royaume, & de cette Ville en particulier : ils allerent ensuite, toujours en corps, & processionnellement, à la Chapelle Saint Roch, faire dire une seconde Messe, à la même intention. Cette pratique ** de piété, qui commença le 19 d'Octobre 1587, dura jusqu'au mois de Février de l'année suivante. La

---

* Elle avoit été portée à Toulouse, en 1369, par Helie Raymondi, général de l'Ordre de St. Dominique. Elle est composée de plusieurs ossemens au nombre de vingt-cinq, sçavoir la tête, excepté la machoire inférieure, une épaule, une clavicule, cinq côtes, une non entiere, huit vertebres du dos, une partie de l'os appellé *cauda*, une partie de l'os *sacrum* ; deux os l'un des coudes, le petit os, ou petit focile de l'autre coude, deux os des cuisses, deux os d'une jambe.

Le Coffre étoit alors dans une galerie haute, derriere le grand Autel du Chœur. Cette galerie fut abbatue, en 1628, pour la construction du magnifique Mausolée, où repose aujourd'hui cette fameuse relique, dans une châsse de vermeil, d'un fort beau travail, enrichie de beaucoup de pierres précieuses.

* C'est l'origine des fêtes qu'on célebre encore dans chaque quartier, & qu'on nomme *dixaines*.

Ville ne borna pas là sa dévotion : elle fit de très-grandes aumônes, qui furent employées à marier de pauvres filles.

LA GUERRE continuoit toujours, dans le Languedoc, sans qu'on puisse décider si les Huguenots, ou les Catholiques eurent l'avantage. La victoire se rangea, tour à tour, sous les Drapeaux des deux partis. On peut voir dans les Annales (e) de Toulouse le détail de ces escarmouches, dans lesquelles plusieurs Seigneurs de cette Province donnèrent de grandes preuves de valeur. Pendant cette alternative de revers & de succès, le Roi apprit que les Princes protestans d'Allemagne étoient disposés à donner un secours considérable de troupes, aux Religionnaires de France ; & que, pour donner quelque prétexte à leurs armes, ils lui envoyoient demander, par des Ambassadeurs, le rétablissement des Edits de pacification. A cette nouvelle il quitta Paris, pour différer l'audience de ces Ambassadeurs, & se ménager le temps de faire une nouvelle tentative sur l'esprit du Roi de Navarre. La Reine mere fut chargée de cette négociation. Elle employa toute son adresse, & les offres les plus flateuses pour l'engager à se rendre. Il balança à la vérité quelque temps : mais il resta ferme dans son parti.

Après cette vaine démarche le Roi donna audience aux Ambassadeurs ; & garda si peu de ménagement dans sa réponse, que les Princes Allemans irrités firent entrer, en France, l'armée la plus nombreuse qu'ils eussent encore mis sur pied, pour un semblable dessein. Le Roi de Navarre, à la tête de son armée, alloit joindre ce renfort, lors qu'il fut arrêté à Coutras (f), le 20 d'Octobre 1587, par l'Amiral Duc de Joyeuse, qui commandoit l'armée Catholique ; & ce fût-là que se donna cette bataille si glorieuse aux Huguenots. L'Amiral de Joyeuse, son frere Saint Sauveur, presque tous les Officiers généraux de son armée, & plus de trois cens gentilshommes, y perdirent la vie. L'armée Catholique fut taillée en pieces. L'artillerie, le bagage, resterent au pouvoir du vainqueur. Enfin on ne vit jamais une défaite plus entiere. Le Duc de Joyeuse fut tué de sang-froid, les uns disent par Lamothe-Saint Heray, d'autres par deux Capitaines d'infanterie nommés Bordeaux & Descentiers. Les guerres de Religion sont presque les seules qui fournissent l'exemple de semblables meurtres. Le Duc de Guise périt ainsi devant Orléans, le Prince de Condé à Jarnac, le Maréchal de Saint André à

(e) *t. 2. p.* 402. *& suiv.*
(f) *Bourg de la Guienne sur les frontieres de Périgord.*

Dreux, & le Conétable de Montmorenci à Saint Denis.

Il y avoit lieu de croire que le Roi de Navarre profiteroit de ce fuccès, pour voler vers les Allemans, qui étoient déjà entrés en France : mais par une foibleffe, qu'on pardonne avec peine à ce Héros, l'amour qu'il avoit pour la Comteffe de Guiche, le détourna de ce deffein ; & il courut, mettre aux pieds de cette beauté, les Drapeaux qu'il avoit gagnés à Coutras. Cette faute du Roi de Navarre caufa la ruine de l'armée * confédérée. On peut voir dans l'hiftoire de France comment cette armée formidable, avec laquelle les Huguenots fe flatoient de triompher des Catholiques, fut diffipée après le combat d'Aulneau, dans lequel le Duc de Guife remporta une victoire complete. La nouvelle de cette victoire tranfporta de joie tous les Ligueurs ; & diffipa la confternation que la journée de Coutras avoit jettée dans Touloufe. On chanta le *Te Deum* dans l'Eglife S. Etienne, en préfence d'un grand concours de peuple ; & l'on ordonna qu'on feroit, pendant huit jours, des prieres, en actions de graces, dans toutes les Paroiffes.

Touloufe fe livroit ainfi à la joie, lors qu'on apprit dans cette Ville que le Roi de Navarre, accompagné du Prince de Condé, & du Vicomte de Turenne, étoit arrivé à Montauban, avec des troupes. Le voifinage de ce redoutable ennemi fit renaître les allarmes des Touloufains. Ils ne furent point raffurés par l'arrivée du Maréchal de Matignon, qui s'étoit rendu à Moiffac, pour s'oppofer aux tentatives des Huguenots. Ils renouvellerent, pour la defenfe de la Ville, tous les ordres qu'ils avoient donnés auparavant. Le Parlement, & tous les Tribunaux fufpendirent l'adminiftration de la Juftice. On fit, nuit & jour, une garde exacte aux portes, & fur les murs. Ces fages précautions ne contribuerent pas peu à contenir les ennemis qui fe contenterent de faire quelques ravages dans la campagne, autour de cette Ville. Le refte du Languedoc n'étoit pas plus calme, quoiqu'il n'y eût aucune agitation bien confidérable : mais Paris étoit déja embrafé du feu de la difcorde. Ce feu fe répandit bientôt dans toute la France : On remontera à l'origine de ce cruel incendie, pour répandre plus de jour fur des faits mémorables, qui fe pafferent dans Touloufe.

LA MORT du Duc de Joyeufe, à la bataille de Coutras, fit va-

---

* Ce fut de ce nom qu'on appella les troupes des Proteftans d'Allemagne qui marcherent au fecours des Huguenots.

quer deux postes éminens, celui d'Amiral, & le Gouvernement de Normandie. Le Roi avoit promis ce Gouvernement au Duc de Guise, pour son frere le Duc d'Aumale : mais ce Monarque inconstant, qui d'ailleurs ne croyoit jamais assez élever le Duc d'Epernon, lui accorda ces deux places, sans aucun égard à la promesse, qu'il avoit faite au Duc de Guise. Celui-ci fut doublement piqué de ce refus, lors qu'il vit le nouvel agrandissement de son implacable ennemi. Dans l'excès de son ressentiment, il fit, à Nanci, une assemblée des Princes de sa maison, & de ses principaux partisans, où il fit délibérer, entr'autres choses, que le Roi seroit supplié de se déclarer, plus ouvertement pour la Ligue, qu'il n'avoit fait jusqu'alors : de faire une loi qu'aucun Prince hérétique ne pourroit être admis à la succession à la Couronne ; & d'éloigner de la Cour tous les fauteurs des Huguenots, c'est-à-dire, ceux qui n'étoient pas Ligueurs.

D'un autre côté les Ligueurs de Paris, orgueilleux de la fuite des Reîtres, & de la perte que venoient de faire les Huguenots par la mort du Prince de *Condé, ne mettoient point de bornes à leur audace. Dès l'année d'auparavant, ils avoient érigé un Conseil, ou Bureau, qu'ils appellerent *des Seize*, parce qu'il étoit composé de sujets choisis, chacun dans un des seize quartiers de la Ville : le Roi poussé à bout, par la hardiesse de ces factieux, qui avoient dessein, dit-on, de le détrôner, & de le confiner dans un Monastere, résolut de les faire arrêter, & laissa échapper des menaces qui les effrayerent. Ils presserent le Duc de Guise, qui étoit alors à Soissons, de revenir à Paris. Il s'y rendit malgré la défense expresse du Roi ; & il osa se présenter, au Louvre, devant Sa Majesté, qui n'eut ni le courage de s'en défaire, ni celui de s'assurer de sa personne.

L'arrivée du Duc ne changea rien à la résolution du Roi contre les *Seize*. Il vouloit se saisir d'eux, & dans ce dessein, il fit entrer, à Paris, pendant la nuit du 12 Mai 1588, six mille hommes de ses troupes, tant François que Suisses, qu'il distribua, en divers quartiers. Le peuple ne s'en fut pas plutôt apperçu, qu'il courut aux armes. On dressa des barricades, dans toutes les rues : on attaqua les troupes du Roi dans leurs postes ; & on les auroit massacrées, si le Duc de Guise, piqué de générosité, par les pressantes sollicitations de la Reine-mere, n'eût appaisé le tumulte, & désarmé ces furieux qui avoient déjà tué plus de soixante Suisses. L'allarme parvint jusqu'au Louvre. Le Roi ne s'y crut pas en sûreté ; il en sortit secrettement pour se rendre à Chartres. La fuite

---

* il mourut à St. Jean d'Angeli le 5 Mars 1588.

La fuite du Roi rendit le Duc de Guise maître de la Capitale. Ce n'étoit plus le cas d'agir à force ouverte contre *les seize*. La Cour se détermina à prendre la voye de la diffimulation. La Reine-mere entreprit de reconcilier le Duc de Guise avec le Roi ; & elle y réuffit, à l'aide, dit-on, de la Duchesse de Montpensier, à qui elle fit esperer de la marier avec le Cardinal de Bourbon. La paix fut faite, & signée à Rouen, par un Edit de Réunion contre les Religionnaires. Dans cet Edit, plus favorable aux Catholiques que celui de Nemours, le Roi, sans épargner le Roi de Navarre, renouvelloit le serment fait à son Sacre : il juroit de déraciner de son Royaume toute sorte de schismes, & d'héréfies, sans faire jamais aucune paix, ni Edit, en faveur des Religionnaires : il ordonnoit à tous ses Sujets de quelque qualité, & condition qu'ils fussent, de faire le même serment ; & leur deffendoit de reconnoître pour Roi, après sa mort, aucun Prince hérétique, ni fauteur d'héréfie. Cet Edit fut vérifié au Parlement de Toulouse ; & donna lieu au serment que tous les chefs de famille prêterent solemnellement, dans l'Hôtel-de-Ville.

La Reine-mere alla ensuite, à Chartres, présenter le Duc de Guise au Roi. Henry III. le reçut avec de grandes marques de distinction. Il en usa avec lui comme avec un premier favori : lui sacrifia le Duc d'Epernon, qui fut éloigné de la Cour ; l'aveugla enfin, par tant de démonstrations de tendresse, que ce Duc, si habile en intrigues, ne soupçonna jamais le complot qu'on tramoit contre lui. Ce complot étoit ignoré de la Reine-mere. Le Roi s'étoit apperçu de l'abîme qu'elle lui avoit creusé, en ménageant, tour à tour, les deux partis, pour conserver son autorité. Il n'avoit plus pour elle qu'une feinte confiance ; & il convoqua les Etats généraux à Blois, au 16 d'Octobre 1588, sans lui découvrir ses desseins. La Sénéchaussée de Toulouse envoya à ces Etats, trois députés, Urbain de St. Gelais Evêque de Comminges, grand partisan, de la Ligue ; Cornusson Sénéchal de Toulouse ; & Pierre de Rahou Capitoul. La Ville députa aussi en particulier Etienne Tournier, ancien Capitoul, & plus zélé Ligueur que l'Evêque de Comminges.

Les demandes insolentes des députés, & l'audace du Duc de Guise, parvenue à son comble, forcerent enfin le Roi à se défaire de ce Prince, qui étoit devenu trop puissant, pour qu'on pût lui donner des Juges. Il l'appella de grand matin dans son Château, le 23 de Décembre, & le fit assassiner à la porte de son cabinet.

HISTOIRE DE LA VILLE

En même-temps, il fit arrêter le Cardinal de Guise, son frere, qui fut massacré, le lendemain, dans sa prison. Pierre d'Épinac, Archevêque de Lyon, principal confident du Duc, fut aussi arrêté, de même que le Cardinal de Bourbon, le Prince de Joinville, fils aîné du Duc, Péricard son Secrétaire, & quelques autres. Ceux des députés, qui s'étoient montrés les plus attachés à la Ligue, justement étonnés de ces exécutions, s'échaperent * de Blois : ils reprirent la route de leurs Villes, par des chemins détournés; & le Roi fit délibérer aux Etats tout ce qu'il voulut.

Ce qui étoit arrivé au parti Protestant, après la St. Barthelemy, arriva, alors, à la Ligue. La mort des Chefs ranima ce parti. Les Ligueurs leverent le masque; Paris ferma ses portes : on ne songea qu'à la vengeance ; & on regarda Henri III, comme l'assassin des défenseurs de la Religion, plutôt que comme un Roi, qui avoit puni des sujets coupables.

Cette nouvelle parvint à Toulouse, le 3 de Janvier 1589, & fut le signal d'une révolte générale. On ne vit qu'attroupemens dans tous les quartiers. Les Prédicateurs tonnoient dans les Eglises : ils donnoient au Duc (g) la gloire du martyre, à l'auteur de sa mort le nom odieux de Tiran : ils représentoient la chute de la Religion, en France, comme une chose infaillible, & prochaine, après que cette *colonne de la* ** *Foi*, avoit été abbatue. Les principaux de ces Prédicateurs étoient Odard Moté, Jésuite, Doyard, Curé de Cugneaux, & François Richard, Provincial des Minimes. Celui-ci étoient le plus hardi de tous ; & il est aisé d'imaginer l'impression que faisoit, sur des esprits déjà émus, le présage du malheur terrible, dont on les menaçoit.

Dans cette conjoncture critique, les Capitouls assemblerent un Conseil de Ville, le 7 de Janvier, pour délibérer, sur ce qu'il y avoit à faire. Cette proposition vague, & indéterminée, donnoit à chacun des opinans, la liberté de dire, & de proposer ce que bon lui sembloit. Le parti de la Ligue avoit gagné la plus grande partie des esprits. Pour un politique il y avoit six Ligueurs : ainsi ce parti prévalut. De tous ceux qui opinerent, Jean Daffis Grand-Vicaire, & Prévôt de Saint Etienne, fameux partisan de la Ligue, fut celui qui parla avec le plus de force. Il se déchaina vive-

(g) *hist. générale de Lang. t.* 5. *pag.* 429 *& suiv.*

* De ce nombre furent l'Evêque de Comminges & Tournier.
** C'étoit de ce nom qu'ils appelloient le Duc de Guise.

ment contre les Auteurs de la mort du Duc de Guife, & du Cardinal fon frere. Selon lui, la mort de ces deux Princes alloit être fuivie de la ruine totale de la Religion, dans ce Royaume, fi on ne s'armoit pour fa deffenfe. Après avoir ainfi exagéré le danger, dont la foi de *Jéfus-Chrift* étoit menacée, il réduifit fon avis à trois articles. « Qu'il feroit fait des prieres pu-
» bliques à Dieu dans toutes les Eglifes, pour la confervation de
» la Religion Catholique : Que tous les Ordres s'uniroient, de
» nouveau, avec ferment, pour la même fin : Que, comme il n'é-
» toit pas poffible de parvenir à de bonnes réfolutions, dans des
» affemblées nombreufes, il feroit fait un Confeil abrégé, compo-
» fé d'un certain nombre de tous états, auquel il feroit donné plein
» pouvoir. « Cet avis fut fort applaudi, & le Confeil n'ayant pu s'achever, parce qu'il étoit fort tard, la continuation en fut renvoyée au jour fuivant. Le lendemain ce Confeil fut continué, & les mêmes perfonnes y affifterent : après que le Chef du Confiftoire eut fait la propofition. Le Préfident Bertrand, qui étoit à la tête de l'affemblée, prit la parole, & dit : » que fon Collegue, & lui, n'a-
» voient pas manqué de rapporter au Parlement, ce qui s'étoit paf-
» fé, le jour d'auparavant, dans le Confeil : que la Cour les avoit
» chargés de l'affurer, qu'elle ne fouhaitoit rien tant que la con-
» corde, & l'union dans un même deffein, qui étoit la conferva-
» tion de la Religion Catholique, laquelle on ne pouvoit douter
» qui ne fût dans un grand péril ; Que l'érection d'un Confeil, ou
» Bureau particulier, pour y être ttaité des affaires de l'union, étoit
» du gré de la Cour : Que dans cette vue, il lui avoit femblé bon
» de compofer ce Bureau de dix-huit perfonnes ; fçavoir, fix d'en-
» tre les Officiers du Parlement, fix du Clergé, & autant de la
» Bourgeoifie, compris deux Capitouls ; fous cette condition né-
» anmoins, que les affaires les plus importantes, n'y pourroient
» être décidées, qu'après en avoir référé au premier Préfident. « Cet avis fut accueilli, & paffa à la pluralité des voix : ce fut donc fuivant cette délibération, & du confentement du Parlement même, que fut érigé ce nouveau Confeil, auquel on donna le nom de *Confeil d'Etat*, ou *des Dix-huit*, à l'inftar de celui de Paris, qu'on appelloit *des Seize*. M. de Thou témoigne combien il eft furpris qu'une Compagnie, auffi fage que l'a toujours été le Parlement de Touloufe, pût s'oublier jufqu'à confentir à un pareil établiffement. Il n'étoit pas difficile de prévoir, que ce Bureau, compofé des plus zélés Ligueurs, s'arrogeroit toute l'autorité ; & que la condition

qu'on avoit mise d'en référer au premier Président, qui étoit devenu odieux au peuple, par son attachement aux intérêts du Roi, seroit une foible barriere, pour arrêter les délibérations séditieuses, qu'on ne manqueroit pas d'y proposer.

Trois jours après, & le 11 Janvier, le premier Président convoqua une assemblée des Chambres, pour leur présenter une lettre du Roi, qui leur étoit adressée. Dans cette lettre, en forme de manifeste, le Roi exposoit les raisons qu'il avoit eues, pour faire ôter la vie au Duc de Guise, sans parler du Cardinal, son frere; & il finissoit par des menaces contre ceux qui entreprendroient, à l'avenir, de s'opposer à ses volontés, qu'il assuroit ne tendre qu'à l'extirpation de l'hérésie. La lecture de cette lettre excita quelque murmure, dans l'assemblée, & fit lever le masque à ceux d'entre ces Officiers qui avoient embrassé le parti de la Ligue. Le Président de Paulo, chef du Conseil *des dix-huit*, se montra le premier de ce parti, avec d'autant plus d'ardeur qu'il étoit ennemi juré de Duranti. Le Président Paulo, quoique d'un mediocre sçavoir n'en étoit pas moins redoutable. Il réunissoit à un grand courage, un sens fort droit ; & il avoit pris pour devise, un Mortier de Président, & une épée nue, avec ces mots, *ad utrumque paratus*. Quand ce fut son tour d'opiner, il dit que sans entrer dans le motif que le Roi avoit eu de faire mourir le Duc de Guise, on connoissoit bien, par ces actions, que ce Monarque n'étoit rien moins que disposé à ruiner les hérétiques. Que les menaces dont sa lettre étoit remplie, n'y étoient employées, que pour séparer les bons Catholiques de l'union qu'ils avoient tant de fois jurée, & que S. M. avoit jurée elle-même. Qu'après tout les devoirs des hommes étoient reglés; & qu'il étoit plus juste d'obéir à Dieu qu'aux Rois. Ce discours ne manqua pas de plaire aux Ligueurs; & l'avis, que porta ce Président, de demeurer inviolablement attaché à l'union, fut suivi. Deux jours après, il fut encore présenté, par le premier Président Duranti, dans une pareille Assemblée, deux Déclarations du Roi. La premiere portoit le rétablissement du Duc de Montmorenci dans le Gouvernement de Languedoc, la seconde accordoit une amnistie de tout ce qui pouvoit s'être passé auparavant, contre le service, & l'autorité du Roi. L'une & l'autre deplurent également aux Ligueurs, qui ne vouloient pas s'avouer coupables, & l'on ne les enrégistra point.

Cependant l'Evêque de Comminges, & Tournier, qui s'étoient sauvés secrettement, & à la hâte, des Etats de Blois, arriverent à Toulouse, à la grande satisfaction des Ligueurs. Le récit qu'ils faisoient du meurtre des Guises : les circonstances tragiques de leur mort, qu'on avoit ignorées jusqu'alors, excitoient dans les esprits, une nouvelle fureur ; & cette fureur éclata sans ménagement à la réception d'une lettre *des seize* de Paris, par laquelle, ceux de Toulouse étoient invités de se joindre à l'union, qui avoit été nouvellement jurée par tous les ordres de cette Capitale.

Il ne falloit que cet exemple pour déterminer les Ligueurs de Toulouse : ils ne douterent point que Paris n'entrainât tout le Royaume dans son parti ; aussi n'héziterent-ils pas à se déclarer ouvertement. L'Hôtel-de-Ville députa à Paris, Nicolas Gregoire, ancien Capitoul, pour y jurer l'union, au nom de la Ville : le Parlement, de concert avec le Bureau *des dix-huit*, écrivit à tous les Ligueurs du ressort, & députa des Commissaires dans plusieurs Villes, pour les engager à entrer dans la même union. On fit plus : le Parlement, & l'Hôtel-de-Ville écrivirent, séparément au Pape, pour implorer sa protection, « & pour qu'il lui plût, par sa Pro-
» vidence paternelle, trouver bon, qu'ils s'opposassent, par tous
» les moyens possibles, même par la voie des armes, s'il en étoit
» besoin, aux desseins de ceux qui montroient évidamment ne ten-
» dre qu'à la ruine de la Religion Catholique. Ils supplioient Sa Sainteté, dans la même lettre, d'aviser, si on étoit obligé d'obéir à Henri de Valois, qui avoit encouru la Sentence d'excommunication. Le zele que les Toulousains ont toujours montré pour la foi catholique, ne sçauroit excuser l'aveugle fanatisme, qui leur fit méconnoître ce qu'ils devoient à la Personne sacrée de leur Roi. Ces excès de nos ancêtres nous font rougir : mais il en faut perpétuer la mémoire, toute flétrissante qu'elle est, afin que les hommes, toujours prêts à entrer dans des malheureuses querelles de Religion, voyent dans quels précipices l'esprit de parti, peut enfin les conduire.

Les Ligueurs, peu contens des démarches séditieuses que la Ville, & le Parlement venoient de faire, voulurent un décret public, qui portât une soustraction expresse, & formelle de l'obéissance due au Roi. Ils la demanderent aux Capitouls, & les menacerent d'en venir aux dernieres extrêmités, si ce décret ne leur étoit accordé. Ces Magistrats firent part au Parlement des menaces qu'on leur faisoit, & du danger qu'il y avoit que ce peuple furieux, déjà armé pour la garde de la Ville, ne se portât à quelque révolte. Le moindre souffle pouvoit allumer un grand incendie. Le Parlement prit l'allarme, & crut ne pouvoir se dispenser de permettre l'assemblée d'un Conseil. Alors le Conseil ne pouvoit être composé que de quatre-vingts opinans en tout ; & les Capitouls avoient le droit d'y appeller ceux des habitans que bon leur sembloit. Cet ordre fit peut-être présumer au Parlement que les Capitouls, pouvant se rendre maîtres de l'assemblée, il n'y feroit point pris de délibération aussi extrême, que celle de se soustraire formellement à l'obéissance due au Roi. Mais quand même ils auroient eu cette intention louable, l'évenement les empêcha de l'exécuter : car dans l'assemblée qui fut tenue, outre le nombre de ceux qui avoient été mandés, il se jetta dans la salle du Conseil, une troupe de six cens habitans de toutes conditions, la plupart armés d'épées.

Cette assemblée, qu'on n'osa pas renvoyer, ne pouvoit être que tumultueuse. Le premier Président Duranti y présidoit, accompagné de quelques Officiers du Parlement, du nombre desquels étoit Jacques Daffis Avocat Général. L'ancien Capitoul Etienne Tournier, dont on a déja parlé, s'y trouva aussi, & donna le signal de la révolte. Quand son tour de parler fut venu, il fit d'abord avec beaucoup d'éxagération le récit de la mort du Duc, & du Cardinal de Guise, dont il disoit avoir été, pour son malheur, comme témoin oculaire. Il dit, ensuite, que les massacres de ces Princes n'étoient que le commencement des sanglantes prescriptions, qu'on avoit projettées, & une suite des mesures qu'on avoit prises, pour ruiner, en France, la Réligion Catholique : Que pour arrêter le cours de ces pernicieux desseins il n'y avoit rien de mieux à faire, que de se soustraire absolument, & par une délibération publique, de l'obéissance d'Henry de Valois : Qu'il y avoit même obligation d'en venir là, puisqu'on ne pouvoit ignorer que ce Prince ne fût excommunié : puis, se tournant vers un portrait du Roi, qu'il y avoit dans la salle, il ajouta que comme anciennement, à Rome, on renversoit les statues des Tyrans, il étoit bon de commencer par abattre le tableau de celui-ci. A ces mots l'Avocat Général Daffis, zélé Royaliste, se laissant emporter à sa vivacité, interrompit Tournier ; le traita de rébelle ; & lui dit d'un ton de voix élevé, avec un geste menaçant, qu'en temps & lieu, il le feroit répentir de sa félonie. Ces paroles ne firent qu'irriter la populace. Il s'éleva une grande rumeur dans l'assemblée, & Tournier s'étoit levé pour répliquer, lorsque le premier Président, craignant quelque fâcheuse extrémité, prit la parole, & dit, que cette maison, ayant toujours agi de concert avec le Parlement, il convenoit qu'on sçût le sentiment de cette Compagnie, avant de rien résoudre sur un sujet de cette importance, & se levant, sans attendre qu'on eût opiné, il rompit le Conseil. Un procédé aussi prudent devoit, ce semble, calmer les esprits envénimés contre le premier Président, cependant il ne fit que redoubler la haine qu'on lui portoit. La maniere dont il avoit rompu l'assemblée passa, dans l'esprit des Ligueurs, pour une insulte à la liberté publique. On murmura aussi contre Daffis, ce qui le détermina à suivre le conseil de ses amis, qui le sollicitoient de s'absenter de la Ville, pour quelque temps.

Cependant Duranti, pressé par les cris du Peuple, & par les sollicitations de ses amis, qui lui faisoient craindre une sédition, assembla le Parlement, le vingt-huitiéme de Janvier, pour délibérer sur ce qu'on devoit faire. L'Evêque* de Comminges, l'un des principaux Chefs de la Ligue, ne manqua pas de s'y trouver. Une confusion affreuse régna dans cette assemblée: les avis furent partagés; car, quoique le nombre des Ligueurs surpassât celui des Politiques, il y en avoit beaucoup de ceux-là, qui ne pouvoient se résoudre à se soustraire, par une déclaration publique, à l'obéissance due au Roi, le premier Président faisoit tous ses efforts pour l'empêcher; & on n'avoit encore rien résolu, quand, tout à coup, une allarme dissipa l'assemblée. On apprit qu'une grande multitude de séditieux, en armes, avoit assiégé toutes les avenues du Palais. Chacun effrayé de cette nouvelle, ne songea plus qu'à se tirer d'un péril, qui les menaçoit tous également; mais le danger ne fut que pour Duranti. A peine son carrosse fut-il hors du Palais, qu'une troupe de ces factieux le poursuivit, & l'attaqua, devant l'Eglise de Nazareth. On lui porta plusieurs coups d'épée, & de hallebarde, qui percerent seulement les mantelets du carrosse: ses domestiques le défendirent de toutes leurs forces. Un d'entr'eux, surtout, s'étant saisi de la hallebarde d'un des assassins, les écartoit avec beaucoup de courage: malgré ce secours, Duranti auroit péri, si son Cocher ne l'eût tiré du danger, en poussant les chevaux à toute bride. Ce conducteur fidele étoit prêt d'arriver à la maison ** de son Maitre, quand l'essieu du carrosse rompit, dans la rue de la Pomme, en donnant contre la margelle d'un puits. Duranti des-

* Il étoit l'un des deux Conseillers Evêques du Parlement.
** Cette maison qui est vis-à-vis la Chapelle des Pénitens Bleus, appartient aujourd'hui aux héritiers de M. de Monserrat, Conseiller au Parlement.

cendit ; & n'étant éloigné que d'environ trois cens pas de fa maifon, ou de l'Hôtel-de-Ville, il fe rendit dans ce dernier endroit, croyant y trouver un refuge plus affuré. Il y rencontra plufieurs Capitouls ; mais leur froid accueil lui fit oublier le bonheur qu'il avoit eu d'échapper à la fureur des factieux. Ceux - ci tournerent leur rage contre le Laquais, dont on a parlé, l'enveloppèrent, & le traînerent aux prifons de l'Archevêché : ils donnerent enfuite l'allarme dans la Ville. Tout annonça la guerre. On tendit les chaînes ; on dreffa des barricades, dans toutes les rues : mais l'émotion n'alla pas plus avant.

Duranti refta, trois jours, dans l'Hôtel-de-Ville, fans y être vifité que d'un petit nombre d'amis, qui lui confeilloient de profiter de la liberté qu'il avoit, de fe retirer. Le Parlement lui fit dire auffi de fe refugier, à Balma * : mais il fût fourd à tous ces confeils. « Je connois, *répondit-il*, la grandeur du danger qui » me menace : je fçais qu'on en veut à ma vie : mais il ne fera » pas dit que j'aie quitté le fervice de mon Roi, en lâche dé» ferteur. Que fi un Soldat eft puni de mort, pour s'être tiré de » fon pofte, de combien ferois-je plus puniffable d'avoir abandon» né le mien. » La fermeté de ce Magiftrat ne défarma pas fes ennemis. Le Bureau *des dix-huit* franchit les bornes du pouvoir que le Parlement lui avoit accordé, & eut la hardieffe d'ordonner, le 30 de Janvier 1589, que Duranti feroit mis en arrêt dans l'Hôtel-de-Ville. Cette Maifon devint fufpecte aux factieux. Ils fe défièrent des Capitouls, & réfolurent de le transférer au Couvent des Jacobins, comme dans un endroit, où ils feroient plus maîtres de fa perfonne.

Il y fut conduit, le 1 Février, marchant, à pied, entre deux Evêques, celui de Caftres, & celui de Comminges, avec la contenance d'un homme de courage. On le mit dans une chambre, fous la garde de vingt - cinq Soldats, & de deux Commandans, également féroces, & fes ennemis particuliers. On l'y traita avec tant de dureté, qu'étant devenu malade, on lui refufa fon Médecin ordinaire ; & que fon époufe, Rofe de Caulet, obtint, à peine, la permiffion de s'enfermer avec lui. Cette maladie fut caufe qu'on ne le transféra pas dans la Tour de Saint Jean, comme

___

* C'eft la maifon de plaifance des Archevêques, à demi lieue de Touloufe.

me on l'avoit réfolu, peut-être dans la vue que paffant par la rue de Couteliers, qui étoit, alors, le quartier de la Ville le plus mutin, il y feroit tué par ces artifans : peut-être même l'avoit-on comploté de la forte.

Un nouvel orage acheva de le perdre, & enveloppa Daffis dans fa perte. On intercepta, le 7 de Février, deux lettres, que cet Avocat Général écrivoit, l'une à Daffis, fon frere, premier Préfident au Parlement de Bordeaux, & l'autre au Maréchal de Matignon, qui commandoit les armées du Roi en Guienne : il les inftruifoit, par ces lettres, de la détention de Duranti, & de l'état où étoit cette Ville. Il les affuroit, qu'avec un petit nombre de troupes, on réduiroit aifément les factieux ; & il ajoutoit qu'il avoit donné le même avis au Roi. La teneur de ces lettres fut auffi-tôt publiée, dans toute la Ville, & ne fit qu'accroitre l'émotion. Les ennemis de Duranti ne manquerent pas de faire croire aux féditieux, (h) que c'étoit, de concert avec lui, que Daffis avoit écrit ces lettres, & dépêché, au Roi, Guitard Raté, Confeiller, qui fut depuis Evêque de Montpellier. Ils femerent même un faux bruit, que les Comtes de Caraman, & d'Aubijoux, le Baron de Blagnac, & Cornuffon s'étoient déjà mis en marche, avec des troupes contre la Ville.

A ce bruit le peuple prend les armes, va enlever Daffis de fa maifon de Campagne, & le mene prifonnier, à la conciergerie. Trois jours après, & le 10 Février, un nombre d'environ quinze cens des plus mutins s'affemble à la place Saint George. Ils courent comme des forcénés, au Couvent des Jacobins ; mettent le feu à la porte, qui répond devant les Tierceres ; entrent avec furie, & demandent Duranti, à hauts cris. En même-temps, un des Commandans des Soldats, qui étoient à fa garde, entre dans la chambre de ce Magiftrat, en lui difant que le peuple vouloit lui parler.

Duranti jugea bien que fa derniere heure étoit venue. Il fe mit à genoux ; fit une courte priere, & après avoir dit le dernier adieu à fon époufe, qui pâma entre fes bras, il fe revêt de fa robe de Palais, & defcend fe préfenter aux féditieux, précédé de ce fcelerat de Commandant, qui eut l'impiété de leur dire, *voilà l'homme.* « Me voilà donc, *leur dit Duranti avec intrepidité,* que
» voulez-vous de moi ? Y-a-til quelqu'un d'entre vous qui fe
» plaigne que je lui ai fait injuftice ? Qu'il s'avance, qu'il le dife.

(h) *de Thou.* t. 10 pag. 568.

» Que si vous n'en voulez qu'à ma vie, songés que vous allez vous
» noircir d'un crime horrible, que toute la postérité vous repro-
» chera, & qui tôt ou tard, sera vangé de Dieu, & des hommes.

La vue d'un aussi grand personnage, & la conténance ferme avec laquelle il se présenta, auroit dû désarmer cette populace irritée. Il est vrai que ces séditieux demeurerent, quelque-temps, immobiles, se regardant l'un l'autre : mais un de la troupe, qui étoit des plus reculés, ayant fendu la presse, lui tira un coup d'arquebuse au travers du corps, duquel coup il tomba à terre, & mourut. On assure qu'en tombant, il leva les yeux vers le Ciel, & prononça les mêmes paroles que Jésus-Christ sur l'arbre de la Croix, *Seigneur ne leur imputés pas ce péché, parce qu'ils ne sçavent ce qu'ils font.* Ce fut alors qu'on vit bien jusqu'où vont les excès d'un peuple mutiné. Duranti eut à peine expiré, qu'on l'attacha par les pieds avec une corde, & qu'on le traîna, dans les rues, avec de grandes huées. On fit plus, (& je ne rapporte ce fait qu'avec horreur) un de ces enragés, marchant au-devant, & portant le portrait du Roi, qu'on avoit pris dans l'Hôtel-de-Ville, déployé en forme de Baniere, crioit de toutes ses forces, *à cinq sols le portrait du tiran, pour lui acheter un licou pour le pendre.* Après avoir traîné de la sorte le corps du premier Président, dans les principales rues, on l'attacha, avec le tableau du Roi, à une grille de fer, qui fermoit l'échafaut * de pierre, qui étoit, alors, au milieu de la place St. George.

Dans ce même-temps, Daffis, qui étoit retenu prisonnier, dans la Conciergerie, fut interrogé par des Commissaires du Bureau *des dix-huit.* Ces factieux lui demanderent si ce n'étoit pas lui qui avoit écrit les lettres, qu'on lui montra, adressées à Matignon, & au premier Président de Bordeaux. Il répondit qu'il lui seroit trop honteux de ne pas l'avouer : & leur ayant demandé, à son tour, qui ils étoient, & qui les avoit établis ses Juges, il leur dit qu'il ne connoissoit en eux d'autre pouvoir que celui des *Bandits, & des assassins.* Ces paroles rapportées au Bureau *des dix-huit,* irriterent les esprits, & la même nuit, quatre satellites allerent, dans la chambre de Daffis, l'étranglerent avec une corde, & laisserent

* Cet échaffaut fut détruit, en vertu d'une délibération de la ville du 10 Mai 1632, pour plusieurs considérations, & principalement, pour satisfaire à la demande de Bertier pr. Président, dont la maison donnoit sur cette place. On éleva, à la place, une croix de pierre, qui a été transportée, depuis quatre ou cinq ans, auprès de l'Eglise de St. George.

son corps, dans la falle de la Conciergerie. De-là, ils fe rendirent aux prifons de l'Archevêché, pour faire la même exécution fur le Laquais de Duranti, qui avoit deffendu fon maître, avec tant de zéle. Le lendemain, grand matin, un Capitoul, nommé Blanquier accompagné de la main forte de l'Hôtel-de-Ville, fut enlever le corps de Duranti, & celui de Daffis, qu'il fit enterrer fecretement, le premier dans l'Eglife des Cordeliers de la Grande Obfervance, & l'autre dans celle des Cordeliers de Saint Antoine du Salin. C'eft une chofe digne de remarque, que lorfque Duranti fut enterré, foit qu'on l'eut fait à deffein, ou par précipitation, on l'envelopa avec le Tableau * du Roi que les Capitouls avoient emporté avec fon corps. On trouvera dans la notice des illuftres Touloufains l'éloge de ces deux défenfeurs de la Royauté.

La nuit du même jour que périrent ces deux grands hommes, on pilla la maifon de Duranti, ce qui fut une perte pour les PP. Capucins, à qui il avoit légué une riche Bibliotéque par fon Teftament ; & qui en ramafferent à peine quelques volumes. Les Capitouls firent faire une exacte recherche de fes meubles, & par une baffeffe indigne de ces Magiftrats, ou par une animofité incroyable, fi les Regiftres de l'Hôtel-de-Ville n'en faifoient foi, ils les firent vendre, à l'encan, avec les chevaux de fon carroffe, au profit de la Ville. La rage des Ligueurs contre Duranti ne fut pas affouvie par fa mort. Le Sindic de la Ville fut chargé, par une Délibération publique, de demander au Parlement, que le Procès fût fait à fa mémoire, & à celle de Daffis. On s'étonnera avec raifon, que cette Compagnie d'ailleurs fi fage, & fi équitable reçut favorablement cette Requête : il eft vrai (i) que la procédure ne fut point continuée, parce qu'on ne trouva aucun témoin qui osât dépofer contr'eux.

LES LIGUEURS de Paris n'étoient pas moins forcenés que ceux de Touloufe. La mort du Duc de Guife avoit mis le comble à leur

---

(i) *Hift. gen. de Lang.* tom. 5. p. 433.

* Il y a foixante-quinze ans, que les P.P. Cordelliers ayant tranfporté le tombeau de Duranti de l'un des côtés du Chœur à l'autre, pour obferver la fimetrie, avec celui du Préfident Donneville, Le corps de ce premier Préfident fut trouvé envelopé de ce tableau, & fans aucune corruption, ce qu'on donnoit pour un miracle, & pour une preuve de fainteté.

On remit dans le Confiftoire, en 1601. une copie de ce tableau. *ann. de Touloufe*, t. 2 pag. 529.

fureur : ils présenterent, le 7 Janvier 1589, une requête au Duc d'Aumale & aux Echevins de Paris, sur laquelle la Sorbonne donna un décret solemnel pour déclarer * que les François étoient dé-

* *A Monseigneur le Duc d'Aumale, Gouverneur, & à Messieurs les Prévôts des Marchands, & Echevins de la ville de Paris.*

» Vous remontrent humblement les bons Bourgeois, manans, & habitans
» de la Ville de Paris, que plusieurs desd. habitans, & autres de ce Royaume
» sont en peine & scrupule de conscience, pour prendre résolution sur les pré-
» paratifs qui se font pour la conservation de la Religion Catholique, Aposto-
» lique & Romaine dans cette Ville de Paris, & de tout l'Etat de ce Royaume,
» à l'encontre des desseins cruels exécutés à Blois, & infraction de la foi publi-
» que, au préjudice de ladite Religion & de l'édit d'union, & de la naturelle
» liberté de la convocation des Etats, sur quoi lesdits suppliants desireroient,
» avoir une sainte & véritable résolution. Ce considéré, il vous plaise promou-
» voir que Messieurs de la faculté de Théologie soient assemblés pour délibé-
» rer sur ces points, circonstances & dépendances, & s'il est permis de s'assem-
» bler, s'unir, & contribuer contre le Roi, & si nous sommes encore liés du
» serment que nous lui avons juré.

Cette requête fut renvoyée juridiquement à la faculté dont le décret s'explique, en ces termes.

Anno Domini 1589. & die 7 Januarii sacratissima Theologiæ facultas Parisiensis congregata fuit apud Collegium Sorbonæ &c. conclusum est, primum quod populus hujus Regni solutus est à sacramento fidelitatis, & obedientiæ præfato Henrico Regi præstito. Deinde quod idem populus, licitè & tutâ conscientiâ potest armari uniri, & pecunias colligere & contribuere ad defensionem religionis catholicæ, apostolicæ & romanæ, adversus nefaria consilia & conatus prædicti Regis, & quorumlibet illi adhærentium, ex quo fidem publicam violavit, in præjudicium prædictæ religionis catholicæ, & edicti sacræ unionis, & naturalis libertatis convocationis trium Ordinum hujus Regni. Quam conclusionem insuper visum est eidem facultati Parisiensi transmittendam esse ad sanctissimum D. nostrum Papam, ut eam sanctæ sedis appostolicæ autoritate probare & confirmare, & eadem opera Ecclesiæ gallicanæ gravissimè laboranti, opem & auxilium præstare dignetur.

La souscription que l'Université de Toulouse donna à ce décret est du 9 Février suivant, en ces termes.

Dei nomine invocato, & Missa sancti Spiritus celebratâ in Capellâ archiepiscopali Tolosanâ die 9 Februarii anno 1589 Pontificatûs &c. universo clero, nec non sacrosanctâ Theologiæ facultate tolosanâ ad instantiam & supplicationem omnium Ordinum dictæ Civitatis Tolosanensis debitè congregatis ad deliberandum, an hujusce Provinciæ, totiusque Regni, Populus catholicus, pro fidei christianæ propugnatione adversus Henricum tertium, ejusque fautores, tutâ & illæsâ conscientiâ possit & debeat arma sumere, tanquam ab ejus imperio & ditione, nec non à sacramento fidelitatis liberatus : qui visâ super his almæ facultatis Theologiæ Parisiensis deliberatione, eaque diligenter perpensâ, collectisque hac in parte omnium sententiis, multisque utrinque allatis rationibus, tandem communi consensu & calculo, nemine reclamante, prædictæ conclusioni & deliberationi Theologiæ facultatis parisiensis subscripserunt. &c.

liés du serment de fidélité qu'ils devoient à leur Roi, & qu'ils pouvoient prendre les armes contre leur Souverain pour la défense de la Religion, ce qui fut adopté par l'Univerfité de Toulouse. Le Conseil *des Seize* déclara le Duc de Mayenne, frere du Duc de Guise, *Lieutenant général de l'Etat Royal & Couronne de France*; & invita toutes les Villes du Royaume à le reconnoitre en cette qualité. Tous les Ordres de Toulouse, le Clergé, le Parlement, le Corps de Ville lui envoyerent des Députés; & le Bureau *des Dixhuit*, comme s'il avoit fait un Corps à part, nomma un Député particulier. Mayenne, homme intrépide à la vérité, mais plus habile qu'agissant, se vit à regret à la tête d'une faction animée par le fanatisme. Peu intéressé à venger la mort de son frere, qu'il n'aimoit pas, & qu'il avoit autrefois appellé en duel, il sentoit que, tôt ou tard, le parti des rebelles seroit accablé : cependant, après avoir donné, le 6 Avril 1589, un reglement * pour remédier aux desordres, en attendant la tenue des Etats généraux, qui devoient être assemblés à Paris le 15 de Juillet, il rassembla toutes ses forces pour aller attaquer le Roi à Tours, où il s'étoit retiré, avec le Parlement & toutes les Cours de Paris.

Henri III, effrayé de l'orage prêt à le renverser du Trône, se détermina à se réconcilier avec le Roi de Navarre. Il lui apprit le danger où il étoit : & lui demanda son secours contre les Ligueurs, qui osoient s'en prendre à sa Couronne. Ce généreux ennemi, oubliant aussi-tôt, tous les sujets de querelle qu'il y avoit entre le Roi de France & lui, vola à Tours, força le Duc de Mayenne d'abandonner son entreprise, & de se retirer. Un service si important acheva de bannir la défiance, qui pouvoit altérer la concorde entre les deux Rois : ils s'avancerent vers Paris, avec leur armée, & jetterent la consternation dans cette Capitale, en faisant le blocus. Il n'y a point de Ville plus aisée à réduire, par la facilité qu'il y a de l'affamer. Mayenne qui y commandoit, prévoyant que le Roi alloit s'en rendre maitre, résolut de faire une sortie, à la tête de l'élite de ses troupes; & de chercher une mort glorieuse au défaut de la victoire. Mais le crime affreux d'un Moine lui épargna une honteuse défaite, & procura un plus grand avantage à la Ligue que n'auroit pu faire cette sortie qu'on méditoit.

* Ce reglement contenant 32. articles, fut enregistré au Parlement de Paris à la Chambre des Comptes, à la Cour des Aydes, & publié, à son de trompe, dans cette Capitale, le 29. d'Avril.

Ce Moine *, nommé Jacques Clement, s'étant fait introduire dans la chambre du Roi, à Saint Cloud, le 1 Août 1589, sous prétexte de lui rendre une lettre, le frappa d'un coup de couteau, dans le ventre, duquel coup il mourut le lendemain. Henri III auroit été le plus grand Prince de son siecle, s'il avoit porté sur le Trône les mêmes vertus qu'il fit éclater n'étant que Duc d'Anjou. Mais ébloui par la Royauté, il ne fit paroître que quelque lueur de courage qui s'éclipsoit aussi-tôt. Suspect aux Catholiques, & aux Huguenots par sa légereté, devenu méprisable à tous, par une vie également superstitieuse, & libertine, il sembla n'être monté sur le Trône que pour faire connoître ses défauts. Il foula ses Sujets par des subsides inouïs jusqu'alors, pour satisfaire à des dépenses frivoles, & à l'avidité insatiable de ses *Mignons*. On dit (k) qu'il poussa son aveugle attachement pour eux, jusqu'à former le dessein de leur partager son Royaume.

Avant d'expirer, il avoit déclaré le Roi de Navarre pour son successeur. La Cour & l'Armée le reconnurent aussi-tôt, sous la promesse qu'il fit par écrit (l), de rentrer dans le sein de l'Eglise : mais dans le même temps les Ligueurs de Paris proclamerent le Cardinal de Bourbon son oncle.

La nouvelle de la mort d'Henry III. & de la proclamation du Cardinal, fut un double sujet de joye pour les Ligueurs de Toulouse : ils la firent éclater en chantant solemnellement le *Te Deum*; & par un excès d'aveuglement que la qualité d'historien m'oblige (m) de rapporter. Le Parlement s'oublia jusqu'à méconnoître son légitime Souverain, & deffendit de lui obéir.

On fit des funerailles publiques à Jacques Clément, qui avoit été puni, sur le champ, de son détestable parricide. Le Provincial des Minimes, prononça son oraison Funèbre, & déploya son éloquence pour prouver que Clement avoit mérité, par sa mort, la couronne du martyre. L'aveuglement alla plus loin : on fit courir, par tout, des estampes de ce prétendu martyr. On plaça son nom dans les Litanies des Saints. Il est vrai que Sa Sainteté ne fut

(k) *Mezerai.*
(l) *Pierre Mathieu, hist. des troubl. de France.*
(m) *P. Mathieu, hist. gén. de Lang. tome 5. page 439.*

* De l'Ordre des Dominicains, natif de Sorbonne, Village près de Sens, & âgé de 22. ans.

pas de durée : car peu d'années après, ce Moine, que le fanatisme avoit placé dans le Ciel, fut traité comme un monstre * vomi par l'enfer.

Cette fermentation regnoit dans tous les esprits, lorsque le Maréchal de Joyeuse fut envoyé dans cette Ville, avec son fils ** par le Duc de Mayenne, pour commander les Ligueurs : il assembla les Etats de la Province à Castelnaudarri au mois d'Avril, & leur fit jurer d'entretenir l'union pour la conservation des habitans dudit pays en la Réligion Catholique, Apostolique & Romaine. Alexandre de Bardis Evêque de St. Papoul, qui présida à cette assemblée, reçut le serment des députés, & du grand-Prieur. Le calme sembloit renaître, lorsque Joyeuse renouvella les troubles, en faisant au mois d'Août 1589, une trêve de quelque mois avec le Duc de Montmorenci. Nous avons vu la défection de ce Duc en 1685 ; & comment il fut rétabli dans le Gouvernement de Languedoc, par des Lettres Patentes du Roi, que le Parlement refusa d'enrégistrer. Dans le premier article de la trêve, dont on vient de parler, il étoit dit, que ce Duc seroit reconnu pour Gouverneur de la Province, sous l'autorité du Roi, sans expliquer de quel Roi, par la crainte d'éfaroucher les Ligueurs. Cette clause rendit la trêve odieuse aux deux partis, qui détestoient également Montmorenci, & surtout au Parlement, dont l'autorité crut être blessée de ce qu'on l'avoit faite sans sa participation. L'Evêque de Comminges ne manqua pas de fomenter cette haine qui retomboit sur les Joyeuses. Clement Dupui Provincial des Jésuites, le Provincial des Minimes se déchainoient ouvertement contr'eux, dans les Chaires, les qualifioient de traitres, & de parjures : enfin il ne manquoit qu'une occasion pour éclater ; elle ne se fit pas attendre long-temps.

Les chefs de la Ligue, pour entretenir l'union, dans leur parti, avoient érigé une Confrérie, sous le nom *du Saint Sacrement*, dans laquelle, les plus qualifiés, & les plus zélés s'étoient enrollés. Les choses étoient dans cet état, lorsque, le 30 de Septembre 1589, dans l'assemblée des chambres du Parlement (m), Pierre de Caumels, Avocat général s'éleva, avec beaucoup de chaleur, con-

(m) *hist. gén. de Lang. t. 5. p.* 441. *note* 9.

* On fit l'anagrame de Frere Jacques Clement, en ces termes. *C'est l'enfer qui m'a créé* (P. *Mathieu.*)
** Antoine-Scipion de Joyeuse, grand Prieur d'Auvergne.

tre cette Confrérie, en demanda la suppression, comme contraire aux Ordonnances des Rois, & à la tranquilité de l'Etat. Il étoit d'autant mieux fondé, qu'en entrant dans cette Confrérie, on s'engageoit, à ne jamais reconnoitre le Roi de Navarre, pour succeffeur à la Couronne. L'Evêque de Comminges, & le Président de Paulo, s'en déclarerent, hautement, les défenfeurs ; & on commençoit à délibérer, lorsque le Maréchal de Joyeufe, qui s'étoit rendu au Palais, & qui en avoit fait occuper les avenues, par fes Gardes, s'éleva contre l'avis de ces deux Ligueurs obftinés, & parla, avec beaucoup d'érudition *, & d'éloquence. Depuis long-temps, on n'avoit pas traité d'affaire, dans le Palais, avec plus de chaleur, que celle-ci le fut. Les avis furent partagés, à l'égard de la Confrérie : plufieurs des Ligueurs même la défaprouvoient, à caufe de la diftinction qu'elle mettoit entr'eux. Enfin il fut décidé, que perfonne ne pourroit plus y entrer fous peine de la vie ; & à la follicitation du Maréchal de Joyeufe, on ajouta à cet Arrêt, que tous les étrangers quitteroient la Ville, fur le champ, s'ils n'étoient avoués de lui.

L'orage qui menaçoit Touloufe, auroit été diffipé, fi le Parlement avoit eu autant d'autorité que de prudence : mais l'Evêque de Comminges, comptant fur la faveur du peuple, ne voulut point quitter le gouvernement de la Ville, qu'on lui avoit déféré, au commencement de ces troubles ; & le Maréchal, réfolu de l'y forcer, forma le deffein de mettre de nouvelles troupes, dans la Ville. Il devoit s'emparer de la Porte Saint Etienne. Son projet fut découvert. Toute la Ville prit les armes. Les Capitouls placerent des Gardes, aux Portes, & firent de vains efforts, pour prévenir le foulevement du peuple. L'Evêque de Comminges l'excitoit à la revolte, par la voix des Prédicateurs. Le Provincial des Minimes encherissoit fur tous les autres ; & prêchant à la Dalbade, le premier jour d'Octobre 1589, il fit jurer à tous fes auditeurs, d'employer leurs biens, & leur vie, pour maintenir la liberté publique, & la Religion.

Sur la nouvelle, qui fe répandit, le même jour, vers l'heure de midi, que le Maréchal fe fortifioit dans l'Archevéché, où il étoit logé, on fonna le tocfin, au clocher de la Dalbade : ce cri anima encore plus le peuple, déjà échauffé. Chacun prit les armes, fe rendit

---

* Il avoit été Evêque d'Alet, & connoiffoit parfaitement les matieres eclefiaftiques.

dit en foule dans cette Eglife : & ce qui peint bien les fureurs du fanatifme, les Religieux de tous les Ordres de la Ville, s'y rendirent auffi, en armes, marchant, deux à deux, fous leurs croix. S'il en faut croire l'Annalifte de l'Hôtel-de-Ville, ils étoient au nombre de trois mille. L'Evêque de Comminges y étoit venu, pour fe mettre à leur tête, & il avoit quitté fes habits, pour s'armer d'une cuiraffe, & d'une hallebarde.

Ces factieux furent eux-mêmes furpris, de voir les marques facrées de la Religion, mêlées avec les inftrumens odieux de la guerre. Ce fpectacle bizarrre fixoit leur attention ; lors que le Provincial des Minimes monta en chaire, plein de fon entoufiafme fanatique : il n'oublia rien, pour le communiquer à fes auditeurs ; & finit ce difcours féditieux, en s'écriant (n) ,, Que ce n'étoit pas fans
» une infpiration divine, que tant de faints Peres avoient pris les ar-
» mes : Que comme dans l'hiftoire fainte on lifoit, que Dieu s'é-
» toit fervi de la Tribu de Levi, qui étoit la figure du Sacerdoce de
» la nouvelle Loi, pour exterminer les Idoles, & les Idolâtres, il
» avoit voulu auffi, que les Miniftres de fes Autels fiffent ; en ce
» jour, un pareil devoir, en fe joignant aux autres Fideles pour la
» confervation de la vraie Religion : Que ce feroit mal répondre
» aux deffeins de Dieu, de ne pas fuivre jufqu'au bout, un mouve-
» ment, qui venoit vifiblement d'en-haut : Que l'heure étoit venue,
» de chaffer, de cette Ville, le Tiran, qui avoit entre-
» pris de s'en emparer, pour la mettre aux fers, & la livrer
» au Roi de Navarre, & à fes malheureux partifans : *enfuite*,
» *adreffant la parole à l'Evêque de Comminges*, C'eft à vous, *dit-il*,
» faint Prélat, comme à un autre Moïfe, de vous mettre à la tête
» de tous ces Fideles, pour l'exécution d'un projet, fi faint, & fi
» approuvé de Dieu. « L'Evêque accepte l'invitation : tous les af-
fiftans répondent, avec de grands cris, qu'ils font prêts à le fuivre. Richard defcend de la chaire, fe met à côté de l'Evêque : il marchent droit à l'Archévêché, accompagnés de cette populace, tenant un Crucifix d'une main, & une épée nue de l'autre.

Au premier bruit de cette emeute, Joyeufe avoit armé tous fes gens. Plufieurs Gentilhommes, & plufieurs Officiers du Parlement s'étoient rendus, auprès de lui. Ils furent long-temps, irréfolus fur le parti qu'il y avoit à prendre. Enfin le Maréchal fe retira, prudemment, à Balma, dédaignant de tirer l'épée contre une vile

---

(n) *Ann. de Touloufe*, t. 2 p. 438.

populace, & contre tant de Prêtres, & de Religieux, qu'un faux zele avoit aveuglés, jusqu'à leur faire perdre la raison. La fuite du Maréchal desarma ces séditieux. Contens de l'avoir éloigné, ils se bornerent à vomir des imprécations contre lui, dans la cour de l'Archevêché; & se retirerent, sans faire aucun acte d'hostilité.

On tint cependant un Conseil général, le 10 d'Octobre 1589, où il fut résolu, qu'on apprendroit, aux Villes confédérées, la cause de cette sédition, & qu'on déclareroit au Maréchal, que la Ville consentoit de remettre son différend avec lui, à la décision du Duc de Mayenne, & du Conseil général de l'union, établi à Paris.

Joyeuse, maître de plusieurs places aux environs de Toulouse, n'eut aucun égard à cette déclaration. * Résolu de se venger de l'injure qu'on lui avoit faite, il déclara la guerre à cette Ville. Les premiers actes d'hostilité irriterent le Parlement: il rendit un Arrêt, portant qu'il ne feroit fait aucun accord, avec ce Maréchal, que la Ville ne fût armée; & il écrivit au Marquis de Villars, & aux principaux Seigneurs de l'union, pour les prier de venir au secours de Toulouse. Il en vint plusieurs. Villars amena cent chevaux, & un Régiment d'Infanterie. Malgré ce secours, le Parlement, & l'Hôtel-de-Ville craignant les effets de la vengeance du Maréchal, députerent vers lui, pour lui témoigner leur étonnement de ce qu'il traitoit la Ville avec tant de rigueur. Il répondit à ces députés, qu'ils ne recevroient pas d'autre traitement, tant qu'ils laisseroient, dans Toulouse, l'Evêque de Comminges, & le Provincial des Minimes. Cette réponse fut rapportée, dans une assemblée générale de la Ville, où se trouverent le Marquis de Villars, l'Evêque de Comminges, le Président de Paulo, & quelques Officiers du Parlement. L'Evêque de Comminges, voyant qu'il étoit l'objet de la haine particuliere de Joyeuse, & l'unique obstacle à la paix, prit généreusement son parti: il représenta, d'abord, que dans tout ce qu'il avoit fait, il n'avoit eu en vue que les intérêts de la Religion, & ceux de la Ville: il déclara ensuite que pour ôter tout prétexte aux Joyeuses, il consentoit à se retirer de la Ville, & que, dès cette heure, il en abandonnoit le Gouvernement. On lui accorda acte de sa déclaration; & son départ hâta la conclusion de la paix, qui fut arrêtée, à Castanet, le 20 Novembre 1589, signée à Lavaur, le 27 du même mois, & dont

* Elle est rapportée, dans les annales de Toulouse. t. 2. aux pr. pag. 83.

les articles sont rapportés dans l'Histoire générale de Languedoc. (n) Les principaux de ces articles portoient, que le Maréchal seroit reconnu, pour Gouverneur, & pour Lieutenant général, dans Toulouse, avec amnistie de tout le passé ; & que l'Evêque de Comminges, & le Provincial des Minimes se retireroient de la Ville. Tout fut ainsi exécuté ; Richard disparut & l'histoire n'en fait plus mention.

Henry III. avoit interdit, le 27 de Février 1589, le Parlement de Toulouse ; & ordonné, le 17 de Juin suivant, qu'il seroit transféré, dans la Ville basse de Carcassonne. Cette Compagnie refusa d'obéir (o) ; elle continua à rendre la justice ; & malgré sa résistance, les ordres du Roi furent exécutés, le 13 de Novembre 1589, on érigea un Parlement à Carcassonne. Pierre * de Sabatier, Seigneur de Labourgade, Conseiller au Parlement de Toulouse, & zélé Royaliste, fut le Président de ce Tribunal, & le reste des Officiers fut choisi, parmi ceux du Présidial de Carcassonne. Le Seigneur de Mirepoix, Sénéchal ** de cette Ville, assista à la premiere séance, qui fut consacrée à l'enrégistrement de l'Edit du feu Roi, qui interdisoit le Parlement de Toulouse. Le même Arrêt fit défenses à tous les sujets du Roi, du ressort, de reconnoitre d'autre Parlement que celui, qui avoit son siege dans Carcassonne, à peine d'être punis, comme criminels de léze-Majesté ; & ordonna que les Officiers de toutes les Cours, séantes dans Toulouse, se transporteroient, à Carcassonne, sous les peines portées par l'Edit. Le Parlement de Toulouse ne manqua pas de casser tout ce qui avoit été fait par celui de Carcassonne ; ainsi cet Arrêt ne fut point exécuté.

Malgré la paix, que le Maréchal de Joyeuse avoit faite avec les Toulousains, il avoit quelque répugnance à revenir dans cette Ville : on avoit beau l'en presser : il ne se rendit, qu'après que le Parlement, & l'Hôtel-de-Ville lui eurent envoyé des députés, pour l'assurer d'une parfaite réconciliation, de leur part. Son arrivée fit renaitre la joie, parmi les Ligueurs ; & le peuple la fit éclater, par les transports les plus vifs. Qui croiroit que cette joie

---

(n) T. 5. aux preuves pag. 319.
(o) Hist. gén. de Languedoc, t. 5. aux preuves, p. 313. 440.

* Lafaille s'est trompé en lui donnant le nom de Jean.
** Il avoit la qualité de Commandant dans le haut Languedoc, en l'absence de Montmorenci qui lui en avoit fait expédier des provisions en son nom.

apparente cachoit la plus noire trahison, & que les auteurs de l'émeute, qui avoit chassé ce Maréchal, méditoient une conjuration terrible, qui ne tendoit à rien moins, qu'à faire un massacre de tous les Officiers du Parlement, sous prétexte, qu'ils favorisoient les politiques ? Ce même Tournier, qui a joué un des principaux rôles, dès le commencement de ces troubles, en étoit le chef. Voici comment elle fut découverte.

Un des Conjurés, nommé Gali, étoit fortement attaché par les liens de l'amitié avec Assezat, Conseiller au Parlement : sa tendresse fut allarmée du danger qui menaçoit son ami. Il courut, chez lui, au mois de Decembre 1589, pour l'avertir de s'absenter du Palais, le lendemain. (p) Cet avertissement surprit beaucoup Assezat : il pressa, si fort, Gali de lui en apprendre le sujet, qu'il lui arracha le secret des Conjurés, qui avoient projetté de se rendre, en armes, dans le Palais; & de faire main-basse sur tous les Officiers du Parlement. Gali n'eut pas plutôt quitté Assezat, que celui-ci vola chez le Président Bertrand, pour l'informer de ce qu'il venoit d'apprendre. Bertrand assemble, aussi-tôt, quelques Officiers de cette Compagnie, entr'autres l'Avocat-Général Caumels, homme également habile, & courageux : ils mandent, sur le champ, les Capitouls : leur ordonnent de faire une exacte patrouille, durant toute la nuit; & de se rendre maîtres de toutes les portes de la Ville, avec défense de laisser entrer aucun étranger, ce qui fut peut-être leur salut; car il s'en présenta un très-grand nombre. Le lendemain, le Parlement s'assembla, grand matin, fit arrêter Gali, & un autre Conjuré, nommé Bernes, qui découvrirent tout le complot. Tournier, voyant sa mine éventée, se retira, avec quelques Conjurés, découragés par cette découverte, dans l'Isle de Tounis *, qu'ils avoient choisie, pour leur rendez-vous, & pour leur place d'armes. Il s'y rétrancha le mieux qu'il put; & se rendit maître de Resseguier, Conseiller au Parlement qu'il enleva, ** dans la chapelle des Cordeliers de St. Antoine, & qu'il mena prisonnier, dans l'Isle, pour que sa rançon fut le prix de sa grace, en cas d'évenement.

Le bruit de cette révolte attira, au Palais, les Capitouls, avec

---

(p) *hist. gén. de Languedoc*, t. 5 note 9.

---

* Tounis est une Isle, sur la Garonne, qui n'avoit alors, de communication avec la Ville que par un pont de brique, placé vis-à-vis la Dalbade.

** Lafaille s'est trompé dans la date, & dans le détail de cette sédition.

leur main forte (*q*), & environ trois cens bourgeois, en armes, qui vinrent au sécours des Officiers du Parlement. La Cour donna, aussi-tôt, commission aux Présidens de Paulo, & Bertrand, d'aller appaiser le tumulte : ces deux Officiers, s'étant armés, se mirent à la tête de la Bourgeoisie, & marcherent, vers l'Isle de Tounis : ils rencontrerent Fontages, l'un des Conjurés qui s'étoit saisi du Conseiller Papus *, & qui l'emmenoit prisonnier : ils l'arrêterent, & le firent pendre sur le champ. Etant arrivés à la Dalbade, le Président de Paulo, soit par un esprit de paix, soit qu'il fût allarmé pour la vie de Resseguier, fit parler à Tournier ; & lui promit sa grace, s'il vouloit rentrer en lui-même. Cette démarche fut vaine ; Tournier s'opiniâtra dans sa révolte. Alors on pointa une couluvrine contre les barricades, qu'il avoit dressées sur le Pont. Aux premiers coups, ce chef, auparavant si hardi, perdit entierement courage : tous les conjurés, à son exemple, chercherent leur salut dans la fuite ; & se hâterent de gagner l'autre bord de la Riviere, à la nage, ou sur des batteaux. Leur déroute jetta la consternation parmi les habitans de l'Ile : ils vinrent, la corde au cou, implorer la clémence du Parlement, qui se contenta de punir deux, ou trois, des plus coupables. On mit garnison dans l'Ile, moins pour contenir les habitans dans le devoir, que pour empêcher le pillage. Tournier disparut, pour toujours ; & sa fuite rendit la paix à la Ville : tant il est vrai qu'un seul esprit factieux suffit, pour exciter les plus grandes séditions.

    La trêve convenue au mois d'Août, entre les Catholiques, & les Huguenots, donna le temps aux deux partis de se préparer à la guerre. Montmorenci, & Matignon, leverent une armée, dans le dessein de se rendre maîtres de Toulouse, & de Narbonne : mais ces deux Villes furent sauvées, par l'habileté, & par la bravoure des Ligueurs. Ils leverent une milice, à laquelle toutes les Paroisses contribuerent. Villars arrêta le Maréchal de Matignon, & l'obligea de revenir sur ses pas. Le grand Prieur de Joyeuse s'opposa, avec succès, à toutes les entreprises de Montmorenci, dans le Lan-

---

(q) *hist. gén. de Languedoc*, t. 5. p. 446. note 9.

* La maison de Papus, qui a donné un grand nombre d'officiers à ce Parlement, depuis Pierre de Papus, qui y fut reçu Conseiller, en 1548, est divisée en plusieurs branches, Papus Seigneur de Cugnaux, Papus Seigneur de Berat, Papus de Lasalle.

guedoc, enforte que cette campagne fe paffa en efcarmouches, de part & d'autre, avec un avantage affez égal.

La vertu opprimée recouvre tôt ou tard fes droits. Les Touloufains donnerent une preuve bien éclatante de la vérité de cette maxime, dans les funérailles de Duranti, & de Daffis, qu'ils célébrerent, avec une pompe extraordinaire. Qui fe feroit attendu à un retour fi furprenant, après avoir vu ces illuftres Magiftrats, inhumainement maffacrés, par ce même peuple, & leur mémoire attaquée par l'Hôtel-de-Ville, & par le Parlement ? L'Annalifte de Touloufe appelle, avec raifon, ces funérailles » *une amende-honorable à la mémoire de ces grands Hommes*, à laquelle la Ville fe condamna elle-même.

La réduction de la Ville de Carcaffonne, au parti de l'union, augmenta la joie des Ligueurs. Le grand-Prieur de Joyeufe s'en rendit maitre. Tous les habitans, à l'exception des Officiers du Parlement, le reçurent avec joie, auffi cette Compagnie fut feule exceptée de la bienveillance de ce Gouverneur. Il fit arrêter le Préfident Labourgade, & l'Avocat-Général Gibron, contre lefquels il avoit une haine particuliere ; & fe contenta de difperfer les autres Officiers, qui fe réunirent à Béziers.[*] Gibron fut pendu publiquement ; & Labourgade auroit eu le même fort, fi le Parlement de Touloufe, dont il étoit encore membre[**], n'eût écrit en fa faveur. Joyeufe eut égard à cette lettre : il traita ce Préfident en prifonnier de guerre ; & fixa fa rançon, à fix mille livres.

Après cette conquête, il vint à Touloufe, prendre part à la joie, qu'il avoit fait naitre. On le reçut dans cette Ville, le 5 de Janvier 1592, avec les honneurs deftinés aux Lieutenans de Roi. Chaque Corps lui donna une fête ; & les Annales de l'Hôtel-de-Ville font mention d'une Piece de Théâtre, que les Jéfuites firent repréfenter, devant lui, par leurs Ecoliers, dans laquelle il y avoit deux vers [***] dignes d'être rapportés, par leur fingularité.

La joie, que la préfence du Grand Prieur répandoit, fut troublée, par la mort du Maréchal de Joyeufe. Cet homme illuftre, qui réuniffoit, de l'aveu même des hiftoriens Calviniftes, toutes les qualités d'un Héros, mourut, dans un âge fort avancé, à Cou-

---

[*] Ce Parlement établit fon fiege, dans cette ville, jufqu'à fa réunion au Parlement de Touloufe, en 1595.
[**] Sa Préfidence n'étoit qu'une commiffion.
[***] » *Joyeufe & Jofué ont beaucoup de rapport* ;
» *Car l'un prit Jérico, & l'autre Carcaffonne.*
(*Lafaille*, t. 2. p. 455.).

visan une de ses Terres, près de Limoux. Il eut sept enfans mâles, Anne, Duc & Pair, Amiral de France, favori d'Henri III, qui périt à la bataille de Coutras : François, Cardinal, Archevêque de Toulouse, & de Narbonne, &c. qui mourut Doyen du sacré College : Henri Comte de Bouchage, qui se fit Capucin : Antoine-Scipion, Chevalier de Malthe, Grand-Prieur d'Auvergne : George, Vicomte de Saint Didier, mort d'apoplexie, à Paris, en 1585 : Honorat, mort jeune : & Claude de Saint Sauveur, tué à la bataille de Coutras, avec son frere aîné. D'une famille si nombreuse, il ne sortit qu'une fille, du Comte de Bouchage, qui fut mariée, en premieres nôces, avec le Duc de Montpensier, & en secondes nôces avec le Duc de Guise. On a cru devoir mettre cette courte généalogie pour faire connoitre tous les Joyeuses, qui ont joué, successivement, un si grand rôle dans le Royaume, & particulierement dans le Languedoc.

Le nouveau Duc de Joyeuse, (ce ne sera que de ce nom qu'on appellera scipion le Grand-Prieur.) succeda à son pere, au mois de Mars 1592, dans la charge de Lieutenant de Roi, de cette Province. Le Duc de Mayenne, Gouverneur de l'Etat, ajouta à cette dignité, au mois de Mai suivant, celle de Maréchal de France, que son pere avoit soutenue, avec tant d'éclat. Ces honneurs ranimerent son courage ; & le dessein, que les Huguenots, & les Royalistes formerent, de s'emparer de Lautrec, fut pour lui, l'occasion d'un nouveau triomphe. Ils donnerent dans le piége, qu'on leur tendit, en les flattant d'une intelligence dans cette Ville : ils se présenterent au nombre de onze cens hommes. Joyeuse fut averti à propos : il les tailla en pieces, le 25 Mai 1592 ; & leur défaite jetta la consternation, dans les Villes, & dans l'esprit des Royalistes.

Cette victoire rendit le Duc entierement maître de la campagne, dans tout le haut Languedoc. Il avoit près de sept mille hommes, de bonnes troupes ; & pour complaire aux Toulousains, il se mit en marche contre les Huguenots de Montauban. Tout lui réussit d'abord : il s'empara de vingt places, ou forts des environs, & alla se rabattre devant Villemur, où il mit le siege, au mois de Juin 1592. Villemur est une petite Ville, sur la riviere de Tarn, entre Toulouse, & Montauban : elle étoit alors assés bien fortifiée, & défendue par un bon château. A peine Joyeuse eut-il formé ce siege, que le Duc d'Epernon, qui traversoit le Querci, à la tête de quatre mille hommes, pour aller prendre le Gouvernement de

Provence, l'obligea de le lever, & reprit sa route, sans vouloir combattre.

Joyeuse continua ses conquêtes, par la prise de plusieurs places de l'Albigeois : mais peu content de ses succès, s'il ne se rendoit maitre de Villemur, il revint sur ses pas ; & mit pour la seconde fois le siege devant cette Ville, le 10 Septembre 1592. Les Religionnaires de Montauban vinrent (r), le 19 Octobre, au secours de la place, au nombre de deux mille six cens hommes. Il les repoussa, deux fois, avec vigueur. A la troisieme attaque, les Espagnols lâcherent le pied, & jetterent la confusion dans le camp des Ligueurs. Joyeuse eut beau vouloir les rallier ; une sortie des assiegés acheva de les mettre en déroute. Sa valeur, & son habileté ne purent tenir contre ce nouveau renfort. Toutes ses troupes se débanderent. Entraîné, malgré lui-même, avec les fuyards, il gagna un pont de planches, qu'il avoit fait jetter sur le Tarn : mais, dans ce moment, ce pont, trop surchargé par la foule, fondit, & l'engloutit dans la riviere ; le reste de son armée, aveuglée par la peur, croyoit encore voir ce pont ; & se précipitoit dans les flots, pour échaper à la poursuite des Royalistes, qui remporterent une victoire si complette, qu'ils ne perdirent qu'environ trente hommes, tandis qu'il périt, du côté des Ligueurs, plus de trois mille hommes d'infanterie & quatre cens chevaux. On eut de la peine à reconnoitre le corps du Duc de Joyeuse. Un diamant, qu'il avoit à son doigt, le distingua des autres noyés. Il fut échangé avec le Capitaine Portal, qui avoit été fait prisonnier à la journée de Lautrec. On le porta, à Toulouse, où il fut inhumé, dans le Chœur de l'Eglise Saint Etienne, après avoir resté, pendant quelques jours, en dépôt, dans l'Eglise des Peres Minimes.

La défaite des Ligueurs, & la mort du Duc firent un double sujet d'affliction pour les Toulousains, & surtout pour le Cardinal son frere. Le Parlement s'assembla, à la hâte, & déféra d'une voix unanime, le Gouvernement au Cardinal. Il l'accepta, après avoir long-temps resisté : mais il s'en démit, peu de jours après, par principe de conscience. Cette démission fit jetter les yeux sur le Pere Ange Capucin, qui étoit conventuel à Toulouse. Celui-ci le refusa, avec plus d'obstination que son frere, sous prétexte

(r) *mém. de Sully.*

texte des vœux de religion qui ne pouvoient s'allier à la profession des armes, on aplanit cette difficulté, dans une assemblée de Docteurs, qui décidèrent *que non-seulement il pouvoit: mais qu'il devoit même accepter ce Gouvernement, pour le bien, & la conservation de la Religion Catholique.* L'on en fit un décret; & comme il résistoit encore, une partie de la Noblesse courut aux Capucins, l'arracha du Couvent, & le mena, en triomphe, à l'Archevêché. Il ne put tenir contre les pressantes sollicitations de son frere, & des Toulousains: il quitta l'habit religieux, & se rendit à l'Eglise St. Etienne; prit une épée nue, qui étoit posée sur le grand Autel; & l'ayant levée, il protesta, tout-haut, qu'il ne la prenoit, que pour la défense de la Religion, dans la résolution de verser pour elle, jusqu'à la derniere goutte de son sang.

Ses premiers soins furent de convoquer, à Carcassonne, les Etats de la Province. De-là il alla à Narbonne, où il fit, avec le Duc de Montmorenci, une trêve d'un an, qui plut également aux deux partis, & que le Parlement autorisa, le 1 Janvier 1593. Il vint ensuite faire son entrée à Toulouse, en qualité de Gouverneur. On peut voir, dans les Annales (s), le détail de cette entrée, qui fut accompagnée des cérémonies usitées en pareil cas.

CHAQUE pas qu'Henri IV. avoit fait, depuis sa proclamation, avoit été marqué par une nouvelle conquête. La bataille d'Ivri, donnée le 14 Mars 1590, mit le comble à sa gloire. Il se rendit maître de plusieurs Villes: il assiégea deux fois Paris, & réduisit cette Capitale à la derniere extrémité. Enfin, il résista glorieusement, pendant quatre ans, à tous les efforts de l'Espagne, & de la Ligue. Durant cette guerre cruelle, le Cardinal de Bourbon, que la Ligue avoit proclamé * Roi de France, sous le nom de Charles X, mourut, le 9 Mai 1590, dans sa prison, à Fontenai, en Poitou. On passe sous silence tous les faits peu mémorables, dont le détail est rapporté dans plusieurs histoires, pour en venir aux prétendus Etats généraux du Royaume, qui furent convoqués à Paris, en 1593, dans le dessein d'élire un nouveau Roi. Le Duc de Mayenne comptoit sur la pluralité des suffrages: le Roi d'Espagne avoit

_____
(s) T. 2. p. 466.
_____
* Un écrivain contemporain a remarqué que vers le temps où ce Cardinal fut déclaré Roi, il envoya, de sa prison, son Chambellan, à Henri IV, avec une lettre, par laquelle il le reconnoissoit pour son Roi légitime. (*Journal de Henri IV*, t. 4. p. 310.

en vue de faire proclamer Reine, l'Infante sa fille, que le Duc de Guise espéroit d'épouser. mais ce projet, qui tendoit à élever des Etrangers sur le Trône de France, déplut même aux Ligueurs les plus zélés ; & le Parlement de Paris oublia, dans cette occasion, les intérêts de la Ligue, qu'il favorisoit, pour maintenir les Loix fondamentales du Royaume.

Dans cette conjoncture, le Roi vit la nécessité, où il étoit de rompre les mesures de ses ennemis. Pressé d'ailleurs, par les Catholiques, qui suivoient son parti, il se détermina à rentrer dans le sein de l'Eglise. il assembla, à St. Denis, un grand nombre de Prélats ; & fit publiquement abjuration de ses erreurs, le 25 Juillet 1593. On peut lire, dans les preuves des annales, (t) de Toulouse, une copie du procès verbal de cette fameuse cérémonie.

La conversion d'Henri IV. porta le dernier coup à la Ligue. La Ville de Meaux rentra, la premiere, sous l'obéissance du Roi: Orléans, Bourges suivirent son exemple ; mais ce parti fanatique avoit pris de si fortes racines, dans Toulouse, sous le masque de la Religion, que sa décadence n'y fut sensible, qu'après qu'on y eut appris que la Ville de Paris étoit rentrée dans son devoir, le 22 Mars 1594. A cette nouvelle le Parlement agité, & allarmé des suites de cet évenement, s'assembla, & délibéra qu'on veilleroit, avec soin, à la garde de la Ville, & qu'on députeroit, vers le Duc de Mayenne, & vers le Cardinal de Joyeuse, qui étoit à Rome, pour prendre leur conseil, sur ce qu'il y avoit à faire dans une conjoncture si délicate. Peu de jours après, le Président de Lestang, & Antoine de Bruyeres, Abbé de Villeloin, qui avoient été députés aux Etats généraux, par le Clergé, arriverent à Toulouse, avec une créance du Roi, pour le Parlement. Par cette lettre, Henri IV. donnoit à connoître, combien il désiroit que ses sujets revinssent sincérement à lui : il invitoit la Province de Languedoc à le reconnoître, comme avoit fait la Ville de Paris ; & il promettoit d'en user, avec la même clémence, qu'il avoit eue pour cette Capitale, & pour tous ses sujets, qui étoient déjà rentrés dans leur devoir. Après une mure Délibération sur ces propositions, le Parlement, & l'Hôtel-de-Ville députerent, le 29 Avril 1594, Pierre Rahou, & Marianne Saluste, tous deux Avocats, & anciens Capitouls, à Henri IV, à qui ils ne donnoient que le titre de Roi de Navarre ; pour traiter, tant des

(t) T. 2. p. 89.

affaires qui concernoient la sureté, & la conservation de la Religion Catholique, que de celles qui intéressoient le repos, & l'utilité de la Ville, & de la Province. On écrivit encore, à Rome, au nom du Parlement, pour demander au Pape, par la voix du Cardinal de Joyeuse, Archevêque de Toulouse, comment on devoit se comporter, après les sermens qu'on avoit faits.

Malgré ces préliminaires de la paix, les Ligueurs tentèrent un dernier effort pour la rompre: ils engagèrent le Parlement à transférer, à Toulouse, les Etats de la Province, qui avoient été convoqués, à Lavaur, le 9 Novembre 1594; & ils y firent déterminer, qu'on y entretiendroit la Ligue. Cette résolution séditieuse retarda la ruine de ce parti, si fatal à cette Ville. Joyeuse s'opiniatroit à le soutenir. Les Religieux, & sur-tout les Prédicateurs, étoient ses plus zélés partisans: ils s'assemblerent, le 10 de Decembre, & résolurent de fermer les Eglises, de suspendre tout exercice de Religion, dans le cas qu'on se determinât à reconnoître Henri IV: ils rendirent leur déliberation publique; & eurent l'audace d'aller eux-mêmes, en instruire les Officiers du Parlement, & les Capitouls. Tous les esprits étoient si disposés à la révolte, que le Parlement craignit les suites de cette démarche téméraire. Il manda les Capitouls, leur enjoignit d'en prévenir les effets; deffendit à tous les Prédicateurs de rien dire qui pût exciter le Peuple à la sédition. Le même jour les Capitouls leverent chacun cinquante soldats, à la solde de la Ville. On monta la Garde nuit & jour, & l'on fit une exacte perquisition, pour savoir le nombre des étrangers qu'il pouvoit y avoir. Les choses resterent dans cet état, jusqu'au retour de Salluste: il assista à un Conseil de Ville fort nombreux, le 18 Décembre; fit le rapport de sa Commission, & l'assemblée fut très peu contente des réponses que le Roi avoit faites au Cayer, dont ce député avoit été chargé.

Deux jours après, Réné de Vic, Conseiller d'Etat, que le Roi avoit envoyé, pour traiter de la réduction de cette Ville à son obéissance, se rendit dans l'Hôtel-de-Ville: il dévelopa, dans un nombreux Conseil, l'intention du Roi, qui ne tendoit qu'à rappeller, dans son Royaume, la paix, que la diversité des Religions en avoit bannie; & il assura la Ville, que ce Prince généreux, oubliant le passé, par un excès de clémence, étoit prêt à la recevoir, avec affection, quoiqu'elle eut tardé à le reconnoitre. De Vic avoit ordre du Roi de traiter aussi avec le Parlement. Cette

Compagnie écouta les propositions de ce Commissaire. On tint deux assemblées, sur ce sujet; & l'on délibéra, de concert avec les Capitouls, qu'on insisteroit à demander. 1. Que le Duc de Joyeuse conserveroit la charge de Lieutenant-général, dans cette Province, & que le Duc de Montmorenci n'auroit aucune autorité dans le haut Languedoc. 2. Que Joyeuse seroit Gouverneur, dans le cas que Montmorenci cesseroit de l'être. 3. Que les Officiers de la Chambre de Béziers, qui avoient été légitimement pourvus de leur charge, seroient reçus par le Parlement. 4. Que la Chambre mi-partie seroit rétablie à l'Ile, avec les mêmes Officiers qu'il y avoit auparavant. 5. Que l'exercice de la Religion P. R. ne se feroit point, à quatre lieues aux environs de Toulouse. 6. Que l'abolition des meurtres du premier Président Duranti, & de l'Avocat-Général Daffis, seroit demandée, par un Placet séparé. Enfin que tous les subsides, établis sur les marchandises, depuis l'an 1561, seroient supprimés. Après ces conférences, le Parlement arrêta, le 7 Janvier 1595, que le Roi seroit très-humblement supplié d'agréer les articles, qu'on vient d'énoncer; & il offrit de le reconnoître, à ce prix, pour unique, & légitime Souverain.

Tout sembloit annoncer une paix prochaine: mais les Ligueurs, opiniâtres, voyant que cet Arrêt alloit exterminer les restes de leur parti, excitèrent un orage, qui arrêta la conclusion d'une paix tant desirée. Le Duc de Joyeuse, soit qu'il eût des avis de la Cour, que le Roi étoit mal disposé à son égard, soit qu'il se défiât du Parlement, & de l'Hôtel-de-Ville, soit enfin, qu'il espérât de rendre sa condition meilleure, auprès du Roi, par de nouvelles brouilleries, prit la résolution de se rendre maître de Toulouse. Ses partisans s'emparèrent des portes, & souleverent le peuple, le 11 Avril 1595. Frere Maurel, Cordelier, se signala sur tous les autres: il courut les rues, à cheval, portant un Crucifix dans une main, une épée nue dans l'autre, & criant, à haute voix, *vive la Ligue*. Son entousiasme ramassa autour de lui un grand nombre de séditieux, avec lesquels, il marcha vers le Palais. Le Parlement, effrayé de ce bruit tumultueux, fit fermer les portes. Cette précaution ne l'auroit pas garanti de la fureur des séditieux, qui se préparoient à les forcer, si Joyeuse ne fût venu, à la tête de ses Gardes, appaiser, & dissiper cette populace. Il étoit lui-même l'auteur de cette révolte: mais il n'avoit d'autre dessein que de jetter l'allarme dans le Par-

DE TOULOUSE. LIV. VI. 317

lement. Son projet réussit. Cette Compagnie délibéra, le lendemain, de se retirer dans quelqu'autre Ville du ressort. Les seuls partisans de Joyeuse resterent à Toulouse, & y tinrent le Parlement, comme auparavant: les autres partirent, le même jour, & se réunirent, à Castelsarrasin, où ils ouvrirent le Parlement, le 6 Mai 1695. Trois jours après, ils rendirent un Arrêt, portant que la Cour des Requêtes, le Présidial, & le Bureau des Trésoriers de Toulouse seroient transférés à Castelsarrasin. Le Roi, par des Lettres-Patentes, données à Lyon, confirma toutes ces translations, avec interdiction de leurs charges, contre ceux qui demeureroient dans Toulouse; & par un Edit postérieur, donné aussi à Lyon, il unit la Chambre de Béziers au Parlement de Castelsarrasin: mais cette Chambre, & le Parlement séant à Toulouse s'opposerent à ces deux Edits, de façon qu'on vit, en même-temps, trois Parlemens, dans la même Province, casser mutuellement leurs Arrêts.

Toulouse n'étoit pas encore au comble du malheur par cette guerre intestine. Le Roi donna ordre au Duc de Ventadour, & au Maréchal de Matignon de marcher contre cette Ville rebelle, & contre toutes celles qui adhéroient à la Ligue. A cette nouvelle, les Toulousains se mirent en défense. On fit prendre les armes à tous ceux qui étoient en âge de les porter; & pour fournir aux frais de la guerre, on fit vendre les meubles, & effets de tous ceux qui avoient passé à Castelsarrasin. Ces précautions devinrent inutiles. Ventadour, & Matignon se présenterent, à la vérité, devant Toulouse: mais ce fut plutôt une bravade qu'un siege. De-là ils allerent assiéger Castanet, qui n'étoit qu'un fort, à une lieue de Toulouse: ils bornerent leurs exploits à cette conquête, & se retirerent, l'un dans le Languedoc, & l'autre vers la basse Guienne.

Après leur retraite, Joyeuse reçut deux Compagnies de Gendarmes, avec lesquelles il se détermina à marcher contre Castelsarrasin. Il rangea ses troupes, en ordre de bataille, devant cette Ville, le 12 Septembre 1595, & envoya un Trompete pour la sommer de se rendre. Gaches rapporte, que le Parlement députa Bertrand, Seigneur de Moneville, un de ses Officiers, pour parler à cet envoyé: que ce Magistrat sortit de la Ville, endossé d'une cuirasse, & une pertuisane à la main: qu'il commanda au Trompete de se retirer; & de dire à son maitre, qu'il auroit dû se contenter d'avoir fait piller leurs maisons, dans Toulouse, sans venir les inquiéter dans une Ville, où ils ne faisoient que rendre la justice, pour le Roi. Cette réponse fit sans doute quelque impression sur le Duc de Joyeuse. Il ramena ses troupes à Toulouse, après avoir ravagé la Campagne des environs de Castelsarrasin ; & cette expédition fut le dernier acte d'hostilité de la Ligue, dans cette Province.

Henri IV. n'étoit pas encore réconcilié avec le Pape. C'étoit l'unique prétexte des Ligueurs, pour ne pas se soumettre. Il cessa par l'absolution que sa Sainteté donna à ce Monarque, le 17 Septembre 1595. Alors chacun songea à faire sa paix. Narbonne & Carcassonne furent les premieres Villes de Languedoc qui se détacherent de l'union : ensorte, qu'il n'y avoit plus qu'Albi, Castelnaudarry, & quelques places de peu d'importance, qui adhérassent à Toulouse. Le Roi, dont la clémence étoit sans bornes, donna un Edit, au sujet de la réduction de ces Villes, dans lequel il leur accorda une amnistie générale du passé. Pour fixer les conditions de cette réduction, & de la réconciliation du Duc de Joyeuse avec le Roi, on tint une conférence à Verfeil, le 19 Novembre 1595 : elle fut composée d'un Commissaire pour le Roi, d'un député du Duc de Joyeuse, de deux députés du Parlement de Toulouse, de deux députés de celui de Castelsarrasin, de deux députés des Etats, & de deux Capitouls. Chacun de ces députés faisoient des demandes particulieres. Les Capitouls demanderent, entr'autres choses, qu'il plût au Roi de ne donner la Charge de premier Président du Parlement, qu'à un vrai Catholique reconnu pour tel ; & que les Jésuites, qui par un Arrêt du Parlement de Paris, avoient été chassés * du Royaume, fussent maintenus dans cette Ville. Après cette conference tous les Corps qui y avoient envoyé des députés firent vers le Roi une nouvelle députation, dont nous verrons bien-tôt le succès.

A la fin de l'année Claude Menardeau, Commissaire député par le Roi, pour la réunion du Parlement de Beziers à celui de Toulouse, séant à Castelsarrasin, qui avoit été ordonnée (u) par un second Edit, du 23 Septembre 1595, arriva dans cette Province; & fit cette réunion, le 9 Decembre suivant, de la maniere qu'on peut voir dans le verbal de ce Commissaire, que Lafaille à inséré dans les preuves des Annales de Toulouse. (x)

Le Baron d'Auterive, qui avoit été député à la Cour, par le

(u) *Hist. gén. de Lang.* t. 5. p. 476.
(x) T. 2. p. 92.

---

* L'Arrêt qui les avoit bannis, avoit été gravé sur la fameuse pyramide du Palais qui fut démolie, en 1605. (*P. Mathieu,* p. 54.).

Duc de Joyeufe, arriva à Touloufe, pendant la tenue des Etats de la Province, dans cette Ville. Il porta un Edit, que le Roi avoit donné à Folembrai*, le premier Janvier 1596, par lequel, il confirma les articles convenus à la conférence de Verfeil, à peu-près les mêmes, que ceux qu'on avoit arrêtés, avec Réné de Vic; & par un excès de générofité, envers cette Ville, il lui accorda la continuation de l'abonnement des Tailles, pour cent ans. Cet Edit fut vérifié au Parlement le 24 Mars. Les Touloufains avoient déjà fait éclater leur reconnoiffance, le 13 du même mois, en chantant folemnellement un *Te Deum*, dans l'Eglife Saint Etienne, en préfence des Officiers du Parlement, des gens des Etats, des Capitouls, & de toutes les compagnies de la Ville. Trois jours après, les Capitouls & les Bourgeois prêterent ferment de fidélité au Roi, & députerent quatre d'entr'eux, pour lui rendre les hommages accoutumés; & pour lui demander la confirmation des priviléges de cette Ville, qu'il leur accorda.**

Il ne reftoit pour l'entiere exécution de l'Edit de Folembrai, qu'à faire la réunion du Parlement de Caftelfarrafin à celui de Touloufe: elle fut faite, le 3 Avril, avec les cérémonies, dont on peut lire la Rélation dans les Annales (y) de Lafaille, & dans l'Hiftoire générale de Languedoc. (z) Ainfi finirent les troubles qui avoient agité Touloufe durant près d'un siecle. Pendant ce temps de carnage, & d'horreur, cette Ville fe vit plus d'une fois à deux doigts de fa perte. La paix fucceda aux allarmes. Les guerres civiles en furent banies pour jamais; & tous fes habitans fe livrerent à la douceur de mener une vie tranquille, fous le plus doux des Gouvernemens.

Pour comble d'allegreffe le Cardinal de Joyeufe, Archevêque de cette Ville, qui s'étoit acquis l'amour de tous les Touloufains, revint de Rome, & fut reçu le 20 de Juin 1596, au milieu des acclamations du peuple. Son frere reçut les mêmes témoignages de tendreffe, à l'entrée folemnelle qu'il fit dans cette Ville le 3 Août en qualité de Maréchal de France; ce qui n'avoit point eu d'exemple jufqu'alors.

(y) T. 2. p. 512.
(z) T. 5. p. 481.

---

* C'eft une Maifon Royale dans la Picardie.
** Ils ont été imprimés, & renferment les mêmes articles que ceux qui furent accordés depuis par Louis XIII. en 1610, par Louis XIV. en 1660, & par Louis XV. en 1717.

L'ESPRIT de paix, qui commençoit à régner, n'empêcha pas un différend entre le Parlement, & les Capitouls. Le 1 Juin 1597, jour de la fête de la Trinité, auquel on avoit renvoyé, à cause de la pluye, la Procession, qu'on fait tous les ans, le jour de la Pentecôte, il s'éleva une contestation, entre les Officiers du Parlement, & les Capitouls, fur le rang que ceux-ci prennent à cette Procession: on le leur disputa: ils ne voulurent point le quitter, malgré la violence, dont on usa contr'eux; & la procession ne fut point faite. * Le lendemain on tint un conseil, dans l'Hôtel-de-Ville, dans lequel on approuva la conduite des Capitouls : on délibéra que le Sindic de la Ville prendroit, en cette qualité, le fait & cause de ces Magistrats, & qu'on députeroit à Paris, pour demander que la connoissance de cette affaire fût interdite au Parlement, & évoquée au Conseil privé du Roi. Le Parlement de son côté, fit quelques informations, contre plusieurs Capitouls, & ordonna quelques décrets, qui furent depuis cassés, avec toutes les procédures. Enfin le 12 Mars 1598, la Ville nomma des Commissaires, pour pacifier ce différend : ils s'assemblèrent, plusieurs fois, avec ceux que le Parlement avoit nommés, pour le même objet, & il fut fait un accord, du consentement des parties, qui fixa le rang des Capitouls, suivant l'ancien usage, sçavoir, » deux à l'endroit des deux premieres bran-
» ches du dais, ou pavillon, où l'on porte la sainte Epine ; deux
» vis-à-vis le millieu dud. pavillon ; deux aux extrémités du bran-
» card ; & les autres deux après led. dais, à droit fil des autres,
» fans pouvoir être plus plus avancés ni réculés que le Prêtre offi-
» ciant. Cet accord fut accepté, & confirmé par deux délibérations du Conseil de Ville, du 27 Mars, & 3 Avril 1598, & par un Arrêt du Parlement, du 8 du même mois d'Avril.

LE PARLEMENT de Paris avoit proscrit tous les Jésuites du Royaume. Celui de Toulouse s'opposa à l'éxécution de cet Arrêt : il fit défenses, le 5 Novembre 1597, aux Consuls de la Ville de Tournon, d'y avoir égard, & maintint ces Peres, dans l'étendue de son ressort. Il est vrai que leur mérite ne fut pas le seul motif de la protection particuliere que ce Parlement leur accorda. Jaloux de son autorité, il voulut faire connoitre à celui de Paris, qu'il ne pouvoit

---

* Lafaille raconte cette affaire tout autrement, soit pour les dates, soit pour les circonstances : je ne sçai d'où il les a tirées ; mais j'ai cru devoir rapporter fidelement ce qui est écrit dans les Régitres de l'Hôtel-de-Ville.

voit exercer aucune jurifdiction dans le reffort des autres Parlemens.

On publia dans cette Ville, le 15 Juin 1598. La paix de Vervins, qui venoit d'être conclue entre la France & l'Efpagne. Tandis que cette paix fe traitoit, le Roi preffé par les Religionnaires, qui s'étoient affemblés à Châteleraud, & qui faifoient craindre le renouvellement de la guerre civile, leur accorda, le 13 Avril 1598, le fameux Edit de Nantes, qui mit fin pour un temps, aux troubles de la Religion dans ce Royaume. Cet Edit, qui rendoit aux Huguenots la liberté, qu'on leur avoit fouvent accordée, de faire l'exercice public de leur Religion, dans certaines Villes, & qui leur étoit plus favorable que tous ceux qu'ils avoient déjà obtenus, en ce qu'il les admettoit aux charges de Judicature, & de Finance, a été revoqué, le 22 d'Octobre 1685.

L'EXEMPLE du Duc de Joyeufe, qui reprit, en 1599, l'habit de Capucin, après l'avoir quitté, pour fe mettre à la tête des Ligueurs de Languedoc, occafionna peut-être, le facrifice éclatant, que la Marquife de * Belifle fit à Dieu, de fa jeuneffe, & de fa liberté. Touloufe fut le théâtre d'une fcene fi édifiante. Cette Princeffe, dont l'efprit, & la beauté faifoient l'admiration de la Cour, vint dans cette Ville, s'enferma, le 25 d'Octobre 1599, dans la Maifon des Religieufes Feuillentines, & prit l'habit de cet Ordre, fous le nom *de Sœur Antoinette de Sainte Scholaftique*. L'Archevêque de Paris fon beaufrere tenta vainement de la détourner de cette fainte réfolution. Elle perfifta dans fa vocation, fit Profeffion, le 6 Janvier 1601; & c'eft à fes libéralités, que ce Monaftere eft redevable de fon agrandiffement **. Elle fut tirée de cette Maifon par ordre du Roi, & par un Bref du Pape, en 1605, pour être Coadjutrice de Dame Eleonor de Bourbon, Abbeffe de Fontevraud: après la mort de cette Abbeffe, elle refufa (a) fon Abbaye, & ne s'occupa que du projet de former une nouvelle Congrégation, fous le nom du Calvaire, qu'elle établit à Poitiers, où elle mourut, le 25 Avril 1618.

On ne doit pas laiffer ignorer, que les Religieufes Feuillentines de Touloufe ont toujours obfervé leur Regle, avec la plus grande

---

(a) *Moreri.*

* Antoinette d'Orléans de Longueville, veuve de Charles de Gondy, Marquis de Belifle, fils aîné au Maréchal de Retz (*l'étoile.*).

** Elle fit rébâtir l'Eglife, & la plus grande partie du Couvent.

HISTOIRE DE LA VILLE

régularité : on y révere, sur-tout, la mémoire de la Sœur Magdelaine, dont la sainteté s'est manifestée par plusieurs miracles. On l'invoque avec succès. L'on regarde comme un lieu saint, la Cellule qu'elle occupa ; l'on conserve précieusement, sa couche, & plusieurs instrumens de pénitence qui étoient à son usage.

LES CAPITOULS firent ouvrir, en 1600, la Porte Matebiou, qui avoient toujours été fermée depuis la sédition de 1562; & firent construire une Fontaine, près de cette Porte. Il est surprenant qu'on ne voie aucune trace de cette Fontaine depuis plus d'un siecle.

La nuit du troisieme jour de Janvier 1601, le feu prit, en même temps à trois différents quartiers de la Ville, ce qui fit craindre un embrasement général. Le bon ordre prévint ce malheur. Il n'y eut que douze maisons brûlées ; mais on ne laissa pas de renouveller les anciens reglemens, qu'on avoit faits pour rémedier aux incendies * ; & on pourvut l'Arsenal de plusieurs instrumens propres à en arrêter le progrès.

L'année suivante, on entreprit la construction des trois grandes galeries de l'Hôtel-de-Ville, qui sont aujourdhui un des plus beaux ornemens de cet hôtel. La seconde des trois, qu'on nomme la salle des hommes illustres, est ornée des bustes, & des éloges de plusieurs Toulousains, qui ont rendu leur nom fameux. Cette galerie, toute vaste qu'elle est, n'en a pu contenir qu'une très-petite partie. On suppléera à ce défaut, en faisant mention dans un Chapitre, à la fin de cet ouvrage, de tous ceux qui ont fait honneur à leur patrie par leurs vertus, ou par leurs talens.

Les années 1606, 1607, & 1608, furent marquées, à Toulouse, par des fêtes que l'arrivée du jeune Duc de Montmorenci, & la naissance du Duc d'Orléans, & du Duc d'Anjou avoient occasionnées. La joye présidoit à toutes ces fêtes, lorsque la peste se renouvella : les précautions des Magistrats firent cesser cette maladie : mais ils ne purent prévenir les nouvelles allarmes, que les pluyes abondantes causerent. La Garonne sortit, bien loin, de

---

* Ces reglemens ont été perfectionnés, par un Arrêt du Conseil, du 20 Juillet 1744, qui ordonne entr'autres choses, qu'outre les deux pompes, que l'on avoit déjà, il en sera construit quatre ; qu'on fera faire cent sceaux de cuir, qu'on conservera, dans l'Hôtel-de-Ville, douze cables d'une longueur suffisante, avec des crampons de fer, douze grosses arpettes, attachées à de longues & grosses perches ; & un grand nombre d'échelles, pour y avoir recours au besoin.

son lit, & fit craindre la ruine totale d'une partie de la Ville. L'Annaliste a remarqué, que le débordement des rivieres fut général dans toute la France, & que le Tarn porta son inondation jusqu'à trois lieues de ses bords. Tous les élemens, & tous les fléaux sembloient déchaînés contre Toulouse. Un tremblement de terre, arrivé le 28 Novembre 1608, jetta la terreur dans tous les esprits; & le 9 Decembre suivant, le feu consuma, en moins de six heures, le comble du Chœur de l'Eglise Saint Etienne, sans qu'on ait jamais sçu d'où venoit cet incendie.

On regarda ces malheurs comme le présage de la mort funeste du Roi, qui fut assassiné, dans son carrosse, le 14 Mai 1610, par l'éxécrable Ravaillac. On n'entreprendra pas de redonner ici le portrait de ce Prince, dont les vertus feront à jamais l'admiration des François. Il suffit de dire que la douleur que causa sa mort fut universelle ; cet éloge ne pourroit qu'être affoibli par les traits de la plus vive éloquence. Il eut sans doute quelques légers défauts ; mais ils étoient effacés par tant de grandes qualités, qu'au lieu de les lui reprocher, on doit les regarder comme un tribut, que les hommes les plus parfaits payent nécessairement à l'humanité. A cette cruelle nouvelle les Toulousains furent dans la consternation, & dans le deuil. La tendresse qu'ils avoient pour ce Prince fut la mesure de leurs regrets ; & pour conserver à la postérité un monument de leur reconnoissance, pour les bienfaits, dont il les avoit comblés, par l'Edit de Folembrai, ils firent ériger cette statue de marbre noir, que l'on voit encore, sur une des portes de l'Hôtel-de-Ville.

Fin du Sixieme Livre.

NOTICE
DES HOMMES ILLUSTRES
DE TOULOUSE.

N COMPOSANT cette Liste, on a suivi le plan qui a guidé les Capitouls, lors de la construction de la Galerie, dont il est parlé, à la fin du VI. Livre. Ces Magistrats, toujours éclairés sur le choix des moyens, propres à soutenir l'honneur de cette Ville, voulurent immortaliser les plus illustres de leurs Concitoyens. Ils en choisirent, dans tous les états, pour exciter une émulation générale, par l'appât d'une récompense, également flateuse, & durable. A leur exemple, on a compris, dans cette Notice, ceux qui se sont distingués, par leurs vertus, par leur valeur, par leur génie, par leurs talens, en un mot, tous ceux, qui ont contribué à la gloire de leur patrie. On y verra de zélés défenseurs de la Religion, dont l'Eglise a couronné les travaux, des Guerriers fameux par leurs exploits Militaires, de profonds Théologiens, des Géometres sublimes, des Historiens exacts, de grands Jurisconsultes, des Poëtes ingénieux, des Artistes célébres : & parmi tant de grands Hommes, on trouva, sans doute avec satisfaction, des Dames, rivales de leur gloire, qui ont fait l'ornement du Parnasse François,

par leur zele pour les progrès des Belles-Lettres, ou par leurs propres productions. Il y en a quelques-uns, même parmi ceux qu'on a placés dans la Galerie de l'Hôtel-de-Ville, qui ne sont point natifs de Toulouse : mais on a cru devoir leur donner une place dans cette Liste, en indiquant le véritable lieu de leur naissance, de cela seul, qu'ils sont nés aux environs de cette Ville, ou qu'ils y ont passé la plus grande partie de leur vie, ou que c'est, principalement, sur ce théatre, qu'ils ont fait éclater leur mérite. On auroit pu grossir cette Liste par un plus grand nombre de Religieux, si la vie retirée, de la plupart, n'avoit dérobé la connoissance de leurs vertus, de leurs talens, & quelquefois de leur patrie : cependant l'on a tâché de n'oublier aucun de ceux, qui ont édifié, & instruit le public par leur sainteté, & par leurs travaux Apostoliques, ou qui l'ont enrichi du fruit de leurs études. On n'indiquera point, à chaque article, les différentes sources, où l'on a puisé tous les faits qu'on rapporte : il suffit de dire qu'on n'a rien avancé sans fondement. Outre les monumens authentiques qui subsistent encore, dans les Eglises, ou les autres édifices publics, de cette Ville, on a pour garants la plupart des ouvrages, dont on parle, & les Auteurs les plus respectables qui ont écrit sur cette matiere, tels que Catel, le P. Percin, Lafaille, les Auteurs de l'Histoire générale de Languedoc, de Thou, Sainte Marthe, Moreri, Bayle, l'Avocat, &c.

* STATIUS ¶ SURCULUS, ou URSULUS, nâquit à Toulouse, suivant Eusebe, & enseigna la Rhétorique dans les Gaules, & à Rome, avec applaudissement. Mort vers l'an de Jésus-Christ, 59. (*Isaacus Casaubonus ad Sueton.*)

* MARCUS-ANTONIUS PRIMUS nâquit avec le génie, le tempéramment, & toutes les qualités qui forment les grands Capitaines, & les grands Politiques. Actif, vigilant, intrépide, aussi prompt à former des projets qu'habile à les exécuter, tour à tour doux & cruel, sanguinaire & modéré, rélativement à ses vues, & à ses desseins, vif jusqu'à l'impétuosité, vain jusqu'à l'arrogance, inquiet, remuant, il étoit toujours prêt à susciter des querelles, & à les soutenir. Une éloquence naturelle lui gagnoit la confiance des

¶ Ceux dont les Noms sont marqués ainsi * d'un Astérisque, ont leur Buste dans la Galerie de l'Hôtel-de-Ville de Toulouse, dont on a parlé à la fin du VI. liv. pag. 322.

troupes, & l'affection des peuples; & sa libéralité toujours excessive, & toujours faite à propos, mettant le comble à son crédit, le rendoit aussi nécessaire, en temps de guerre, que dangereux en temps de paix. Avec ce mélange de bonnes qualités, & de défauts il parvint à la plus haute fortune. On l'éleva à la dignité de Sénateur Romain, sous Neron. Ayant perdu cette place, par la brigue de ses ennemis, il la recouvra, sous Galba, fut Commandant de la septième Légion, se déclara pour Vespasien, contre Vitellius, vainquit ce dernier, se rendit maitre de Rome; & pouvant monter sur le Trône de l'univers, que les Légions lui offroient, il y plaça le meilleur de tous les Princes. Sa gloire excita la jalousie parmi les Favoris du nouvel Empereur: Ils le rendirent suspect, firent oublier ses services, & l'écarterent de tous les emplois; de manière qu'il mena une vie privée, jusqu'à sa mort, arrivée vers l'an de J. Ch. 69: Mais durant cette vie tranquille, toujours affreuse pour un homme de ce caractere, il sçut conserver toute sa gloire, & toute sa grandeur. Martial son contemporain, & son ami, lui a adressé plusieurs de ses Epigrammes, en louant beaucoup son éloquence, sa politesse, son érudition, & son amour pour les lettres. On peut dire qu'Antonius-Primus est, sans contredit, un des plus grands hommes que Toulouse ait produits. Il étoit si puissant, & acquit, dans cette Ville, tant de crédit à ses descendans, qu'ils le conserverent pendant plusieurs siecles, d'où se forma une tradition, adoptée par l'historien Noguier, que ces Antonius ont été Rois de Toulouse; c'est ainsi que Catel explique ce bas-relief Gothique, qui est sur la porte de l'Eglise Saint Sernin, dans lequel on donne la qualité de Roi à un Antonius. *Tacit. Ann. l. 14. c. 4. Martial. lib. 10. epigr. 23. 32. Catel, mém. de Lang. p. 129.*

* ÆMILIUS-MAGNUS-ARBORIUS, enseigna, dans Toulouse, la Rhétorique à Julien, Dalmace, & Annibalien, freres de Constantin. Cet Empereur, instruit de son sçavoir, l'appella à Constantinople, le combla de richesses; & lui confia l'éducation d'un de ses fils, qu'on croit être Constance son successeur à l'Empire. Après la mort de ce célebre Rhéteur, Constantin fit transporter son corps, à Dax, en Gascogne, d'où il étoit natif, & où il avoit ses parens. Mort, en 313. Arborius étoit oncle maternel du fameux Poete Ausone; il prit soin de l'élever auprès de lui, à Toulouse, & lui enseigna les Belles-Lettres.

SAINT EXUPERE, Evêque de Touloufe fa patrie, fe fignala par fon profond fçavoir, & par fon extrême charité, durant une grande famine. Après avoir diftribué tous fes biens, il vendit les Vafes facrés d'or, & d'argent, pour affifter les pauvres, & fut réduit à mettre le Corps de Jéfus-Chrift dans un panier d'ozier, & fon Sang dans un Calice de verre. Saint Jérome le compare à la veuve de Sarepta, & lui a dédié fon Commentaire fur le Prophete Zacharie. Mort vers l'an 417. *Voyez fon article dans la fuite des Evêques de Touloufe.*

Il ne faut point le confondre avec EXUPERE célebre Rhéteur, qui nâquit à Bordeaux, & qui profeffa, avec éclat, l'éloquence dans fa Patrie, à Touloufe, & à Narbonne, où il enfeigna les Belles-Lettres, aux neveux de Conftantin. Mort vers l'an 340.

VICTORINUS, l'un des plus grands hommes de fon fiecle, remplit, avec honneur, les principales charges de l'Empire, & entr'autres, celle de Vicaire du Préfet des Gaules, dans l'Ifle de Brétagne. L'amour de la paix le rappella dans fa patrie, où il vivoit, en Philofophe, lorfque cette Ville fut prife, par les Vifigoths. Forcé d'abandonner fa retraite, il fe fixa en Italie, dans la Tofcane, au voifinage de Volterre ; & préféra cette charmante folitude à la Cour de l'Empereur Honoré, qui, pour l'attirer auprès de lui, lui offrit inutilement la charge de Comte Palatin. Mort vers l'an 425.

* THEODORIC I. Roi de Touloufe, a rendu, fon nom fameux par deux victoires éclatantes, qu'il remporta, l'une contre Littorius Général des Romains, qui l'avoit affiégé dans fa Capitale, & l'autre contre le barbare Attila, Roi des Huns ; mais il périt, dans cette derniere action, qui remonte à l'an 451. *Voyez fon éloge, liv. 1. page 19.*

* THEODORIC II. Roi de Touloufe, racheta par les plus grandes qualités, le crime, dont on l'accufa de s'être noirci, pour monter fur le Trône. Il éleva Avitus à l'Empire Romain ; conquit une partie de l'Efpagne, non pour agrandir fes Etats, mais pour fe venger de l'arrogance de Ricciaire, Roi des Suéves, qu'il renverfa du Trône, pour y placer Achiulfe un de fes fujets. Mort l'an 466.

SAINT SILVIN,

SAINT SILVIN, originaire du pays d'Artois, nâquit vers le milieu du VII siecle. Deſtiné, malgré lui, au mariage, par ſes parens, il fut forcé de fiancer une perſonne de diſtinction : mais ſa vocation pour la vie Apoſtolique l'emporta ſur les vues de ſa famille. Il quitta ſa fiancée, & ſa patrie, pour entreprendre divers pélérinages. A ſon retour de la Terre-Sainte il alla à Rome, où il fut ſacré Evêque Régionnaire, & prêcha, depuis, la foi de Jéſus-Chriſt avec un zele infatigable, dans différentes contrées. Son extrême vieilleſſe mit fin à ſes travaux Apoſtoliques, ſans diminuer les exercices de ſa pénitence, qu'il avoit toujours pratiqués. Il mourut de la mort des juſtes, le 17 de Février 717, près du Monaſtere d'Auchi, en Artois, où il s'étoit retiré.

SAINT RAYMOND, Chanoine de Saint Sernin, avoit été offert, par ſes parens, dès ſa plus tendre jeuneſſe, à l'Egliſe Saint Sernin, où il fit l'office de Chantre, & de Choriſte. Il quita enſuite l'état Eccléſiaſtique, & ſe maria : mais la mort de ſa femme lui ayant rendu ſa liberté; il prit l'habit régulier dans l'Egliſe Saint Sernin, vers l'an 1060. Plein de charité pour les pauvres, & de zéle pour la gloire de la Religion, il fonda pour trente pauvres, un Hôpital, qui a été converti depuis en un College; & employa des ſommes conſidérables à la conſtruction de l'Egliſe St. Sernin. On ignore l'époque fixe de ſa mort : mais il eſt certain que, bien-tôt après, la Ville de Toulouſe lui rendit un culte public; & qu'elle a imploré ſouvent ſon interceſſion, avec ſuccès, pour faire ceſſer la peſte.

* RAYMOND de Saint Gilles, Comte de Toulouſe, l'un des plus grands Capitaines que cette Ville ait produit, ſe ſignala par ſa valeur, & ſes autres qualités dans la Croiſade contre les Infidéles. Après la conquête de Jéruſalem, à laquelle, il avoit eu la principale part, on lui offrit cette couronne, qu'il eut la généroſité de réfuſer. Il mourut en faiſant le ſiege de Tripoli, en 1105. (voy. ſon éloge, liv. 2. pag. 53.)

Geraud LE ROUX, célébre Poëte, ſe ſignala par ſes chanſons, pour la fille d'Alfonſe Comte de Toulouſe, dont il étoit amoureux. Ses Œuvres ſont dans la bibliotheque du Roi, mſſ. n. 7229.

RAYMOND, Réligieux de Cluni, fit revivre dans le XII. siecle la réputation des anciens Poëtes Touloufains.

* BERTRAND Comte de Touloufe, fuivit les traces de Raymond de St. Gilles fon pere; & fe couvrit de gloire, dans la Terre-Sainte, par fes fuccès contre les Infidéles. Il fe rendit maître de Tripoli, & mourut en 1112: il eft le chef de la branche de la maifon de Touloufe, qui a fubfifté long-temps, en Orient, fous le nom des Comtes de Tripoli. *Voy. fon éloge liv. 2. pag. 56.*

Pierre GUILLEMS, Poëte du XII. fiecle, étoit Chevalier de l'Ordre de l'Épée. On trouve dans la Bibliotheque du Roi fous le n. 7225, un manufcrit, qui contient fa vie, & fes Poëfies. Suivant l'auteur de ce manufcrit, il étoit courtois, & affable, il fit de bons couplets, mais trop emphatiques. A la tête de fa vie, il eft repréfenté, dans une vignete, avec l'habit de l'Ordre de l'Épée. Il porte une longue barbe, un bonnet verd, une robe de couleur d'incarnat, & une chape blanche, fur laquelle eft coufue, du côté droit, une longue épée, dont le fourreau eft de couleur rouge, la poignée au-deffus du coude, & la pointe en bas.

Pierre RAYMOND, dit *le Preux*, & *le Vaillant*, fut en même-temps guerrier, & Poëte; & fe fignala par fes exploits militaires, & par les productions de fon génie. Il accompagna, & fervit utilement l'Empereur Frederic, dans fon expédition de la Terre-Sainte; & mourut, en 1225, en fervant dans la Croifade contre les Albigeois. Ses vers eurent d'abord pour objet Jofferande de Puech, Dame Touloufaine, d'une famille noble & ancienne; & enfuite une autre Dame de la maifon de Cadolet. Il compofa encore un poëme contre l'erreur des Arriens. Ses ouvrages font dans la Bibliotheque du Roi, *mff. n.* 7225. 7698. il avoit paffé la plus grande partie de fa vie à la Cour d'Alfonfe II, Roi d'Arragon, où à celle de Raymond V. Comte de Touloufe; & fur la fin de fes jours, il s'étoit rétiré, & marié à Pamiers.

Pierre VIDAL, ou VIDALS, fils d'un marchand Pelletier, fe rendit fameux par fes poëfies, par fa belle voix, & par fes extravagances. Sa principale folie étoit de fe croire bien vénu de toutes les Dames, qui fe prêtoient à fes idées, en faifant femblant

DE TOULOUSE.

d'avoir de l'amitié pour lui. Il fut long-temps à la Cour du Comte Raymond V. De-là il alla à Marseille, & suivit Richard Roi d'Angleterre dans son expédition d'Orient. Ayant appris la mort du Comte Raymond, il en fut si affligé, qu'il fit couper les oreilles, & la queue à tous ses chevaux, & raser la tête à tous ses domestiques. Le Roi d'Arragon l'obligea à quiter le deueil, & à composer de nouvelles chansons. Il faisoit des vers, avec une extrême facilité : mais il étoit très-médisant. Un Chevalier de Saint Giles, de la femme duquel il avoit fait entendre qu'il étoit amoureux, lui fit couper la langue. Après cette avanture, il repassa la mer, & emmena une Grecque, qu'il avoit épousée, en Chipre. On lui fit croire que cette femme étoit niéce de l'Empereur d'Orient, & qu'elle avoit des droits sur cet Empire. Persuadé de ces chimeres, il prit les armes Imperiales, & employa tout son bien, à équiper quelques barques pour aller le conquerir. Ses ouvrages, au nombre d'une vingtaine, sont dans la Bibliotheque du Roi *mss. n.* 7225. 7698.

Guillaume FIGUEIRE, Tailleur d'habits, quitta sa patrie, lorsque les Croisés s'en rendirent maitres, & se retira en Lombardie, où il se fit Jongleur. Il gagnoit la bienveillance des Seigneurs, & l'amitié du peuple, par les agrémens de ses chansons, & par les charmes de sa voix, mais il étoit fort libertin. On conserve une de ses chansons dans les *mss. du Roi*.

JODOCUS-LOVRENIS, ou LOVRENTIUS, *Josse-Louvreins*, l'un des plus grands Jurisconsultes, & des plus habiles politiques de son siecle, fut un des premiers qui enseigna le Droit à Toulouse en 1231, peu de temps après l'institution de l'Université. Le Roi l'envoya en ambassade en Angleterre, en 1243; & le fameux Accurse, dans son Commentaire sur la Loi 1. au Code *de Posthumis hæred. instit.* se fait un honneur de le reconnoitre pour son maitre. Il étoit de cette maison féconde en hommes illustres, qui a produit depuis, Mathieu, & Arnaud Josse - Louvreins, qui se couvrirent de gloire dans la fameuse expédition de Bertrand du Guesclin en Espagne, où ils étoient allés (a) volontairement avec quatre cens braves Toulousains; un autre Arnaud de Josse - Louvreins, grand Ecuyer de Philippe le Hardi, Duc de

(a) *Voyez la note de la pag.* 147.

Bourgogne ; Philippe de Joffe-Louvreins, Garde des Sceaux du même Prince. N. de Joffe qui fut fucceffivement, Profeffeur en Droit, à Touloufe, & à Avignon, Confeiller au Parlement de Touloufe, premier Préfident du Parlement de Malinnes, & Chancelier des Efpagnes, mort le 3 Février 1519 ; huit Officiers au Parlement de Touloufe, des Chevaliers de l'Ordre de Saint Jean de Jerufalem, & un grand nombre d'Officiers diftingués dans les armées.

* *Guillaume de* NOGARET, natif de St. Felix-de-Caraman, fut d'abord Profeffeur en Droit Civil, à Montpellier, en 1291, & Juge-Mage de la Sénéchauffée de Nîmes, en 1294. Le Roi, l'ayant employé avec fuccès dans plufieurs affaires importantes, l'admit dans fon Confeil, & le créa Chancelier, & Garde des Sceaux de France, en 1307. Son nom eft célebre par le courage avec lequel il foutint les intérêts de Philippe le Bel, contre les attentats du Pape Boniface VIII. Il fut le plus ferme foutien des Loix ; & fe rendit également utile à fon Roi dans la guerre, & dans la paix. m. en 1313. Il avoit été ennobli par Lettres Patentes de l'an 1299, qui le créerent *Chevalier*. La maifon de Nogaret fut divifée en deux branches, dont la cadette fe fixa, dans le Diocefe de Nîmes ; & l'aînée, d'où defcendent les Ducs d'Epernon, du nom de Nogaret, demeura dans le Diocefe de Touloufe, & donna plufieurs grands hommes, dont les plus illuftres font, Jean de NOGARET DE LA VALETTE, Colonel de la Cavalerie de France, & Lieutenant du Roi, en Guienne, qui fe fignala, à la bataille de Moncontour, & qui mérita l'amour des Touloufains, par le zele, & la valeur avec lefquels, il défendit leur Ville, en 1570, contre les entreprifes de l'Amiral de Coligni. Jean-Louis de NOGARET DE LA VALETTE, Duc d'Épernon, Pair, & Colonel général de France, Favori du Roi Henri III, l'un des Seigneurs du Royaume qui furent le plus décorés ¶ par des grandes Charges, & qui eurent le plus de part aux grands événemens des Regnes d'Henri III, d'Henri IV, & de Louis XIII. m. à Loches le 13 Janvier 1642, âgé 88 ans. Et *Louis de* NOGARET, *Cardinal* DE LA VALETTE, Archevêque de Touloufe, dont il fera parlé au long dans la fuite des Evêques & Archevêques de cette Ville.

¶ On a remarqué, qu'à fa mort, il étoit le plus ancien Duc & Pair de France, le plus ancien Officier de la Couronne, le plus ancien Général d'Armée, le plus ancien Gouverneur de Province, le plus ancien Chevalier des Ordres du Roi, & le plus ancien Confeiller d'Etat.

DE TOULOUSE.

Arnaud de FAUGERS, *ou* FALGUERIIS, fut nommé Archevêque d'Arles, en 1308, à la follicitation du Pape Clément V, qui le fit Cardinal, & Evêque de Sabine, en 1310. Alors il céda l'Archevêché d'Arles à fon frere, Gaillard de Faugers; & ils moururent tous les deux en 1317. Ce fut Arnaud, qui eut l'honneur de couronner l'Empereur Henri VII, le 29 de Juin 1312. *Baluze.*

Raymond BEQUIN, Religieux de l'Ordre des FF. Prêcheurs, fut fait Lecteur de l'Ecriture Sainte, dans le Couvent de fon Ordre, à Toulouse, en 1312. Il alla enfuite à Paris, & prit fes degrés, dans l'Univerfité de cette Capitale, en 1317. Le Pape Jean XXII, informé de fon mérite, lui donna, en 1321, l'Office de Maitre du Sacré Palais, & en 1344, il le fit Patriarche titulaire de Jérufalem, lui donna le *Pallium*, & l'envoya dans l'Ile de Chipre, pour gouverner l'Eglife de Lamiffa, ou de Nimocia. m. en 1328.

* Jacques FOURNIER, Pape, fous le nom de BENOIT XII, natif de Saverdun, dans l'ancien Diocéfe de Toulouse, Religieux de l'Ordre de Cîteaux, dans l'Abbaye de Boulbonne, & Abbé de Fond-Froide, fut Evêque de Pamiers, en 1317, Evêque de Mirepoix, en 1326, Cardinal, en 1327, & Pape le 20 Décembre 1334. Il fe rendit récommandable par fa fcience, par fon zele pour la Religion, & par fon économie pour les biens de l'Eglife, qu'il regarda toujours comme des biens facrés. Il refufa par modeftie, de donner fa niece en mariage à plufieurs perfonnes de diftinction, qui la lui demandoient, & la maria avec un Marchand de Toulouse. Cette niece, & fon mari, firent un voyage, à Avignon, pour le voir. Il les reçut avec beaucoup de cordialité, en leur difant, que Jacques Fournier les reconnoiffoit pour fes parens, mais que le Pape n'en avoit point; & les congédia après leur avoir donné fa bénédiction, & leur avoir fait payer, feulement, les fraix de leur voyage. Il fit refaire, à grands fraix, en 1341, les toits de la Bafilique de St. Pierre de Rome, ce qui fut configné dans deux infcriptions, qu'on lifoit autrefois dans cette Bafilique, & qui font rapportées dans un livre intitulé: *Templi Vaticani hiftoria, &c.* imprimé à Rome, en 1646. L'une de ces infcriptions étoit fous un bufte de ce Pape, en ces termes: *Benedictus. Papa XII, qui tecta veteris Bafilicæ reftituit.* L'autre étoit fur un marbre, où l'on lifoit ces mots: *Benedictus Papa XII, Tolozanus, fecit fieri de novo, te-*

ēa hujus Basilicæ, an. ab Incarn. Dñi MCCCXLI. Ce sçavant Pontife a laissé un Commentaire sur St. Mathieu, des Traités Théologiques, sur la pauvreté de Jésus-Christ & des Apôtres, sur la vision béatifique, & plusieurs autres écrits. On a inséré dans l'inscription qui est sous son buste, à la Galerie de l'Hôtel-de-Ville de Toulouse, qu'il assura l'empire de la Ville de Rome aux Souverains Pontifes.... *asserto Romanis Pontificibus Urbis imperio.....* L'histoire ne fait aucune mention de ce fait important, d'autant plus étranger à ce Pape, qu'il fit constamment son séjour à Avignon, & qu'il y mourut, le 25 Avril 1342, dans le Palais, qu'il y avoit fait construire.

Dominique GRENIER, de l'Ordre des FF. Prêcheurs, succéda à Benoît XII., dans l'Evêché de Pamiers, en 1326. Il avoit été déjà Professeur en Théologie, & Lecteur du sacré Palais, & mourut avant l'an 1347. Il a laissé des monumens précieux de sa science, dans ses Apostilles sur les cinq livres de Moïse, & sur les autres livres historiques de la Bible.

LOUIS II, Roi de Naples, nâquit à Toulouse, en 1377, comme on l'a déjà rapporté. Sa valeur autant que sa naissance, lui méritèrent cette Couronne, qu'il perdit, par l'inconstance de ses sujets. m. en 1417.

Jean GROSSIUS, ou GROSSIN, Religieux Carme, fut élevé à la place de Général de son Ordre, qui est toujours le prix d'un mérite supérieur. Son zele pour la gloire de cet Ordre éclata, dans plusieurs ouvrages : l'un, intitulé *Viridarium Ordinis Carmeli, &c.* a pour objet l'institution, & les progrès de l'Ordre du Mont-Carmel ; l'autre est un Catalogue historique des Saints, & des hommes illustres de cet Ordre. Le premier a été imprimé, dans le Recueil du P. Philip-Riboti, & le second a été imprimé, dans le *Speculum Carmelitarum* du P. Daniel, Religieux de cet Ordre. Mort l'an 1424.

Jean CAPREOLUS, Religieux de l'Ordre de Saint Dominique, l'un des plus profonds Théologiens, de son siecle, s'appliqua, avec tant de zele, & de succès, à connoitre, & à expliquer les ouvrages de Saint Thomas, qu'on l'appella *le Prince des Thomistes*, *& le Bouclier de Saint Thomas* : il a laissé un sçavant Commentaire sur les quatre Livres des Sentences, imprimé en 1484 & en 1514. Sa science commença à être connue, dans l'Université de Toulouse, où il professa la Théologie, pendant plusieurs années : mais elle brilla, sur-tout, au Concile de Basle, contre les Docteurs Allemans. Mort à Rhodés, le 6 d'Avril 1440. *Percin. page 94.*

Pierre BARDIN, d'une ancienne famille, illustrée par le Capitoulat, dès l'an 1329, & 1340, fut Conseiller au Parlement de Toulouse, en 1424. Il a composé plusieurs ouvrages également intéressants, & utiles : l'un, sur les privileges, & les immunités des Moines, un autre sur l'origine de la Jurisdiction Ecclésiastique, qu'il rapportoit aux Empereurs, & aux Rois. Il avoit fait aussi un traité, qui a pour titre, *moyen de reprimer la trop grande autorité des Evêques*; & un Commentaire sur le titre des Décretales, *de Episcopali audientia*. C'est le pere de *Guillaume* BARDIN, Conseiller-clerc au même Parlement, à qui l'on attribue la Chronique, qui a été imprimée, pour la premiere fois, dans le tome 4 de l'Histoire de Languedoc. Elle commence en 1031, & finit en 1454. On l'a citée plusieurs fois, dans cet ouvrage, soit pour la réfuter, soit pour l'adopter, mais toujours, avec les précautions que la prudence éxige, lorsqu'on employe des autorités aussi peu authentiques. Guillaume Bardin vivoit encore, en 1464.

CLEMENCE ISAURE célebre dans la République des Lettres, par son zéle pour les progrès de la poësie, a rendu son nom à jamais cher, & respectable, dans cette Ville. Jean Bodin, & Papire-Masson, ces deux auteurs célebres, du XVI. siecle, ont fait un très-bel éloge de cette Dame illustre. Le premier l'a consigné, dans une oraison latine, qu'il prononça solemnéllement à Toulouse devant le Parlement & le Corps-de-Ville, & qui fut imprimée en 1559, sous ce titre, *Joannis Bodini Oratio de instituenda in Republica juventute, ad Senatum populumque Tolosatem*. Celui de Papire-Masson est au commencement de sa seconde partie des éloges des hommes illustres. Ils réunissent leurs efforts pour rélever l'éclat de la noblesse, de la beauté, de la vertu, en un mot de toutes les belles qualités, qui peuvent illustrer la mémoire d'Isaure: mais le seul titre de ¶ Bienfactrice des JEUX-FLORAUX, en con-

---

¶ Voyez ce qui a été dit à ce sujet, liv. 3. p. 126. & suiv.

sacrant son amour pour la patrie, & pour les Lettres suffit pour l'immortaliser, aux yeux de tous ceux qui connoissent le prix d'un pareil établissement. Morte vers le commencement du XV. siecle, âgée de 50 ans.

Etienne AUFRERI connu sous le nom d'AUFRERIUS TOLOSANUS, célébre Jurisconsulte, professa le Droit à Toulouse, avec éclat, à l'âge de 20 ans. Pour récompenser son mérite le Roi Louis XII lui donna une charge de Président aux Enquêtes, au Parlement de cette Ville. Pierre de Lion, Archevêque de Toulouse, le nomma son Official ; ce qui l'engagea à composer son excellent livre intitulé *Decisiones Curiæ Archiepiscopalis Tolosanæ, dictæ Decisiones Capellæ Tolosanæ*, dont la meilleure édition est de Lion 1616. Il est l'auteur de plusieurs autres ouvrages très-estimés, I. *Repetitio Clementinæ primæ, UT CLERICORUM de Officio & potestate judicis ordinarii. Accessit tractatus de potestate secularium super Ecclesiis, ac personis & rebus Ecclesiasticis*; item *de potestate Ecclesiæ super Laicis & personis, & rebus eorum*. II. Des Notes sur l'ancien stile du Parlement. III. *Tractatus de recusationibus*. Mort le 11 Septembre 1511.

* Jean de PINS, Evêque de Rieux, Abbé Commandataire de l'Abbaye de Moissac, Conseiller Clerc au Parlement de Toulouse, & Sénateur de Milan, étoit de l'illustre maison de ce nom, fameuse, dans le XI. siecle, qui a donné deux Grands-Maîtres à l'Ordre de Saint Jean de Jérusalem, Odon de PINS, en 1294, & Roger de PINS, en 1355. Moins célébre par sa haute naissance que par son mérite personnel, il fut au rang des hommes les plus sçavans de son siecle. Le Roi François I, l'envoya en ambassade, à Venise, en 1516, & à Rome, en 1520. Il fit éclater, dans ces deux Cours, ses rares talens pour les négociations, & son zéle pour les intérêts de la Religion, & pour la gloire de la France. Mort à Toulouse, le premier Novembre 1537. On a de lui de très-beaux vers à l'honneur du Poëte Codrus ; la vie de Philippe Borealde l'ancien, son Précepteur ; celle de Sainte Catherine de Sienne ; celle de Saint Roch ; un petit livre intitulé *Allobrogicæ narrationis libellus* ; & un livre intitulé, *de vita Aulica* très-estimé des sçavans. La maison de Pins, originaire de la Catalogne, vint s'établir, à Toulouse, au commencement du XIII. siecle, lors de la Croisade contre les Albigeois. Elle y subsiste encore, dans

les

les *Seigneurs de Montbrun*, & *les Seigneurs de Pins*, qui ont donné des Magistrats fameux à ce Parlement, & des Officiers distingués, dans les armées de nos Rois. Malgré sa haute noblesse, elle n'a pas dédaigné d'entrer dans le Capitoulat, en 1362, 1373, 1383, 1411, 1419, &c.

Guillaume de BENOIT, connu sous le nom de BENEDICTUS, natif de Cahors, d'une famille illustre, dès le X. siecle, célebre Professeur des Loix, dans sa patrie, est l'auteur d'un sçavant Commentaire, sur le Chapitre *Raynutius*, aux Décretales *de Testamentis*, qui fut imprimé, après sa mort, en 1520. Il fut Conseiller au Parlement de Bordeaux, au mois d'Avril 1499, & à celui de Toulouse, en 1510 : cette Compagnie le députa, la même année, avec le premier Président Pierre de Saint André, & Accurse Mainier, troisieme Président, pour aller faire des remontrances, au Roi Louis XII. Il fut encore choisi, par le même Corps, en 1514, pour aller féliciter le Roi François I, de son avénement à la Couronne. La famille de Benoît, établie à Toulouse, depuis ce temps-là, est alliée aux maisons les plus distinguées de cette Ville, & de la Province. Elle a donné sept Conseillers au Parlement, & onze Capitouls, depuis l'an 1434.

* *Pierre* BUNEL, l'un des plus polis Écrivains de son siecle, rendit à la Langue latine sa premiere beauté, & sçut si bien imiter le style de Ciceron que les Italiens même avouerent qu'il l'emportoit sur eux. Né sans ambition, quoique sans biens, adonné aux pratiques de la vertu chrétienne, il auroit vécu dans l'indigence, sans la libéralité d'Emilius Perrot, de Lazare Baïf, & de George de Selve, Evêque de Lavaur, qui le garderent successivement, auprès d'eux. Enfin ayant entrepris le voyage d'Italie, avec les fils de M. Dufaur, dont on lui avoit confié l'éducation, il mourut, à Turin, d'une fievre chaude, en 1546, âgé de 47 ans. L'édition la plus correcte de ses Lettres est celle d'Henri-Etienne, de 1581 : celle de Toulouse, de 1687, est estimable par les Notes de Graverol, mais le texte est rempli de fautes.

Il ne faut pas le confondre, avec *Guillaume* BUNEL, sçavant Professeur en Médecine, dans l'université de Toulouse, vers le commencement du XVI siecle, qui a composé plusieurs Ouvrages, imprimés en 1513. Parmi ces Ouvrages, d'ailleurs très-estimables, on est surpris de trouver un Traité de Médecine, en vers

François, dont du Verdier a donné le titre, en ces termes : *Œuvre excellente, & à chacun, defirant de pefte fe préferver, très-utile, contenant les médecines préfervatives, & curatives des maladies peftilentieufes, & confervatives de la fanté, compofé par Me. Guillaume Bunel, en la Faculté de Médecine, Docteur-Régent, de l'Univerfité de Tolofe, lefquelles par lui font ordonnées, tant en Latin qu'en François, par rime, aveq, plufieurs Epitres à certains excellens Perfonnages, en la loüange de Juftice, & de la Chofe publique.* On peut voir des fragmens de cet Ouvrage fingulier, dans le Dictionnaire hiftorique de Bayle. Il y a encore un autre BUNEL *Touloufain*, fameux Peintre, fous le Regne d'Henri IV.

Paule de VIGUIER, *ou* LA BELLE-PAULE, d'une maifon très-ancienne, & très-illuftre dans les armes, étoit fille d'Antoine de Viguier, defcendant du fameux Gailhard de Viguier, dont Froiffard parle, (b) avec éloge, dans fa Chronique ; fa vertu, & furtout fon extrême beauté l'ont rendue fi fameufe, qu'elle a été regardée comme une merveille de fon fiecle. *Gabriel de* MINUT, Baron du Caftéra, Sénéchal de Rouergue, à fait fon hiftoire, fous le titre de *Paule-Graphie*. Cet ouvrage eft plein d'érudition, mais très-fingulier, en ce que, l'auteur décrit, dans un chapitre particulier, les perfections de châque partie du corps de cette belle perfonne, fans en excepter les parties les plus cachées. Il eft dédié à la Reine Catherine de Medicis ; & par une fingularité encore plus étrange, il a été donné au public, par Charlotte de Minut, fœur de l'auteur, Abbeffe du Couvent de Sainte Claire de Touloufe.

Jean BERTRAND, *ou* BERTRANDI, d'une maifon des plus anciennes de Touloufe, poffeda fucceffivement, par fon mérite les plus éminentes dignités de la magiftrature, & de l'Etat Eccléfiaftique. Après avoir été Capitoul, en 1519, il fut fecond Préfident du Parlement de Touloufe, au mois de Novembre 1533. Trois ans après, & le 27, de Novembre 1536, il fut fait premier Préfident de ce Parlement. Le 12 Novembre 1538, François I, à la follicitation d'Anne de Montmorenci, le nomma troifieme Préfident du Parlement de Paris ; & en 1550, premier Préfident du même Parlement. Henri II lui confia la commiffion de Garde des

(b) *chap.* 237, 239, 241, 244.

Sceaux, par des Lettres du 22 Mai 1551, qui en font un grand éloge. Il exerça cette charge, jusqu'à la mort de ce Prince. Alors, étant devenu vœuf de Jeanne de Barras, Dame de Mirabeau, & de Villemor, dont il avoit eu plusieurs enfans, il embrassa l'Etat Ecclésiastique, & fut fait Evêque de Comminges, en 1555, Archevêque de Sens, & Cardinal, en 1557 : il se trouva, à Rome, à l'élection du Pape Pie IV ; & mourut, à Vénise, en revenant en France, le 4 Décembre 1560, âgé de 90 ans. Il étoit frere de Nicolas Bertrand, Président du Parlement de Toulouse, mort en 1548, & oncle de Jean Bertrand, sieur de Catourze, qui fut premier Président du même Parlement, après le fameux Etienne Duranti ; & qui mourut le 1 Novembre 1594, celui-ci se distingua par son amour pour la paix, & donna des preuves de son sçavoir, dans un Livre, qui a pour titre, *de Vitis Jurisperitorum*.

Nicolas BERTRAND, Avocat au Parlement de Toulouse, qui publia, en 1515, un ouvrage, intitulé *de Tolosanorum gestis*, étoit de cette même maison, mais d'une autre branche. Il mourut, en 1527, après avoir composé un autre ouvrage, intitulé *de Jurisconsultis*. François Bertrand, fils du dernier premier Président de ce nom, prétendoit descendre des anciens Comtes de Toulouse. Cette prétention étoit sans fondement : mais quoique cette maison n'eut pas une origine aussi noble, on doit la mettre au rang des plus anciennes, & des plus illustres de cette Ville.

Jean de MANSENCAL, d'une ancienne famille de Bazas, l'un des plus grands Magistrats du XVI siecle, fut successivement, Conseiller, Avocat-Général, & premier Président du Parlement de Toulouse. Il embrassa, avec le plus grand zele, la défense de sa Compagnie, dans une affaire, qui lui fut suscitée par une partie du Clergé, pour avoir condamné un Prêtre concubinaire, nommé Bec, & pour avoir ordonné, par ce même Arrêt, & par voie de Reglement, que les Supérieurs Ecclésiastiques du ressort, procéderoient diligemment, tant par le devoir des censures, que par l'invocation du bras séculier, contre tous les Prêtres, qui menoient une vie scandaleuse. Cet Arrêt, en date du 26 Octobre 1549, donna lieu, dabord, à la publication d'un libelle diffamatoire, qui fut imprimé, sous ce titre ironique, *Arrêt du Parlement de Toulouse très-profitable*, &c. & qui tendoit à rendre odieux tous ceux qui avoient eu part à cet Arrêt. Le premier Président Mansencal réfuta victorieusement cet écrit scandaleux, en justifiant les motifs de l'Arrêt, & la compétence du Parlement, fur cette matiere. Il fit imprimer fon ouvrage, en 1551, fous ce titre, *de la vérité, & autorité de la juflice du Roi très-Chrétien, en la correction, & punition des Maléfices, contre les erreurs contenues en un libelle diffamatoire fcandaleufement compofé.* Dans cet écrit, plein de morale, & d'érudition, Manfencal avoit repris, avec force, la vie déreglée que les Eccléfiaftiques menoient, dans ce temps-là. Le Clergé en fut choqué. Jean de Lettes, Evêque de Montauban, & qui, au rapport de quelques Hiftoriens, cités (c) par Lafaille, étoit lui-même un fameux concubinaire, alla pourfuivre, & obtint au Confeil la caffation de l'Arrêt du Parlement de Touloufe. Il fit plus : il engagea la Sorbonne à examiner l'ouvrage de Manfencal avec le plus grand fcrupule. Il étoit difficile que dans une matiere auffi délicate, & où il s'agiffoit de fixer les véritables bornes du pouvoir Eccléfiaftique, & Séculier, ce fçavant ne donnât quelque prife à fes ennemis. Malgré fon zele pour la confervation des droits de l'autorité Royale, il manqua d'exactitude, dans quelques propofitions. La Sorbonne les condamna ; & mit fon ouvrage au Catalogue des Livres cenfurés. Ce fait eft conftaté, par plufieurs preuves, qu'on va rapporter ; cependant il eft à remarquer qu'on ne trouve point cette cenfure dans les Régiftres de cette Faculté. Elle n'eft pas dans le *Collectio judiciorum* : & j'ai appris d'un fçavant ¶ Profeffeur de cette Ville, que dans un de fes voyages à Paris, il fit vainement les plus exactes recherches, pour en trouver des veftiges. L'on ne peut donc fçavoir, précifement quelles étoient les propofitions que la Sorbonne cenfura. Quoiqu'il en foit, Manfencal, qui n'avoit entrepris fon ouvrage que pour foutenir les droits de la Couronne de France, & qui avoit erré de bonnefoi, s'empreffa d'acquiefcer à la cenfure de la Sorbonne, & fit une retractation des Propofitions cenfurées. C'eft-ce que nous apprenons dans un *Recueil des Cenfures de l'Univerfité de Paris, touchant la Souveraineté des Rois*, imprimé en 1720. Après cette démarche, qui prouvoit, de la maniere la plus authentique, la bonne intention & la docilité de ce fçavant, il demanda que fon livre fut effacé du catalogue des livres cenfurés : il obtint même, à cet effet, des Lettres Patentes du Roi Henri II : il les fit préfenter à la Sorbonne, le 15 Décembre 1552, par Dubourg fon gen-

(c) T. 2. p. 159.

¶ M. l'Abbé d'Heliot, Profeffeur des Libertés de l'Eglife Gallicanne.

dre, Grand Référendaire de France : mais cette Faculté lui refusa cette grace, & fonda principalement le motif de son refus sur l'inconvenient, & le danger qu'il y auroit, que cette Compagnie ne fournit, par-là, à d'autres auteurs, le prétexte de demander une semblable grace, ce qui rendroit ses censures moins respectées, & peut-être suspectes. L'auteur du Recueil, déjà cité, rapporte cette conclusion de la Sorbonne, que Lafaille avoit publiée à la suite de l'ouvrage de Mansencal, qu'il a transcrit (d) tout au long. Cet auteur rapporte, encore, dans ce Recueil, une des propositions du livre de Mansencal, qui est, sans doute, une de celles, que la Sorbonne avoit censurées, mais il ne le dit pas expressément. Voici les termes de cette proposition, qu'on peut lire dans la section de l'ouvrage, qui a pour titre *troisieme Résolution*. » N'importe que » où les Rois Chrétiens convertiroient leur regne en tirannie, ou » fairoient *quant à la temporalité*, & quant aux maléfices, loix » contraires à l'honneur de Dieu, & à ses Commendemens, ou » maintiendroient leurs sujets en licence de crimes, & scandales, » ou sectes pernicieuses, ou se rendroient obstinés & incorrigibles, » en manifeste & patente transgression de la loi de Dieu, (dont » par sa sainte grace veuille préserver, & garder tous les Princes » chrétiens) notredit Saint Pere le Pape n'aye, en ce cas, jurisdic- » tion, & autorité légitime sur les Rois souverains, &c.

Cette affaire suscita à Mansencal des ennemis, qui chercherent à le rendre suspect de Calvinisme, malgré les preuves réitérées, qu'il avoit données de sa Catholicité. Il triompha de leur malice, & mourut en 1562. C'est à son mérite que le Parlement de Toulouse est redevable d'une partie de l'honneur attaché à la charge de premier Président de cette compagnie : puisque c'est, en sa faveur, qu'Henri II ordonna, par Lettres Patentes du 17 Novembre 1546, qu'à l'avenir, les premiers Présidens du Parlement de Toulouse jouiroient des mêmes *traitemens, gages, pensions, & bienfaits*, dont jouissent les premiers Présidens du Parlement de Paris. François II lui donna une nouvelle marque de confiance, & d'estime, en l'honorant d'une commission de Lieutenant-Général, pour Sa Majesté, dans tout le Ressort du Parlement, en l'absence des Gouverneurs.

Pierre PASCHAL, Poëte du XVI. siecle, mainteneur des Jeux-

(d) T. 2. *aux pr. p.* 22. *& suiv.*

Floraux, parcourut l'Italie, dans sa jeunesse, & donna par-tout, des preuves de son éloquence. Il prononça à Venise, en plein Sénat, un magnifique discours latin, pour demander justice contre ceux qui avoient assassiné, à Padoue, Jean de Mauleon, fils du Gouverneur d'Aquitaine, que son pere avoit envoyé, dans cette Ville, pour étudier le Droit. Ce premier discours n'ayant pas produit tout l'effet qu'il avoit droit d'espérer, il en composa un second, dans le même objet. Il en fit un autre, sur l'origine, & l'utilité des loix, qu'il prononça, à Rome, lorsqu'il prit le dégré de Docteur en Droit. Ces trois ouvrages ont été imprimés, avec plusieurs de ses lettres, dans lesquelles l'on apprend qu'il a composé une Comedie, des Odes, des Elégies, & des Epigrammes. Mort le 14 Mars 1565, âgé de 45 ans. Suivant son Epitaphe, qu'on lit encore dans le Cloître de l'Eglise Saint Etienne de Toulouse, il travailla à l'histoire d'Henri II Roi de France.

Jean ALBIN de VALSERGUES dit de SERRES, Chanoine, & Archidiacre de l'Eglise Saint Etienne de Toulouse, fut un des plus grands Théologiens de son siecle, & défendit, avec le plus grand zéle, par ses prédications, & par ses ouvrages, la Religion Catholique, contre les Protestans. Son éloquence étoit si persuasive, qu'un jour, prêchant, au grand Hôpital, sur la nécessité de prendre soin des malades, il toucha si fort ses auditeurs que châcun d'eux (e) fit emporter un malade, dans sa maison, de maniere, que l'Hôpital resta entierement vuide. Il composa un Livre sur les matieres de contreverse qui fut imprimé à Paris, en 1566, sous ce titre *du Sacrement de l'Autel, pour la conversion du peuple François*. La beauté de cet ouvrage lui acquit une si haute réputation que le fameux Génebrard, & M. de Pontac vinrent, exprès de Paris, pour le voir : mais lors qu'ils arriverent, la mort venoit d'enlever ce grand homme. Il mourut, le 13 Septembre 1566 ; & fut inhumé dans le Cloître Saint Etienne, où l'on voit encore son Epitaphe.

Jean de CORAS, l'un des plus sçavans Jurisconsultes de son siecle, naquit à Toulouse, en 1513, d'une famille ancienne, originaire de Réalmont, en Albigeois. Il fit dès sa plus tendre jeunesse, des progrès si rapides, dans l'étude du Droit, qu'il

(e) *Catel. liv.* 2. p. 167.

commença d'en donner des leçons publiques, à Toulouse, avant l'âge de 18 ans. il alla ensuite donner les mêmes preuves de son sçavoir à Angers, à Orléans, à Paris ; & dans toutes ces Universités, qu'il parcourut dans l'espace de trois ans, il acquit la plus haute réputation, & mérita l'estime de plusieurs grands hommes. Il quitta, de nouveau, sa Patrie, en 1544, & professa, avec la même gloire, à Valence en Dauphiné, & à Ferrare en Italie. L'Université de Toulouse le rappella pour occuper une Chaire, où il dictoit à quatre mille Ecoliers. Henri II. informé de ses succès prodigieux, l'honnora d'une charge de Conseiller au Parlement de cette Ville, & la Reine de Navarre le choisit pour son Chancelier. Son grand sçavoir ne le garantit pas du venin de l'hérésie : il embrassa, avec feu, la Religion Prétendue Reformée, & fut du nombre des Officiers du Parlement, que cette compagnie proscrivit, & chassa de Toulouse, en 1562, comme hérétiques, & rebelles au Roi. les soins & les sollicitations du Chancelier de l'Hôpital, son protecteur, & son ami, lui firent obtenir son rappel, & son rétablissement : mais cette grace lui devint funeste, par son obstination dans ses erreurs : il fut arrêté, à Toulouse, lors du fameux massacre de la St. Barthelemi : & après avoir été massacré, avec les autres prisonniers, le 4 Octobre 1572, il fut pendu, en robe, avec deux de ses confreres, à un Orme, dans la Cour du Palais. Il avoit alors 59 ans, & laissa une fille unique nommée Jeanne. On a de lui des ouvrages excellens sur le Droit, en Latin, & en François, dont les principaux ont été imprimés, en 2 vol. in-fol. On recherche, sur-tout, ses *Miscellaneorum Juris Civilis libri tres.*

    Jacques CORAS parent du précédent, dont il a écrit la vie, en Latin, & en François, soutint, avec autant d'obstination que lui, la Religion P. R. & fut un de ses plus zélés ministres. Il composa, en faveur de son parti, un livre intitulé, *l'impossibilité de l'union entre l'Eglise Réformée, & la Romaine.* Et il entreprit de réfuter les controverses du Cardinal de Richelieu : mais il trouva dans cet ouvrage même, qu'il vouloit combattre, cette source de lumiere, qui le ramena à la pureté de la Foi. Il abjura, publiquement, ses erreurs, à Montauban, entre les mains de l'Evêque; & publia, en 1665, un Livre, où il rend compte des motifs de sa conversion à la Religion Catholique. L'étude des matieres Théologiques ne l'empêchoit pas de s'appliquer à la poésie Françoise, pour laquelle il avoit plus d'amour que de talent. Il est l'auteur des poémes, qui ont pour titre, *Jonas*, *ou Ninive pénitente*; *David, ou la vertu couronnée*; *Josué*; *& Samson* : c'est du premier de ces poémes que Boileau a dit. *Le Jonas inconnu séche dans la poussiere.*

* Gui DUFAUR, *Seigneur de* PIBRAC, d'une maison féconde en grands hommes, & qui est aujourdhui l'une des plus anciennes du Parlement de Toulouse, nâquit en 1529. Son pere, Pierre Dufaur, Président de ce Parlement, descendoit de la même tige que Gratian, & Arnaud Dufaur; dont le premier étoit Président, & l'autre Procureur-Général au même Parlement, à la fin du XV siecle. Le mérite de Gui Dufaur commença d'être connu aux Etats généraux d'Orléans, en 1560, où il fut député, par la Ville, en qualité d'ancien Capitoul. Il étoit Juge-Mage de Toulouse, lorsque Charles IX l'envoya, en qualité d'Ambassadeur, au Concile de Trente, où il prononça (*f*) le 4 Juin 1562, un discours plein d'éloquence, & dicté par le zele pour la gloire de la nation Françoise. A son retour, en 1565, il lui donna une charge d'Avocat-Général au Parlement de Paris, ce qui le mit en même d'introduire la véritable éloquence dans le Barreau. Le Duc d'Anjou, élu au Royaume de Pologne, & depuis Henri III, lui fit quitter cette place; pour l'amener dans ses nouveaux Etats, dont il le fit Chancelier. Après la mort de Charles IX, il le rappella en France, lui donna une charge de Président à Mortier, au Parlement de Paris, & l'admit dans tous ses conseils. Il fut aussi Chancelier ¶ de la Reine de Navarre. Né pour tous les emplois, il les remplit tous avec éclat. Grand Politique, habile Jurisconsulte, Orateur éloquent, Poéte ingénieux, il joignoit à tous les talens, une figure prévenante, une probité incorruptible, & un amour sincere pour le bien public. Mort à Paris le 27 Mai 1584, âgé de 56 ans. L'on voit son Mausolée dans l'Eglise des grands Augustins. Le plus considérable de ses ouvrages, est les Quatrains qui portent son nom, & qui au rapport de plusieurs Auteurs (*g*) ont été traduits en Latin, en Grec, en Allemand, en Anglois, & dans les langues Turque, Arabe, & Persanne. Ses autres ouvrages sont un Poéme en vers François, contenant les éloges de la vie rustique; & quelques

---

(*f*) *De Thou. liv* 4. *p.* 337.
(*g*) *Baillet, jugement des sçavans. Teissier, éloge des sçavans, &c.*

¶ On a prétendu qu'il avoit été amoureux de cette Princesse.

ques actions forenses. Suivant M. de Thou (h), il publia au commencement du mois de Décembre 1572, l'Apologie de la journée de Saint Barthelemi, en forme de Lettre, adressée à Stanislas Helvide. On ignore si cet ouvrage, fut jamais imprimé. Charles Paschal a écrit sa vie, en Latin, adressée à Pierre Forget, & Scevole de Sainte Marthe a fait son éloge.

* Pierre DUFAUR, *Baron de* St. JORI, qui fut successivement Conseiller au Grand-Conseil, Maître des Requêtes, & premier Président du Parlement de Toulouse, soutint tout l'éclat de son nom, par son intégrité, sa profonde science, & par le grand nombre d'ouvrages, qu'il composa. Les plus estimés sont I. Les trente-trois livres *des semestres*; II. Celui des *Agonistiques*, c'est-à-dire des éxercices, & des jeux des Anciens; III. Un Traité des Magistrats Romains; IV. *Dodocamenon, sive de Dei nomine & attributis*; V. *Commentarius de regulis juris antiqui.* Il mourut d'Apoplexie au Palais, en prononçant un Arrêt, le 18 Mai 1600.

Arnaud, ou *Arnoul* DUFERRIER, l'un des plus sçavans Jurisconsultes de son siecle, fut l'émule de Cujas, & occupa si dignement, à Toulouse, une chaire de Droit, & une charge de Conseiller au Parlement, qu'il fut fait Président des Enquêtes du Parlement de Paris, & Maitre des Requêtes. Il fut envoyé, par le Roi, au Concile de Trente, & y soutint, avec fermeté, les droits de la France. Ce courage parut sur-tout dans la harangue hardie qu'il prononça, en plein Concile, en 1562; & qui ne fut pas du goût des Prélats Ultramontains. Le Roi l'envoya, ensuite, Ambassadeur à Venise, où il aida Fra-Paolo, à récueillir des mémoires pour son histoire du Concile de Trente. De retour en France, il se retira à la Cour du Roi de Navarre, qui lui donna la charge de Garde des Sceaux. Dans cette place, il fit profession ouverte du Calvinisme: mais il continua de faire éclater la profondeur de son jugement, & l'intégrité de ses mœurs. Mort en 1585. âgé de 79 ans.

* *Augier* FERRIER Seigneur de Castillon, également favorisé de la nature par les qualités du corps & de l'esprit, étoit fils d'un Chirurgien. Il s'adonna à l'étude des Mathématiques, de la Jurisprudence, & sur-tout à celui de la Médecine, qui devint l'objet princi-

(h) *liv.* 6.

pal de sa profession. Il joignit à ces connoissances, une très-belle figure, & cette politesse aimable, qui fait les délices de la Société. Avec tous ces avantages, il réussit, sans peine, à se faire des amis puissans. Jean-Bertrand, Garde des Sceaux, son ami, & son concitoyen, le présenta à la Reine Catherine de Médicis, qui le choisit pour son médecin ordinaire, & pour son guide, dans l'étude de l'Astrologie judiciaire. Mort en 1588. Il a composé plusieurs Traités, un sur la peste, un sur les jugemens Astronomiques, un sur le Droit, & un ouvrage contre Bodin, qui a pour titre, *Avertissement à Jean Bodin, sur le IV. livre de sa République, par Augier* FERRIER *Docteur Médecin, Seigneur de Castillon, Tolosain, &c.*

* Jean-Etienne DURANTI, l'un des plus illustres, & des plus sçavans Magistrats de son siecle, étoit fils d'un Conseiller aux Requêtes du Palais à Toulouse. Il s'adonna au Barreau, étant encore fort jeune ; & après avoir été Capitoul, l'année 1563, lorsque Charles IX. fit son entrée dans cette Ville, il fut fait Avocat-Général de ce Parlement, le 8 Mai 1568, & parvint à la charge de premier Président, le 4 Septembre 1581. C'est dans cette place qu'il fit éclater une fidélité incorruptible, pour son Roi, sans rien diminuer du zele ardent qu'il avoit toujours eu pour la Religion. Ce zele ne put le garantir de la rage des Ligueurs : armés, & aveuglés par le fanatisme, oubliant les sentimens, & les vertus de ce Magistrat respectable, ne pouvant l'entrainer dans leur révolte, ils lui firent un crime de suivre son devoir, & le massacrerent, inhumainement, le 10 de Février 1589, à l'âge de 56 ans. Son désintéressement, & ses grandes qualités ont fait dire de lui, qu'il étoit mort le plus pauvre premier Président de France, mais le plus riche en vertus. Il possédoit toutes les qualités qui forment l'homme sçavant, le Magistrat célebre, le bon citoyen, & le Chrétien parfait. Il composa un Recueil des Arrêts du Parlement de Toulouse, sur les principales questions de Droit, que l'Avocat de Ferrieres a donné au public, après la mort de l'Auteur, sous ce titre : *Stephani Durantii Quæstiones ex utroque Jure decisæ.* Sa profonde érudition paroît sur-tout, dans son excellent Traité, *de Ritibus Ecclesiæ Catholicæ*, qui a été imprimé à Rome, par les soins du Pape Sixte V, aux dépens de la Chambre Apostolique, & dont le Pape Gregoire XIII avoit accepté la Dédicace. Duranti contribua, par son zele pour la gloire de la Religion à l'établissement des Jésuites, des Capucins, & de plusieurs Confréries de Pénitens. Il augmenta la célébrité de l'Université de cette Ville, en y attirant les plus grands hommes ¶ de son temps. Il engagea les Capitouls à faire bâtir le College de l'Esquille : Enfin, par une charité judicieuse, & libérale, il fit deux fondations, également utiles, & édifiantes : l'une avoit pour objet de marier, tous les ans, un certain nombre de filles pauvres, & l'autre, qui subsiste encore, sous le nom de *la Miséricorde*, s'occupe au soulagement des pauvres, qui gémissent dans les prisons. Antoine Dumai a écrit sa vie. *Rose de Caulet*, son épouse & Marie ¶¶ Duranti, sa fille unique, née de son premier mariage, avec Marie Daffis, lui firent élever, dans l'Eglise des Cordeliers, un superbe Mausolée, dont la vue arrache encore des larmes à tous ceux qui, comme lui, sont prêts à verser tout leur sang, pour la défence de leur Roi.

Jacques DAFFIS, fils de Jean Daffis, premier Président du Parlement de Toulouse, fut d'abord Conseiller, & devint Avocat-Général au même Parlement, le 20 Février 1586, lorsque son frere Guillaume Daffis quitta cette charge, qu'il occupoit depuis le 17 Octobre 1581, pour être premier Président du Parlement de Bordeaux. Semblable au célèbre Duranti son beau-frere, par les talens, l'érudition, & la probité, il eut le même zéle pour la Religion, pour son Roi, pour sa patrie. Les menaces, ou les promesses des Ligueurs n'ébranlerent point sa fidélité : il s'opposa à toutes leurs résolutions séditieuses, les traita toujours en coupables, leur représenta sans cesse la noirceur de leur attentat, & souffrit avec courage, une mort cruelle, mais qui le couvre de gloire au yeux de la postérité. Mort le 10 Février 1589.

* *Jacques* CUJAS, le plus célèbre Jurisconsulte que la France ait produit, nâquit à Toulouse, en 1520. Ses heureux talens pour

¶ L'Histoire nomme entr'autres, le fameux François Rhoaldez qui avoit déja enseigné le Droit à Valence en Dauphiné.

¶¶ Elle fut mariée à Simon Garaud, Conseiller au Parlement., d'où descendent François-Etienne de Garaud, & Jean-George de Garaud de Donneville, pere & fils, Présidens au Parlement, dont l'unique héritiere est entrée dans la maison d'Alegre. C'est au dernier de ces deux illustres Présidens que le public est redevable de la riche Bibliotheque, dont il jouit, deux fois la semaine, & qui est précieusement conservée, chez les P.P. Cordeliers de Toulouse.

les sciences, & pour les Belles-Lettres se manifesterent de si bonne heure, que son pere ne négligea, pour son éducation, aucun des soins que la médiocrité de sa fortune, pouvoit lui permettre. Devenu Docteur en Droit, à l'âge de 20 ans, Cujas enseigna publiquement, en vertu de son grade, dans les Universités de Toulouse, de Cahors, de Bourges, & de Valence en Dauphiné. Il revint dans sa patrie, en 1554, & il est certain qu'il donna son nom pour disputer une Chaire de Droit, vacante dans cette Université : mais en même-temps (i), il fut appellé à Valence, pour occuper une Chaire, qu'on lui offrit sans dispute ; & il ne disputa point celle de Toulouse, comme Papire-Masson & M. de Thou l'ont cru ; puis qu'ils ont dit, qu'elle lui avoit été refusée, en faveur d'Etienne Forcadel. Il n'y a aucune preuve de ce prétendu refus. Cujas n'en laisse rien soupçonner dans ses écrits. Les Régistres de l'Université n'en font aucune mention : ainsi on peut reprocher à Papire-Masson d'avoir accusé, trop durement, & trop legerement l'Université de Toulouse, & la Ville même, d'une prétendue injustice, de laquelle il auroit dû s'assurer davantage. Le succès des leçons que Cujas donnoit, dans l'Université de Valence, parvint bientôt jusqu'au Trône. François I, toujours attentif à récompenser le mérite, lui accorda le titre de Conseiller honoraire au Parlement de Grénoble. Emmanuel-Philibert, Duc de Savoye, l'attira à Turin, & lui donna des marques singulieres de son estime. Le Pape Grégoire XIII lui fit les offres les plus avantageuses, pour le faire enseigner, à Boulogne : mais Cujas préféra l'Université de Bourges, où il se fixa, & où il enseigna, avec tant d'éclat que le Parlem. de Paris, par une grace singuliere, & bien honorable à la mémoire de cet homme Illustre, lui permit de donner des Grades, *lui seul*, à ceux de ses Ecoliers qu'il jugeroit à propos. Il en avoit un nombre prodigieux : & non content de leur communiquer sa science, il les assistoit de ses biens, ce qui lui acquit le surnom de *Pere des Ecoliers*. C'étoit un de ces génies rares, & heureux qui apprennent tout d'eux-mêmes. Il mourut, à Bourges, le 4 Octobre 1590. La meilleure édition de ses œuvres est celle de Fabrot, en 10 vol. *in folio*. Ses parens n'étoient pas de la lie du peuple, ni dépourvus de biens, comme la plûpart des Auteurs l'ont annoncé, puis qu'on trouve, aux Archives de l'Hôtel-de-Malthe de Toulouse, dans un ancien Régistre, fol. 160, une Reconnoissance féodale, retenue par Jean Cazaux Notaire de

(i) *MSS. de Dupuy.*

Frosin, consentie par *Sire-Guillaume Cujas*, *Baissaire de Draps de Toulouse*, en faveur du Commandeur de Fonsorbes, pour vingt-quatre séterées de terre. Il y a dans les mêmes Archives, mais dans un autre Régistre, fol. 240, un pareil Acte de Reconnoissance, retenu par Jean Brunet, Notaire de Saint Lis, le 3 Mai 1580, consenti par *Sire-Gabriel Fontrouge*, *marchand de Toulouse*, comme mari de Jeanne Cujas, faisant tant pour lui que pour Mr. Messire Jacques Cujas Docteur, & Conseiller au Parlement de Grenoble, en faveur du même Commandeur de Fonsorbes, pour cent seize séterées de terre. Pendant son séjour à Valence, Jacques Cujas se maria avec Magdelaine Roure, fille d'un Médecin d'Avignon, de laquelle il eut un fils, qui mourut jeune. Etant devenu veuf, il se remaria à Bourges, avec Gabrielle Hervé, dont il eut une fille nommée Susanne. Plusieurs Auteurs ont dit d'elle, qu'elle s'étoit livrée aux plus grands déreglemens, avec les écoliers de son pere, & qu'il avoit été le témoin malheureux de ses impudicités. Bayle dans son Dictionnaire historique, édition de 1720, dit au mot *Stilpon*, que les Ecoliers de Cujas, qui alloient se réjouir avec sa fille, appelloient cela commenter ses ouvrages : il ajoute qu'un jour Cujas s'étant plaint à un de ses écoliers, nommé *le Comte*, de ses assiduités auprès de sa fille, & lui ayant demandé ce qu'ils faisoient ensemble, l'écolier lui répondit, par cette équivoque maligne, nous faisons des petits *contes*. Mais la fausseté de ces anecdotes se manifeste d'elle-même, puisque Susanne Cujas, avoit à peine quatre ans, lors de la mort de son pere. Il se peut que dans la suite, livrée à elle-même, n'étant point retenue par l'exemple, & par les leçons d'un pere vertueux, elle donna dans quelque excès criminel : mais on n'en a aucune preuve bien certaine ; & la fausseté de l'anecdote, qu'on vient de relever, doit faire douter du prétendu libertinage dont on accuse cette fille. Papire-Masson a écrit la vie de Cujas : & Etienne Pasquier rapporte, qu'en Allemagne, lorsque les Professeurs citent Cujas, dans leurs leçons, ils ôtent leur bonnet, par respect, & pour rendre honneur à la mémoire de ce grand homme.

Pierre GREGOIRE, sçavant Jurisconsulte, enseigna d'abord le Droit à Cahors, & ensuite à Toulouse. Le Duc Charles l'attira en Lorraine ; & lui donna une Chaire de Professeur, en Droit Civil, & Canonique, à Pont-à-Mousson, où il donna ses leçons jusqu'à sa mort. Il est l'auteur de plusieurs ouvrages dont les plus estimés des sçavans sont, I. *Syntagma juris Universi, atque legum penè omnium*, &c. II. *de Republica*, lib. 26. Il composa aussi, étant à Pont-à-Mousson, une réfutation de la consultation de Charles Dumoulin, contre le Concile de Trente. Mort en 1597.

Bernard ABATIA, qui vivoit à la fin du XVI. siecle, s'appliqua à l'étude des sciences, les plus abstraites, & les plus utiles à la société. Médecin, Jurisconsulte, & Mathématicien, il enseigna à Paris, & ailleurs, le Droit, les Mathématiques, les Langues, & composa, sur ces différentes matieres, divers Traités, dont les auteurs parlent avec éloge.

Mathieu de CHALVET, né au mois de Mai 1528, d'une maison ancienne, & illustre, originaire d'Auvergne, où elle subsiste encore, dans les branches, *de Vernassal & de Nastrac*, & où elle possède les terres *de la Fauvelie, & de Rochemonteix, &c.* étoit neveu du célébre Pierre de Lizet, premier Président du Parlement de Paris. Son oncle frappé des heureuses dispositions du Jeune Chalvet, l'amena à Paris, en 1539, & confia son éducation à quelques sçavans, qui se distinguoient, dans ce tems là. Six ans après, il le renvoya à Toulouse, pour étudier le Droit Civil. Delà Mathieu de Chalvet alla parcourir l'Italie, pour profiter des leçons d'Alciat, & de Socin, les plus fameux Jurisconsultes de son temps. En 1553, il fut reçu Conseiller au Parlement de Toulouse, & obtint une place de Mainteneur des Jeux-Floraux. Enfin en 1573, le Parlement le nomma Président des Enquêtes. Il donna des preuves de son attachement pour sa Compagnie, dans plusieurs affaires importantes, qui furent l'objet de ses différentes députations vers le Roi Henri IV. Ce Monarque, par l'estime particuliere qu'il avoit pour ce magistrat, & en reconnoissance de sa fidélité, & de son zéle pour le bien de l'Etat, pendant les guerres civiles du Calvinisme, lui fit un riche présent, en 1595, lors de sa premiere députation à la Cour ; & lui accorda, en 1603, de son mouvement, un Brevet de Conseiller d'Etat. Mort le 20 de Juin 1607. Il avoit publié en 1604, une traduction des Œuvres de Sénéque le Philosophe : elle a été réimprimée, en 1538, augmentée d'un Abrégé de la vie du traducteur, & de quelques vers François, & Latins, à sa louange. Outre cet ouvrage immense, Mathieu de Chalvet avoit composé beaucoup de poësies Latines, & Françoises. Il forma deux branches, qui ont donné plusieurs Officiers au Parlement de Toulouse, trois Sénéchaux de cette Ville, un grand Prieur de l'Ordre de St. Jean de Jérusalem, plusieurs Commandeurs, & Baillifs du même Ordre, & un grand nombre d'Officiers distingués dans les armées.

Henri-Christophle de CHALVET, son petit-fils Religieux de l'Ordre de FF. Prêcheurs, né le 14 Septembre 1605, & connu sous le nom du P. Hyacinte de Chalvet, se rendit si fameux, par son rare talent pour la Chaire, que M. François de Harlay, Archevêque de Rouen, le choisit pour donner les premieres leçons de la prédication, dans l'Académie, qu'il avoit érigée à Paris, à son Abbaye de Saint Victor, en faveur des jeunes Ecclésiastiques. Il fit le voyage de Candie, en qualité de Chapelain du Comte de Romorentin, qui commandoit les troupes Vénitiennes. A son retour de ce voyage en France, il fut fait prisonnier par les Pirates d'Alger, en 1648. Ayant recouvré sa liberté, en 1650, il disputa & obtint une Chaire de Théologie, dans l'Université de Caen, où il professa, avec éclat, pendant 18 ans. Il abdiqua cette Chaire, en 1681, se retira à Toulouse, & mourut, le 11 Octobre 1683, âgé de 78 ans. Il a donné un Cours de Théologie, en dix volumes *in-folio*. On doit remarquer, comme une chose singuliere, à l'égard de cet ouvrage immense, qui étoit d'abord en François, c'est que le P. Chalvet, ayant perdu son manuscrit, en l'envoyant à Paris, pour le faire imprimer, eut assez de mémoire, & fut assez laborieux pour le composer de nouveau, en Latin. Depuis ce temps-là il le porta toujours, dans ses voyages.

Marie DE CHALVET, épouse de *Pierre* DE MALENFANT *de Gentien, Seigneur de Boisseson, & de Pressac*, contribua à l'illustration de sa maison, par ses Poésies: elle remporta dans l'Académie des Jeux-Floraux, le prix de l'Elégie, en 1701, & celui de l'Ode, en 1702. Ces deux Ouvrages, & plusieurs autres, qui sont imprimés, font connoitre le génie heureux, & facile de cette Dame.

Pierre DE BELOY, que quelques Auteurs font naître à Montauban, fut Conseiller au Présidial de Toulouse, & ensuite Avocat-Général du Parlement. C'étoit un des plus grands Jurisconsultes, & des plus sçavans Critiques de son temps. Il avoit été nommé, à l'âge de 21 ans, Régent dans l'Université de cette Ville, par l'Université même, & par le Parlement. Mais aussi fameux par son attachement à la personne du Roi que par son sçavoir, il se distingua, pendant les guerres civiles du XVI siecle ; & publia plusieurs écrits, contre la Ligue. Ces Ouvrages lui attirerent la haine des Ligueurs. Il fut arrêté, en 1587, à Paris, où il avoit été député, par le Présidial de Toulouse, pour une affaire que ce Corps avoit, contre les Notaires de cette Ville ; & resta quatre ans à la Bastille : mais le Roi Henri III, qui n'avoit consenti à sa détention, que pour complaire au Duc de Guise, récompensa son zéle, & sa fidélité, par la charge d'Avocat-Général, au Parlement de Toulouse, qu'il exerçoit encore, en 1609. Il a composé un très-grand nombre d'Ouvrages, sur différentes matieres : les principaux sont, I. *Apologie catholique contre les libelles, déclarations, avis, & consultations faites, écrites, & publiées, par les Ligués, &c.* II. Déclaration du droit de légitime succession sur le Royaume de Portugal, appartenant à la Reine-mere du Roi très-Chrétien. *Anvers*, 1582. III. Remontrances pour les Officiers du Sénéchal de Toulouse, contre les Notaires, & Sécretaires du Roi, de ladite Ville. Cet Ouvrage qui fut imprimé à Paris en 1582, fut réimprimé l'année suivante, avec une requête pour les mêmes Officiers, contre les Docteurs-Régens de l'Université. IV. Explication de l'année 1683, suivant le Kalendrier Grégorien. *Paris* 1583. V. Supputation du temps, depuis la Création du monde, jusqu'en 1582. VI. *Petri Beloii variorum Juris Civilis Libri VI. & Disputatio de Successione ab intestato. Paris*, 1583. VII. Conférence des Edits de pacification, &c. *Paris* 1600. VIII. De l'Origine, & institution des divers Ordres de Chevalerie, tant Ecclésiastiques que Profanes, &c. *Montauban* 1604. IX. Exposition de la Prophétie de Daniel touchant les 70 Semaines. *Toulouse* 1605. X. Commentaire sur l'Edit qui ordonne l'union du Patrimoine du Roi au Domaine de la Couronne. *Toulouse* 1608. XI. Son Plaidoyé, dans l'Appel comme d'abus, relevé par F. Jean Journé Religieux, & Provincial de l'Ordre de Saint Dominique, sur une procédure faite contre lui, par les Evêques d'Ayre, & de Condon : avec l'Arrêt du Parlement de Toulouse, rendu sur cette affaire. *Paris* 1612.

Guillaume de SEGLA, d'une maison noble, & ancienne, fut successivement Conseiller, & Président à Mortier au Parlement de Toulouse, & Conseiller d'Etat. Sa profonde érudition parut dans un Livre qu'il publia, en 1613, sur l'histoire tragique d'un meurtre arrivé dans cette Ville, en 1608. Cet ouvrage, qui contient
tout

tout le détail de cette affaire, & du Procès qu'elle occasionna, est rempli de notes sçavantes, & curieuses.

Jeanne de SEGLA, épouse de *Bernard de* MONTEGUT, Trésorier de France à Toulouse, releva, par son génie, la gloire de ses ancêtres. Ayant été reçue dans l'Académie des Jeux-Floraux, après y avoir remporté le prix de tous les genres de poésie, elle ne borna pas ses heureux talens à cette partie de la belle littérature, elle s'adonna à l'étude des langues. Ses progrès furent si rapides, & si prodigieux qu'elle apprit, d'elle-même, dans peu d'années, le Latin, l'Anglois, l'Italien, & l'Espagnol. Elle a traduit, en Vers François, un grand nombre des Odes d'Horace, les Pastorales de Pope, imprimées, dans le Recueil de l'Académie des Jeux-Floraux, de l'année 1750, & plusieurs ouvrages des meilleurs Auteurs Italiens, & Espagnols. Son style toujours pur, naturel, & élégant la mettra au rang des Ecrivains les plus polis; & elle fera l'admiration de la postérité, après avoir mérité la vénération des contemporains, par son esprit, par sa modestie, par la douceur de son caractere, & par la pureté de ses mœurs. Morte le 17 Juin 1752, âgée de 42 ans.

Pierre JARRIC Jésuite enseigna, avec applaudissement, la Philosophie, & la Théologie, à Bordeaux, & mourut à Xaintes, l'an 1616, après avoir composé, en françois, *Le Trésor de l'histoire des Indes*, que Mathieu Martinez, a traduit, en latin.

François de LESTANG, l'un des plus habiles Magistrats de son temps, embrassa le parti de la Ligue, avec son frere Christophle de Lestang, mort Evêque de Carcassonne. Ils rentrerent ensuite, l'un & l'autre, dans leur devoir, & se firent estimer d'Henri IV, & de Louis XIII. François de Lestang qui avoit été Président, & Lieutenant-Général au Présidial de Brive, & Intendant de Justice, dans l'armée du Duc de Mayenne, fut fait Président à Mortier au Parlement de Toulouse, & ensuite premier Président de la Chambre de l'Edit, établie à Castres, & mourut à Toulouse, le 9 Décembre 1617, âgé de 79 ans, après avoir fait plusieurs pieuses fondations; on voit sur la porte du Chœur de Saint Etienne, du côté du cloître, son mausolée, en marbre blanc, & rouge, où il est représenté à genoux, devant une image de la Vierge; & l'on admire sur-tout l'habileté de l'artiste, qui a sçu disposer & ménager la couleur de ce marbre, avec tant d'adresse, que cette statue, & celle de la Vierge, paroiſſent avoir été peintes. Les ouvrages les plus eſtimés de ce Magiſtrat ſont, un Traité de la réalité du Saint Sacrement de l'Autel, un Traité de l'Ortographe Françoiſe, & une hiſtoire des Goths, & Viſigoths.

Chriſtophle de LESTANG, dont on vient de parler, fut ſacré Evêque de Lodeve, en 1580, à l'âge de 22 ans : il paſſa enſuite, ſucceſſivement, aux Evêchés d'Alet, & de Carcaſſonne. Son zele pour la Religion, pour le bien de l'Etat, & pour la gloire du Roi, lui mérita la confiance, & les bienfaits de la Cour. Henri III l'envoya en ambaſſade, en Eſpagne. Henri IV lui donna l'Evêché de Carcaſſonne ; Louis XIII le fit Conſeiller d'Etat, & Commandeur de ſes Ordres, à la promotion du 31 Décembre 1619, il avoit encore, lorſqu'il mourut, le titre de Maitre de la Chapelle du Roi, & les Abbayes d'Uſerch, de la Graſſe, & de Montolieu. Mort le 12 Août 1621. Les Cardinaux d'Oſſat, & du Perron, l'Evêque de Luçon, depuis Cardinal de Richelieu, les PP. Cotton, & Arnoux Jéſuites, & les plus grands hommes de ſon temps, ſe firent un honneur de mériter, & de cultiver ſon amitié, & ſon eſtime.

* *Philippe de* BERTIER, Préſident du Parlement de Toulouſe, donna un nouveau luſtre à ſa naiſſance, par ſon intégrité, & par ſa profonde érudition. Il a compoſé un ouvrage, très-eſtimé des ſçavans, ſur *les Dyatribes*, dans lequel on trouve, une notice très-curieuſe de l'Empire Romain, & de l'ancienne police de l'Egliſe. Il eſt auſſi l'auteur d'un excellent Poëme latin, à la gloire des Saints, dont les Reliques ſont conſervées, à Toulouſe. Mort en 1618. La maiſon de Bertier, illuſtre dans Toulouſe, depuis le commencement du XV. ſiecle, a fourni pluſieurs hommes célebres, dans différentes branches. La premiere a donné *Jean de* BERTIER, Seigneur de Monrabe, Belpech, &c. Préſident à Mortier, & enſuite premier Préſident au Parlement, qui ſçut ſe concilier, par les talens de l'eſprit, & les qualités du cœur, l'eſtime, & l'amitié de ſa compagnie, & de ſes concitoyens. Mort en 1652. *Pierre de* BERTIER, Evêque de Montauban, & Conſeiller au Parlement de Toulouſe, qui mérita, par ſon eſprit & par ſon talent merveilleux pour la prédication, l'eſtime, & les bienfaits de Louis XIII. L'Univerſité de Sorbonne le nomma, en 1643, pour faire l'oraiſon funébre de ce Prince. Devenu le Prédicateur de la Cour, il prononça un très-beau diſcours, à Reims, lors du Sacre de Louis

XIV. Il fut un des six Présidens de l'assemblée du Clergé de France, tenue à Paris, en 1655; & dans toutes ces occasions, il fit éclater la supériorité de son génie. Outre l'oraison funébre de Louis XIII, il fit en divers temps, celle de la Reine-mere, celle du Cardinal de la Rochefoucault, celle du Duc de Fronsac Maréchal de France, & celle de Charles de Montchal Archevêque de Toulouse, qu'il prononça, à Carcassonne, où ce Prélat mourut, en 1651, pendant la tenue des Etats de Languedoc. C'est à ses recherches, & à ses soins qu'on est redevable du Recueil, qu'on a fait des Evêques de Montauban. Mort dans un âge fort avancé, au mois de Juillet 1674. Cette branche a donné encore plusieurs Officiers au Parlement de Toulouse, trois Evêques à l'Eglise de Rieux; & à fini dans la personne du dernier de ces Evêques, *Antoine-François de* BERTIER, mort le 29 Octobre 1705, âgé de 74 ans.

La seconde branche, distinguée par le nom de *Saint Géniés*, a donné un Evêque à l'Eglise de Montauban, un autre à l'Eglise de Blois, qui fut érigée en sa faveur, plusieurs Officiers au Parlement de Toulouse, parmi lesquels on distingue, *François de* BERTIER, qui fut successivement Avocat-Général de ce Parlement, premier Président du Parlement de Navarre, en 1703, & premier Président de celui de Toulouse, en 1710. Cette Branche a fondu dans la maison de Fumel, l'une des plus anciennes, & des plus qualifiées de cette Province, par le mariage de *Catherine-Thomasse de* BERTIER, fille unique de ce premier Président.

Il y a deux branches de cette maison, qui subsistent encore, avec éclat, dans les Seign. *de Pinsaguel*, & *du Vernet*, qui ont donné des Maitres des Requêtes, plusieurs Grands-Maitres des Eaux & Forêts, des Chevaliers de l'Ordre de Saint Jean de Jérusalem, & un grand nombre d'Officiers distingués dans les Armées.

Il y a encore une autre branche, connue sous le nom *de Sauvigni*, & *d'Auteroche*.

Guillaume de MARAN étudia le Droit sous Cujas, & professa avec applaudissement, dans l'Université de Toulouse, pendant 40 ans. Il fut envoyé à Rome, pour obtenir du Pape la dispense des vœux de F. Anne de Joyeuse Capucin. En revenant de Rome, il fut pris par les Pyrates d'Alger, & la Province le racheta. Mort en 1621. Il publia, avant sa mort, un traité *de Antecessorum delectu*. Son traité *de Æquitate & Justitia*, fut publié en 1622. Ses Paratitles sur le Digeste parurent en 1628. On a encore de lui, un ouvrage intitulé *de recta Juris docendi ratione*, & trois *Index* fort utiles, fur le livre intitulé *Notitia utraque Dignitatum, tum Orientis, tum Occidentis, ultra Arcadii, Honoriique tempora*.

* *Guillaume de* FIEUBET, fit paroître fon éloquence, & fes lumieres dans les charges d'Avocat-Général, & de Préfident à mortier du Parlement de Touloufe. Louis XIII, pour récompenfer fon mérite, le fit premier Préfident d'Aix : mais il mourut en 1628, peu de temps après avoir prêté ferment.

Gafpard de FIEUBET, fils du précédent, occupa à l'âge de 18 ans, une charge de Préfident des Requêtes du Parlement de Touloufe. Il fut enfuite Procureur-Général ; & à l'âge de 31 ans, le Roi le nomma premier Préfident de cette Compagnie. Il fit éclater dans cette place, pendant plus de 50 ans, toutes les qualités d'un grand Magiftrat. Mort le 8 Novembre 1686, âgé de 64 ans. Louis XIV, en apprenant fa mort, rendit un témoignage bien honorable à fes vertus, & à fes talens. *C'étoit*, dit ce Monarque, *un des plus grands Juges de mon Royaume, & des plus attachés à mon fervice. J'aurai de la peine à trouver un fujet de ce mérite, pour remplir la place qu'il a tenue.* La poftérité, toujours équitable dans fes jugemens, fera le même éloge de fon Petit-Fils ¶ Mr. *Jofeph - Gafpard de* MANIBAN, qui occupe aujourdhui fa place, dans ce Parlement. Son zele pour les intérêts de l'Etat, & pour le bien public juftifie la confiance dont le Roi l'honore, & les vœux ardens des Touloufains, pour la confervation d'un Magiftrat, qu'ils regardent, avec raifon, moins comme leur juge, que comme leur pere. Il étoit réfervé au petit-fils de l'illuftre Gafpard de Fieubet de faire revivre, dans la même place, & avec le même éclat, toutes les vertus, & les grandes qualités de fon aïeul.

* *Guillaume de* CATEL, d'une illuftre famille d'Ecoffe, qui s'établit à Touloufe, vers l'an 1451, nâquit en 1560 : il étoit fils de Jean de Catel, & petit-fils de Pierre de Catel, qui avoient été l'un & l'autre, Confeillers au Parlement de Touloufe. Guillaume, deftiné à occuper la même place, s'adonna à l'étude de la Jurifprudence, fous la direction du fameux Genebrard, & de Rhoal-

---

¶ Gafpard de Fieubet, de fon mariage avec Marguerite de Gameville de Montpapou, ne laiffa que quatre filles. La premiere fut mariée à Mr. le Marquis de Maniban, la feconde à M. de Mauriac, la troifieme à M. le Marquis de St. Felix, & la quatrieme à M. de Lombrail Sgr. de Rochemontez.

dez, les deux plus grands Jurisconsultes de son temps. Son application le rendit bientôt digne de marcher sur les traces de ses aïeux. Il occupa la charge de son pere, & la remplit avec distinction, par son intégrité, & par son profond sçavoir. Accoutumé à une vie laborieuse, il se délassoit des pénibles fonctions de la magistrature, par l'étude des belles-lettres ; & c'est à ses momens de loisir, qu'il sçut employer si utilement, que nous sommes redevables des deux ouvrages intéressants, qu'il a composés sur l'histoire de cette Province. Le premier, imprimé à *Toulouse*, en 1623, renferme l'histoire des Comtes de Toulouse, qui avoit été négligée jusqu'alors, & qui est remplie de très-belles découvertes, sur cette partie essentielle de notre histoire. L'autre, imprimé après la mort de l'Auteur, en 1633, renferme des mémoires sur l'histoire de Languedoc, qui ont servi de baze à tous les Auteurs, qui ont écrit depuis sur cette matiere. Ce qui rend, sur-tout, ces ouvrages précieux, & authentiques, c'est que l'Auteur a prouvé la plupart des faits qu'il avance, par des Chartes dont il rapporte fidellement la teneur. Mort le 5 Octobre 1626, on voit encore son Mausolée dans le Cloitre de l'Eglise St. Etienne, à laquelle cette maison a fait des dons considérables. Ce fut à son rapport que Lucilio Vanini, fameux athée, fut condamné au feu, par le Parlement de Toulouse.

Vincent CABOT, célebre Jurisconsulte du XVI siecle, disputa à Paris, à l'âge de 20 ans, une Chaire de Droit Canon. Peu de temps après, on l'appella à Orléans, où il professa l'un, & l'autre Droit, avec applaudissement, pendant quatorze ans. Sa réputation lui attira l'estime, & l'affection de Pierre Dufaur, premier Président du Parlement de Toulouse, qui le rappella dans sa patrie, où il remplit une Chaire de cette Université célebre, pendant vingt-deux ans. Quelque-temps avant sa mort, il avoit entrepris un grand ouvrage, sur la politique, dont il ne put achever qu'une partie. Il laissa son manuscrit, en mourant, à Léonard Campistron, qui fit imprimer, en 1630, le premier volume, le seul que nous ayons, de cinq qui devoient composer l'ouvrage. Il est intitulé, *Les Politiques de Vincent Cabot Tolosain* ; & fut dédié au Cardinal de Richelieu.

* *Antoine de* PAULO, quarante-cinquieme Grand-Maître de l'Ordre de Saint Jean de Jérusalem, fut élevé à cette place, par son zele pour la Religion, par son courage, & par sa prudence. Issu d'une maison originaire de Gênes, qui avoit donné des Seigneurs du Conseil, à cette République, & qui s'étoit établie, à Toulouse, en 1475, il avoit été fait Chevalier de Malthe, en 1590, & Commandeur de Marseille, & de Ste Eulalie. Le Cardinal de Joyeuse, son proche parent, le fit nommer grand-Croix, en 1612. Il fut ensuite Grand-Prieur de Saint-Gilles ; & le 10 Mars 1623, on l'éleva à la premiere dignité de cet Ordre.

Établissement du Couvent des Religieuses MALTHAISES à Toulouse.

C'est à ce Grand-Maître qu'on est rédevable de l'établissement des Religieuses Hospitalieres de Saint Jean de Jérusalem, ou Malthaises dans Toulouse. Elles avoient été fondées, dans deux Monasteres, au Diocese de Cahors. Antoine de Paulo les réunit, à Toulouse, en 1623 ; & leur donna, en 1625, la maison qu'elles occupent, qui a été augmentée, en différens temps, & où elles font bâtir, actuellement, une très-belle Eglise. En reconnoissance de son zele pour la gloire de son Ordre, & de ses bienfaits, le Chapitre Général de l'année 1635, lui accorda, pour *Antoine de PAULO*, Vicomte de Calmont, son neveu, & pour les aînés de sa maison, le privilege de porter les armes de la Religion. La maison de Paulo, qui subsiste encore, dans *Mr. le Comte de PAULO, Vicomte de Calmont, Seigneur de Saint Marcel, de Terracuse, &c.* Sénéchal de Lauragois, à produit plusieurs Conseillers, & trois Présidens à Mortier, au Parlement de Toulouse, deux Conseillers d'Etat, trois Sénéchaux de Lauragois, plusieurs Chevaliers de Malthe, & un grand nombre d'Officiers distingués dans les armées.

* *Antoine TOLOSANI*, Réformateur, & Général de l'Ordre de Saint Antoine de Vienne, né en 1555, d'une maison illustre, originaire de Savoie, joignoit à une grande piété, une profonde érudition, & fut un des plus grands Prédicateurs de son temps. Avec ces qualités, & ces talens, il acquit la confiance, & l'estime des habitans de la Province de Dauphiné, où il avoit fixé son séjour, dans l'Abbaye, qui est le chef-lieu de son Ordre. Il fut le fleau des Calvinistes, le restaurateur des bonnes mœurs, le destructeur des vices, & devint l'arbitre des différends qui naissoient

dans cette Province, Mort en odeur de sainteté, le 12 Juillet 1615. Il composa contre les Calvinistes trois ouvrages très - estimés ; l'un en dix-huit Dialogues, dédié au Roi, & imprimé à Lyon, en 1608 : l'autre, intitulé *l'adresse du Salut éternel, & antidote de la corruption qui regne en ce siecle, & fait perdre continuellement des pauvres ames*, est dédié à la Reine, & imprimé aussi à Lyon, en 1612 : le troisieme, aussi en forme de Dialogues, qui renferme la réfutation des prétextes que les Calvinistes employoient, pour accréditer leur doctrine, est dédié au Cardinal de Joyeuse, & imprimé à Lyon, en 1614.

Paul DUMAY, né au mois d'Août 1585, fut Conseiller au Parlement de Dijon ; & se distingua par son intégrité, & par son profond sçavoir. Mort à Dijon le 29 Décembre 1645. Ses principaux ouvrages sont, I. Un Poëme latin, intitulé *Epicedion in funus D. Dionisii Brularti, Equitis, Senatûs Burgundiæ Principis*. Dijon 1611. II. Discours sur le trépas de Mgnr. de Termes, à Mr. de Bellegarde. Dijon, 1621. III. Les Lauriers de Louis le Juste, Roi de France & de Navarre. Paris 1624. IV. *Innocentii III. Pont. Max. Epistolæ quarum plurimæ Apostolicæ Decreta, aliæ Christiani Orbis historiam continent, ex Codice manuscripto Collegii Fuxensis, cum Lucubrationibus Pauli Dumay*. Paris 1625. Il ne faut pas le confondre avec *Antoine* DUMAY, qui a écrit la vie du célebre Président Duranti.

Paul GARRA, Religieux de l'Ordre de Saint Dominique, se rendit fameux, vers le milieu du XVII siecle, par son grand talent pour la Prédication. Il a composé la vie de S. Ambroise de Sienne, Religieux du même Ordre, imprimée en 1623, & deux Oraisons funebres, imprimées en 1632 & 1642.

Bernard de LAROCHE-FLAVIN, l'un des plus sçavans Jurisconsultes, & des plus grands Magistrats de son siecle, né en 1552, à St. Cernin, en Rouergue, fut successivement, Conseiller au Parlement de Toulouse, & à celui de Paris : il devint ensuite, en 1581, premier Président à la Chambre des Requêtes du Parlement de Toulouse, & fut fait Conseiller d'Etat, par le Roi Henri III. Il a composé un traité sur *les treize Parlemens de France*. Ce livre plein d'érudition, & de recherches également utiles & sçavantes, fait honneur à ce Magistrat, quoiqu'il renferme quelques erreurs, qui le firent condamner par le Parlement de Toulouse. L'Arrêt qui le proscrit, en date du 12 Juin 1617, ordonne, à la Requête du Procureur-Général, » que le sieur de Laroche, sera admonêté ; que » son livre sera lacéré, par le Greffier de la Cour, en sa présence, » comme contenant plusieurs faits faux & supposés, contre les Par- » lemens, & quelques Officiers d'iceux ; que tous les exemplaires » en seront supprimés, aux fraix dudit Laroche, qui pour ce, con- » signera 3000 liv. & avec défenses à lui de faire imprimer au- » cun livre, & de plus l'interdit, pour un an, de son Office. Malgré la sévérité de cet Arrêt, le livre de Laroche fut réimprimé, peu de temps après, à Lyon. On a aussi de ce Magistrat célebre, un Recueil *d'Arrêts notables du Parlement de Toulouse*, qui a été augmenté des Observations de François Graverol. En 1626, les Etats de Languedoc lui accorderent une gratification de 725 liv. pour fournir à l'impression d'un livre, contenant *les Mémoires des antiquités, singularités, & choses les plus mémorables de Toulouse, & autres du ressort de ce Parlement*, en deux Livres, & 260 Chapitres : mais de ce grand ouvrage, on n'a imprimé qu'une brochure in-12, qui en renfermoit sans doute le projet. Mort en 1627, âgé de 75 ans. On voit son Mausolée, dans l'Eglise des Cordeliers de l'Observance auprès de la porte du Cloitre.

Gabriel de BARTHELEMI, Seigneur de Gramont de Montlaur, &c. originaire d'une ancienne maison de Rouergue, qui a produit un Chancelier de France, un Procureur-Général au Parlement de Paris, & plusieurs Maitres des Requêtes, fut Conseiller au grand-Conseil, & ensuite Président des Enquêtes du Parlement de Toulouse. Malgré les grandes occupations, qui sont toujours inséparables de la Magistrature, il publia, en 1643, une Histoire de France, qui comprend ce qui s'est passé sous le Regne de Louis XIII, depuis la mort d'Henri IV, jusqu'en 1629. Cet ouvrage, divisé en 18 Livres, est écrit en latin, & c'est comme la suite de l'histoire du Président de Thou. Gabriel de Barthelemi étoit fils du Doyen des Conseillers du Parlement de Toulouse, mort en 1630, frere d'Amans de Barthelemi, Chambellan de Gaston de France Duc d'Orléans, pere de François de Barthelemi, Evêque de Saint Papoul, mort au mois de Février 1716; & grand-pere de Jacques de Barthelemi de Gramont, Baron de Lanta, & des Etats de Languedoc, mort en 1713, qui se maria avec Catherine de Riquet.

Innocent CIRON,

Innocent CIRON, Chancelier de l'Eglife, & de l'Univerfité de cette Ville, où il étoit Profeffeur en Droit, publia en 1645, des Paratitles fur les cinq Livres des Décrétales, & quelques autres ouvrages fur le Droit Canonique, qui font très-eftimés. Mort vers l'an 1650.

Gabriel de CIRON, qui occupa la même dignité de Chancelier de l'Eglife, & de l'Univerfité de Touloufe, fe fignala par fon fçavoir, par fa piété, & par fa charité. Il fut député à l'Affemblée du Clergé, en 1656, & propofa à cette Affemblée de faire imprimer, aux dépens du Clergé, *les inftructions de Saint Charles Borromée aux Confeffeurs de fon Diocéfe*, ce qui fut exécuté, pour arrêter les defordres, que caufoient la morale relâchée, contre laquelle cette Affemblée s'éleva, avec tant de force. Il concourut, avec la Dame de Mondonville, à l'inftitution de la Congrégation des *Filles de l'Enfance*, dont on parlera dans la fuite de cet ouvrage. Ce fut entre fes mains que mourut, à Pezenas, le grand Prince Armand de Conti, qui l'eftimoit beaucoup. Enfin il donna les preuves les plus éclatantes de fa charité, pendant la pefte qui ravagea Touloufe, l'efpace de dix-huit mois; & expofa fa vie, avec intrépidité, pour procurer aux malades toute forte de fecours fpirituels, & temporels. Après fa mort, il fut enterré, comme il l'avoit ordonné, fous la goutiere du Porche de l'Eglife Saint Etienne. Le P. Dumas, Prêtre de la Doctrine Chrétienne, lui a confacré un Eloge magnifique écrit en Latin.

* *François* MAYNARD, reçu à l'Academie Françoife, en 1632, fut honoré d'un Brévet de Confeiller d'Etat. Il étoit fils de Gerault Maynard, Confeiller au Parlement de Touloufe, qui a donné au public, un excellent livre de Jurifprudence, intitulé, *Notables, & fingulieres queftions de Droit*, & petit-fils de Jean Maynard, auteur d'un Commentaire fur les Pfaumes, & qui fe rendit très-eftimable, par fon fçavoir, fous le regne de François I. François Maynard alla à la Cour, dès fa jeuneffe, & fut Sécretaire de la Reine Marguerite. Il lia amitié avec Defportes, & Regnier; & fit alors un Poëme, en ftances, qu'il intitula *Philandre*. En 1634, il accompagna M. de Noailles, Ambaffadeur à Rome, où il fut particulierement connu, & aimé du Pape Urbain VIII, & du Cardinal Bentivoglio, le plus bel efprit de l'Italie, dans le dernier fiecle. Il revint en France, avec cet Ambaffadeur. Et n'ayant pu

Partie II. S

rien obtenir de la Cour, il se retira, à Toulouse; & fit mettre sur la porte de son cabinet, ce quatrain, connu de tout le monde.

> Las d'espérer, & de me plaindre
> Des Muses, des Grands, & du sort,
> C'est ici que j'attens la mort,
> Sans la desirer, ni la craindre.

On voit encore, sur la porte de sa maison, auprès de la Chapelle des Pénitens Gris, cette inscription *Secessui & otio*, qu'il fit graver, pour annoncer sa retraite, & le dessein où il étoit, de passer tranquillement le reste de sa vie. Les Jeux-Floraux le reçurent dans leur corps, avec empressement, & avec distinction. Ils résolurent même, de lui faire présent d'une Minerve d'argent: mais soit qu'ils n'exécutassent pas cette résolution, ou soit qu'ils l'exécutassent tard, il leur en fait des reproches, dans une de ces Epigrammes: il mourut, le 28 d'Octobre 1646, âgé de 64 ans. Ménage l'a regardé comme un des plus grands ornemens du Parnasse François, & l'a placé au-dessus de Martial, comme il l'exprime lui-même, dans le quatrain ¶ qu'on a gravé sous son buste dans la galerie des Toulousains Illustres, & dont voici, à peu-près, le sens.

> Favori des neuf sœurs, dont il faisoit la gloire,
> Du Parnasse François Maynard fut l'ornement.
> Depuis qu'il mit au jour son ouvrage charmant,
> Bilbilis à Toulouse a cédé la victoire.

Malherbe, dont il étoit disciple, disoit que personne ne sçavoit mieux tourner un Vers que lui. Il fut le premier, en France, qui s'apperçut qu'il étoit nécessaire de faire une pause au troisieme vers, dans les couplets, ou stances de six vers, & d'en faire une au septieme dans celles de dix, outre l'arrest du quatrieme, à quoi Malherbe même s'est conformé. Ses Poésies parurent l'année de sa mort. Elles consistent en Sonnets, en Odes, en Epigrammes, & en quelques Chansons. On a aussi un volume in-4°. de ses Lettres.

¶ *Hic est Castalidum decus jororum*
Pindi gloria Gallici Menardus
Qui doctis Epigrammaton libellis
Cogit cedere Bilbilin Tolosæ. (*Menag.*)

* *Nicolas* BACHELIER, fameux Statuaire & Architecte, quitta sa patrie, dès sa plus tendre jeunesse, pour aller à Rome, se perfectionner dans son Art, sous les yeux du célebre Michel-Ange. Son génie, & son application le rendirent bientôt, le digne Eleve de ce grand Maitre. Il revint à Toulouse, sous le Regne de François I; & bannit de cette Ville le goût Gothique, qui y avoit régné jusqu'alors. On ignore l'époque de sa mort : mais il travailloit encore, en 1553. Ses ouvrages, qui subsistent encore, dans plusieurs Eglises, & dans quelques édifices particuliers, excitent l'admiration des connoisseurs, quoiqu'on en ait défiguré une partie, en les dorant. Cette piété mal-entendue des personnes sans goût, leur a fait perdre la grace, & la délicatesse qui en faisoient le prix. On a parlé de ses deux freres, dont l'un étoit Orfevre, & l'autre Serrurier, & qui ont excellé dans leur Art.

Etienne MOLINIER, Prêtre, Docteur en Théologie, & en Droit Civil & Canon, célebre Prédicateur, suivit pendant quelque temps le Barreau, dans le Parlement de Toulouse. Ayant embrassé l'Etat Ecclésiastique, il se livra principalement au ministere de la Chaire : il eut l'honneur de haranguer Louis XIII, lors de son sacre, le 17 Octobre 1610. Il prêcha en 1618, & 1619, dans plusieurs Paroisses de Paris; & étant de retour dans sa patrie, il fut demandé dans les plus grandes Eglises, & dans plusieurs Cathédrales de la Province, pour y exercer ses talens pour la prédication. Son séjour fut pendant long-temps à Garaison, où il y a une fameuse solitude, & un célebre pélerinage. il fut pourvû, en 1629, de la Cure de Saubens, dans le Diocese de Toulouse, qu'il garda jusqu'à sa mort, dont on ignore l'époque fixe : elle étoit déja arrivée, en 1651. Il a composé beaucoup d'ouvrages, qui ont été imprimés à Paris, ou à Toulouse. Les principaux sont, I. Ses Sermons, en plusieurs volumes. II. Le Discours qu'il prononça au Sacre de Louis XIII. III. L'Histoire de Notre-Dame de Garaison, & des miracles qui s'y sont faits. IV. La Vie de Barthelemi Donadieu de Griet, Evêque de Comminges. V. Un recueil de ses Œuvres mêlées, où il y a plusieurs lettres, plusieurs discours, des poésies Françoises, & un plaidoyer pour la préséance des Avocats sur les Médecins.

* *Pierre* GOUDOULI, ou GOUDELIN, Avocat au Parlement de Toulouse, se rendit célebre par ses Poésies en langage Languedocien, ou Gascon. Son génie lui fit surmonter les difficultés qu'entraîne nécessairement une langue peu usitée. On le regarde avec raison, comme le meilleur des Poëtes Gascons ; & ce qui le rend plus digne de nos éloges, c'est qu'il a également réussi dans tous les genres de poésie. Toujours élegant, il a employé, avec adresse, les fictions, & les métaphores les plus ingénieuses, il a sçu se rendre propres les pensées des anciens Poëtes Grecs & Latins, & les a rendues avec de nouveaux charmes. Enfin tour à tour enjoué, sublime, & badin, mais toujours énergique, il surprend par la noblesse de ses expressions, dans une langue condamnée à remper parmi le vulgaire. Il fut cheri & estimé de plusieurs personnes de considération ; mais avec tous ses talens, il auroit éprouvé, dans sa vieillesse, toutes les rigueurs de la misere, sans la générosité des Capitouls, qui lui assignerent sur les deniers publics, une pension viagere de 300 livres. Mort le 10 Septembre 1649, âgé de 70 ans. La gayeté, qu'il conserva tout sa vie, est exprimée sur son Buste ; & c'est ce que Lafaille a voulu faire entendre, dans les quatre Vers ¶ Latins, qui sont au-dessous de ce Buste, dont le sens se rapporte à ceux-ci,

>Aimable Goudelin, tel étoit ton visage,
>Quand tu chantois Liris, & le bois de Bertier.
>Phébus même sur toi ne pourra l'emporter
>S'il veut des Toulousains emprunter le langage.

Ses œuvres ont été imprimées, trois fois, *à Toulouse*, & une fois, *à Amsterdam*. M. Doujat a composé le Glossaire, qu'on y a ajouté, pour faire mieux goûter la beauté de ses expressions. On ne doit pas laisser ignorer que ses Stances, sur la mort d'Henri IV, ont été traduites, en Latin, par le fameux Pere Vaniere, Jésuite.

Philippe-Jacques de MAUSSAC, l'un des plus judicieux, & des plus habiles critiques de son siecle, fut Conseiller au Parle-

---

¶ *Musarum Godeline, decus, sic ore ferebas*
Lirida cùm caneres, Berteriumque nemus
Non meliora tuis tentabit carmina Apollo
Tectosagum, grato dum volet ore loqui. (*Lafaille.*)

ment de Toulouse, & ensuite Président à la Cour des Aydes de Montpellier. Supérieur à tous ses contemporains, dans la connoissance de la langue Grecque, il a laissé de sçavantes Notes sur l'Harpocration, imprimées, en 1614; des Opuscules, en vers Latins, très-estimés, & imprimés en 1615, sous ce titre, *Militia Christiana*. On a encore de lui, le *Psellus*, ou Traité de la vertu des pierres; des Notes sur le Traité des Monts, & des fleuves, attribué à Plutarque; & quelques Opuscules de Jules-César. Mort en 1650, âgé de 70 ans. Il avoit promis la Grammaire Grecque de Denys de Thrace, qui a paru depuis, dans la Bibliotheque Grecque de Jean Albert Fabricius, liv. 5. chap. 7.

Jacques DEFERRIERE, Avocat fameux, étoit fils de François Deferriere, Conseiller au Parlement, que son attachement aux erreurs de Calvin, fit périr, avec le célebre Coras, lors du massacre de la Saint Barthelemi. Bien loin d'adopter les sentimens de son pere, il vécut, & mourut très-bon Catholique. Il a fait des Additions sur Guypape, qu'il dédia au premier Président Nicolas de Verdun; & plusieurs autres ouvrages, imprimés, après sa mort, en 1651, sous ce titre, *Varii Tractatus Juris*.

* *Pierre* CAZENEUVE, né le 31 Octobre 1591, Prébendé de l'Eglise Saint Etienne de Toulouse, est l'Auteur des Étimologies Françoises, imprimées, à la suite du Dictionnaire Etimologique de Menage, en 1694. Il publia, en 1641, un excellent ouvrage sur le Franc-Alleu de la Province de Languedoc, qu'il avoit fait, par ordre des Etats, pour combattre les prétentions des Traitans, au sujet de la recherche du Domaine. Cet ouvrage fut réimprimé, en 1645, augmenté d'un Traité de l'Origine, de l'Antiquité, & des Privileges des Etats Généraux de cette Province, avec un Recueil de Chartes. Il donna aussi, en 1644, deux ouvrages, l'un intitulé *la Catalogne Françoise, où il est traité des Droits du Roi sur les Comtés de Barcelone, & de Roussillon, & sur les autres terres de la Principauté de Catalogne*. L'autre est l'histoire de la vie, & des miracles de Saint Edmond Roi d'Angleterre. Après sa mort, arrivée en 1652, on fit imprimer, à Toulouse, en 1669, son Traité de l'Origine des Jeux-Floraux.

Marguerite de SENAUX, recommandable par sa vertu, son esprit, & son zele pour la gloire de la Religion, étoit fille de *Fran-*

çois de SENAUX, Seigneur de Montbrun, issu d'une famille très-ancienne, & très-illustre, qui a donné un Evêque à l'Eglise d'Autun, plusieurs Conseillers, & un Président à Mortier au Parlement de Toulouse, & qui a produit un grand nombre d'Officiers de distinction dans nos armées. Elle fut mariée à Raymond de Garibal, ou Garival, Conseiller au Parlement, à qui elle communiqua les sentimens de dévotion, qu'elle avoit toujours conservés. Ces deux époux, embrasés d'une même ardeur, formerent le projet de quitter le monde, pour pratiquer, dans la solitude, les plus sublimes vertus du christianisme. Raymond de Garival entra dans la Chartreuse de Toulouse, & sa femme prit le voile, le même jour, dans le Couvent des Religieuses de Sainte Catherine de Sienne, de la même Ville. La réputation de cette héroïne chrétienne se répandit, bientôt, jusques dans la Capitale. La Comtesse de Saint Paul l'appella, à Paris, pour y fonder le Monastere de Saint Thomas, qui fut établi, dans le Fauxbourg de Saint Marcel, le 6 Mars 1627, puis au Marais du Temple; & qui a été transféré, au bout de la rue Vivienne, dans le quartier de Richelieu. Elle sortit de ce Monastere, en 1636, pour fonder celui de la Croix, qui fut dabord établi proche l'Eglise Saint Eustache, ensuite auprès du Louvre, & enfin dans le Fauxbourg Saint Antoine. C'est-là qu'elle passa le reste de ses jours édifiant sa Communauté par une vie exemplaire, jouissant de l'estime, & de la considération de tous ceux qui la connoissoient, & de l'amitié particuliere de la Reine Anne d'Autriche. Morte le 7 Juin 1657, âgée de 67 ans.

Marie de PECH de CALAGES se signala, parmi les personnes de son sexe, par son esprit, & par ses talens pour la Poésie. Dans un temps, où l'on sortoit à peine de la barbarie, elle composa un Poeme héroïque, en neuf chants, qui a pour titre *Judith, ou la délivrance de Bethulie*. Cet ouvrage, imprimé en 1660, & dédié à la Reine, est plein de beaux traits, qui donnent, non-seulement une grande idée du génie de son auteur, mais qui prouvent que cette illustre Dame avoit une connoissance profonde de l'Histoire sainte, & profane, & des Regles de la Poésie.

Martial DUMAS, Capucin, connu sous le nom du P. Martial de Brive, fils d'un Président du Parlement de Toulouse, vécut toujours dans la plus grande régularité. La foiblesse de sa santé ne lui permettant pas de continuer les travaux Apoftoliques, auxquels il s'étoit confacré, avec un zele infatigable, il rentra dans la folitude, où il exerça fon génie poétique, fur différens fujets de piété. Il compofa un affez grand nombre d'ouvrages, très-eftimés dans ce temps-là, qui furent imprimés, *à Lyon, en 1660*, fous ce titre, *Parnaffe Séraphique, & les derniers foupirs de la Mufe du Reverend Pere Martial de Brive, Capucin.* On trouve, dans ce Recueil, page 207, un Dialogue fingulier, intitulé, *Jugement de Nôtre-Seigneur Jéfus-Chrift, en faveur de Marie - Magdelaine, contre fa fœur Marthe.* Cette efpece de Dragme a pour Acteurs Jéfus-Chrift Juge, Lazare Confeiller, Marthe accufatrice, & Magdelaine accufée.

Jacques GOUTOULAS, Jéfuite, a compofé une hiftoire univerfelle, en latin, dont les fçavans font un très grand cas. m. le 6. Décembre 1661.

Pierre de FERMAT, Confeiller du Parlement de Touloufe, fut un de ces heureux génies en qui la nature paroît avoir raffemblé à plaifir tous fes dons les plus précieux. Propre à toutes les fciences, il les porta prefque toutes à la plus haute perfection. Poëte délicat, tant en Latin, qu'en, François & en Efpagnol, il poffeda, dans un dégré éminent, le goût de chaque Langue & celui de chaque genre de Poéfie : habile Jurifconfulte, il embraffa, par fon fçavoir, toutes les branches de la Jurifprudence, diftingua, avec une juftefle merveilleufe, le véritable efprit des Loix, fut le flambeau de fa Compagnie, & l'Oracle de la Juftice dans tout le reffort de ce Parlement. Il devint, fur-tout, fi profond mathématicien, dans la fcience des nombres, dans la Géométrie, & dans l'Optique, qu'on le place, fans héziter, à côté du fameux Décartes, dont il fut le noble Adverfaire. Le combat qu'il foutint contre lui, fur la Dioptrique, a été également glorieux à ces deux fçavans, & utile au progrès des fciences; puifqu'il a donné lieu aux découvertes admirables, qu'on a faites depuis, fur cette matiere. Il étoit en commerce de fcience, avec Pafchal, Roberval, Huygens, Carcavi; & laiffa, en mourant, ce dernier dépofitaire de fes écrits. m. au mois de Janvier 1665, âgé de 70 ans. On a de lui un traité *de Maximis, & Minimis, & de Tangentibus*; un autre *de locis planis, ac folidis*; des obfervations fur Diophante d'Alexandrie; & plufieurs autres ouvrages., que son fils, *Jean-François de* FERMAT, aussi Conseiller au Parlement de Toulouse, publia en 1670.

Jean DU PUGET *de Laserre*, Garde de la Bibliotheque de Monsieur, frere de Louis XIII, Historiographe de France, & Conseiller d'Etat, entra, d'abord, dans l'Etat Ecclésiastique, qu'il quitta pour épouser une personne qu'il aimoit. Il a composé un très-grand nombre d'ouvrages, en vers, & en prose, parmi lesquels il y a plusieurs Tragédies, *Pirame*, *Pandoste*, *le sac de Cartage*, *Thomas Morus*, *Ste. Catherine*, & *Thesée*. Mort en 1666. Il descendoit de l'illustre maison des anciens Comtes de Provence, & de Vienne en Dauphiné, qui s'est établie, dans le Languedoc, environ l'an 1427. Depuis cette époque, elle s'est divisée en plusieurs branches, connues sous le nom DU PUGET *de Saint Alban*; *de Gau*, *de Saint André*; *de Villenouvelle*; *de la Salle*; *de Barbantane*; *de la Marche*; *de Paumeuse*; *& de Montauron*. Elle a produit de grands hommes, dans tous les genres; on y compte trois Evêques, des Eglises de Nice, de Digne, & de Marseille; plusieurs Abbés, & Abbesses; vingt-deux Chevaliers de l'Ordre de Saint Jean de Jérusalem, dont la plupart ont été Commandeurs, plusieurs Magistrats célebres, parmi lesquels, il y a eu cinq Présidens à Mortier du Parlement de Toulouse, dont deux ont été Conseillers d'Etat, un premier Président du Bureau des Finances de Montauban, des Lieutenans des Maréchaux de France, des Sénéchaux, des Gentils-hommes ordinaires de la Chambre du Roi, des Officiers de distinction dans les armées, & plusieurs Gouverneurs, & Commandans des places.

Jean de CAMBOLAS, Conseiller du Roi en ses Conseils, & Président au Parlement de Toulouse, également recommandable par sa naissance, & par son sçavoir, a donné un Recueil d'Arrêts, sous le titre de *Décisions Notables sur diverses questions de Droit, jugées par le Parlement de Toulouse*. Cet ouvrage, qu'on a souvent réimprimé, & qui renferme la plus saine Jurisprudence de ce Parlement, fut publié, par les soins de *François de* CAMBOLAS, fils de l'auteur, & le digne héritier de sa place, & de ses talens. On voit dans l'Eglise des Religieuses Carmelites de cette Ville, l'éloge & l'Epitaphe de Jean de Cambolas, Chanoine de Saint Sernin, qui s'est rendu recommandable, par toutes les vertus d'un héros Chrétien. Mort le 4 Mai 1668.

Pierre LABAT,

Pierre LABAT, Religieux de l'Ordre de Saint Dominique, se distingua par sa profonde science dans la Théologie, qu'il professa, long-temps, avec éclat, à Bordeaux, & à Toulouse. Il fit imprimer en 1658, une Théologie Scholastique, en huit volumes in-8. Mort le 30 Mars 1670.

Simon D'OLIVE, *Seigneur du Mesnil*, d'une famille ancienne, & distinguée, qui a donné un Evêque à l'Eglise d'Alet, deux Procureurs-Généraux, & plusieurs Conseillers au Parlement de Toulouse, fut lui-même Conseiller dans ce Parlement. Pour mieux se perfectionner, dans l'exercice de la Magistrature, il suivit long-temps le Barreau, dans l'ordre des Avocats. Il occupa, ensuite, la charge d'Avocat du Roi, au Présidial, jusqu'au commencement de l'an 1628, qui est l'époque de sa reception au Parlement. Alors il s'attacha, plus particulierement, à la science du Droit, & fit imprimer, en 1638, un excellent Recueil de Questions de Droit, décidées par divers Arrêts de ce Parlement. Ce Recueil, dont il y a eu plusieurs éditions, est divisé en cinq Livres, qui traitent I. Des choses publiques tant Ecclésiastiques que Civiles. II. Des Droits Seigneuriaux. III. Des Mariages, & des Dots. IV. Des Donations, Ventes, & autres Contrats. V. Des Successions Testamentaires, & légitimes. Il a donné aussi un Recueil de ses actions Forenses, qui renferme ses Plaidoyers, & des Harangues qu'il prononça dans différentes occasions ; & principalement, lors des élections des Capitouls, ou à la cloture des Audiences du Présidial.

Pierre CHARPENTIER, sçavant Jurisconsulte, enseigna publiquement le Droit à Géneve, & fut ensuite Avocat du Roi au Grand-Conseil. Il étoit de la Religion Prétendue Réformée ; & par une inconséquence singuliere, après avoir eu le bonheur d'échapper au massacre de la Saint Barthelemi, en se sauvant à Strasbourg, il composa l'Apologie de ce fameux massacre. On ignore l'époque fixe de sa mort. Il vivoit encore, en 1584, & a laissé plusieurs ouvrages sur l'Histoire du XVI siecle.

* *Emanuel* MAIGNAN, Religieux Minime, né le 17 Juillet 1601, fit des progrès, également rapides, & surprenans, dans l'étude des Mathématiques, sans le secours d'aucun maitre. Le Général de son Ordre l'appella à Rome, en 1636, dans la maison de la Trinité du Mont, où il professa, pendant 14 ans, les Mathématiques, & la Phisique avec tant d'éclat, qu'il y a eu, toujours depuis, pour cette Science, dans cette Capitale, un Professeur Minime François. Ingénieux pour toute sorte d'expériences phisiques, il avoit l'adresse de perfectionner les instrumens nécessaires, & se faisoit un plaisir de communiquer son secret aux plus habiles ouvriers. Son génie pour la Méchanique brilla sur-tout dans sa cellule de Toulouse, où il a exercé ses talens, avec tant de succès, qu'il l'a rendue une des plus grandes curiosités de la Province. Louis XIV, en passant dans cette Ville, en 1660, informé du mérite du P. Maignan, l'honora de sa visite, & se fit montrer tous les objets de l'admiration des Sçavans, que ce Religieux avoit rassemblés dans cette cellule, & qui sont encore conservés avec soin. Il lui donna les plus grands éloges, & lui témoigna le plaisir qu'il auroit de le voir dans la Capitale : mais ce Religieux le supplia avec tant d'instance de le laisser sans sa retraite, que le Roi ne voulut point le contraindre à la quitter. Sa modestie égaloit son sçavoir. On fut obligé d'user de violence pour lui faire accepter les premieres dignités de son Ordre. Il fut Provincial de la Province d'Aquitaine, & Visiteur général dans tout le Royaume. Mort à Toulouse, le 29 Octobre 1676. Ses ouvrages sur la Philosophie ont été réimprimés plusieurs fois. Celui qu'il intitula *Philosophia Sacra*, & qu'il composa pour accorder son systême avec les vérités théologiques, est un de ceux qui lui a fait le plus d'honneur, en prouvant qu'il étoit aussi sçavant dans la Théologie que dans la Phisique. Il entretint un commerce d'amitié, & de science, avec les plus grands hommes de son siecle, & principalement avec Digbi, Magnasi, Graindorge, Kircher, Fermat, la Chambre, Regis, Dupré, &c. Le P. Jean SAGUENS, Religieux du même Ordre, son concitoyen, & son disciple, qui s'est rendu également illustre, donna en 1697, un abrégé de sa vie, qu'il fit inserer, en 1703, dans son ouvrage intitulé *Philosophia Magnani Scholastica*.

Jean de MAJORET, célebre Professeur de l'Université de cette Ville, composa de sçavans Commentaires sur les quatres Livres des Institutes du Droit Canon, de Paul Lancelot. Ses ouvrages furent donnés au public, en 1676, par son fils, qui fut son digne Successeur dans la Chaire qu'il occupoit.

Gabriel de BURTA, d'une maison noble & ancienne, donna dès sa plus tendre jeunesse des preuves éclatantes de son application, & de la supériorité de son génie, en publiant en 1677, à l'âge de 14 ans, un livre Latin, in folio, qu'on disoit être de sa composition. Cet ouvrage traite de l'Histoire universelle, tant sacrée que profane, commençant depuis la naissance de Jésus-Christ, & continuant sous la suite des Papes, des Empereurs d'Occident & d'Orient, & des Rois de France. Ce fait qui tient du prodige, laisse quelque doute, quoiqu'il soit attesté par un Auteur de poids, d'autant qu'on n'a plus entendu parler de ce jeune Auteur depuis ce temps-là. (*Baillet. Enfans devenus célebres par leurs études.* p. 363.)

François-Etienne de CAULET, Abbé de Saint Volusien de Foix, & Evêque de Pamiers, issu d'une famille très-ancienne, & également distinguée dans la Robe, & dans l'Etat militaire, a rendu son Episcopat célebre, dans deux affaires importantes, qui agiterent l'Eglise & l'Etat, dans le dernier siecle. Un excès de zele lui fit embrasser la défense des propositions de Jansenius, malgré la condamnation que la Cour de Rome avoit prononcée. Il refusa de signer le fameux Formulaire d'Alexandre VII; & se déclara ouvertement contre les Jésuites. Son zele se ranima dans l'affaire de la Régale : allarmé par une fausse crainte, il crut voir la Religion attaquée & blessée par l'Edit du mois de Février 1673, qui étendoit le Droit de Régale sur tous les Dioceses du Royaume. Il refusa de s'y soumettre, composa pour la justification de son opposition, un traité sur cette matiere ; & par une étrange singularité, après avoir méconnu l'autorité du Pape, en matiere de Dogme, dans l'affaire du Jansénisme qui étoit toute spirituelle, il eut recours à cette même autorité, dans une affaire purement temporelle, & appella à ce Pontife, de tout ce que le Roi avoit fait, en faveur de la Régale. Il avoit été long-temps Directeur du Séminaire de Saint Sulpice. Pénétré de l'esprit de religion, & de régularité qui regne dans cette Maison, il le communiqua à son Chapitre, & rétablit le bon ordre parmi son Clergé ; il étendit aussi son projet de réforme à tous les chrétiens de son Diocese ; & fonda trois Séminaires, ou Ecoles, pour l'éducation de la jeunesse de l'un, & de l'autre sexe. Mort le 7 Août 1680, âgé de 70 ans.

Pierre Paul de RIQUET, Seigneur de Bonrepos, né à Beziers, au commencement du XVII siecle, fut un de ces génies rares, que la Providence sembla avoir réservés pour relever l'éclat du Regne de Louis XIV. Issu d'une famille noble, & distinguée, mais qui avoit perdu ¶ une partie de son lustre, & de ses biens par les malheurs, qui furent la suite funeste des guerres civiles du Calvinisme, il eut non-seulement le bonheur de rétablir sa fortune, mais encore la gloire de rendre son nom cher, & respectable à presque toutes les nations de l'Europe, par la construction du fameux Canal de Languedoc. Avec le seul secours de son génie, il osa former de nouveau, le Projet qu'on avoit eu, depuis plusieurs siecles, de construire un Canal, pour unir l'Océan à la Méditerranée. Les Obstacles immenses, qui avoient fait abandonner, plusieurs fois, cette entreprise, ne l'effrayerent point ; il sçut tout applanir, par les ressources de son génie : & après des opérations difficiles, & de pénibles travaux, il trouva le moyen de parvenir à l'exécution de ce Canal, qu'on avoit projetté vainement jusqu'alors, & dont on va donner une courte description.

DESCRIPTION DU CANAL ROYAL DE LANGUEDOC.

LE PROJET de former un Canal de communication, entre l'Océan, & la Méditerranée, par l'Allemagne, avoit été formé par l'Empereur Charlemagne ¶¶, en 789 ; renouvellé, en 1543,

¶ Dans les Lettres Patentes du 18. Novembre 1666, dans lesquelles le Roi confie au *Sieur Pierre Paul* RIQUET, *Seigneur de Bonrepos*, la construction du Canal Royal de Languedoc, il est dit expressément » que les Dévanciers » dudit Sieur Riquet, ayant vécu noblement jusques aux guerres civiles arri- » vées dans l'Etat, ez années 1586. & suivantes, qu'ils ont dérogé..... Le » Roi voulant lui donner, & à sa postérité, des marques d'honneur, & dig- » nes d'une si haute entreprise, & si avantageuse au bien de l'Etat ..... lui » accorde la réhabilitation de Noblesse, & en tant que de besoin l'a déclaré, » & le déclare Noble, ensemble sa femme, leurs enfans, & leur postérité, » nés & à naître, en loyal mariage, pour jouir, par eux, de tous privileges » de Noblesse, à perpétuité, sans qu'il puisse être censé, ni réputé nou- » veau Noble, &c.

¶¶ Il vouloit faire cette communication, entre l'Océan & le Pont-Euxin, en joignant, par un Canal, le Rhin au Danube, & non par un Canal, construit dans le Languedoc, & la Guienne, comme Lafaille l'a dit, dans *les Annales*, T. 2. p. 133. (*Abrégé chron. de l'Hist. de France.*)

sous François I, en pratiquant un Canal dans le Languedoc, & la Guienne, & repris, depuis, sans succès, sous Henri IV, & sous Louis XIII. L'objet de cet ouvrage étoit de former un nouveau passage d'une mer à l'autre, & d'établir une correspondance aisée, entre les côtes de la Méditerranée, & celles de l'Océan, en épargnant aux vaisseaux, le long & dangereux trajet du Détroit de Gibraltar, où ils ont à craindre la rencontre des Pirates, & les écueils qui bordent ce Détroit. Par ce moyen, les puissances les plus commerçantes de l'Europe, l'Angleterre, la Hollande, les Républiques de Vénise & de Gênes, & plusieurs puissances d'Italie acqueroient une plus grande facilité de faire le commerce, qui est la source de leur richesse, & le principal soutien de leur pouvoir ; & la France, devenant le centre, & l'entrepôt de ce commerce, presque universel, trouvoit encore un avantage particulier, par la communication que ce Canal formoit entre ses principales Provinces, la Guienne, le Languedoc, la Provence, le Dauphiné, & le Lyonnois, qui pourroient par-là se procurer, presque sans peine, & sans fraix, le bled, le vin, l'huile, & les autres denrées qu'elles se fournissent mutuellement.

Telles étoient les vues des grands Princes, qui formerent, mais vainement, ce projet magnifique. Pierre-Paul de Riquet osa, lui seul, le renouveller, & l'entreprendre. Excité par l'amour du bien public, soutenu par la seule force de son génie il forma son plan ; & après avoir tout examiné, tout prévu, tout combiné, il le présenta à Louis XIV en 1662. Ce grand Monarque, toujours éclairé sur le véritable bonheur de ses sujets, & toujours attentif à le leur procurer, fut charmé de la beauté de ce projet. Pénétrant au premier coup d'œil tous les avantages qui en reviendroient à la nation, si on pouvoit l'exécuter, il l'adopta, avec empressement, & ordonna, par Arrêt de son Conseil, du 18 Janvier 1663, aux Etats de la Province de Languedoc, de nommer des Commissaires, pour vérifier, sous les yeux, & sur les indications de Pierre-Paul de Riquet, la possibilité de la construction de ce Canal. Cet ordre, si précieux à cette Province, fut exécuté, avec joie, par les Etats : ils députerent l'Archevêque de Toulouse, les Evêques de Montauban, de Mende, & de Saint Papoul, plusieurs Barons, les députés des Villes de Narbonne, de Carcassonne, du Puy, & de Castres, les Sindics des Dioceses de Toulouse, & de Saint Papoul, l'un des Sindics Généraux des Etats, qui se réunirent au Trésorier Commissaire du Roi, & au Commissaire départi, dans cette Province, pour faire cette vérification, avec le secours de quatre Géometres, les Sieurs Andreossi, Pelafigue, Cavallier, & Bresbieus, & de plusieurs Niveleurs, Arpenteurs, Massons, Charpentiers, Pionniers, & autres personnes, nécessaires pour cette importante affaire. Ils s'assemblerent à Toulouse (*l*) le 7 Novembre 1664, auprès de la Riviere de Garonne, à l'endroit où ce Canal devoit aboutir, & commencerent, ce jour-là, leur opération, à laquelle ils procéderent, sans interruption, jusqu'au 19 Janvier 1665 : ils en firent un rapport fidele, dans leur Procès-Verbal, qu'ils envoyerent au Roi, avec leur avis, dont le résultat étoit, que quoique l'exécution de ce Canal, parût très-possible, en suivant le plan du Sieur de Riquet, cependant, par précaution, & pour ne laisser aucun doute sur ce point, ils croyoient convenable de faire, en petit, l'essai de ce projet, en creusant un Canal de deux pieds de profondeur à la place du Canal projetté. On suivit cet avis, dicté par la prudence, & cet essai fut fait avec tant de succès (*m*), par le même Pierre-Paul de Riquet, que le Roi n'hésita pas de lui confier cette grande entreprise.

Ce grand homme n'employa pas les moyens qu'on avoit projetté de mettre en usage, lors qu'on tenta de faire ce Canal en 1543, sous le Regne de François I. Suivant le devis qui fut fait alors, & que Lafaille a rapporté (*n*) dans ses Annales, on vouloit couper la Riviere de Garonne, à environ demi lieue au-dessus de la ville de Toulouse, & en dériver une partie des eaux, que l'on vouloit conduire à la Riviere d'Aude à Carcassonne, en prennant, près de Castelnaudarry, les eaux de la Riviere de Fresquel. Dans ce Plan on ne faisoit point usage des Ecluses, que l'on connoissoit cependant, puis qu'il en est parlé dans le devis ; & quoique le niveau de la Riviere de Garonne, à l'endroit où l'on vouloit la couper, se trouvât plus bas, d'environ trente pieds, que le point le plus haut du terrein, où l'on devoit faire passer ce Canal, malgré les détours immenses qu'on lui faisoit faire, on vouloit conserver ce niveau, par l'inégalité des excavations, de maniere que ce Canal auroit eu, dans certains endroits, jusqu'à trente pieds de profondeur, ce qui auroit rendu sa construction peut-être impraticable, ou du moins, d'un entretien très-dispendieux, par les fré-

---

(*l*) *Voy. le verbal de ces Comiss. qui est, en original au Greffe des Etats.*
(*m*) *Voyez les Arrêts du Conseil du 27 May 1665, & 5 Octobre 1666.*
(*n*) *T. 2. aux pr. p. 19.*

quents éboulemens des terres, que l'on auroit eu de la peine à soutenir, sur cette hauteur prodigieuse.

Le sieur de Riquet plus ingénieux dans ses recherches, & plus heureux dans ses découvertes, sentit la nécessité de trouver la source des eaux de ce Canal, dans le plus haut point du terrein qui sépare les deux Mers, pour éviter ces profondes excavations, qui auroient rendu la navigation, également dangereuse, & difficile; & se proposa de conserver le niveau, par le moyen des écluses, qu'il construiroit, dans les lieux où la pente seroit trop rapide. Après avoir fixé ce point à Naurouse, près de Vignonet, où la nature sembloit avoir indiqué le lieu de la distribution des eaux, par une fontaine, appellée *de la Grave*, dont les eaux, se divisant en deux branches, couloient naturellement l'une vers la Méditerranée, & l'autre vers l'Océan; il s'occupa à chercher, & à conduire dans ce lieu, une source assez abondante, pour donner l'eau nécessaire à ce canal. Cette source lui fut offerte par les Rivieres de Sors, & de l'Audot qui coulent dans la montagne noire : mais ces rivieres n'étant pas assez considérables, il la grossit de cinq autres petites Rivieres, qui coulent dans la même montagne, & qu'on nomme Alzaut, Vernassonne, Lampillon, Lampi, & Rieutort ; & il forma la communication de ces rivieres, par des rigoles, en conduisant d'abord, l'Alzaut, Vernassonne, & Lampillon, dans Lampi, celui-ci dans le Rieutort, & cette derniere dans le Sors.

Après cette opération, pour laquelle il fallut creuser 22868 toises de rigole, & construire une infinité de chaussées, il forma un grand réservoir, dans un endroit, appellé St. Ferréol, distant d'une lieue de Revel, où la riviere de l'Audot tomboit entre deux montagnes fort élevées. Pour la construction de ce réservoir ¶, dont la nature avoit fait une partie des frais, il éleva seulement une chaussée de 22 toises de hauteur, & de 400 toises de long, qui en arrêtant les eaux de cette riviere entre les deux montagnes, forma une piece d'eau ou bassin, qui a d'ordinaire environ 2000 toises de circonférence, & 90 pieds de profondeur, à l'endroit le plus creux. Cette chaussée est composée de trois murailles très-fortes & paralleles, espacées de l'une à l'autre, de 50 pieds, & d'un

¶ On a conduit depuis dans ce réservoir les eaux de la Riviere de Sors qui alloient se jetter dans la Rigole, dont on parlera bientôt, à Vaudreuille, au-dessous du Bassin de St. Ferréol.

terrassement dans ces vastes espaces. Sous cette chauffée immense on a pratiqué trois voûtes de maçonnerie de la plus belle structure, & cimentées avec tout l'art possible. Dans l'une l'on a placé les robinets énormes, qui donnent l'eau au Canal, quand on veut, & les autres deux servent pour aller ouvrir ces robinets qui sont au nombre de trois, & pour donner le passage aux eaux. C'est surtout dans la construction de ces voûtes, & dans la conduite de ces rigoles, qui ont été pratiquées dans la montagne noire, qu'on découvre, principalement, l'art merveilleux qu'on a employé pour faire ce Canal, & le génie vaste de son auteur. En sortant des robinets, l'eau du bassin de Saint Ferréol est conduite, par une rigole de 22747 toises de longueur, sur onze toises de pente, au bassin de Naurouse, où se fait la distribution des eaux, par deux écluses, dont l'une verse l'eau du côté de l'Océan, & l'autre du côté de la Méditerranée. Ce beau bassin, taillé dans le roc, & destiné à rassembler les barques, pendant qu'on auroit mis le Canal à sec, mais qui est devenu inutile, depuis qu'il s'en est formé un à Castelnaudarry, étoit de figure octogone, & oblongue, de 200 toises de long, sur 150 toises de large, & profond de sept pieds.

C'étoit beaucoup sans doute d'avoir conduit toutes les eaux nécessaires à ce Canal, au bassin de Naurouse, qu'on appelle *le Pont de Partage*, & qui est comme le centre du Canal, d'où les eaux descendent, d'elles-mêmes, du côté de l'Océan, jusqu'à la Garonne près de Toulouse, où elle est navigable, & du côté de la Méditerranée jusqu'à Agde, & jusqu'à Cette : il y avoit encore, cependant, trois grandes difficultés à vaincre, dans la conduite de ce Canal ; l'inégalité du terrein, qui auroit donné aux eaux, une pente trop précipitée, les montagnes qui étoient sur sa route, & les rivieres, ou les torrens, qui, venant à travers, en auroient interrompu le cours.

On a remédié à l'inégalité du terrein par des écluses, qui suspendent les eaux, & les entretiennent dans un même niveau. Les bassins de ces écluses sont, la plûpart ovales, & ont 24 toises de longueur, sur 25 pieds de large, ils sont plus ou moins profonds, depuis dix jusqu'à quatorze pieds, suivant l'inégalité des niveaux, pour l'union desquels on les a construits. Et lorsque la différence des niveaux a excédé quatorze pieds, on a adossé deux, ou plusieurs bassins l'un à l'autre, il y en a ainsi, deux dans plusieurs endroits, trois dans d'autres, quatre à Castelnaudarry, & huit à Béziers ;

Béziers; ces derniers forment, sur-tout, une cascade admirable. On compte en tout, 104 de ces Ecluses dans tout le cours du Canal, 25, depuis Naurouze jusqu'à la Garonne, & 79, depuis ce même point jusqu'à la Méditerranée. La plus curieuse de toutes, est celle d'Agde, qu'on appelle la triple Ecluse ronde, & qui a cela de particulier, qu'elle sert à trois différentes routes, qui ont chacune un niveau différent. Et ce qu'il y a de plus merveilleux, c'est qu'un enfant, de dix ans, suffit au service de ces Ecluses.

Les montagnes, qui s'opposoient au cours du Canal, ont été entr'ouvertes, ou percées. On admire sur-tout celle de Malpas, près de Béziers, qui a été percée, sur la longueur de 280 toises. Une partie de cette ouverture est souterraine; & pour la pratiquer, on l'a taillée en forme de voûte, sur la longueur de 85 toises: cette voûte a 27 pieds de hauteur, & 24 de largeur: elle est bordée d'une banquete de maçonnerie de trois pieds, qu'on a élevée, pour la commodité du tirage. On a été obligé, depuis, de construire au-dessous de la voûte naturelle, une voûte de maçonnerie, pour soutenir les rochers qui se détachoient par morceaux, & qui rendoient, par leur chute, la navigation dangereuse.

Enfin on a pourvû à l'incommodité des rivieres, & des torrens qui auroient arrêté le cours de la navigation, par le moyen des contre-canaux, ou des ponts, & des aqueducs, sur lesquels on a fait passer le Canal, en laissant un libre cours, par-dessous, aux torrens, & aux rivieres. On compte trente-cinq de ces aqueducs, & huit ponts ¶, dont quelques-uns sont parfaitement beaux, tels que celui de Cesse qui a 112 toises de longueur, 5 de hauteur, quarante toises & demi d'épaisseur dans le haut, & sept à sa base: celui de Repudre qui a 70 toises de long: ceux de Trebes, de l'Ers, &c.

La largeur de ce Canal est de cinq toises, sa profondeur de neuf pieds, & sa longueur de 127660 toises, qui font près de 64 lieues de France. Les barques ordinaires ont jusqu'à 80 pieds de longueur, 16 pieds de largeur, & 7 de profondeur. Elles portent environ 2000 quintaux, & vont à la voile, ou conduites par un seul cheval, lors que le vent ne souffle point, ou qu'il est contraire. Chaque écluse ne retarde leur marche que d'environ 8 minutes, ce qui fait environ 14 heures dans toute l'étendue du Canal. Elles

---

¶ M. de Vauban a fait construire la plupart de ces Ponts sur le modele de celui que Paul de Riquet avoit fait faire, & qui passe pour le plus beau de tous.

vont du Port de Cette à Touloufe, dans 5 jours ; & dans 4 jours de Touloufe à Bordeaux, par la Garonne : de maniere que dans 9 jours, les marchandifes parviennent, de la Méditerranée à l'Océan. Leur marche eft plus lente, pour aller de l'Océan à la Méditerranée, à caufe de la riviere de Garonne, qu'il faut remonter, de Bordeaux à Touloufe ; car d'ailleurs, fur le Canal, de quel côté que l'on aille, on va également vîte. On peut mettre ce Canal à fec, dans trois jours, & lui redonner l'eau, dans le même temps.

Pour la conftruction, ou le fervice de ce Canal, il a fallu excaver, plus de deux millions de toifes cubes de terre, ou de tuf, & & cinq cens mille toifes de rocher, bâtir cent quatre grandes éclufes, feize chauffées, dix cales, dix-huit mortalieres, vingt-quatre épenchoires, une infinité de ponts ; enfin, faire plus de quarante mille toifes cubes de bâtiment, fans y comprendre, les moles, les quais, les banquettes, & les jetées du Port de Cette. Il contient toujours 766450 toifes cubes d'eau, & l'on en tient plus de fix cens mille de réferve, dans le baffin de Saint Ferréol.

Tel eft le détail abrégé de cet ouvrage admirable, qui fut porté à fa perfection, dans l'efpace de treize ans ; & qui furpaffe tout ce que les anciens ont fait de plus grand, de plus utile, & de plus magnifique. Il avoit été commencé, en 1667 ; & au mois d'Avril 1681, il fut vérifié, à fec, dans toute fon étendue, par le fieur d'Aguesseau, Intendant de Languedoc, affifté de plufieurs habiles Géometres, & accompagné des deux fils, & des deux gendres du fieur de Riquet, le fieur de Bonrepos, Me. des Requêtes, le Comte de Caraman, Capitaine aux Gardes, le fieur de Lanta, Baron des Etats de Languedoc ; & le fieur de Lombrail, Tréforier de France. Enfuite, on donna les eaux, qui furent benies à Caftelnaudarry, après une Proceffion folemnelle, le 19 du mois de Mai, de la même année ; & ce Commiffaire, qui s'étoit rendu de Touloufe, dans cette Ville, fur une Barque, fuperbement parée, continua fa route, fur ce nouveau Canal ; il fut accompagné, dans ce voyage, jufqu'au Port de Cette, par l'Archevêque de Narbonne, les Evêques de Béziers, d'Alet, & de Saint Papoul, le Marquis de Villeneuve, Baron des Etats, le Syndic de la Province, & le Greffier de ces mêmes Etats : & ce qui rendoit ce fpectacle ¶ digne de la curiofité, & de l'admiration publique, c'eft que les

---

¶ On publia les circonftances de cette premiere navigation, dans une rélation, qui fut imprimée à Paris, & réimprimée à Touloufe, chez Boude, en 1681.

Barques du Commissaire du Roi, & des députés des Etats, étoient suivies de vingt & trois autres Barques, chargées des marchandises, qui venoient de Hollande, d'Angleterre, & de différens Ports de France, & qui alloient à la fameuse Foire de Beaucaire.

Le Sieur de Riquet n'eut pas la satisfaction d'être le témoin de ce voyage, qui étoit l'objet des vœux de toute l'Europe. La mort, qui sembloit l'avoir respecté, jusqu'à la fin de son ouvrage, l'enleva au mois de Mars, ou au commencement d'Avril ¶ 1680. Il seroit superflu d'ajouter de nouveaux traits à l'éloge de cet homme célebre, dont le nom ne périra jamais. On doit cependant dire, que son génie, & toutes ses vertus, sont devenues héréditaires, chez ses descendans, & qu'ils ont soutenu tout l'éclat de ce nom illustre, par leurs vaillans exploits dans nos armées, & par le succès de leurs talens, & de leurs travaux dans les fonctions pénibles, & glorieuses de la magistrature. Cette maison, qui s'est établie, à Toulouse, depuis la construction du Canal, a produit deux Lieutenans-Généraux, un Brigadier des Armées, deux Maîtres des Requêtes, deux Présidens à Mortier, & un Procureur-Général au Parlement de Toulouse. Elle s'est alliée aux maisons les plus distinguées, de la Province, & du Royaume, telles que les maisons de CAMBOLAS, l'une des plus illustres de ce Parlement, de BROGLIE, de MONTAGNE, de PORTAIL, de MEAUPOU, enfin *M. Victor-Maurice de* RIQUET, *Marquis de Caraman*, Colonel du Régiment de Dragons de son nom, & que son courage a élevé au Grade de Brigadier des Armées du Roi, malgré son extrême jeunesse, a mis le comble à ses illustrations, par son alliance, avec *Marie-Anne-Gabrielle* LE BOSSUT, *Princesse de* CHIMAI.

Jean DUFERRIER, Docteur de Sorbonne, & fameux Missionnaire, né en 1609, s'est rendu célebre, par ses travaux Apostoliques, & par son opposition au parti des Jésuites. Il fut un des plus zélés Directeurs du Séminaire, & de la Paroisse Saint Sulpice. L'Evêque de Rhodés, l'Evêque d'Alby, & l'Archevêque de Narbonne lui confierent, tour à tour, le soin de leur Diocese. C'est lui qui rendit publique la déclaration, que M. Alain de Solmignac, Evêque de Cahors, avoit faite contre les Jésuites, à l'heure de sa mort, pour être communiquée aux Evêques d'Alet, & de Pamiers. Cette action fut le motif secret de son exil, à Tonerre, en 1680 : il fut

---

¶ Lafaille s'est trompé en fixant l'époque de sa mort en 1682. (*Ann.* T. 2. p. 133.)

mis enfuite à la Baftille, où il mourut, le 20 Avril 1683, après seize mois de prifon, fon corps fut inhumé dans l'Eglife Saint Paul.

Jean LABROSSE, ou LE P. ANGE DE SAINT JOSEPH, Religieux de l'Ordre des Carmes Déchauffés, célebre Miffionnaire, a donné, en 1684, un très-bon Dictionnaire de la langue Perfane, dédié au Pape Innocent XI.

Jean DOUJAT, d'une famille, diftinguée, defcendoit de Louis Doujat, qui fut le premier Avocat-Gén. que le Confeil ait eu, vers l'an 1515 : il obtint une place dans l'Académie Franç., fut premier Profeffeur en Droit Canon, dans l'Univerfité de Paris, & mourut Doyen de cette Faculté. Il eut le titre d'Hiftoriographe du Roi, & devint fous-Précepteur de M. le Dauphin. Ses ouvrages lui acquirent l'eftime des fçavans, & des penfions confidérables, de la Cour, du Clergé, & du Chancelier de France. On a de lui I. *Prænotiones Canonicæ & Civiles*, qui paffent pour fon meilleur ouvrage ; II. l'Hiftoire du Droit Canonique, & celle du Droit Civil; III. Inftitutions du Droit Canonique de Lancelot, avec des notes; IV. Un abrégé, en François, de l'Hiftoire Grecque, & Romaine, tiré de Velleïus-Paterculus ; des notes fur Titelive, à l'ufage de M. le Dauphin, & des éloges, en petits vers François, des perfonnes illuftres de l'Ancien Teftament ; V. un difcours latin, imprimé, en 1660, intitulé, *de Euchariftia, pace fpirituali, Sanctifque nuptiis Chriftianorum*. Mort à Paris, le 27 Octobre 1688, âgé de 79 ans, étant, alors, Doyen de l'Académie Françoife, du College Royal, & de la Faculté de Droit. On difoit de lui, qu'il faifoit, tous les ans, un enfant à fa femme, & un livre.

Raimond LAFAGE, fameux Deffinateur, & Graveur, du dern. fiecle, que plufieurs ont placé au rang des Touloufains, mais qui étoit de l'Ile en Albigeois, s'appliqua au deffein, par goût, & par inclination, malgré fes parens ; & devint l'un des meilleurs deffinateurs de l'Europe. Il a compofé des deffeins, à la plume, & au lavis, qui font très-eftimés. On peut juger de fa réputation par le trait fuivant : étant à Rome, il rendit vifite à Carlo-marate, le plus grand peintre Italien de fon temps, qu'il trouva à fon attelier. Celui-ci n'eut pas plutôt reconnu Lafage, qu'il quitta fon ouvrage, & voulut le forcer de prendre fon pin-

ceau. Lafage s'en défendit, en difant qu'il n'avoit jamais effayé de peindre, & qu'il ne fçavoit que deffiner à la plume. *Si la chofe eft ainfi*, dit Carlo-marate, *nous fommes fort heureux ; car vous aviez entrepris de peindre, nous ferions forcés de vous céder la palme ; & moi-même le premier, j'aurois quitté le pinceau.* Il n'eut point de pareil, pour la fécondité de génie, pour l'abondance des penfées, & pour fa prodigieufe facilité. Il deffinoit fort correctement, & plaçoit les mufcles, en bon Anatomifte. Il a répandu un feu étonnant, dans fes compofitions, principalement, dans fes deffeins croqués. Livré à la débauche, il a traité des fujets dont la plupart fe reffentent de fon efprit de libertinage. Mort en 1689. âgé de 42 ans.

Ferréol de LAFAGE, d'extraction noble, fut Capitoul de Touloufe, les années 1672, & 1682. Sa probité, fa prudence & fa capacité le rendirent recommandable : il fe fignala par le zele avec lequel il embraffa les intérêts de la Ville. Un grand nombre d'affaires importantes, pour lefquelles il fut, plufieurs fois, député à Paris, eurent, en fes mains, un fuccès heureux. Il décéda, au mois d'Avril 1690, couvert de la gloire d'avoir bien mérité de fa patrie. Après fa mort, le Confeil de Ville prit une Délibération, qui porte qu'en reconnoiffance des fervices extraordinaires rendus par ce digne citoyen ; Meffieurs les Capitouls feront fraper une Médaille d'or, qu'ils donneront à Meffire *Antoine de* LAFAGE, *Tréforier de France*, fon fils. Cette Médaille eft ici imprimée. On y voit, d'un côté, le Bufte de *M. de* LAFAGE, revêtu de la robe de Capitoul, avec cette infcription PATRIÆ DECORATUS AMORE. Sur le revers, font au milieu les armes de la Ville, entourées de celles de Meffieurs les Capitouls de l'année 1692, & au bas, celles de *M. de* LAFAGE, avec cette Légende, MEMORIÆ NOBILIS FERREOLIS DE LAFAGE BIS CAPITOLINUS. Il n'y a eu, à Touloufe, que cet exemple d'une pareille marque d'honneur, décernée par la Ville. On ne peut rien ajouter à l'éloge que renferment ces paroles, *Patriæ decoratus amore.*

Laurens VERDUC, fameux Chirurgien de St. Côme, à Paris, profeffa la Chirurgie, pendant plufieurs années, & forma des difciples, qui firent honneur à fes lumieres. Ce fut principalement, en leur faveur, qu'il publia, en 1689, un excellent traité intitulé, *la maniere de guérir les fractures, & les luxations qui ar-*

rivent au corps humain par le moyen des bandages. Mort à Paris, le 28 Juillet 1595. Il laissa deux fils, Jean-Baptiste, & Laurens Verduc, qui suivirent la même carriere. Le premier, quoique Docteur en Médecine, s'appliqua, principalement, à la Chirurgie, & fit connoitre sa science par un ouvrage intitulé *les opérations de la Chirurgie, avec une Pathologie*. Il avoit entrepris un traité *de l'usage des parties*; mais une mort prématurée l'ayant enlevé, son frere Laurent Verduc, qui avoit donné des preuves de son sçavoir, par un ouvrage, imprimé, en 1691, sous ce titre, *le Maitre en Chirurgie*, acheva le traité commencé par son frere, le retoucha; & le donna au public, en 1696. Il ne lui survécut pas long-temps, & mourut, aussi fort jeune, le 6 Février 1703.

Pierre PADER, d'*Asseçan*, né en 1654, d'Hilaire PADER, fameux Peintre de l'Hôtel-de-Ville de Toulouse, remporta trois fois le Prix des Jeux-Floraux; & donna, en 1687, la Tragédie d'*Antigone*. Mort en 1697. L'Abbé Boyer lui fut redevable, du succès de sa Tragédie d'*Agamemnon*, qu'il fit représenter sous le nom de Pader: mais le public, qui l'avoit applaudie, aux premieres représentations, par indulgence pour ce jeune Poete, & pour l'encourager, la siffla aussi-tôt que Boyer s'en fut déclaré l'auteur.

Marie de CADRELS, Baronne D'ENCAUSSÉ, remporta le prix de l'Elégie, dans l'Académie de Jeux-Floraux, en 1698, & 1699. Ses ouvrages semblent dictés par le bon goût, & la versification en est également aisée, élégante, & harmonieuse. On ignore l'époque fixe de la mort de cette illustre Dame, qui mérite une place parmi les Muses Toulousaines.

Jean de CATELLAN, Seigneur de LAMASQUERE, fut reçu Conseiller-Clerc au Parlement de Toulouse, en 1664, & mourut, en 1700, âgé de 82 ans. Il avoit composé un excellent Recueil des Arrêts remarquables de ce Parlement, qui a été donné au public, en 1705, en deux volumes, par les soins de son neveu, François de Catellan, Président de la premiere Chambre des Enquêtes, du même Parlement. Il y a eu plusieurs éditions de ce livre, dont la derniere est augmentée des Observations de Gabriël de Vedel Avocat. On peut dire que le mérite, dans tous les genres, est héréditaire dans cette famille, originaire de Florence, qui s'établit à Avignon, d'où elle passa à Toulouse. Elle a fourni, en diverses branches, douze Conseillers au Parlement de Toulouse, plusieurs Présidens des Enquêtes, un Evêque de Valence, un Evêque de Rieux, & plusieurs Chevaliers, & Commandeurs de l'Ordre de Saint Jean de Jérusalem.

Marie-Claire-Priscille-Margueritte de CATELLAN, *de Portel*, de l'Académie des Jeux-Floraux, & la premiere Dame, qui ait eu le titre de Maitresse de ces Jeux, y remporta, quatre fois, le prix. Imitatrice de Clemence Isaure, à qui, disoit-elle, elle devoit toute sa gloire, elle s'est immortalisée, par des talens, qui ne faisoient que relever l'éclat de ses autres vertus. Morte, le 19 Novembre 1745, âgée de 84 ans, après avoir conservé, jusqu'à cet âge, toute la vivacité, & les charmes de son esprit.

Gabriel de BLANDINIERES, Religieux de l'Ordre de la Merci, d'une famille originaire d'Auvergne, établie à Toulouse, depuis plus de 500 ans, & souvent illustrée par le Capitoulat, Docteur de Sorbonne, & de Salamanque, mérita une place parmi les plus fameux Prédicateurs, & parmi les plus habiles Politiques. Connu, & estimé dans plusieurs Cours de l'Europe, il fit, sur-tout, éclater ses talens, dans celle d'Espagne, & contribua à la gloire des Bourbons, par la part qu'il eut au Testament de Charles II. Louis XIV le choisit pour son Prédicateur, & récompensa son éloquence & ses services, par une pension considérable sur l'Evêché d'Agde. Il avoit été Provincial de son Ordre.

Gabriel de VENDAGES *de* MALAPEYRE, d'une Famille Noble, & ancienne, Officier du Présidial de cette Ville, & mainteneur des Jeux Floraux, fut, à plusieurs titres, un des plus grands hommes de son temps. Sçavant dans le Droit, dans la Théologie, dans les Mathématiques, dans la Philosophie, & dans la Médecine; il connoissoit parfaitement toutes les regles de l'éloquence, & de la Poésie : mais encore plus estimable, par les qualités du cœur, que par les talens de l'esprit ; il posséda toutes les vertus propres à son état ; & devint, par son sçavoir, par son intégrité, & par son desintéressement, l'arbitre de presque tous les différends de la Province. Il se rendit sur-tout célebre, par un zele extraordinaire, & très-louable, pour le culte de la Sainte Vierge. Non-content de former plusieurs Etablissemens, à son honneur, il fit construire à ses dépens, la superbe Chapelle de Notre-Dame du Mont-Carmel, qui est un des plus beaux monumens de piété, qu'il y ait dans le Royaume. Dans le même objet, il fonda, à l'Académie des Jeux-Floraux, un cinquieme prix ¶, pour celui qui feroit chaque année, le plus beau Sonnet, à la louange de la Mere du Sauveur. Il avoit, sans cesse, son Image sous les yeux, dans tous les endroits de sa maison. Enfin il avoit fait, à grands fraix, une collection générale, de toutes les estampes, qui ont été gravées dans l'Europe, & qui représentent la Sainte Vierge. Mort le 5 Mai 1702, âgé de 78 ans. On voit son Mausolée, à l'entrée de cette magnifique Chapelle, dont on a parlé. Il avoit composé un livre sur les Planettes, & les Ephémérides, qui montre à quel point son génie étoit propre, à développer ce que la Phisique & les Mathématiques ont de plus caché.

SOCIETÉ DES LANTERNISTES.

IL ÉTOIT du nombre de ces Sçavans qui tenterent, dans le dernier siecle, d'ériger, à Toulouse, une Académie de Sciences & de Belles Lettres. Pour réussir dans ce projet, qui avoit été déjà formé, en divers temps, par Mr. Pelisson, par le Président Donneville, & par François Bayle, ils s'assembloient chaque semaine, & faisoient, entre eux, des conférences, sur différens genres de Science. Leurs assemblées furent d'abord secrettes : ils s'y rendoient, à l'entrée de la nuit, sans équipage, & sans suite, en s'éclairant eux-mêmes, avec une petite lanterne, ce qui leur fit donner, par quelque sçavant enjoué, le nom de *Lanternistes*, qu'ils adopterent. Ils prirent même pour dévise, une étoile, avec ces mots, LUCERNA IN NOCTE ; & ayant résolu de distribuer un prix, à celui qui composeroit le meilleur Sonnet, à la louange du Roi, sur des bouts-rimés donnés, ils firent faire, pour ce prix, une Médaille, qui représentoit, d'un côté cette dévise, & de l'autre, un Apollon jouant de la lyre, avec ces mots : *APOLLINI TOLOSANO*. L'usage de ses assemblées, qui fut quelquefois interrompu, dura cependant, depuis environ l'an 1640, jusqu'en 1698, & le lieu, où elles se tenoient, fut fixé, tantôt chez M. de Malapeyre, tantôt chez Mrs. de Nolet, & de Mondran, Trésoriers de France. La mort de ces citoyens, zélés pour le bien public, mit fin à leurs assemblées ; & ce n'est qu'après un assoupissement de trente années, qu'on a vu renaitre ce goût pour le progrès des Sciences, qui a formé l'Académie

¶ Ce prix qui étoit de 60 liv. n'est plus distribué, depuis environ huit ans.

démie qui subsiste aujourdhui avec éclat. On saisira cette occasion précieuse, pour faire connoitre les auteurs d'un établissement, également utile, & glorieux à cette Ville.

ETABLISSEMENT DE L'ACADEMIE ROYALE DES SCIENCES, INSCRIPTIONS ET BELLES-LETTRES.

Les sieurs SAGE', GOUAZE', & CARRIERE, animés d'un véritable amour pour les Sciences, & sçavants, eux-mêmes, renouvellerent, en 1729, le projet exécuté, en partie, par la *Société des Lanternistes*, avec cette différence, qu'ils se proposerent, principalement, l'étude de la Physique, pour l'objet de leurs travaux Académiques. Ils communiquerent leur dessein à plusieurs amateurs des Sciences, qui se firent un honneur de concourir à l'exécution de ce projet. Dans la chaleur de leur zele, ils formerent une Société, composée d'Associés ¶ libres, & d'Associés ordinaires. Les premiers devoient fournir à la dépense nécessaire, pour soutenir cet établissement, & les autres étoient chargés du travail académique. Le Roi informé de la droiture de leurs intentions, & du succès de leurs premiers travaux, leur accorda le 20 Juil. 1730, la permission de tenir des assemblées; & la Ville, secondant leur zele, par ses libéralités, s'empressa de contribuer à leurs progrès, en leur donnant un jardin pour les plantes, & une tour pour élever un Observatoire. Animés par la reconnoissance, ils redoublerent leurs efforts, pour répondre aux vues du Roi, & de la Patrie; ils continuerent avec assiduité & avec zéle, leurs séances, & leurs travaux Académiques, sous le nom de SOCIÉTÉ DES SCIENCES. Toulouse faisoit des vœux pour voir affermir par le sceau du Prince, un établissement qui relevoit la gloire de cette Ville; ces vœux parvinrent jusqu'à MADAME LA MARQUISE DE POMPADOUR, intéressée par la sollicitation de M. d'Orbessan ¶¶,

---

¶ Ceux-ci choisis dans les rangs les plus distingués étoient Mrs. d'Aliez, d'Ouvrier, de Melier, de Nupces, de Pardaillan, de Rabaudy, de Saget, de St. Laurens, de Caumels, de Clairac, de Gardouch, de Gaurans, de Mengaut, de Paraza, de Resseguier, de Cambolas, de Coussoulens. Les Associés ordinaires étoient Mrs. Sage marchand Appoticaire, Gouazé Médecin, Borrust Mathématicien, & Carriere Chirurgien.

¶¶ Anné-Marie d'Aignan d'Orbessan, Président à mortier du Parlement de Toulouse, membre des trois Académies de cette Ville, & des Académies de Cortone, & de Pau, connu dans la République des Lettres par plusieurs bons Ouvrages, estimé des sçavans, par son zele pour les progrès des

cette généreuse protectrice des Sciences & des Sçavans, dont le nom sera à jamais cher aux beaux Arts, & précieux à l'Académie de Toulouse, s'employa avec autant d'empressement que de bonté, pour concourir aux vues légitimes de cette Compagnie : elle parla au Roi, en sa faveur, & obtint de notre auguste Monarque, au mois de Juin 1746. des Lettres-Pat. qui érigerent cette Société en ACADEMIE ROYALE DES SCIENCES, INSCRIPTIONS, ET BELLES-LETTRES ; & qui la mirent sous la protection immédiate du Roi. Elle est composée de huit associés honoraires, de deux associés nés, qui sont toujours deux Capitouls, de six associés libres, de trente-trois associés ordinaires, divisés en différentes classes, trois pour la classe de Géométrie, trois pour celle d'Astronomie, trois pour celle de Méchanique, trois pour celle d'Anatomie, trois pour celle de Chimie, trois pour celle de Botanique, & quinze pour celle des Inscriptions & Belles-Lettres, d'un Secrétaire perpétuel, d'un Trésorier, de six Adjoints, qui sont distribués un dans chacune des six premieres classes, & d'un Dessinateur. Il y a, outre cela, quatre associés étrangers, & des associés correspondans, dont le nombre n'est pas fixe. Elle distribue, tous les ans, un prix, fondé par la Ville, qui est de la valeur de cinq cens livres ¶, pour un Discours, dont le sujet roule, alternativement, sur la Phisico-Mathématique, la Médico-Phisique, & les Belles-Lettres.

Antonin MASSOULIE', sçavant Théologien, de l'Ordre de Saint Dominique, nâquit, le 28 Octobre 1632 ; & entra en religion, à l'âge de quinze ans. Il posséda toutes les Langues sçavantes, & se signala par sa piété, & par son érudition, à Toulouse, à Paris, à Rome, & à Florence. Uniquement animé par un zele ardent pour la propagation de la Foi, il refusa un Evéché, que le grand Duc de Toscane lui offroit, en reconnoissance du service qu'il avoit rendu à la Religion, en convertissant un fameux Rabbin de Florence. On conserve encore, à Toulouse, un très-beau Reliquaire, contenant un bras de Saint Guillaume Duc d'Aquitaine,

---

Sciences ; & ce qui est encore plus précieux, plus flateur, & plus rare, généralement aimé, par les excellentes qualités de son cœur.

¶ Outre cela la Ville paye, tous les ans, une somme de cinq cens livres, qu'elle a assigné, pour l'entretien du Jardin des plantes, pour l'achat des instrumens de mathématique, & des livres nécessaires à cette Compagnie, ou pour fournir à ses autres dépenses.

que le grand Duc le força d'accepter. Il mourut à Rome le 22 ou 23 Janvier 1706, après avoir été Provincial de la Province de Toulouse, Prieur du Noviciat général à Paris, Visiteur des Couvens de son Ordre dans l'Alsace, & dans la Suisse, Assistant de son Général, Vicaire-Général de tout l'Ordre, Inquisiteur de la Foi, à Toulouse, Consulteur du Saint Office, à Rome, & Professeur de Théologie, dans cette Capitale du monde Chrétien. Son principal ouvrage, est un Livre latin en deux volumes in-fol. intitulé *D. Thomas sui interpres de motione divinâ, & libertate creatâ, &c.* qu'il dédia au Pape Innocent XII. & qu'il composa, pour prouver que les sentimens de l'Ecole des Dominicains, sur la Prémotion Phisique, la Grace, & la Prédestination sont véritablement les sentimens de Saint Thomas, & non point des inventions de Bannez, comme quelques adversaires des Thomistes l'ont prétendu. Il publia encore, à Toulouse, en 1678, un Livre de Méditations sur la vie purgative, illuminative, & unitive, pour les exercices des Retraites de dix jours, dont la plupart des pensées sont puisées, dans les opuscules de Saint Thomas. Enfin, il donna en 1699, & en 1705, deux ouvrages, écrits en françois, pour combatre, par les principes de Saint Thomas, les erreurs des Quiétistes, touchant l'oraison, & l'amour de Dieu.

Jean-Pierre RIVALS, d'une famille ancienne de Toulouse, illustrée par le Capitoulat, en 1315: 1350: 1370: & 1414, sous le nom de RIVALLIS & RIVALLO, né à la Bastide d'Anjou, dans le Diocese de Saint Papoul, a été un des plus habiles Peintres de l'Hôtel-de-Ville. On l'avoit destiné d'abord à la profession d'Avocat; mais il l'abandonna, pour se livrer à son penchant pour la peinture. Un Religieux Augustin, nommé F. Ambroise, fameux par son génie naturel pour la peinture, la sculpture & l'architecture, lui montra les premiers élémens du dessein. Bien-tôt il alla à Rome, & s'appliqua avec tant de succès à la science de la Perspective & de l'Architecture, que le célebre Poussin ne dédaigna pas de l'associer à la composition de ses tableaux. Son pere le rappella à Toulouse. A peine fut-il arrivé dans cette Ville que son mérite lui procura la place de Peintre & d'Architecte de l'Hôtel-de-Ville. Les Salles de cet Hôtel, & les Régistres où l'on conserve les Portraits des Capitouls, renferment plusieurs beaux Tableaux qui justifient la réputation de ce fameux Artiste. C'est lui qui a donné le plan, & dirigé la construction de l'Hôtel du Grand-Prieur de Malthe, qui est aux yeux des connoisseurs, un des plus beaux édifices de cette Ville. Mort le 17 Mai 1706.

Antoine RIVALS, fils du précédent, & son digne émule, naquit au mois de Mars 1667. Il fut d'abord destiné à l'état ecclésiastique ; mais, malgré les progrès qu'il faisoit dans l'étude des Belles-Lettres, il céda au goût naturel qu'il avoit pour la peinture. Son pere lui donna les premieres regles du dessein ; il y fit des progrès surprenans ; & parvint, dans peu d'années, à imiter si exactement les desseins du fameux Lafage, le plus grand dessinateur de son siecle, qu'il trompa souvent les plus habiles connoisseurs. Le désir de se perfectionner, le conduisit à Paris : il se fit connoître dans cette Capitale, par plusieurs beaux ouvrages, mais étant forcé de la quitter, pour quelque mauvaise affaire, dans laquelle sa jeunesse, & sa bravoure l'avoient engagé, il revint à Toulouse. Il alla ensuite à Rome, où il remporta le prix de peinture dans la fameuse Académie de Saint Luc. Enfin après avoir étudié les beaux modéles, en tout genre, que cette Capitale offre à chaque pas, il revint à Toulouse, où il occupa, dans l'Hôtel-de-Ville, la place de son pere ; il composa, dans l'espace d'environ trente ans, plusieurs beaux tableaux, qui font le principal ornement des salles de cet Hôtel ; ou qui font les délices des connoisseurs ; il fut plus célebre que son pere pour l'invention, & la correction du dessein : mais il ne pouvoit que l'égaler pour la beauté du coloris. Antoine Rivals ne se borna pas à illustrer sa patrie par la beauté de ses ouvrages. Il voulut y fixer pour toujours, le goût pour la peinture, & contribua par son zele, par ses leçons, & par ses libéralités, à la naissance de l'Académie des Arts, dont on parlera bien-tôt. Mort le 7 Décembre 1735.

M. Pierre RIVALS, *Chevalier de l'Ordre de l'Éperon d'or*, occupe, depuis peu, dans l'Hôtel-de-Ville, la place d'Antoine Rivals, son pere. Après s'être perfectionné dans son art, sous les meilleurs maîtres d'Italie, pendant environ douze ans, il est revenu dans sa patrie, & a été reçu dans l'Académie de Peinture, Sculpture, & Architecture, & dans celle des Sciences, Inscriptions, & Belles-Lettres. Les beaux tableaux qu'il a faits, pour décorer la superbe Chartreuse de Saix, pour celle de Toulouse, & pour l'Hôtel du Grand-Prieur de Malthe, sont des monumens qui prouvent, que M. le Chevalier Rivals soutient, par son talent, la haute réputation de sa famille dans la peinture.

Pierre BAILE, célebre par sa profonde science, dans la Philosophie, & dans la critique, nâquit le 18 Novembre 1647, au Carlat, qui faisoit, autrefois, partie du Diocese de Toulouse. Il fut un des plus beaux génies de son siecle ; mais, par un criminel abus de ses talens, il devint l'ennemi le plus dangereux que la Religion ait eu à combattre. Né dans le sein du Calvinisme, il abjura, à l'âge de 22 ans, des erreurs qu'il avoit sucées avec le lait, & les reprit, 17 mois après. Tour-à-tour honoré, & proscrit, & toujours laborieux, il obtint, en 1675, la Chaire de Philosophie de Sedan, qu'il fut obligé de quitter, en 1681, à cause de la suppression de l'Académie de Sedan, ordonnée par Arrêt du Conseil du 14 Juillet de cette année. Alors il se refugia à Rotterdam, où on le nomma aussi Professeur en Philosophie, & en Histoire ; mais il perdit cette place, peu d'années après, par les intrigues du Ministre *Jurieu* ; & mourut, le 28 Décembre 1706, après avoir composé un grand nombre d'ouvrages. I. Un Dictionnaire historique, & critique, in-fol. dont les meilleures éditions sont de 1702, 1720, 1730 ; II. des pensées diverses sur la Cométe qui parut en 1680, en 4 vol. in-12. III. Les nouvelles de la République des Lettres, depuis le mois de Mars 1684, jusques au même mois de l'année 1687 : IV. Un commentaire philosophique, sur ces paroles de l'Evangile *compelle intrare* ; V. Réponse aux questions d'un Provincial, en 5 vol. in-12 ; VI. Trois volumes de lettres, dont la meilleure édition est de 1729. Pour faire mieux connoitre cet homme extraordinaire, qui auroit pu être l'Oracle des Catholiques, & qui en est devenu l'opprobre, en employant pour les corrompre, le génie le plus propre à les éclairer, on va répéter le portrait qu'en a donné M. Saurin, dans son sermon *sur l'accord de la Religion avec la Politique.* « C'étoit un de ces hommes contra-
« dictoires, que la plus grande pénétration ne sçauroit concilier
« avec lui-même, & dont les qualités opposées nous laissent tou-
« jours en suspens, si nous le devons placer, dans une extrêmité,
« ou dans l'extrêmité opposée. D'un côté, grand Philosophe,
« sçachant démêler le vrai d'avec le faux, voir l'enchaînure d'un
« principe, & suivre une conséquence ; d'un autre côté, grand
« Sophiste, prenant à tâche de confondre le faux avec le vrai,
« de tordre un principe, de renverser une conséquence. D'un
« côté, plein d'érudition, & de lumiere, ayant lu tout ce qu'on

« peut lire, & retenu tout ce qu'on peut retenir ; d'un autre côté, ig-
« norant, ou du moins feignant d'ignorer, les choses les plus
« communes, avançant des difficultés, qu'on a mille fois réfutées:
« proposant des objections, que les plus novices de l'école n'o-
« seroient alléguer, sans rougir. D'un côté attaquant les plus
« grands hommes, ouvrant un vaste champ à leurs travaux, &
« les conduisant, par des routes difficiles, & par des sentiers.
« raboteux, & si non les surmontant, du moins leur donnant
« toujours de la peine à vaincre ; d'un autre côté, s'aidant des
« plus petits esprits, leur prodiguant son encens, & salissant ses
« écrits de ces noms que des bouches doctes n'avoient jamais pro-
« noncées. D'un côté, exempt, du moins en apparence, de toute
« passion contraire à l'esprit de l'Evangile, chaste dans ses mœurs,
« grave dans ses discours, sobre dans ses alimens, austere dans
« son genre de vie ; d'un autre côté, employant toute la pointe de
« son génie à corrompre les bonnes mœurs, à attaquer la chasteté,
« la modestie, toutes les vertus chrétiennes. D'un côté, appellant
« au Tribunal de l'Orthodoxie la plus sévere, puisant dans les
« sources les plus pures, empruntant les argumens des Docteurs,
« les moins suspects ; d'un autre côté, suivant la route des héréti-
« ques, ramenant les objections des anciens hérésiarques, leur
« prêtant des armes nouvelles, & réunissant dans notre siecle, tou-
« tes les erreurs des siecles passés. Puisse cet homme, qui fut doué
« de tant de talens, avoir été absous, devant Dieu, du mauvais
» usage qu'on lui en vit faire ! Puisse ce Jésus-Christ, qu'il attaqua
« tant de fois, avoir expié tous ces crimes !

Le Parlement de Toulouse, crut devoir fléchir l'austérité des
Loix, en faveur des héritiers de ce grand homme, & déclara son
Testament valide, en France, quoiqu'il fût mort réfugié, en Hol-
lande.

Il ne faut pas le confondre avec *François* BAYLE, natif de Toulouse, sçavant Médecin, dont on a parlé, à l'occasion de l'établissement de l'Académie des Sciences, qui fut Professeur Royal,
dans la Faculté des Arts, de l'Université de cette Ville, & de
l'Académie des Jeux-Floraux. Mort le 24 Septembre 1709, âgé
de 87 ans. Cet homme, né pour les Sciences, s'attacha principalement à la Phisique, & composa plusieurs ouvrages. I. *Syste-
ma generale Philosophiæ*. II. *Tractatus de Apoplexiâ*. III. *Dissertatio de experientiâ, & ratione conjungendâ in Phisicâ, Medicinâ,
& Chirurgiâ*. IV. *Problemata Phisica & Medica*. V. *Dissertatio-*

nes Medicæ tres. VI. *Dissertatio , quæstiones nonnullas , Phisicas , & Medicas explanans.* VII. *Opuscula.* VIII. *Histoire Anatomique d'une grossesse de vingt-cinq ans.*

 Guillaume MARCEL , Avocat au Conseil , fit paroître en 1686, une Histoire de l'origine , & des progrès de la Monarchie Françoise , en 4 volumes. Dans cet ouvrage , l'Auteur suivant le même plan , qui a été adopté , & perfectionné depuis , par M. le Président Hainault , dans son excellent *Abrégé Chronologique de l'Histoire de France* , a décrit l'histoire de nos Rois , en marquant succintement , à chaque année , les faits les plus intéressants. Il a accompagné les fastes de chaque Roi , d'une liste des autres Princes , contemporains , & des grands Officiers ; & à la fin de chaque siecle , il a donné quelques extraits des Auteurs contemporains , pour servir de preuve à ce qu'il avance dans ses fastes. Il a composé aussi , des Tablettes Chronologiques , très-utiles pour l'étude de l'Histoire sainte , & profane ; & un volume , in-4. de conjectures sur quelques monumens de la Ville d'Arles , où il mourut, après avoir été , pendant douze ans , Commissaire des Classes Royales , pour la Marine. Il eut le titre d'envoyé du Roi , vers les Algériens ; & contribua beaucoup à la paix qui fut faite , en 1677 , entre la France , & ces Barbares. Mort le 27 Décembre 1708, âgé de 61 ans. On peut voir , dans le Dictionnaire de Moreri , l'épitaphe que sa femme lui fit faire.

 Nicolas PECHANTRÉ , né à Toulouse en 1638 ou 1639 , étudia d'abord la Médecine , & la professa même , pendant quelque temps : mais le succès de ses ouvrages poétiques , qui furent couronnés , trois fois , par les Jeux-Floraux , lui inspira le dessein de travailler , pour le théâtre. Il alla à Paris , où il composa cinq tragédies , *Geta* , la meilleure de ses pieces , *Jugurtha* , *la mort de Neron* , *Joseph vendu par ses freres* , & *le sacrifice d'Abraham* ; ces deux dernieres furent composées pour le College d'Harcourt. Il est aussi l'auteur des paroles de l'Opéra d'*Amphion & Parthenopée* ; mais la mort le surprit , au mois de Décembre 1708 , sans qu'il eût fait le Prologue de cet Opéra.

 Jean-Jacques de PERCIN , de l'Ordre des FF. Prêcheurs , gagna l'amour , & la confiance de tous les gens de bien , par un esprit vif , & affable , & par un zele ardent pour le soulagement des pauvres. Mort le 21 Mars 1711, âgé de 78 ans. Il a composé un livre, très-connu, & très-estimé, qui a pour titre, *Monumenta Conventûs Tolosani Ord. FF. Prædicatorum*; & qui renferme un grand nombre d'Anecdotes curieuses sur l'Inquisition, l'Université, & les maisons distinguées de cette Ville, dont on a fait usage dans cette Histoire. Il étoit de l'illustre famille de Percin, originaire d'Angleterre, des Comtes de Nortumberland, du surnom de Perci, & de la branche de cette maison, qui a donné plusieurs Officiers au Parlement de cette Ville. Il y a une autre branche de cette maison, établie aussi à Toulouse, sous le nom de MONGAILLARD, & connue aujourdhui sous celui de LA VALETTE, qui a produit plusieurs grands hommes, entr'autres, Pierre-Paul de Percin de Mongaillard, Mestre de Camp d'Infanterie, pere de Pierre-Jean-François de Percin de Mongaillard, Evêque de Saint Pons, connu par sa science dans l'antiquité Ecclésiastique, par ses travaux, pour la conversion des ennemis de la Foi, & par son zele, pour la pureté de la Morale.

* *Germain de* LAFAILLE, natif de Castelnaudarry, fut Avocat du Roi, au Présidial de cette Ville. Il quitta cette charge, en 1655, lorsqu'on le nomma Sindic de la Ville de Toulouse. Il fut ensuite Capitoul, en 1660, 1667, 1674, & 1681. L'Académie des Jeux-Floraux, dont il étoit mainteneur, depuis plusieurs années, le choisit, en 1694, pour son Secrétaire perpétuel, & il mourut Doyen de cette Compagnie, & des anciens Capitouls, le 12 Novembre 1711, âgé de 96 ans; il a donné, en deux volumes in-folio, les Annales de Toulouse, qui ont fourni les principaux faits rapportés dans cette Histoire, & qui méritent de grands éloges, malgré quelques fautes légeres qui s'y sont glissées. Il a laissé aussi, un traité de la Noblesse des Capitouls, dont la meilleure édition est de 1707. Il joignit à son talent pour l'histoire, celui d'écrire, agréablement, en Vers Latins, & François; & composa, dans l'âge le plus avancé, plusieurs Pieces de poésie très-estimées. Il y a une branche de sa famille établie avec distinction dans les Pays-bas à Anvers. M. de Lafaille, Grand Bailli de Gand, & Chancelier de la Toison d'or, écrivit, en qualité de parent, à cet historien, lors de la publication des Annales de Toulouse, pour le complimenter sur la bonté de son ouvrage. La Ville de Toulouse récompensa son travail, avec libéralité, & fit
placer

placer son Buste, à la Galerie des Illustres Toulousains, dont cet historien avoit dirigé, principalement, l'exécution.

Jacques de TOURREIL, né le 8 Octobre 1656, étoit fils de Jean de *Tourreil*, Procureur-Général du Parlement de Toulouse, & de Marguerite de Fieubet; sœur du premier Président de ce même Parlement. L'élégance de son style, & sa profonde science dans les Langues Grecque, & Latine, l'ont mis au rang des plus célebres traducteurs François. Il étoit de l'Académie des Inscriptions & Belles-Lettres, lors qu'il fût reçu, en 1692, dans l'Académie Françoise. Mort à Paris le 11 d'Octobre 1714. La plus ample édition de ses ouvrages a été donnée par l'Abbé Massieu, en 1721, en deux vol. in-4°. & quatre vol. in-12: ils contiennent. I. Deux Discours qui ont remporté le prix de l'Académie Françoise, en 1681, & 1683; & quelques autres qu'il a prononcés devant cette Compagnie. II. Un essai de Jurisprudence. III. Sa traduction des deux Harangues sur la Couronne, l'une de Démosthene, pour la décerner à Ctesiphon, & l'autre d'Eschine contre Ctesiphon. IV. Celle des Philippiques de Démosthene, avec de sçavantes Remarques sur ces Pieces d'éloquence. V. Un Poeme Latin, sur la belle maison de M. de Fieubet, située à Paris, Quai des Célestins. La Préface qui est à la tête de sa traduction de Démosthene, passe pour un chef-d'œuvre.

Jean de TOURREIL, Prieur de Montbazin, frere du précédent, l'un des plus sçavants Théologiens de son siecle, donna au Couvent des Dominicains de Toulouse, un fonds pour entretenir deux Professeurs publics, qui enseignassent la Théologie, suivant les principes de Saint Thomas. Ces PP. se hâterent de remplir les vues de leur protecteur; & après avoir obtenu du Roi, en 1716, de concert avec l'Université, & le Conseil de Ville, la permission de faire leurs leçons publiquement, ils firent bâtir, l'année suivante, une grande salle, auprès de l'ancienne Classe de Théologie. Jean de *Tourreil* mourut à Rome, vers l'an 1715, ou 1717.

Guillaume BONJOUR, Religieux Augustin, a rendu son nom fameux par sa profonde érudition dans l'Histoire ancienne, & dans la Chronologie, par sa science dans les Langues Orientales, & principalement dans celle des Cophtes, ou la vieille Egyptienne, dont il a composé une Grammaire, plus méthodique que celle que le Pere Kircher Jésuite avoit traduite, d'Arabe en Latin. Après avoir demeuré, long-temps, à Rome, dans le Séminaire de Monte-Fiafcone, où il étoit Profeſſeur des Langues Orientales, & interprète de l'Ecriture Sainte, il partit pour l'Aſie, & mourut à la Chine, dans les travaux de l'Apoſtolat, en 1714. Ses principaux ouvrages ſont I. *Diſſertatio de nomine Patriachæ Joſephi, à Pharaone impoſito, in deffenſionem Vulgatæ editionis, & Patrum qui Joſephum in Serapide adumbratum tradiderunt: Appendix de tempore Iſiorum, & ætate Gemini: Appendix altera de tempore Serapiorum, ac Paſſionis Sancti Marci Evangeliſtæ.* Romæ 1696. II. *In monumenta Coptica ſeu Egyptiaca, Bibliothecæ Vaticanæ, brevis exercitatio. &c.* Romæ 1699. III. *Calendarium Romanum Chronologorum causâ conſtructum, cum gemino Epactarum diſpoſitû, ad novilunia Civilia, ſine Tabulis Aſtronomicis, accurate & facile, ante & poſt natum Chriſtum invenienda &c.* Romæ 1701. IV. *Selectæ diſſertationes in ſacram ſcripturam, actæ in Seminario Montis-Faliſci.* Romæ 1705. V. Une Bible Coptique traduite en Latin.

Jacques LAFON, Religieux de l'Ordre des FF. Prêcheurs, publia, en 1708, de ſçavantes remarques ſur la Théologie morale de M. Bonal. Il fut choiſi pour continuer l'année Dominicaine, dont il a donné le mois d'Octobre 1712, & une partie du mois précédent; & lorſqu'il mourut, le 6 Janvier 1715, il venoit de remettre entre les mains d'un Libraire d'Avignon, un grand Traité de morale, ſuivant les principes des Thomiſtes.

Pierre de LABROUE, Evêque de Mirepoix, & de l'Académie des Jeux-Floraux, ſe rendit fameux par ſon oppoſition à la Bulle UNIGENITUS, dont il interjetta appel, avec trois autres Prélats, le premier Mars 1717. On trouve dans l'Hiſtoire du livre des refléxions morales, la lettre qu'il écrivit à l'Evêque de Valence, pour lui rendre compte des motifs de ſon appel. Il adreſſa, en 1701, 1702, & 1703, *aux nouveaux réunis de ſon Diocéſe*, trois Lettres Paſtorales, pleines d'érudition, ſur le Sacrement de l'Eucharistie, qui furent imprimées, à Touloufe. Mort à Balleſtat, village de ſon Diocéſe, le 20 Septembre 1720, âgé de 77 ans. On imprima, après ſa mort, un de ſes ouvrages intitulé, *Deffenſe de la Grace efficace par elle-même*, dans lequel il attaque, principalement, le P. Daniel Jéſuite, & M. de Fenélon, mort Archevêque de Cambrai.

Bernard DUPUY DU GREZ, l'un des plus sçavants hommes de son temps, naquit, vers le milieu du XVII. siecle. Son goût pour l'étude éclata, dès sa plus tendre jeunesse; & les progrès les plus rapides, dans la connoissance des langues Latine, Grecque, Italienne, Espagnole, & dans la science du Droit Civil & Canonique, furent le prix de l'éducation recherchée qu'il reçut de ses parens. Il embrassa d'abord, & soutint, avec gloire, la profession d'Avocat, dans le Parlement de cette Ville. Ensuite, il disputa, avec l'applaudissement du public, une Chaire, ou Régence de Droit, dans l'Université : mais soit qu'il fût rebuté par son peu de succès, soit qu'il cedât à son penchant pour la solitude, ou à son goût pour une autre science, il quitta le Barreau, se renferma dans son cabinet, & ne fit part de ses lumieres, qu'aux pauvres, qui alloient le consulter, ou à ceux, qu'il alloit visiter dans l'Hôpital, dont il étoit un des plus zélés Directeurs. Dans cette retraite volontaire, il se livra à l'étude de l'histoire ancienne, sur laquelle il a laissé de sçavantes remarques; & par amour pour sa patrie, il s'appliqua, particulierement, à l'histoire de Toulouse. On a trouvé parmi un grand nombre d'ouvrages manuscrits, des recherches sur l'histoire de cette Ville, écrites, en Latin, & en François, où il traite, très-sçavament, cette matiere, depuis la fondation de Toulouse, jusqu'à la mort du Président Duranti. Non content de publier la gloire de sa patrie, Bernard Dupui voulut l'augmenter, en y faisant naître l'émulation pour les beaux Arts. La Peinture, dont il connoissoit parfaitement les préceptes, étoit négligée. Il tenta d'établir une École publique, pour le dessein, fit exposer, à ses fraix, un Modele vivant, d'après lequel on alloit déssiner; & donna des prix à ceux qui réussirent le mieux, suivant l'avis des plus habiles Peintres & Sculpteurs, qui concoururent avec lui dans ce jugement. C'est ainsi que cet illustre citoyen, encourageoit, & récompensoit les talens, après les avoir éclairés par un excellent traité de la Peinture qu'il fit imprimer en 1699. Mort le 18 Août 1720, âgé de 80 ans, 7 mois, 12 jours.

ÉTABLISSEMENT DE L'ACADÉMIE ROYALE DE PEINTURE, SCULPTURE ET ARCHITECTURE.

LE PRIX dont on vient de parler, & dont la distribution a donné lieu, dans les suites, à l'établissement de l'Académie des

Arts, étoit une Médaille d'argent, qui repréfentoit, une Pallas appuyée fur fon Egide, & fur le revers cette Infcription TOLOSÆ PALLAD. PRÆMIUM GRAPHICES PRIVATO SUMP. DATUM. ANN. 1697. Le même zele qui avoit infpiré à ce généreux Citoyen le projet d'établir une Ecole publique de Deffein, fe renouvella, fucceffivement, dans le cœur de MM. Rivals, Cammas, & Crozat, fameux Peintres de cette Ville. Ils expoferent des Modeles vivants, à leurs frais, pour deffiner d'après nature : mais les Capitouls, s'empreffèrent d'encourager le zele de ces Artiftes, & fe chargerent de cette dépenfe, par Délibération du 3 Septembre 1726 : ils rendirent cet établiffement permanent, & perpétuel, en 1738; & pour exciter, de plus en plus, l'émulation qui commençoit à naître parmi les jeunes Eleves, ils fonderent, en 1744, des prix de Peinture, de Sculpture, & de Deffein. On forma alors, un Corps Académique, compofé des Capitouls, & des Amateurs, pour juger les ouvrages, qui concouroient pour ces prix. Enfin le Roi mit le dernier Sceau à la gloire de cette Ecole, en l'érigeant en ACADÉMIE ROYALE DE PEINTURE, SCULPTURE, & ARCHITECTURE, par Lettres-Patentes, de l'année 1751. Cette Académie fut compofée de foixante-douze fujets, partagés en quatre différentes claffes. La premiere eft celle des Fondateurs, nom qu'on donna aux Capitouls, & aux quatre Commiffaires du Confeil de Ville. La feconde, eft celle des Affociés honnoraires, au nombre de douze, qui font choifis, parmi les perfonnes les plus qualifiées, & les plus diftinguées, par leur gout pour les Arts. La troifieme eft compofée de vingt Affociés ordinaires, entre lefquels on choifit, tous les ans, un Modérateur. Et la quatrieme eft compofée de vingt-cinq Affociés Artiftes, parmi lefquels font choifis les Profeffeurs de Peinture, Sculpture, Architecture, Perfpective, Géometrie, & Anatomie. Ces Profeffeurs ont des gages, payés par la Ville. Outre ces Claffes, il y a un nombre illimité d'Eleves diftribués dans les différentes Ecoles, fuivant le dégré de leur capacité. Elle diftribue, tous les ans, plufieurs prix. Le premier eft une Médaille d'or, de la valeur de 300 liv. qui a alternativement pour objet la Peinture, la Sculpture & l'Architecture, les autres prix, deftinés à des effais, font une Médaille d'or de 60 liv. pour la Peinture ; une de même valeur, pour l'Architecture ; une de 30 livres, pour le Deffein, d'après le Modele vivant ; une de 20 liv. pour le Deffein, d'après la Ronde-Boffe ; deux Médailles de 15 liv. chacune, qui font adjugées à une Académie, d'après l'Eftampe ; une autre, de même valeur, pour le prix de Perspective ; & une quatrieme, aussi de 15 liv. pour le prix de Géometrie-Pratique, & d'Anatomie.

Jean PALAPRAT, né au mois de Mai 1650, fut Capitoul, en 1675, & Chef du Consistoire, en 1684. Il remporta, dans sa jeunesse, plusieurs prix des Jeux-Floraux ; & obtint des Lettres de maîtrise de cette Académie, qui l'admit, dans les suites, au nombre de ses Académiciens. Ne pouvant se fixer dans sa patrie, où il avoit pris le parti du Barreau, il en sortit trois fois. Il fit d'abord un voyage à Paris, il alla ensuite à Rome, en 1686, & revint enfin à Paris, où il s'établit. Le succès de quelques comédies, qu'il donna au public, l'encouragea à travailler, dans ce genre ; & pour se conformer à la mode, qui s'étoit introduite dans ce temps-là, de travailler à ces sortes d'ouvrages, en société, il s'unit avec l'Abbé Brueys, de Montpellier. Ils composerent ensemble plusieurs pieces, en prose, *le Concert ridicule*, en un acte ; *le Secret rélévé*, en un acte ; *le Grondeur*, en trois actes ; *le Muet*, en cinq actes. Palaprat composa lui seul, *le Ballet extravagant*, en un acte, & en prose ; *la Prude du temps*, en cinq actes, & en vers. Toutes ces pieces sont imprimées, avec un petit Recueil de poësies diverses, la plupart adressées à Mr. de Vendôme. Il composa aussi d'autres pieces, qui n'ont jamais été imprimées. *Le sot toujours sot*, ou *le Baron Paysan* ; *l'annonce du Grondeur* ; *le derriere du Théatre* ; *Omphale* ; *les Fourbes heureux* ; *le Faucon* ; *les Veuves du Lansquenet* ; *les Dervis*.

En 1691. Mrs. de Vendôme s'attacherent Palaprat, en qualité de Secretaire des commandemens du Grand-Prieur. Il se permettoit avec ces Princes des saillies ingénieuses, mais quelquefois trop libres, & qui allarmoient ses amis, jusques-là que le Maréchal de Catinat, qui le cherissoit beaucoup, lui dit, un jour, en l'embrassant, *les vérités que vous lâchés au Grand-Prieur, me font trembler pour vous. Rassurés-vous, Monsieur*, lui dit plaisamment Palaprat, *ce sont mes gages*. Mort à Paris, le 14 d'Octobre 1721, Doyen des anciens Capitouls, & de l'Académie des Jeux-Floraux. Il avoit été marié deux fois ; la premiere à Toulouse, & la seconde à Paris ; il ne laissa pour toute postérité qu'une fille, qui est entrée dans la branche de la maison de Josse, connue sous le nom de Josse *d'Ecars*.

François de TROY, fameux peintre, pour la portraiture, surtout dans les portraits des femmes, nâquit au mois de Février

1645, de Jean de Troy peintre de l'Hôtel-de-Ville de Toulouſe. Après avoir appris, auprès de ſon pere, les premiers principes de l'Art, il alla à Paris, à l'âge de 17 ans, & fut bientôt reçu à l'Académie, au rang des Peintres d'hiſtoire : car quoiqu'il s'adonnât principalement à la Portraiture, il ne laiſſa pas de faire voir, quelquefois, la beauté, & l'étendue de ſon génie, dans de grandes compoſitions de tableaux, qui repréſentoient les différentes occupations héroïques de Louis XIV, dans ſa jeuneſſe. Il ſe maria, en 1669, avec Jeanne Cotalle, fille du fameux Peintre de ce nom; & mourut à Paris, le 1 Mai 1730, âgé de 85 ; laiſſant un fils, qui hérita de ſes talens, & que le Roi honnora du titre de Directeur de l'Acad. Franç. de S. Luc, établie à Rome, par Louis XIV.

* *Jean-Galbert* de CAMPISTRON, naquit en 1656, d'une famille noble, & ancienne, originaire du pays d'Armagnac, fixée à Touloufe, depuis le milieu du XVI. Siecle, par la charge de Capitoul, & par celle de Procureur-Général à la Chambre des Eaux & Forêts, de ce Parlement. Son goût pour l'étude, réleva bientôt l'éclat des bien-faits, qu'il avoit reçus de la nature, & de la fortune. Ainſi réuniſſant, par un aſſemblage également rare, & flateur, les avantages de la naiſſance, d'une bonne éducation, de l'eſprit & de la figure, il devint le favori de Bellonne, & d'Apollon; & tandis qu'il ſe diſtinguoit, dans nos armées, par ſa prudence, & par ſon courage, il mérita par ſes talens, pour la Poëſie, une place dans l'Académie Françoiſe, & dans celle des Jeux floraux. il commença à ſe faire connoitre, à Paris, par la Tragédie de *virginie*. Et l'Opéra *d'Acis & Galatée*, qu'il compoſa pour un divertiſſement que M. le Duc de Vendoſme donna, au Chateau d'Anet à Mgr. le Dauphin, lui procura un accès auprès de ce Duc, qui le fit ſucceſſivement, ſon Sécretaire des commandemens, & le Secretaire des Galeres de France. Philippe V. Roi d'Eſpagne l'honora de l'Ordre de St. Jacques de l'épée, & de la Commenderie de Chimenes, & M. le Duc de Mantoüe lui donna le Marquiſat de Penango, dans le Montferrat. Ces honneurs multipliés contribuerent à lui procurer, en 1710, un mariage très honorable, avec Mademoiſelle de Maniban de Cazaubon, Sœur de l'Archevêque de Bordeaux, & Couſine du premier Préſident du Parlement de Touloufe. Il ſe fixa alors dans cette Ville, où il mourut le 11 Mai 1723. On a fait huit éditions de ſes œuvres, dont la derniere, la plus ample, & la plus correcte, est de 1749, en trois vol. in-12 : elles renferment dix Tragédies, *Virginie*, *Arminius*, *Andronic*, *Alcibiade*, *Phraarte*, *Phocion*, *Adrien*, *Tiridate*, *Ætius*, & *Pompeïa*. Deux Comédies *l'Amante-Amant*, & le *Jaloux desabusé*; trois Operas, *Acis & Galatée*, Pastorale héroïque, mise en musique par Lulli en 1687, *Achille & Polixene*, mis en musique par Colasse, en 1688, & *Alcide*, ou *le triomphe d'Hercule*, en 1693.

Son frere *Louis de* CAMPISTRON, Jésuite, mort à la Maison Professe de Toulouse, au mois de Mars 1737, âgé de 77 ans, courut la même carriere littéraire, avec le même succès. On trouve, dans le Recueil des Jeux-Floraux, une Ode sur *le Jugement dernier* ; une Idile sur *la Mer* ; *l'éloge de l'Amitié* ; & *le portrait du Sage*. Il a mis, en Vers François, plusieurs pensées de Séneque, dont une partie a été égarée, de même qu'une Tragédie Françoise intitulée *Absalon*. Etant Professeur de Rhétorique, il prononça plusieurs Harangues très-belles, & deux Oraisons funebres, imprimées en 1701, & 1711, l'une de Monsieur, frere de Louis le Grand, & l'autre de Monseigneur le Dauphin.

Elizabeth de MONLAUR, épouse de M. de DREUILLET, Président des Enquêtes au Parlement de Toulouse, a composé plusieurs pieces de vers qui font connoître son heureux talent pour la Poësie, & toute la délicatesse de son esprit. Elle remporta, à l'Académie des Jeux-Floraux, le prix de l'Eglogue, en 1706, & 1710. Pendant son séjour à Toulouse, sa maison fut le rendez-vous des personnes les plus distinguées, par leur rang, & par leur mérite. Après la mort de son mari, elle alla à Paris, & se fixa à la Cour de S. A. S. Madame la Duchesse du Maine, dont elle fit le plus grand ornement, par sa beauté, par les charmes de sa conversation, & sur-tout par une vivacité d'esprit qu'elle conserva jusqu'à la fin de ses jours. Morte à Sceaux, au mois de Juillet 1730, âgée de 74 ans. On doit avoir trouvé parmi les papiers de Madame la Duchesse du Maine, presque toutes les poësies de cette Dame, dont il y en a très-peu d'imprimées.

Jean-Baptiste BADOU, Prêtre de la Congrégat. de la Doctrine Chrétienne, l'un des plus grands, & des plus saints Missionnaires de son temps, s'est rendu célèbre, par son zele pour le salut des ames, par ses travaux pour l'instruction des fideles ; & par sa mort tragique, au milieu des exercices de sa charité. Favorisé d'un talent tout propre pour les Missions, il se dévoua à cette fonction précieuse de l'Apostolat, & la remplit, pendant vingt-huit ans, avec un zéle infatigable, & un succès prodigieux. Tous les Prélats du Languedoc s'empressoient de le posséder, dans leur Diocése, & lui témoignoient, à l'envi, leur confiance, & leur estime. Il desiroit, dit-on, que Dieu lui fit la grace de mourir dans ses fonctions. Ses vœux furent exaucés par une bien triste catastrophe, le 6 Septembre 1727. Il avoit commencé de donner une Retraite dans la maison des Filles du Bon-Pasteur, de cette Ville, qui est située près de la Garonne. Le septieme jour de cette Retraite, une inondation extraordinaire de cette Riviere gagna l'intérieur de la maison de ces Filles. Le Pere Badou, qui n'avoit pas voulu d'abord les faire sortir, dans l'espérance que la Riviere ne porteroit point ces eaux jusques-là, se trouva assiégé avec elles; il se retrancha, dans le lieu de la maison qu'il croyoit le plus solide, comme venant d'être bâti ; & y continua les exercices de la Retraite : mais la violence des eaux ayant trouvé plus de facilité à saper un mortier, qui n'étoit pas encore affermi, renversa ce bâtiment, & y engloutit le Saint Missionaire, avec cinquante deux de ces filles. Les unes furent étouffées par les eaux, ou écrasées sur le champ, les autres, accablées sous les ruines, sans pouvoir se dégager, ni recevoir du secours, conserverent, pendant quelques heures, une vie plus cruelle que la mort même. Le Pere Badou, par une providence singuliere, fut de ce nombre, & ne mourut pas sur le champ. Enseveli sous les débris de cet édifice, il vécut, pendant quatorze heures, & par un effort de zele & de courage, digne des premiers Martyrs, il ne cessa, jusqu'à son dernier soupir, d'encourager, & d'exhorter à la mort, celles qui pouvoient encore l'entendre. Il donna au public, en 1716, un Livre intitulé *Exercices Spirituels, avec un Catéchisme, & des Cantiques, pour aider les peuples à profiter des Missions.*

Simon de LALOUBERE, Poéte, mathématicien, Jurisconsulte, & grand politique, nâquit, au mois de Mars 1642 ; & fit ses premieres études, au College des Jésuites, sous les yeux du fameux Pere Laloubere son oncle. Après avoir donné, à l'âge de seize ans, des preuves d'un génie extraordinaire, par la composition d'une Tragédie latine, d'une Comédie françoise, imitée de Plaute, il s'appliqua à l'étude du Droit Public, & à la connoissance des intérêts des Princes, ce qui le fit placer, en qualité de Secretaire d'Ambassade, auprès de M. de St. Romain, Ambassadeur en Suisse, fe. Peu de temps après, le Roi informé de son mérite, l'envoya à Siam, en 1687, en qualité d'*Envoyé extraordinaire*. A son retour de ce Royaume, où il manqua, dit-on, la plus brillante fortune, par sa brouillerie avec le P. Tachard Jésuite, il s'attacha à M. de Phelipeaux de Ponchartrain, dont il accompagna le fils, dans ses voyages. Il fut reçu dans l'Académie Françoise, en 1693, dans celle des Belles-Letres, en 1694. Il se rétira ensuite à Toulouse; & c'est à son zéle, à son crédit, & à ses soins auprès de M. le Chancelier, que l'Académie des Jeux-Floraux, est redevable des lettres patentes qu'elle obtint du Roi, en 1696. Mort le 26 Mars 1729, âgé de 87 ans. Il sçavoit parfaitement le Latin, le Grec, l'Italien, l'Espagnol, & l'Allemand. On a de lui I. des chansons, des Vaudevilles, des Madrigaux, des Sonnets, des Odes, & d'autres œuvres Poëtiques; II. une Rélation de son voyage de Siam très-estimée; III. un Traité de la résolution des Equations, & de l'extraction de leurs racines. *Paris* 1732, in-quarto; IV. un Traité de l'origine des Jeux-Floraux; V. une Lettre pour servir de réfutation aux bruits que les Religionnaires avoient répandu, touchant l'impiété dont ils accusoient M. Pelisson de Fontanier, lors de sa mort.

Marc D'ARCIS, fameux Statuaire, natif d'un village de Lauragois, appellé le Cabagnal, au Diocése de Toulouse, fut le digne éleve de J. P. Rivals, Peintre de l'Hôtel-de-Ville, & devint un des plus célébres Sculpteurs de son temps. On admire, parmi ses ouvrages, la statue de *Louis XIV*, en bronze, qui est à Pau; le beau mauzolée de marbre, des *Marquis d'Ambres*, à Lavaur; les quatre figures de marbre, de la Chapelle de Notre-Dame du Mont-Carmel, à Toulouse; plusieurs vases, aussi de marbre, qu'on a jugés dignes d'être placés dans les jardins de Versailles; & les bas-Reliefs de plâtre, qui décorent la salle du Concert de Toulouse. Il a fait aussi tous les bustes des hommes illustres de Toulouse, qui sont dans la Galerie de l'Hôtel-de-Ville: il avoit travaillé avec VANCLEVE à la superbe Eglise de la Sorbonne; & mourut doyen de l'Académie de Sculpture de Paris.

Bernard de RABAUDY, Religieux de l'Ordre des FF. Prêcheurs, professa la Théologie avec éclat, dans l'Université de Toulouse; & mourut, le 3 Novembre, 1731, âgé de 70 ans. On a de lui trois vol. in-octavo d'un ouvrage intitulé, *Exercitationes Theologicæ, ad singulas partes summæ Sancti Thomæ Doct. Angelici.*

Le reste de cet ouvrage est encore manuscrit, dans la bibliotheque des PP. Dominicains de Toulouse. Il étoit de la maison de Rabaudy, dans laquelle la charge de Viguier de cette Ville, a resté depuis le XVI siecle, jusqu'à sa suppression, en 1749; & la plûpart de ceux qui l'ont occupée, s'y sont distingués par leurs grandes qualités.

Jean PLATTE, Ecuyer & Maitre en fait d'armes à Toulouse, mérite une place au rang de ces hommes dont les noms sont consacrés dans nos fastes, par leur zéle pour le bien public: puisqu'il contribua au rétablissement de *l'Académie Royale des Armes*, à laquelle ses aïeux qui ont exercé la même profession dans Toulouse, pendant près de trois siecles, avoient donné naissance. Mort en 1747.

ETABLISSEMENT DE L'ACADEMIE ROYALE DES ARMES.

SOUS le Regne de Louis XIII. les Maitres en fait d'armes de Toulouse, voulant encourager leurs éleves, leur donnerent deux épées pour prix de leur adresse dans le genre d'escrime. Les Capitouls qui ne laissent échaper aucune occasion d'exciter l'émulation parmi leurs concitoyens, établirent à perpétuité de semblables prix, & distribuerent aux fraix de la Ville deux épées, l'une de vermeil, & l'autre d'argent sur lesquelles ils firent graver les armes de Toulouse. Ils firent plus: pour rendre cet établissement solide, ils érigerent l'école d'armes en *Académie*, & délibérerent de s'associer ceux qui avoient déjà remporté le prix, pour juger, avec eux, du mérite des concurrens, ce qui fut autorisé par Arrêt du Conseil. Cette Académie subsista avec éclat pendant plusieurs années; mais soit par la misere des temps, soit par quelqu'autre motif qu'on ignore, elle avoit cessé cette distribution, lorsqu'elle fut rétablie en 1714, par les soins de *Jean de* MONTAUDIER Avocat & Capitoul, & elle s'est toujours soutenue depuis ce temps là. Ceux qui ont remporté les prix, ont pendant un an, les entrées franches au Spectacle, & le privilege d'entrer toujours à l'Hôtel de Ville avec l'épée. On ne peut aspirer à ce prix, si l'on n'est noble, ou du moins d'une famille bourgeoise, & si l'on n'a assisté pendant quelques mois aux leçons des Maîtres en fait d'armes de Toulouse. Cette Ville est la seule du Royaume, où l'on distribue de semblables prix, bien propres à faire naitre, & à entretenir l'amour de la gloire des armes, & le goût pour l'état militaire.

Fin de la Notice des Hommes illustres de Toulouse.

SUITE
CHRONOLOGIQUE, ET HISTORIQUE,
DES EVÊQUES
ET ARCHEVÊQUES
DE TOULOUSE.

ORIGINE, ET RÉVOLUTIONS DE L'ÉGLISE DE TOULOUSE.

L'EGLISE de Toulouse doit sa naissance à Saturnin, qui porta, le premier, le flambeau de la Foi chrétienne, dans cette Ville (*a*), vers l'an de Jésus-Christ 245. Le succès de ses travaux Apostoliques augmenta bientôt le nombre des Chrétiens. Il fut choisi, l'an 250, pour gouverner ce Troupeau fidele, qu'il avoit éclairé par ses prédications, & souffrit glorieusement la mort, pour la défense de sa Religion, l'an 257, sous la persécution de l'Empereur Valérien.

(*a*) *Hist. gén. de Lang.* tome 1. page 128. 132.

SUITE DES EVEQUES

Le fang de ce premier Evêque de Touloufe cimenta les fondemens de cette Eglife naiffante. Edifiée par la fainteté de fes fucceffeurs, encouragée par leurs exemples, elle conferva fa premiere ferveur, & eut la gloire d'être, prefque la feule (b) dans les Gaules, qui fe préferva de l'Arrianifme, dont toute la Chrétienneté fut infectée, dans le IV. & V. fiecle. Les menaces, ou les promeffes des Empereurs Romains, & des Rois Vifigoths, fectateurs de cette héréfie, n'ébranlerent point le courage des Touloufains : ils fe maintinrent, dans la pureté de la Foi, au milieu des perfécutions de ces hérétiques.

Dans ces premiers temps, cette Eglife dépendit de la Métropole de Narbonne (c). Elle fut enfuite foumife à celle de Bourges, depuis l'an 507, qui eft l'époque de la défaite des Vifigoths par Clovis, jufqu'à la réunion de la Septimanie à la Couronne de France, fous le Roi Pepin, vers la fin du VIII fiecle ; & rentra, alors, dans la Province Eccléfiaftique de Narbonne.

L'ignorance, & la corruption des mœurs, qui régnoient, pendant le IX & X fiecle, dans prefque toute l'Europe, ralentirent le zele de fes Chanoines. Leur Evêque Izarn les fit fortir de cette léthargie criminelle : il les reforma, en 1077 ; rétablit parmi eux la vie commune ; & leur fit embraffer la Regle de Saint Auguftin, qu'ils obferverent, avec édification, jufqu'à leur fécularifation, en 1510. Dans cet intervalle, le Pape Jean XXII releva la gloire de cet Evêché, l'un des plus riches du Royaume, l'érigea en Archevêché, en 1317 ; & en démembra prefque tout ce qui compofe les fept Diocefes, qu'il lui donna pour fuffragans. Telles font les révolutions de cette Eglife, également celebre par fon ancienneté, par les grandes qualités de fes Prélats, & par le mérite diftingué que fes Chanoines, ont fait éclater, avant & depuis leur fécularifation.

Catel eft le premier, & en quelque maniere, le feul, qui a publié un Catalogue des Evêques & Archevêques de Touloufe. Avant lui, Bernard Guido, ou Guidonis, Religieux Dominicain, & depuis Evêque de Lodeve, en avoit donné une Notice très-imparfaite. Catel, plus méthodique & plus exact, en a fupprimé plufieurs, adoptés mal-à-propos par Guido, en a ajouté d'autres, que cet Auteur n'avoit point connus ; & a juftifié, par des Actes authentiques, ou par une critique judicieufe, leur exif-

(b) Id. page 144.
(c) Id. page 265. 448.

tance, leur ordre chronologique, & les principaux événemens de leur vie. Ses sçavantes recherches ont été discutées scrupuleusement, & souvent adoptées par les Auteurs de l'Histoire générale de Languedoc. Ils y ont ajouté de nouvelles découvertes ; aussi est-ce, principalement, dans ces deux sources, qu'on a puisé la matiere de ce nouveau Catalogue, qu'on a continué, jusqu'à nos jours, & qui est composé de 52 Evêques, & de 35 Archevêques, dont la plûpart ont été décorés de la Pourpre. On ne s'est point borné, comme Catel, à faire connoitre leur nom, les principales particularités de leur vie, la date de leur élection, ou nomination, & de leur mort. Pour rendre plus intéressante cette partie essentielle de nôtre histoire, l'on y a inséré l'époque, & le sujet des Conciles de Toulouse ; & l'on a rapporté, en peu de mots, les causes, les circonstances, les moyens, qui ont concouru à l'établissement de toutes les Communautés Religieuses, séculieres, & régulieres, qui sont dans cette Ville.

EVÊQUES.

SAINT SATURNIN, ou SERNIN, étoit, suivant plusieurs auteurs, fils d'Ægée, Roi d'Achaïe & de Cassandre, fille de Ptolomée, Roi des Ninivites : d'autres le font naître, en Espagne, dans le Royaume de Navarre, à Sainte Lucie. Quoiqu'il en soit, après avoir été, à Rome, recevoir sa mission du Pape Saint Fabien, il parcourut une partie de l'Espagne, & des Gaules, vint à Toulouse, vers l'an de Jésus-Christ 245 ; reçut, en 250, le titre d'Evêque de cette Ville, dont il fut le premier Apôtre ; y fit bâtir une petite Eglise, & la desservit, avec le plus grand zéle, jusqu'au temps de son martyre, dont on ne répétera point le détail, qu'on peut lire (d), dans le premier livre de cette Histoire. Après sa mort, deux femmes, qu'on honnore, à Toulouse, sous le nom de *saintes* PUELLES, enterrerent son corps, dans le même endroit, où Saint Hilaire, troisieme Evêque de Toulouse, éleva un Oratoire, & où Launebode, Duc de Toulouse, fit bâtir, au VI. siecle, une Eglise connue, aujourdhui, sous le nom *du Taur.* Les Reliques de Saint Saturnin avoient été transférées, au commence-

(d) *Page* 16.

ment du V. fiecle, par Saint Exupere, Evêque de Toulouſe, dans l'Egliſe, que Saint Sylve, ſon prédeceſſeur, avoit commencée de bâtir, ſous l'invocation de ce Saint Martir, & qu'il fit achever. Quelque auteur a dit, que le Roi Dagobert, voulant enrichir l'Abbaye de Saint Denis, en France, de ce qu'il y avoit de plus conſiderable dans ſon Royaume, y fit tranſporter les Réliques Saint Saturnin, & que ſix ans après, les Touloufains recouvrerent la poſſeſſion de ce corps, en cedant aux Religieux de Saint Denys, pluſieurs autres Reliques conſidérables; mais ce fait n'eſt fondé ſur aucune preuve; & il y a tout lieu de croire que ces Reliques ne ſont jamais ſorties de Toulouſe. Les actes du martire de ce Saint, que l'on croit avoir été écrits, cinquante ans après ſa mort, ſont d'autant plus autentiques, qu'ils ſont appuyés ſur l'autorité de Saint Gregoire de Tours, de Saint Sydoine, & de Fortunat.

SAINT HONORAT ſuccéda à Saint Saturnin. On ſçait ſeulement de lui, que ſon corps fut enterré, auprès de celui de ce Saint Martir.

SAINT HILAIRE fit élever un autel, & un petit oratoire de bois, ſur le tombeau de Saint Sernin, pour la commodité des Fideles, qui alloient l'invoquer. Son corps fut trouvé, avec celui de Saint Honorat ſon prédeceſſeur.

MAMERTIN aſſiſta en 314, au Concile d'Arles, où les Evêques Arriens condamnerent Saint Athanaſe, Patriarche d'Alexandrie.

RHODANIUS, ou RHODANUSIUS, Evêque, en 353, aſſiſta, en 356, au Concile de Béziers, aſſemblé par les Evêques Arriens, pour confirmer la condamnation de Saint Athanaſe, prononcée par le Concile d'Arles. Il refuſa d'adhérer à ces Prélats hérétiques; & s'attira, par ſa réſiſtance courageuſe, la haine de l'Empereur Conſtance, qui l'exila, en Phrigie, où il mourut, vers l'an 358.

SAINT SYLVE, ou SYLVIUS, qui commença de bâtir l'Egliſe de Saint Sernin, vivoit vers l'an 380; & mourut, au commencement du V ſiecle. Son corps fut trouvé, avec celui de Saint Honorat, & de Saint Hilaire, dans l'Egliſe de Saint Sernin, l'an 1265.

SAINT EXUPERE, natif de Toulouse, Evêque de cette Ville, vers l'an 405, fit achever l'Eglise Saint Sernin, la consacra, & y fit transférer les Reliques de ce Saint, après avoir demandé à l'Empereur la permission * de faire cette translation. Voyez son éloge dans la Notice des Toulousains illustres.

MAXIME, Evêque, en 477, suivit les traces de son prédécesseur, & fut l'édification de son peuple. Né dans un rang distingué, il abandonna le grand monde, dès sa plus tendre jeunesse, pour se livrer à toutes les austérités d'une vie véritablement pénitente. Il fut élu à cet Evêché par le choix unanime du Clergé, & du peuple.

HERACLIEN assista, en 506, au Concile d'Agde, l'un des plus célebres de ce siecle, où l'on dressa quarante-huit canons, qui ont pour objet principal la discipline Ecclésiastique, l'Ordination des Clercs, & des Evêques, & la maniere d'administrer le Baptême aux Juifs, qui se convertissoient. Dans ce Concile on en indiqua un, à Toulouse, pour l'année suivante ; mais il n'eut pas lieu.

L'histoire de Languedoc ne fait aucune mention de LEONCE, que la plûpart des Auteurs font succéder à Héraclien. Catel, en le mettant au rang des Evêques de Toulouse, doute beaucoup s'il le fut jamais.

SAINT GERMIER, natif de Jérusalem, étoit Evêque de Toulouse, en 541, & garda cet Evêché, pendant 36 ans. Son corps fut inhumé, dans un lieu, voisin de Muret, appellé d'Oz, ou d'Ox. On y bâtit un Monastere, qui prit le nom de ce Saint, & dont il fut peut-être le Fondateur. Ce Monastere devint, dans la suite, titre de Prieuré Conventuel, dépendant de l'Abbaye de Lézat ; & les reliques de Saint Germier, qu'on y conservoit, ont été transférées depuis, dans l'Eglise de Saint Jacques de Muret.

MAGNULFE assista au Concile de Mâcon, en 585. Il reçut, la même année, dans son Palais, GONDEBAUD, qui se disoit fils de CLOTAIRE I. & donna une preuve éclatante de sa fidélité pour son véritable Souverain. Le faux Prince étant à table chez ce

---

* Il étoit, défendu par les Loix Romaines, de toucher aux corps des morts, après leur sépulture, sans une permission expresse des Empereurs.

Prélat, osa dire qu'il *vouloit aller établir le siege de son Royaume à Paris*, à quoi Magnulfe répliqua, avec fermeté, *que pour réussir dans ce projet, il faudroit qu'il ne restât plus personne de la race des François*. Aussitôt les Ducs Mommole, & Didier, qui étoient à la suite de l'usurpateur, donnerent plusieurs soufflets à l'Evêque, le firent arrêter, & l'envoyerent en exil, après s'être emparés de tous ses biens, & de ceux de son Eglise.

MEMNA, ou MENNAS, étoit Evêque vers l'an 600, ou 601.

VILLEGISCLE assista au Concile de Reims, vers l'an 625, ou selon quelques auteurs, vers l'an 630.

Plusieurs auteurs lui donnent pour successeur SEDOCUS : mais on n'en a aucune preuve.

SAINT EREMBERT natif de Poissi, près de Paris, Religieux dans le monastere de Fontenelle, fut élû Evêque de Toulouse, au commencement du regne de Clotaire III. vers l'an 657 : mais préférant la vie religieuse aux sollicitudes de l'Episcopat, il retourna dans la solitude, & mourut, vers l'an 671.

C'est mal à propos que quelques auteurs ont placé SAINT SYLVIN, au rang des Evêques de Toulouse. Il étoit natif de cette Ville ; & c'est-ce qui a, sans doute, causé leur erreur. Voyez son éloge dans la notice des Toulousains illustres.

ARRICHUS, ou ARRICIUS, ou ARRICHO, souscrivit, en 785, l'acte de fondation de l'Abbaye de Charroux ; & assista au Concile de Narbonne en 791.

MANCION étoit Evêque, en 798. Théodulfe Evêque d'Orléans, que Charlemagne envoya, en qualité de Commissaire, dans la Septimanie, en 798, parle de cet Evêque, à l'occasion d'un combat d'oiseaux, fort singulier, qu'il décrit dans un poëme, & dont il dit que Mancion voulut être le témoin. Suivant ce Poëte, un nombre presque infini d'oiseaux, de toute espéce, dont les uns venoient du Midi, & les autres du Nord, se rendirent, en même-temps, autour d'un champ, environné d'arbres, situé à l'extrémité du Toulousain, sur les frontieres du Querci ; après s'être rangés en bataille, ainsi que deux armées ennemies, ils s'envoyerent, de part & d'autre, plusieurs messagers, comme s'ils eussent voulu entrer

trer en négociation, & moyenner quelque traité, avant d'en venir au combat : enfin après divers mouvemens, ces deux troupes en vinrent à une action générale. Le signal fut à peine donné, qu'ils fondirent les uns sur les autres, avec une rapidité, une fureur, & un acharnement si grand, que le récit en paroît incroyable. Ce combat, où chacun se servit des aîles, du bec, & des griffes, comme d'autant d'armes offensives, & deffensives, fut également long, cruel, & sanglant. Il dura, six jours entiers, & ne cessa que faute de combattans, qui demeurerent presque tous sur le champ de bataille. Quelques-uns seulement venus du Nord s'en retournerent, & reprirent la même route. L'auteur ajoute, que la curiosité d'un spectacle si extraordinaire *, attira une infinité de personnes; que Mancion, Evêque de Toulouse, y fit un voyage exprès ; & que les peuples du voisinage, après avoir fait un choix de ces oiseaux, qu'ils crurent bons à manger, en emporterent plusieurs charriots.

Premier CONCILE de Toulouse.

ON N'A aucune preuve que FIRMIN & NASCIUS ayant été successivement Evêques de Toulouse, ni avant, ni après Mancion. Ainsi c'est sous ce Prélat, que l'on doit fixer le premier Concile de cette Ville. Louis le Débonnaire, instruit des desordres, & des abus, qui s'étoient glissés dans la discipline Ecclésiastique avoit ordonné **, dans la Dietre d'Aix-la-Chapelle, de l'an 828, qu'on tiendroit, en même-temps, quatre Conciles, dans ses Etats : ils furent convoqués, en effet, l'année suivante, dans les quatre Villes, qui avoient été indiquées, Toulouse, Mayence, Paris &

---

* La singularité de cet évenement fait présumer que le Poëte a voulu enveloper sous cette figure allégorique la description de quelque bataille sanglante, donnée entre les François, les Sarrasins, & les Gascons, ou d'autres peuples d'Espagne, qui se révoltoient sans cesse, contre Louis le Débonnaire Roi de Toulouse. Ce qu'il dit de ces oizeaux, de toute espece, venus du côté du Nord, peut s'entendre des François : puisque dans ce temps-là, le Royaume de France renfermoit plusieurs Colonies de différens peuples, que Charlemagne y avoit répandues, après les avoir soumis.

** Les Souverains jouissoient encore du droit incontestable, qu'ils ont d'assembler, & de dissoudre, à leur gré, les Conciles Nationaux. Dans les Siecles suivants, les Papes prétendirent avoir le droit de présider à ces Conciles, par eux même, ou par leurs légats ; ils l'exercerent même, presque sans contradiction, jusqu'au temps de Charles VI : mais depuis, on a suivi en France, le premier usage.

Partie II.   A a

Lyon. Les Actes de celui de Toulouse sont perdus, de même que ceux de Mayence & de Lyon. Il ne reste que ceux qui furent dressés dans celui de Paris.

SAMUEL obtint de Charles le Chauve en 843, une Charte, qui confirme son Eglise, & les Monasteres de Sainte Marie, ou la Daurade, & de Saint Sernin. L'année suivante il se brouilla avec ce Prince, qui le condamna à l'amende, pour avoir fait inhumer solemnellement le corps de Bernard Comte de Toulouse, que ce Roi avoit tué, de sa main, comme on l'a vu dans le Livre II, de cette Histoire.

SALOMON, étoit Evêque, l'an 859.

ELIZACHAR assista en 861, à l'assemblée, convoquée par Raymond I Comte de Toulouse, dans cette Ville, où fut décidée la fondation de l'Abbaïe de Vabres, qui est aujourdhui un Evêché.

RAYMOND étoit Evêque l'an 875.

BERNON, ou BERNARD, souscrivit en 883, la donation que Bertheiz, mere d'Eudes, Duc de Toulouse, fit à l'Abbaïe de Vabres. Il assista au Concile de Port, dans la Septimanie, en 887, & vivoit encore en 890.

ARNAUD, ou ARMAND I, Evêque en 907, assista au Concile de Foncouverte en 911; il tint un Plaid à Alsonne, le 16 Juin 917; & mourut avant l'an 925.

HUGUES I, Evêque en 926, écrivit au Pape Jean X, conjointement avec d'autres Evêques, & lui demanda *le Pallium*, pour Aymerie, Archevêque de Narbonne. Il assista en 937, à un Concile tenu à Aussede, près de Saint Pons, où on confirma la fondation de cette Abbaïe, faite par Raymond-Pons, Comte de Toulouse. Il assista encore au Concile de la Province de Narbonne en 940; & mourut seulement, vers l'an 972. On peut lire son Testament, dans Catel, *page* 858, & dans l'histoire de Languedoc, *tome 2 aux preuves, page* 104.

ATTON I, fut Evêque en 973.

ISSOLUS, *ou* ISSUS, assista à la fin du mois de Septembre 974, à la dédicace de la nouvelle Eglise de l'Abbaïe de Cuxa, en Roussillon ; & mourut vers l'an 986.

ATTON II. étoit Evêque, vers l'an 990.

Second CONCILE de Toulouse.

RAYMOND II. assista en 1004, à une assemblée de plusieurs Evêques, formée pour le rétablissement de la discipline Ecclésiastique. Il convoqua, en 1005, le second Concile de Toulouse, pour fixer les droits que les Seigneurs de Carmaing, ou Caraman, avoient étendus au-delà de leurs justes bornes, ce qui interrompoit le commerce. Il assista, le 18 Novembre 1010, à une assemblée tenue, à Urgel, pour l'établissement de la vie Canoniale, parmi les Chanoines de la Cathédrale de cette Ville.

PIERRE fut Evêque, en 1018. Ce fut sous son Episcopat, qu'on brûla, à Toulouse, un grand nombre de Manichéens.

BERNARD, Evêque en 1035, souscrivit une donation faite par Roger Comte de Foix, à l'Abbaye de Saint Pierre de Lezat.

HUGUES II. souscrivit à un Concile de Narbonne, tenu le 17 Mars 1043.

Troisieme CONCILE de Toulouse.

ARNAUD, *ou* ARMAND II, souscrivit, en 1045, l'acte de consécration de l'Eglise du monastere Saint Martin, que l'Evêque de Carcassonne avoit faite ; & assista au troisieme Concile de Toulouse, tenu, au mois de Septembre 1056. Les Archevêques d'Arles, d'Aix, de Narbonne présiderent, en qualité de Légats du Saint Siege, à ce Concile, convoqué par ordre du Pape Victor II, principalement contre les Simoniaques. Les mœurs des Ecclésiastiques étoient si dépravées que les Prêtres entretenoient publiquement plusieurs concubines. * La simonie étoit sur-tout portée

---

* On doit cependant remarquer que les mariages des Prêtres ne furent généralement condamnés qu'aux Conciles de Troyes, en 1107, & de Reims, en 1148. (*Abr. chron. de l'hist. de France.*)

au plus haut point. On faisoit entrer les Evêchés dans les conventions matrimoniales : on les assignoit pour douaire : on les conféroit à des enfans. Le Concile remedia à tous ces abus. Il fit treize Canons, dans lesquels il ordonna le célibat aux Ecclésiastiques ; il deffendit à toute sorte de personnes, & aux Comtes même, de vendre les Evêchés, & les Abbayes. Enfin il détermina que les Evêques, & les Abbés ne pourroient être élûs, qu'à l'âge de trente ans.

Pierre ROGER Evêque avant le mois de Juin 1059, fonda un Prieuré de l'Ordre de Cluni, à Sainte Colombe, aujourdhui dans le Diocese de Mirepoix.

Quatrieme, & cinquieme CONCILE de Toulouse.

DURAND DE DOME Religieux de Cluni, Abbé de Moissac, fut fait Evêque, vers l'an 1059. Il étoit déja nommé, lors du quatrieme Concile de Toulouse, convoqué, vers l'an 1061, par le Pape Nicolas II, dans lequel on dressa plusieurs canons contre les usurpateurs des biens ecclésiastiques. Il assista aussi, au cinquieme Concile, tenu dans cette Ville, vers la fin de l'an 1068, par ordre du Pape Alexandre II. Le Cardinal Hugues Leblanc y présida, en qualité de Légat. Il étoit composé de onze Evêques, & de plusieurs Abbés. Le seul décret, qui nous reste de ce Concile, a pour objet, le rétablissement de l'Eglise de Lactoure, qui étoit détruite, depuis long-temps. Il paroit cependant, par cet Acte, qu'on dressa plusieurs canons contre la Simonie, & contre le concubinage des Prêtres. Durand conserva l'Abbaie de Moissac, jusqu'à sa mort, arrivée vers l'an 1071.

Sixieme & septieme CONCILE de Toulouse.

IZARN, Evêque en 1071, unit en 1077, à l'Ordre de Cluni, l'Eglise de la Daurade * ; il établit la régularité, dans la Cathédrale

---

* On a déjà dit ailleurs, que la partie de cette Eglise, qui forme le Sanctuaire, étoit originairement un Temple consacré aux Faux-Dieux. Ce Temple fut converti, dans les suites, en une Eglise dédiée à la Vierge, sous le nom de *Sanctâ-Mariâ fabricatâ*. On y ajouta une grande Néf. *Chabanel*, dans son livre *de l'antiquité de l'Eglise Notre Dame de La Daurade*, attribue la construction de cette Néf à Ragnahilde, femme d'Euric, Roi des Visigoths,

Saint Etienne; fit des dons considérables à ce Chapitre, & tenta d'introduire des Moines de Cluni, à Saint Sernin. Sous son Episcopat, vers la fin de l'année 1079, Hugues Evêque de Die, Légat du Saint Siege, tint le sixieme Concile de Toulouse, dans lequel l'Evêque de Maguelonne fut déposé, comme simoniaque. On y ordonna aux Séculiers, sous peine d'anathême, de restituer les biens qu'ils avoient usurpés sur l'Eglise. Le zele de l'Evêque Izarn, pour la reforme des Eglises, & du Clergé, lui suscita des ennemis : ils l'accuserent de différens crimes : il triompha de leur malice, & se justifia plainement, au septieme Concile de Toulouse, tenu en 1090, par ordre du Pape Urbain II. L'objet de la convocation de ce Concile, dont les Décrets ne sont pas parvenus jusqu'à nous, étoit la correction des mœurs, & le rétablissement de la discipline ecclésiastique. Izarn assista aussi au Concile de Narbonne en 1091, à celui de Nîmes en 1096, & mourut vers l'an 1105; après avoir sacrifié la plus grande partie de ses biens, pour rétablir la régularité parmi son Clergé. Voyez ce qu'on en a déjà dit, *liv. 2. page 47. 48.*

Huitieme, neuvieme & dixieme CONCILE de Toulouse.

AMELIUS-RAYMOND-DUPUY, ou AIMIN, car il porte ce dernier nom, dans le Codicille, que Raymond de St. Gilles, Comte de Toulouse, fit au Château Mont-Pelerin en 1105, fut le successeur d'Izarn. Son Episcopat est remarquable par la tenue de trois Conciles de Toulouse, qui sont le huitieme, le neuvieme & le dixieme, convoqués dans cette Ville. Le premier fut tenu en 1110, par le Cardinal Richard, Evêque d'Albano, Légat du St. Siege. On y termina, entr'autres choses, le différend, qui étoit survenu entre l'Abbaie de Moissac, & celle du Mas-Granier, dans le Diocese de Toulouse. L'Abbé de cette derniere fut cité, pour s'être soustrait à l'obéissance de l'autre, & condamné à s'y soumettre. Sur

qui vivoit à la fin du V. Siecle; & dit que cette Reine y fut enterrée. Il ajoute qu'elle est la même que le peuple a appellé LA REINE PEDAUQUE: mais ces conjectures ne sont appuyées sur aucun fondement solide. (*Chabanel ant. de la Daurade, ch.* 8.)

Ce qu'il y a de certain au sujet de cette Eglise, l'une des plus anciennes de Toulouse, c'est qu'avant l'an 843, il y avoit un Monastere, qui avoit le titre de Chapitre, & de Prieuré: puisqu'il fut confirmé cette année par CHARLES *Le-Chauve*, en faveur de *Samuel*, Evêque de Toulouse. (*hist. gén. de Languedoc, tom.* 1. *p.* 536.)

son refus, son Abbaie fut mise en interdit, par l'Evêque de Toulouse. Il releva appel de cet interdit au Pape. Cette affaire fut poursuivie vivement, par les deux Parties : mais l'Abbé de Moissac triompha de son Adversaire. Le neuvieme Concile de Touloufe fut convoqué à la fin de l'an 1118, par le Pape Gelase II, à la sollicitation d'Alfonse I, Roi d'Arragon, qui faisoit la guerre aux Mores d'Espagne ; & qui avoit en vue, en faisant approuver cette guerre par un Concile, de se procurer du secours des Provinces de France, voisines de ses Etats. Le Concile seconda ses vues, & approuva solemnellement ses expéditions. Enfin le dixieme Concile de Toulouse fut convoqué, le 8 de Juillet de l'année suivante 1119, par le Pape Calixte II, qui vint y présider, en personne. Jamais il n'y en avoit eu de plus nombreux, dans cette Ville. Outre huit Cardinaux, qui accompagnoient le Pape, il y avoit presque tous les Archevêques, Evêques, & Abbés, de la Provence, de la Gothie, de la Gascogne, de l'Espagne, & de la Bretagne citérieure. On y dressa divers canons, dont le troisieme est le plus remarquable. « Il ordonne aux fideles, de chasser de » l'Eglise, & aux Puissances séculieres de reprimer, ceux qui sous » une apparence de Religion condamnoient le Sacrement du Corps, » & du Sang de Jésus-Christ, le Baptême des Enfans, le Sacerdo- » ce, les autres Ordres Ecclésiastiques, les Mariages légitimes, » &c. Ce qui formoit une partie de l'hérésie des Manichéens, qui donna naissance à celle des Albigeois. L'Evêque de Toulouse, & le Prévôt de la Cathédrale, demanderent au Pape, pendant ce Concile, que l'Eglise Saint Sernin fut déclarée dépendante de la Cathédrale. Les Clercs de Saint Sernin soutinrent leurs droits, prétendant que leur Eglise, appartenant à Saint Pierre, devoit dépendre immédiatement du Saint Siege ; & le Pape repartit de Toulouse, sans rien décider.

FONDATION DU GRAND PRIEURÉ DE L'ORDRE DE SAINT JEAN DE JÉRUSALEM.

AMELIUS, qui avoit donné les plus grandes preuves de son zéle pour la Religion, en accompagnant le Comte Raymond de Saint Gilles dans la terre Sainte ; & qui connoissoit l'utilité de l'établissement de l'Ordre de Saint Jean de Jérusalem, voulut contribuer à affermir cet établissement. Dans cette vue, il fonda, en 1120, le Grand-Prieuré de Toulouse, qui subsiste encore avec éclat. Toujours infatigable pour la gloire de la Religion, il accompagna, en

1125, Alfonse-Jourdain dans un Pélérinage, que ce Comte fit, à Saint Jacques, en Galice; & mourut, vers la fin de l'an 1139, ou au commencement de l'an 1140.

Onzieme CONCILE de Toulouse.

RAYMOND III. Abbé de Saint Antonin, assista, en 1140, au Concile de Narbonne; il fonda, à Merenx, dans le Comté de Foix, un Monastere de filles de l'Ordre de Cîteaux, qui a été uni à l'Abbaye de Boulbonne, dans le XV. siecle; & mourut, le 15 Mars 1163. Sous son Episcopat, on tint le onzieme Concile de Toulouse, vers la fin de l'an 1161; il avoit été convoqué, à la sollicitation des Rois de France, & d'Angleterre, pour mettre fin au schisme, qui affligeoit l'Eglise, par la prétention d'Alexandre III, & de Victor III à la Papauté. Les deux Rois se trouverent, en personne à cette assemblée, avec cent Evêques, ou Abbés, de leurs Etats. Les Légats des deux prétendans, qui avoient été nommés, en même-temps, & qui avoient chacun leurs partisans y assisterent, sçavoir trois Cardinaux du parti d'Alexandre, & deux du parti de Victor. Il y avoit encore les Ambassadeurs de l'Empereur, & du Roi de Castille. L'Objet du Concile étoit de déclarer quel de ces deux Papes on devoit reconnoitre: après un profond examen des raisons respectives d'un chacun, le Concile se déclara pour Alexandre, & excommunia Victor.

Bernard BONHOMME, conserva, avec l'Evêché de Toulouse, la Prévôté de sa Cathédrale, qu'il avoit avant son élection. Il souscrivit, en 1163, le traité de paix, fait entre Raymond V, Comte de Toulouse, & le Vicomte Raymond Trencavel. Mort l'an 1164. C'étoit alors l'usage que les séculiers, & les femmes même, se faisoient recevoir dans les Chapitres, au moyen de quelques donations, pour être associés aux prieres, & priviléges des Chanoines. On trouve une preuve de cet usage sous l'Episcopat de Bernard. Montarsin d'Escalquens, & sa femme Guillemette firent donation à ce Prélat des biens d'Escalquens, à la charge de le recevoir Chanoine, & elle Chanoinesse, &c.

Geraud de LABARTHE assista au fameux Concile de Lombers, en 1165, & fut transféré à la tête de l'Eglise d'Auch, en 1170, après avoir donné à son Chapitre des preuves de son zéle, & de sa liberalité, en lui procurant la possession de plusieurs biens aliénés;

SUITE DES EVEQUES
& en lui cédant le cens annuel, qu'il avoit droit de percevoir sur les Juifs, dans la Ville Touloufe.

HUGUES III. fut Evêque de Touloufe, depuis le mois de Novembre 1170, jufqu'au 15 d'Avril 1175. Il poffédoit, en même-temps, l'Abbaye de Saint Sernin, de cette Ville.

BERTRAND poffeda cet Evêché, depuis 1175, jufqu'en 1178.

GAUCELIN élû en 1178, n'occupa ce fiege que pendant un an.

FULCRAND fut élû en 1180; & mourut, au mois de Septembre 1200. Les hérétiques dont cette Province étoit remplie, avoient tant de haine, & de mépris pour les Eccléfiaftiques, qu'ils leur laiffoient, à peine, de quoi vivre. Fulcrand, ne pouvant fe faire payer des dîmes de fon Diocéfe, fut dans la dure néceffité, de plaider, avec fon Chapitre, le revenu d'une fimple Prébende, pour avoir de quoi fubfifter.

SCHISME DANS L'ÉGLISE DE TOULOUSE.

Raymond de RABASTENS, & Raimond ARNAUD, peuvent être placés, l'un & l'autre, au rang des Evêques de Touloufe, malgré l'irrégularité de leur élection, puifqu'elle fut fucceffivement confirmée en faveur de l'un & de l'autre. Après la mort de Fulcrand, l'ambition, & la brigue firent naître deux factions, dans le Chapitre de la Cathédrale de Touloufe. L'une élut, en 1201, Raymond-Arnaud, Evêque de Comminges, & l'autre choifit Raimond de Rabaftens, Archidiacre de l'Eglife d'Agen. L'Evêque de Comminges gagna d'abord fa caufe devant les Commiffaires nommés par le Pape Innocent III : mais Raymond de Rabaftens, ayant obtenu qu'on procéderoit à une nouvelle élection, fut maintenu fur le Siege. Son élection fut cependant caffée, bientôt après, comme Simoniaque, & on lui reprocha d'avoir obtenu, par fubreption, des Légats du Pape, les lettres qui confirmoient la canonicité de fon élection. Il fut dépofé (e), au mois de Mai 1205.

FOULQUES, Abbé du Monaftere de l'Ordre de Citeaux, Florege,

(e) Decretales, tit. de Electione, C. 26. per inquif.

l'Ordre de Cîteaux, au Diocèse de Fréjus, fut élu, en 1205, & mourut le 25 Décembre 1231. La vie de ce Prélat, fameux avant & après son élection à l'Epiſcopat, mérite d'être rapportée. Il étoit fils d'Alfonſe, riche marchand de Gênes, établi à Marſeille, ce qui lui fit donner le nom de *Foulquet de Marſeille*. Suivant l'auteur de ſa vie, écrite parmi celles des anciens Poètes Provençeaux, il ſe diſtingua, dès ſa jeuneſſe, par ſes ſuccès dans la Poéſie vulgaire. Après la mort de ſon pere, qui lui laiſſa de grands biens, il fréquenta les Cours des divers Princes, protecteurs des Poètes provençeaux. Celles de Richard Roi d'Angleterre, *du bon Raymond* Comte de Toulouſe, & de Barral Vicomte de Marſeille, furent ſucceſſivement, le théatre de ſes productions poëtiques. Il s'attacha ſurtout à cette derniere, où il célébra dans pluſieurs chanſons, Adélaïde de Roque-martine, Femme du Vicomte, dont il devint amoureux. Cette Dame vertueuſe, allarmée, ou ennuyée par les vers tendres de Foulques, lui donna ordre de ſe rétirer de ſa Cour. Il obéit, & fut chercher quelque conſolation auprès de la femme de Guillaume de Montpellier, qui étoit fille de l'Empereur Emanuel. Elle agréa ſes ſervices, & le pria de faire des chanſons pour elle : mais la mort de la Vicomteſſe de Marſeille, pour qui ſa paſſion n'étoit pas éteinte, & celle de Barral, ſon époux, du Roi d'Angleterre, & du Comte de Toulouſe, lui cauſerent une ſi profonde affliction, que dégouté du monde, il ſe fit Religieux de l'Ordre de Citeaux, vers 1199, avec deux de ſes fils ; & engagea ſa femme à ſe faire Religieuſe du même Ordre. Il étoit déja Abbé de Toronet, lorſqu'il monta ſur le ſiege Epiſcopal de Toulouſe. Son Epiſcopat fut très funeſte au Comte de cette Ville, & aux habitans, puiſque dans la Croiſade contre les Albigeois, il ſe déclara ouvertement contre le Comte Raymond, en faveur de Simon de Montfort, pour qui il conſerva toujours un inviolable attachement. C'eſt lui qui lui livra (*f*) la ville de Toulouſe en 1216, & qui l'excita à la cruelle vengeance que ce Chef des Croiſés exerça contre les Toulouſains. On conſerve dans la Bibliotheque du Roi, *mſſ.* n°. 7225. 7698, dix-neuf de ſes Chanſons ; & l'on peut lire un de ſes Cantiques, dans les Mémoires de Languedoc de Catel, page 899.

(*f*) *Voy. liv.* 2. *p.* 74.

Partie II.

Douzieme CONCILE de Toulouse.

Origine de L'INQUISITION

DURANT SON Epifcopat, & au mois de Novembre 1229, le Cardinal Saint Ange, Légat du Saint Siege, vint célébrer le douzieme Concile de Toulouſe. Cette Aſſemblée remarquable, puis qu'elle eſt l'époque de l'établiſſement du Tribunal de l'Inquiſition, fut compoſée des Archevêques de Narbonne, de Bordeaux & d'Auch, d'un grand nombre d'Evêques & d'autres Prélats, du Comte de Touloufe, des autres Comtes & Barons du pays, du Sénéchal de Carcaſſonne, & de deux Capitouls de Toulouſe, repréſentans toute la Communauté. Le premier foin de ce Concile, qui étoit une Aſſemblée mixte, fut d'approuver les articles de la paix conclue entre le Comte Raymond, & Saint Louis Roi de France. On fit enfuite, par le concours de l'autorité des deux Puiſſances eccléſiaſtique & féculiere, quarante-cinq Canons, qui ont pour objet l'extirpation de l'héréſie, & dont voici les principaux. Les trois premiers enjoignent aux Evêques de députer un Prêtre, & deux ou trois Laïques, de bonne réputation, pour faire la recherche des hérétiques, & les dénoncer, avec leurs fauteurs, aux Ordinaires, & aux Seigneurs, pour les punir févérement. Le quatrieme ordonne la confiscation des biens des coupables. Le treizieme déclare fufpects d'héréſie tous ceux qui ne fe confeſſeroient pas, & ne communieroient pas trois fois l'an. Le quatorzieme défend aux Laïques d'avoir, chez eux, des Livres de l'ancien & du nouveau Teſtament, excepté le Pſautier, le Breviaire, ou les Heures, pour l'Office Divin, qu'il n'étoit pas même permis de garder, traduits en langue vulgaire. C'eſt la premiere fois (g) qu'on a fait une pareille défenſe : elle avoit pour motif l'abus que les hérétiques faiſoient des Livres faints. Tel fut le fondement du Tribunal de l'Inquiſition, dont on a déjà parlé (h), & dont l'établiſſement avoit été projetté, aux Conciles d'Avignon en 1209, & de Latran en 1215. Les Evêques exercerent toute l'autorité, par eux-même, ou par les perſonnes qu'ils commettoient. On commença les procédures, auſſi-tôt après le Concile. La croyance, & la conduite de toutes les perſonnes fuf-

(g) Fleuri. hiſt. écl. liv. 79. n. 58.
(h) Liv. 2. p. 81. & fuiv.

pectes furent examinées avec scrupule ; & l'on condamna les coupables aux peines Canoniques, ou aux peines portées par l'Edit de Saint Louis rendu en 1223, contre les ennemis de la Foi, qui est le premier Édit pénal donné en France, contre les Hérétiques. Cette recherche ou *Inquisition*, fut continuée par l'autorité des Evêques jusqu'en 1233, que le Pape Gregoire IX, la confia. (i) aux Freres Prêcheurs, qui l'exercerent dans la suite, comme on l'a déja dit, sans que les Evêques ayent reclamé de leurs droits, pendant plusieurs siecles, soit par la crainte, soit par ignorance.

Fondation de l'Ordre des FF. PRÉCHEURS.

L'ORDRE des FF. Prêcheurs, ou de Saint Dominique, avoit été fondé dans cette Ville, par Dominique * Chanoine d'Osma, vers l'an 1215, en vertu d'une Bulle du Pape Innocent III, de l'an 1208. Ce Saint Fondateur logea d'abord ses Religieux dans une maison, près le Château Narbonnois, qui lui fut donnée par deux habitans de cette Ville, Thomas, & Pierre Sellani, dont le dernier fut un des seize premiers Disciples de ce Saint. Vers le même-temps, Saint Dominique obtint du Chapitre Saint Etienne, à la priere de l'Evêque Foulques, l'Eglise de Saint Rome. Enfin, l'an 1230, Pons de Capdenier, habitant de Toulouse, acheta un vaste jardin, dans la Paroisse de la Daurade, que sa femme, & sa fille, donnerent aux Religieux de cet ordre, pour y bâtir une Eglise, & un Monastere. Ce Projet fut exécuté, par les liberalités de Raymond de Falgar, Evêque de Toulouse, & de Guillaume-Pierre de Godieu Cardinal. On voit encore, dans l'Eglise de ces PP. les mausolées de ces deux bienfacteurs, le premier au milieu du chœur, & l'autre près de l'autel, du côté de l'Evangile. Ce Couvent a été agrandi, depuis, par les liberalités

(i) *Mon. Conv. FF. PP. Percin, page 92.*

* DOMINIQUE étoit né, en 1170, à Calarvega, au Diocese d'Osma, en Castille, de Felix de Gusman Gentilhomme. après avoir fait ses études à Palentia, il fut Chanoine puis Archidiacre d'Osma, ensuite Professeur de Théologie, à Placentia. La vie apostolique s'assortissant mieux à son zéle, il quitta cet emploi, pour faire des missions dans la Galice, la Castille, & l'Aragon. Delà, il vint en France, avec l'Evêque d'Osma, combattit avec force les erreurs des Albigeois ; fonda son ordre à Toulouse, & mourut à Boulogne, en Italie, le 6. Août 1221, âgé de 51 ans. Il fut canonisé, par Gregoire IX, en 1235. Théodoric de Podio a écrit sa vie.

de plusieurs particuliers. (*Catel. Mem. de Lang.* pag. 147 : 210. *Monum. Conv. FF. PP. Percin.* pag. 14 : 20 : 42. *Hist. génér. de Lang.* tom. 3. pag. 156 : 276.)

Raymond DE FALGAR, natif du Château de Miramont, au diocése de Toulouse, & Provincial de l'Ordre des FF. Prêcheurs, fut élû Evêque de cette Ville, le 21 Mars 1232. Cette dignité augmenta son zéle contre les hérétiques. Non content de les confondre par ses écrits, il les poursuivit vivement par les voies juridiques, & avec d'autant plus de succès, qu'il étoit secondé, par le Comte de Toulouse, dont il sçut gagner, & conserver l'amitié, en employant, tour à tour, avec adresse, les menaces, & les ménagemens. Il occupoit ce siege, depuis plus de trente ans, lorsqu'il fut accusé, devant le Pape Urbain IV, de fratricide, de simonie, de corruption dans ses mœurs, de negligence dans les fonctions de son ministére, & de plusieurs autres crimes. Le Pape lui donna des Commissaires *, qui lui étoient sans doute suspects : il déclina leur jurisdiction, appella de leur procédure, devant le Pape lui-même ; & partit pour Rome, où il fut absous par le Souverain Pontife : mais la calomnie acharnée à sa poursuite, lui suscita de nouveaux ennemis, dans la personne même des Commissaires, nommés pour le juger. Ils l'excommunierent avec si peu de ménagement, & de formalité, que le Pape Clement IV, successeur d'Urbain, les reprit sévérement, le 22 Juillet 1265 ; & accorda à l'Evêque Raymond une nouvelle absolution, qu'il avoit été lui demander, à Rome. Son affaire, dont on ignore l'issue, ne fut pourtant pas encore terminée, puisqu'il obtint, l'année suivante, la permission de produire, pour sa deffense, autant de témoins qu'on en avoit entendus contre lui : mais il y a lieu de croire qu'il fit éclater son innocence ; & qu'il confondit ses ennemis, puisque le Pape, dans une Lettre, qu'il lui écrivit, le 20 Octobre 1267, le qualifie *son très-cher confrere*. Il mourut, le 19 du même mois 1270. Il avoit obtenu du Pape Gregoire IX, en faveur de l'Université de Toulouse, trois Bulles qui renferment de grands priviléges.

---

* C'étoit Maurin Archevêque de Narbonne, Berenger de Fredol, Evêque de Maguelonne, & le Prieur de Nérac, Ordre St. Benoit.

DE TOULOUSE.

Etablissement des CARMES.

PENDANT son Episcopat, les Religieux Carmes, qui s'étoient déjà établis, dans cette Ville, au Faux-bourg du Chateu-Narbonnois, à une Chapelle, appellée *Notre-Dame de Feretra*, obtinrent du Comte, & de la Comtesse de Toulouse, en 1242, la permission de se loger dans la Ville, à une maison, qui fut achetée, pour eux, par plusieurs habitans * de Toulouse. Ils y firent bâtir une très-belle Eglise, consacrée vers l'an 1270, dans laquelle M. Gabriel de Vendages, de Malapeyre a fait construire, de nos jours, en l'honneur de Notre-Dame de Mont-Carmel, une Chapelle magnifique, l'un des principaux ornemens de cette Ville. Benoit, ou Bénédictus, dans son Commentaire sur le chapitre *Raynutius. Cod. de testam.* rapporte, sous ces mots, *& uxorem nomine Adelassiam*, que le fils d'un Viguier de Toulouse, ayant voulu mettre le feu au Monastere des P.P. Carmes, eut son visage horriblement défiguré, par permission divine : mais qu'ayant conçu un vif repentir de sa faute, & fait vœu de bâtir un beau portail à l'Eglise de ces Peres, il reprit sa premiere figure. En action de graces, il accomplit son vœu, & fit construire, en 1266, ce beau portail, qui subsiste encore ; mais dont on a masqué une partie pour la construction de deux petites maisonnetes. (*Catel mém. de Lang.* p. 238.)

Etablissement des Religieux CROISIERS ou de St. ORENS.

L'AN 1265, les Religieux de Ste. Croix, ou Croisiers, obtinrent de l'Abbé de St. Sernin, la permission de bâtir une Eglise, & un Monastere au Faux-Bourg de la porte Pofonville. Ce Couvent fut démoli, en 1356, à cause de l'Irruption des Anglois : on leur permit alors de le reconstruire, dans la Ville, & on leur céda une Chapelle, qui étoit bâtie sous l'invocation de St. Orens Archevêque d'Auch, ce qui leur donna le nom de Religieux de St. Orens. (*Catel* p. 265.)

Bertrand de L'ILE JOURDAIN, Prévôt de Saint Etienne fut élu & sacré au mois de Novembre 1270. Il assista au Concile;

---

* Leurs noms sont conservés dans la Bulle du Pape Clement V., rapportée par Catel. p. 238.

convoqué a Beziers, le 4 Mai 1279. pour maintenir les droits, les biens, & les privileges des Eclefiaſtiques de cette Province, contre les entrépriſes des Officiers Royaux; & fut député, par ce Concile, au Parlement qui devoit ſe tenir à Paris. Mort à Balma le 31 Janvier 1285. (1286.) âgé de cinquante-neuf ans. C'eſt le premier Evêque de Touloufe qui a été inhumé dans ſa Cathédrale. Tous ſes prédéceſſeurs avoient leur ſépulture dans l'Egliſe Saint Sernin. On eſt étonné, à la lecture de ſon Teſtament, des richeſſes immenſes qu'il poſſédoit. Outre une infinité de legs, qu'il fait preſque à toutes les Egliſes, & Abbaies de la Province de Narbonne, & de Guienne, il legue, dans un ſeul article, mille Calices de vermeil, d'un marc chacun, pour être diſtribués à diverſes Egliſes; & il inſtitue pour ſes héritiers les Egliſes, les Monaſteres, & les pauvres de ſon Dioceſe, & de la Province de Narbonne. Il n'attendit pas la mort pour ſe ſignaler par ſes libéralités; & fonda de ſon vivant, dans le Chapitre Saint Etienne, les douze Prébendes, qu'on appelle aujourdhui, *de la Douzaine*, & huit places de Clercs. Il embellit cette Cathédrale, en faiſant bâtir les Chapelles qui environnent le Chœur, & en lui donnant deux grands tableaux d'argent maſſif, en bas relief, pour décorer l'Autel, & le devant d'Autel: enfin il fit conſtruire le Château de Balma*. Toutes ces dépenſes n'empêchoient pas que ſa maiſon n'égalât, par ſa magnificence, celle des plus grands Princes. Il fait mention dans ſon Teſtament, & gratifie de quelque bienfait, tous les Officiers qui la compoſoient: parmi leſquels il y a douze Aumôniers, quatre Gentilshommes, douze Ecuyers, ſans compter les bas-Officiers. Il paroit, par le même Teſtament, qu'il avoit trois Bibliothéques; & qu'il faiſoit des penſions annuelles à trois Phiſiciens, ou Médecins, & à deux Profeſſeurs en Droit. On lui fit élever un Tombeau de bronze, dans le Chœur de Saint Etienne: mais ce Mauſolée magnifique, & les Tableaux d'argent, dont on vient de parler, furent détruits dans l'embraſement de cette Egliſe, en 1608.

---

* C'eſt la maiſon de campagne des Archevêques de Toulouſe, que M. de Colbert a fait rebâtir, dans le dernier Siecle, & qui eſt un des plus beaux lieux de la Province par ſa grandeur, par la beauté de ſa ſituation, & par la magnificence des jardins.

Établissement des Religieuses SALENQUES.

SOUS son Episcopat, vers l'an 1270, les Religieuses de Saint Bernard, ou de l'Ordre de Cîteaux, formerent un auspice dans cette Ville, qui fut dabord placé au quartier Saint Cyprien : mais depuis, elles ont transféré, dans cette Ville, au quartier de l'Université, le Monastere de leur Abbaie des SALENQUES, qui avoit été fondée, dans le Diocese de Rieux, au mois de Septembre 1353, par le Comte, & la Comtesse de Foix. Cette Abbaie est Royale ; & la Communauté de ces Religieuses est ordinairement composée de personnes d'une naissance distinguée.

Hugues MASCARON, natif de Toulouse, & Chanoine de l'Eglise Saint Etienne, prêta en qualité d'Evêque de Toulouse le serment d'obéissance, entre les mains de Pierre de Montbrun, Archevêque de Narbonne, le 24 Mars 1286. La même année, il alla à Rome, pour faire ses représentations, au Pape Boniface VIII, sur la nouvelle érection de l'Evêché de Pamiers, qu'il avoit faite, sans la permission du Roi ; & mourut dans cette Ville, le 6 Décembre 1296. Son corps fut porté à Toulouse, & inhumé dans l'Eglise des FF. Prêcheurs, qu'il avoit perfectionnée par ses libéralités.

Établissement des Religieux BEQUINS ou TIERÇAIRES.

IL CONCOURUT à la reforme des Confreres du Tiers-Ordre de Saint François, qu'on appelloit BEQUINS, parce qu'un riche Marchand de Toulouse, nommé Bequin, les fonda dans cette Ville ; ils s'érigerent en Religieux en 1289, par l'autorité du Pape Nicolas IV, qui confirma leur Regle, & leur permit de faire des Vœux solemnels. Leur dévotion se relâcha, dans la suite, au point que leur maison fut presque entierement détruite : mais F. Vincent, Religieux de cet Ordre, également recommandable par sa science, ses bonnes mœurs, son éloquence, & son habileté obtint d'Henri IV des Lettres-Patentes, pour rétablir ce Monastere ; & depuis cette reforme, les Religieux de ce Couvent ont mené une vie exemplaire. On remarquera ici, qu'il y avoit autrefois, dans cette Ville, deux Couvens de Religieuses Bequines, qui ne subsistent plus, depuis long-temps. *Catel*; *page 219.*

Louis D'ANJOU DE FRANCE, fils de Charles II, Roi de Sicile, âgé de ving-deux ans, fut nommé à l'Evêché de Touloufe, par le Pape Boniface VIII. qui priva ainfi le Chapitre St. Etienne du droit d'élection, fous prétexte que Hugues Mafcaron étoit mort à Rome. Louis avoit fait vœu de fe faire Religieux de l'ordre de Saint François, & n'accepta l'Evêché de Touloufe, qu'après avoir été revêtu de l'habit de cet Ordre. Il fut facré à Rome, le 24. Decembre 1296, par le Pape lui-même, qui lui accorda la difpenfe d'âge, à caufe de fa grande vertu. Il vint prendre poffeffion de fon Evêché à Touloufe : mais fatigué du poids de l'Epifcopat, il partit, peu de temps après, pour en aller faire la démiffion entre les mains du Pape ; & mourut, dans fon voyage, à Brignole, en Provence, le 19 Août 1297. Il fut inhumé, dans l'Eglife des Cordeliers de Marfeille. Le Pape Jean XXII. le canonifa, en 1317, & l'Eglife l'honore, fous le nom de SAINT LOUIS DE MARSEILLE.

Arnaud ROGER, fils du Comte de Comminges, nommé, & facré, à Rome, par le même Pape, le 31 Mars 1298, mourut, à Orviette, en venant prendre poffeffion de fon Evêché.

Pierre de LACAPELLE TAILLEFER, natif du Limoufin, fut auffi nommé par le Pape Boniface VIII, au mois d'Octobre 1298. Il avoit été Evêque de Carcaffonne, & fut fait Cardinal, le 15 Decembre 1305, par le Pape Clement V, qui le promut, en même-temps, à l'Evêché de Paleftrine. Mort le 16 Mai 1312.

GAILLARD DE PREISSAC, neveu de Clement V, fut nommé par ce Pape, en 1305. Peu de temps après, il fut fait Cardinal, par le Pape Jean XXII : mais s'étant rendu indigne du fiège qu'il occupoit, par fa prodigalité, il fournit un nouveau prétexte à ce Pape, pour ériger cet Evêché en Archevêché, auquel il nomma Jean de Comminges. Quelques auteurs ont écrit que Jean XXII dépofa Gaillard de Preiffac : mais on ne trouve aucun veftige d'un jugement de dépofition rendu contre lui. Il eft plus vraifemblablement qu'il donna fa démiffion, par la crainte d'être dépofé, comme diffipateur du bien de l'Eglife ; & cette conjecture eft fondée fur ce qu'on voit, dans la feconde partie des Regiftres de Jean XXII, un commencement de procédure contre lui. Le Pape nomma.

ma des Commissaires pour informer des dettes immenses qu'il avoit contractées, & des aliénations qu'il avoit faites des biens de l'Evêché de Toulouse, aliénations que le Pape annulla. D'ailleurs tous les auteurs conviennent, que le Pape, pour le consoler en quelque maniere, de la perte de cet Evêché, lui offrit celui de Riez, ce qu'il n'auroit point fait, s'il avoit été déposé canoniquement de celui de Toulouse. Gaillard refusa cet Evêché, & mourut à Avignon, en 1327.

Etablissement des AUGUSTINS.

DURANT son Episcopat, les Religieux Augustins, qui avoient depuis long-temps leur Eglise, & leur Monastere hors de la Ville, près la porte Montolieu, obtinrent du Pape Clement V, en 1310, la permission de vendre leur couvent, pour le bâtir dans la Ville. Gaillard de Preissac, à qui le Pape avoit commis l'exécution de cette Bulle, remit ce monastere dans la Paroisse Saint Etienne, où il est maintenant. Le Chapitre de Saint Etienne s'y opposa d'abord, sous prétexte qu'on n'avoit pas demandé son consentement : mais il se désista de son opposition en 1326 ; & vendit à ces Religieux trois maisons, pour le prix de trois mille cinq cens florins, & se réserva la moitié de la cire, & draps que ces Religieux auroient le jour des Sepultures, & une rente annuelle de deux florins d'or ; *bon & pur de Florence*. (Catel, page 203.)

Etablissement des Religieuses CHANOINESSES DE SAINT SERNIN.

Ce même Episcopat est l'époque de la fondation du Couvent des Religieuses Chanoinesses de Saint Sernin, faite en 1316, par l'Abbé de ce Chapitre. On ne répétera pas le motif, & les circonstances de cet établissement, dont on a parlé dans le Livre III, de cette histoire, *page* 118.

ERECTION DE L'EVECHÉ DE TOULOUSE EN ARCHEVECHÉ.

LE PAPE rapporte dans sa constitution (k) quatre motifs de

(k) *Const. Salvator. aux extravag. comm. tit de præb. & dignitatib.*

cette érection, la trop grande étendue de cet Evêché; la multitude du Peuple; les grands biens, & revenus, dont les Evêques faisoient un mauvais usage; enfin le dessein qu'en avoit formé Clement V. son prédecesseur, dans un temps où ces motifs n'étoient pas si pressants. Pour composer cette nouvelle Province Eclesiastique, il érigea les Evêchés de Montauban, de St. Papoul, de Rieux, & de Lombez, qu'il dona pour Suffragans à cette Métropole: il y en ajouta deux autres, Lavaur & Mirepoix, qu'il créa, par une Bulle particuliere; & lui rendit celui de Pamiers, que Boniface VIII, avoit créé * sans le concours de la Puissance Royale, & fait dépendre de l'Archevêché de Narbonne.

ARCHEVEQUES.

Jean de COMMINGES étoit Evêque de Maguelonne depuis l'an 1310, lorsqu'il fut nommé à l'Archevêché de Toulouse. Il assista au Concile de Beziers, en 1321; fut promu au Cardinalat, le 18 Décembre 1327, & nommé l'année suivante, à l'Archevêché de Porto, en Portugal. Alors il se démit de l'Archevêché de Toulouse; & mourut, à Avignon, le 20 Novembre 1348, après avoir refusé, en 1334, la Papauté, que les Cardinaux lui offrirent, à condition qu'il promettroit de ne pas transférer sa Cour à Rome. Cette condition fut le motif de son refus.

Treizieme CONCILE de Toulouse.

BARDIN a écrit que cet Archevêque tint, en 1327, un Concile dans sa Province, au sujet d'un Capitoul, nommé d'Escalquens, qui par une dévotion bizarre, avoit fait célebrer les cérémonies de ses obseques de son vivant. Il ajoute que ce Magistrat se fit porter, avec beaucoup de pompe, dans un cercueil, à l'Eglise des Dominicains, où il soutint le rôle d'un mort, jusqu'à la fin de la cérémonie; & qu'on défendit, dans ce Concile, à tous les fidéles la pratique d'une semblable dévotion. Il est vrai

---

* La création de cet Evêché fut la premiere vengeance que Boniface VIII, fit éclater contre Philippe le Bel, pour avoir donné retraite aux Colonnes ses ennemis, & pour n'avoir pas voulu permettre à ce Pape la levée de la moitié des Décimes.

que l'on n'a que le témoignage de cet auteur pour garant de cet évenement, que la simplicité de ce Siecle aveuglé par l'ignorance peut rendre plus vraisemblable.

Fondation du Couvent des Religieuses de St. PANTALÉON.

LA MEMOIRE de Jean de Comminges est précieuse à cette Ville par la fondation du Monastere de St. Pantaléon, qu'il ordonna dans son testament. Il vouloit que ce Monastere fût composé de deux cens Religieuses Chanoinesses régulieres de St. Augustin, avec une Abbesse pour Supérieure, & douze Chanoines réguliers Prêtres, pour célébrer les Messes. Il y a toute apparence que, par quelque motif qu'on ignore, l'intention du Fondateur ne fut pas remplie dans toute son étendue. On l'exécuta cependant en partie en 1350; & ce monastere subsiste encore sous le nom de *St. Pantaléon*, quoiqu'il ne réponde pas à la beauté de sa fondation.

Guillaume de LAUDUN, Religieux de l'Ordre de St. Dominique, Archevêque de Vienne, en Dauphiné, en 1321, & de Toulouse, en 1327, édifia son Eglise par ses vertus, & l'éclaira par sa science: mais ayant perdu la vue dans un âge fort avancé, il se démit de l'Archévéché de Toulouse, en 1345, en faveur de Raymond de Canillac, sous une pension annuelle, & se retira à Avignon, dans le Couvent de son Ordre, où il vécut encore plusieurs années. Il fonda dans le Chapitre St. Etienne, les quatre Prébendes qu'on appelle *de St. Dominique*.

Raymond de CANILLAC, Chanoine régulier & Prévôt de l'Eglise de Maguelonne, fut créé Cardinal du titre de Ste. Croix, en Jérusalem, au mois de Décembre 1350, par le Pape Clement VI, & quita alors l'Archévéché de Toulouse. Le Pape Innocent VI, le nomma, en 1351, à l'Evêché de Palestrine, qu'il garda jusqu'à sa mort, arrivée à Avignon le 20 Juin 1373. Son corps fut apporté & inhumé dans l'Eglise de Maguelonne.

Etienne ALDEBRANDI, *ou* AUDEBRAND, Moine de St. Allire de Clermont, & ensuite Evêque de St. Pons, fut nommé à l'Archévéché de Toulouse, par le Pape Clement VI, au mois de Décembre 1351. La raison de ce choix est digne de remarque. On prétend (1), que Clement étant Religieux de la Chaise-Dieu en Auvergne, & revenant de faire ses études à Paris, fut arrêté & dépouillé par des voleurs, près le village de Turet en Auvergne, où Aldebrandi étoit Prieur. On ajoute que celui-ci lui donna un habit, & de l'argent pour continuer son voyage ; & qu'en se séparant, Clement, lui ayant demandé, quand est-ce qu'il pourroit lui rendre ses bienfaits, Aldebrandi lui répondit, en riant, *quand vous ferez Pape*. Clement parvint en effet à cette haute place ; & se ressouvenant du service qu'Aldebrandi lui avoit rendu, il l'appella auprès de lui, le fit Tréforier, & grand Camerlingue de l'Eglise Romaine, & lui donna l'Archevêché de Toulouse. Mort en 1360.

Etablissement des PP. DE LA MERCI.

PENDANT son Episcopat, & l'an 1356, le monastere de Ste. Eulalie, ou de la Merci, qui étoit autrefois hors de la Ville, fut rétabli dans la Ville par F. Pons de Barrelis, Toulousain, Général de cet Ordre. *Catel, mém. de Langued. page* 218.

GAUFRID DE VAYROLES, fut fait Archevêque en 1361. Il assista au Concile de Lavaur, convoqué le 27 Mai 1368 ; & en 1369, à la cérémonie qu'on fit à Toulouse, à l'occasion de la translation du Corps de St. Thomas d'Aquin. Il fonda dans l'Eglise de Saint Etienne en 1368, les quatre Chapellenies, qu'on appelle encore *de Vayroles* ; & mourut le 10 Mars 1376, c'est à lui qu'on est redevable, du Reglement qui fut fait en 1366, entre le Chapitre Saint Etienne, & le Recteur de l'Eglise du Taur, au sujet de la Procession générale de la Fête-Dieu. Les prétentions respectives furent réglées par ce Prélat, qui décida pour l'avenir, qu'elle sortiroit, deux années de suite, de la Métropole, & l'année suivante, de l'Eglise du Taur, ce qui a été observé depuis.

Etablissement des PP. DE LA TRINITÉ, ou MATHURINS.

LE 3 Janvier 1362, les Religieux de la Sainte Trinité, ou Mathurins, qui avoient leur Eglise & leur Couvent au Fauxbourg St. Michel, furent transférés dans la Ville, à l'Eglise de St. Victor, & dans la maison qui avoit appartenu aux Seigneurs de Roaix, sous la rente de deux florins d'or. *Catel, id. page* 239.

(1) *Papire-Masson.*

DE TOULOUSE.

Jean de CARDAILLAC, d'une ancienne maison du Querci, étudia, & Professa ensuite le Droit Civil à Toulouse. Clément VI le nomma, en 1351, Evêque d'Orense, en Galice. Il fut transféré, en 1360, à l'Evêché de Brague, en Portugal. Gregoire XI le nomma, en 1371, Patriarche d'Alexandrie, & Administrateur de l'Evêché de Rhodés; & en 1376, il lui donna l'administration perpetuelle de l'Archevêché de Toulouse, qu'il garda, jusqu'à sa mort. Toutes ces translations furent le prix de son attachement à la Cour de Rome, qui l'employa, utilement, dans différentes légations, & de son zéle pour la gloire du Roi de France, dont il donna des preuves éclatantes, lors de la guerre contre l'Angleterre, comme on l'a déjà dit. (m) Il mourut, le 7 Octobre 1390, & fut inhumé, dans l'Eglise Saint Etienne de Toulouse, à laquelle il fit divers présens, entr'autres de la grosse cloche qui porte son nom. On conserve dans la Bliblioteque des PP. Dominicains de cette Ville plusieurs manuscrits, qui prouvent sa profonde érudition, & son éloquence.

Etablissement du Couvent des Religieuses de SAINTE CLAIRE DU SALIN.

IL CONTRIBUA au rétablissement du Couvent des Religieuses Sainte Claire, qui avoit été démoli, en 1356. Ce Monastere, fondé autrefois, hors de la porte Villeneuve, par une nommée *Marie*, s'appelloit le Monastere *Sainte Marie de la Porte Villeneuve Ordre Saint Damian*. Plusieurs Papes donnerent des Bulles, pour accelerer sa nouvelle construction. Il paroît, par plusieurs actes, que la Supérieure de cette maison prenoit autrefois le titre d'*Abbesse*. (Catel. Mem. de Lang. pag. 209.)

François de CONZIÉ, natif du Bugey, fut successivement Evêque de Grenoble, Archevêque d'Arles en 1388, & Archevêque de Toulouse en 1391. Il fut ensuite Archevêque de Narbonne en 1392, Camerier du Pape, & Gouverneur d'Avignon, & du Comté Venaissin en 1418. Mort le 31 Decembre 1432.

Pierre de SAINT MARTIAL, natif du Limousin, fut Evêque

(m) Liv. 3. pag. 150.

SUITE DES ARCHEVEQUES

de Rieux en 1359, Evêque de Carcaſſonne en 1372 ; & Archevêque de Toulouſe en 1392, il fonda, dans le Chapitre Saint Etienne, quatre Prébendes, dont deux portent ſon nom, & les autres celui de *Sainte Catherine*. Mort le 24 Décembre 1401, il eſt enterré dans cette Egliſe Métropole.

Après ſa mort le Chapitre Saint Etienne, voulant recouvrer, à la faveur du ſchiſme, le droit d'élection, dont le Pape Boniface VIII l'avoit dépouillé, élut unanimement, *Vital de* CASTELMORON, natif de Touloufe ; & le Pape, ou l'anti-Pape Benoit XIII nomma *Pierre* RAVOT, de l'Ordre de Saint François, qui avoit été ſucceſſivement Evêque d'Alet, & de Carpentras. Celui-ci prit poſſeſſion de cet Archevêché, par violence en 1406 ; on le fit Cardinal en 1408 : mais il fut chaſſé de la Province, la même année, après avoir été déclaré ſchiſmatique & hérétique.

Vital de CASTELMORON, Prévôt du Chapitre Saint Etienne, fut maintenu dans l'Archevêché, par Alexandre V en 1409, & mourut le 1 Août de la même année. Son corps fut inhumé dans le Chœur de Saint Etienne.

Dominique de FLORENCE, de l'Ordre des FF. Prêcheurs lui ſuccéda. Il avoit été Evêque d'Albi, enſuite de Saint Pons, & étoit revenu encore à Albi. Sa vertu, ſon ſçavoir, & ſon éloquence, lui méritèrent la gloire de préſider au Parlement, établi à Toulouſe en 1420, par le Dauphin Charles VII. Il fit ſur-tout éclater ſes talens dans l'affaire qu'on lui ſuſcita au ſujet de l'Arrêt de Guerbaud, dont on a déjà parlé. Ce Prélat mourut au mois de Décembre 1422. (*Percin*, page 97.)

Denis DUMOULIN, natif de Meaux, nommé Archevêque au mois d'Avril 1422 (1423), étoit alors Chantre & Chanoine de l'Egliſe de Vienne, Chanoine de Chartres, de Reims, de Tours, d'Albi, & d'Embrun. Il fut envoyé en Ambaſſade, par Charles VII, à Genéve & en Savoie, pour y moyenner la paix. Pour prix de ſon zele, & de ſes ſuccès dans ces négociations, il fut transféré à l'Evêché de Paris en 1439, & fut fait Cardinal en 1440, il avoit encore le titre de Patriarche d'Alexandrie, lors de ſa mort, arrivée le 15 Septembre 1447.

Pierre DUMOULIN, frere du précédent, lui fucceda à l'Archevêché de Touloufe. Il avoit été Juge d'Appeaux de cette Ville, & Maître des Requêtes. Il eft qualifié, dans fon Epitaphe *Maître ez-Arts, Licentié en Droit Civil, & en Droit Canon, Vice-Chancelier du Languedoc pour le Roi, & Prince des Poëtes.* Il rétablit le Palais Archiepifcopal, & fit bâtir le portrait de cette Métropole, où il eft repréfenté, en relief de pierre, avec fon frere. Leurs armes font diverfement timbrées, celles de Denis, dont la ftatue eft du côté du clocher, portent une double croix, parce qu'il avoit été Patriarche d'Alexandrie. Pierre mourut, de la pefte, dans fon Château de Balma, le 3 Octobre 1451. Son tombeau paroit encore dans le chœur de Saint Etienne, devant l'Autel, du côté de l'Epitre.

Bernard DU ROSIER, natif du Mas-Saintes-Puelles, dans le Lauragois, fut fucceffivement Chanoine Régulier, Chancelier, & Prévôt de l'Eglife Saint Etienne. Il fit un voyage, à Rome, où il exerça pendant plufieurs années la charge de Référendaire Apoftolique; & mérita, par fon érudition, & par fon éloquence, l'eftime des Papes Eugene IV, & Nicolas V. La protection de ce dernier Pontife lui procura l'Evêché de Bazas, & celui de Montauban. Il fut élu enfuite Archevêque de Touloufe, par le Chapitre, le 3 Juin 1452. Cette dignité ne diminua point fes travaux Apoftoliques, & fon application. Il prononça, dans fa Métropole, l'oraifon funèbre du Roi Charles VII, & mourut le 18 Mars 1474. Il avoit compofé un grand nombre d'ouvrages, que l'on conferve encore, pour la plupart, dans les archives de St. Etienne; & qui font des monumens de fa fcience profonde dans le Droit Civil & Canonique, qu'il avoit profeffé pendant 20 ans à l'Univerfité de cette Ville. C'eft à ce vénérable Prélat que F. Etienne Ganno, Religieux de l'Ordre de Saint François, dédia fon livre fur la fondation de Touloufe.

Établiffement des Religieufes de STE. *CLAIRE DE LA PORTE.*

DURANT fon Epifcopat le Prieur de la Daurade donna en 1464, à l'inftance du Roi Louis XI, & du confentement du Pape Pie II, aux Religieufes du Tiers-Ordre de Saint François, l'Eglife & le Monaftere qui avoit été délaiffé par les Bénédictines; & fixa par cet établissement dans cette Ville, les Religieuses de la première Regle de Saint François, qu'on nomme les Religieuses *de la Porte*. Ces saintes filles, ont toujours vécu dans la plus grande régularité ; & leurs ferventes prieres attirent, sans doute les bénédictions du Ciel sur cette Ville. (*Catel, mém. de Lang. page* 149.)

Pierre de LION, frere de Gaston de Malause, Sénéchal de Toulouse, fut le successeur de Bernard du Rosier, sur la résignation, qui lui avoit été faite, entre les mains du Pape, & mourut le 21 Février 1491. (1492.) C'est à lui qu'on doit attribuer la gloire d'avoir étendu, & fixé l'autorité de l'Archevêque de Toulouse, avec le secours du Docte Etienne Aufreri, qu'il choisit pour son Official.

SCHISME DANS L'EGLISE DE TOULOUSE.

APRES SA MORT, la plus grande, & la plus saine partie du Chapitre élut *Pierre* DU ROZIER, Prévôt de St. Etienne, & neveu de Bernard du Rosier. Quelques Chanoines donnerent leur suffrage à *Hector de* BOURBON, fils naturel de Jean Duc de Bourbonnois. Pierre du Rosier fit confirmer son élection, par les Archevêques de Narbonne & de Bourges, & prit possession de cet Archevêché, le 23 de Septembre 1493. Hector de Bourbon s'y opposa, sous prétexte des Bulles qu'il avoit obtenues du Pape. Pierre du Rosier, & ceux du Chapitre qui l'avoient nommé, appellerent comme d'abus de ces Bulles, au Parlement de Paris : enfin le Roi renvoya cette affaire au Parlement de Bordeaux, qui décida, en faveur d'Hector de Bourbon, par un Arrêt du Mois de Décembre 1494.

Hector de BOURBON avoit été d'abord Evêque de Lavaur, & mourut, en 1502. Il est enterré à St. Etienne.

Jean d'ORLEANS, *Cardinal de* LONGUEVILLE, n'avoit que dixhuit ans, lorsqu'il fut élu à l'Archevêché de Toulouse en 1502. On le nomma à l'Evêché d'Orléans, en 1521 : le Pape Leon X. lui accorda la permission de posséder ces deux bénéfices: & Clement VII. le fit Cardinal, le 9 Mars 1533.

Sécularisation

DE TOULOUSE.

SECULARISATION DU CHAPITRE SAINT ETIENNE.

DURANT son Episcopat, les Chanoines de Saint Etienne, qui avoient mené la vie réguliere, depuis l'an 1077, se sécula-riserent, en 1510. Il y consentit, & s'occupa principalement, à la reforme de son Clergé, en composant des Statuts Synodaux, rélatifs au nouvel état de son Eglise, qui ont été long-temps ob-servés. Plein de zele pour la gloire de la Religion, il avoit des-sein d'embellir sa Métropole, en faisant vouter le Chœur, & en reconstruisant la Nef, dans le dessein qu'avoit laissé Bertrand de l'Ile-Jourdain. Il fit construire les pilliers boutans qui soutiennent la voute du Chœur, le grand pillier qui porte son nom & ses armes, & la Sacristie ; il fit décorer la plupart des Autels, des Cha-pelles, qui sont autour du Chœur : Il fit refondre la grosse Cloche de Cardaillac en 1531 ; & donna au Chapitre une Croix d'argent doré, qu'on porte quelquefois aux Processions. Mort au mois d'Octobre 1533, à Tarascon en Provence, en allant à Marseille, au-devant du Pape Clement VII, qui devoit se rendre dans cette Ville, pour la célebration du mariage de sa niece Catherine de Medicis, avec Henri Duc d'Orleans, qui fut depuis Henri II.

Établissement des MINIMES.

L'AN 1503, Laurens l'Aleman Evêque de Grenoble, Abbé de Saint Sernin, fit bâtir un monastere aux Religieux de l'Ordre de Saint François de Paule, appellés Minimes, & leur céda une Chapelle bâtie, en 1392, sous l'invocation de Saint Roch. (*Catel. Mem. de Lang. pag.* 220.)

Établissement des Religieuses DE LA MAGDELAINE.

LE COUVENT des Religieuses de la Magdelaine fut aussi fondé sous les yeux de ce Prélat, en 1516 ; on a déja rapporté (n) la cause, & les circonstances de cet établissement, dans le troisieme livre de cette histoire.

Gabriel de GRAMONT, Cardinal, avoit été successivement

(n) *Liv.* 3. *pag.* 164.

SUITE DES ARCHEVEQUES

Evêque de Couferans, de Tarbe, de Poitiers, & de Bourdeaux, lorfqu'il monta fur le fiege de Touloufe, à la fin de l'an 1533. Il y étoit à peine que la mort l'en fit defcendre, le 7 de Juin 1534. Son génie, fon attachement à la perfonne du Roi, & fes talens pour la négociation, lui meriterent l'eftime de la Cour de France, qui le choifit pour deux Ambaffades importantes, l'une auprès de Charles Quint, l'autre auprès du Pape Clement VII. Quoiqu'il fut mort au château de Balma, dependant de l'Archevêché de Touloufe, fon corps fut porté dans la fépulture de fes peres, au château de Bidache, dans le diocéfe de Bayonne.

Odet de COLIGNI, *Cardinal de* CHATILLON, Evêque, & Comte de Beauvais, Abbé de Saint Benigne de Dijon, de Fleuri, de Ferrieres, & de Vaux-de-Cernai, avoit été fait Cardinal à l'âge de feize ans en 1533, il fut élu Archevêque de Touloufe en 1534, & permuta cet Archevêché en 1550, avec *Antoine* Seguin ou *Sanguin Cardinal de Meudon*, à qui il céda auffi l'Abbaie de Vauluifant, pour l'Abbaie de Fleuri, ou de Saint Benoît fur Loire, avec la claufe des regrets, en cas de prédécès, de la part de ce dernier.

Antoine SEGUIN, ou SANGUIN, dit *le Cardinal de Meudon*, à caufe qu'il en étoit Seigneur, fe fervit du crédit de la Ducheffe d'Etempes fa niece, maitreffe de François I, pour parvenir aux plus éminentes dignités de l'Eglife. Il fut Abbé de Fleuri fur Loire, Maître de la Chapelle du Roi, puis Evêque d'Orléans en 1533, d'où il paffa à l'Archevêché de Touloufe. Il fut enfuite créé Cardinal, le 19 Décembre 1538, & *Grand Aumônier de France*, le 7 Août 1543. On doit remarquer, qu'il a été le premier, qui a porté ce titre, fes prédéceffeurs n'ayant pris que la qualité de *Grands Aumôniers du Roi*, *d'Aumôniers du Roi*, ou *d'Aumôniers de France*. On lui confia le Gouvernement de Paris, pour défendre cette Ville contre les menaces de l'Empereur Charles-Quint. Il fut l'un des négociateurs de la paix, avec ce Prince, & l'un des ôtages donnés, pour l'exécution du traité. Après la mort du Roi, il fe démit de la charge de Grand-Aumônier en 1547, paffa en Italie, fe trouva à l'élection du Pape Jules III; & étant de retour en France, il mourut à Paris le 22 Décembre 1559.

Etablissement des CORDELIERS DE L'OBSERVANCE.

CE FUT sous son Épiscopat, que le Couvent des Cordeliers, qui avoit été bâti, en 1222, par les Religieux de l'Ordre de St. François, qu'on appelloit *Conventuels* fut donné, en 1552, à ceux du même ordre, appellés *de l'Observance*. Arnaud de Faudoas, avoit contribué, par ses liberalités, à la construction de ce Monastere, en 1222. Pierre, Cardinal de Foix, fit bâtir au milieu du XV. Siecle la grande Eglise, * qui est un des plus beaux édifices de cette Ville, & après la reforme qui a donné lieu à cet article, Noble Denis de Belveze, ou Beauvoir, Seigneur de Labastide, dont on voit le Mauzolée au milieu du Chœur de ces Peres, fit bâtir le grand Autel, donna deux grands chandeliers de laiton surmontés de deux Anges de la même matiere, & une trés belle tapisserie, pour décorer le Chœur. (*Catel.* p. 217.)

APRES la mort d'*Antoine* SEGUIN *Le Cardinal de* CHATILLON reprit, & réunit à ses autres Bénéfices avec le consentement du Roi, l'Archevêché de Toulouse, & l'Abbaye de Vauluisant. il permuta de nouveau, en 1562, cet Archevêché avec *le Cardinal* D'ARMAGNAC, contre les Abbayes de Conques, & de Belleperche. Le Pape Pie IV. pourvut ce dernier de cet Archevêché, par une Bulle, du 31 Août 1562; & dépouilla, l'année suivante, le Cardinal de Chatillon, de la pourpre & de tous ses bénéfices, parce qu'il avoit embrassé les erreurs de Calvin. Cela ne l'empêcha pas de garder l'habit de Cardinal, même en Angleterre, où il se refugia. Il le portoit encore lorsqu'il épousa Elizabeth de Hauteville Dame de Loré, qu'il avoit aimée dans sa jeunesse, & à qui il fit porter le nom de Comtesse de Beauvais. En 1564, le Parlement de Paris lui fit son procès, par contumace, pour crime de Leze-Majesté. Il mourut, le 14 Février 1571, à Southampton, en Angleterre, où il étoit allé, pendant la guerre civile, soutenir les intérêts des Calvinistes auprès de la Reine Elizabeth. Mr. de Thou assure (o), qu'il fut empoisonné, par son va-

(o) *Liv.* 50.

---

* Le Cloître de ce Monastere est aussi remarquable par sa beauté; & il y a un Charnier qui a la propriété de conserver les Cadavres tous desséchés, sans en altérer la forme.

let de chambre, avec une pome. Il étoit frere du fameux Amiral de Coligni, dont la mort fut le signal du massacre de la Saint Barthelemi.

QUELQUES auteurs ont placé au rang des Archevêques de Toulouse, & après Antoine Seguin, *Robert de* LENONCOURT, nommé Cardinal, le 13 Janvier 1539, qui avoit été successivement Evêque de Chalons, & de Metz, Archevêque d'Arles, & qui mourut le 4 Février 1562 : mais il n'y a aucune preuve de ce fait. Il a été démontré (*p*), au contraire, qu'après la mort de Seguin, le Cardinal de Chatillon rentra dans ce bénéfice, par les regrets, & qu'il le permuta, avec *George* D'ARMAGNAC qui suit.

George D'ARMAGNAC, Cardinal, né en 1501, avoit été élevé dans sa jeunesse auprès de Louis, Cardinal d'Amboise, Evêque d'Albi. Il fut nommé en 1529, à l'Evêché de Rhodés; il y joignit, en 1536, l'administration de celui de Vabres, & ensuite celle de l'Evêché de Lescar. Il avoit été nommé, en 1562, à l'Archevêché de Toulouse, dont il fit démission en 1577, en faveur de *Paul de Foix*, pour se retirer à Avignon, dont il fut Archevêque & Collégat, & où il mourut le 5 Juin 1581, il mérite une place parmi les plus grands hommes de son siecle. Le Roi l'avoit nommé son Ambassadeur à Vénise, & à Rome, où le Pape Paul IV le créa Cardinal, le 19 Décembre 1544. De retour en France, il fut fait Conseiller d'Etat, & assista au fameux Colloque de Poissi, où il fit éclater son zéle pour la Religion catholique. Le 22 Mars 1552, il avoit été nommé Lieutenant-général pour le Roi, dans la Province de Languedoc, & dans la ville de Toulouse. Dans tous ces différens postes, il protégea particulierement les gens de lettres. Guillaume Philander lui dédia son Commentaire sur Vitruve, & Guillaume Leblanc, natif d'Albi, publia sous ses auspices sa traduction de Ziphilin.

Etablissement des JÉSUITES.

SON ZELE pour les progrès des lettres ne contribua pas peu à l'établissement des P. P. Jésuites dans Toulouse, qui fut formé,

(*p*) *Ann. de Toulouse*, tome 2. page 251.

après le massacre de Pamiers, comme on l'a déjà (q) dit. Ils n'eurent d'abord qu'un College, qui fut transféré de l'ancien couvent des Augustines *, à la maison du Président Bernui, près les Dominicains : mais depuis, leurs maisons se sont multipliées, dans cette Ville. On commença par joindre au College une maison des Pensionnaires. Ensuite, on sépara les novices des autres, en 1594; & on les plaça, dans une maison Particuliere, qui porte le nom de *Noviciat*. M. Borret, Conseiller au Parlement, contribua, par sa liberalité, à la construction de cette maison; & prit en 1605, l'habit de Jésuite, avec le consentement de sa femme, qui entra, le même jour, dans le Couvent de Sainte Catherine. *La maison Professe* fut établie, par lettres patentes de 1607, & 1609. On acheva la construction de l'Eglise en 1664; & la plus grande partie de la maison a été bâtie de nos jours. Ils établirent *un Seminaire* près la Sénéchaussée. M. de Monpezat, Archevêque de cette Ville, le choisit en 1672, pour le Séminaire du Diocése; & peu de temps après, ils le transporterent près de St. Pierre, dans une grande maison, qui avoit appartenu à la *Congregation de l'Enfance*. Enfin ils ont une sixieme maison, uniquement destinée à donner des retraites aux hommes, dans laquelle on reçoit, pendant la quinzaine de Pâques, & le premier Dimanche de chaque mois, tous les particuliers qui veulent employer ce moyen efficace de salut.

Établissement des CHARTREUX.

LES HORREURS de la guerre civile, qui avoient occasionné le massacre de Pamiers, en 1566, se reproduisirent, l'année suivante, à la Chartreuse de Saix **, & donnerent lieu à l'établissement de ces Saints Solitaires dans Toulouse. depuis le commencement de la guerre, ils avoient été épargnés par les Huguenots, soit par respect pour leur Sainteté, soit par la protection du Baron de Ferrieres, Gouverneur de Castres, qui leur avoit promis de les garantir de toute insulte, pourvu qu'ils gardassent la néutralité: mais la nuit du 4 Octobre 1567, ce Gouverneur infidele à sa promesse, fut lui-même les attaquer, à la tête de quelques Huguénots ;

(q) *Liv.* 5.

* C'est aujourdhui la Chapelle des Pénitens Noirs.
** Saix est sur la riviere d'Agout, a une lieue de Castres.

& mit leur Monaſtere au pillage, après les avoir maſſacrés tous, à la réſerve de quatre, qui ſe cacherent dans le Clocher. Du nombre de ceux qui échaperent au carnage, & qui ſe refugierent à Touloufe, étoit *le P. de LOBRA*, ou *de LIBRA*, un des plus fameux Prédicateurs de ſon temps. Ses prédications, que les hérétiques même ne ſe laſſoient pas d'admirer, lui attirerent la bienveillance des catholiques, & ſur-tout des Capitouls. Ils propoſerent, dans un Conſeil de Ville en 1569, de le retenir dans cette Ville, avec ſes trois compagnons; & on délibéra de leur donner la ſomme de deux mille livres, pour l'achat d'une maiſon. Ils acceptèrent cette offre; & ils ont fait bâtir en 1607, leur Chartreuſe, qui eſt la plus belle, & la plus grande de toutes celles que cet Ordre poſſéde, dans une enceinte de Ville. On doit dire, à la gloire de ces ſaints Solitaires, qu'ils ont toujours vécu, avec la plus grande régularité, & la plus grande édification : leur maiſon dépendoit du Prieur de Saint Pierre de Cuiſinnes, qui étoit Seigneur directe du local où elle eſt placée : mais pour éviter de nouvelles conteſtations de la part de ce Prieur, qui leur avoit fait eſſuyer quelques tracaſſeries, ils ont acquis ce Prieuré, par une permutation, que le Pape Paul V. autoriſa, au mois d'Avril 1617. Cette Chartreuſe a joui des revenus de celle de Saix, juſqu'en 1674; mais l'Ordre, ayant délibéré de rétablir cette derniere, celle de Touloufe lui rendit ſes revenus, moyennant une penſion annuelle de cinq mille livres.

Paul D'EUSE, ou D'UEZE de FOIX-CARMAING, ou CARAMAN, Abbé d'Aurillac, de la Chaiſe-Dieu, & de Conques, né en 1528, a été un des plus ſçavants Prélats, qui ont occupé le ſiege de Touloufe. Il étudia la Juriſprudence dans cette Ville, & y fit des leçons publiques, ſur le Droit, auxquelles les Profeſſeurs mêmes ſe faiſoient un honneur d'aſſiſter. Il fut reçu Conſeiller d'honneur, au Parlement de Paris, en 1546, à l'âge de dix-huit ans. Peu de temps après, ce Parlement lui ſuſcita une affaire, dans laquelle il ſe couvrit de gloire, en ſe juſtifiant des ſoupçons qu'on avoit formés contre ſa catholicité. Le Roi, qui avoit déja pénétré ſes grands talens pour les négociations, dans les Ambaſſades d'Ecoſſe, & d'Angleterre, qu'il lui avoit confiées, le fit Conſeiller d'État, en 1565; & l'envoya, de nouveau, en Ambaſſade, à Véniſe, & à Rome. Il mourut, dans cette derniere, au mois de Mai 1584, âgé de cinquante-ſix ans. Il fut le Mécéne des grands hommes de fon fiecle, & contribua au progrès des fciences, autant par une étude continuelle, que par la protection qu'il accorda aux fçavans. Cujas lui dédia fes Paratitles fur le Code de Juftinien ; & le célébre Muret prononça fon oraifon funébre à Rome. Il a laiffé un vol. in-4°. de Lettres Françoifes, très-curieufes, qu'Auger de Mauléon, Seigneur de Granier, à fait imprimer, en 1628. Il n'étoit pas de la noble maifon de Foix, mais de la famille de d'Ueze ; & il defcendoit, par les mâles, d'un frere du Pape Jean XXII, dont l'un des defcendans, qui étoit Comte de Carmaing, ayant époufé l'héritiere d'une branche de la maifon de Foix-Grailli, en prit le nom, & les armes. Il ne faut pas le confondre avec *Pierre Cardinal de* FOIX, qui fonda, dans l'Univerfité de Touloufe, le 26 Novembre 1457, le Collége de Foix, pour vingt-cinq Bourfiers, dont quatre devoient être Prêtres, & dont la plupart doivent être natifs des Domaines, qui appartenoient alors à la maifon de Foix. Ce Prélat, qui fut créé Cardinal, en 1409, à l'âge de vingt-un ans, & qui fut fucceffivement Evêque de Lefcar, de Comminges, adminiftrateur de l'Archevêché de Bordeaux, Archevêque d'Arles, & Evêque d'Albano, mourut à Avignon, le 13 Décembre 1464, âgé de 78 ans. Il avoit fait fes études dans l'Univerfité de Touloufe; & ce fut par reconnoiffance, qu'il fit cette belle fondation. Il fe qualifie dans l'acte « , Pierre Evêque » d'Albano, Cardinal de Foix, Vicaire-Général, dans le fpirituel » & le temporel du Pape, & de l'Eglife Romaine, dans la Ville » d'Avignon, & le Comté Venaiffin. Légat *à latere*, pendant fa » vie, dans les Provinces d'Arles, Aix, Embrun, Vienne, Nar-» bonne, Touloufe, & Auch. » Il dreffa des Statuts pour ce College, que Triftan, Evêque d'Aire, & Garcias, Evêque d'Oléron, confirmerent le 14 Juin 1467, par l'autorité du Pape Paul II, qui les avoit commis. Il étoit poffeffeur de la belle, & nombreufe Bibliotheque, qui avoit appartenu au Pape Benoit XIII ; & la légua à ce College, pour infpirer le gout des fciences, & des belles-lettres, à ceux qui l'habiteroient. En effet c'eft dans ce tréfor précieux, que plufieurs * fçavants, qui furent dans la fuite Bourfiers de ce College, ont puifé les lumieres, qui leur ont mérité le titre de grands hommes. Plufieurs des manufcrits, qui compofoient cette riche Bibliotheque, ayant été difperfés, ceux qui reftoient pafferent en 1680, dans celle de Colbert ; & de cette derniere, ils ont paffé à la Biblioteque du Roi.

* Le Cardinal d'Offat, M. de Marca, M. du Boufquet, &c.

SUITE DES ARCHEVEQUES

Etablissement des CORDELIERS CONVENTUELS.

SOUS L'EPISCOPAT de Paul de Foix, les Cordeliers conventuels, s'établirent, à Toulouse, après avoir été chassés de l'Ile-Jourdain par le Roi de Navarre, comm'on l'a déjà dit (r). On les appelle *de St. Antoine*, parce quils obtinrent, en 1580, du Prieur des Religieux de Lezat, l'Eglise dédiée à St. Antoine, qu'il possedoit dans cette Ville. Cette Eglise avoit été bâtie, en 1115, dans le Faux-bourg, dévant la porte du Chateau Narbonnois; & fut transférée près le Salin, en 1356. (*Catel mém. de lang. p.* 650.)

François de JOYEUSE, Abbé de St. Sernin, & Prieur de la Daurade, fut nommé à l'Archevêché de Toulouse, en 1584. Il avoit été promû à l'Archevêché de Narbonne en 1582; & garda ces deux Archevêchés jusqu'en 1600. Alors il permuta l'Archevêché de Narbonne contre celui de Rouen, avec *Louis de* VERVINS à qui il ceda aussi, en échange, les Abbayes de Marmoutier, & de St. Florent. Il posséda, de plus celles de Fécamp, du Mont-St. Michel, de la Grasse, & d'Aurillac. Il avoit été fait Cardinal, le 23 Décembre 1583, & Commandeur de l'Ordre du Saint-Esprit. Il fit démission de l'Archevêché de Toulouse, en faveur de *Louis de* NOGARET DE LA VALETTE, fils du Duc d'Epernon; & mourut doyen du Sacré College, le 23 Août 1615.

Quatorzieme CONCILE de Toulouse.

IL PRIT à cœur le rétablissement de la discipline Ecclésiastique. Méprisée par les hérétiques, négligée par les Ortodoxes, & par les Prêtres même, elle étoit défigurée, par les abus, toujours inséparables des guerres de Religion. Pour remedier à tous ces maux, il assembla à Toulouse, tous les Evêques de la Province, au mois de Mai 1590; & tint avec eux un Concile, où l'on dressa, rélativement au Concile de Trente, un grand nombre de Statuts, qui ont pour objet la reforme de ces abus, & l'observation des anciennes Loix ecclésiastiques. Ce Concile est regardé comme un des plus beaux de ces derniers siecles. On en peut

(r) *Liv.* 6.

peut lire les décrets dans Binnius, & dans les autres compilateurs.

Établissement des FEUILLENS, & des Religieuses FEUILLENTINES.

SON zele pour la gloire de la Religion le fit concourir à l'établissement de plusieurs Maisons religieuses dans cette Ville. La premiere fut celle des PP. Feuillens, qui venoient d'embrasser la reforme en 1586, par l'inspiration de Jean de la Barriere, Abbé de Feuillent. Cet Abbé natif de Saint Seré en Querci possédoit, depuis l'an 1565, cette ancienne Abbaye de l'Ordre de Cîteaux, fondée en 1162, & presque ruinée. Il obtint du Pape la permission de former une nouvelle Congrégation, qui auroit un Général particulier & indépendant de l'Ordre de Cîteaux. Le premier Monastere de ces Religieux, qui étoient au nombre de deux cens, fut Feuillent au Diocese de Rieux. Le second fut celui de Toulouse, qu'ils construisirent par les libéralités de M. Dupin, Conseiller au Parlement, & de la Dame d'Ouvrier son épouse. Ils le céderent aux Religieuses de leur Ordre, qui avoient été établies, sous le nom de Feuillentines en 1588, à Montesquieu de Volvestre, par le même Jean de la Barriere; & qui furent transférées à Toulouse, par une Bulle du Pape Clément VIII, du 1 Juin 1598. Alors ils acheterent un nouveau local, & firent bâtir en 1621, leur Monastere tel qu'il est aujourdhui. Cette Congrégation, qui s'est repandue en France, & en Italie, a pour Général l'Abbé de Feuillent, Abbé régulier, électif & triennal. Elle observe la premiere Regle de Saint Benoît, & l'on doit cet éloge aux Feuillens & Feuillentines de Toulouse que la ferveur ne s'est jamais démentie dans leur Monastere, malgré l'extrême austerité de leur Institut. (*Catel, mém. de Lang. page* 179.)

Établissement des RECOLLETS.

LE Monastere, qu'on appelloit *de la petite Observance*, fondé par le Roi Louis XI dans cette Ville en 1481, augmenté & orné par Jean de Buisson *, & par N. l'Huillier, Conseiller au Parle-

---

* Il étoit de l'illustre maison de ce nom, l'une des plus anciennes de Rouergue, où elle possede les terres de Bournazel, & de Mirabel, depuis près de 500 ans. Elle a donné des Chevaliers à l'Ordre de St Jean de Jérusalem, dans le XII siecle, & s'est séparée en deux branches principales. L'aînée, connue

ment, & Archidiacre, fut cedé en 1601, aux PP. Recollets, qui avoient à leur tête F. Bernard Violan, l'un des quatre qui commencerent la reforme de cet Ordre, en France. (*Catel, id. page 208.*)

Établissement des Religieuses STE. CATHERINE DE SIENNE.

EN 1603, le monastére des Religieuses de Sainte Catherine de Sienne fut fondé, par le zéle, & les libéralités de Marie de Costa, fille de M. de Costa, Conseiller au Parlement, & femme de M. Borret, aussi Conseiller. La dévotion de cette Dame, qui prit l'habit, le 21 Novembre 1605, le même jour que son époux prit l'habit des Jésuites, se communiqua à toute sa famille. Sa mere & trois de ses sœurs la suivirent bientôt dans ce couvent, avec un grand nombre de demoiselles des maisons les plus distinguées de cette Ville. Elles observent, avec édification, la régle de Saint Dominique. (*Catel. id. pag. 267. Percin. pag. 138.*)

Etablissement des Peres DE LA DOCTRINE CHRETIENNE.

L'ANNÉE suivante, le Chapitre Saint Etienne donna, du consentement de l'Archevêque, aux Peres de la Doctrine Chrétienne, la Chapelle Saint Rome, qui avoit été réunie à ce Chapitre, en 1557, après avoir été possédée successivement par les Dominicains, & par les Religieuses Bénédictines. (*Catel. id. pag. 173.*)

Etablissement des Religieuses de SAINTE URSULE.

LES RELIGIEUSES de Sainte Ursule s'établirent, aussi dans cette Ville par les soins, & le zéle de ce Cardinal, qui appella, en 1604, la mere Marguerite de Vigier leur fondatrice. Arnaud

---

sous le nom *de Bournazel*, a donné un Ambassadeur de France en Ecosse, sous Charles V, plusieurs Sénéchaux de Rouergue, & de Querci, & des Officiers généraux dans les Armées. L'autre branche établie à Toulouse, & qui subsiste aussi, sous le nom *de Beauteville*, dont elle possede la terre, depuis plus de 300 ans, a formé plusieurs rameaux, sous les noms de *Beauteville*, *d'Auffonne*, *d'Ayrous*, *de Beauvoir*, *de Montmaur*, & *de Varagnes*, & a produit un Evêque d'Alais, plusieurs Magistrats celebres, dans le Parlement de Toulouse, un Commandant de Province, des Chevaliers, & Commandeurs de l'Ordre de Malthe, & des Officiers de distinction dans les Armées.

de Borret, Conseiller au Parlement acheta, en 1605, une maison qu'il leur donna pour leur logement, le 8 Janvier 1610; & le 29 Septembre, de la même année, Jean Daffis, Evêque de Lombez, & Prieur de la Daurade, leur céda la chapelle Saint Martin, dépendante de son Prieuré, se réservant pour lui, & pour ses successeurs à ce Prieuré, le droit de dire la grand-Messe, le jour de la fête des onze mille Vierges. Elles obtinrent au mois de Decembre 1611, des Lettres-Patentes, qui furent régistrées au Parlement, au mois d'Avril 1612 : mais leur maison ne fut érigée en vrai monastere qu'en 1615, par un Bref du Pape Paul V. Cette Communauté, qui suit la régle de Saint Augustin avec la plus grande régularité, observe toujours les devoirs de son institut, en formant avec zéle l'éducation des jeunes demoiselles qui sont confiées à ses soins; & en tenant des écoles publiques, où les jeunes filles sans bien vont apprendre à lire, & à écrire.

Louis de NOGARET *de* LA-VALETTE, né pour les emplois militaires, plutôt que pour les dignités Ecclésiastiques, fut créé Cardinal le 11 Janvier 1621. Il posséda, avec l'Archevêque de Toulouse, les Abbayes de Saint Sernin de la même Ville, de Saint Victor de Marseille, de Saint Vincent de Metz, le Prieuré de Saint Martin des Champs; & fut, en même-temps, Lieutenant-Général des armées du Roi, Gouverneur d'Anjou, de Metz, & du pays Messin. Le Cardinal de Richelieu, étoit rédevable à son attachement, & à ses bons avis, d'une partie de sa fortune, aussi ce Ministre flatta-t-il son goût, & son ambition, en lui donnant les premiers emplois de la guerre. Il commanda avec gloire, en Allemagne, en Franche-Comté, en Italie, & servit utilement Louis XIII, dans son Conseil, & à la tête de ses Troupes. Il se démit en 1628, de l'Archevêché de Toulouse, en faveur de *Charles de* MONTCHAL, qui avoit été son Précepteur, & mourut à Rivoli, près de Turin, le 28 Septembre 1639, âgé de 47 ans, sans avoir reçu les Ordres sacrés. Le Pape lui refusa les honneurs qu'on a accoutumé de rendre aux Cardinaux, sous prétexte qu'il avoit commandé des armées hérétiques, contre des peuples catholiques.

Etablissement des Religieuses CARMELITES.

SOUS son Episcopat, les Religieuses Carmelites furent établies, dans cette Ville, par le zéle, & les libéralités de M. de Rességuier*, Conseiller au Parlement, dont cinq filles prirent l'habit de cet Ordre, le 1 Juin 1616, qui fut le premier jour de son établissement. Cette Communauté fut dabord logée dans le Monastère, qui avoit été construit pour l'établissement d'une Communauté de Religieuses du Tiers-ordre de St. François : mais cet établissement ayant été retardé, les Religieuses Carmélites jouirent de ce Convent, jusqu'à l'entiere construction de celui qu'on leur destinoit, & furent transférées, dans ce dernier, au mois d'Août 1625. Cette Communauté édifiante par sa régularité, vient de faire décorer sa Chapelle avec tant de magnificence **, qu'elle mérite une place parmi les principales curiosités de cette Ville. (*Catel id.* pag. 223. 269.)

Etablissemment des THEATINS.

LES CHANOINES Réguliers de St. Antoine de Vienne ou Théatins, avoient obtenu, en 1327, du Chapitre de St. Etienne, sous quelque redévance, une Chapelle placée au Pré-montardi. Ils paroissoient l'avoir abandonnée depuis long-temps, lorsqu'on la ceda aux Pénitens Bleus, qui l'agrandirent, & en jouirent quelque temps : mais ces Chanoines l'ayant redemandée, les Pénitens la rendirent, en 1621 ; & les Théatins y ont bâti depuis une grande maison, & une belle Eglise, où ils font régulierement leurs Offices.

Établissement des CARMES DECHAUSSÉS.

LE CARDINAL de la Valette, de concert avec les Capitouls,

---

* Cette maison originaire de Rouergue, est une des plus anciennes, & des plus illustres de Toulouse. Elle a donné plusieurs Conseillers, & Présidens au Parlement, dont sept se sont succédés, de pere en fils. Des Chevaliers à l'Ordre de St Jean de Jérusalem, & des Officiers de distinction dans les Armées. On doit remarquer comme une chose singuliere, à l'égard de ces Religieuses, que chacune fut Fondatrice d'un Couvent de cet Ordre, dans les Villes de Limoges, Xaintes, Narbonne, Laictoure, & Montauban.

** Les beaux Tableaux qui embelissent cette Chapelle, à l'exception des quatre Vertus peintes dans le Sanctuaire, & du Tableau du Maître-Autel, qui avoient été faits par *Jean-Pierre* RIVALS, sont de *M. Jean-Baptiste* DESPAX, l'un des premiers Peintres de cette Ville, qui a fait aussi les beaux Tableaux de la VISITATION, dont on parlera bientôt, ceux du Refectoire des PP. BÉNÉDICTINS, & un grand nombre d'autres ouvrages précieux.

& plusieurs personnes charitables, contribua à l'établissement des Carmes déchaussés, dans cette Ville. Ils avoient obtenu du Roi, des lettres patentes le 3 Juillet 1622 & ; prirent possession le 3 Mars de l'année suivante, du Couvent qu'ils occupent, où ils ont fait bâtir une très jolie Eglise.

Etablissement des RELIGIEUSES MALTHAISES.

ON DOIT fixer à ce même temps l'époque de l'établissement des Religieuses de Saint Jean de Jérusalem, ou Malthaises, dont on a parlé dans la notice des Illustres, à l'article d'Antoine de Paulo.

Etablissement des Religieuses TIERÇAIRETTES.

DURANT le même Episcopat, fut consommé l'établissement des Religieuses du Tiers-ordre de St. François, pour lequel Elizabeth de Rouillon, & Françoise de Berthelier sa niece avoient obtenu un Bréf du Pape en 1610. Ce Bréf avoit été confirmé, par des lettres patentes du Roi du mois de Juillet de la même année. M. de Nesmond, premier Président du Parlement de Bordeaux, avoit fait bâtir leur Monastere, qui porte le nom de *St. Louis & Ste. Élizabeth*: mais les Religieuses n'en prirent possession qu'en 1625. (*Catel. id. p. 223.*)

Charles de MONTCHAL, né à Anonai en Vivarais, fut d'abord Boursier, & ensuite principal du College d'Autun à Paris. Il a mérité une place au rang des Sçavans par une connoissance profonde de l'histoire sainte, & profane, par sa science dans le Droit, & dans les Langues Grecque & Hébraïque. Mais plus digne de nos éloges, par son zele apostolique, il s'appliqua à réformer la Religion, & les mœurs dans son Diocese, en faisant lui-même des Missions très-fréquentes pour l'instruction & la conversion des peuples. Sa science parut avec éclat, dans l'Assemblée générale du Clergé de France, où il présida, en 1645. Il mourut à Carcassonne, le 11 Septembre 1651, pendant la tenue des Etats de Languedoc. *Pierre de* BERTIER, Evêque de Montauban, prononça son oraison funebre, à Carcassonne, & *François-Etienne de* CAULET, Evêque de Pamiers, la prononça à Toulouse. On a de lui, des mémoires imprimés à Rotterdam, en 1718, en deux vol. in-12. qui contiennent les particularités de la vie, & du ministere du Cardinal de Richelieu.

Etablissement des Religieuses DE NOTRE-DAME.

SON ZÉLE pour la gloire de la Religion favorisa l'etablissement de plusieurs Communautés régulieres. Celle des Religieuses de la Compagnie de Notre-Dame, aggrégées à l'Ordre de St. Benoît, fut fixée à Toulouse en 1630. par les soins des familles de Cambolas, & de Ciron. On doit dire à la gloire de cette Communauté, la plus nombreuse de toutes celles qui sont dans cette Ville; qu'elle conserve toujours le même esprit de régularité qu'elle avoit lors de son institution. Elle s'applique avec autant de zele que de politesse, à donner une éducation chrétienne, & conforme à leur naissance, à un grand nombre de Demoiselles qui sont confiées à ses soins, & qui lui sont envoyées de toute la Province, & quelquefois des Royaumes étrangers. Elle tient aussi des classes publiques, où toutes les jeunes filles de la Ville peuvent aller apprendre à lire, & à écrire.

Fondation des Religieuses du REFUGE.

EN 1634, il fonda un Couvent de Religieuses, sous le nom du Refuge; & l'on l'établit dans la maison que les Bénédictins réformés de la Congrégation de saint Maur, avoient faite bâtir en 1622, pour y tenir leur Séminaire. Le Couvent du Refuge, composé de Religieuses de plusieurs classes, est comme une maison de force, destinée à recevoir en qualité de Pensionnaires, ou de Religieuses de la derniere classe, des personnes qui embrassent volontairement, ou qu'on force d'embrasser une vie pénitente, après avoir mené une vie déréglée. Celles-ci sont entierement séparées des Religieuses de la premiere classe, parmi lesquelles il y a plusieurs personnes de distinction, & qui sont toutes irreprochables du côté des mœurs.

Fondation des Dames D'ANDOIN.

LA Maison des Dames d'Andoin fut aussi fondée sous son Episcopat, en 1638. C'est une communauté séculiere, composée de douze Veuves qui veulent vivre d'une maniere plus retirée, que dans le sein de leur famille. Elles ne s'assemblent que pour faire la priere du matin & du soir : du reste chacune a un appartement séparé, où elle vit à son gré, mais avec tranquillité & édification ; & elles partagent entre elles le produit d'un bien assez considérable, qui appartient à cette maison. La Dame d'Andoin leur Fondatrice, avoit eu d'abord en vue le service des Pauvres. Pour s'y conformer, ces douze Veuves servirent d'abord l'Hôpital ; mais ne pouvant y suffire, elles se sont bornées à rendre service aux pauvres de la Ville, & à apprendre la couture & la broderie à de pauvres filles.

Fondation du Séminaire de CARAMAN.

CHARLES de Montchal donna aussi son approbation à l'établissement du Séminaire de la Congrégation des Prêtres de Sainte Marie, ou de *Caraman* ; & le choisit en 1651, pour son Séminaire. Il avoit été fondé en 1633, par *Raymond* BONAL, Prêtre, & Docteur en Théologie, pour former, suivant le Concile de Trente, & le Concile de Toulouse, de jeunes Clercs aux vertus, & aux fonctions ecclésiastiques.

Pierre de MARCA, né à Gand dans le Bearn, le 24 Janvier 1594, d'une famille noble & ancienne, fut Conseiller en 1615, puis Président au Parlement de Pau en 1621 & Conseiller d'Etat en 1639. Après la mort de sa femme, il embrassa l'Etat ecclésiastique, & défendit par de solides principes, les Libertés de l'Eglise Gallicane, dans un ouvrage intitulé *de Concordia Sacerdotii, & Imperii*, qu'il composa en 1641, pour réfuter le livre de M. HERSENT, intitulé *optatus Gallus*. La Cour de Rome désapprouva en secret la maniere favorable dont il soutint les Libertés de l'Eglise Gallicane, & ce fut par ce motif, que le Pape Urbain VIII lui refusa les Bulles de l'Evêché de Couserans, auquel il avoit été nommé. Il fit cependant sa paix avec cette Cour, en interprétant, ou en retouchant quelques endroits de son ouvrage. Il obtint ses Bulles en 1647, & fut nommé à l'Archevêché de Toulouse en 1652. Il avoit fait ses études dans cette Ville, & fut un des plus sçavants Prélats du Royaume. Grand Politique, bon Jurisconsulte, profond Théologien, habile critique, il excelloit dans tous les genres, & réunissoit tous les talens. Louis XIV l'employa, dans les commissions les plus importantes ; il le choisit en 1658 pour être Ministre d'Etat. Il mourut le 29 Juin 1662, après avoir été nommé à l'Archevêché de Paris, dont il n'eut pas le temps de prendre

SUITE DES ARCHEVEQUES

poſſeſſion. Outre l'ouvrage dont on a déja parlé, & dont la meilleure édition, eſt celle de M. Baluze, dans laquelle on a rétabli ce qu'il avoit retranché, ou retracté pour complaire à la Cour de Rome ; ce Prélat a laiſſé une hiſtoire du Bearn ; des œuvres poſthumes publiées par le même M. Baluze ; & un ouvrage intitulé *Marca Hiſpanica*. L'Abbé de Faget ſon couſin germain, a écrit ſa vie.

Établiſſement des AUGUSTINS DECHAUSSÉS.

C'EST par ſon crédit que les Auguſtins-déchauſſés vinrent s'établir à Toulouſe vers l'an 1652. Le Chapitre Saint Etienne leur céda l'Egliſe Saint George, auprès de laquelle ils ont acquis quelques maiſons. C'eſt du nom du Patron de leur Egliſe que leur eſt venu celui de *Peres de Saint George*.

Etabliſſement des FRERES CORDONIERS, & TAILLEURS.

DANS le même-temps Gabriel de Ciron, Chanoine de Saint Etienne, & Chancelier de l'Univerſité, forma la Communauté ſéculiere des FRERES CORDONIERS : ils ſont en très-grand nombre, vivent très-régulierement en commun, portent un habit un manteau minime & un collet blanc, & travaillent de leur métier. A leur exemple il s'eſt formé depuis une autre aſſociation de Garçons Tailleurs, qu'on appelle auſſi FRERES. Ils ſuivent la même regle & le même plan de vie que les *Freres Cordoniers* ; mais chaque ſociété poſſéde, & habite une maiſon particuliere.

Fondation du Séminaire des IRLANDOIS.

LE Voyage d'Anne d'Autriche Reine de France à Toulouſe, en 1660, donna lieu à la fondation du Séminaire des Irlandois, ſous l'invocation de ſainte Anne. Le Roi leur accorda une penſion de 1200 liv. ſur les Gabelles, pour l'entretien de 12 Eccléſiaſtiques de cette nation, deſtinés à la miſſion de leur pays.

Etabliſſement des Religieuſes de la VISITATION.

ON forma encore ſous les yeux de ce grand Prélat, en 1662, l'établiſſement du Couvent des Religieuſes *de la Viſitation de Notre-Dame*.

DE TOULOUSE.

Dame. C'est aujourdhui une des Communautés des plus respectables par sa régularité, & des plus utiles, pour l'éducation des jeunes Demoiselles. Ces Religieuses viennent de faire construire une Chapelle avec beaucoup de goût & de magnificence.

Charles D'ANGLURE DE BOURLEMONT, d'une maison très-illustre de Champagne, avoit été Evêque de Castres, & d'Aire, lorsqu'il fut nommé Archevêque de Toulouse, au mois d'Octobre 1664. Mort en 1669.

Fondation de la Congrégation de L'ENFANCE.

AVANT sa nomination, & pendant la vacance du Siege, on consomma l'établissement de la *Congrégation de l'Enfance de Notre-Seigneur J. Ch.* dont le projet avoit été formé sous les yeux de M. de Marca. Jeanne de JULIARD, veuve de M. de TURLE, Seigneur de Mondonville, fut la Fondatrice de cet Institut, qui eut bien-tôt des établissemens dans plusieurs Villes du Royaume. Gabriel de Ciron, Chancelier de l'Eglise & de l'Université de Toulouse, dressa les constitutions de cette Congrégation, qui avoit pour objet l'instruction & l'entretien des pauvres femmes & filles nouvellement converties l'éducation des jeunes filles de toute condition, que l'on formoit à la vertu, & aux travaux convenables à leur sexe, à leur âge, & à leur état ; enfin le soulagement des pauvres malades, à qui cette maison fournissoit du bouillon, & les remedes nécessaires. Ces Constitutions approuvées par le Pape Alexandre VII, le 6 Novembre 1662, & par dix-huit Evêques, ou Archevêques, dont plusieurs étoient Toulousains *, furent autorisées par Arrêt du Parlement de Toulouse, du 31 Août 1663, & par des Lettres-Patentes du Roi. Malgré l'utilité de cet établissement, & la solidité dont on l'avoit cimenté, il ne dura pas long-temps. Le Roi le supprima, par Arrêt de son Conseil, du 12 Mai 1686, après avoir exilé la Fondatrice au Couvent des Hospitalieres de Coutances, où elle est morte, le 4 Janvier 1704. Les différens auteurs contemporains qui ont parlé pour & contre cet Institut, laissent ignorer la véritable cause de sa suppression : animés d'une

---

* Pierre de Bertier, Evêque de Montauban ; François-Etienne de Caulet, Evêque de Pamiers ; Bernard de Marmiesse, Evêque de Couserans ; Antoine-François de Bertier, Evêque de Rieux ; Pierre-Jean-François de Percin, Evêque de St. Pons.

part par la calomnie, & peut-être de l'autre par la flatterie, ils sont également suspects de fausseté. On ne doit sur-tout ajouter aucune foi à ce qui est rapporté dans un Livre, imprimé à *Avignon*, sous ce titre *Histoire de la Congrégation des Filles de l'Enfance de Notre-Seigneur Jésus-Christ*. Cet ouvrage a été condamné comme calomnieux, & libelle diffamatoire, à être brûlé par Arrêt du Parlement de Toulouse, du 25 Mai 1735, sur la Requête de Guillaume de Juliard, Prévôt de l'Eglise Saint Etienne, neveu de Madame de Mondonville. Cet Arrêt rendu sur un très-beau Mémoire, fait par François-Clément Pujos, un des plus fameux Avocats qu'ait eu ce Parlement, a pleinement justifié Madame de Mondonville des foiblesses, & des crimes affreux, dont on cherchoit à la rendre coupable. Il ne faut que lire les constitutions dont on a parlé, pour se convaincre de la charité, du zele & de la piété de cette Dame. L'auteur de l'histoire condamnée donna une Réponse au Mémoire de Me. Pujos, qui avoit été réimprimé in-12 : cette Réponse eut le même sort que l'Histoire, & fut brûlée par Arrêt du même Parlement, le 17 Février 1738.

Pierre de BONZI, Cardinal, Abbé de St. Sauveur de Lodeve, de St. Théodefred de Valmagne, d'Aniane, de Mortemer, étoit né à Florence, le 15 Avril 1631. Il fut Evêque de Beziers, depuis l'an 1659, jusqu'en 1672. Ses travaux & ses succès dans différentes Ambassades multiplierent en sa faveur les bienfaits de la Cour. Dans moins de trois ans, il fut grand Aumônier de la Reine, Cardinal, Archevêque de Toulouse, & ensuite de Narbonne. A la fin de l'année 1688, il fut associé à l'Ordre royal du St. Esprit, & mourut le 11 Juilllet 1703. Le Cardinal Mazarin distingua dans Pierre de Bonzi tous les talens nécessaires à un bon négociateur, lorsqu'il traita le mariage de Mademoiselle d'Orléans avec le Prince de Toscane ; & le fit nommer Ambassadeur extraordinaire du Roi auprès du Grand Duc, pour conduire cette Princesse à Florence. Il fut ensuite successivement Ambassadeur à Venise & en Pologne, où le Roi l'envoya deux fois, & où il contribua à l'élection de Michel Koribut Wisnoviechi, qui étoit également agréable à la nation, & à la France. Enfin il fut nommé à l'Ambassade extraordinaire d'Espagne ; & dans toutes ces commissions également délicates, & intéressantes pour l'Etat, il se couvrit de gloire par son habileté. Il concourut à l'élection de trois Papes Innocent XI, Alexandre VIII, & Innocent XII. & mérita dans ces trois Conclaves, la confiance particuliere du Roi, & l'estime de ses confreres. Il fit construire à Narbonne un très-beau Séminaire, & contribua à la décoration de cette Métropole, en élevant un autel d'une magnificence extraordinaire.

Etablissement de la Congrégation DES FILLES DE LA PROVIDENCE.

EN 1673 la *Congrégation des filles de la Providence*, destinée à instruire les jeunes filles, fut établie à Toulouse, & a rempli depuis, avec succès, les vues utiles de M. Mercadier son Fondateur.

Joseph de MONTPEZAT *de* CARBON, successeur de son frere Jean de * Carbon à l'Evêché de Saint Papoul, depuis l'an 1665, fut transféré au siege de Toulouse en 1675. Il publia, deux ans après, le premier Catechisme qui ait été fait à l'usage de ce Diocése. Son zéle pour la gloire du Roi, & les libertés de l'Eglise Gallicane, éclata dans la grande affaire de la Régale, qui duroit depuis long-temps, & attira sur lui les foudres de Rome. Le Pape Innocent XI. l'excommunia, le premier Janvier 1681, pour avoir cassé quelques procédures, que l'Evêque de Pamiers, son Suffragant avoit faites contre des Ecclésiastiques pourvûs en Régale : mais cette excommunication, qui n'eut aucune suite remarquable, étoit levée long-temps avant sa mort, arrivée en 1687.

Etablissement des DAMES NOIRES.

L'ANNÉE de sa mort est marquée par l'établissement des *Dames des écoles Chrétiennes*, appellées *Dames Noires*, dans cette Ville. Elles furent attirées & fixées par la liberalité des Capitouls, qui leur accorderent une pension sur les deniers publics, & qui leur ont donné depuis un logement spacieux, & commode. C'est une communauté séculiere, destinée à l'éducation des jeunes filles, qui reçoit en pension, ou à demi-pension les filles qu'on veut leur confier. Elle dirige aussi des classes publiques, dans plusieurs quartiers, où deux de ces Dames vont apprendre à lire, & à écrire à toutes celles qu'on leur envoye.

Jean-Baptiste Michel de COLBERT fut nommé à l'Archevêché

---

* Celui-ci fut nommé à l'Archevêché de Sens.

de Touloufe, en 1693. Ce Prêlat digne du grand nom qu'il portoit, fit conftruire le Chateau de Balma, & le Palais Archiepifcopal *, qui furpaffe en magnificence tous ceux du Royaume. Il avoit formé le deffein d'embelir l'Eglife St. Etienne : mais la mort le furprit, en 1713, & l'empêcha d'exécuter ce deffein, projeté par Bertand de Lîle, continué par Jean d'Orléans, & par François de Joyeufe fes prédeceffeurs.

Fondation des SŒURS DE St. VINCENT DE PAUL, Pour la diftribution du bouillon.

ANIMÉ du feu de la charité, il fonda, & fit bâtir la maifon des Sœurs de St. Vincent de Paul, de la Paroiffe St. Etienne, où plufieurs de ces Sœurs, uniquement deftinées au foulagement des pauvres malades font occupées à faire du bouillon, & des remédes, qu'elles vont porter à tous les pauvres malades de cette Paroiffe.

Établiffement du Séminaire de St. LAZARE.

ON EST redevable à fon zéle de l'établiffement du féminaire de la miffion de St. Lazare pour lequel il appella, en 1707, des Prêtres de la congrégation de la Miffion, inftitués par St. Vincent de Paul. La Ville donna fon confentement à cet établiffement, dont la Religion retire un grand avantage, par le zéle de ces Prêtres pour l'inftruction, & le falut des pauvres gens de la campagne.

René-François de BEAUVEAU DE RIVAU, Illuftre par fon alliance à la Couronne de France, poffeda toutes les qualités qui forment le grand Prélat, & le bon Citoyen. Il fut nommé à l'Evêché de Bayonne, en 1700, & transféré à celui de Tournay, en 1707. Les habitans de Bayonne firent tous leurs efforts, auprès de lui, & auprès du Roi pour le conferver : mais Louis XIV fembla prévoir les fervices que ce Prélat devoit rendre à la France, dans fa nouvelle place. En effet, pendant le fiege de la Ville de Tournay, en 1709, il entretint à fes dépens toute la garnifon

---

* Ce Palais avoit été embelli, & agrandi fucceffivement par Bertrand de l'Ile, par Bernard du Rofier, & par Jean d'Orléans. On prétend que dans la démolition des anciens édifices, M. de Colbert trouva un tréfor compofé d'environ trente mille écus d'or, & que le Roi le lui céda pour fournir à la nouvelle conftruction.

françoise ; & donna des preuves éclatantes de son zéle pour la prospérité de nos armes , & de son attachement au bien de l'Etat. En 1713 , il fut nommé à l'Archevêché de Toulouse , & en 1719 , à celui de Narbonne. C'est à son amour pour les sciences que la Province de Languedoc est redevable de son histoire générale , qui a été citée si souvent dans cet ouvrage. Il donna toute son attention à l'exécution de ce projet, qui avoit été formé par *M. de Laberchere*, son prédécesseur , & qui a immortalisé ses illustres Auteurs. *
Mort le 4 Août 1739 , âgé de soixante-quinze ans. Il avoit été nommé Commandeur de l'Ordre royal du S.Esprit, le 3 Juin 1724.

Fondation de la Maison du BON-PASTEUR.

IL contribua en 1715 , à l'établissement de la Maison *du Bon-Pasteur* , élevée dans cette Ville pour rétablir la pureté des mœurs , parmi les filles de mauvaise vie. *M. l'Abbé de* TOURNIER , Prieur de Clervaux , & Conseiller au Parlement , fut le Directeur de cette Maison ; & il en est regardé comme le Fondateur par le succès de son zele , & par les libéralités qu'il a prodiguées , pour perfectionner cet établissement. On reçoit au Bon-Pasteur toutes les filles qui veulent se donner librement à Dieu , après avoir mené une vie licentieuse ; & quelquefois celles que leurs parens y enferment , pour arrêter ou prévenir leur débauche par cette retraite salutaire.

Henri de NESMOND , d'une ancienne famille de l'Angoumois, également illustre par l'éclat des Armes , & par les plus éminentes dignités de la Magistrature , fut successivement Evêque de Montauban , Archevêque d'Albi en 1703 , & Archevêque de Toulouse en 1721, il mourut dans cette Ville en 1727. Il occupa dans l'Académie Françoise la place de M. Fléchier dont il imita l'éloquence. Louis XIV disoit de lui , que c'étoit le plus beau parleur de son Royaume. On vient de publier un volume de ses œuvres, qui renferme principalement des discours ou sermons prononcés à l'ouverture des Etats de la Province de Languedoc , des Harangues au Roi , des Lettres Pastorales , & des Mandemens. Il a

---

* Dom Claude de Vic , & Dom Joseph Vaissette , Religieux Bénédictins , de la Congrégation de St. Maur. Le premier mourut , le 23 Janvier 1734 , après la publication du second volume de cette Histoire qui en contient cinq ; & Dom Vaissette a donné lui seul les autres trois.

réuni dans tous ces ouvrages l'élégance du ftyle, la beauté des expreffions, la jufteffe des penfées, la varieté des tours, & la nobleffe des images. A tous ces talens, il joignoit la principale vertu de fon état, qui eft un ardent amour pour les pauvres; il leur donnoit pendant fa vie avec autant de difcernement que d'abondance; & il leur a laiffé des marques de cette tendreffe paternelle, même après fa mort, en confacrant * tous fes biens à leur foulagement.

Jean-Louis de BALBIS DE BERTONS DE CRILLON, de l'illuftre famille dont le nom feul fait l'éloge, fut nommé à l'Evêché de Saint Pons, le 15 Octobre 1713, à l'Archevêché de Touloufe, en 1727, à l'Archevêché de Narbonne, en 1739, & bientôt après, Commandeur de l'Ordre Royal du Saint-Efprit. Il tint en 1728, un Synode dans Touloufe, pour ranimer le zele de fon peuple dans l'obfervation de la Difcipline Eccléfiaftique; & mourut le 15 Mars 1751, généralement regretté des Touloufains dont il avoit fçu fe concilier l'amour, par la bonté de fon cœur, par fon affabilité, & par la tendreffe paternelle qu'il conferva pour eux, même après fon paffage à l'Archevêché de Narbonne.

M. *Charles-Antoine* DE LA ROCHE-AYMON, d'une maifon des plus anciennes & des plus diftinguées d'Auvergne, a été facré Evêque titulaire de Sarepte en 1725, Abbé d'Obazine, & Evêque de Tarbe en 1729; Abbé de Sordes en 1731; Archevêque de Touloufe au mois de Janvier 1740. Il eft Archevêque de Narbonne, depuis le mois d'Octobre 1752, & il a été créé Commandeur de l'Ordre du Saint-Efprit le 2 Février 1753. Toutes ces Dignités font moins le prix de la faveur, que la récompenfe du mérite de ce Prélat, pour lequel on ne ceffe de faire des vœux dans Touloufe, quoiqu'on n'ait plus le bonheur de le poffeder. Son zele pour la réforme de fon Clergé, fon extrême charité envers les pauvres, rendront fon nom toujours précieux dans ce Diocéfe. On y recueille déja avec reconnoiffance le fruit des fages reglemens qu'il a faits, pour infpirer de bonne heure aux jeunes Eccléfiaftiques, l'amour de l'étude, le refpect & le goût pour les fonctions du miniftere faint auquel ils font deftinés. Les pauvres fur-tout n'oublieront jamais, avec quelle follicitude, & avec quelle abondance il foulagea leur mifere, en 1752, pendant que fon Diocéfe étoit défolé par la fa-

---

* Il laiffa par fon teftament tous fes biens aux Hôpitaux de Touloufe.

mine, & ravagé par une maladie épidémique, qui fit périr plus de quinze mille personnes. Enfin ce Prélat respectable à tant de titres, mérite d'être mis au rang des Protecteurs particuliers de la Province de Languedoc; puisque c'est principalement à son crédit, & à ses pressantes sollicitations auprès du Roi, qu'elle est redevable du rétablissement des Etats, dont la tenue avoit été suspendue, par ordre de Sa Majesté; ils obtinrent par ses soins, en 1753, la liberté de se rassembler à l'ordinaire. Cette preuve de son zele pour les intérêts de cette Province sera consacrée dans ses Fastes, comm'un gage précieux du tendre attachement que ce Primat a pour elle; & le souvenir de ce service important ranimera sa reconnoissance, pour cette maison illustre, en lui rappellant les bienfaits qu'elle a reçus autrefois, de Jean de LA ROCHE-AYMON, Lieutenant du Gouverneur de Languedoc, en 1488, que son mérite fit choisir par le Roi pour réformer la Justice, & la Police, dans toute cette Province.

Établissement du Séminaire SAINT CHARLES.

C'EST à ses soins qu'on est encore redevable de l'établissement du Séminaire *Saint Charles*, qui avoit été projetté, sous la protection de M. de Crillon son prédécesseur; & qui a été porté à sa perfection sous son Episcopat, par le zéle, les soins, l'économie & les libéralités de M. DE CALVET * fondateur de cette maison. Ce pieux Ecclésiastique avoit d'abord commencé cet établissement dans l'Hôtel de la Trésorerie, dont son pere avoit la jouissance, comme le plus ancien officier de ce Tribunal; il a acheté dans la suite plusieurs maisons au quartier Saint Sernin, qu'il a fait rebâtir à l'usage d'un Séminaire. Cette Maison a été aggregée au Séminaire Saint Sulpice de Paris, qui envoie un de ses Directeurs pour la gouverner, en qualité de Supérieur; mais toujours

---

* La famille de Calvet, l'une des plus anciennes de cette Ville, qui a été souvent illustrée par le Capitoulat, & qui depuis plusieurs générations, possede une Charge de Trésorier de France, s'est signalée plus d'une fois pour la gloire de la Religion, & pour le bien de l'Etat. Arnaud de Calvet étoit un des Habitans de Toulouse, qui acheterent, en 1242, avec la permission du *Comte* RAYMOND *le Jeune*, les maisons nécessaires pour construire le Couvent des Carmes de cette Ville. Et au commencement de ce siecle, Jean & Jacques de Calvet pere & fils, se couvrirent de gloire aux sieges de Leucate, de Fontarabie, & de Salses, où ils avoient été volontairement, avec plusieurs nobles Toulousains. (*Catel, Mém. de Lang.* p. 238. *Mon. Conv. Tol. ff. Pred. Percin.* p. 268.)

fous les yeux de M. de Calvet, qui quoique fans jurifdiction apparente, eft cependant regardé, avec raifon, comme le premier Supérieur. On y compte d'ordinaire deux cens Séminariftes envoyés par différens Evêques qui ont adopté cette Maifon, pour les jeunes Eccléfiaftiques de leur Diocéfe, qui vont faire leurs études à Touloufe.

François de CRUSSOL-D'UZÉS-D'AMBOISE d'une maifon illuftre, connue anciennement fous le nom de *Baftet*; & qui a pris depuis fix cens cinquante ans celui de la terre de Cruffol, fituée dans le Vivarais, près du Rhône, nâquit au Chateau de Montmaur dans le Lauragois, le 24 Janvier 1702, *d'Alexandre-Galliot de Cruffol Comte d'Amboife, Seigneur de Montmaur, Valens, Valmaifon &c. Sénéchal de Touloufe.* Il fut élevé dans cette Ville au College de l'Efquile, & fe deftina dès fa plus tendre jeuneffe, à l'état éclefiaftique dont il poffeda toutes les vertus. Son mérite égala l'éclat de fa naiffance, & l'éleva aux premieres dignités de l'Epifcopat. Il fut pourvu, au mois d'Août 1727, de l'Abbaye de Charroux, Ordre de St. Benoit, Diocefe de Poitiers. Le Roi le nomma, en 1734, à l'Evêché de Blois, en 1740, à l'Abbaye de St. Germain d'Auxerre; enfin, en 1753, il fut fait Archevêque de Touloufe. Zélé pour la gloire de la Religion, compatiffant envers tous ceux qui avoient l'honneur de l'approcher, il fe concilia bientôt dans cette Ville, la même tendreffe, la même eftime, la même vénération, que fes heureufes qualités, & fes vertus lui avoient acquis, dans le Diocefe de Blois. Les vœux ardens des Touloufains pour la confervation d'un Prélat, qu'ils regardoient comme leur concitoyen, ne furent point exaucés. A peine goûtoient-ils le bonheur de le poffeder, que le dérangement de fa fanté fit naître les plus vives allarmes. Il eut beau aller chercher, auprès des Médecins de Paris, un fecours qu'il ne pouvoit trouver dans la Province : l'on adoucit, ou l'on pallia fon mal, fans le guérir; & lorfque fa fanté paroiffoit rétablie, il mourut dans cette Capitale, par un accident fubit & imprévu, la nuit du 29 au 30 Avril 1758, & fut inhumé le 1 Mai, dans l'Eglife des Barnabites.

Mr. Artur-Richard DILLON, d'une maifon ancienne & illuftre d'Irlande, a été nommé à l'Archevêché de Touloufe au mois de Mai 1758. Le fiege de Barcelonne, & la bataille de Fontenoy rendront à jamais le Nom de *DILLON*, cher à la France, & célebre dans

dans l'Histoire. Les vertus guerrieres, le zele pour la Religion & la fidélité pour le Prince, ont été, de tout temps, des qualités héréditaires dans cette maison. Mr. DILLON auroit sans doute suivi la même route à la gloire, que son pere & ses freres, s'il ne sçavoit que l'Eglise a ses Héros. Né pour occuper les premiers rangs, dans quelque état qu'il eût embrassé, à peine eut-il atteint l'âge prescrit par les Canons, qu'il fut nommé à l'Evêché d'Evreux ; il y fit éclater des vertus qui le font regretter encore. Le Roi, qui sçait assortir les places aux talens, jugea bien-tôt qu'il falloit un autre théâtre à ceux de notre Prélat. Le bonheur que nous avons de le posséder nous empêche de faire son éloge. Le silence est souvent un hommage qu'on rend à la modestie. On ne doit louer, dit le grand Pope, que les morts, & les absens. Puisse à ce prix, l'éloge de Mr. DILLON être réservé à nos derniers neveux !

Fin de la Suite des Evêques & Archevêques.

TABLE
GÉNÉRALE ET ALPHABÉTIQUE
DES CAPITOULS,

Depuis l'Année 1271, à laquelle le Comté de Toulouse fut réuni à la Couronne de France, jusqu'à présent.

QUELQUE soin qu'on ait pris, à mesure que l'occasion s'est présentée dans le cours de cette Histoire, d'expliquer l'origine, le genre, l'étendue des Droits, & des Privileges des Capitouls, il est à propos de rapporter ici, en peu de mots, & sous un même point de vue, les principaux avantages qui les distinguent des autres Magistrats municipaux du Royaume, & qui justifient la considération dont ils ont toujours joui.

ON donne, à Toulouse, le nom de CAPITOUL aux Magistrats municipaux, qui sont appellés dans les autres Villes, Échevins, Consuls, Jurats, &c. Il y a deux différentes opinions sur l'origine de ce nom. Lafaille, dans son *Traité* (a) *de la Noblesse des Capitouls de Toulouse*, n'hézite pas, d'après Nicolas Bertrand, Catel & Cazeneuve, d'assurer qu'il leur est venu de la garde du

(a) *page* 9.

Capitole, dont Sydoine-Appollinaire fait mention, & qui fut élevé dans cette Ville, lors qu'elle devint une Colonie Romaine; ajoutant que les Capitouls repréfentent les Confuls, ou Duumvirs, qui gouvernoient alors cette nouvelle Colonie. Cette opinion, d'autant plus vraifemblable que ces Magiftrats ont joui de toutes les prérogatives des Confuls Romains, & qu'ils en confervent encore plufieurs, a été combatue par les Auteurs de l'Hiftoire (b) générale de Languedoc. Selon ceux-ci, le nom des Capitouls vient plutôt du mot *Capitulum*, qu'on employoit pour exprimer le nom de l'affemblée des principaux Bourgeois de Touloufe, d'autant qu'il eft conftaté par quelques Actes, qu'il y en avoit un certain nombre qui préfidoit à ces affemblées, & chacun prenoit le titre de *Capitularius*, ou *Dominus de Capitulo*, d'où dérive, felon ces Auteurs, le mot *Capitol*, ou *Capitoul*. Quoi qu'il en foit de l'origine de ce nom, que l'on trouve dans les Actes les plus anciens qui foient dans les Archives de l'Hôtel-de-Ville, on va expofer, en peu de mots, la forme de leur élection, les changemens qui font arrivés dans leur nombre, les départemens de leurs fonctions, avec le détail de leurs droits & de leurs prérogatives.

Il confte par une déclaration du mois de Janvier 1247, donnée par Raymond VII Comte de Touloufe (c), que cette Ville *pouvoit & devoit de fa propre autorité, & de fon mouvement, élire, nommer, inftituer, créer, changer, réduire, faire, & maintenir fes Capitouls*. Elle conferva ce privilege fous l'autorité des Rois de France, jufqu'en 1335, lors de la fameufe affaire de l'Écolier Berenger. Les Capitouls, aulieu d'élire purement & fimplement leurs fucceffeurs, furent obligés alors par un nouveau reglement, de nommer chacun fix fujets, ce qui faifoit une nomination de quarante-huit fujets. Ce nombre étoit réduit à vingt-quatre par les Capitouls eux-mêmes, affiftés d'un certain nombre d'anciens Capitouls, qu'ils appelloient *leurs Peres*. Cet ufage changea encore dans la fuite. La réduction de quarante-huit à vingt-quatre appartint au Sénéchal, & aux Electeurs *; & fur ce dernier nombre de

(b) *Tom.* 2. *pag.* 472.
(c) *Catel. Hift. des Comtes de Tho. liv.* 2. *pag.* 385.

* Parmi ces Electeurs qui doivent être au nombre de trente, il y en avoit douze de fixes, fçavoir le Sénéchal, le Juge-Mage, le Lieutenant Criminel, le Lieutenant Principal, le Lieutenant Particulier ancien, le Procureur du Roi, le premier Avocat du Roi, le Viguier, fon Lieutenant Principal, le

vingt-quatre, sçavoir trois pour chaque Capitoulat, le Viguier en choisissoit un. Le Roi s'est réservé ce dernier choix par Arrêt du Conseil de l'an 1687 : & l'on doit observer que quelquefois Sa Majesté les a nommés tous de son mouvement, ou en a nommés qui n'étoient pas dans l'élection ; mais alors il a été toujours inséré * dans la nomination, *que c'est pour le cas présent, & sans tirer à conséquence pour l'avenir*. On remarquera aussi que le Parlement, avant que le Roi se fut réservé le dernier choix sur la nomination faite par les Capitouls, & réduite par les Electeurs, avoit le droit de connoître de l'élection faite par les Capitouls, ou par le Sénéchal, & même de la ** casser en cas d'appel, d'abus, ou de délit, non autrement ; & alors il ne pouvoit pas faire d'office une autre élection ; mais il devoit renvoyer aux Capitouls, pour y procéder de nouveau.

Suivant la Déclaration de Raymond VII, dont on vient de parler, on devoit choisir la moitié des Capitouls, parmi les personnes les plus qualifiées, & l'autre moitié parmi celles du second ordre, *quorum medietas sit majorum & alia medietas me-*

Procureur du Roi de la Viguerie, le Maître Particulier des Eaux & Forêts, le Maître des Ports; dix-huit Electeurs nommés d'office par le Sénéchal & le Viguier, sçavoir douze anciens Capitouls, six de robe longue, & six de robe courte, & six notables de la Ville. La moitié de ces dix-huit Electeurs, étoit au choix du Sénéchal, & l'autre moitié au choix du Viguier. Mais depuis la suppression de cet Officier, & la réunion de la Viguerie au Sénéchal, par l'Edit de 1749, il y a trois Electeurs fixes de moins, sçavoir le Viguier, son Lieutenant & le Procureur du Roi de la Viguerie. Ce dernier Officier a été remplacé par le second Avocat du Roi du Sénéchal ; & les autres sont remplacés par deux Notables, ce qui fait le nombre de huit Notables au lieu de six.

On remarquera que depuis cette réunion de la Viguerie au Sénéchal, il y a une contestation pendante au Conseil entre le Sénéchal & le Juge-Mage, au sujet du choix des Electeurs. Le Juge-Mage prétend avoir succédé aux droits du Viguier, comme ayant remboursé la finance de son Office ; le Sénéchal prétend au contraire avoir tous les droits de cet Officier supprimé, relativement à l'election des Capitouls ; & il en jouit en attendant la décision du Conseil, de maniere qu'il nomme les douze Electeurs choisis parmi les anciens Capitouls : il choisit encore les huit Notables nommés d'Office ; & s'il manque quelqu'un des Electeurs fixes, il les remplace à son choix aussi par des Notables.

* Voyez entr'autres Arrêts du Conseil ceux du 6. Février 1645, & 9 Février 1646. dans un recueil imprimé par ordre des Capitouls, en 1663.

** Voyez les Arrêts du Conseil du 15 Septembre 1559 ; 2 & 14 Décembre 1566 ; 23 Juin 1623. 2 Janvier 1653, 12 Novembre 1660 ; 17 Juillet 1717, & les lettres patentes du mois de Septembre 1717, enregistrées au Parlement de Toulouse le 4 Décembre suivant.

diorum, &c. cet usage a été observé jusqu'au commencement de ce siecle. Aussi trouve-t-on presque chaque année, dans ce temps-là, des Capitouls décorés de titres brillants, de charges honnorables, ou dont la noblesse remonte à plusieurs siecles : d'ailleurs il est naturel de penser, qu'avant la fixation du Parlement dans Toulouse, la place de Capitoul étant une des plus distinguées de cette Ville & de la Province, les personnes les plus qualifiées se faisoient un honneur de l'occuper.

LA nomination des nouveaux Capitouls faite par le Roi, est toujours adressée au Sénéchal pour la publier : ensuite ils prêtent le serment entre les mains du * Juge - Mage ; & dès ce moment, ils portent le Chaperon noir, ils entrent aux Assemblées de l'Hôtel-de-Ville, ils jouissent de tous les privileges attachés à cette place. Ils n'en font cependant les fonctions qu'après qu'ils ont reçu de leurs prédécesseurs le Chaperon rouge, ce qui se fait pendant un magnifique festin **, que chaque nouveau Capitoul est obligé de donner aux anciens Capitouls. Le lendemain du jour de ce festin, ils se promenent dans la Ville à cheval, accompagnés de leurs Assesseurs, de leur Bedeau, des Huissiers, des Trompetes, &c. & escortés de la compagnie *** du Guet, qui fait des salves de mousqueterie, dans plusieurs quartiers, pour annoncer les nouveaux Capitouls au peuple.

LE nombre de ces Magistrats a souffert plusieurs variations. Ils étoient douze, en 1175. six pour la Cité, & six pour le Bourg. Ce nombre fut doublé en 1247. Il fut réduit de nouveau à douze en 1283 **** ; & à quatre en 1389. En 1390, le Roi Charles VI, qui l'avoit ainsi diminué, l'augmenta de deux ; & en 1392,

---

* Avant la suppression du Viguier, c'étoit lui qui recevoit ce serment, ce qui avoit été constamment observé depuis la réunion du Comté de Toulouse à la Couronne. (*Voyez les Régistres de l'Hôtel-de-Ville.*)

** Ils choisissent tous le même jour pour donner ce festin, qui est exposé à la vue du public pendant la journée. La place distinguée est pour le Capitoul qui doit donner le Chaperon. Les anciens Capitouls sont rangés indistinctement ; & le nouveau Capitoul est à la gauche de celui qui doit lui céder le Chaperon. Il dépend uniquement de celui-ci de fixer le moment du repas, pour faire cette cérémonie, qui est accompagnée d'un compliment réciproque & toujours obligeant ; mais d'ordinaire il la fait au premier ou au second service.

*** Cette Compagnie composée d'un Capitaine, d'un Lieutenant, d'un Sous-Lieutenant, & d'environ 90 Soldats, est toujours aux ordres des Capitouls, & forme leur main-forte.

**** Voyez le premier Régistre de leurs Portraits.

DES CAPITOULS.

de deux autres. En 1401, on revint au nombre de douze. Enfin en 1438, ils furent fixés au nombre de huit, qui a subsisté toujours depuis.

PENDANT tous ces changemens, la Ville étoit toujours divisée en autant de parties ou quartiers qu'il y avoit de Capitouls ; & ces différens quartiers se sont toujours appellés *Capitoulats*. Il y en a à présent huit, qu'on distingue par les noms suivans, *la Daurade*, *St. Etienne*, *le Pont-vieux*, *la Pierre*, *la Dalbade*, *St. Pierre*, *St. Barthelemi*, *St. Sernin*. On choisissoit autant qu'il étoit possible, pour chaque Capitoulat, des gens domiciliés dans le Capitoulat même, mais cet usage est entierement aboli. Quoique les Capitouls ayent tous la même autorité, dans toute la Ville, ils forment cependant entr'eux, depuis l'an 1553, (*d*) quatre départements, pour l'exercice de leurs fonctions. Il y en a deux pour la distribution de la Justice ; & c'est toujours le Chef du Consistoire, & le plus ancien des Avocats, qu'on nomme par cette raison, le second de justice : deux autres sont chargés de la Police ; deux ont l'inspection des réparations ; & les deux autres sont chargés du soin des Hôpitaux.

ILS JOUISSOIENT autrefois, non-seulement du droit d'exercer la Police, mais encore la justice civile & criminelle sur toute sorte de personnes, & pour toute sorte de cas : & ils s'y étoient maintenus, malgré les attentats de l'Inquisiteur, du Sénéchal, du Juge d'Appeaux, & du Viguier, qui essayerent (*e*), tour à tour, mais vainement d'y porter atteinte, lorsque l'article LXXI de l'Ordonnance d'Orléans les dépouilla en 1566, comme tous les autres Magistrats municipaux du Royaume, de l'exercice de la justice civile. Ils auroient pu sans doute se faire excepter de la disposition de cette Loi, en justifiant par des titres multipliés & authentiques que l'exercice de cette justice étoit patrimonial à cette Ville, qu'elle en avoit joui avant & depuis sa réunion à la Couronne, par différentes concessions de nos Rois, & notament par des Lettres-Patentes (*f*) de Charles VII, de l'an 1443 : mais soit par négligence, soit par quelqu'autre raison qu'on ignore, ils n'ont point recouvré ce droit dans son entier, & ne peuvent connoitre en matiere Civile que de quelques affaires sommaires par voie de Police. C'est ainsi qu'il faut entendre le V. article de la confirma-

(*d*) *Régistres de l'Hôtel-de-Ville.*
(*e*) *Ann. de Toulouse*, tom. 1. p. 53, 55, 63, 64, 67, 86, 188.
(*f*) *Hist. gén. de Lang.* tom. 4. p. 500.

tion des privileges de la ville de Touloufe accordée par Louis XIV, le 12 de Novembre 1660, & le quinzieme article des mêmes privileges confirmés par Louis XV, le 17 de Juillet 1717, qui s'expliquent en ces termes. « Sa Majesté entend que lefdits Ca-
» pitouls foient confervés dans la Jurifdiction Civile, Criminelle &
» Politique, telle qu'ils ont en ladite Ville, & qui leur a été con-
» cedée par les Rois fes prédéceffeurs, felon qu'ils en ont bien, &
» duement joui, & jouiffent de préfent. *Le dernier article cité*
» *ajoute*, ce qui aura lieu pour les conteftations qui furviendront à
» l'avenir à l'occafion de la fubvention accordée à ladite Ville, par
» l'Arrêt du Confeil, du 16 Février 1715.

Leur Jurifdiction en matiere Criminelle n'a fouffert aucune atteinte : ils en jouiffent, dans la Ville & Banlieue, à l'égard de toute forte de perfonnes, & pour toute forte de délits, même pour crime de fauffe monnoie, concurramment & par prévention avec la Cour des Monnoies, fauf toujours l'appel au Parlement : ils ont même le privilege de juger leurs Confreres, tant au Criminel qu'au Civil. Enfin ils ont *, exclufivement à tous autres Juges, la connoiffance de tout ce qui appartient à la Police & à la Voyerie : ils fixent le prix de toutes les denrées, du bois à brûler, du charbon, & autres marchandifes néceffaires à la vie. Ils ont le droit de vifiter les poids & les mefures de toute forte de denrée, & de marchandife, dont ils confervent les étalons, ou mefures matrices : ils ont l'infpection de tous les Edifices publics, des Fontaines, du Pavé des rues, des Remparts, des Promenades, en un mot de tout ce qui intéreffe la fureté, & la commodité publique. Outre cela, ils connoiffent, en qualité de grands Voyers, dans la Ville & le Gardiage, de tout ce qui regarde l'alignement, l'entretien & la liberté des rues, des places, des grands chemins.

Et

---

* Pour ce qui regarde la Police, voyez l'Arrêt du Confeil du 2 Décembre 1566, rapporté dans le Recueil imprimé en 1663, *p.* 14. Les articles 3 & 5 des privileges confirmés par le Roi en 1660, l'article 15 des mêmes privileges confirmés par Louis XV. le 17 Juillet 1717.

A l'égard de leur droit d'exercer la Voyerie, il a été confirmé notament par Arrêt du Parlement, du 12 Mars 1735 ; & par Arrêt du Confeil d'Etat, du 18 Juillet 1741. Ces deux Arrêts ont été imprimés à la fuite des *Us & Coutumes de la Ville de Touloufe*, qui ont du rapport à la conftruction des maifons, & qui ont été données au public en 1753, par M. LEBRUN *Ingénieur*, & *Directeur des travaux publics de la même Ville.*

DES CAPITOULS.

Et dans tous ces cas, l'appellation de leurs Sentences est portée *recta* à la grand'chambre du Parlement.

ILS ont le Titre de Gouverneurs de la Ville, de chefs des Nobles, en cette qualité, ils ont le droit de convoquer * le Ban, & arriere-Ban, dans la Ville & dans la Banlieue, & de commander ces Troupes avec toute Jurisdiction : ils font la répartition des Impositions : ils convoquent les Assemblées publiques qu'on appelle *Conseils de Ville* ; ils députent l'un d'entr'eux, & un ancien Capitoul aux Etats de la Province, où ces députés ont la premiere place parmi le tiers-Etat : ils ne peuvent être jugés criminellement que par la grand'chambre, & la chambre Tournelle assemblées : ils ne reconnoissent que les Sénéchaux pour leurs Juges, en premiere instance : enfin ils ont de toute ancienneté ** le droit d'image, ce droit établi par les Romains, en faveur de la noblesse ; aussi l'acquierent-ils, pour eux, pour leur femme, & pour leurs enfans nés & à naitre, *avec les mêmes Privileges, Exemptions, Franchises & Immunités, dont jouissent les nobles d'extraction, & de race* ; & à ce titre ils sont exempts de payer le droit de franc-Fief pour toute sorte de Seigneuries.

C'est sur-tout ces derniers privileges qui ont toujours distingué, & fait rechercher la place de Capitoul. Etablis par les Romains, ils ont été respectés par les Rois Visigots, par les Rois d'Aquitaine, par les Comtes de Toulouse, & depuis la réunion du Comté à la Couronne, ils ont été confirmés par tous nos Rois, & expressément par Philippe le Bel le 25 Janvier 1297. Par Louis X, en 1315. par Charles VII, en 1420, & 1422. par Louis XI, en 1461. Par Charles VIII, en 1483. Par Louis XII, en 1498. Par François I, en 1514. Par Henri II, au mois de Juillet 1547, & le 18 Juin, & 14 Août 1552. Par Henri III, en 1574. Par

---

* Voyez les Arrêts du Conseil du 2 Décembre 1566, & 2 Juillet 1641. On remarquera que la différence du *Ban*, & de *l'arriere-Ban* venoit, ou de ce que le ban regardoit les fiefs, & l'arriere-ban les arriere-fiefs ; ou de ce que le ban étoit le service ordinaire de chaque Vassal, suivant la nature de son fief, & que l'arriere-ban étoit une convocation extraordinaire de tous les Vassaux. Le Vassal pouvoit se dispenser de s'y trouver, en donnant de l'argent, ou quelqu'un qui le remplaçât.

** La preuve de ce droit d'image remonte plus haut que l'an 1295, quoique le premier Régistre de leurs portraits ne commence qu'à cette année. L'on en trouva des vestiges, en démolissant les murs d'une maison ; qui appartient à présent à M. du Puget, Président à mortier, & qui est située à l'endroit, où étoit autrefois l'ancien Capitole. (*Catel, mém. de Lang. p.* 126.)

Partie II. H h

Henri IV en 1609. Par Louis XIII, en 1610. Par Louis XIV, en 1643, 1660, 1692, 1706, 1707. Enfin par Louis XV, le 17 Juillet 1717. C'est par tous ces titres qu'on a combatu * victorieusement les différens traittants qui ont voulu rechercher cette noblesse reconnue dans tout le Royaume, admise dans toutes les dignités, où elle est nécessaire ; & adoptée par tous les ordres de Chevalerie, même par celui de Malthe, & par l'Ordre Royal du Saint-Esprit. (g)

 Outre ce droit d'Image, & celui d'acquérir la noblesse, qui portent le sceau de l'antiquité Romaine, les Capitouls avoient autrefois celui de créer (h) des Notaires, avec pouvoir de retenir des actes dans toute la terre, *ubique terrarum*, qui ne pouvoit leur avoir été accordé que par les Empereurs Romains. Le corps de ces Magistrats représentoit l'ancien Sénat de la Province. Ils prenoient la qualité de Chefs du Pays de Languedoc, lors qu'ils recevoient des Comtes de Toulouse, ou de nos Rois, le serment de conserver les privileges de la Ville. Ils étoient les Juges (i) de ces Comtes, même dans les affaires où le Comte lui-même étoit Partie. Leurs Jugemens étoient sans appel : enfin ils portoient & portent encore, lors qu'ils sont en cérémonie, la même robe que ces Comtes.

(g) *Traité de la Noblesse des Capitouls*, p. 40.
(h) *Catel, hist. des Comtes de Toulouse*, p. 29.
(i) *Catel, id.* p. 34. *Traité de la Noblesse des Capitouls*, p. 7. 9. 14. 19. 23. 36. &c. *Hist. gen. de Lang.* tom. 3. p. 171.

* Voyez l'Arrêt du Conseil du 19 Avril 1669 : & les Edits du mois de Décembre 1692 ; Septembre 1696 ; Mai 1706 ; Janvier 1707 ; Juillet & Septembre 1717.

NOMS DES CAPITOULS
Avec la date de leur Election.

Pierre	A Baufit, 1600.
Pierre	Adam, 1515.
Guillaume	Ademar, 1301, 1321, 1378.
Guitard	Adhemar, 1290.
Bernard	d'Adhucii, ou d'Athus, 1402, 1412.
Jean-Louis	Agede, 1715.
Geraud	d'Agret, Coseigneur d'Escalquens, 1600.
Bernard	Aguiller, 1573.
Paul	d'Aignan, 1713.
Adhemar	d'Aigremont, ou de Agrimonte, 1271, 1324, 1341, 1348.
Bernard	d'Aigremont, ou de Acramonte, 1272.
Bernard	d'Aigremont, 1362.
Bernard	d'Aigremont, Seigneur de Clairac, 1398.
Gautier	d'Aigremont, 1286.
Gautier	d'Aigremont, 1360.
Hugues	d'Aigremont, 1336, 1357.
Guillem ou Guillaume	d'Aiguesplas, 1497, 1504, 1514.
Bernard	d'Aiguesplas, 1540, 1547, 1557, 1565.
André	d'Aiguesplas, 1576, 1585, 1594.
Guillaume	d'Aiguesplas, 1590.
Barthelemi	d'Aiguesplas, 1649.
Jean	Aimez, 1508.
Jean	Alari, *Seigneur de Tanus*, 1543.
Antoine	d'Albenque, 1652.
Guillaume	Albergue, 1690.
Arnaud	Alberic, 1340, 1350.
Bernard	Albert 1653, 1663, 1674.
Jean-Bernard	Albert, 1668, 1677, 1704.
Jean	Albo, 1659, 1676.

TABLE GÉNÉRALE

Antoine	d'Aldeguier, 1602.
François	d'Aldeguier, 1610, 1611.
Antoine	d'Aldeguier, 1613.
Pierre	Aldric, 1337, 1346.
Jean	Aleman, 1527, 1536.
François	Aleman, 1543.
Raymond	d'Aliés, 1539, 1546, 1557.
Jean	d'Aliés, 1561, 1563, 1568.
Guillaume	d'Aliés, 1631.
Jean	Alizoun, 1649.
Jean	Amat, 1523.
Vital	de Amatis, 1286.
Guillaume	de Amatis, 1296, 1301, 1312.
Michel	Ambelot, 1595.
François	Ambelot, 1678, 1685, 1692.
Guillaume	d'Ambés, Seigneur de Montaſtruc, 1645.
Pierre-Jean-François.	Amblard, 1752, 1759.
Guillaume	Ambri, 1487.
Raymond	Ameli, 1310.
Pierre	Ameloy, 1512.
Barthelemi	Amiaut, 1676.
Jean	Amiel, 1466, 1599.
Geraud	Amiel, 1496.
Pierre	Amiel, 1508.
Arnaud	Amiti, ou Amici, 1397, 1406.
Jean-Pierre	Amici, 1448.
Jean	Amici, 1461.
Claude	Amieu, 1712.
Pierre	Amieu, 1711.
Jean	Anca, 1328.
Azemar	Anca, 1334.
Arnaud	d'André, 1282.
Berenger	d'André, 1372.
Jean	d'André, 1431.
François	d'André, 1595, 1622.
Arnaud	d'André, 1628.
Jacques	d'André, 1660.
Paul	d'André, 1662, 1695.
Sicard	Andrée, ou Andrea, 1416.
Guillaume	Andric, 1418.

Pierre	Andrieu, 1597.
François	Andrieu, 1623, 1636, 1643, 1655.
Jean-Paul	Andrieu, 1669, 1678.
François	Andrieu, 1694.
Jean	Anhelli, 1403, 1415.
Raymond	Ansberger, 1272.
Adhemar	Anqua, 1327.
Antoine	Anticamarera, Seign. de Villeneuve, 1519.
Geraud	Archer, 1660.
Antoine-Joseph	d'Arguel, 1691.
Julien	Arman, 1300.
Paul	Arman, 1340, 1347.
Jean	Arman, 1401.
Bernard	Arman, 1328, 1398.
Bertrand	Arman, 1405.
Jerome	d'Armengaud de Belaval, 1692.
Germain	Arnaud, 1283.
Geraud	Arnaud, 1287, 1308.
Raymond	Arnaud, 1296, 1303.
Guillaume	Arnaud, 1327.
Thomas	Arnaud, 1388.
Raymond	Arnaud ou Arnaldi, 1404, 1413, 1420.
Pierre	d'Arquier, 1636.
Ponce	Arrabi, 1309.
Pierre-Paul	Artis de Beaulieu, 1749.
Hugues	Asalbert, 1597.
Robert	Assalit, 1424.
Pierre	d'Assesat, Seigneur d'Ussede, 1561.
Jean	Assier, 1586.
Ad'Hémar	d'Astorg, ou Astorq, ou Astorgi, 1298, 1304, 1314, 1337.
Pierre.	d'Astorg, 1392, 1399.
Pierre	d'Astorg, Sgr. de Monbartier, 1415, 1427.
Jean	d'Astorg, 1454.
Jean	d'Astorg, Chevalier, 1461.
Jean	d'Astorg, Seigneur de Monbartier, 1488, 1496.
Jean	d'Astorg, 1566.
Antoine	d'Astorg, Seigneur de Monbartier, & Stalpons, 1518.

Helie	d'Astorg, 1575, 1596.
François	d'Astorg, 1588.
Gilles-Pons	d'Astre, 1282, 1298.
Vital-Pons	d'Astre, 1284.
Anne-Louis	Astruc, 1721.
Jean	Astruc, 1731.
Jean	At, 1441, 1455.
Pierre	Athon, ou Aitonii, 1368.
Germain	d'Aubisson, 1663, 1670.
Pierre	d'Aubisson, 1678.
Pierre	Audibert, 1667.
Jean	Audibert, 1696.
Pierre	Andouin, 1522.
Jean	Audonet, 1571, 1578.
Thomas	Aufreri, Seigneur d'Aiguesvives, 1506.
Louis	d'Aufreri, 1683.
Pierre-Raymond	Augier, 1378.
Pons	d'Avignon, 1274.
Geraud	Aulhon, 1547.
Jean	Auque, 1352, 1359.
Raymond	d'Aure, 1348, 1356.
Fourton	Aurebal, 1632
Jacques	d'Avril, 1714.
Pierre	Auriol, 1648.
Bernard	Auriol, 1692, 1702.
Arnaud	Auriole, 1446.
Guillaume-Garcie	d'Aurival, ou Rivallis, 1282.
Raymond	d'Auribal, 1303, 1313.
Raymond	d'Aurival, Seigneur de Bruyeres, 1315, 1319, 1331, 1343, 1350.
Raymond	d'Aurival, 1361, 1375, 1382, 1407, 1414, 1421.
Arnaud	d'Aurival, 1308, 1340, 1347, 1354.
Arnaud	d'Aurival le jeune, 1370.
Arnaud	d'Aurival, Chevalier, 1376, 1380, 1398.
Jean	d'Aurival, 1378, 1383, 1397, 1454.
Barthelemi	d'Aurival, 1388.
Arnaud	d'Aurival, 1389.
Pierre-Raymond	d'Aurival, 1415, 1422.
Guillaume	d'Aurival, 1488, 1502.

DES CAPITOULS. 471

Jean	d'Auſſonne, 1530.
Arnaud	d'Auſtry, 1630.
Nicolas	d'Auterive, 1445, 1462.
Pierre	Aymeric, 1386.
Raymond	Aymeric, 1635.
Pierre	Ayral, 1635.
Pierre	Azema, 1680.
Arnaud	d'Azemar, 1365.
Guillaume	d'Azemar, 1370.
Pierre-Jean	d'Azemar, 1409.
Raymond	d'Azemar, 1409. 1423.
Jean	d'Azemar, 1700.
Raymond	Azolin, 1227, 1280.

B

Jean	Babut, 1543, 1564.
Jean	de Bach, 1651, 1662.
Michel-Robert	Bacot, 1695.
Pierre	Bacquier, 1579.
Rainier	Bailharen, 1508.
Pierre	Bailot, 1685.
Louis-Guillaume	Bailot, 1711, 1727, 1747, 1748.
Pierre	Bajuli, ou Baile, 1541.
Raymond	Baile, 1336, 1345.
François	Baile, 1373.
François	Balades, 1571.
Dominique	Baladié, 1682, 1689.
Jean	Balaguier, 1421, 1430.
Jean	de Balanquier, *Seigneur de Monlaur, & Lagarde*, 1588.
Jean	de Balbaria, 1572, 1579.
Jean	de Balbaria, 1683, 1697.
Raymond	de Baldarre, 1554, 1555.
Jerome	de Bandinelli, *Seigneur de Paulel*, 1540.
Gabriel	de Bandinelli, 1604.
Bernard-Raymond	de Baragnon, 1272, 1287.
Jean	Baraton, 1365.
Mathieu	Barbara, 1703.
Jean	Barbari, 1297.

François	Barbazan, 1438, 1446.
Simon	Bardin, 1328, 1340.
Blaise	Baron, 1473.
Pierre	Baron 1473.
Antoine	Barrade, 1625, 1641.
Pierre	Barraffi, 1539.
Thomas	Barraffi, 1599.
Arnaud	Barravi, 1274. 1277. 1282.
Pierre	Barravi, 1278. 1295.
Tolosain	Barravi, 1280.
Bernard-Raymond	Barravi, 1287. 1292. 1301.
Berenger	Barravi, 1288.
Roger	Barravi, 1303.
Bernard	Barravi, 1309.
Etienne	Barravi, 1310.
Guillaume	Barravi 1311. 1355.
Bertrand	Barravi, Seigneur de Mervila, 1323, 1326. 1332. 1336.
Bertrand	Barravi, Seigneur de Vabregio, 1346.
François	Barravi, Seigneur de Villeneuve & Frosin, 1324, 1339.
Arnaud	Barravi, 1348. 1355. 1363. 1370.
Jean	Barravi, 1398.
Pierre	Barravi, 1701.
Raymond-Vital	de Barrege, 1286.
Pons	de Barreges, 1372.
Pierre	Barres, 1551.
Pierre	Barthe, 1334, 1347.
Durand	de Barthelemi, 1606.
Louis	de Barthelemi, 1594.
Antoine	de Barthelemi, 1531.
Nicolas	Barthes, 1594.
Etienne	Barthes, 1625.
Jean-Paul	Barthes, 1650.
Antoine	Baffet, 1577.
Leonard	de Baffard, 1652, 1669.
Jean	de Baffard, 1689.
Raymond	Baftier, 1271.
Jean	Baftier, 1392. 1430.
Arnaud	Baftier, 1396.

Guillaume

DES CAPITOULS.

Guillaume	Bastier, 1403. 1414. 1422.
Pierre	Bastier, 1441.
Jean	Bataille de Montauquier, 1711.
Nicolas	Batonice, 1516.
Pierre	de Baure, 1333.
Dominique	Baussonet, 1514.
Michel	Bayard, 1608.
Antoine	Bayard, Seigneur de Lasipiere, 1664.
François	Baynaguet, 1521.
Jean	Baynaguet, 1663.
Henri	Baynaguet, 1689.
Paul	de Baxis, 1460.
Pierre	de Beauregard, 1480.
Pierre-André	de Beauvoir, 1459.
Guillaume	de Beauvoir, 1471.
Jean	de Beauvoir, Baron de la Bastide, Seigneur du petit Paradis, 1503.
Denis	de Beauvoir, Seigneur de Gardouch, 1514.
Jean-Raymond	Bebian, 1745.
Raymond	Bedoci, ou Bedos, 1425, 1437.
Honoré-Raymond	Begué, 1704.
Mathieu	Beguin, 1280.
Jean	Beguin, 1290.
Etienne	Beguin, 1317.
Pierre	Beli, 1565, 1574.
Jean	Beli, 1581, 1589.
Antoine	Belloc, 1647, 1667.
Jean	Bellovo, 1368.
Jacques	Belot, 1685.
Louis-Etienne	Belot, 1697.
Paul	Beloy, 1641.
Jean	Belpel, 1727.
Maurand	de Belpuech, ou Belpech, 1271, 1337.
Guillaume-Arnaud	de Belveze, 1453.
Jacques	de Belveze, 1480.
Dominique	Beluga, 1347.
Hugues	Belugue, 1372.
Pierre	Bely, 1631.
Gabriel	Bely, 1687.
Geraud	Benazet, 1535.

II Partie.

TABLE GÉNÉRALE

François	Benedicti, 1528, 1536.
Guillaume	Benosit, 1524.
Jean	Benesit, 1542.
Hugues	de Benoist, ou Benedictus, ou Beneseyt, 1434, 1446, 1464.
Nicolas	de Benoist, *Seigneur de Pechbonieu, & Cepet*, 1533
Charles	de Benoist, 1535.
Guillaume	de Benoist, 1497.
Jean	de Benoist, 1466, 1496.
Nicolas.	de Benoist, 1489.
Bernard	Benoit, 1646.
Gailhard	de Benque, 1361.
Pierre	de Beral, *Sieur de Mervila*, 1632.
Jean	Beraldus, ou Berail, 1525.
Simon	Berail, 1596.
Louis	Berdole, 1746.
Jean-Baptiste	Berdoulat, 1758.
Barthelemi	Bequin, 1284, 1316.
Jean	Bequin 1294.
Guillaume	Bequin, 1308.
Alsain	Berelet, 1495.
Raymond	de Berellis, 1346, 1355.
Jean	Berenger, 1294, 1299.
Pons	Berenger, 1307.
Pierre	Berenger, 1315.
Pierre	Berenger, *Seigneur de Salvagnac*, 1322, 1336.
Antoine	Berenger, 1287.
Pierre	Berenguier, 1327, 1331.
Raymond	Berenguier, 1331.
Giscard	Berenguier, 1332.
François	Berenguier, 1665.
Michel	Bergé, 1711.
Guillaume	Berger, 1535.
Jean	Bergeron, 1573.
Jean	Bergeron, 1662.
Jean	Bermond, 1692, 1703.
Jean	Bernadon, 1664.
Pierre	Bernard, 1287.

DES CAPITOULS.

Guillaume	Bernard, 1329.
Jean	Bernard, 1413.
Antoine	Bernard, 1638.
Jean-Philippe	Bernard, 1702.
Pons	Bernardi, 1369.
Jean	Bernardi, 1427.
Pierre	Bernardi, 1613.
Gabriel	Bernardi, 1637, 1644.
Jean	Bernier, 1394.
Jean	Bernoi, 1533.
Antoine	de Berot, 1672.
Guillaume	de Bertier, 1465.
Simon	de Bertier, 1489.
Denis	de Bertier, 1507.
Jean	de Bertier, Seigneur de Pinsaguel, 1522.
Guillaume	de Bertier, Seigneur de St. Giniés, 1594, 1628.
Jean	Bertrand, 1498.
Nicolas	Bertrand, 1499. 1510.
François	Bertrand, 1531.
Nicolas	Bertrand, 1539.
Jean	Bertrand, 1570. 1575.
François	Bertrand, 1622.
Olivier	Bertrand, 1684.
Jean	Bertrandi, 1519.
Simon	Bertrandi, 1526.
Barthelemi	Bertrandi, 1555.
Durand	de Besga, 1643.
Blaise	Besseri, 1643.
Etienne	de Besset, 1645.
Guillaume	Besson de Montignac, 1747.
Denis	Bizouard, Sieur de Varenes, 1710.
Guillaume	de Blagnac, 1296.
Jacques	de Blagnac, 1371. 1379. 1383. 1394. 1403.
Pierre	Blanc, 1609.
Antoine	Blanc, 1617.
Azemar	Blanchi, 1392, 1400.
Pierre	Blanchi, 1419.
Guillaume	Blanchi, 1427.

Durand	de Blandinieres, 1574.
Jacques	de Blandinieres, 1613.
Durand	de Blandinieres, 1622.
Pierre	de Blandinieres, 1670, 1693.
Robert	de Blay, 1459.
Pierre-Vital	Blazin, 1284. 1298. 1314. 1347.
Arnaud	Blazin, 1292. 1297. 1301.
Guillaume	Blazin, 1295.
Vital	Blazin, 1306. 1337.
Jean	Blazin, 1318. 1367. 1375. 1383. 1395. 1402. 1412. 1419.
Jean	Blazin, Chevalier, 1428. 1437. 1465.
Vital	Blazin, 1440.
Jean	Blazin, Seigneur de Villeneuve, 1475. 1491. 1501.
Pierre-Etienne	Blazin, 1351. 1358.
Pons	Blazin, 1356.
Bernard-Raymond	Blazin, 1364. 1371. 1379. 1385.
Pierre-Guillaume	Blazin, 1366. 1373.
Pierre	Blazin, 1385.
Raymond	Blazin, 1393.
Louis	Blazin, 1473.
Jean-Etienne	de Blinieres, 1503.
Fabien	Bodet, 1515.
Pierre	Bodus, 1742.
Pierre	Boffat, 1469.
Bernard	de Boiffet, 1640.
Pierre-Antoine	de Boiffet, 1652.
Jean	de Boiffy, 1672.
Jean	Bole, 1533. 1547. 1571.
Mathieu	Bollioud, 1596.
Bernard	Bombelly, 1271.
Pierre	Bombelly, 1280, 1283.
Antoine	Bomula, 1525.
Pierre	de Bonafenha, 1353, 1362.
Martin	de Bonafenha, 1405.
Guillaume	de Bonamour, 1413, 1420.
Nicolas	Bonaffié, 1648, 1653.
Jacques	Bonefoi, 1547.
Hugues	Bonefoi, 1528.

DES CAPITOULS. 477

Berenger	Bonefoi, 1513.
Vital	Bonet, 1277.
Raymond	Bonet, 1410.
Guillaume	Bonhomme, 1477.
Bernard	Bonhomme, 1306.
Isaac	Bonhomme Dupin, 1741.
Guillaume	Bonmancip, 1423, 1429.
Guillaume	Boni, Seigneur de Pignié, Coseig. de Fenouillet, 1527.
Arnaud	Bonice, 1285.
Joseph	Boniol, 1681.
Guillaume	Bonnafoux, 1718.
Jacques	Bonnemain, 1706.
Jean-Baptiste	Bonneval, 1748.
Joseph	Bonnier, 1707.
Geraud	Boqueti, 1436.
Jean	Boraceni, 1440.
Jean	de Borderia, 1508.
Jean	de Borderia, 1526. 1540. 1552. 1557.
Jean	de Borderia, 1561. 1564. 1567. 1570.
Bertrand	de Bordes, 1378.
Jean	Borgade, 1476.
Guillaume	Borias, 1461.
Jean	Borias, 1534.
Bertrand	Borias, 1593.
Jean	Borias, 1594.
François	Borias, 1613.
Joseph	Borista, 1686.
Nicolas	de Borrassol, 1454.
Barthelemi	Borrassié, 1422.
Jacques	Borrel, 1672.
Jean-Baptiste	Borrel, 1752.
Arnaud	Borret, 1572.
Pierre	Bosc, 1642.
Jacques	Bosquet, 1284.
Jean	Bosquet 1481.
Jean	de Bosredon, 1421, 1472.
Antoine	de Bosredon, Sgr. de Montauriol, 1504, 1514.
Jean	Bossar, 1461.
Mathieu	Bossinat, 1640.

TABLE GÉNÉRALE

Jean	Boufar, 1537.
Arnaud	Bovin, 1307.
Jean	Boulet, 1731.
Pierre	de Bourdier, 1634.
Bernard	de Bourget, 1469.
Jean	Bournet, 1710, 1734.
Antoine	Bourraflier, Seigneur de Peirens, 1513.
Jean	de Bourraffol, Seigneur de Neguebedel, 1573.
Jacques	de Bourraffol, 1576, 1596.
François	Bourrely, 1693.
Jacques	de Bousignac, 1683.
Guillaume	de Bousquet 1565, 1575.
Accurse	de Bousquet, Seigneur des Issars, 1558, 1559.
Charles	de Bousquet, 1690.
Mathieu	Boussac, 1720.
François	Boutaric, 1707. 1710.
Jean-Pierre	Bouttes, 1727.
Antoine	Bouyssonade, 1629.
Pierre	Bouzat, 1747.
Jean	Boychon, 1474.
Pierre	Boychon, 1475.
Antoine	Boyer, 1547.
Anne	Boyer, 1566.
Jean	Boyer, 1611, 1635.
Pierre	Boyer, 1613.
Jean	Boyer d'Odars, 1656.
Blaise	Boyer, Baron de Verduzan, 1712.
Gaillard	Boys, 1437.
Antoine	Boysser, 1572.
Jean	Boyssec, 1617.
Bernard	Bragot, 1424.
Guillaume	Branque, 1709.
Guillaume	de Brassac, 1666.
Pierre	Brissonier, 1332, 1337, 1355.
Etienne	Brissonier, 1381.
Leonard	Brivassac, 1648.
Jean	de Brolhio, 1473.
Ibonet	de Brolhio, 1521.
Jean	Brucelles, 1434.
Barthelemi	Brucelles, 1465.

Arnaud	Brucelles, 1534.
Blaise	Brugaries, 1651.
Hugues	de Bruguieres, 1359.
François	de Brun, 1465.
Pierre	Bruni, 1469, 1510.
Jacques	Bruni, 1470.
Jean	Brussaud, 1531.
Guillaume	Brustis, 1504, 1505, 1506.
Jean	Bugat, 1688.
Hugues	de Buisson, 1468.
Jean	de Buisson, Seigneur de Mirabel, 1482, 1483, 1484.
Jean	de Buisson, 1492, 1493, 1494, 1495.
Huc ou Hugues	de Buisson, Seigneur de Mirabel, 1498, 1510.
Jean	de Buisson, Seigneur de Beauteville, 1515, 1519, 1537.
Hugues	de Buisson, Seigneur de Mirabel, 1517.
Mathieu	de Buisson, Seigneur de Beauteville, & Aussonne 1571.
Helie	de Buisson, 1614.
*	de Buisson, Seigneur de Beauteville, 1632.
Mathieu	de Buisson, Seigneur de Barquils, 1634.
Guillaume	Buisson, 1723.
Bernard	Burget, 1460.
Jean	Burnet, 1462.
Gilles	Burruceo, 1422.
Hector	de Burta, 1545.
Denis	Busquet, 1622.
Jean	Buterne, 1696, 1702.
Raymond	Buxi, 1274. 1280.
Bernard	Buxi, 1367. 1376. 1394.
Pierre	Buxi, 1383. 1431. 1448. 1455.
Arnaud	Buxi, 1405. 1417.
Gailhard	Buxi, 1412. 1419. 1427.
Jean	Buxi, 1418. 1453.
Antoine	Buxi, 1475.

C

Augustin.	de Cabanac, 1597.

TABLE GÉNÉRALE

François	Cabot, 1568.
Jean	de Cadrieu, 1563.
Raymond	Calade, 1469.
Guillaume	Calhau, 1372. 1381.
François	Calhiol, 1686.
Jean	de Calmon, 1473.
Nicolas	Calvel, 1728.
Bernard	Calvet, 1326, 1341, 1392, 1400.
François	Calvet, 1351, 1359, 1367, 1381.
Joan	Calvet, 1371.
Philippe	Calvet, 1411, 1418.
Raymond	Calvet, 1422.
Jean	Calvet 1603.
*	Cambun, 1623.
Bertrand	Cambus, 1608.
Antoine	Caminel, 1720, 1729, 1735.
Pierre	Campa, 1719.
Jean	de Campagne, 1462.
Arnaud	de Campiftron, 1589.
Louis	de Campiftron, 1661, 1669, 1687.
Bernard	de Campiftron, 1703.
Jean	de Campmartin, 1651, 1661.
Jean	Campunaud, 1668.
Jean-Raymond	Campunaud, 1718.
Pierre	Cannac, ou Caunac, 1420, 1439.
Jacques	Cantalaufe, 1739.
Michel	Cantuer, 1624.
Etienne	Cantuer, 1637.
Guillaume	Cantuer, 1674.
Pierre	Canut, 1583.
Bertrand	de Capdenier, 1342.
Jean	de Capdenier, 1362, 1371, 1379.
Philippe	Cappelle, 1601.
Pierre	Capuei, 1434.
Raymond	Carabordes, 1272.
Pierre	Carabordes, 1278.
Etienne	Carabordes, 1308.
Raymond	de Caraman, 1290, 1337.
Jean-François	Caranove, 1715.
Pierre	Carbonel, 1725.

Jean-Martin

DES CAPITOULS.

Jean-Martin	de Carcaſſonne, 1332. 1352.
Bernard-Martin	de Carcaſſonne, 1375. 1385.
François	de Cardone, 1575. 1586.
Berenger	Carlat, 1385.
Raymond	Caroly, 1511.
Antoine	Carquet, 1681.
Jean	Carquet, 1706.
Jean	Carrere, 1728. 1732.
Guillaume	Carrery, 1744.
Antoine	Carrié, 1634.
Pierre	Carriere, 1369, 1389.
Jean	Carriere, 1399, 1489, 1502.
Jean	Carriere, 1517.
Pierre	Carriere, 1581, 1592.
Pierre	Carriere, 1590.
Criſtophle	Carriere, 1607.
Pierre	Carriere, 1607, 1609, 1620.
Jean	Carriere Double, 1631.
Pierre	Carriere, 1645, 1650.
Jean	Carriere, Seigneur d'Aufrery, Aiguesvives, & Pechauriole, 1665.
Guillaume	Carriere Double, 1685.
Jean-Paul	Carriere, 1715, 1723.
Jean	Carriere, Co-Seigneur de Beaumont, 1756.
Louis-Emanuel	Cartier, 1698.
Aymeric	Caſaux, 1413.
Bernard	Caſeneuve, 1284.
Bernard	de Caſeneuve, 1487.
Pierre	de Caſillac, 1389. 1393. 1401. 1409. 1416.
Jacques	de Caſſagnau, 1648.
Dominique	de Caſſagnau, 1667.
Jacques	de Caſſagnau, 1722.
Louis	Caſſeirol, 1735.
Pierre	de Caſſan, Seigneur de Clairac, 1665. 1675.
Jacques	de Caſſand, Seigneur de Jottes, Coſſeigneur du Lerm, 1612. 1624.
Jean	Caſſanea, 1533.
Raymond	de Caſſanhol, 1668.
Jean	Caſſanis, 1492. 1493. 1494. 1487.
André	de Caſtanet, 1487.

Partie II.   K k

TABLE GE'NE'RALE

Geraud	Caftanerii, 1520.
Pierre	Caftel, 1749.
Otto	Caftellane, 1447.
Banis	Caftellani, 1448.
Pierre	de Caftelnau, Chevalier, 1272. 1273. 1288. 1308. 1320.
Pierre	de Caftelnau, Chevalier, 1340. 1370. 1376. 1390. 1393.
Jean	de Caftelnau, 1272. 1330.
Jean	de Caftelnau, Seigneur de Banihaco, 1339.
Jean	de Caftelnau, Seigneur de Lalande, 1344, 1352. 1366. 1372.
Arnaud	de Caftelnau, 1274. 1328.
Raymond	de Caftelnau, 1274, 1285, 1287, 1292, 1294, 1298, 1313, 1315, 1326.
Etienne	de Caftelnau, 1287, 1301, 1311.
Etienne	de Caftelnau, Coffeigneur de St. Loup, 1322, 1330, 1341, 1348, 1359.
Raymond	de Caftelnau, 1294, 1312, 1319.
Pierre-Guillaume	de Caftelnau, 1299.
Bernard	de Caftelnau, 1309.
Deo-Dat	de Caftelnau, 1310, 1316.
Aymeric	de Caftelnau, 1313, 1336, 1343, 1357.
Philiftorg	de Caftelnau, 1319.
Donat	de Caftelnau, 1321.
Arnaud	de Caftelnau, 1324, 1340, 1347, 1357, 1366.
Raymond	de Caftelnau, Seign. de Labaftide, 1329, 1338.
Pierre-Raymond	de Caftelnau 1330, 1338, 1345.
Geraud	de Caftelnau, 1354.
Jean	de Caftelnau, 1356, 1365.
Etienne	de Caftelnau, Seigneur de Foffat, 1357, 1364, 1371, 1379, 1386.
Pierre	de Caftelnau, 1378, 1385.
Jourdain	de Caftelnau, 1380.
Aymeric	de Caftelnau, 1404.
Jean	de Caftet, 1660. 1671.
Jean	de Caftels, 1533.
Guillaume-Bernard	de Caftillon, 1434.
Chriftophle	de Caftois, 1526. 1534.
Geraud	Caftras, 1341.

François	de Catalan, *Baron de Gaure*, 1646.
Jean	Catalani, 1530.
Jean	de Catel, 1483. 1484. 1498.
Jacques	de Catel, 1632.
Germain	Catelan, 1405.
François	de Catellan, 1654.
Jean	de Catellan, 1657.
François	de Catellan, 1658. 1666. 1670.
Berenger-Raymond	Caturgo, 1280.
Raymond	Cau, 1673.
Jean	de Cavaignes, 1540.
Jean	Cavailher, 1734.
Pierre	Cavallier, 1541.
Pierre	Cavallier, 1606.
Anisson	de Caufepé, 1707.
Guillaume	de Caulet, *Seigneur de Labalme*, 1584, 1595.
Jean	de Caulet, 1628.
Jean-George	de Caulet, 1665.
Jean-Salomon	de Caumels, 1628.
François	de Caumels, 1649, 1658, 1665, 1673, 1680.
Guillaume	de Caumels, 1690.
Jean-Pierre	de Caussade, 1702.
Jean-Pierre	Causse, 1695.
Jean	Caussidieres, 1484.
Raymond	Causin, 1604.
Raymond-Joseph	Cazals, 1731.
Jean-Dominique	Cazalés, 1735, 1737.
Jacques	Cazaneuve, 1592.
Barthelemi	Cazaneuve, *Seigneur du Fauga*, 1604.
Jean	Cazaveteri, 1521.
Jean	de Ceaulx, 1645.
Gauselin	Cecilia, 1430.
Etienne	Celery, 1531.
Antoine	Celery, 1603.
Bernard	de Cellés, 1354, 1363, 1370.
Guillaume	Céré, 1611.
Bertrand	de Ceux, 1485.
Jean	Chabanon, 1636, 1652.
Jean	Chabirand, 1613.

Jean	Chacgerii, 1406.
Guillaume	Chalo, 1516.
Etienne	Chalon, 1582.
François	Chambert, 1667.
Jean	Champs, 1435.
Pierre	Chandonis, 1497.
Laurens	Chapeli, 1492, 1493, 1494, 1495.
François	Chapuis, 1621.
Pierre-Jean	Chapuis, 1651.
Bernard	Chapuis, 1698.
Jacques	Charantus, 1516, 1545.
Pierre	Charati, 1529.
Barthelemi	Charlary, 1650, 1659.
Jean	Charlary, 1688.
Charles	Chaffand, 1650.
Pierre	de Chaftanet, Seigneur de la Coupéte, 1608.
François	de Chaftanet, Sieur de Laroque, 1649.
Jean	Chavalons, 1505. 1506.
Jean	Chaveri, 1535.
Micher	Chaveri, Seigneur de la Reule, Baron de Saboulies, 1598.
Pierre	de Chaucenos, ou Chaufenefio, 1408, 1415.
Geraud	de Chaucénos, 1425, 1436.
Antoine	Chauliac, 1759.
Pierre	de Cheren, 1481.
Simon	Chevalier, 1514.
Pierre	Chevalier, 1533.
Pierre	Cheverry, 1704. 1705.
Jean-Baptifte	Chollet de Lafcaban, 1759.
Joseph	Chofon de Lacombe, 1751.
Innocent	de Cironis, 1640.
Vidal	Claribas, 1566.
Arnaud	Clavel, 1299.
Jean	Clavel, 1311.
Jean	de Claufa, 1499.
Arnaud	Claufade Garroufte, 1693.
Roger	Claufolles, 1703.
Jacques	Cledier, 1634.
Antoine	Clemens, Seigneur de Laval, Coffeigneur de Montauriol, 1735. 1738.

Pierre	Clerc, 1343.
Jean	Clucheri, 1527.
Jean	de Clusel, 1579. 1580.
Pierre	de Clusel, 1614. 1615.
Arnaud	Colombi, 1274. 1278.
Pierre	Colomés, 1687.
Joseph-Henri	Colomiés, 1719.
*	Colrat, 1492. 1493. 1494. 1495.
Guillaume	Cambes, 1509.
Jean	Cambes, Seigneur de Contentes, 1661. 1608. 1616.
Antoine	Comblat, 1524.
Guillaume	de Comere, 1368.
Geraud	de Comere, 1613.
Pierre	de Comere, 1624.
Guillaume	de Compiegne, 1378.
Jean	Comte, 1607.
Bernard	de Comtemarc, 1460.
Jean	de Comynihan, 1634.
Pierre	de Comynihan, 1640.
Joseph	de Comynihan, 1719. 1728. 1739. 1740.
Vital	Confort, 1592. 1601.
Jacques	Confort, 1617.
Arnaud	Coniscaus, 1284.
François	du Conseil, 1631, 1638, 1641.
Jacques	du Conseil, 1670, 1685.
Arnaud	Constantin, 1482, 1497.
Raymond	de Constrat, 1312.
Pierre	Coutet, 1340.
Claude	Coquel, 1728.
Jean	Corbiere, 1679.
François-Joseph	Cormouls, 1718, 1725, 1726.
Bertrand	Cornac, 1591.
Philippe	de Corneillan, 1299.
Antoine	de Corneillan, 1621.
Arnaud	Cornon, 1556.
Guillaume	Cortade-Betou, 1707, 1709, 1720, 1744.
Laurens	Cortade, Seigneur de Lafage, 1722.
Michel	Cortés, 1570.
Hugues	de Cos, 1504.

Jean   de Cosman, 1472.
Raymond-Aymeric. de Cossaris, 1287.
Arnaud   de Cossat, 1325.
Raymond   de Costa, 1402.
Bernard   de Costa, 1516.
Gabriel-Gibert de Costa, 1630.
Jean   de Costa, 1655.
Pierre   de Costa, 1676.
Jean   Costantin, 1520.
François   Costantin, 1529.
Jean   Costes, 1529.
François   Costes, 1722.
Pierre   Cotel, 1357.
Guillaume   Cottin, 1630.
Eleonord-Leonard Couau, 1680.
Raymond   Couderc, 1627.
Jean   Couderc, 1668.
Jean   Coudougnan, 1713.
Paul   Coulomb, 1690, 1698.
Pierre-Guillaume Coulouffac, 1751.
    *   Courdoumer, 1719.
Pierre   Courdurier, 1699.
Jean-Baptiste   Courdurier, 1747.
Jacques   Courtines, 1628.
Jean   de Courtois, 1544. 1549.
Jean   de Courtois, Cosseigneur d'Issus, 1592.
Jean-Louis   de Courtois, 1615, 1676.
Mery   de Courtois, 1641.
Laurens   Cousin, 1536.
Jean   Cousse, 1701.
Pierre   Coustous, 1525.
Jean   Coustous, 1735.
Arnaud   Coustous, 1556.
Nicolas   de Croc, 1324.
Antoine   Crouzat, 1674, 1684.
Marc-Antoine   Crozes, 1758.
Jacques   Crozet, 1558.
Jean   de Cruffols, 1410, 1417.
Germain   Cucsac, 1737.
Jean   Cuguleri, 1354.

DES CAPITOULS.

Raymond	de Cusorne, 1351.
Pierre	Cutel, 1349.

D

Rolet	Dabardi, 1490.
Durand	Dabbatia, 1583.
Guillaume	Dabbatia, 1625.
Pierre	Daffis 1442, 1461, 1535.
Raymond	Daffres, 1540.
Nicolas	Daguin, 1705.
Jean	Daguin, 1706, 1730.
Bernard	de Dalbia.
Pierre	Dalinci, 1474.
Raymond	de Dalps, 1277.
Guion	Dambés, 1639.
Guillaume	Dammartin, 1537.
Jean	Danceau, 1675.
Paul	Dandré, 1662.
Gaillard	Dantu, 1421.
Bernard	Daram, 1673. 1681.
Samson	Daram, 1706.
Nicolas	Daran, 1509.
Arnaud	Darbon, 1678.
Jean-François	Darbon, 1730.
Jean	Darbonet, *Seigneur de Pechabou*, 1562.
Geraud	Darche, 1670.
Jean	Dardene, 1487.
Antoine	Dardene, 1584, 1595.
Guillaume	Dareau, 1561.
Jean-Pierre	Darexi, 1720.
Pierre	Darquier, 1666.
Ennemond	Darquier, 1715.
Raymond	Darguel, 1579.
Jean	Dascis, 1492, 1493, 1494, 1495.
Jean	Dasté, 1660.
Dominiq-Silvestre	Dastugue, 1754.
Bernard	Dauberard, 1427.
Jean-Joseph	Daudé de Labarthe, 1741.
Jean	Davera, 1428.

	TABLE GÉNÉRALE
Guillaume	David, 1438.
Jean	David, 1480.
Germain	David, 1518.
Joseph	David, 1742.
Pierre	David du Jonquier, 1744.
François-raymond	David de Baudrigue, 1747. 1748. 1749. 1750. 1751. 1755. 1759.
François	Davisard, Seigneur de Viselles, 1677.
Pierre	Daunassans, 1756.
Pierre	Daure, 1634.
Antoine	Dauricoste, 1565.
Louis	Daurier, 1755.
Etienne	Dausson, 1688.
Jean	Daymerici, 1483. 1484.
Antoine	Daymerique, 1721.
Pierre	Decamps, 1595.
Bernard	Decans, 1696.
François	Decat Laboissonade, 1629.
Bernard	Decés, Baron de Copene, 1743.
Thomas-Casimir	Deces, Seigneur d'Aussages, 1753.
Pierre	Decos, Seigneur de Belberaut, 1602.
Claude	Decros, 1640.
Bertrand	Defas, 1446. 1453.
Guillaume	Defas, 1596.
Jean	Defas, 1614.
Jean	Defront, 1455.
Jean	Degua, 1721.
Yrieix	Deguilhem, Seigneur de Lagondie, 1754.
Jean	Dejean, 1616, 1635.
Richard	Dejean, Baron de Launac, 1654, 1672, 1683.
Bernard	Dejean, 1674, 1682.
Antoine	Dejean, 1718.
Jean	Deineri, 1474.
Dominique	Delboy, 1671.
Guillaume	Delcros, 1443.
Jean	Deleigue, 1600.
François	Delfau, 1746.
Guillaume	Delfossat, Seigneur de Rebigue, 1508.
Andrieu	Delgres, 1438.

Antoine

DES CAPITOULS.

Antoine	Delherm, 1739.
Jean-Baptiste	Delherm, 1742.
Jean	Delmays, *Seigneur d'Antissac*, 1759.
Arnaud	Delort, 1548.
Jean-François	Delort, 1718.
Etienne	Delort Demasbou, 1749.
Anne	Delpech, 1733.
François	Delpuech, 1567.
Pierre	Delpuech, *Seigneur de Mauricis*, 1562.
Jean	Delpuech, 1557, 1558.
Jean	Delpuech, 1601.
François	Delpuech, 1625.
Jean	Delpuech, 1626, 1683.
Bernard	Delpuech Espanez, 1650.
Pierre	Delpy, 1684.
Pierre	Deltor, 1697.
Pierre	Delvolve, 1670.
Jean	Delvolve, 1692.
Jean	Demans, 1586.
Paul	Dembaux, 1696.
Gaillard	Denos, 1407.
Jean	Denos, 1445.
Jean	Denos, 1559. 1560.
Jean	Depin, 1518.
Paul	Deprat, 1352.
Roger	Deprat, 1558. 1559.
Pierre	Deprat, 1657.
Jean	Deprat, 1666.
Marc	Derrey, 1754.
Jean-François	Desazars, 1753.
Bernard	Descat, *Sieur de Montaut*, 1677.
Etienne	Desclaux, 1740.
Pierre-Augustin	Desinnocens, 1693.
Jean	Desirat, 1753. 1757.
Bernard	Despagne, 1580.
Roger	Despagne, 1586. 1593.
Pierre	Despaigne, 1627. 1643.
Louis	Despaigne, 1697.
Nicolas	Despanche, 1558.
Jean	Despie, 1605.

Partie. II.

François	Despie, 1619, 1641, 1649.
Guillaume	Despinasse, 1715.
Jean	Desplats, 1527.
Jean	Desplats, 1619.
Jean-Antoine	Destadens, 1734.
Raymond	Dessus, 1461, 1470, 1498.
Pierre-Raymond	Dessus, 1476.
Hugues	Dessus, 1490, 1503, 1508.
Hugues	Dessus, 1517, 1519.
Jacques	Dessus, *Seigneur de Dieupentale*, 1542, 1549.
Martin	Destang, *Seigneur de Rossiac*, 1497.
Geraud	Deveire, 1588.
Robert	Deveze, 1310.
Guillaume	Deveze, 1509.
Jacques	Deulhé, 1733.
Raymond	Densornio, 1358.
Jean	Deygua, 1517.
Paul	de Dieu, 1441.
Joseph	Disarni, 1605.
Nicolas	Dispagne, 1564. 1568.
Jean	Dispan, 1603.
Paul	Dolmieres, *Sieur de Lastouseilles*, 1684.
Jean	Domergi, 1425.
Raymond	Dominici, 1346.
Bernard	Donjat, 1355.
Jean	Donat, 1580.
Jean	Donolsat, 1611.
Arnaud	Dossa, 1318.
Pierre	Doujat, 1660.
Nicolas	Douls, *Seigneur d'Ondes*, 1511, 1526.
Louis	Doumergues, 1710.
Pierre	Doux, 1447.
Nicolas	Doux, 1511.
Raymond	Drogoul, 1720.
George	Drullet, *Seigneur de St. Jean l'Herm*, 1542.
Blaise	Drulhe, 1560.
Bernard	Dubois, 1358.
Louis	Dubois, 1443.
Guillaume	Duborn, 1593.
Jacques	Duborn, 1604.

Jean	Dubourg, 1439.	
Louis	Dubourg, 1460, 1468, 1477.	
Léonard	Dubourg, *Seigneur de Lapeyrouse*, 1657.	
Accurse	Duboufquet, *Seigneur des Iffards*, 1558, 1559.	
Guillaume	Duboufquet, 1573.	
Jean	Duboufquet, 1713.	
Pierre	Dubreuil, *Seigneur du Senil*, 1525. 1552.	
Claude	Ducar, 1623.	
Jean	Duclos, *Baron de Las*, 1748.	
François	Ducompte, 1547.	
Pierre	Ducos, 1545. 1564.	
Pierre	Ducos, 1618.	
Guillaume	Ducros, 1431.	
Jean	Ducros, 1469.	
Pierre	Ducros, 1510.	
Paul	Ducros, 1613. 1639.	
Antoine	Ducros, 1677.	
Guillaume	Dufas, 1655.	
Jean	Dufau, 1518.	
Raymond	Dufau, *Seigneur de Marnac*, 1560.	
Gervais	Dufau, 1626.	
Guillaume	Dufaur ou Fabri, 1282.	
Raymond	Dufaur, 1302. 1310. 1337.	
Pierre	Dufaur, 1344.	
Guillaume	Dufaur, *Seigneur de Saint Jory*, 1346.	
Pierre	Dufaur, 1363.	
Etienne	Dufaur, 1389.	
Bernard	Dufaur, 1404. 1411. 1418.	
Jean	Dufaur, 1441.	
Pierre	Dufaur, 1454.	
Jacques	Dufaur, 1487.	
Jean	Dufaur, 1521.	
Jacques	Dufaur, *Seigneur de Montagut, Castanet & Saint Julien*, 1553. 1554.	
Louis	Dufaur, 1559.	
René	Dufaur, *Seigneur d'Encuns*, 1566.	
Jacques	Dufaur, 1600.	
Sens-Pierre	Dufaur, 1613.	
Gui	Dufaur, *Baron de Pibrac*, 1646.	
Tristan	Dufaur, *Baron de St. Jory*, 1654. 1687.	

TABLE GÉNÉRALE

Gaspard	Dufay, ou Duffay, 1621.
Jean	Duferrier, 1610.
Jean	Dufour, 1567. 1573. 1582.
François	Dufour, 1599. 1609.
Salvat	Dugabre, 1602.
Bernard	Dulaur, 1556.
Thomas	Dulaurens, 1700.
Louis	Dulve, 1532.
Jacques	Dumai, 1655.
Bernard	Dumanoir, 1289.
Exupere	Dumas, 1596.
Jean	Dumas, 1635.
Antoine	Dumay, 1600.
François	Dumaynial, 1547.
Raymond	Dumoulin, 1318.
Guillaume	Dumoulin, 1617.
Pierre	Duperier, 1651.
Gaston	Dupin, 1556, 1561.
Denis	Duples, 1632.
Vital-Guillaume	Duplan, 1311.
Jean	Duplanté, 1598, 1601.
Arnaud	Dupont, 1285, 1292.
Bernard	Dupont, 1287, 1302.
Guillaume-Arnaud	Dupont, 1302, 1322, 1369.
Guillaume	Dupont, 1361, 1420.
Bernard-Arnaud	Dupont, 1367.
Pierre-Martin	Dupont, 1367.
Eléazard	Dupont, 1369, 1377.
Raymond-Arnaud	Dupont, 1410, 1417.
Thomas	Dupont, 1424.
Guillaume	Dupont, 1428.
Arnaud	Dupont, 1434.
Jean	Dupont, 1437.
Jean	Dupont, 1637. 1658. 1675.
Arnaud	Duprat, 1573.
Pierre	Duprat, 1671.
Jacques	Duprat, 1680.
Pierre	Dupuech, 1534.
Albert	Dupui, 1598.
Etienne	Dupui, 1609.

Guillaume	Dupuy, 1354.
Jacques	Dupuy, 1364. 1389.
Jean	Dupuy, 1382.
Bernard	Dupuy, 1423. 1436.
Jean-Guillaume	Dupuy, 1483. 1484.
Albert	Dupuy, 1612.
Florent	Dupuy, 1716.
Bertrand	Durand, 1282.
Pierre	Durand, 1288.
Guillaume	Durand, 1315. 1348.
Pons	Durand, 1317. 1323. 1337.
Vital	Durand, 1331.
Barthelemi	Durand, 1368.
Gaillard	Durand, 1406.
Raymond	Durand, 1407. 1414. 1421. 1428.
Claude	Durand, 1481.
Raymond	Durand, 1563.
Guillaume	Durand, 1559.
Antoine	Durand, *Seigneur de Labaſtide, Cepet, Baſus, &* *Vilariés*, 1601.
Jacques	Durand, 1705.
Joſeph	Durand, 1732.
Jean-Etienne	Duranti, 1563.
Lucas	Durdes, 1551. 1563. 1570. 1576. 1581.
François	Duregne, *Seigneur de Launaguet*, 1732.
Bernard	de Durfort, 1333.
Raymond-Bernard	de Durfort, 1334.
Claude	Duric, 1705.
Jean	Duroux, 1593.
Pierre	Durtaut, 1614. 1620. 1645. 1650.
Jean-Gabriel	Durtaud, 1664.
Jean	Duſol, 1536.
Jean	Duſolier, *Seigneur de St. Loup*, 1545.
Guillaume	Duſſaut, 1732.
Jean	Dutartre, 1724.
Jerome	Duthil, 1661.
Gratian	Dutil, 1541.
Jean-Gratian	Dutil, 1577.
Etienne	Dutil, 1615.
François	Duval de Lamothe, 1725.

TABLE GENERALE

Claude	Duvau, 1705.
Raymond	Duverger, 1304, 1310.
Germain	Duverger, 1380.
Pons	Duverger, 1545.
Germain	Duverger, 1592.
Jean	Duverger, 1605.
Guillaume	Duverger, 1639.
Jean	Duvergier, 1692.

E

Jean	Ebrard, 1507.
Jean	d'Edouart, 1633.
Jean	Elon, 1499.
Raymond	Embrin ou Embrini, 1287. 1292. 1296. 1345.
Raymond	Embrin, 1396, 1403.
Arnaud	Embrin, 1312.
Pierre	Embrin, 1316, 1323, 1330.
Pons	Embrin, 1350, 1360.
Jean	Embrin, 1423.
Guillaume	Embrin, 1464, 1472, 1480.
Raymond	d'Escalquens, 1285, 1292, 1297, 1323.
Etienne	d'Escalquens, 1283, 1299.
Arnaud-Guillaume	d'Escalquens, 1292, 1298, 1366.
Raymond-Guil.	d'Escalquens, 1301.
Bernard-Guillaume	d'Escalquens, 1309.
Guillaume	d'Escalquens, 1326, 1331, 1334, 1345, 1353.
Arnaud	Escrivani, 1300.
Jean	Escudier, 1593.
Guillaume	d'Espagne, 1368.
Bernard	d'Espagne, 1652.
Louis	d'Espagne, 1682.
Bernard	d'Esquirolis, d'Audrié, 1637. 1644.
Michel	Estibal, 1695.
Hugues	Estienne, 1311.
Raymond	Estienne, 1348.
Bernard	Etienne, 1350, 1359.
Germain	Etienne, 1351.
Guillaume	Etienne, 1354. 1361. 1370. 1406.

DES CAPITOULS.

Marc-antoine   d'Eſtopinya, 1671.
Vital   Eſtruvat, 1419.
Bertrand   Euberard, 1414.
Balthazard   Eydieu, 1733.
Samuel   Eymar, 1727.

F

Arnaud   Fabars,
Guillaume   Fabri, ou Dufaur (voyez Dufaur.)
Jean-Pierre-Bertr. Faget, 1757.
Arnaud   de Falgario, 1278
Bernard   de Falgario, 1285. 1290.
Raymond   de Falgario, 1325. 1361.
Arnaud   de Falgario, 1339. 1345.
Guillaume   de Falgario, 1359.
Pierre-Raymond   de Falgario, 1416.
Barthelemi   Falheri, 1309.
Antoine   de Fargia, 1516.
Pierre   Farguelli, 1350.
Forton   de Fargues, 1552, 1553.
Adrien   Farjonel, 1729.
Raymond   Favarel, 1396. 1403.
Guillaume   Fauchet, 1724.
Jean-Louis   Favier, 1695.
Jacques   Favier, 1723.
Raimond   Faure, *Seigneur de Caſtanet*, 1322.
Pierre   Faure, *Seigneur de Caſtillon*, 1351.
Bernard   Faure, 1352.
Jacques   Faure, 1438.
Vital-Othon   Faure, 1271. 1272.
Jacmes   Fauré, 1497.
Jean   Faure, *Seigneur de St. Loup*, 1519.
Jean   Faure, *Seigneur de Caſtanet*, 1528.
Pierre   Faure, *Seigneur d'Encuns*, 1542.
Raymond   Faure, *Seigneur de Punctous*, 1562. 1569.
Guillaume   Faure, *Seigneur de Ribonet*, 1534.
Bernard   Faure, 1631.
Rolland   Faure, 1644.
Gaſpard   de Fay, 1603. 1621.

Antoine	Ferluc, 1718.
Jean	Fermat, 1633. 1643.
Antoine	Fermat, 1648.
Joseph	Ferrand, *de St. Jean*, 1732. 1742.
Jean	Ferrat, 1625.
Laurens	de Ferrier, 1643.
Jean	de Ferrieres, 1597.
Anne	de Ferrieres, *Sieur de Lastours*, 1620, 1649, 1659.
Jean	de Fevrier, 1611.
Antoine	de Fevrier, 1620.
Laurens	de Fevrier, 1656.
Antoine	Figuier, 1630. 1651.
Guillaume	Fil, 1307.
Dominique	Fillol, 1532.
Jean	de Fily, 1627. 1640. 1647.
Etienne	Finiels, *Seigneur de Bonrepos*, 1712. 1722.
Berenger	Firmin, 1487.
Hugues	Fitte, 1738.
Jean	Fizeaux, 1737, 1751.
Pierre-Laurent	Fizeaux, 1759.
Jean	Flamenchi, 1382, 1393.
Pierre	Flamenchi, 1395, 1401, 1410, 1419.
Paul	Flottes, 1717.
Pierre	Foirayre, 1612.
Pierre	Folerier, 1277.
Pierre	Fondeyre, 1736.
Jacques	Fonrouge, 1628.
Bertrand	de Fontanes, 1308.
Raymond	de Fontanes, 1309, 1314, 1323.
Bernard	de Fontanes, 1314, 1328.
Bernard	Fontaine, 1299.
Pons	Fontaine, 1427.
Jean	Fontaine, 1473.
Pierre	Fontaine, 1627.
Jean	de Fontenai, 1473.
Jean	Fonteneilles, 1496.
Guillaume	Fontrouge, 1588.
Pierre	Fontrouge, 1637, 1655, 1686.
Jean	de Fontvieille, 1470, 1481.

DES CAPITOULS.

Raymond	Forçate, 1322.
Jacques	Foressi, 1454.
*	de Forest, *Seigneur de Carlincas, & de Fomboizard*, 1656.
Jean-François	Forest, 1741.
Jacques	Forest, 1743.
Bernard	de Forgis, 1287.
Pierre-Vital	de Forgis, 1297.
Vital	de Forgis, 1297. 1301. 1308. 1312.
Raymond	Forneri, 1455.
Bertrand	Fort, 1332.
Bernard	Fort, 1347.
Aymeric	de Fortanier, 1273.
Jean	Fortic, 1714.
Jean-Jacques	Fortic, 1719.
Bertrand	Fortis, 1603.
Jean	Forteti, 1520.
Jean	de Fossat, 1388.
Jacques	de Fossat, 1396.
Thomas	de Foucaud, *Seigneur de St. Martial*, 1591, 1598.
Antoine	de Foucaud, 1604.
Jean	de Foucaud, 1619. 1621. 1622.
Thomas	de Foucaud, 1631.
Arnaud	de Foucaud, *Seigneur d'Alzon*, 1671.
Pierre	Fouillac, 1758.
Louis	Foulquier, 1712.
Louis	Foulquier, 1743.
Pierre	Fouquet, 1724.
Jean	Fourez, 1624.
Gilbert	Fournairot, 1603.
Pons	Fournier, 1272.
Aymeric	Fournier, 1464.
Pierre	Fournier, 1528.
Guillaume	Fournier, 1539.
Jean	Fourquet, 1732.
Jean	Fraiche, 1720.
Bertrand	Fraissinet, 1756.
Charles-François	Francain, 1745.
Berenger	Francon, 1367. 1379.

II Partie.

TABLE GÉNÉRALE

Guillaume-Pierre	de Fraxine, 1473.
Guillaume	de Fraxine, 1483. 1484.
Jean	de Fraxine, 1590.
Pierre	de Fraxine, 1609.
François	de Fraxine, 1642.
Jacques	Fresquet, 1440. 1459.
Jacques	de Froment, ou Frumenti, 1423. 1436.
Guillaume-Pons	Fulcrer, 1272.
Guillaume	de Fulhonibus, 1278.
Pierre	de Fulhonibus, 1303.
Jean-Baptiste	Furgole, 1754.

G

Raymond	Gabare, 1364. 1379. 1386.
Raymond	Gabaraire, 1371.
François	Gailhard, 1700. 1713.
Joseph	Gailhard, 1737. 1738. 1740. 1742. 1757.
Arnaud	de Gaillac, 1290. 1295. 1318.
Bernard	de Gailhac, 1296. 1303. 1308. 1312.
Pierre	de Gailhac, 1300. 1363.
Bertrand	de Gailhac, 1365. 1412. 1430. 1438.
Guillaume	de Gaillac, 1455.
Bernard	de Gaillac, 1502.
Bernard	Gaillard, 1744.
Leonard	Gaillard, *Seigneur de Vococourt & de Tiviers*, 1759.
Pierre	de Galhac, 1538. 1551.
Guillaume	Gali, ou Galin, 1526.
Jean	de Gallien, 1623. 1642.
Salomon	de Gallien, 1659. 1668.
Pierre	de Gallo, 1393; 1400.
Pierre	Gally, 1689.
Durand	Galy, 1612.
Pierre	de Gameville, 1283. 1285. 1336. 1339 1369.
Bernard	de Gameville, 1299.
Bertrand	de Gameville, 1304.
Hugues	de Gameville, 1367.
Arnaud	de Gameville, 1409, 1417.
Pierre	de Gameville, *Seigneur de Monpapou*, 1548.

DES CAPITOULS. 499

Jean	de Gamoy, *Seigneur de Ste. Foy*, 1562, 1568.
Jean	Ganelon, 1518, 1528.
Antoine	Ganelon, 1539, 1552, 1553, 1561.
Guillaume	Cano, 1278, 1317.
Antoine	Gante, 1587, 1598, 1607, 1621.
Jean	Gapisson, 1522.
Bernard	Garaud, 1336, 1343.
Raymond	Garaud, 1339, 1353, 1360, 1369, 1388, 1397.
Jean	Garaud, 1353, 1354, 1361, 1412.
Guillaume	Garaud, 1373.
Thomas	Garaud, 1373.
Arnaud	de Garauld, *Seigneur de Castillon*, 1548.
Simon	de Garauld, *Seigneur de Donneville*, 1585.
Jean	Gardel, 1691, 1701.
Arnaud	Gardele, 1430.
Jean	de Gargas, 1440, 1488.
Pierre	de Gargas, 1529.
Pierre	de Gargas, *Seigneur de Villate*, 1603.
Jean	Garin, 1389. 1390.
Jean	de Garra, 1597.
Nicolas	Garrier, 1522.
Etienne	Garric, 1329. 1336.
Raymond	de Garrigia, 1280.
Pierre-Raymond	de Garrigia, 1286. 1307. 1460.
Pierre	de Garrigia, 1302. 1358.
Guillaume-Raym.	de Garrigia, 1325. 1341.
François	de Garrigia, 1328.
Pierre-Jean	de Garrigia, 1349.
Aymeric	de Garrigia, 1349. 1359. 1366.
Etienne	de Garrigia, *Seigneur de Banieres*, 1353. 1360.
Pierre-Jean	de Garrigia, 1366. 1375.
Gaillard	de Garrigia 1406.
Dieu-donné	de Garrigia, 1509.
Bertrand	de Garrigiis, 1273. 1278. 1290. 1325.
Raymond	de Garrigiis, 1283.
Pons	de Garrigiis, 1304. 1344.
Guillaume	de Garrigiis, 1306. 1314. 1318.
Guillaume	de Garrigiis, *Seigneur de Saint Jean Lherm*, 1322. 1326. 1330. 1334. 1342. 1365.

TABLE GENERALE

Pierre	de Garrigiis, 1315.
Pons	de Garrigiis, 1351. 1358.
Guillaume	de Garrigiis, 1356.
Jean	de Garrigiis, 1372. 1382. 1390. 1399.
Jean	Garrigue, 1437.
Michel	Garrigues, 1591.
François	Garrigues, 1637.
Antoine	Garroche, 1600.
René	Gasté de Brives, 1744.
Albert	Gaston, 1758.
Jean-Baptiste	de Gatignol, 1688.
Pernard	de Gau, 1383. 1404.
Arnaud	de Gavarret, 1275. 1469. 1481.
Pierre	de Gavarret, 1502.
Geraud	Gaubert, 1297.
Jean	Gaubert, 1354. 1361. 1376. 1378.
Etienne	Gaubert, 1556.
Guillaume	De Gaudia, 1344. 1352. 1359.
Jean-Pons	de Gauran, 1675. 1691.
Pons	de Gaure, 1274. 1286. 1298. 1363. 1371. 1379. 1385. 1393. 1400.
Pons	de Gaure, Damoiseau, 1407.
François	de Gaure, 1307. 1317. 1322. 1330. 1343.
François	de Gaure le Jeune, 1331.
Pierre	de Gaure, 1373.
Jacques	de Gaure, 1393. 1405.
Durand	Gausbert, 1298.
Guillaume	Gausia, 1332.
Pierre-Arnaud	Gaussi, 1411.
Arnaud	Gautier, 1389. 1392. 1399.
Bertrand	Gautier, 1567.
Paul	Gautier, 1693.
Jean	Gautier, 1708.
Guillaume	de Gauvaret, *Cosseigneur de Quint*, 1545.
Jean	Gaye, 1716. 1730.
Nicolas	Gayral, 1704.
Jean	de Gairard, 1711.
Bernard	Gayrard, 1600.
Bernard	de Gayraud, 1639.
Jacques	Gebelin, 1468. 1490.

DES CAPITOULS.

Vital	Gelabert, 1300.
Bernard	Gelabert, 1304.
Jean	de Genelard, 1551. 1562.
Etienne	Geofroi, 1716.
Jean-Baptiste	de Gerar de Livri, 1748.
Pierre	Gerard, 1537.
Etienne	Geraud, 1285.
Vital	Geraud, 1312.
Bernard	Geraud, 1694.
Sicard	de Gerauld, Seigneur de Vieillevigne, 1538.
Jacques	de Gerié, 1669, 1688.
Jean	Gestes, Seigneur de Lavernose, & Pied, 1555, 1563, 1568.
Durand	Gestes, 1572.
Bernard	Gilabert, 1311.
Jean	Gilabert, 1347, 1354, 1395.
Raymond	Gilabert, 1349.
Barthelemi	Gilabert, 1360, 1378.
Jean	Gilabert, 1404.
Raymond	Gilabert, Seigneur de Venerque, 1416.
Pierre	Gilbert, 1353, 1360, 1367, 1376, 1383.
Pierre	Gilbert, 1413, 1428.
François	Gilbert, 1530.
Pierre	de Gilede, 1671, 1678, 1679, 1690.
François	Girardin, 1655.
Simon	de Girié, 1624.
Guillaume	Glaula, 1407. 1416.
Etienne	de Glonton, 1608. 1623.
Pierre	Glotton, 1616.
Charles-Theodose	Godefroy, 1750.
Amalric	Golmar, 1356.
Jean	Gombaut, 1472.
Raymond	Gontier, 1409.
Bernard	Gorchas, 1405.
Robert	Gordon, 1525.
Bernard	de Gorgas, 1413.
Joseph	Gorjade, 1707.
Jacques	Gossi, 1395. 1402. 1409.
Pierre-Raymond	Got, 1280.
Michel	Goti, 1555.

TABLE GÉNÉRALE

Pierre	Gotnesio, 1342.
Dominique	Gons, Seigneur de Villeneuve, 1511.
Jean	Gout, 1571. 1591.
Charles	Goutoulas, 1584.
Guillaume	Goyrans, Seigneur de Goyrans, 1322. 1334. 1341. 1350. 1357. 1365. 1372. 1380.
Pons	de Goyrans, 1349.
Louis	de Goyrans, 1406. 1413. 1420. 1430. 1439.
Bernard	de Goyrans, 1427. 1434. 1460.
Arnaud	de Goyrans, 1471.
Savaric	da Goyrans, 1509. 1525.
François	de Goyrans, 1565.
Guillaume	Gramaize, 1708.
Vital	de Grand, 1283.
Pierre	Grandele, 1600.
George	Grangeon, 1653.
Antoine	Gransault, 1749.
Jean	de Gras, 1658. 1682. 1690.
Jean-antoine	de Gras, 1661.
Charles	Grasset, 1736.
Guillaume-Louis	Grassin, 1709.
Guillaume	Graville, 1425.
Antoine	de Gray, 1473.
Pierre	Gregoire, 1520.
Jean	Gregoire, 1582.
Nicolas	Gregoire, 1584.
Michel	Gregoire, 1597.
André	Grez, 1448.
François	Griffolet, 1686.
Jean	Gros, 1271.
*	Gros, 1736.
Raymond	de Grosse, 1322.
Antoine	Grosset, 1569.
Jean	Guali, 1445.
Jean	de Guarin, 1382.
Marin	de Guascons, Rhodiot, 1555. 1556.
Jean	de Guascons, Seigneur de Garidech, 1590.
Raymond	Gubert, 1423.
Paul	Guerard, 1725.
Geraud	Guerin, 1529.

DES CAPITOULS.

George	Guerin, 1566.
Pierre	de Guerre, 1544.
Nicolas	de Guerrier, 1583. 1593.
Jean-Pierre	Guibert, 1624. 1629. 1692.
Jean	Guibert, 1606.
Jean-Baptiste	Guidi, 1725.
Pierre	de Guillaumar, 1417.
Arnaud	Guillaume, 1303.
Pierre	Guillaume, 1410.
Jean	Guillaumete, 1498.
Pierre	Guillemete, 1533.
Jean	Guillemete, 1522.
Guillaume	Guillori, 1512.
Jean	Guini, 1404.
Pons	Guitard, 1303.
Raymond	Guitard, 1311.
Guillaume	Guizot, 1462.
Bernard	Guizot, 1476, 1485.
Arnaud	Guizot, 1499.
Pierre	Guizot, 1514.
Jean	Gunebaldi, 1442.
Pierre	Guy, 1589.
Jean	Guy, 1717.
Jean-Gabriel	Guy, 1722.

H

Jean	de Harcam, 1564.
Helie	Hardy, ou Ardy, 1515.
Arnaud	Hebrard, 1496.
Antoine	Hebrard, 1515.
Antoine	Helie, 1599.
Benoit	d'Heliot, *Seigneur de Cornebarrieu, Saint Leon & Caussidieres*, 1702.
Nicolas	d'Heliot, 1739.
Bertrand	Hirmola, 1499.
Pierre	Hodierne, 1491.
Raymond-Arnaud	Hugolen, 1291, 1307.
Bernard	Hugues, 1274.
Jean	Hugonin, *Baron de Launaguet*, 1684.

TABLE GÉNÉRALE

Jean-François   Hulleau, Seigneur de Vigoulet, 1720.
Guillaume   Hunaud, 1350.
Pierre   Hunauld, Baron de Lanta, 1561.

I.

Jacques   Jacob, 1696.
Pierre   Jacob, 1707.
Jacques   Jarlandi, 1617. 1636.
François   du Jarric, 1659. 1671.
Louis   du Jarry, 1664.
André   Jean, 1500.
Pons   Imbert, 1510. 1524.
Eustache   Imbert 1536.
Arnaud   Joannis, 1307. 1318.
Arnaud   Joannis, Seigneur de Bruguieres, 1319. 1342.
Raymond   Joannis, Sgr. de Gargas, 1320. 1327. 1333. 1339.
Hugues   Joannis, Sgr. de Bruguieres, 1323. 1338. 1345.
Arnaud   Joannis, Sgr. de Gargas, 1323. 1328.
Guillaume   Joannis, Sgr. de Gargas, 1345.
Guillaume   Joannis, Seigneur de Montastruc, 1352.
Benoit   Joannis, Seigneur de Bruguieres, 1363.
Gilabert   Joannis, Seigneur de Cepet, 1365
Pierre   Joannis, Seigneur de Montastruc, 1370.
Jean   Joannis, 1405.
Jean   Joannis, 1440. 1472.
Thomas   Joannis, 1490.
André   Joannis, 1512.
Guillaume   Joata, 1439.
Jean-Pierre-Arnaud   de Jonquieres, 1673.
Antoine   de Jonquieres, 1683.
Bertrand   Jordain, 1295.
Jean-Bertrand   Jordain, 1297.
Jean   Jordain, 1304.
Arnaud   Jordain, 1321.
Pierre-Bertrand   Jordain, 1325.
Hugues   Jordain, 1336.
Raymond   Jordain, 1375. 1382.
Bernard   Jordain, 1381.
Vidal   Jordain, 1471.

Pons

DES CAPITOULS.

Pons	Jordanis, 1525.
Raymond	Jornal, 1295.
Berenguier	Jouberi, 1538.
Jean	Jougla, 1641. 1651. 1670.
Michel	Jourdan, 1723.
Louis	Journet, 1743.
Jean	Jozes, 1663. 1673.
Bernard	Julian, 1324.
Barthelemi	Julian, 1351.
Gilles	de Juliart, 1658.
Bernard	Julien, 1358.
Raymond	Izalguier, 1295, 1315, 1320.
Pons	Izalguier, Seigneur de Castelnau d'Estretefons, 1334, 1342, 1371, 1379, 1485.
Bernard-Raymond	Izalguier, 1338, 1345.
Pierre	Izalguier, 1346, 1353, 1360, 1367, 1403.
Jacques	Izalguier, 1349, 1356.
Barthelemi	Izalguier, 1351, 1359, 1373.
Jean	Izalguier, 1363. 1398. 1405.
Jacques	Izalguier, 1363. 1370. 1378. 1408. 1415.
Bartholin	Izalguier, 1366.
Galois	Izalguier, 1372.
Bernard	Izalguier, 1375.
François	Izalguier, 1406. 1420.
Jean	Izalguier, 1412.
Pierre	Izalguier, Seigneur de Clermont, 1417. 1424.
Jacques	Izalguier, Seigneur d'Auterive, 1437.
Odet	Izalguier, 1481.
Jacques	Izalguier, 1503. 1504.
Bertrand	Izalguier, Seigneur de Clermont, 1530.
Pierre	d'Izarny, Seigneur de Gargas, 1630.
Bernard	Izart, 1367. 1381. 1401. 1409.
Blaise	Izarti, 1420. 1431.

K

Pierre-Raymond	Kabiole, 1470.

Partie. II.

L

Joseph	Labadens, 1721.
Hector	de Labat, 1569.
Simon	de Labat, 1612.
Jean-Louis	de Labat, 1652.
Pierre	Labonne, 1635. 1650.
Jacques	Labonne, 1696. 1717.
Pierre	Labonne, Seigneur d'Escabillon, 1752.
Bernard	Laborie, 1498.
Pierre-Guillem	Laborie, 1506.
Bertrand	Labroquere, Coseigneur de St. Léon, & Caussidieres, 1754.
Daniel	de Labrosse, 1693.
Jean	de Lacalmontie, 1569.
Nicolas	de Lacalmontie, 1576, 1583.
Pierre	de Lacarry, 1629.
Jean	de Lacarry, 1682.
Henri	de Lacaze, Seigneur de Monbel, 1680.
Nicolas	de Lacaze, Seigneur de Sarta, 1728.
Jean-Jacques	de Lacaze de Rochebrun, 1729.
Bernard	de Lachapelle, 1552.
Pierre	de Lachapelle, 1559.
Antoine	de Lacoste, 1573.
François-mathurin	Lacour, 1731.
Jean	de Lacroisille, Seigneur de Villeneuve, 1462.
Samson	de Lacroix, 1567. 1575. 1580.
Jean	de Lacroix, 1623.
Jean-Mathieu	Ladoux, 1731. 1753.
Pierre	de Ladurantie, 1397. 1404. 1411.
Nicolas	de Ladurantie, 1422. 1431. 1446.
Louis	de Ladurantie, 1437.
Ferréol	de Lafage, 1673. 1683.
Germain	de Lafaille, 1660. 1667. 1674. 1681.
Bernard	Lafaya, 1348. 1355. 1362.
Jean	Laferriere, 1616.
Jean-Antoine	Lafon, 1714.
Raymond	de Lafont, 1296.
François	de Lafont, 1535. 1556.

DES CAPITOULS.

Jacques	de Lafont, 1558. 1566. 1578.
Bernard	de Lafont 1577. 1584. 1592.
Michel	de Lafont 1578. 1586.
Gabriel	de Lafont, 1599.
Guillaume	de Lafont, 1641.
George	de Lafont, 1617.
Jean	de Laforcade, 1704.
Pierre	Lafort, 1459.
Amans	de Lafourcade, 1527.
Bertrand	de Lafourcade, 1539.
Mathieu	de Lafourcade, 1544.
Jean-François	de Lafue, 1755.
Charles	Lagane, 1753.
Louis	Lagarde, 1538.
Hugues	de Lagardelle, 1447.
Aymeric	de Lagarrigue, 1376.
Antoine	de Lagarrigue, 1644.
Marc-Antoine	de Lagarrigue, Seigneur de Saint Loup, 1682.
Jacques	de Lagorrée, Seigneur de Sanguede, 1542.
Jean	de Lagorrée, 1601.
Gabriel	de Lagorrée, 1649.
Pierre	de Lagorrée, 1655.
Jean	de Laguaimarie, 1459.
Pierre	de Lajugie, 1314.
Guillaume	Lalane, 1545, 1561, 1569.
Simon	de Laloubere, 1696.
Havard	de Lamasoire, Seigneur de Punge, 1688.
Pierre	de Lamaymie, 1612, 1639, 1645.
Arnaud	Lambordi, 1282.
Ignace-Paschal	Lamic, 1730.
Oger	de Lamothe, 1618. Seigneur de Roses, S.te Colombe Haut &c.
Giles	de Lamotte, 1585.
Daniel	Lamouroux, 1713.
Julien	Lance, 1578.
Pierre	de Lancefoc, 1480, 1488, 1506, 1513.
Simon	de Lancefoc, 1519, 1541, 1549.
Pierre-Antoine	de Lancefoc, 1620, 1629.
Pierre	de Lanes, 1503.
Anne-François	de Lanoi de Mericourt, 1709.
Antoine	Lanusse, 1680.

Pierre	de Lapen, 1381.
Jean	Lapeire, 1422. 1431.
Henri	Lapeire, 1717.
Pierre	Layeyrie, 1732.
Jean-Antoine	Lapeyrie, 1751.
Geraud	de Lapinade, 1416.
Louis-Victor	Laplagne, 1733.
Jean	Lapomarede de Laviguerie, 1741. 1752.
François	de Laporte, 1572.
Pierre-Nicolas	de Laporte, 1733. 1745. 1746.
Dominique	Laram, 1526.
Jean	de Lardat, 1563. 1589.
Gaspard	de Lardat, 1637.
Jean-Antoine	Lardos, 1719. 1733. 1743.
Jean	de Larecepta, 1518.
Guillaume	de Larieu, 1665. 1672.
Louis	de Larieu, 1701. 1724.
François-Louis	de Lariviere, Seigneur de Grandmaison, 1710.
Sicard	de Laroche, 1367.
Girard	de Laroche, 1386. 1394. 1410.
Geraud	de Laroche, 1676. 1684.
Sicard	Laroque, 1360. 1371. 1379. 1408.
Pierre	Laroque, 1470.
Geraud	Laroque, 1603.
Michel	Laroque, 1743.
Guinot	Larue, 1431.
Jean-Pierre	Larue, 1699.
Jean-Pierre	Lassagne, 1746.
Philippe	Lassalle, 1700.
Jean-Baptiste	Lasserre, Seigneur de Haumont & le Pin, 1729. 1749. 1750.
Durand	Lasserre, 1736.
Jean-Pierre	Lassus, Seigneur de St. Giniés, 1742.
Bertrand	de Lastours, 1282.
Antoine	de Latanerie, 1605.
Vital	de Latour, 1284.
Raym. Guillaume	de Latour, 1285.
Guillaume	de Latour, Seigneur de Loserville, 1320. 1329. 1334. 1338. 1343. 1346. 1363.
Jean	de Latour, 1302. 1310. 1333. 1340. 1347.

DES CAPITOULS.

Guillaume	de Latour, 1316.
Raymond	de Latour, 1325.
Pierre	de Latour, 1353.
Gaillard	de Latour, 1368.
Hugues	de Latour, *Seigneur de Caftanet*, 1441.
Pierre	de Latour, 1510.
Jean	de Latour, 1532.
Pierre	de Latour, *Seigneur de Caftanet & Aufeville*, 1517.
Bertrand	de Latour, 1687. 1699.
Pierre	de Latour, 1730.
Bernard	Laval, 1464.
Jean	Lavaud, 1730.
Jacques	de Lavaur, 1626. 1631.
Jean-Alpignan	Lavergne, 1700.
Guillaume	Lavid, 1447.
Jacques	Lavit, 1618.
Jean	de Lavoix, 1618.
Charles	de Lavolvene, 1290.
Pierre	de Lavolvene, *Seigneur de Layraguet*, 1753.
Bernard	de Laurelio, 1272.
Pierre	Laurencii, 1292.
Bernard	Laurencii, 1341.
Pierre	Laurencii, 1395.
Pons	Laurencii, 1402. 1410.
Bernard	Laurencii, 1414. 1421. 1436.
Antoine	Laurencii, 1491.
Guillaume	Laurencii, 1496.
François	Laurencii, 1502. 1517.
Joffe	du Laurens, 1554.
Jean	du Laurens, 1666.
Thomas	du Laurens, 1681.
Sanche	Lauret, 1436.
Pierre	de Lauro, ou Dulaur, 1519.
Orens	de Lauze, 1694.
Noé	de Laymerie, 1663.
Marc-Antoine-Richard.	Laymerie, 1736.
Jacques	Lebrun, 1526.
Pierre	Leclerc, 1465.

Jean	Ledoux, 1501.
François	Legendre, 1690.
Pierre	Lenfant, 1615.
Guillaume	Lenoir, 1325.
Pons	de Lerat, 1296, 1300, 1310, 1316.
Guillaume	Lerat, 1336, 1343, 1351.
Arnaud-Guillaume	de Lerench, ou Lerenchis, 1415.
Guillaume	de Lerench, 1423.
Arnaud	de Lerench, 1439.
Jean-Bertrand	Lerissé, 1737.
Jean	Lers, 1438.
Pierre	Lesaché, 1722.
Guillaume	de Lescure, 1414.
Jean-François	Lespiau, 1699.
Antoine	Lespinasse, Co-Seigneur de Colomiés, & du Perget, 1683, 1695.
Jacques	Lespinasse, 1691, 1712, 1721.
Jean-Baptiste	Lespinasse, 1733.
Bertrand	Lespoy, 1501.
François	de Lestaing, 1620.
Martin	de Lestang, 1489.
Jean	Leyso, 1491.
Jean	Leyssat, 1471.
Astorg	Lezat, 1530.
Jean	Liberar, 1640.
Jean-Joseph	Licard, 1728.
Guillaume	Ligier, 1622.
Gabriel	Limairac, 1724.
Bernard	de Linieres, 1309.
Pons	de Linieres, 1311, 1321, 1328, 1333, 1340.
Arnaud	de Linieres, 1315.
Pierre	de Linieres, 1317.
Pierre	de Lisseri, 1523.
Martin	de Lisseri, 1540.
Jean	Loderii, 1321.
Marc	Lolanié, 1750.
François	Lombard, 1757.
Daniel	Lombardy, 1626.
Jean	de Lombral, 1596.
Louis	Lombrail, 1736.

DES CAPITOULS.

Pierre	de Lopes, 1542.
Michel	de Lopes, 1581.
Jean-Jacques.	de Lordat, 1621.
Jean	de Lort, 1409. 1417. 1427.
Bernard	Loubaiffin, 1725.
Pierre	Loubers, 1644. 1657.
Pierre-Louis	de Loupes, 1628.
Triftan	de Loupes, 1654.
Berenguier	Loupfan, 1582.
Arnaud	Lozes, 1740.
Jean	de Luco, 1547.
Gabriel	Luillier, *Seigneur de Chaumete, & Coffeigneur de Rochegonde, & des Ternes*, 1757.

M

George	Macouan, 1579. 1587.
Arnaud	Madron, 1476. 1488.
Auger	Madron, 1518.
Pierre	Madron, 1546. 1548. 1561. 1567.
Louis	Madron, 1638.
Antoine	Madron, 1647.
Antoine	Maignal, 1728.
Bernard	de Maillac, 1418. 1435.
Gafton	de Majoret, 1728.
Bernard	Maiftre, 1320. 1328.
Bernard	Maiftre, 1425.
François	de Malard, 1549. 1557.
Aimable	de Malard, 1632. 1635.
Antoine	Malaret, 1723.
Jean	Maldons, 1445.
Jean-Baptifte	Malefette, 1741.
Pierre	de Malenfant, *Seigneur de Preffac*, 1529.
Jean	de Maleprade, *Seigneur de Gagnac*, 1599. 1606. 1616. 1623.
Jacques	Malpel, 1739.
Jacques	Malvezin *de Lafeuillade*, 1714.
Sanche-Garcie	de Manas, 1329. 1334.
Geraud	de Manas, 1331.
Jean-Garcias.	de Manas, 1350.

Bernard	Mancip, 1370.
Bernard	Mancip, 1431. 1443.
Pons	Mancip, 1444.
Joseph	Mandat, 1697.
Bertrand	Mandement, 1578.
Ademar	Mandinelli, 1508.
Julien	Mandinelli, 1541.
Ademar	Mandinelli, 1561.
Jean	Mandinelli, 1610, 1611.
Joseph	Manen, 1692.
Jean	Manenc, 1500.
François	de Manfencal, Seigneur de Venerque, 1587.
Jean	de Manfencal, 1636.
Raymond	de Marac, 1399.
Michel	Maranzac, 1627.
Jean	Marcaffus, Seigneur de Puimaurin, 1721.
Nicolas	Marchand, Seigneur de Latournelle, 1706.
Antoine	Marcelot, 1585.
Paul	Marcorelle, 1731.
Pierre	Mares, 1307.
Geraud	Margaftaut, 1677.
Vincens	Margaftaut, 1682, 1698, 1714.
Jean	Marguerit, 1713.
Moïse	Marguerit, 1727.
Jean	Marignac, 1388, 1397, 1404, 1411, 1412, 1419.
Jean	Marin, 1428.
Chriftophle	de Mariotte, 1678, 1679.
Pierre	de Marmieffe, 1613.
François	de Marmieffe, 1614, 1617.
Bernard	de Marmieffe, 1654.
Jean	Marnerol, 1632.
Jean	de Marquefabe, 1413, 1420, 1428.
Guillaume	Marquefii, 1286, 1292, 1297, 1302.
Jean	Marquefii, 1348.
André	de Marraft, 1674.
Etienne	Marron, 1468.
Gilles	Marron, 1501.
Etienne	Marrot, 1727.
Bernard	Marfolni, 1445.

Guillaume

DES CAPITOULS. 513

Guillaume	Martel, 1661.
Jean	Martin, 1340.
Bernard	Martin, 1364.
Pons	Martin, 1380.
Jean	Martin, 1415. 1423.
Pierre	Martin, 1511.
Antoine	Martin, 1653. 1660.
Jean	Martin, 1672.
Mathieu	Martin, 1676.
Jean-Louis	Martin, 1679.
Pierre	Martin, 1694, 1703.
Jean	Martin, 1700.
Jacques	Martin, *Seigneur de Pouſe*, 1717.
Arnaud	Martin, 1720.
Gaubert	Martini, 1407.
Pierre-Paul	de Martres, 1636. 1646.
François	Maruc, 1677.
Jean	Maſeres, 1507.
Jean	de Maſiac, 1410.
Raymond	de Maſſac, 1382.
Jean	de Maſſac, 1438.
Antoine	Maſſe, 1563.
Jean	Maſſia, 1709.
Jean	Maſſoc, 1655.
Jean	Maſſonier, 1597.
Pierre	Maſſonier, 1619.
François	Maſſoulié, 1748.
Antoine	Matha, 1757.
Bernard	de Mataregon, 1284.
Pons	de Mataygon, 1352. 1380.
Jean	de Mataygon, 1424.
Etienne	Mauran, 1416.
Jean-Embrin	Mauran, 1417.
Raymond	Mauran, 1422.
Embrin	Mauran, *Seigneur de Belpech*, 1424.
Raymond	Maurand, 1273. 1277. 1294. 1302. 1307.
Pierre	Maurand, 1284. 1317.
Etienne	Maurand, 1286. 1295. 1300. 1306.
Arnaud	Maurand, 1289.
Bon-Mancip	Maurand, 1302. 1306. 1307.

Partie II.   O o

TABLE GÉNÉRALE

Bon-Mancip	Maurand, Seigneur de Gragnague, 1320. 1325. 1327.
Oldric, ou Aldric	Maurand, Seigneur de Belbèze, 1306. 1307, 1313. 1319. 1323. 1332.
Aldric	Maurand, 1314. 1318. 1322. 1326. 1330.
Aldric	Maurand, Seigneur de Valfegure, 1320.
Aldric	Maurand, Seigneur de Bauzelle, 1323. 1326.
Guillaume	Maurand, 1308. 1333.
Mancip	Maurand, 1314.
Mancip	Maurand, Seigneur de Monrabe, 1320. 1333. 1358.
Bertrand	Mauran, 1315.
Bertrand	Maurand, Seigneur de Gragnague, 1331.
Jean	Maurand, Seigneur de Mons, 1321, 1326, 1389.
Jourdain	Maurand, Seigneur de Pompignan, 1327. 1355.
Pierre	Maurand, Coffeigneur de Pompignan, 1328. 1336. 1338.
Pierre	Maurand, Seigneur de Belvèze, 1342.
Bernard	Maurand, Seigneur de Bonrepos, 1343.
Raimond-Othon	Maurand, Seigneur de Belvèse, 1345.
Adhemar	Maurand, 1349, 1356, 1363.
Bon-Mancip	Maurand, Seigneur de Bonrepos, 1355.
Raymond	Maurand, 1357.
Mancip	Maurand, 1362.
Etienne	Maurand, 1424, 1434.
Jean	Maurand, 1390.
Embrin	Maurand, 1392, 1410.
Raymond	Maurand, 1453.
Arnaud	Maurel, 1380, 1394.
Jean	Maurel, 1594, 1572.
Jean	Maureli, 1562.
Pierre	Mauret, 1713.
Odet	Mauri, Seigneur de Monlaur, 1515.
Pierre	de Mauriac, 1347.
Germain	de Mauriac, 1349, 1356, 1364, 1371.
Guillaume	de Mauriac, 1380.
Jacques	de Mauriac, 1395, 1406, 1413.
Jean-Pierre	de Mauriac, 1419.
Guillaume	Maurice, 1595.

DES CAPITOULS.

Guillaume	Maurin, 1317.
Pierre	Maurin, 1512.
Bernard	Maxence, 1441.
Berenguier	Mayneri, *Seigneur de Canac & Galice*, 1515.
Raymond	de Mazac, 1389.
Pierre	de Mazac, 1430.
Etienne	Mazade, 1541. 1562. 1568.
Barthelemi	Mazars, 1717.
Guillaume	Mazens, 1705.
Pierre	Medard, 1488.
Bernard	Medicis *de Saint Pol*, 1273.
Arnaud	Medon, 1659.
Jean-Pierre	Meja, 1693. 1715.
Charles	Melet, 1548.
Jacques	Melet, *Seigneur de Beaupuy*, 1588. 1602.
Antoine	Melet, *Seigneur de Beaupuy*, 1625.
Joseph	Melié, 1703.
Guillaume	Melon, 1725.
Pierre	Meneſtral, 1303. 1337. 1345.
Guillaume	Meneſtral, 1330.
Jean	Meneſtral, 1341.
Roger	Meneſtral, 1368. 1376.
Antoine	Mengaud, 1666.
Jean	dd Menville, 1483. 1484. 1491.
Arnaud	de Mercier, 1286.
Guillaume	de Mercier, 1319.
Guillaume-Arnaud	de Mercier, 1336.
Jean	de Mercier, 1461.
Velot	de Meſſallo, 1283.
Guillaume	Meſtre-Buiſſon, 1626, 1646.
Guillaume	Meynial, 1521.
Pierre	de Meynial, 1539.
François	de Meynial, 1547.
Jean-Pierre	de Meynial, 1668.
Raymond	Michaëlis, 1496.
Barthelemi	Michaëlis, 1507.
Gilbert	Michaëlis, 1534.
Bertrand	Michaëlis, 1642. 1660.
Dominique	Miegeville, 1740.
François	de Mieulet, 1684.

TABLE GÉNÉRALE

	Milhau, 1713.
Pierre	Miramond, 1718. 1731.
Jean-Léonard	Mirat, 1634.
Raymond	de Miravel, 1344.
Guillaume	Molinier, ou Molinerii, 1382. 1389. 1392. 1399. 1406. 1407. 1413. 1422.
Jean	de Molins, 1358.
Jean-Bernard	Molis, 1437.
Capin	Molis, 1464.
Jean	Molis, 1516.
Jean-Antoine	Moly, 1681.
Geraud	Monal, 1619.
Jacques	Moncassin, 1752.
Louis	de Mondran, 1716.
Olivier	Monluçon, 1737. 1739. 1741.
Paul	de Monrouzier, 1626.
Jacques	de Monserrat, 1629.
Henri	de Monsagut, 1638. 1652. 1653.
Jean	Montargis, 1505.
Jean	Montaudier, 1714. 1719.
Jean	de Montaut, 1404.
Jacques	de Montaut, *Seigneur d'Auterive*, 1410, 1417.
Jacques	de Montaut, *Seigneur de Pech Daniel, d'Auterive, & du Vernet*, 1436.
Jean-Marc	de Montaut, *Seigneur de Benac*, 1538.
Pierre	Montbel, 1481.
Geraud	de Montecan, 1289.
Pierre	de Montelaudio, 1285.
Durand	Montels, *Co-Seigneur d'Escalquens*, 1574; 1581.
Guillaume	de Montesquieu, 1327, 1338.
Jean	de Monfort, 1468, 1483, 1484, 1498.
Pierre	de Montlaudier, 1290, 1316.
Pierre	de Montlaudier, 1362, 1369, 1386, 1394.
Louis	de Montlaudier, 1377.
Arnaud	de Montlaur, 1386, 1414.
Dominique	de Montlaur, 1476.
François	de Montledier, 1326.
Pierre	de Montledier, 1355.
Etienne	de Montmejan, 1358, 1371, 1379, 1385.

DES CAPITOULS.

Arnaud	de Montolin, 1309.
Bernard	de Montolin, 1342.
Raymond	de Monts, 1364.
Gervais	de Morat, 1604.
Guillaume	de Morat, 1661.
Guillaume	Morebrun, 1460, 1474.
René	Morivaut, 1699.
Jean	de Morillon, 1472.
Guillaume	Morlan, 1716.
Guillaume-Pons	de Morlanes, 1301. 1309. 1314. 1323. 1340.
Bertrand	de Morlanes, 1328. 1332. 1337. 1344.
Guillaume-Pierre	de Morlanes, 1346.
Guillaume-Pons	de Morlanes, 1349. 1356. 1370.
Raymond	de Morlanes, 1353.
Dominique	de Morlanes, 1358.
Pons	de Morlanes, 1363.
Jean	de Morlanes, 1365. 1372.
Robert	de Morlanes, 1361. 1373. 1382. 1389. 1390. 1398. 1399.
Bernard	de Morlanes, 1384.
Jean	de Morlanes, 1445.
Pierre	de Morlanes, 1447.
Jean	de Morlas, 1527.
Jean	de Morlhon, 1729.
Jean	Morlon, 1507.
Jacques	Murat, 1574. 1581.

N

Jean	de Nabis, 1352. 1360.
Pierre	Nadal, 1685.
Nicolas	Najac, 1390. 1418. 1425.
Hugues	Najac, 1412. 1420. 1425. 1428.
Jean-Bernard	de Nates, ou Nato, 1395.
Bernard	de Nates, 1302.
Izar	de Navarre, 1373.
François	Nauté, 1642. 1664.
Étienne	Negret, 1757.
Raymond	de Neuville 1296.
François	Niocel, Seigneur de Tegra, 1759.

	TABLE GÉNÉRALE
Adhemar	de Noaille, ou Noveilles, 1459. 1471.
Pierre	Noel, 1595.
Etienne	de Nogaret, 1357. 1364. 1371. 1379.
Jacques	de Nogaret, 1366. 1277. 1385.
Bertrand	de Nogaret, 1398. 1407.
Etienne	de Nogaret, 1408.
Pierre	de Nogaret, 1413. 1420.
Etienne	de Nogaret, 1425. 1434.
Pierre	de Nogaret, 1430. 1440.
Bernard	de Nogaret 1454. 1462.
Jean	de Nogerolle, 1502.
Pierre	de Nogerolle, 1544.
Pierre	Noguerii, 1516.
Jean	Nolet, 1500.
Guillaume	Nos, 1436.
Jean	Nos, 1483. 1484.
Bertrand	Notaire, 1435.
Jean-Paul	de Nougerolles, 1619.
Pierre	Nouhaut, 1533.
Gervais	Nouhaut, 1559. 1560.
Pierre	Nouhaut, 1587. 1599.
Pons	de Noville, 1300.
Leon	Novy, 1735, 1738.
Bernard	Noyers, 1430, 1445.

O

Jean	Odon, 1311, 1313, 1315, 1319.
Bertrand	Olier, 1364.
Bernard	Olier, 1376.
Bernard	d'Olive, 1466.
Jean	d'Olive, 1490.
Amelin	d'Olive, 1490.
George	d'Olive, 1648, 1661.
Jean	Olivier, 1618, 1653, 1655, 1659.
Antoine	Olivier, 1680, 1702.
Jean-Jacques	Olivier, 1699.
Jean	Olivier, Baron d'Ancausse, 1701.
Joseph	Olivier, 1721.
Jean	Orlhac, 1610.

DES CAPITOULS.

Salomon　　　　Ortely, 1615.
Guillaume　　　Ortolon de Laroque, 1583.
Guillaume-Raym.　Othon, 1294.
Bertrand　　　　Othon, 1298.
Jean　　　　　　Othon, 1325.
Guillaume　　　Ovelherii, 1383.
Rigal　　　　　d'Ouvrier, 1541.
Gabriel　　　　d'Ouvrier, 1610. 1611.
Pierre　　　　　d'Ouvrier, 1637.
Jean-Jacques　　d'Ouvrier, *Seigneur du Vernet*, 1677.
Pierre-François　d'Ouvrier, 1717.

P

Guillaume　　　Pabrelli, 1415.
Raymond　　　　Pacor, 1287.
Bernard　　　　Pacor, 1294.
Arnaud　　　　　de Pagan, 1285. 1320.
Jean　　　　　　de Pagan, 1313. 1330. 1344.
Raymond　　　　de Pagan, 1321. 1328. 1339.
Raymond　　　　Pajela, 1434.
Antoine　　　　Pages, 1695.
Jean-François　Pages Deshuttes, 1758.
Vital-Pierre　　Pagese, 1272.
Guillaume　　　Pagese, 1324. 1328. 1332. 1339. 1367. 1375.
　　　　　　　　1383. 1394. 1408.
Guillaume-Pierre　Pagese, 1405. 1412. 1419. 1427. 1434. 1448.
　　　　　　　　1455.
Hugues　　　　　Pagese, 1443.
Raymond　　　　Pagese, 1489.
Jean　　　　　　Pagese, 1466.
Guillaume　　　Pagese, 1468.
Hugues　　　　　Pagese, 1474.
Bernard　　　　Pagese, 1485.
Raymond　　　　Pagese, *Seigneur d'Asas*, 1505. 1517.
Pierre　　　　　Pagese, *Seigneur d'Asas*, 1541.
Etienne　　　　Paillers, 1439.
Hugues　　　　　de Palais, 1277. 1284. 1288. 1290. 1292.
　　　　　　　　1316. 1327.
Hugues　　　　　de Palais, 1364. 1373.

Bertrand	de Palais, *Seigneur de Noyers*, 1341. 1348. 1355.
Bertrand	de Palais, *Seigneur d'Audars*, 1352. 1354. 1360. 1369. 1370. 1378. 1386.
Bertrand	de Palais, *Seigneur de Taravel*, 1362. 1385. 1393. 1402.
Arnaud-Guillaume	de Palais, 1375. 1389.
Barthelemi	de Palais, 1377.
Arnaud-Gilles	de Palais, 1382.
Guillaume	de Palais, 1397.
Pierre-Jean	de Palais, 1407.
Antoine	de Palaprat, 1629.
Jean	de Palaprat, 1676. 1684.
Etienne	de Palarin, 1602.
Jean-Etienne	de Palarin, 1663.
Charles	Palmerii, 1491.
Jean	Paloti, 1440.
Jean	Paluti, 1411.
Jean	Panis, 1699.
Pierre	de Papus, 1528.
Pierre	de Papus, *Seigneur de Lacaſſagnere*, 1687.
Raymond	Paraire, 1292. 1340.
Bernard	Paraire, 1302.
Jean	Paraire, 1693.
Raymond	de Pardinis, 1306.
Jacques	de Paris, 1386.
Pierre	de Paris, 1715.
Hugues	Parra, 1584.
Jean	de Parrin, 1621. 1624. 1648.
Pierre	Paſtel, 1468.
Olivier	Paſtoureau, 1551. 1561.
Pierre	Pata, 1424.
Jean	Pauc, 1528.
Mathieu	Pauc, 1535.
Dominique	Pauc, 1538.
Guillaume	Paucareta, 1362. 1405.
Jean	Paucareta, 1386. 1401.
Pierre	de Pauci, 1603.
Louis	de Pauci, 1639.
Louis	de Paulhac, 1597.
François	de Paulhac, 1532.

Etienne

Etienne	de Paulo, 1512.
Simon	de Paulo, *Seigneur de Gratentour*, 1589.
Antoine	de Paulo Grandval, *Baron de Calmont, & Terracuse*, 1647.
Vincens	de Paulo, 1650.
Antoine	Pechagut, 1508.
Bernard	Pegarel, 1310.
Jean	Pegulhan, 1613. 1623. 1672. 1689.
Jean-Antoine	Pegulhan, 1616. 1626.
Raymond	Pegurier, 1522.
Pierre	Pelegri, 1411.
Jean	Pelegrin, 1404.
Barthelemi	Pelisseri, 1421.
Jean	Pelissier, 1537. 1545.
Guillaume	Pelissier, 1524.
Nicolas	Pelissier, 1566.
Arnaud	Pellapoix, 1586.
Antoine	de Pelletier, 1627.
Jean	de Pelletier, 1678.
Pierre	Pellicier, 1667.
Antoine	Pellicier, 1613.
Pierre	de Pelut, *Seigneur de Pompertuzat*, 1673. 1688.
Jean-Baptiste	de Pemeja, 1711.
Louis	Pendaries, 1675.
Jean	Peres, 1669. 1686.
Jean-François	Peres, 1698.
François	Peres, 1716.
Jean-Antoine	de Perignon, 1706.
Charles	Perinel d'Orval, 1758.
Jean	Perrin, 1635.
François	Pertenais, 1723.
Pierre	Pertenais, *Seigneur de Villeneuve*, 1734.
Raimond	de Pessoles, 1577.
Jean	de Pessoles, 1714.
Jean	de Petramala, 1401. 1409.
Jourdain	Petri, 1383.
Jean	Petri, 1516.
Geraud	Peyade, 1424.
Guillaume	Peyre, 1524.
François	Peyrille, 1594.

Partie. II.

TABLE GÉNÉRALE

Louis	Peyrille, 1625.
Pierre	Peyrous, 1532.
Etienne	de Pezan, 1647, 1657.
Jean	Pichon, 1470.
Hugues	Picot, 1381.
Philippe	Picot, *Seigneur de Lapeyrouse & de Basus*, 1738.
Guillaume	Pictavin, 1366.
Guillaume	Pictor, *Seigneur de Naillous*, 1271, 1277, 1359.
Pierre	Pigot, 1425.
Pierre	Pimbert, 1727.
Arnaud	de Pinols, 1408, 1416.
Guillaume	Pinonis, 1421.
Othon	de Pins, 1362.
Geraud	de Pins, 1373, 1383, 1411, 1419.
Jean	de Pins, *Seigneur de Mombrun*, 1545.
Not	de Pis, 1369.
Geraud	de Pis, 1401.
Bernard-Raymond	de Pis, 1408. 1415. 1416.
Raymond-Bernard	de Pis, 1409.
Etienne	de Piscis, 1401. 1408. 1415.
Arnaud	de Placensac, 1466.
Pierre	de Placensac, 1473.
Guillaume	de Placensac, 1481.
Jean	de Placensac, 1491.
Simon	de Placensac, 1532.
Joseph	Planet, 1700.
Antoine	Planhola, 1523.
Pierre	de Planis, 1312. 1402.
Jean	de Platea, 1549.
Jean	Plos, 1697.
Eustache	Poget, 1697.
Jean	Poisson, 1732.
Antoine	Pomarede, 1598.
Guillau. Arnaud.	Pons, 1318.
Raymond	Pons, 1369.
Bernard	Pons, 1742.
Jean	de Ponsan, 1662.
Joseph	Ponsard, 1701.

DES CAPITOULS.

Raymond	Pontier, 1710.
Berenger	de Portal, 1274.
Pierre	de Portal, 1280. 1285.
Vital	de Portal, 1283.
Pierre	de Portal, 1324. 1329. 1333. 1338. 1348. 1361.
Pierre	de Portal, 1376. 1398. 1405. 1423.
Oldric	de Portal, 1389.
Raymond-Geraud	de Portal, 1294. 1297.
Alaric	de Portal, 1295.
Pierre	de Portallo, 1280. 1286.
Raymond-Geraud	de Portallo, 1288.
Pierre	de Porte, 1520.
Michel	de Portets, Seigneur de Belloc, 1755.
Jean	Portevin, 1408.
Aymeric	Portier, 1303. 1309. 1330.
Pons	Portier, 1327.
Raymond	Portier, 1418.
Jean	Portier, 1434. 1442.
Jacques	Portier, 1500.
Pierre	de Posano, 1289.
Aymeric	de Posans, 1338.
Hugues	de Posans, 1344.
Raymond	de Posans, 1352.
Pierre-Salomon	Pothouin, 1745.
Pierre	Potier, Seigneur de la Terrasse, & de Castelnouvel, 1540.
Hector	Potier, Seigneur de la Terrasse, 1599. 1613. 1630.
Jean	Potier, 1640. 1647.
Pierre	Poulhariés, 1724.
Pierre	Poulleaux, 1679.
Pierre	Pourqueri, 1747.
Jean-Franç. Joseph	de Pous, 1756.
Jean	de Poussoy, 1625. 1632. 1641.
Louis	Pradelle, 1643.
Guillaume	de Pradines, 1668. 1675. 1694. 1703.
Jean-Joseph	de Pradines, Seigneur de Lapeyrouse, 1694. 1705. 1706. 1707. 1708.
Guill. Hiacinte	Pradines, de Ciron, Seigneur de la Peyrouse, 1709.

Pp 2

TABLE GÉNÉRALE

Pierre	Prat, 1590, 1613.
Pierre	Pratviel, 1752.
Pierre	Prevoſt, 1686.
Jean	Prevoſt, 1705.
Jean	Prevoſt, 1746.
Jean	Prevoſt, 1751.
Guillaume	Prime, 1300.
Pierre	de Prinhac, ou Prinhaco, 1277, 1282, 1286, 1308, 1317, 1321, 1325.
Cartonel	de Prinhac, 1288.
Raymond	de Prinhac, 1306, 1312, 1313, 1319, 1344.
Pons	de Prinhac, 1308, 1348.
Vital	de Prinhac, 1311.
Pierre	de Prinhac, 1329, 1333, 1338.
Pierre-Raymond	de Prinhac, 1342.
Etienne	Prinhac, 1400.
Raymond	Prinhac, 1412.
Pierre	Procuſe, 1420.
Pierre	de Prohenques, 1514.
Jean	de Prohenques, 1535.
Jean	de Prougean, 1657.
Pons	de Prulhet, 1278.
Raymond	de Puget, 1296.
Bertrand	de Puget, 1301, 1308, 1313, 1319.
Jean	de Puget, 1309.
Guillaume	de Puget, 1324.
Pierre	de Puget, 1351.
Pons	de Puget, 1358.
François	de Puget, 1360.
Jean	de Puget 1368.
Michel	de Puget, 1381.
Guillaume	de Puget, 1401. 1459.
Pierre	de Puget, 1434. 1466.
Bertrand	de Puget, 1437.
Guillaume	de Puget, 1500.
Jacques	de Puget, 1577. 1584. 1590. 1598. 1618.
François	de Puget, 1586.
Pierre	de Puget, 1615.
Pierre	Puiboube, 1596.
Guillaume	de Puibuſque, 1304.

DES CAPITOULS. 525

Pons	de Puibusque, 1354.
Jacques	de Puibusque, 1385.
Pierre-Raymond	de Puibusque, 1388. 1403.
Jean	de Puibusque, 1393. 1401. 1408. 1412. 1419.
Pierre	de Puibusque, 1356.
Raymond	de Puibusque, 1402. 1409. 1416.
Raymond	de Puibusque, *Chevalier*, 1448. 1455. 1471.
Vital	de Puibusque, 1454.
Raymond	de Puibusque, 1459. 1464. 1475.
Bernard	de Puibusque, *Seigneur de Bellaval*, 1480. 1490. 1504. 1505. 1517.
Raymond	de Puibusque, *Seigneur de Pauliac*, 1482. 1488. 1492. 1493. 1494. 1495. 1499. 1510. 1520.
Raymond	de Puibusque, *Seigneur de Mauremont*, 1485.
Jean	de Puibusque, *Sgr. de Mauremont*, 1501. 1512.
Bernard	de Puibusque, *Sgr. de Fenouillet*, 1503.
Henri	de Puibusque, *Sgr. de Lalandelle*, 1513. 1522. 1548.
Laurens	de Puibusque, *Sgr. de Lalandelle*, 1560. 1561. 1572. 1582. 1604.
François-Clement	Pujos, 1748.
Gabriel	Pujou, 1695.
Jacques	de Puymisson, 1598. 1621.

Q

Pierre	de Querillac, 1370.
Jacques	de Queyrats, 1652. 1664.
Bernard	de Quinbal, 1273.
Vital	de Quinbal, 1283.
Arnaud	de Quinbal, 1317. 1329.
Guillaume-Arnaud	de Quinbal, 1343. 1350. 1357. 1394. 1403.
Guillari	de Quinbal, 1358.
Guillaume	de Quinbal, 1365. 1380.
Jean	de Quinbal, 1373. 1376.
Germain	de Quinbal, 1400, 1408, 1415.
Jean	Quinquiry, 1724, 1741.

TABLE GÉNÉRALE

R

Jean	de Rabaftens, 1474.
Falon	de Rabaftens, 1489.
Etienne	de Rabaftens, Coſſeigneur de Colomiés, 1537. 1546. 1549. 1557. 1561.
Pierre	de Rabaftens, 1577. 1606. 1621.
Nicolas	de Rabaudy, 1649. 1659.
Pierre-Nicolas	de Rabaudy, 1656. 1665.
Jean-François	de Rabaudy, 1704.
Jean	Racaud, 1424.
Bernard	Racaud, 1469.
Pierre	Rahon, 1592. 1599. 1607. 1617.
Pierre-Joseph	Raignac, 1734.
Pierre	Rambaud, 1702.
Pierre	Ramond, 1614.
Louis-François	Rangueil, 1730.
Antoine	Raſpaud, 1574.
Arnaud	Raftel, 1604.
Raymond	Raymi, 1289.
Berenger	Raymond, 1271. 1277. 1299. 1306. 1314. 1318. 1323.
Bernard	Raymond, 1284.
Geraud-Raymond	Raymond, 1297.
Bernard	Raymond, 1427. 1437.
Bern. de Sarralto	Raymond, 1428.
Pierre-d'Aurival	Raymond, 1430.
Guill. de Saralto	Raymond, 1431.
Etienne	Raymond, 1666.
Jean-François	Raymondy, 1693. 1648.
Pierre	Raynaldy, 1288.
Bernard	Raynard, 1282.
Germain	Raynard, 1338.
Jean	Raynard, 1349. 1356.
Noel	Raynard, 1523.
Jean	Raynier, 1341.
Jean-Baptifte	Reboutier, 1704.
Jean	Recodere, Seigneur de Saint Leon, 1606.
François	Redon, 1710.

DES CAPITOULS.

Jean	Refrichureri, 1407.
Raymond	de Regis, 1317.
Arnaud	de Regis, 1330.
Pierre	de Regis, 1425.
Bernard-Raymond	de Reggiis, 1299.
Pierre-Raymond	de Reggiis, 1321.
François	Regnauldin, 1736.
Barthelemi	Regourd, 1574. 1582.
Jean	de Rejaut, 1410.
Bernard	de Reich, 1636.
Helie	Reinier, 1502.
Bernard	Renaud, 1708.
Jean-Antoine	Randon, 1737. 1738. 1740.
Jean	Requiem, 1711.
Pierre	de Requi, 1657.
Etienne	de Resseguier, 1622. 1629.
Simon	Restes, 1453.
Jean	Restes, 1471. 1488. 1503.
Simon	Restes, 1513. 1520.
Philippe	Restes, 1548. 1563. 1570.
Salvi	de Revel, 1703.
Jean	de Revel, 1714. 1722.
Jean	Revellat, 1609.
Guillaume	Reverin, 1507.
Rolland	Rey, 1618.
Pierre	Rey, 1691.
Jean	Reynal, 1682.
Jean-Maurice	Reynaud, 1746.
François	de Ricard, *Seigneur de Villenouvete*, 1673.
Dominique	Ricard, 1697.
Gabriel	Ricard, 1755.
François	Ricardi, 1604.
Pierre	de Ricaud, 1316.
Jean	Rigaldi, 1590.
Jean	Rigaud, *Seigneur d'Aigrefeuille*, 1310.
Jean	Rigaud, *Seigneur d'Aigrefeuille*, 1417.
Jean	Rigaud, *Chevalier*, 1428.
Jean	Rigaud, *Seigneur d'Aigrefeuille*, 1441.
Arnaud	Rigaud, 1523.
Bertrand	de Riperia, ou Riviere, 1406. 1414.

	TABLE GENERALE
Aycard	de Riperia, 1407. 1414.
Pierre	de Rives, 1647.
Pierre	de Riviere, *Seigneur de Cayras*, 1552, 1553.
Pierre	Rixoil, 1462.
Raymond	de Roix, 1271, 1286, 1317, 1323.
Deo-Dat	de Roaix, 1273, 1278.
Davin	de Roaix, 1295, 1301, 1307, 1314.
Pierre	de Roaix, 1300.
Sicard	de Roaix, 1302.
Aymeric	de Roaix, 1310, 1321, 1334, 1359.
François	de Roaix, 1318.
Arnaud	de Roaix, 1316.
Guillaume	de Roaix, 1327, 1339, 1379.
Donat	de Roaix, 1341.
Jean	de Roaix, 1346, 1365, 1372.
Barthelemi	de Roaix, 1353.
Hugues	de Roaix, 1366, 1376.
Bernard	de Roaix, 1417.
Castelnau	de Roaix, 1361, 1418.
Etienne	de Roaix, 1454, 1465, 1481.
Achille	de Roaix, 1536.
Pierre	Robaut, 1302.
Pierre	Robert, 1388, 1396, 1407.
Jean	Robert, 1513.
Charles	Robert, 1686.
Michel	Robert, 1695.
Jean-Antoine	Robert, 1750.
Pierre	de Robiane, 1464.
François	de Robiane, 1485.
Nicolas	de Robiane, 1499.
Jean	Roche, 1509.
Antoine	Roche, *Seigneur du Boulay*, 1715.
Jean	de Rochefort, *Seigneur de Viviés*, 1524.
Pierre	de Rochefort, 1507.
Pierre	du Rocher, 1639.
Antoine	Rocolis, 1487.
François	Rocorland *de Sabateri*, 1627.
Laurens	Rocoux-Castanet, 1738.
Arnaud	de Rodelle, 1408.
Arnaud	de Roergio, 1405, 1416, 1423.

Jean

Jean	Roguier, 1500, 1511, 1563, 1569, 1576.
Laurens	Roguier, 1587.
Arnaud	Roguier, 1635.
André	Roguier, 1679.
Ferrand	Roix, 1321.
Pierre	Roix, 1485.
Henri	Rollan, Seigneur de Saint Rome, Coseigneur de Montesquieu, Baziege & Montgaillard, 1755.
Jean	Rolland, 1719.
Pierre	Rond, 1271.
Pierre	Roqueplane, 1733.
George	Roques, 1649.
Pierre	de Roquette, 1466. 1487.
Pierre	de Roquette, Seigneur d'Auseville, 1492. 1493. 1494. 1495.
Bertrand	de Roquette, 1505.
François	de Roquette, 1620.
Nicolas	de Roquette, 1656.
Jean	de Roquette, 1662.
Guillaume	Ros, 1350.
Arnaud-Bernard	Ros, 1357.
Pierre	Rosandi, 1440.
Hugues	Rose, 1388.
Raymond	Rosel, 1381.
Geraud	Roselli, 1418.
Arnaud	Rosergio, 1431.
Michel	Rosiés, 1632.
Pierre	Rossignol, 1522.
Pierre	Rotton, 1723.
Pierre	Rottond, 1631.
Jean	Rouaix, 1701.
Raymond	de Rouer, Baron de Fourquevaux, 1543.
Jean	Rougé, 1712.
Jean	Rougier, 1623.
Jacques	Rouillac de Trachaussade, 1747.
Jean-Paul	Roume, 1739.
Louis	de Rousset, 1698.
Jean	Rouvairolis de Rigaut, 1750.
Pierre	de Rouviere, 1708.

TABLE GÉNÉRALE

Pierre	Roux, 1303. 1331.
Arnaud	Roux, 1320.
Pierre	Roux, 1441.
Jourdain	Roux, 1496.
Jean	Roux, 1579, 1591.
Jean	Roux, 1638.
Jacques	Roux, 1658. 1668. 1686.
Honoré	Roux, 1729.
Laurens	Royer, 1654.
Bernard	de Rozet, *Seigneur de Lagarde*, 1564. 1568.
Antoine	de Rudelle, 1572. 1580.
Guillaume	de Rudelle, 1607.
Hugues	de Rudelle, 1609, 1638.
Jean	de Ruera, 1413.
Arnaud-Bertrand	de Ruffi, 1346.
Guillaume	de Ruffi, 1359.
Arnaud	de Ruffi, 1361.
Jean	de Ruffi, 1383, 1401, 1411.
Pierre	de Ruffi, *de Vaure*, 1418, 1425.
Jean	de Ruffo, 1519.
Gaston	de Rupe, ou de la Roche, 1506.
Pierre	de Rupe, 1527.

S

Pierre	de Sabatier, ou Sabateri, 1333.
Pierre	de Sabatier, 1433.
Germain	de Sabatier, 1372.
Thomas	de Sabatier, 1543. 1549.
Henri	de Sabatier, 1581.
Raymond	de Sabatier, 1518.
François	de Sabatier, 1642.
Jean-Thomas	Saget, 1701.
Jean	Saget, 1722.
Joseph-Marie	Saint-Agne, 1712.
Arnaud	de Saint-Amulie, 1388.
Pierre	Saint-Arroman, 1712.
Arnaud	de Saint-Denis, 1361.
Pierre	de Saint-Etienne, *Seigneur de Saint André*, 1538.

DES CAPITOULS. 531

Jacques	de Saint-Etienne, *Seigneur de Camparnauld*, 1537. 1551. 1553.
Jacques	de Saint-Etienne, *Seigneur de Fraxinete*, 1620.
Bernard	de Sainte-Foi, 1355.
François	de Saint-Felix, *Seigneur de Clapiés*, 1530. 1552. 1561.
Germain	de Saint-Felix, *Seigneur de las Varennes*, 1647. 1663.
Guillaume	Saint-Germain, 1589, 1598.
Pierre	de Saint-Gilles, 1375.
Guillaume	de Saint-Giniés, 1681. 1704.
Durand	de Saint-Ibars, 1272. 1327. 1344.
Estoute	de Saint-Ibars, 1295. 1310.
Raymond	de Saint-Ibars, 1311. 1356.
Raymond-Bernard	de Saint Ibars, 1348.
Bernard	de Saint Jean, 1407.
Jean	de Saint Jean, 1510.
Arnaud	de Saint Jean, *Seigneur de Segoufielle*, 1546.
Jerome	de Saint Julian, 1489.
Bertrand	de Saint Just, 1405, 1414, 1422.
Jean	de Saint Latgier, 1571.
Jean	de Saint Laurens, *Seigneur de Fontanas, & Canals*, 1668, 1687.
Bernard	de Saint Loup, 1312.
Bertrand	de Saint Loup, 1320.
Jean	de Saint Loup, 1470, 1490.
Pierre	de Saint Loup, 1501, 1513.
Etienne	de Santo Mario, 1422.
Jean	Saint Martin, 1724.
Pierre	de Saint Pierre, 1316.
Bertrand	de Saint Pierre, 1448.
Nicolas	de Saint Pierre, 1474.
Jean	de Saint Pierre, 1531.
Jean	de Saint Pierre, 1605.
Nicolas	de Saint Pierre, 1608, 1618, 1627.
Raymond	de Saint Pol, 1298, 1304, 1315, 1322, 1330.
Pierre	de Saint Pol, 1304.
Raymond	de Saint Pol, 1331.
Bertrand	de Saint Pol, 1403. 1414. 1447.

Qq 2

	TABLE GÉNÉRALE
Jean	de Saint Pol, 1506.
Jacques-George	de Saint Pol, 1638.
Jean	de Saint Sernin, 1350.
Pierre	de Saint Sernin, 1740.
Pierre	de Saint Subran, 1271.
Pierre	Salamonis, 1535.
Bernard	Salard, 1470.
Jean	Saline, 1594.
Jean-George	Saline, 1644.
Jean-George	de Salinier, 1654.
Pierre	de Salles, 1675.
François	Salmitres, 1656.
Bernard	Salvet, 1381.
*	Salviac, 1690.
Marianne	de Saluste, 1583. 1591. 1600. 1611. 1619.
Bernard	de Samatan, 1277. 1284.
Arnaud	de Samatan, 1303. 1314. 1319. 1324.
Bernard	de Samatan, 1306. 1321.
Marc-Antoine	Sambuci, 1745.
Pierre	Sancerre, 1521.
Daniel-François	Sanche, 1721.
Jacques	Sancheli, 1681.
Pierre	Sancheli, 1709.
Marc	Sanravite, 1436.
Rigal	de Saporta, 1646.
Pierre	Saraille, 1477.
Pierre	de Sarlat, 1423.
Pierre-Antoine	de Sarlat, 1465.
Jean	Sarragouffe, 1593.
Raymond	Sarravère, 1539.
Bernard	de Sarta, 1521
Pierre	de Savalette, 1710.
Guillaume	de Saverdun, 1365.
François-Joseph	de Sauveterre, 1676.
Claude	de Sauveterre, 1678.
Blaise	Savy, 1624.
Guillaume	Secondis, 1500.
Pierre	Secourieu, 1273.
Gaston	de Sede, 1658.
Laurens	de Sede, 1691.

DES CAPITOULS.

Arnaud	de Segla, 1565.
Raymond	Segui, 1527.
Denis	Segui, 1675.
Nicolas	Segui, 1730.
Guillaume	Seguier, 1319.
Bernard	Seguin, 1362.
Robert	Seichier, 1574.
Jean-Baptiste	Seignan, 1707.
Jean	Senac, 1744.
Pierre	Senhoroni, 1342.
Martial	Sentous, 1602.
Jean	de Sercio, 1430. 1449.
Bernard	de Seré, 1557.
Guillaume	de Seré, 1610.
Jean	de Seré, 1723.
Raymond	Serene, 1431.
Jean	Serié, 1732.
Hugues	Sermet, 1570.
Pierre	de Serta, 1529.
Raymond	Servat, 1332.
Jean-Bernard	Servienti, 1446.
Michel	Servienti, 1504.
**	Severin, *Seigneur de Castanet*, 1471.
Pierre	Seurin, 1594.
Durand	Sicard, 1414.
Jean	Sicard, 1740.
Peregrin	Signati, ou Signier, 1283, 1295, 1297, 1301.
Étienne	Signati, 1304.
François	Signati, 1309, 1317, 1328.
Arnaud	Signati, *Seigneur de Pofan*, 1321.
Jean	Signati, 1325.
Peregrin	Signati, 1339.
Aymeric	Sillio, 1296.
Philippe	Simonet, 1502.
Pierre	Simonis, 1515.
Jean	Simorre de Lourde, 1750.
Bernard	Sirven, 1438.
Jean	Sirven, 1734.
Raymond	Sobachi, 1282.
Guillaume	Soca, 1297.

Pierre	Soca, 1303.
Jean	Solacii, 1447, 1474.
Pierre	de Solages, 1502.
Jean-Paul	de Solages, 1706.
Bernard	Solano, 1339.
Jean	Soleilavolp, 1652.
Etienne	Soleilavolp, 1691.
Jean	Solens, 1581.
Antoine	Solerii, ou Solier, 1514.
Robert	Solerii, 1505.
Etienne	du Sollier, 1612.
Betrand	de Somvies, *Seigneur de Roubignan*, 1708.
Tristan	de Soustre, 1516.
Pierre	Souterrene, 1646. 1656.
Jean	Spinasse, 1642.
Hugues	Squinati, 1381.
Seguin	Squinati, 1402.
Bernard	Stellane, 1687.
Pierre	Storgi, 1406.
Jean	Suau, 1571.
Pierre	Suau, 1587.
Pierre	Suberne, 1533.
Pierre	Subreville, 1593.
Guillaume	Sudre, 1475.
Bernard	de Superfantis, 1558. 1567. 1574. 1579.
Pierre-Jean	Supplicy, 1667.
Raymond	de Sus; 1453.

T

Pierre	Taberlii, 1633.
Mathurin	Taffin, *Seigneur de Coudereau*, 1700.
Pierre	Taillasson, 1613.
Guillaume	Tamissier, 1525.
Raymond	Taparacii, ou Taparas, 1337. 1350. 1357.
Tors	Taparacii, 1362. 1369.
Jean	Targeri, 1421.
Jean	de Tartanac, 1571.
Etienne	Teillet, 1490. 1501.
Claude	Terlon, 1555.

DES CAPITOULS.

Jean	Teronde, 1560.
Jean	Terrein, 1466. 1485.
Guy	Terrein, 1511. 1512.
Bernard	Terrier, 1332.
Vital	Terrier, 1341.
Gaspard	Testin, 1573.
Michel	Tetard, 1708.
Jean	de Teula, 1529.
Philippe	Teulier, 1354.
Jean	Textor, 1577. 1584. 1589.
Ponce	de Thesa, 1477.
Jean	Thibaut, 1565.
Jean	Thomas, 1480.
Bardin	Thomas, 1575.
Pierre	Thomas, 1588.
Jean	Thomas, 1590. 1602.
Guillaume	Thomas, 1694.
Jean	de Thonis, 1334.
Mathieu	de Thonis, 1346.
Pierre	Thoron, 1553.
Jean	Thoulouse, 1737.
Gillis	Tiffaut, 1734.
Arnaud	Tiffaut, 1691.
Paul	de Tiffi, 1674.
Jean	Tilhol, 1630.
Claude	Tilhol, 1664.
Jean-Claude	Tilhol, 1750. 1754. 1755. 1756.
François	de Tiphaud, *Sieur de Belloc*, 1656. 1671.
Jean-Arnaud	Tiphaud, 1680.
Antoine	de Tiranni, 1716.
Bertrand	Tissendier, 1648.
Olivier	de Tolosani *Lasesquiere*, 1631. 1653. 1654. 1663.
Philippe	de Tolosani *Lasesquiere*, 1646.
Antoine	Tolosani, 1657.
Pierre	Tolut, 1477.
Jean	de Tonerre, 1343.
Bertrand	Tornerii, 1342. 1349. 1360. 1388.
Fulcrand-Franç.	Tornier, 1689.
Bernard	du Tornoir, 1396.

Etienne	du Tornoir, 1402. 1417.
Antoine	du Tornoir, Seigneur de Launaguet, 1440.
Jean	de Toron, 1546.
Raymond	Tororella, 1406.
Martin	Torrillon, 1689.
Athon	de Toulouse, 1271.
Pierre	de Toulouse, 1283. 1284. 1289.
Mancip	de Toulouse, 1286.
Raymond-Athon	de Toulouse, 1299. 1309. 1315.
Raymond-Athon	de Toulouse, Seigneur de Quint, 1322. 1325. 1328. 1338. 1342. 1378.
Nicolas	de Toulouse, 1347. 1357.
Nicolas	de Toulouse, Cosseigneur de Quint, 1366.
Antoine	de Tournemire, 1472.
Bertrand	de Tournemire, 1489.
Pierre	Tournemire, Seigneur de Pouse, 1509. 1526.
Pierre	de Tournemire, 1515.
Arnaud	de Tournemire, Seigneur de Pouse, 1577.
Jean-Michel	de Tournemire, 1669.
Gaillard	Tournier, 1361. 1376.
Guillaume	Tournier, 1383.
Antoine	Tournier, 1753, 1754, 1757.
Etienne	Tournier, 1585.
Jean-Bapt. Joseph	Tournier, 1745, 1758.
François	de Tourreil, 1664.
André	Tourtel de Gramont, 1751.
François	Touzin, 1597.
Raymond	de Traget, 1278.
Bernard	de Traget, 1312.
Jean	de Traget, 1317.
Etienne	Travaudy, 1532.
Bernard	Traynier, 1548.
Jean-Jacques	Trebosc, 1636.
Pierre	Treyller, 1505.
Geraud	Trichard, 1492, 1493, 1494, 1495.
Durand	de Truch, 1386.
Geraud	de Tueria, 1289.
Valere	de Turle, Seigneur de Labrepin, 1634.
George	de Turle, 1662, 1677.
Etienne-Joseph	de Turle, 1699.

François

DES CAPITOULS.

François   de Turle, 1725.
Pierre   de Turre ou Latour (*voy. Latour.*)
Pierre   Tymbaud, 1476.

V

Guillaume   Vacquier, 1421.
Jacques   Vacquier, 1756.
Geraud   de Vaires, *Seigneur de Canteloup*, 1608.
Jean   Vaisse, *Seigneur de Lavernose*, 1709.
Antoine   Vaissier, 1743.
Pierre   Valade, 1344, 1353.
Raymond   Valade, 1475.
Pierre   Valette, 1612.
Jacques   Valette *Fenouillet*, 1702, 1718.
Aldebert   de Valiech, 1569.
Jean   de Valiech, 1575, 1589.
Guillaume   de Valriviere, 1633.
Jean   de Vandages-*Malepeyre*, 1628. 1638.
Vital   Vaneri, 1273.
Pierre   Vaquier, 1729.
Jean   de Varagne, 1412. 1419.
Arnaud   de Varenquis, 1298.
François   de Varés, *Seigneur de Canteloup*, 1600.
Guillaume   Vasco, 1274. 1277. 1280.
Guillaume-Vital   Vasco, 1274.
Arnaud   Vasco, 1288.
Arnaud   Vascon de Lussan, 1296.
François   Vascon, 1351.
Arnaud   de Vaure, *de St. Etienne*, 1274.
Pierre   de Vaure, 1326.
Geraud   de Vayre, 1613.
Pierre-Raymond   de Vendines, 1302. 1315.
Jacques   de Venerque, 1428.
Jean   de Verdiguier, *Seigneur de Taulat*, 1602.
Guillaume   de Verdiguier, 1632.
Bernard   Verdun, 1521.
Guillaume   du Verger, *Seigneur de Pauliac*, 1645.
Bernard   du Vergés, 1656.
Jacques-Mathieu   de Verlhac, 1661.

Partie II.   Rr

TABLE GENERALE

Jacques	de Verlhac, 1698. 1716.
Raymond	du Vernet, 1365.
Jean	Vesian, 1468. 1472.
Antoine	Vesian, 1674.
Guillaume	de Vessieres, 1285.
Bertrand	de Vialar, 1679.
Jacques-Philippe	de Vialar, 1729.
Raymond	Vialar, 1737.
Pierre	de Vic, 1645.
Antoine	de Vic, 1685.
Arnaud	Vidal, 1311.
Jean	Vidal, 1520.
Guillaume	Vidal, 1587.
Bernard	Vidal, 1615. 1630.
Antoine	Vidal, 1632.
Bernard	Vignas ou Vinhas, 1306. 1313. 1326. 1328. 1331. 1333.
Arnaud	Vignas, 1339. 1346.
Bernard	Vignas, 1344. 1351.
Jean	Vignas, 1348.
Guillaume	Vignas, 1362. 1372.
Jacques	Vignas, 1382. 1395. 1403. 1411. 1420.
Etienne	Vignas, 1415.
Bernard	Vignas, 1418, 1425, 1427, 1438, 1455.
Nicolas	Vignas, 1513.
Pierre	de Vignaux, 1497.
Michel	Vignaux, 1582.
Pierre	Vignaux, 1542, 1553.
Pierre	Vignaux, 1570, 1576, 1585, 1591.
Bernard	Vignes, Seigneur de Nailloux, 1507.
Bernard	Vignes, Seigneur de Noelhes, 1523.
Arnaud	Vignes, Seigneur de Montesquieu, 1536, 1544, 1561.
Jean	Vignes, 1689.
Antoine	Vignes, 1708.
Jean	Vignoles, 1430.
Pierre	Vigoles, 1369, 1377, 1388, 1397, 1404, 1411.
Jean	Vigoles, 1416, 1423.
Pierre	de Viguerie, 1537, 1551.

	DES CAPITOULS.
Pierre	Viguerie, 1575.
Jean	Viguerie, 1581.
Pierre	Viguerie, 1651.
Antoine	Viguier, 1464, 1477.
Etienne	Viguier, 1475, 1485.
Geraud	Viguier, Co-Seigneur de Gargas, 1616.
Pons	de Villefranche, 1273.
Thomas	de Villele, 1608.
Jean-Baptiste	Villemain, 1758.
Jean	Villemar, 1538.
Pierre-Durand	de Villemur, 1476.
Bernard	de Villeneuve, 1294, 1300, 1326.
Raymond-Arnaud	de Villeneuve, 1297, 1298, 1306, 1319, 1323, 1328, 1334, 1342.
Bernard	de Villeneuve, 1332.
Raymond	de Villeneuve, 1383.
Jean	de Villeneuve, 1446.
Jean-François	Villepigne, 1696.
Pierre-Jacques	Villepigne, 1717.
Vital	de Villerase, 1295, 1299.
Jacques	Villion, 1524.
Louis	Vincens, 1580.
Jean	Vinel, 1616, 1623.
Jacques	de Violati, 1504.
Paul	Virazel, 1618.
Jean	Virazel, 1644, 1662.
Pierre	de Virnac, 1312.
Bernard	Vital, 1378.
Berenger	de Ulmo, 1301.
Pierre	d'Ulmo, 1336.
Etienne	d'Ulmo, 1353. 1360. 1381.
Nicolas	du Voisins, Baron de Blagnac, 1503.
Nicolas	de Voisins, Seigneur d'Auſſonne, 1524.
Pierre	de Voisins de Baylet, 1749.
Lucas	d'Urdes, 1551. 1570. 1576. 1581.
Jean	Uſſon, 1461.

Y

Durand	Ydriac, 1532.

Fin de la Table des Capitouls.

APPROBATION.

J'Ai lu par ordre de Monseigneur le Chancelier un manuscrit intitulé HISTOIRE DE LA VILLE DE TOULOUSE par Mr. Raynal, & je n'y ai rien trouvé, qui puisse en empêcher l'impression. Fait à Paris ce 18 Décembre 1753. SECOUSSE.

PRIVILEGE DU ROI.

LOUIS, par la grace de Dieu, Roi de France & de Navarre, à nos amés & féaux Conseillers les Gens tenant nos Cours de Parlement, Més. des Requêtes ordinaire de notre Hôtel, Grand Conseil, Prévôt de Paris, Baillifs, Sénéchaux, leurs Lieutenans Civils, & autres nos Justiciers qu'il appartiendra, SALUT. notre Amé le sieur RAYNAL &c. nous a fait exposer, qu'il désireroit faire imprimer, & donner au Public, un ouvrage qui a pour titre, HISTOIRE DE LA VILLE DE TOULOUSE, s'il nous plaisoit lui accorder nos lettres de privilege, pour ce nécessaires. A CES CAUSES, voulant favorablement traiter l'exposant, nous lui avons permis & permettons par ces présentes, de faire imprimer ledit ouvrage, autant de fois que bon lui semblera, & de le faire vendre, & débiter, par tout notre Royaume pendant le temps de neuf années consécutives, à compter du jour de la date des présentes; Faisons défenses à tous Imprimeurs, Libraires, & autres personnes, de quelque qualité & condition qu'elles soient, d'en introduires d'impression étrangere, dans aucun lieu, de notre obéissance, comme aussi d'imprimer, ou faire imprimer, vendre, faire vendre, débiter; ni contrefaire ledit ouvrage, ni d'en faire aucun extrait, sous quelque prétexte que ce puisse être, sans la permission expresse, & par écrit dudit Exposant, ou de ceux qui auront droit de lui, à peine de confiscation des exemplaires contrefaits, de trois mille livres d'amende, contre chacun des contrevenants, dont un tiers à nous, un tiers à l'Hôtel-Dieu de Paris, & l'autre tiers audit Exposant, ou à celui qui aura droit de lui, & de tous dépens, dommages & intérêts, A la charge que ces présentes seront enrégitrées, tout au long, sur les régitre de la Communauté des Imprimeurs & Libraires de Paris, dans trois mois de la date d'icelles, que l'impression dudit ouvrage sera faite dans notre Royaume, & non ailleurs, en bon papier, & beaux caracteres, conformement à la feuille imprimée, attachée pour modéle sous le contre scel desdites présentes; que l'impétrant se conformera en tout, aux Reglemens de la Librairie & notamment à celui du 10 Avril 1725. qu'avant de l'exposer en vente, le manuscrit qui aura servi de copie à l'impression dudit ouvrage, sera remis, dans le même état où l'approbation y aura été donnée, ez mains de notre trés-cher & féal Chevalier Chancellier de France le sieur de Lamoignon, & qu'il en sera ensuite remis deux exemplaires, dans notre Bibliotheque publique, un dans celle de notre Chateau du Louvre, un dans celle de notredit trés-cher, & féal Chevalier Chancellier de France, le sieur de Lamoignon & un dans celle de notre trés-cher & féal Chevalier Garde des sceaux de

France le sieur de Machault, Commandeur de nos ordres : le tout à peine de nullité des présentes, du contenu desquelles vous mandons, & enjoignons de faire jouir ledit Exposant, & ses ayants cause pleinement & paisiblement, sans souffrir qu'il leur soit fait aucun trouble, ou empêchement ; Voulons que la copie des présentes, qui sera imprimée tout au long au commencement ou à la fin dudit ouvrage, soit tenue pour duement signifiée, & qu'aux copies collationnées par un de nos amés, & féaux Conseillers Sécrétaires foi soit ajoutée comme à l'original. Commandons au premier notre Huissier, ou Sergent sur ce requis de faire pour l'exécution d'icelles, tous actes requis & nécessaires, sans demander autre permission, & nonobstant clameur de Haro, Charte Normande, & lettres à ce contraires. Car tel est notre plaisir. Donné à Versailles, le vingt-troisieme jour du mois de Février l'an de grace 1754. & de notre regne, le trente-neuvieme. Par le Roi en son Conseil, signé PERRIN.

Régitré sur le Régitre XIII. de la Chambre Royale des Libraires & Imprimeurs de Paris, N° 345. fol. 285. conformement aux anciens Reglemens, confirmés par celui du 28 Février 1723. a Paris le 4 Mai 1754. DIDOT *Sindic signé.*

TABLE DES MATIERES.

A

A Batia. page 350
Abjuration des hérétiques, dans quelle forme elle se faisoit. 200
Académie des Jeux-Floraux, voy. Jeux-Floraux.
Académie Royale des Sciences, Inscriptions & Belles-Lettres, 134. Son établissement, 385. Sa constitution, ses prix. id.
Académie Royale de Peinture, Sculpture & Architecture, 134. Son établissement, 395. Ses prix, 396.
Académie Royale des Armes, 402. Ses prix, id.
Acezat, 229, 231, 234, 308.
Adelaïde fille de Raymond V, Comte de Toulouse. 63
Aéce Général des Romains. 18
Æmilius-Magnus Arborius. 327
Agnes seconde femme de Guillaume IV. 49. Agnes fille d'Alfonse-Jourdain. 58
Alaric, sixieme Roi des Visigoths dans Toulouse, 21. Favorise les Catholiques, & fait rédiger les Loix Romaines, 22. Il arme contre Clovis; sa mort. id.
Alberic Taillefer fils de Raymond V. Comte de Thol. 62

Albert. 139
Albigeois condamnés au Concile de Lombers, 61. On envoye plusieurs Légats pour les convertir, 63. Différentes sectes de ces Hérétiques, id. & *suiv.* Croisade contr'eux. 65
Albin de Valsergues de Serres. 342
Aldebrandi Archevêque de Toulouse. 427
Alfonse-*Jourdain*, XVII. Comte de Toulouse, 56. Est mis en possession de ce Comté par les Toulousains, 57. Il soutient la guerre contre le Roi de France, & fait la paix. id. Il part pour la Terre-Sainte : sa mort, id. ses femmes, ses enfans, 57, 58. Son éloge: il accorde plusieurs priviléges aux habitans de Toulouse. id.
Alfonse Comte de Provence, fils d'Alfonse-Jourdain. 57
Alfonse de France XXI. Comte de Toulouse, est mis en possession de ce Comté, 92. Il vient à Toulouse, & fait un voyage à la Terre-Sainte, 93. Sa mort, son éloge. 94
Aliéz, 231. 235. 237. 385.
Almodis femme de Pons Comte

a

de Touloufe, 45. *id.* fille de Pons I. 46
Alzon, 231. 235
Amalric, Roi des Vifigoths, abandonne le Royaume de Touloufe à Clovis. 22
Amati. 147
Ambres. 148
Ambigat Roi des Celtes. 6
Amelius, *voyez* Dupuy.
Amphitéâtre de Touloufe, fa defcription : remarques fur la conftruction de cet ancien édifice. 16
Andreoffi. 374
Anecdote curieufe. 277
Anglure de Bourlemont, Archevêque de Touloufe. 449
Anjou de France, Evêque de Touloufe. 424
Annales de l'Hôtel-de-Ville, par qui doivent-elles être écrites ? 112
Appeaux, *voyez* Juge.
Arbert fils de Raymond I. Comte de Touloufe. 41
Archevêché de Touloufe, fon érection, fes fuffragans. 118
Archevêques de Touloufe, font Confeillers-nés au Parlement de Touloufe. 248
Arcis. 401
Ardouin. 161
Argent, fa valeur en 1335. 139
Armagnac, Cardinal, Archevêque de Touloufe. 436
Armoiries, leur origine. 53
Arnaud, ou Armand I, Evêque de Touloufe, 410. Arnaud II, 411. Arnaud. 416

Arrêt du Parlement qui oblige les afpirans aux grades de faire une invocation à la Sainte Vierge. 256
Arrichus, ou Arricius, ou Arricho, Evêq. de Touloufe. 408
Arrieu. 277
Arfenal de Touloufe. 113 : 141
Arfiac. 139
Arfindé femme de Guillaume III, Comte de Touloufe. 43
Affociation des Catholiques dans Touloufe, contre les Huguenots, 245. Seconde affociation, fous le nom de Croifade. 253
Afai Sénéchal. 149
Aftrovalde, fecond Duc de Touloufe. 26
Attilla Roi des Huns, eft défait par Théodoric. 19
Atton I. Evêque de Touloufe, 410. Atton II. 411
Attroupement d'Ecoliers. 279
Avairon, riviere qui bornoit le pays des Volfces Arécomiques. 5
Aubaine, exemption de ce droit accordée aux habitans de Touloufe. 177
Avela. 219
Aufreri. 336
Auguftines, leur apoftafie & leur défertion. 244
Auguftins (grands) leur établiffement dans Touloufe. 425
Auguftins déchauffés, leur établiffement dans Touloufe. 448
Auriola. 148

Auſſonne. 442
Auſſun, Evêque de Couzerans. 255
Auziella. 147
Ayac, voyez Levis.
Ayrous. 442
Azebas. 63
Azile (*droit d'*) étoit en uſage à Touloufe. 97: 109

B

Babut. 231 : 235
Bachelier. 197 : 212 : 363
Badou. 399
Baïf. 134
Baillée des Roſes en uſage dans le Parlement de Touloufe. 169
Balma, maiſon de campagne des Evêques Touloufe. 296
Banlieue de Touloufe, ou Gardiage; ſon étendue. 108
Barclai. 219
Bardes, nom des Poëtes Gaulois. 9
Bardin, 161 : 335. id.
Barons, nom en uſage dans le XIII. ſiecle. 95
Barravi. 238 : 239
Barraſſi. 148
Barreles. 235
Barthelemi, 360. Ancienneté de cette maiſon. id.
Baſcou. 148
Baſtion de la porte du Château, ſa conſtruction. 197
Barton. 277
Bataille de Muret gagnée par l'armée des Croiſés. 71
— de Saint Denis. 253
— de Jarnac. 254
— de Moncontour. 256
— d'Arnai-le-Duc. 258
— de Coutras. 286
— d'Ivri. 313
Baune Inquiſiteur. 119
Baudouin, frere du Comte de Toulouſe, prend parti pour le Comte de Montfort, 69. Il eſt arrêté priſonnier, & pendu à un Noyer. id. il a fait la tige des Seigneurs de Lautrec & de Montfa. 63
Bayle. 389. 390
Bazacle (*Moulin du*) 174
Bazordan, 232, 235, 237, 239
Béatrix femme de Raymond VII Comte de Touloufe. 78
Beauteville. 442
Beauveau Archevêque de Toulouſe. 452
Beauvoir. 442
Belenus, Dieu des Gaulois, 7, 14
Belge, Général des Gaulois. 6
Bellegarde. 236, 256
Belloveze chef des Tectoſages. 6
Belot. 259
Beloy. 351
Belveze, ou Beauvoir. 442
Benoit XII, voyez Fournier.
Benoit, 337, ancienneté de cette Maiſon. id.
Bequin. 333
Bequins, ou Tierçaires, leur établiſſement dans Touloufe. 423
Berbinier. 243
Berenger troiſieme Comte de Touloufe, ſes victoires, ſa

a 2

mort, son origine. 38. 39.
Berenger (*Aymeric*) blessé un Capitoul à mort, 135. On lui fait son procès : il est condamné & exécuté, 136. Suites extraordinaires de cette affaire. 137 *& suiv.*
Berseil. 148
Bernard I. quatrieme Comte de Touloufe. Ses intrigues, sa fin tragique, ses enfans, 39 *& suiv.*
Bernard II, huitieme Comte de Touloufe. Sa mort, 41 *& suiv.*
Bernard fils de Raymond I, Comte de Touloufe. 38
Bernard Evêque de Touloufe, 411.
Bernard Bonhomme Evêque de Touloufe. 415
Bernes. 308
Bernon ou Bernard, Evêque de Touloufe. 410
Bernui. 208. 240. 243
Bertelier. 445
Berthe femme de Raymond I, Comte de Touloufe. 41
Berthe prétendue fille du même. *idem.*
Bertier, 178, 298, 354, 355, ancienneté & différentes branches de cette maifon. *id.* 445
Bertrand seizieme Comte de Touloufe; Est dépouillé de ce Comté par Guillaume IX, Duc d'Aquitaine, & le recouvre. 55. Il part pour la Terre-Sainte, se rend maitre de Tripoli, remporte plufieurs victoires, sa mort. 56. 330
Bertrand fils de Guillaume III, 45. *id.* fils de Raymond IV, 78
Bertrand Evêque de Toul. 416
Bertrand, ou Bertrandi. 308, 309, 338, 339
Béziers faccagée par l'armée des croisés. 66
Bierre connue par les Gaulois, 12
Binnius. 441
Blagnac. 148
Blandinieres. 383
Blanquier. 299
Bled, son prix, 117, 197, quantité qui se confomme à Touloufe. 181
Bonal. 447
Bonjour. 393
Bonhomme Evêque de Touloufe. 415
Bonnencombre. 277
Bonnet. 148
Bon-Pasteur, établissement de cette maifon. 453
Bons-hommes nom de certains hérétiques. 61
Bonzi, Cardinal, Archevêque de Touloufe. 450
Borderia. 231. 237. 259
Borret. 442. 443
Borruft. 385
Bosc. 130
Bosquet. 235. 148
Bourguigne de Chipre troisieme femme de Raymond VI. 78
Bournazel. 441
Bourse commune des marchands, son établissement, 214, sa

Juridiction, ses privileges. 215
Braccaville (*Métairie de*) donnée au Chapitre St. Etienne. 48
Brennus chef des Tectosages. 6
Bresbieux. 374
Brisson. 148
Brueis. 397
Bruieres. 314
Bruis, hérésiarque. 58
Bruniquel. 252
Buel. 148
Buisson, 243. Ancienneté de cette maison. 441
Bulgares, nom de certains Hérétiques. 61
Bunel. 337
Burgada. 148
Burta. 371

C

Cabot. 357
Cadastres de Toulouse, leur formation. 207
Cadrels, Baronne d'Encausse. 382
Cage de fer pour la punition des blasphémateurs. 165
Calages, *voyez* Pech.
Calvet, 455. Ancienneté de cette famille. *id.*
Calvinistes dans Toulouse, 220. Leurs excès. *id.*
Cambolas. 368 : 385 : 446.
Cammas. 396
Camo l'un des sept Troubadours Fondateurs des Jeux-Floraux. 124
Campistron. 398 : 399.
Canal de jonction des deux mers est projetté, 212. Sa construction, sa description. 372, *& suiv.*
Cane, mesure usitée à Toulouse, ses dimensions. 201
Canillac Archevêque de Toulouse. 427
Capitaine de la Santé institué par les Capitouls. 188
Capitation. 146
Capitole de Toulouse élevé sous Galba. 16
Capitoul, différentes opinions l'origine de ce mot. 62 : 459
Capitouls de Toulouse formoient la Cour des Comtes. 37. Leurs portraits. 111. Commandent les troupes. 113. Sont exemts du droit de Franc-fief. *id.* Changemens arrivés à leur nombre. 156 : 462. Ont le droit de faire le procès aux blasphémateurs. 165. Sont gardiens & conservateurs des Reliques de St. Sernin. 184. Ont le privilége d'empêcher qu'on ne fasse de levée de troupes dans la Ville sans leur commission. 233. Leur rang à la procession de Pentecôte. 320. Premieres preuves de leur noblesse. 116. Ont fondé les prix des Jeux-Floraux. 125. Ils sont Bayles de ces Jeux. 134. Ils sont fondateurs du prix de l'Académie des Sciences. 386. Ils sont fondateurs de l'Académie de Peinture, & des prix qu'on y distribue. 396. Ils sont fonda-

teurs de l'Académie des Armes, & des prix. 402. Election. 139. Sa forme 460. En quels cas le Parlement avoit droit d'en connoître. 461. Leur installation. 462. Leur nombre. 463. Leurs départemens. *id.* Leur Jurisdiction. *id. & suiv.* Ils ont la justice civile & criminelle, la Police, & la Voyerie. 464. Ils sont gouverneurs de la Ville. 465. Ont le droit de convoquer le Ban & arriere-Ban. 97. 465. L'un d'entr'eux est député aux Etats de la Province. *id.* Ils ont le droit d'image, acquierent la noblesse. *idem.* Leurs anciens privileges. 466

Capreolus. 334
Capucins, leur établissement dans Toulouse, 280. Le premier Président Duranti leur laisse sa Bibliotheque. 299
Caraboudas. 148
Carbon de Montpezat, Archevêque de Toulouse. 451
Carcassonne se rend aux Croisés, 67. Prise par le Grand-Prieur de Joyeuse. 310
Cardaillac, Archevêque de Toulouse. 150, 429
Cardaillac, fameuse cloche de l'Eglise Saint Etienne. *id.*
Carmélites, leur établissement dans Toulouse. 443 *& suiv.*
Carmes, leur établissement dans Toulouse. 421
Carmes-déchaussés, leur établissement dans Toulouse. 444
Carriere. 385
Casaveteri, commentateur des coutumes de Toulouse. 107
Castelmoron, Archevêque de Toulouse. 430
Castelnau, Légat du St. Siege, est assassiné par les Albigeois, 65
Catel, 35, 356
Catellan. 382, 383
Catherine de Médicis vient à Toulouse. 276
Catte, voyez Mangoneau.
Cavaignes. 233. 243. 255
Cavallier. 374
Caulet, 243, 371, ancienneté de cette maison. *id.* 445
Caumels. 308, 385
Cauni. 237
Cazeneuve. 365
Celtes, nom des habitans de la partie occidentale de l'Europe. 4
Cepio Consul Romain, enleve le trésor de Toulouse. 15
Cézar, conquérant des Gaules, 15
Chabanel, historien de l'Eglise de la Daurade. 412
Chalvet. 243, 350, 351
Chambre du Droit écrit dans le Parlement de Paris. 111
Chambre ardente, établie à Paris contre les Luthériens. 213
Chambre des Enquêt. (*premiere*) du Parlement de Toulouse. Son établissement 168, 189, création de la seconde, 211,

époque de la création de la troisieme. *id.*
Chambre Tournelle, sa création. 179
Chambre des Requêtes, sa création, ses révolutions, son état présent, sa jurisdiction. 211
Chambre Souveraine des Huguenots établie à Castres. 253
Chambre mi-partie établie à Montpellier. 266. transférée à Revel. 274. rétablie à l'Ile-en-Albigeois, sous le nom de *Chambre de l'Edit*, 277. nombre de ses Officiers. *id.* ses révolutions & translations, sa suppression. 278
Chambre de commerce de Toulouse. Son établissement, son objet. 215 *& suiv.*
Charibert, Roi de Toulouse. Sa mort, ses enfans. 27
Charlemagne combat les Sarrasins, 28. Il érige Toulouse en Royaume, & établit des Comtes, 29. Il associe son fils Louis le Débonnaire à l'Empire, sa mort. 31
Charles IV. Roi de France, sa mort. 134
Charles V. Roi de France, sa mort. 147. 151
Charles VI. son entrée à Toulouse, 152. Son entrevue dans cette Ville avec le Comte de Foix, 153. Il institue à Toulouse l'Ordre des *Chevaliers de Nôtre-Dame de l'Espérance*. 156

Charles VII. fixe le Parlement à Toulouse, 160, 168, sa mort, son éloge. 170
Charles VIII. confirme les privileges des habitans de Toulouse, 178. sa mort, 181
Charles IX. vient à Toulouse, 247, tient son lit de justice, *id.* Il repart, 248. sa mort, 262
Charlus, *voyez* Levis.
Charpentier. 369
Charri. 234
Chartreux, leur établissement dans Toulouse. 437
Château (*moulin du*) 180
Château-Maurand, *voy.* Levis.
Chatelain nom en usage dans le XIII. siecle. 95
Chatillon Connétable. 110
Chef du Consistoire, explication de ce nom. 112. Est obligé de faire l'histoire de l'année de son service. *id.* Est accadémicien-né des Jeux-Floraux. 134. Est de l'Académie des Sciences, sous le titre d'associé né. 385. Son rang à l'Hôtel-de-Ville. 112
Chêne arbre consacré à la divinité par les Gaulois. 7
Chevaliers rang connu par les Gaulois. 10. 95
Chilperic Roi de Toulouse. 27. Sa mort. *id.*
Chirurgiens préposés pour les pestiférés. 184
Chorson, ou Torsin premier Comte de Toulouse. 29. Il est accusé de rébellion, &

condamné au banissement. 30 : 38
Chriſtianiſme dans Touloufe. 16
Ciron. 361. 446 : 448 : 449
Cité, nom qu'on donnoit à une partie de la Ville de Touloufe. 69
Clairac. 385
Clapiez-Colomiers. 237
Clauſonne. 277
Clémence Iſaure donne des fonds pour les prix des Jeux-Floraux. 126. Son épitaphe. 127 & ſuiv. Son éloge. 335
Clément V. Pape, vient à Touloufe. 115. Il accorde pluſieurs Indults aux Capitouls. id.
Clement (*Jacques*) aſſaſſine Henry III. à St. Cloud : il eſt maſſacré : on lui fait des funérailles publiques dans Touloufe : on les met dans les Litanies des Saints. 302. Anagrame de ſon nom. 303
Clermon. 232 : 235
Clovis Roi de France fait la conquête de Touloufe. 22
Cohardon Sénéchal de Carcaſſonne. 104
Code Viſigoth. Sa publication. 21
Code Théodoſien. Sa publication. 22
Colbert Archevêque de Touloufe. 451
Coligni Amiral de France aſſiege Touloufe. 257. Il eſt maſſacré. 260
Coligni Cardinal, Archevêque de Touloufe. 434
College de Saint Raymond, ſa fondation. 219
— de Narbonne, ſa fondation. id.
— de Saint Martial, ſa fondation. id.
— de Maguelonne, ſa fondation. id.
— de Perigord, ſa fondation. id.
— de Sainte Catherine, ſa fondation. id.
— de Saint Nicolas, ſa fondation. id.
— de Foix, ſa fondation. id.
— de l'Eſquille, ſon établiſſement. id.
— de Saint Girons, ſa ſuppreſſion. id.
— des Jéſuites, ſon établiſſement. 251
Colloque de Poiſſi. 228
Colom. 148
Combat ſingulier d'oiſeaux. 408
Comète dans Touloufe. 139
Commerce des anciens habitans de Touloufe. 98. Ses progrès dans le temps préſent. 209
Comminges, Evêque de Touloufe. 424
Comminges Archevêque de Touloufe. 426
Commutation. 141
Comtes de Touloufe, leur établiſſement par Charlemagne, 29, leur origine. id. Ils uſurpent la ſouveraineté, 35, prennent le titre de grands Vaſſaux de France, 37, ils ſont Pairs de France 65, ils ſont battre monnoie. 37, établiſſent

blissent des Vicomtes & des Viguiers. *id.* forment une Cour composée des Capitouls. *id.* leurs portraits peints dans les Registres de l'Hôtel-de-Ville. 36

Comté de Toulouse, ses bornes, 38 : devenu héréditaire, 40 : réuni à la Couronne de France. 103

Comte Palatin, signification de de ce nom. 37

Comté de Tripoli. 56

Conciles dans Toulouse, I, 409 II, 411. III, *ibid.* IV & V, 412. VI, & VII, *ibid.* VIII, IX, X, 413. XI, 415 XII. 418. XIII. 426. XIV. 440.

Concile de Lombers. 61

Concile d'Agdé. 21

Conférence de Verfeil, pour la réduction de Toulouse. 318

Confreries des écoliers, dans l'Université de Toulouse, Leurs différends. 198 *& suiv.*

Confrerie du St. Sacrement ; sujet de division parmi les Ligueurs de Toulouse. 303

Conjuration des Huguenots dans Toulouse. 231. On tient une assemblée aux Augustins pour en arrêter les progrès. 231 *& suiv.* Premiers Actes d'hostilité, 236. Différens combats. 337 *& suiv.* Cruauté des conjurés, 238. Ils abandonnent la Ville. 241

Conjuration de Meaux. 252

Conseillers du Saint Office de l'Inquisition. 89

Conseils de Ville, leurs différentes especes, leur forme, leur objet. 191 *& suiv.* Reglemens à ce sujet. 248. 249

Conseil souverain établi à Toulouse par Charles VII. 166

Consistoire (*petit*) de l'Hôtel-de-Ville, sa construction. 197

Consolation, certaine cérémonie des hérétiques. 64

Constance fille de Guillaume IV Comte de Toulouse, 45. *id.* Femme de Raymond VI, Comte de Toulouse, 78. *id.* fille du même. *id.*

Contagion dans Toulouse. 140

Gonzié, Archevêque de Toulouse. 429

Coras, 233, 243, 255, 260, 342, 343

Cordeliers de l'Observance, leur établissement dans Toulouse, 435

Cordeliers Conventuels, leur établissement dans Toulouse, 308. 440

Cornusson, Sénéchal de Toulouse. 289

Cos, 235

Costa, 442

Couffoulens, 385

Cour des Aides, 177

Cour pléniere tenue par le Comte Raymond VII. 91

Coutumes de Toulouse sont rédigées, 107. Cérémonie de cette rédaction. *idem.* Différens Commentateurs de ces coutumes. 108

Coutume de Paris, pourquoi observée dans quelques lieux de la Province. 73
Crillon, Archevêque de Toulouse. 454
Croisade contre les Infideles, 51
Croisade contre les Albigeois, 65. Ses cruautés, 66 & *suiv.*
Croisade contre le Comte de Toulouse. 76
Croisiers, ou Religieux de Saint Orens, leur établissement dans Toulouse. 421
Crozat. 396
Crussol, 232. *id.* Archevêque de Toulouse. 456
Cujas. 347
Cunegonde, femme de Guillaume I. Comte de Toulouse. 38

D

Daffis, 231. 274. 285. 290, Avocat-Général, soutient le parti du Roi contre les Ligueurs, 294. Il est arrêté par les factieux, 297. Il est massacré dans sa prison, 299. Son tombeau. *id.* Sa mémoire rétablie, 310. Son éloge. 346 *id.* 443
Dalbade *Paroisse*, sa fondation, construction de son Eglise, & de son Clocher. 229
Dames-Noires, leur établissement. 451
Damoiseau nom connu dans le XIII siecle. 95
Dandoufielle. 237
Dandoin (*Dames*) leur fondation. 446
Dareau. 234
Daverane. 277
Daurade *Eglise*, son ancienneté, 14. Epoque de ses nouvelles constructions, 15. Sa reforme, 46. Son union à l'Ordre de Cluni. *id.* Son union à la Congrégation de St. Maur. *id.* Elle a le titre de Chapitre, & de Prieuré, 413. Etablissement de son Cimetiere, 49. Indulgences qui y sont attachées. *idem.*
Daure. 81
Daures. 277
Daurez. 255
Débora. 4
Deferrieres. 365
Delosta. 148
Delpont. 148
Delpech. 231. 235. 257. 260.
Denier d'argent sous Charlemagne, son évaluation. 41
Denombrement des habitans de Toulouse en état de porter les armes. 207
Despax. 444
Deubourg. 148
Didier premier Duc de Toulouse. 25. Sa mort. 26
Différend entre le Parlement & les Capitouls au sujet d'une imposition. 249
Dillon, Archevêque de Toulouse. 456
Dixaines, fêtes publiques, qu'on célébre à Toulouse dans chaque quartier, leur origine. 285

Disette du bois à brûler. 189
Doctrine chrétienne. voyez Peres.
Dolet. 198
Dormieres. 109
Domadon. 277
Dominicains, origine & fondation de leur Ordre dans Toulouse, 419. On leur confie l'exercice de l'Inquisition, 84 & suiv. 418. 442.
Saint Dominique. Son origine, sa vie, sa mort. 65. 419
Dominique de Florence, Arch- de Toulouse, premier Prési- du Parlement, 161. 430.
Domitius Consul Romain, conquérant des Gaules. 13
Donat. 161
Donneville. 384
Doujat. 243. 364. 380
Doyard. 290
Droit Romain, en usage dans les Gaules. 17. 97
Droit de Quart. 140
Druides, Prêtres des Gaulois, 7. Leurs différentes classes, 9. Leurs fonctions, leurs privileges. id. Leur doctrine. 10
Druillet, voyez Monlaur.
Dubourg, 231. 235. 243. 255, ancienneté de cette maison. id.
Ducédre, 229. 231
Duel en usage parmi les Francs, 39
Dufaur, 231. 235. 243. Dufaur de *Pibrac*, 276. 344. Dufaur de *Saint Jory*, 345. Ancienneté & illustrations de cette maison. id.
Duferrier, 243. 345. 379.

Du-Guesclin va en Espagne avec quatre cens Toulousains volontaires. 147
Dulaur, 235
Dumai, 361. 366
Dumay, 359
Dumoulin Archevêque de Toulouse, 430. 431.
Dupin, 237, 441
Dupont, 243
Du Puget, 368. Ancienneté de cette maison, ses différentes branches, id.
Dupui, 303
Dupuy, Evêq. de Toulouse, 413
Dupuy du Grez, 395
Durand de Dome, Evêque de Toulouse, 412
Durand, 219
Duranti, premier Président, soutient les intérêts du Roi contre les Ligueurs, 292, 294. Son courage, sa mort, 295 & suiv. Son tombeau, 299. Sa mémoire est rétablie, 310. Son éloge, 346

E

Echafaut de brique construit à la place St. George, sa destruction, 298
Ecoles de Toulouse, appellées *les Etudes*; leur construction, 185
Ecuyer, nom qu'on donnoit aux nobles, dans le XIII siecle, 95
Edit de Nantes; époque de sa révocation, 321
Egfrid, Comte de Toulouse, 40
Eléonor d'Arragon, femme de

Raymond VI, Comte de Touloufe, 78
Elizachar, Evêque de Touloufe, 410
Elvire femme de Raymond VI, Comte de Touloufe, 50
Emme femme de Guillaume III, Comte de Touloufe, 44
Id. fille du même, 45
Enfance (*Congrégation de l'*) fa fondation, fa fuppreffion, 449
Emmurés, nom qu'on donnoit aux prifonniers de l'Inquifition, 120
Entrée de Jeanne Comteffe de Touloufe, 93
— de Philippe le Hardi dans Touloufe, 104
— de Philippe le Bel, 111
— du Pape Clement V, 115
— de Charles IV, 123
— du Dauphin, qui fut depuis Louis XI, 166
— de la Reine, 167
— de François I, 200 & *fuiv.*
— de la Reine, 204
— de Charles IX, 247
— du Duc de Joyeufe, en qualité de Maréchal de France, 319
— du Duc de Montmorenci, 322
Epinac Archev. de Lyon,
Epreuves de l'eau chaude & de l'eau froide, 47
Equivalent, origine de ce droit, 167
Erault riviere qui fervoit de bornes aux Volfces Arécomiques, 5
St. Erembert, Evêque de Touloufe, 408
Ermengarde fille de Guillaume III, Comte de Touloufe, 45
Ermengaud fils d'Eudes, 42
Ermeffinde femme de Raymond VI, 77
Efus dieu des Gaulois, 7, 14
St. Etienne (*Eglife*) fa réforme, 47 ; époque de la conftruction de la nef, du chœur, du portail, du clocher, de la facriftie, id.
St. Etienne (*Chapitre*) embraffe la vie régulière fous la regle de St. Auguftin, 47 ; fa fécularifation, 404, 433
Etats généraux du Royaume à Orléans, 227
— à Moulins, 248
— à Paris, 266
— à Blois, 289
— à Paris, 313
Etats de la Province de Languedoc, leur origine, 143 ; leurs révolutions, 144 ; nombre & qualité de ceux qui les compofent, id. leur objet, leur état préfent, 145 ; leur générofité envers Henri III, 265
Eubages claffe des Druïdes, 9
Eudes neuvieme Comte de Touloufe, fa mort, fes enfans, 42
Euric, cinquieme Roi des Vifigoths dans Touloufe. 20. Ses conquêtes, fes perfécutions contre l'Eglife Catholique. id. Il fait rédiger les loix des Vifigoths, fa mort. idem.
Euffe de Foix, Archevêque de Touloufe. 438

Table des Matieres. 13

Evêché de Toulouse érigé en Archevêché. 425
Evenement singulier arrivé aux Cordeliers de Toulouse. 159
Exécutions extraordinaires. 188: 212: 218
Saint Exupere, Evêque de Toulouse. 17: 328: 407
Exupere *Rheteur*. 328

F

Fabius Consul Romain, conquerant des Gaules. 13
Falgar. 148
Falgar, Evêque de Toulouse. 420
Famine dans Toulouse, 117: 177: 181: 187: 190: 197: 213
Fanatiques dans Toulouse. 217
Faudoas, 158, ancienneté de cette maison. *idem*
Faugers, Archevêque d'Arles. 333
Faure. 104: 277
Fauxbourgs de Toulouse démolis. 142
Faydide femme d'Alfonse-Jourdain. 57. *id*. sa fille. 58
Feretra, ou Fenerra, étimologie de ce mot. 8, 9. Voyés aussi l'*Errata*, 421
Fermat. 367: 368
Ferrals. 246
Ferrier. 345
Ferrieres. 243, 260
Feuillens, leur établissement dans Toulouse. 441
Feuillent, fondation de cette Abbaye. 441
Feuillentines, leur établissement dans Toulouse. 441. Eloge de leur régularité. 322
Fieubet. 356
Figueire. 331
Filles de la Providence, établissement de cette Congrégation dans Toulouse. 451
Firmin. 409
Florensac. *Voy*. Levis.
Flotte. 139
Foderum, tribut imposé dans l'Albigeois en faveur de la milice, aboli par Louis le débonnaire. 30
Foix (*le Comte de*) accorde son secours aux Toulousains. 152. Son entrevue avec Charles VI. 153, 237, 238
Foix, *voy*. College.
Fontages. 309
Fontaine de St. Etienne, sa construction. 212
Forcadel historien de Toulouse, 4. 348
Forez. 235
Fosse, Evêque de Castres. 278
Foulques, Evêque de Toulouse. Se brouille avec le Comte de Toulouse, 68. Est chassé de cette Ville. *idem*. Il excite Montfort contre les Toulousains, 74. Son histoire, 416 *& suiv*.
Fournier Pape, sous le nom de Benoît XII. 333
Fourquevaux. 236. 237. 245
Fraissinet. 277
Franc-Aleu. 95. 114

Francarville. 255
Franc-fief, explication de ce droit, 113. Exemption de ce droit accordée aux habitans de Toulouse; & confirmée aux Capitouls. 114
François I, déclare la guerre à Charles-Quint, 190; il est fait prisonnier à Pavie, 195; il fait vœu aux Reliques de St. Sernin de Toulouse, 196; il fait la paix, & est délivré de sa prison, id. il fait son entrée à Toulouse, 200; il tient son lit de justice au Parlem. 215.; il confirme la réalité des tailles, id. il renouvelle la guerre avec Charles-Quint, 207; sa mort, son éloge, 213
François, Commentateur des Coutumes de Toulouse, 108
Fredelon sixieme Comte de Toulouse, sa valeur, ses conquêtes, sa mort, son origine, 41
Freres Cordoniers & Tailleurs, leur établissement dans Toulouse, 448
Freres Prêcheurs, voyez Dominicains.
Fulcrand Evê. de Toulouse, 416
Fulguald, fils de Raymond I, 41
Fulvius Consul Romain, premier conquerant des Gaules, 13
Funérailles de Charles IX, 263

G

Gaillard de Preissac, Evêque de Toulouse, 424

Gaillardi Conseiller du Parlem. de Toulouse, dégradé pour crime de faux, 208
Galassi, 148
Galates, voyez Gaulois.
Galatie, ou Gallo-Grece, établissement de ce Royaume, 6
Galeries de l'Hôtel-de-Ville, leur construction, 322
Gali, 308
Ganelon, 229, 231, 233, 234
Ganelou, 148
Ganno, premier Historien de Toulouse, 4
Garaud de Donneville, 347
Gardouch, 237, 385
Garrigue, 147
Garival, 366
Garonne, débordement de cette riviere, 179, 322
Garsinde femme d'Eudes Comte de Toulouse, 42
Garra, 359
Gascon, d'où dérive ce Langage? 13
Gaucelin Evê. de Toulouse, 416
Gaucelme fils de Guillaume I, Comte de Toulouse, 38
Gaudié, voyez Levis.
Gaule Cisalpine, 6
Gaulois, nom des peuples qui habitoient les Gaules, 4; ils sortent de leur pays, vont dans la Germanie, dans la Hongrie, l'Italie & l'Asie, 6 mauvais succès de leur expédition contre la Ville de Delphes, 6, 7; l'usage de l'écriture étoit proscrit parmi eux, 7 : leur Religion, leurs Loix,

leur Gouvernement, leurs armes, 11 leurs mariages, leurs habillemens, leurs maisons, 12 : comment leurs femmes se justifioient du soupçon d'adultere. *id.* Leur monnoie. *id.* Leur langage, leurs principaux défauts, 13. Leurs Dieux, leurs Temples. 14
Garsinde, femme d'Odon Comte de Toulouse. 42
Garsinde, femme de Raymond-Pons. 43
Gaurans. 385
Gaure Capitoul, est blessé par l'écolier Berenger. 135
Gellone, Abbaye connue sous le nom de Saint Guillem du Désert. 38
Saint George, cette Eglise est cedée aux Augustins-Déchaussés. 448
Geraud de Labarthe, Evêque de Toulouse. 415
Geraud, commentateur des coutumes de Toulouse. 108
Saint Germier, Evêque de Toulouse. 407
Gestes. 235
Gibout. 256
Gibron. 310
Gontaut, l'un des sept Troubadours fondateurs des Jeux-Floraux. 124
Gothie, origine de ce nom. 17. Etendue du Marquisat de ce nom. 42
Goths, origine de ces peuples, 18, ils sont divisés en Visigoths, & Ostrogoths. *id.*

Gouazé. 385
Goudouli, ou Goudelin. 364
Goutoulas. 367
Goyrans. 148
Gramont, Archevêque de Toulouse. 148, 433
Grands jours de Troyes. 111
Gregoire. 349
Grenier. 334
Gros. 104
Grossius, ou Grossin. 334
Guerre entre la France & l'Angleterre. 140
Guerre civile des Huguenots. 222, & *suiv.*
Guerre civile dans Toul. 236, & *suiv.*
Guido, ou Guidonis. 36, 119
Guilabert. 148
Guillaume I. second Comte de Toulouse. 38. Ses vertus, ses victoires; *id.* il fonde l'Abbaye de Saint Guillem, sa mort, son origine, ses femmes, ses enfans, son éloge. *id.*
Guillaume II. cinquieme Comte de Toulouse, sa mort. 40
Guillaume III. douzieme Comte de Toulouse, 43. Son tombeau, son portrait, ses enfans. 45
Guillaume IV. quatorzieme Comte de Toulouse, fait fleurir la Religion dans ses Etats, 46. Il reforme l'Eglise de la Daurade, qu'il embelit, 46. 49. Il fait un pélerinage à Jérusalem, sa mort, son éloge. *id.*
Guillaume Raymond, premier

Table des Matières.

Abbé de Saint Sernin. 48
Guillaume fils de Bernard, Comte de Touloufe. 40
Guillaume de Puylaurens. 35
Saint Guillem du Défert, fondation de cette Abbaye. 38
Guillemete fille naturelle de Raymond VI. 78
Guillems. 330
Guife Duc & Pair de France, fe déclare le Chef de la Ligue, 272. Ses qualités. *id.* Il fe révolte ouvertement contre le Roi, 288. Il fe réconcilie, 289. Il eft maffacré à Blois, avec fon frere le Cardinal, 289. 290
Guitburge femme de Guillaume I. Comte de Touloufe. 38

H

Hâle, fa conftruction, 141. Sa tranflation. *id.*
Hauts-murats, ou Emmurats. 89
Hector de Bourbon, Archevêque de Touloufe. 432
Helimbruch fille de Guillaume I. Comte de Touloufe. 38
Heliot. 5. 182. 340
Henri II. fait la paix avec l'Efpagne, 221. Sa mort, fon éloge. *id.*
Henri III. eft déclaré Roi de France, 262. Il reçoit à Lyon les députés de la Ville de Touloufe, 263. Il affifta en perfonne aux Etats de Languedoc, 265. Il fe reconcilie avec le Roi de Navarre, 301. Il affiege Paris. *id.* Il eft affaffiné à Saint Cloud, fon portrait. 302
Henri IV. eft déclaré Roi de France, 302. Ses victoires, 313. Il rentre dans le fein de l'Eglife, 314. Les Ligueurs de Touloufe refufent de le reconnoitre, 316. Il eft abfous par le Pape, 318. Touloufe le reconnoit. *id.* Il eft affaffiné, 323. On lui eleve une ftatue à Touloufe. *id.*
Henri fils de Guillaume III. Comte de Touloufe. 45
Henri héréfiarque, infecte le Languedoc de fon héréfie, 58. Ses principales erreurs. *id.*
Heraclien, Evêque de Touloufe. 407
Herbert fils de Guillaume I. Comte de Touloufe. 38
Herberge fille du même. *id.*
Hérétiques, peines prononcées contre eux par l'Inquifition, 119, *& fuiv.*
Hilaire, Evê. de Touloufe, 406
Hiftoriographe de la Ville de Touloufe; 112
Hongrois, origine & mœurs de ces peuples, 42
Honorat Evê. de Touloufe, 406
Hôpital de l'Hôtel-Dieu St. Jacques, 181
-- de la Grave, *id.*
-- des Orphelines, 182
Hôpitaux fupprimés dans Touloufe, 181 *& fuiv.*
Hôtel-de-Ville, différentes époques de fa conftruction, 141;

fes

les différentes parties, *id.*
Hôtel de l'Académie des Sciences, 180
Hôtel du Grand Prieur de Malthe, 387
Huguenots, nom qu'on donna aux Hérétiques Luthériens, & Calvinistes ; origine de ce nom, 222 : ils font des assemblées publiques dans Toulouse, 228 : leurs excès, 229 : ils obtiennent un Edit favorable, 230 : ils font l'exercice public de leur Religion à Toulouse ; ils y font construire un Temple, *id.* ils traitent avec le Prince de Condé, pour lui livrer cette Ville, 233, 234 : ils s'emparent de l'Hôtel-de-Ville, 236 : ils abandonnent la Ville, 242 : ils obtiennent la paix, 245 : ils se révoltent de nouveau, 252 : ils assiegent Paris, 203 : ils obtiennent la paix, *id.* ils renouvellent la guerre, 254 : ils assiegent Toulouse, & levent le siege, 257 : ils obtiennent la paix, 258 : ils renouvellent la guerre après le massacre de la St. Barthelemi, 261 : Ils obtiennent la paix, 262 : ils ne posent point les armes, & forment un nouveau plan de gouvernement dans le Languedoc, *id.* ils obtiennent un traité de paix qui donne naissance à la Ligue, 266 : ils renouvellent la guerre, 272 : ils obtiennent la paix, 273 : ils ne posent pas les armes ; nouvelle paix, 275 : ils recommencent la guerre, 278 : ils obtiennent la paix, 279 : ils renouvellent la guerre après l'édit de Nemours, 282 : leurs victoires, 286 : fin des guerres civiles, 318
Hugues fils de Pons Comte de Toulouse, 46
Hugues I, Ev. de Toulouse, 410
Hugues II, Ev. de Toulouse, 411
Hugues III, Ev. de Toulouse, 416
Huillier, 441
Humfrid Marquis de Gothie, chasse Fredelon de Toulouse, 41
Hunault Baron de Lanta, 229, 233, 234, 239
Huns alliés avec les Romains assiegent Toulouse, 19

I

Jarrie, 353
Jean XXII, Pape, érige l'Evêché de Toulouse en Archevêché, 118
Jean Roi de France est fait prisonnier, 142 : est délivré de sa prison, sa mort, 146
Jeanne femme de Raymond VI. Comte de Toulouse, 60, 78
Jeanne, fille de Raymond VII. derniere Comtesse de Toulouse est mise en possession de ce Comté, 92 : elle fait son entrée à Toulouse, 93 ; elle va à la Terre-Sainte, *id.* sa

mort, son éloge. 94.
Saint Jean de Jérusalem, fondation du grand Prieuré de cet Ordre à Toulouse, 116. Ses différends membres. id. 414.
Jérusalem prise par l'armée des Croisés. 54
Jesuates établis à Toulouse. 164.
Jésuites. 244. Leur établissement dans Toulouse. 251. Ils obtiennent un Collége. id. Ils sont maintenus dans le Ressort de ce Parlement. 320. Leurs différentes maisons, 436, & suiv.
Jeux Floraux, leur origine. 123. Les Capitouls y fondent des prix. 125. Célébration de ces Jeux. 129. Ils sont érigés en Académie. 133. Leur état présent. 134. Prix qu'ils distribuent. id.
l'Isle-Jourdain, Evêque de Toulouse. 421
Incendie affreux dans Toulouse. 174, 216, 322, 323. Reglemens à ce sujet. 216, 322
Indie, fille de Raymond V. Comte de Toulouse. 63
Indult accordé aux Capitouls par le Pape. 115
Industrie, origine de ce droit dans Toulouse, sa suppression. 206
Inondation de la Garonne. 179, 322
Inquisiteurs de la Foi établis à Toulouse. 84. Leurs titres, leurs priviléges. 89
Inquisition, son établissement dans Toulouse. 81, 418. Elle appartient d'abord aux Evêques. 84. Elle est confiée aux Dominicains. id. Sévérité de ce Tribunal. 85. Sa maniere de procéder. 86. Elle s'établit dans plusieurs Villes. 88. Sa suppression. 90. Rélation de ses jugemens appellés Sermon public. 119
Josse Louvreins. 130, 148, 331
Interdit, qu'elles en sont les cérémonies. 149
Jourdain. 116
Joyeuse, Amiral de France, commande l'armée du Roi dans le Languedoc. 283, 284. Le Maréchal de ce nom commande les Ligueurs. 303. Il se rend suspect aux Toulousains, id. Ils s'arment contre lui. 305. Il quitte cette Ville. idem. Il lui déclare la guerre. 306. Il fait la paix, & vient à Toulouse. 307. Il prend Carcassonne. 310. Mort de l'Amiral, généalogie de cette maison. 311. Scipion de Joyeuse est fait Lieutenant de Roi dans le Languedoc : il attaque les Huguenots, ses victoires. id. Il assiege Villemur, leve ce siege, & le forme de nouveau. 312. Sa mort. id. Son frere François de Joyeuse, Archevêque de Toulouse, réfuse de commander les Ligueurs. id. On défere ce commandement à son autre

frere Henri de Joyeufe Capucin. Il l'accepte, & quitte l'habit de fon ordre. 313. Il convoque les Etats de la Province. *id.* Il s'obftine à foutenir la Ligue. 315. Il va affieger les Officiers du Parlement qui s'étoient rétirés à Caftelfarrafin. 317. Il pofe les armes, & fait fa paix avec Henri IV. 318. Il reprend l'habit de Capucin, 321. François de Joyeufe, Cardinal & Archevêque de Touloufe, revient dans cette Ville. 319. 440
Ifaure, *voyez* Clemence.
Iffolus, ou Iffus, Evêque de Touloufe. 411
Judit, femme de l'Empereur Louis le Débonnaire, accufée d'adultere. 39
Juge d'Appeaux. Sa Jurifdiction eft augmentée de fix Confeillers. 89
Juge-Mage. Ses droits lors de la nomination des Capitouls. 460
Juifs obligés de recevoir un fouflet à la fête de Pâques ; commuation de cette peine, 44. 98. Sont maffacrés par les Paftouraux, 122, *& fuiv.* Leur commerce. 98
Juliard, Dame de Mondonville, fonde la Congrégation de l'Enfance, fa mort. 449 *& fuiv.*
Julien attira les Sarrafins en Efpagne. 28

Izalguier, fon hiftoire, 157. Ancienneté & différentes branches de cette maifon. *id.* 178. 204
Izarn, Evêque de Touloufe, 46. 47. 48. 412

L

Labarriere, fondateur des Feuillans, 441
Labarthe, Ev. de Touloufe, 415
Labarthe, 77
Labaftide, 263
Labat, 369
Labourgade, *voyez* Sabatier.
Labroffe, 380
Labroue, 394
Lacapelle Taillefer Evê. de Touloufe, 424
Lacavaigne, 243
Lacofte, 148, 243
Lafage, 380, 381
Lafaille, 392
Lafon, 394
Lagni auteur d'une differtation fur l'Or de Touloufe, 15
Lalaine, 231, 235, 237
Lalandelle, 237
Laloubere, 400
Lalu, 148
Lambes, 148
Lamieuffens, 243
Languedoc, origine & fignification de ce nom, 17, 106, 168
Langued'oui, origine & fignification de ce nom, 168
Langues ufitées dans Touloufe, 23
Lanterniftes, établiffement de

cette société, sa durée, 284.
Lapoque, 148
La Roche, 243
La Roche-Aymon, Archeveque de Toulouse, 454
La Roche-Flavin, 359.
Larroque, 148
Lasalle, 231
Latger, 243, 255, 260
Latour, 91 : ancienneté de cette maison, id. 260
Lavalette défend la Ville de Toulouse, assiegée par l'Amiral de Coligni, 257 : la Ville de Toulouse lui fait présent d'un Fief qu'elle avoit dans sa terre de Lavalette. id.
Lavalette, Cardinal, Archev. de Toulouse. 443
Laudun, Archevêque de Toulouse. 427
Lavier. 277
Launeboldes, ou Launebode, troisieme Duc de Toulouse. 26. Il fait bâtir l'Eglise du Taur. 27
Lautrec, voyez Levis, voyez Baudouin. 147
Lauzelergie. 231
Lenoncourt. 436
Leon. 148
Leonce. 407
Leran, voyez Levis.
Le Roux. 329
Lespinassa 148
Lespinasse, Couvent de l'Ordre de Fontevraud, sa fondation, 78
Lestang. 314. 353. 354
Leude, droit dont les habitans de Toulouse sont exempts, 208
Levigilde, Roi des Visigoths, 25
Levis, Maréchal de la Foy, Général de l'Armée des Croisés, 69. & suiv. Ancienneté & différentes branches de cette maison. id. Levis, Marquis de Terride, 236, 245. Levis, Marquis de Mirepoix, Commandant dans le Languedoc. 70. 307
Ligue contre les Huguenots, appellée la Sainte Ligue, son origine, 266 & suiv. On en envoie les articles à Toulouse: on en fait jurer l'observation aux habitans, 272. Ses articles, 273. Elle se renouvelle, 281. Fin de ses troubles. 319
Ligueurs, leur audace, 288. Ils se révoltent à la mort du Duc de Guise, 290. Leurs excès dans Toulouse. id. Ils veulent se soustraire à l'obéissance du Roi, 293. Ils soutiennent la guerre contre le Roi, 300. Ils déclarent le Cardinal de Bourbon Roi de France, 302. Ils refusent de connoitre Henri IV, 316. Ils se rendent après l'Edit de Folembrai. 319
Limosin prétendu fondateur de Toulouse. 4
Lion, Archevêque de Toulouse. 432
Littorius général des Romains défait par Théodoric. 19
Livre blanc. 107

Lombrail. 378
Lobra l'un des sept Troubadours fondateurs des Jeux Floraux. 124.
Louis le Debonnaire dernier Roi de Toulouse. 29. Son couronnement. *id.* Il est élevé à Toulouse. 30. Il combat les Sarrasins, & fait plusieurs reglemens. *idem.* Il célébre son mariage dans cette Ville. 31. Il est associé à l'empire par son pere; il lui succéde. *idem.*
Louis VIII. Roi de France fait la guerre à Raymond VII. 79
Louis IX. ou Saint Louis, ses voyages à la Terre Sainte. Sa mort, 93. & *suiv.*
Louis X. rend une Ordonnance au sujet des franc-fiefs. 117. Sa mort. *idem*
Louis XI. accorde à la ville de Toulouse la remise de la Taille pour cent ans. 175. Sa mort, son éloge. 178
Louis XII. se remarie. 184. Sa mort. *id.* son éloge. 185
Louis II. Roi de Naples, né à Toulouse. 151, 334
Loup Duc des Gascons. 39
Lourdas. 148
Louvreins, voy. Josse.
Lutheriens dans Toulouse. 199 Leur punition. *idem*, & *suiv.* Leur nombre s'accroît. 214. Leurs excès, & leur punition. 214, 217

M

Madron. 231, 235, 237, 257, 260

Manulfe, Evêque de Toulouse. 407
Maguelone, voy. Collége.
Majanaserra, l'un des sept Troubadours, fondateurs des Jeux Floraux. 124.
Maignan. 369
Majore de Foix, femme de Pons Comte de Toulouse. 45
Majoret. 370
Maison commune, voy. Hôtel-de-Ville.
Maison de débauche tolerée à Toulouse. 163. Ses différentes transactions. *id.* Sa suppression. 164
Malapeyre, voy. Vendages.
Malebête. 112 Voy. aussi l'Errata.
Malenfant. 351
Malthaises, leur établissement dans Toulouse. 358, 445
Mamertin, Evêque de Toulouse. 406
Mancion, Evêque de Toulouse. 408
Mandinelli. 229, 242, 243
Mangonau, machine en usage avant l'invention de la poudre. 76
Maniban. 356
Manichéens brûlés à Toulouse. 45
Mansard. 212. Voy. aussi l'Errata.
Mansençal. 231, 339
Manufacture de soye établie à Toulouse. 209
Maran. 285, 355
Marc, mainteneur des Jeux Floraux. 125

Marca, Archevêque de Touloufe, 447
Marcel. 391
Marcus-Antonius Primus. 326
Marguerite de Lamarche seconde femme de Raymond VII. 92
Marmieffe, Evêque de Couférans. 449
Marnac. 231
Marot. 229
Martino. 214
Marsolier. 81
Saint Martial, Archevêque de Touloufe. 429
Saint Martial, voyez College.
Martin. 148
Mafcaron, Evêque de Touloufe. 423
Maffacre de Pamiers, commis par les Huguenots, 250. De la Saint Barthelemy, 260
Maffe. 257
Maffoulié. 386
Mathilde femme de Guillaume IV, 46. Femme de Raymond IV. 50
Mathurins, ou Religieux de la Trinité, 428
Mauran condamné à une penitence publique, 61
Maurel, 316
Mauffac, 364
Maxime Ev. de Touloufe, 407
Maynard, 361
Maynial, 279
Melier, 385
Memna Evêq. de Touloufe. 408
Mengaut, 385
Mercadier, 451
Merci, établiffement de cet Ordre, 428
Meynial, 277
Millet croît fans femence, 184
Minimes, leur établiffem. 433
Minut, 196, 338
Mirepoix, voyez Levis.
Mirepoix, voyez College.
Malinier Chancelier des Jeux Floraux, 125
Molinier, 277, 363
Montbrun, voyez Levis, voyez Pins.
Monclar, 252
Mondran, 384
Mondonville, voyez Juliard.
Monlaur de Druilhet, 399
Monlau, 148
Monlauderi, 147
Monnoie établie à Touloufe, 98
Monferrat, 295
Monraudier, 402
Montaut, 161
Montchal Arch. de Touloufe, 443, 445
Mantelli, 148
Montegut, 353
Montfa, 63
Montfalcon Prieur des Templiers à Touloufe, 115
Montfort, Comte de Lyceftre, eft élu chef de la Croifade contre les Albigeois, 67 : fon origine, id. il attaque le Comte de Touloufe, id. il affiege Touloufe, 69 : il gagne la bataille de Muret, 71 : il fait mettre le feu à Touloufe, 74 : il exige de cette Ville une contribution énorme, 75 : il

fait maſſacrer de ſang-froid cent des plus notables de Touloufe, *id.* il aſſiege cette Ville, qui s'étoit juſtement révoltée, *id.* ſa mort, ſon portrait, 76

Montluc, 148, 234, 236, 242, 245. 250. 256.

Montmaur. 232. 235. 237. 442.

Montmorenci, Duc Damville, eſt gouverneur de Languedoc. 256. Il ſoutient le ſiege de Toulouſe, 257. Il ſe déclare chef du parti *des Politiques*, dans le Languedoc, 264. Il convoque de ſon autorité les Etats de la Province. *id.* Il eſt dépouillé du Gouvernement du Languedoc. 281

Montpeſati. 148

Morelli 148

Moulin à Poudre. 106

Mozaique de l'Egliſe de la Daurade, ſa conſtruction. 14

Muce, fils d'Alfonſe-Jourdain, Comte de Toulouſe. 58

Muret, *voyez* Bataille.

Muret, eſt condamné à être brûlé, 218. Son éloge. *id.*

Murs de la Ville de Toulouſe, leur reconſtruction, 140. Différend à ce ſujet entre les Capitouls, & le Chapitre St. Etinne. 151

N

Naffo-Dei, Chevalier de l'Ordre des Templiers, délateur de cet Ordre. 115

Nalot. 204

Narbonne, *voyez* Collège.

Naſcius. 409

Nazareth, fondation, & tranſlation de cette Egliſe. 109

Neſmond, Archevêque de Toulouſe. 445. 453

Nîmes, capitale des Volſces Arécomiques. 5

Nogaret, 332. Ancienneté de cette maiſon, ſes différentes branches. *id.*

Nogaret, Cardinal, Archevêque de Toulouſe. 443

Nogareti. 148

Nogerolles. 131

Noguier, hiſtorien de Toulouſe, 4

Nolet. 384

Nos. 243

Notaires créés par les Capitouls, 208. 466

Nupces. 243. 385.

O

Octrois ſur les denrées & marchandiſes qui entrent à Toulouſe; établiſſement de ce droit. 221

Odard-moté. 290

Ode femme de Fredelon Comte de Toulouſe. 41

Odon, *voy.* Eudes.

Olive. 269. Ancienneté de cette maiſon. *idem*

Olme château près de Montauban. 72

Or de Toulouſe enlevé par Q. Cepio. Origine de cet or. 15

Or & Argent son prix au IX. siecle. 60
Orbessan. 385
Ordonnance de Philippe le Bel en faveur des habitans de Toulouse. 111
Ordonnance du Domaine. 248
Saint Orens, (Religieux) voy. Croisiers.
Saint Orens, Evêque d'Auch, délivre Toulouse des Romains & des Huns. 19
Orléans, Archevêque de Toulouse. 432
Orléans, Marquise de Belisle, prend l'habit de Feuillentine à Toulouse. 321
Oth, l'un des sept Troubadours fondateurs des Jeux - Floraux. 124
Ouvrier. 277. 385. 441

P

Pader. 382
Pagan. 147
Pagelle, mesure du bois à brûler, son aire. 189
Pagus - Tolosanus, son étendue. 38
Paix entre Raymond VII. & St. Louis; ses principaux articles. 80
Paix de Bretigni. 146
— entre la France & l'Angleterre. 195
— entre la France & l'Espagne. 221
— accordée aux Huguenots, voyez Huguenots.
— de Vervins. 231
Palais de Toulouse, étoit autrefois le Château des Comtes, & la forteresse de la Ville, 180. Etendue de son *Enclos*. idem.
Palaprat. 397
Pampelune, voyez College de Sainte Catherine.
Panassac, l'un des sept Troubadours fondateurs des Jeux-Floraux. 124
Papus, 235. 243. 309, ancienneté de cette maison, ses différentes branches. id.
Paraza. 385
Pardaillan. 385
Parizot. 219
Parlement tenu à Toulouse, 105: id. 109: Bardin réfuté à ce sujet, 110: id. 116, 160: son installation, étendue de son ressort, id. il se transfere à Beziers, 165: il est réuni à celui de Paris séant à Poitiers, id. sa fixation à Toulouse, 168: nombre & gages de ses Officiers, id. il est confirmé par Louis XI, 173: il casse l'élection des Capitouls, 174: il est transféré à Montpellier, & rendu à Toulouse, 177: il se transfere dans plusieurs Villes, à cause de la peste, 177, 179: augmentation de ses Officiers, 179, 189, 209, & voyez Chambre. Il est confirmé par François I, 222: il rend plusieurs Arrêts pour prévenir la guerre civile, 234, 236: sa sévérité

sévérité contre les auteurs & les complices de la conjuration de 1562, 243, & suiv. il punit les auteurs du massacre de Pamiers, 250 : ses prudentes précautions contre les Huguenots qui vouloient s'emparer de la Ville, 264 : il permet l'établissement du Conseil des Seize, formé par les Ligueurs, 291 : il se déclare pour la Ligue, 302 : il est interdit & reçoit des ordres du Roi pour se retirer à Carcassonne, 307 : il refuse d'obéir, mais le Roi établit ce Parlement, id. ce Parlement de Carcassonne dispersé par le Duc de Joyeuse. Se réunit à Béziers, 310 : une partie du Parlement qui avoit resté à Toulouse, se transfere à Castelsarrasin, 317 : trois Parlemens siegent en même-temps dans cette Province, id. ils sont tous réunis à Toulouse, 319
Parlement de Bordeaux, son établissement. 174
Paschal. 341
Pastoureau. 229, 231
Pastouraux, Visionnaires qui faisoient la guerre aux Juifs. 122. Leur barbarie. id. Leur dispersion. 123
Patarins, nom de certains hérétiques. 61
Paule, voy. Viguier.
Paulin. 252, 263
Paulo. 231, 292, 304, 306,
309, 357. Ancienneté de cette maison. 358, 445
Pauvres nourris à Toulouse en temps de famine, & de peste, 197. voyez Peste.
Pech de Calages, 366
Pechantré, 391
Pedauque, nom que les habitans de Toulouse donnent à la Reine Ragnahilde, 413
Pelafigue, 148, 374
Pelissier, 204
Pelisson, 384
Pénitens Blancs, 275
— Bleus, id. 444
— Noirs, id.
— Gris, 276
Pennes, voyez Levis.
Percin, 243, 391 : ancienneté de cette maison, ses différentes branches, id.
Peres de la Doctrine Chrétienne, leur établissement dans Toulouse, 442
Perigord, voyez College.
Peste dans Toulouse, 117, 165, 177, 179, 181, 187, 190, 197, 216, 285, 322.
Pester, 148
Petrobrusiens, nom de certains hérétiques, 61
Philippe III. réunit le Comté de Toulouse à la Couronne, 103 : il fait son entrée à Toulouse, 104 : sa mort, 109
Philippe IV. vient à Toulouse, 114 : sa mort, son éloge, 117
Philippe de Valois monte sur le trône de France, 135
Philippe fille de Guillaume IV.

d

Comte de Touloufe, 49
Pibrac, voyez Dufaur.
Picpuces, voyez Bequins.
Pierre Roi d'Arragon vient au fecours de Raymond VI. 70
fa mort, 71
Pierre-Raymond, fils de Raymond V. Comte de Toulouloufe, 63
Pierre-Roger, Evêque de Touloufe. 411. 412
— Evêque de Touloufe. 416
Saint Pierre. 243
Saint Pierre, Prieuré qui appartient aux Chartreux. 46
Pierre précieufe du tréfor de St. Sernin de Touloufe. 205
Pins, 243. 336. ancienneté de cette maifon, & fes différentes branches. id.
Platte. 402
Platteformes élevées à Touloufe. 207
Poéfie Provençale. 98
Poëtes Provençaux. idem
Poids de l'Huile. 141
Poiffi, voy. Colloque.
Polipheme, prétendu fondateur de Touloufe. 4
Politiques, parti qui fe forma en France pendant les guerres civiles du Calvinifme. 262
Pompadour. 385
Pons treifieme Comte de Touloufe, fe remarie plufieurs fois. 45 Il fonde le Prieuré de Vigan 46. Sa mort, fon portrait, fes enfans. idem
Pons, Comte d'Albi. 43
Pons, fils naturel d'Alfonfe-Jourdain. 58
Saint Pons Abbaye érigée depuis en Evêché, fa fondation. 43
Ponfan. 124, 128
Pont-neuf. Sa conftruction; fes dimenfions. 211, & fuiv.
Ponts de Touloufe. 179
Pont-vieux, fa chute. 106, 179
Porta. 148
Portal, Viguier de Touloufe. 235, 239, 243
Portaticum, droit qu'on levoit à Touloufe. 58
Porte Villeneuve. 140
Portes de la Ville de Touloufe, leur nombre. 244
Portugal érigé en Comté, & enfuite en Royaume. 51
Pofanis. 161
Pofonville. 140
Prat. 231
Prébendes de la douzaine fondées à Saint Etienne. 422
id. de Saint Dominique. 430
id. de Vayroles. 428
id. de Saint Martial. 429
id. de Sainte Catherine. 430
Preinaco. 148
Preiffac, voy. Gaillard.
Priviléges de la Ville de Touloufe. 261
Procès entre les Capitouls, & le Chapitre Saint Etienne au fujet des Tours du Rempart. 151
Proceffion des Batelliers fur la Riviere. 106
— des Flagellans en ufage dans Touloufe. 214
— du 17 Mai, fon origine. 242

Table des Matieres.

— *de Pentecôte*, différend entre le Parlement & les Capitouls à ce sujet. 320
Prodiges dans Toulouse. 21
Promenade de Toulouse, sa construction. 207
Protestans, origine de ce nom. 192
Publicains, nom de certains hérétiques. 61
Pucelle d'Orléans, ses victoires, sa mort. 166
Puelles. 405
Puget, *voyez* Dupuget.
Pujos. 450
Puritains, nom de certains hérétiques. 61

R

Rabastens, Evêque de Toulouse, 416
Rabaudy. 385. 401
Rahou. 289. 314
Rainaldi. 62
Raoul. 63
Raymond I. septieme Comte de Toulouse, fonde l'Abbaye de Vabres, sa mort, ses enfans. 41
Raymond II. dixieme Comte de Toulouse, sa mort. 42
Raymond-Pons onzieme Comte de Toulouse, reforme plusieurs Monasteres, défait & chasse les Hongrois du Languedoc. Il fonde l'Abbaye de Saint Pons, sa mort. 42 *& suiv.*
Raymond de Saint Gilles, quinzieme Comte de Toulouse, 50. Ses différens mariages. *id.* Il se croise contre les Infideles, 52. Part pour la Terre-Sainte. *id.* Ses conquêtes, sa mort, son éloge. 53. 54. 55. 329
Raymond V. dixhuitieme Comte de Toulouse, 59 : soutient plusieurs guerres, le Roi d'Angleterre & le Roi d'Arragon, 59, 60 : il tient une Cour pleniere, *id.* il confirme divers reglemens pour les habitans de Toulouse, 61 : il fonde l'Abbaye de Bonnecombe, 62 : sa mort, son éloge, ses femmes, ses enfans. *id.*
Raymond VI. dit *le Vieux*, dix-neuvieme Comte de Toulouse, reçoit le serment de fidélité des Toulousains, 63 : il est excommunié, 65 : ses terres sont mises en interdit, *id.* il se soumet au Pape, 66 : il subit la pénitence canonique, il est excommunié de nouveau, 68 : il soutient la guerre contre le Comte Montfort, 69 : il est secouru par le Roi d'Arragon, 70 : il est dépouillé de ses domaines par le Concile de Latran, 72 : il rentre dans Toulouse, 75 : défend cette Ville contre les attaques de Montfort, 76 : il résiste à une nouvelle croisade publiée contre lui, 77 : sa mort, ses femmes, ses enfans, son éloge, 77, 78.

d 2

Raymond VII. dit *le jeune*, vingtieme Comte de Toulouse, déclare la guerre à Monfort, 74 : il vient au secours de Toulouse, 76 : il soutient la guerre contre le Roi de France, 79 : fait la paix, 80 : il reçoit l'absolution du Légat, & est créé Chevalier, *id*. il fait plusieurs voyages, 91 : il tient une Cour pleniere, *id*. il se croise contre les Infideles, *id*. sa mort, ses femmes, ses enfans, son éloge, 92

Raymond fils de Guillaume, troisieme Comte de Toulouse, 45

Raymond I. Evêque de Toulouse. 410

Raymond II. Evêque de Toulouse. 411

Raymond III. Evêque de Toulouse. 415

Raymond-Aton, Abbé de Saint Sernin. 118

Saint Raymond, Chanoine de Saint Sernin. 49. 329

Raymond, Religieux de Cluni, 330

Raymond, Poete. *id*.

Raymond, Conseiller au Parlement. 243

Saint Raymond, *voy*. College.

Raymonde, fille de Raymond-Pons, Comte de Toulouse, 43

Raymonde, fille naturelle de Raymond VI. 78

Raymondens, monnoie en usage dans Toulouse. 98

Recarede, Roi des Visigoths, assiege Toulouse, & leve le siege. 26

Recollets, leur établissement dans Toulouse. 441

Réduction de Toulouse, sous l'obéissance d'Henri IV. 316, 319. Conditions de cette réduction. *id*.

Régens de la Confrérie des Bateliers. 106

Régistres de l'Hôtel-de-Ville, appellés *les Annales de l'Hôtel-de-Ville*, leur origine, 111 *& suivant*, idem. Des Délibérations de l'Hôtel-de-Ville, 191. Leur commencement. *id*.

Reglemens anciens observés dans Toulouse. 61

Reglemens de Police contre la peste, & les incendies.

Religieuses Augustines, *voyez* Augustines.

-- de la Magdelaine, 164. 433. *voyez aussi* l'Errata.

-- de Saint Sernin, 118. Fondation de cette Abbaye. *idem*. 425

-- Hospitalieres, leur établissement. 182

-- Malthaises, leur établissement. 358

-- de Nôtre-Dame, leur établissement. 446

-- de Sainte Catherine de Sienne, leur établissement. 442

-- de Sainte Claire du Salin, leur établissement. 429

—de Sainte Claire de la Porte, leur établissement. 431
—de Saint Pentaleon, leur fondation. 427
—du Refuge, leur établissement. 446
—des Tierceretes, leur établissement. 445
—de la Visitation, leur établissement. 448
—de Sainte Ursule, leur établissement. 442
Religieux de la Merci, voyés Merci.
—de la Trinité, voy. Mathurins.
Reliques des Saints qui sont à Saint Sernin, leur dénombrement. 183
Reliques de Saint Thomas d'Aquin; leur inventaire. 285. Superbe Mauzolée où elles sont renfermées. idem
Remparts de Toulouse, leur construction. 140
Requêtes, voy. Chambre.
Restes. 178
Resseguier. 243, 308, 385. Ancienneté de cette maison. 444
Restra. 147
Reveilleurs établis dans Toulouse. 188
Rhodanius, Evêque de Toulouse. 406
Ricaud. 237
Richard. 290
Riquet. 372, 379
Rivals. 387, 396, 444
Roaix. 104, 148
Robert. 243

Rochechouart. 44. Ancienneté de cette maison. idem
Roche-Aymon, Archevêque de Toulouse. 454
Rochefort. 81
Rochette, Inquisiteur de Toulouse brûlé pour crime d'hérésie. 200
Roderic Roi des Visigoths. 27
Rogelinde fille de Bernard Comte de Toulouse. 40
Roguier. 235
Rond. 104
Ronsard. 134
Rosier, Archevêque de Toulouse. 431
Roue que les Juifs étoient obligés de porter. 98
Rouillon. 445
Rudelle. 277
Rupe. 178

S

Sabatier de Labourgade premier Président du Parlement établi à Carcassonne. 279, 307, 310
Sacrilége commis dans Toulouse. 220
Saint-Felix. 237
Saint Jean. 277
Saint Laurens. 385
Saint Martin, Prieuré dépendant de la Daurade. 443
Saint Pol. 277
Saint Rome, fondation de cette Eglise, ses différens possesseurs. 442
Sage. 385
Saget. 385
Saguens. 370

Table des Matieres.

Salamonis. 191
Salenques, ou Religieuses de St. Bernard, leur établissement dans Toulouse. 423
Salomon, Evêque de Toulouse. 410
Salucazais, son Histoire. 157, & suiv.
Saluste. 128, 243, 314
Samuel, Evêque de Toulouse. 410
Sancie d'Arragon, femme de Raymond VII. Comte de Toulouse. 92
Sans. 148
Santibartio. 148
Sarabella. 147
Sardini Florentin établit une Manufacture de soye à Toulouse. 209
Sarrasins passent d'Afrique en Espagne. 27. Ils détronent Roderic Roi de Visigôths, & s'emparent de son Royaume. 28. Ils attaquent la Septimanie. id. Assiegent Toulouse, & levent le siege. id. Ils sont défaits par Charlemagne. id.
Sarronides, classe des Druïdes, 9
Saturnin, voyez Sernin.
Savignac, 247, 241
Sauterelles extirpées par un stratagême singulier, 159
Saux, 236, 237, 239, 242, 243
Sauxens, 236
Schisme dans l'Eglise de Toulouse, 416 : id. 432
Scorbiac, 277
Segla, 352, 353

Seguin Cardinal de Meudon, Archevêque de Toulouse, 434
Seiches, 148
Seminaire de Caraman, sa fondation, 447
-- des Irlandois, sa fondation, 448
-- des Jésuites, sa fondation, 436
-- de St. Lazare, sa fondation, 452
-- de St. Charles, sa fondation, 455
Senaux, 365, 366 : ancienneté de cette maison, id.
Sénéchal, 96 : a droit d'entrer aux Conseils de Ville, 191 : ses droits à la nomination des Capitouls, 460
Sénéchal (Cour du) augmentée de vingt-quatre Rapporteurs, 189 : son Siege est transféré à la rue Mirabel, 217
Sénéchaussée (Hôtel de la) est dans l'enclos du Palais, 180
Septimanie, origine de ce nom, 17
Serfs, leurs différentes especes, 95
Serignac, 263
Sermon public de l'Inquisition, 119 & suiv.
Saint Loup, 148
Saint Planquat, l'un des sept Troubadours Fondateurs des Jeux Floraux, 124
Saint Sernin, ou Saturnin prêche la Foi de Jésus-Christ à Toulouse, il est sacré Evêque de cette Ville, il y souffre le martyre, 16 : son origine, sa

mort, 405 : ses Reliques sont élevées & renfermées dans une riche chasse, 93
Saint Sernin (*Eglise*) époque de sa construction, 48 : elle étoit autrefois régie par des Prévôts, *id*. création de son Abbaye, *id*.
Saint Sernin (*Chapitre*) embrasse la réforme, 48 : il dépend immédiatement du Saint Siege, *id*. ses Chanoines sont chassés de leur Eglise, ils en reprennent possession. 49
Severac. 91
Sigoveze, chef des Tectosages. 6
Saint Silvin. 329
Sixte V. déclare Henri, Roi de Navarre relaps, & excommunié. 283
Sœurs de Saint Vincent de Paul, leurs établissemens à Toulouse. 181. 452
Sol d'or sous Charlemagne, sa valeur. 41
Solerie. 235
Sorciers punis. 105
Soubeyran d'Escopon. 134
Souffron, *voyez* l'Errata.
Soules. 148
Soupets. 236
Squin de Florian, Chevalier de l'Ordre des Templiers, délateur de cet Ordre. 115
Statius Ursulus. 326
Statues d'ozier pour les sacrifices des Gaulois. 7
Stratagême singulier des habitans de Toulouse pour conserver la récolte. 159
Saint Sylve, ou Sylvius, Evê. de Toulouse. 406
Saint Sylvin. 329. 408
Suau. 147
Synagogue des Juifs à Toulouse. 44

T

Tableaux des Capitouls, 112 Usage au sujet des grands Tableaux de ces Magistrats. 279
Taille remise à la Ville de Toulouse pour cent ans, 175. Cette remise est renouvellée pour le même terme. *idem*. 222. 319. Les Tailles sont réelles dans Toulouse. 205. Par qui se fait la répartition. 192
Talairan. 148
Taranis, Dieu des Gaulois. 7. 14
Taur, fondation & construction de cette Eglise. 26. 405
Tectosages, noms des Gaulois qui habitoient ce que nous appellons le haut Languedoc. 5. Ils s'établissent en divers pays, fondent le Royaume de Galatie. *id*. Epoque de leur premiere sortie. *idem*. Leurs Dieux, leur Religion, leurs mœurs. 7. 8
Temples élevés à Toulouse par les Romains. 14
Temple des Huguenots construit à Toulouse, 230. Sa destruction. 242
Templiers, abolition de cet Or-

Table des Matieres.

dre. 115. Ses biens font réunis à l'Hôpital de Saint Jean de Jérufalem de Touloufe. *idem.*
Termat. 148
Teronde. 231
Teutatés, Dieu des Gaulois, 7. 14
Théatins, leur établiffement dans Touloufe. 444
Théodoric I. Roi des Vifigoths dans Touloufe, 18. Il rompt la paix avec Rome, eft tour-à-tour vaincu & vainqueur, 19. Il fait la paix ; va combatre Attilla, Roi des Huns, fa mort. *id.* Son éloge. 328
Théodoric II. Roi de Touloufe, 20. Grandes qualités de ce Prince, *idem.* Il déclare la guerre à Ricciaire, Roi des Suéves, & le détrone ; fa mort, fon éloge. 328
Thorrifmond, Roi de Touloufe, 19. Déclare la guerre aux Romains, fa mort. *idem.*
Tierceres, *voyez* Bequins.
Tolaffo, prétendu fondateur de la Ville de Touloufe. 4
Tolofani. 338
Tolus, prétendu fondateur de la Ville de Touloufe. 4
Touloufains, changement de leurs mœurs fous les Romains, 17. Ils font régis par le Droit Romain, 22 Ils font défaits par les Compagnies devant Montauban. 149
Touloufe, conjectures fur fa fondation, 4 : eft capitale des Volfces Tectofages, 5 : antiquité de cette Ville, *id.* les Tectofages y établiffent un Senat, 13 : elle paffe fous la domination des Romains, *id.* elle eft érigée en Colonie Romaine, 15 : elle eft affiégée par les Vendales, & conquife par les Vifigoths, 17 : étendue du Royaume de ce nom, *id.* cette Ville paffe fous la domination de Clovis, 22 : elle eft gouvernée par des Ducs, 25 : elle eft affiégée par Recarede Roi des Vifigoths, 26 : elle eft érigée en Capitale de Royaume par Charibert, 27 : étendue de ce Royaume, *id.* elle redevient Ville de Province, & réfifte aux Sarrafins, *id.* elle eft prife par les Normands, *id.* elle eft érigée en capitale de Royaume par Charlemagne, 28 : étendue de ce Royaume, 29 : elle eft gouvernée par des Comtes, fous Louis le Débonnaire, *id.* elle eft affiégée par les Croifés, elle eft réunie à la Couronne de France, 103 : elle envoie un fecours à l'armée du Roi, fous les ordres des Capitouls, 113 : elle eft interdite par le Pape, 149
Touloufe (*Eglife de*) fon origigine & fes révolutions, 403 : elle dépend de la Métropole de Narbonne, 404 : elle eft foumife à celle de Bourges, & rentre dans la Province Eccléfiaftique

eléfiaftique de Narbonne, *id.*
elle eft érigée en Archev. *id.*
Touloufe (*vieille*) conjectures
   fur l'origine de ce nom, 8, 9
Tounis, Ifle fur la Garonne. 308
Tournier. 289, 292, 294, 309,
   453
Tourreil. 393
Tours anciennes de Touloufe. 175
Trebons. 232, 235
Tremblement de terre. 212, 323
Tréfor de Touloufe. 15. d'où
   il provenoit; fa valeur. *id.*
Tréforiers de France, établiffement de ce Bureau, 209 : fes fonctions, fes prérogatives, fes Officiers, 210 *& fuiv.*
Tripoli affiégé par Raymond de Saint-Gilles, 55 : fa prife, 56 :
Troy, 397, 398
Tubeuf, 219
Turle Seigneur de Mondonville, 449
Turlupins, nom de certains hérétiques, 61
Turnebe, 219

V

Vabres, fondation de cette Abbaye, 41, 241
Vaceres claffe des Druïdes, 9
Vanides, 277
Vanini, fameux athée, fut brûlé à Touloufe, 357
Varagnes, 442
Vaudois hérétiques condamnés au Concile de Lombers, 61, 64
Vayroles, Archevêque de Touloufe, 428
Udalgarde fille de Fredelon, Comte de Touloufe, 41
Vénalité des Charges, 189, 213
Vendages de Malapeyre, 383, 421
Vandales affiegent Touloufe, 17
Ventadour, *voyez* Levis.
Verdale, 237
Verduc, 381, 382
Vic Confeiller d'Etat traite de la réduction de Touloufe, 315
Vice-gerens du Roi, 105
Victorinus, 328
Vidal, ou Vidals, 124, 330
Vigan, fondation de ce Prieuré, 46
Vigier, 442
Vigilance héréfiarque confondu par Saint Jérôme, 17
Vignaux, 277
Vignes-Montefquieu, 229
Vignoles, 277
Viguerie de Touloufe, fon étendue, 108 : fa réunion au Sénéchal, 401
Viguier, (*Paule de*) connue fous le nom de LA BELLE PAULE. 338
Viguiers. Leur origine. 96
Villars. 306
Villegifcle, Evêque de Touloufe. 408
Villeneuve. 62
Vinnes. 147
Violan réformateur des Recollets. 442
Vifigoths, origine de ces peuples. 18. Ils établiffent leur capitale à Touloufe. *id.* Leur

Code est rédigé & publié. 21.
Durée de leur Royaume de
Toulouse. 23. Leurs mœurs
particulieres. *idem.*
Vital Dufaur, Evêque de Bazas.
118
Ulmo, Président du Parlement
de Toulouse dégradé. 208.
Université de Toulouse, son origine. 89. Nombre de ses Professeurs. 185. Ses privileges.
186. Sa célébrité, 187. Habits
de ses écoliers, marque distinctive de ses Professeurs. *id.*
Vœu de François I. aux Reliques de l'Eglise Saint Sernin.
196
Vœu de la Ville pour faire cesser la peste. 198
Voisins Sénéchal de Toulouse.
104, 161
Volsces Arécomiques nom des
habitans du Bas Languedoc. 5
Volsces Tectosages, voy. Tectosages.
Uraque, fille d'Alfonse IV. Roi
de Léon. 51
Urbain de Saint Gelais, Evêque
de Comminges. 289, 292,
303, 304. Il abandonne le
commandement de la Ville
qu'on lui avoit déféré. 306
Urnes dans lesquelles les Gaulois renfermoient les cendres
des morts. 8
Usages singuliers du X, XI, &
XII. siecles. 94 *& suiv.*
Wallia, premier Roi des Visigoths dans Toulouse. 17. Il
entretient la paix avec Rome.
18. Sa mort. *id.*
Warin Duc de Toulouse. 40
Witcharius fils de Guillaume I.
Comte de Toulouse. 38

Fin de la Table des Matieres.

A TOULOUSE,
De l'Imprimerie de Me. JEAN-FRANÇOIS DESCLASSAN,
près le College de Foix.

www.ingramcontent.com/pod-product-compliance
Lightning Source LLC
Chambersburg PA
CBHW070400230426
43665CB00012B/1197